U0911038

胡玉縉著作集

四庫全書總目提要補正

集部

胡玉縉 撰
王欣夫 輯

上海書店出版社

四庫全書總目提要補正卷四十三

集部

楚辭類

楚辭章句十七卷

宋玉九辨、招魂。 陳振孫書錄解題載有古文楚辭釋文一卷，其篇第首離騷，次九辨、九歌、天問、九章、遠遊、卜居、漁父、招隱士、招魂、九懷、七諫、九歎、哀時命、惜誓、大招、九思，迥與今本不同。興祖據逸九章注中，稱皆解於九辨中，知古本九辨在前，九章在後。振孫又引朱子之言，據天聖十年陳說之序，謂"舊本篇第混併，乃考其人之先後，重定其篇第"，知今本爲說之所改，則自宋以來，已非逸之舊本。 然洪興祖考異於離騷經下注曰："釋文第一"，無經字，而逸注明云"離，別也，騷，愁也，經，徑也"，則逸所注本確有經字，與釋文本不同。必謂釋文爲舊本，亦未可信，姑存其說可也。 逸注雖不甚詳賅而去古未遠，多傳先儒之訓詁，故李善注文選全用其文。

焦竑筆乘云："離騷經'啓九辨與九歌兮'，卽後之九歌、九辨，皆原自作無疑，王逸解九辨爲宋玉哀其師而作，熟讀之，皆原自爲悲憤之言，絕不類哀悼他人之意，蓋自作與爲他人作，旨趣故當霄壤，乃千百年讀者無人覺其誤，何耶？"又續集云："九辨余定以爲原所自作，只據騷經'啓九辨與九歌兮'一語，幷玩其詞意而得之，近覽直齋書錄解題，載離騷釋文一卷，其篇次與今本不同，首騷經，次九辨云云。案王逸九章注云：'皆解於九辨中'，則釋文篇第蓋舊本也，以此觀之，決無宋玉所作攙入原文之理。天聖十年陳說之序，反以舊本篇第混幷，乃考其人之先後重定之，不知於人之先後正自舛謬，而後人反沿襲之可怪也！"

管同因寄軒文集讀招魂云："舊皆謂招魂爲宋玉作，太史公贊屈原曰：'予讀離騷、天問、招魂、哀郢，悲其志'，招魂亦原之爲耳，豈玉作哉？其文之旨，首言魂魄離散，蓋謂故國難安，亦嘗有九州相君之志矣，卜居所云心煩慮亂時也，顧以義不可去，故招使歸來，然招之必託於帝告巫陽者何也？孝子之於親，天性也，忠臣之不忍離君，亦天命而已矣，其文之中，至亂辭之首，乃盛陳楚邦繁盛，則意譏頃襄，猶莊辛論幸臣之旨，父死於秦，不思報復，而乃逞聲色，縱獵游，侈陳之正以見王之不道，而難與有爲也。其文辨博閎麗，殊不易曉，故於篇終覽其意曰：'魂兮歸來哀江南'，哀江南者，卽庾信'哀江南'意也。自王逸以來，率不達其旨，猥以玉招原魂釋之，是文首卽曰'朕幼清以廉潔'，玉招原魂，而謂原爲朕耶？且數義者，何由可通也。"梁章鉅文選旁證云："漢書賈誼傳云：'被讒放逐，作離騷賦’，地理志亦云：‘屈原被讒放流，作離騷諸賦以自傷悼’，是當時本無經名，離騷經之名，實始於王叔師，注，‘離者別也，騷者愁也，經者徑也，言已放逐離別，中心愁思，猶依道徑以諷諫君’云云，則竟似屈子自題經字矣。顏師古曰：‘離，遭也，憂動曰騷，遭憂而作此辭’，項氏家說引楚語，‘伍舉曰：德義不行，則邇者騷離，遠者距違’，韋注，‘騷，愁也，離，畔也’，王伯厚謂‘伍舉所謂騷離，屈平所謂離騷，皆楚言’，是也。”玉縉案：經字決非原自題，但逸所據本已有經字，或謂漢書淮南王安傳“使爲離騷傳”，經者對傳而言，經字當爲安所加，說亦非是，離騷傳之傳，當爲傅，傅與賦古字通，漢紀孝武紀云：“上使安作離騷賦”，高誘淮南鴻烈解序云：“詔使爲離騷賦”，此皆本於漢書，王念孫讀書雜志言之審矣。臧鏞堂拜經日記云：“王叔師楚辭章句所引詩，或與韓、毛不同，而與爾雅及列女傳有合者，蓋魯義也。其詁訓亦往往有異於毛、鄭，而較毛、鄭爲長者。玆籑錄叔師之說，附以傳箋及爾雅諸書參訂之”云云，文繁不錄。

楚辭補注十七卷

案陳振孫書錄解題列補注楚辭十七卷，考異一卷，稱“興祖少時，從柳展如得東坡手校十卷，凡諸本異同，皆兩出之。後又得洪玉父而下本十四、五家參校，遂爲定本，始補王逸章句之未備者。成書，又得姚廷輝本，作考異，附古本釋文之後。又得歐陽永叔、孫莘老、蘇子容本於關子東、葉少協，校正以補考異之遺”云云，則舊本兼載釋文，而考異一卷附之，在補注十七卷之外。此本每卷之末，有汲古後人"毛表字奏叔依古本是正"印記，而考異已散入各句下，未知誰所竄亂也？

洪邁容齋續筆云："洪慶善注楚辭東君篇，'緪瑟兮交鼓，簫鐘兮瑤簴'，引儀禮鄉飲酒章'間歌魚麗，笙由庚，歌南有嘉魚，笙崇邱'爲比，云'簫鐘從二樂聲之相應者互奏之'，旣鏤版，置於墳庵，一蜀客過而見之曰：'一本簫作𢷎，廣韻訓爲擊也，蓋是擊鐘，正與緪瑟爲對耳'，慶善謝而亟改之。"李詳媿生叢錄云："今本所引，與容齋之說小異，'一本簫作𢷎'亦未載入，容齋言此說慶善向彼自言，則當時必改補可知，近所流傳者蓋慶善初行之本也。"玉縉案：𢷎鐘無他證，疑最後改如今本，故與容齋說亦小異。

瞿氏目錄有明刊本，云："案陳氏書錄附考異一卷本，别爲一書，此迺散入各句下，非洪氏原本之舊，然猶是明繙宋刻，宋諱字俱減筆，知此書在宋時已竄亂矣。"

楚辭集注八卷辨證二卷後語六卷

周密齊東野語記紹熙內禪事曰："趙汝愚永州安置，至衡州而卒，朱熹爲之注離騷以寄意焉。"然則是書大旨在以靈均放逐，寓宗臣之貶，以宋玉招魂，抒故舊之悲耳，固不必於箋釋音叶之間規規爭其得失矣。

譚廷獻復堂日記五云："楚辭爲文章之盛，若泥集注爲定論，則隱顯激射意內言外之趣殆盡矣。辨證二卷，不信淮南，已屬乖剌，遂疑山海經爲因天問而作，不得不謂之僨越。"玉縉案：慶元黨禁云："趙汝愚永州安置，朱子時家居，草封事數萬言，極陳姦邪蔽主之禍，以明汝愚之寃，子弟諸生更進迭諫，以爲必至賈禍，不聽。蔡元定請以著決之，遇遯之同人，朱子默然，取奏稾焚之，因更號遯翁，遂以疾乞休致"，是朱於趙生前竭力營救，非徒死後悲憤也。提要於慶元黨禁下，方以趙爲激成禍變，故此處不引，祇見其偏耳。趙汝談挽汝愚云："空令考亭老，垂白注離騷"，見困學紀聞卷十八。近劉人熙楚寶目錄云："自序一篇，不載年月，考之年譜，在僞學再禁之後，蔡氏放逐之餘，其時屈之時，其心屈之心也，是豈易與俗人言哉！蓋自道也。"

離騷草木疏四卷

其大旨謂"離騷之文，多本山海經，故書中引用，每以山海經爲斷"，若辨"夕攬洲之宿莽"句，引"朝歌之山，有莽草焉"爲據，駁王逸舊注之非，其說甚辨。然騷人寄興，義不一端，瓊枝若木之屬，固有寓言，澧蘭沅芷之類，亦多卽目，必舉其隨時抒望，觸物興懷，悉引之於大荒之外，使靈均所賦，悉出伯益所書，是澤畔行吟，主於侈其博贍，非以寫其哀怨，是亦好奇之過矣。 此本爲影宋舊鈔，末有慶元庚申方燦跋，又有校正姓氏三行。

楊氏楹書隅錄有宋刊本，云："知不足齋重雕，卽據此本校定，鮑氏跋稱，'維時寧皇初政，韓侂胄方專擁戴功，與趙汝愚相軋，罷朱子，嚴僞學之禁，斗南未敢誦言，迺祖述離騷，譬諸草木，薰蕕旣判，忠佞斯呈，因以暢其流芳遺臭之旨。'又稱'前三卷首列名銜，而末卷自'薋菉葹'以下，缺而不署，隱然寓不屑與小人爲伍之意，其疾惡之嚴如此'，則深得斗南作書之微旨矣。"玉縉案：楊以鮑廷博跋爲得仁傑微旨，良是。今考鮑跋又云："當汝愚之貴永州而卒於衡也，朱子亦爲之注離騷以寄意，其成書後於先生二年，而其感時傷逝，纏綿惻怛不能自已之情，亦時時流露於行墨間，是書也，可謂先得朱子之心"，是則吳作此疏，與朱子集注同意，提要既據周密齊東野語說，以朱書爲不必於箋釋音叶之間爭其得失，則於此書每引山海經爲斷，以爲好奇之過者，似轉未得其通也。　又案：鮑氏所據宋本，正與舊鈔本同，其曰"官國子學錄"者，即據自序及每卷前所列結銜耳。

欽定補繪離騷全圖二卷

雲從字尺木，當塗貢生。　雲從始因其章句廣爲此圖。

玉縉案：經部易類存目易存云："雲從字尺木，蕪湖人，前明崇禎己卯副貢生"，例當云某有某書已著錄，不應複出。蕪湖、當塗，亦未畫歸一律，雲從別號悔橋，又號默思，蓋可從略。　又案：丁氏藏書志有明刊本來欽之楚辭述注五卷，其中東皇大一、雲中君、湘君、湘夫人、大司命、少司命、東君、河伯、山鬼、國殤、禮魂、屈子行吟十二圖，爲陳洪綬所繪，在雲從先。雲從圖，丁氏亦有影摹本。

別 集 類 一

蔡中郎集六卷

此本爲雍正中陳留所刊，文與詩共得九十四首，證以張溥百三家集刻本，多寡增損，互有出入。 卷首歐靜序論姜伯淮劉鎮南碑斷非邕作，以年月考之，其說良是，張本删去劉碑，不爲無見。然以伯淮爲邕前輩，宜有邕文，遂改建安二年爲熹平二年，則近於武斷矣。 張本又載薦董卓表，而陳留本無之，其事范書不載，或疑爲後人贋作。然劉克莊後村詩話已排詆此表，與揚雄劇秦美新同稱，則宋本實有此文，不自張本始載。後漢諸史，自范、袁二家以外，尚有謝承、薛瑩、張璠、華嶠、謝沈、袁崧、司馬彪諸家，今皆散佚，亦難以史所未載斷其事之必無。

張氏、陸氏藏書志、瞿氏目錄並有正德乙亥華氏蘭雪堂活字銅版本十卷，外傳一卷，瞿云："有平陽歐靜序，文獻通考載陳氏曰：作歐陽靜，未詳孰是？玉縉案：單姓非雙姓，此涉上平陽而誤耳。萬曆間徐子器刻本，如被收時表中有'反名仇怨奉公'句，考本傳亦有'劾以仇怨奉公'云云，案奉公謂劉郃，仇怨者質、邕仇怨郃也，言反以仇怨奉公爲名，而陷邕父子也，徐本删之非是。"又有鈔校本十卷，載顧千里跋三則，有云"活字頗似據一行書寫本作底子，故'數'譌爲'如'，'閑'譌爲'困'之類，往往而有，若得宋槧，必多是正也。" 陸氏儀顧堂集有重雕蘭雪本序云："歐序疑宗廟頌、魏武祀喬太尉文、姜伯淮碑、劉鎮南碑皆非邕作，雖言之鑿鑿，然未嘗誦言去之也。今蘭雪本有姜、劉兩碑而無宗廟頌、祀喬太尉文，又不足六十四篇之數，豈華氏因歐說而削之耶？抑歐本已削之耶？疑莫能明矣。惟中郎集存於今者以此本爲最古，其譌誤皆有迹可尋，與明人妄改不同"，楊以增海源閣刊本校語云:“序首論宗廟頌及祀喬太尉文,卷中無此二篇,度原輯幷姜伯淮碑、劉鎮南碑芟去,後人摭復二碑,審頌及祀文語顯非邕作,不再拾補。” 丁氏藏書志有嘉靖喬世寧六卷本,萬曆茅一相十一卷本,又有羅以智校本十卷,外集四卷,云:“是集目次,卷一、二、三、四、五、六、碑、銘、頌、誄,卷七、八、九、議、疏、表狀、祝詞,卷十月令、論、問答、外紀、頌、疏、賦、詩、釋,外集卷一、二、三碑、銘、頌、贊、疏、議、論、書、賦、詩,卷四獨斷、傳表”,並載咸豐己未羅氏手識云:“余用錫山華氏蘭雪堂活字本中郎集,校於萬曆間陳留令徐成庵刊本上,文視徐本爲少,又借得樸學齋舊鈔本,詳校一過。又從嘉靖間喬氏刊六卷本、新安汪士賢刊八卷本、太倉張氏刻二卷本、康熙中陳留劉氏依喬刻增刊補遺本勘其異同,凡徐本所未收者定爲遺集。又用北堂書鈔、藝文類聚、初學記、太平御覽、文選、古文苑、宋人諸書所引,詳稽博考,擇善而從,又錄盧抱經學士及勞君季言校語於書眉上,幾無隙地。聞聊城楊氏新刊本最爲完善精審,當向高伯平索之,一證同異。”玉縉案:楊本爲高伯平均儒校,凡十六卷,其書載黃丕烈題識四則,顧廣圻題識三則。今考思適齋集蔡氏月令序云:“中郎於今文家之學可謂集其大成,作爲文章,闢通經義,天聖中歐靜所序十卷本集,讀者往往不識家法,以致誤改,漸將失傳,輒欲校定,遺諸方來”云云,是其所校,於今文學家法頗致意也。 本集劉鎮南碑,永漢元年十一月到官,楊本校云:“永漢,喬本、汪本皆作永平,非是，案范書紀，‘中平六年，歲在己巳，四月，少帝卽位，改元光熹，八月，改昭寧，九月，獻帝卽位，改昭寧爲永漢，十二月，復稱中平’，此碑文書永漢元年十一月是也，而范書傳所書‘初平元年，詔以表爲荆州刺史’，初平改元，在復稱中平之次年，歲在庚午，則碑書永漢，又甚可疑。要之，此碑爲後人贋作，卽此可見其疏陋，不獨書表卒於建安十三年一端也。” 又彭城姜伯淮碑，熹平二年四月辛巳卒，楊本校云：“熹平二字從張本，徐本及喬本、汪本、劉本皆作建安，鈔本、活本同，顧千里、黄丕烈亦無說。張溥曰：‘舊本蔡中郎集載伯淮碑，誤書建安二年卒，宋人謂邕建安前已先逝，因疑此碑爲僞，不知後漢書伯淮之歿，蓋熹平二年也。在邕爲先輩大儒，此碑實出邕筆，今改正建安二字爲熹平可耳。’” 玉縉案：熹平二字，張據後漢書姜肱傳訂正，致爲精覈，歐静不知建安二字之譌，輕以爲疑，提要不復詳察而輕信之，反以張爲武斷，張明據范書，豈武斷耶？又歐序所載年次多有譌踳，楊本已辨之，玆不錄。又薦大尉董卓表，楊本校云：“此篇首句稱臣某等，末句稱邕等，可見此表非中郎一人專上，聯名共薦，不知幾何人？卓赫赫之聲，自多阿附，其時中郎文名甚盛，遂不能不爲衆秉筆。劉克莊後村詩話已排詆此表，與揚雄劇秦美新同稱，則宋本實有是文，劉本雖不載，而他本皆未削，祇合存之。”

曹子建集十卷

此本目錄後有嘉定六年癸酉字，猶從宋寧宗時本翻雕，蓋卽通考所載也。凡賦四十四篇，詩七十四篇，雜文九十二篇，合計之得二百十篇。

瞿氏目錄有宋刊本十卷，云："凡賦四十三篇，詩六十三篇，雜文九十篇，與明嘉靖時郭萬程本篇數次第不合。卷四無述行賦，卷五無七步詩，卷七班婕妤贊在禹妻贊前，漢高帝贊在巢父贊前，卷八謝賜柰表在求自試表前，案提要云云，與此本不合。書中'愼'字省筆，而'敦、廓'字不省，知此刻猶在嘉定以前也。"玉縉案：郭本末有曹集疑字音釋二葉，郭名雲鵬，萬程其字。

嵇中散集十卷

舊本題晉嵇康撰，案康爲司馬昭所害，時當塗之祚未終，則康當爲魏人，不當爲晉人，晉書立傳，實房喬等之舛誤，本集因而題之非也。 隋書經籍志載康文集十五卷，新、舊唐書並同。 蓋明嘉靖乙酉，吳縣黃省曾所重輯也。

玉縉案：隋志魏中散大夫嵇康集十三卷，注云："梁十五卷，錄一卷"，提要誤。其以舊題晉字爲非，蓋竊本於隋志，至唐志並作十五卷，下引王楙所稱自不誤。 陸氏藏書志有舊鈔本十卷，云："今世所通行者惟明刻二本：一爲黃省曾校刊本，一爲張溥百三家集本，張本增多懷香賦一首，及原憲等贊六首，而不附贈答、論難諸原作，其餘大略相同，然脫誤並甚，幾不可讀。此本從明吳匏菴叢書堂鈔宋本過錄，余以明刊本校之，知明本脫落甚多。答難養生論'不殊於榆柳也'下，脫'然松柏之生，各以良殖遂性，若養松於灰壤'三句；聲無哀樂論'人情以躁靜'下，脫'專散爲應，譬猶遊觀於都肆，則目濫而情放，留察於曲度，則思靜’二十五字；明膽論‘夫惟至’下，脫‘明能無所惑至膽’七字；答釋難宅無吉凶攝生論‘爲卜無所益也’下，脫‘若得無恙爲相敗於卜，何云成相邪’二句；‘未若所不知’下，脫‘者衆此較通世之常滯然智所不知’十四字；及‘不可以妄求也’，脫‘以’字，誤‘求’爲‘論’，遂至不成文義。其餘單詞隻句，足以校補誤字缺文者不可條舉。”玉縉案：明刻尙有汪士賢漢魏六朝二十名家集本。

陸士龍集十卷

慶元間，信安徐民瞻始得之於祕書省，與機集並刊以行，然今亦未見宋刻，世所行者惟此本。　又“綠房含靑實”四語，及“逍遙近南畔”二語，皆自藝文類聚芙蕖部嘯部摘出，佚其全篇，故詩紀以爲失題系之卷末。但注見藝文某部，此乃直標曰芙蕖曰嘯，殆明人不學者所編，又出詩紀之後矣。

案徐刻謂之晉二俊文集，陸氏藏書志有校宋本，載其自序，稱“士衡集得於新淮西撫幹林君，首篇冠以文賦，士龍集，移書故人祕書郞鍾君，得之於册府，首篇逸民賦”，提要語殊未晰。兩集，明正德己卯陸元大有重刊本，都穆爲之跋，提要謂惟此本者不知何本？士衡集，擎經室外集已著錄，阮氏云：“卽影鈔民瞻之本，與七閣所收士龍集合”，則提要明稱未見宋刻，安得相合，阮說恐誤，如果不誤，則“綠房含靑實”四語，及“逍遙近南畔”二語，直標曰芙蓉曰嘯，提要疑爲明人不學者所編，又出詩紀後者誤矣。安得徐本而一核之。　張氏藏書志亦有影寫宋本士龍集，陸氏儀顧堂題跋有宋刊晉二俊集跋，歷舉陸元大本之譌字及妄增妄改處，茲從略。元大世家子，晚歲業書，詳顧元慶夷白齋詩話。

陶淵明集八卷

今四八目已經睿鑒指示，灼知其贋，別著錄於子部類書而詳辨之。其五孝傳文義庸淺，決非潛作，旣與四八目一時同出，其贋亦不待言，今並删除。

瞿氏目錄有宋刊本，不分卷，無序目，首詩，次雜文，凡十篇，後附顏光祿誄，昭明太子傳，並載紹熙壬子曾集自題云："去其卷第，與夫五孝傳以下四八目雜著，所爲犯是不韙，非敢有所去取，直欲嚅嚌眞淳，吟詠情性，以自適其所適"云云。瞿氏云："自題雖云非敢有所去取，實則別具鑒裁，四庫全書總目云云，曾氏早見及此，不可謂非先覺者矣。"又有校宋本十卷，附錄二卷，云："今世所行翻宋巾箱本十卷，頗精，然以此核之，互異不少"云云，茲不錄。

璿璣圖詩讀法一卷

明康萬民撰。 然晉書稱其圖凡八百四十字，縱橫宛轉以讀之，文多不錄，則唐初實有是圖。 起宗不知何許人？王士禛居易錄載趙孟頫妻管道昇璇璣圖眞蹟，已稱起宗道人云云，則其人當在宋、元間也。

丁氏藏書志有萬曆刊本讀織錦回文法一卷，題明釋子起宗道人分讀，文學邑人康萬民無沴增讀，文學邑人康禹民水衡又增讀，云"是書爲康呂賜編，前有呂賜自識，稱‘余錄先太史縣志眞本，悉依原編，獨蘇氏詩未錄，茲專錄其詩圖,並校諸讀法,合爲一編存之’云云,是呂賜亦對山後人,未知與萬民輩行輩何如耳?四庫著錄,亦即是書,此本前有弘治丙辰仇東之序,稱‘起宗道人經禪之暇,以游戲三昧細玩是圖,得詩三、四、五、六、七言者三千七百餘首,韻意悉如己出,誉錄以見贈。’是起宗爲明僧無疑,館臣據王漁洋居易錄云云,遂疑起宗爲宋、元間人,而不知仲姬墨迹爲明人僞造,似當日館臣所見之本,前脫仇序及讀法凡例並呂賜識語,故致此誤,且不知是書爲呂賜所編,非此本僅存,無由糾正其謬矣。惟禹民讀法,當呂賜時已佚,無由收入,此編卷末載其言曰:‘余偶再讀蘇氏書,殆過十萬言,可盈千卷,當更較禹民爲備,惜乎不可復見也。’”玉縉案:丁說訂正提要甚核,惟謂當更較禹民爲備,禹民疑萬民之誤。 成書多歲堂古詩存,其凡例中有一則云:“璇璣圖古今豔稱,然謂之絶技則可,謂之詩則不可,試依其法讀之,未有不牽強佶倔者也。此亦論詩之言,不得不爾,妙手慧心,要自古今無兩。”玉縉案:書字倬雲,乾隆庚子進士,官侍郎,此論甚允,錄之。

鮑參軍集十卷

此本爲明正德庚午朱應登所刊,云得自都穆家,卷數與隋志合,而冠以炎序,未審即隋志舊本否?考其編次,既以樂府別爲一卷,而采桑、梅花落、行路難亦皆樂府,乃列入詩中,唐以前人皆解聲律,不應舛互若此。又行路難第七首蹲蹲字下,注曰:“集作樽樽”,啄字下注曰:“集作逐”,使果原集,何得又稱“集作”,此爲後人重輯之明驗矣。然文章皆有首尾,詩賦亦往往有自序、自注，與六朝他集從類書採出者不同，殆因相傳舊本而稍爲竄亂歟？　鍾嶸詩品云："學鮑照纔能'日中市朝滿'，學謝朓劣得'黄鳥度青枝'"，今集中無此一句，益知非梁時本也。

張氏藏書志有舊鈔本鮑氏集十卷，云："毛氏從宋刊本手校，虞炎序上方有識語云：'宋本每幅廿行，每行十六字，小字不等。'卷一舞鶴賦'巾拂兩停九劍雙止'上識語云：'欽宗諱桓，故宋本書"丸"字諱去一點，犯嫌名也。'然字形狹長，仍作'丸'字形，而缺一點，與'九'字不同。"　案朱亦棟羣書札記云："古樂府玉階怨謝朓詩云：'夕殿下珠簾，流螢飛復息，長夜縫羅衣，思君此何極。'虞炎詩云：'紫藤拂花樹，黄鳥度青枝，思君一歎息，苦淚應言垂。'以謝較虞，優劣見矣，詩品所云，蓋指此也。"

謝宣城集五卷

趙紫芝詩曰："輔嗣易行無漢學，玄暉詩變有唐風"，斯於文質升降之間爲得其平矣。

玉縉案：紫芝爲師秀之字，例應稱其名，此二語見秋夜偶書詩，唐庚子西集書三謝詩後云："三謝詩至玄暉語益工，然蕭散自然之趣亦少減，漸有唐風矣。"趙實本唐，當引彼。

江文通集四卷

今舊本散佚，行於世者惟歙縣汪士賢、太倉張溥二本，此本乃乾隆戊寅淹鄉人梁賓，以汪本、張本參核異同，又益以睢州湯斌家鈔本參互成編。汪本闕知己賦一篇，井賦四語，銅劍讚一篇，詠美人春遊一篇，征怨一篇，張本闕爲蕭讓太傅揚州牧表一篇，此皆補完。

瞿氏目錄有校元本八卷，陸氏儀顧堂續跋有南宋書棚本是集十卷，跋云："較汪士賢本，多知己賦一首，較張溥本，多蕭讓太傅揚州牧表一首，此外字句之間勝汪、張兩本處甚多。余又有梅鼎祚刊本，名江光祿集，亦分十卷，編次前後，缺文墨釘，皆與此本同，增遂古篇、詠美人春遊、征怨三首爲補遺，不羼入十卷之內。"玉縉案：如提要說，此本似尚缺遂古篇，俟考。

庾子山集注十六卷

璠字魯玉，錢塘人，康熙乙酉舉人，官內閣中書舍人。　是編以吳兆宜所箋庾開府集，合衆手以成之，頗傷漏略，乃詳考諸史，作年譜冠於集首，又旁採博蒐，重爲注釋。　漢書藝文志別栩陽賦五篇，自是人姓名，而信哀江南賦乃云"栩陽亭有離別之賦"，唐山夫人安世房中歌桂華二字，自屬篇名，"馮馮翼翼承天之則"二句，乃下章之首，而信黃帝雲門舞歌，乃云"清野桂馮馮"，皆顯然舛誤，璠依違其詞，不加駁正，亦失之附會。　然比核史傳，實較吳本爲詳。

案當稱璠有神州古史考已著錄，此不合通例。　張九鐔笙雅堂集跋庾開府集云："倪魯玉注釋頗稱精核，而複漏不少，如言志詩'託情忻六學'，出漢書儒林傳、春秋繁露，而云'疑六經，又疑六藝'，竹杖賦'中國明於禮義闇於知人'，出莊子田子方篇溫伯雪子語，而誤以'中國'爲'國中'，是知注釋之難，雖愛者不盡解也。"　玉縉案：倪非因吳重注,詳前條,"栩陽亭、桂馮馮",倪注固屬附會,然有割裂者,文選劉鑠擬行行重行行詩,"堂上流塵生,庭中綠草滋,寒螿翔水曲,秋兔依山基",而蕩子賦"細草横階隨意生"注,引作"流塵生庭中,綠草滋寒螿",文選潘岳馬汧督誄,"精冠白日,猛烈秋霜,棱威可厲,懦夫克壯",而入彭城館詩"項氏昔棱威"注,引作"秋霜棱威",此不應不略一舉出。又提要但稱通行本,余所見康熙戊辰崇袖堂本、道光己亥大文堂本,往往互異。如華林園馬射賦"既異河間之碑"注,崇袖本云:"漢書'河間獻王來朝,獻雅樂,武帝對之三雍宮',後漢書張純傳,'河間古辟雍記',注云:'武帝時河間獻王德獻雅樂,對三雍宮,'有其書記也。"大文本云:"河間碑,漢靈帝事,藝文類聚載後漢張超靈帝河間舊碑云:'樹中天之雙闕,崇冠山之華堂,通樓間道,丹階紫房,金葱鬱律,玉璧內璫。"哀江南賦"高橋羈旅"注,崇袖本云:"水經注,石門右注漢口,謂之高橋谿口,左氏傳曰:田敬仲曰:'羈旅之臣',杜預曰:'羈,寄也,旅,客也。'"大文本云:"後漢書'梁鴻至吳,依大家臯伯通居廡下',唐梁肅梁高士碣云:'作銘臯橋,萬古是望',今閶門內有高橋是。"其他小有異同處甚夥,提要所據通行本未知何如?此大文本前,當有一本如是,由倪氏改定,大文堂特翻刻之耳。

東臯子集三卷

唐書藝文志載績集五卷,陳振孫書錄解題亦云:"其友呂才,鳩訪遺文,編成五卷,爲之序,而今本實止三卷。"又晁公武讀書志引呂才序，稱"績年十五，謁楊素，占對英辨，薛道衡見其登龍門憶禹賦，歎爲今之庾信"，且載其卜筮之驗者數事，今本呂才序尙存，而晁公武所引之文則無之。又序稱鳩訪未畢，緝爲三卷，與書錄解題不合，其登龍門一賦亦不載集中，或宋末本集已佚，後人從文苑英華、文粹諸書中採績詩文，彙爲此編，而僞託才序以冠之，未可知也。此本爲明崇禎中刊本，卷首尙有陸淳序一首，晁、陳二家目中皆未言及，其眞僞亦在兩可間矣。

張氏藏書志有舊鈔本，爲趙琦美舊藏，有呂才序及陸淳刪東皋子集序，然則五卷爲呂輯本，三卷爲陸刪本，不必疑也。

寒山子詩集二卷附豐干拾得詩一卷

唐書藝文志載寒山詩入釋家類，作七卷，今本併爲一卷，以拾得、豐干詩別爲一卷，則明新安吳明春所校刻也。今觀所作，皆信手拈弄，全作禪門偈語，不可復以詩格繩之，而機趣橫溢，多足以資勸戒。

瞿氏目錄有明刻本，各作一卷，附慈受擬寒山詩一卷，云："慈受和尙，名懷深，擬寒山詩，自序作於建炎四年，謂結茅洞庭，擬其體成一百四十八首"云云。陸氏儀顧堂題跋影宋鈔寒山詩跋云："以舊藏廣州刊本及全唐詩校一過，全唐詩卽從此本出，卷末'怡然居甛地日'以下缺亦同。廣州本序次既異，字句亦多不同，拾得詩缺'人生浮世中''平生何所憂''故林又斬新''一入雙□不計春'凡四首，寒山詩缺'沙門不持戒''可貴一名山''我見多□漢''昔年曾到大海遊’‘夕陽赫西山’凡五首，非善本也。” 王應麟困學紀聞云：“寒山子詩，如施家兩兒事，出列子，羊公鶴事，出世說，如子張、卜商，如侏儒、方朔，涉獵廣博，非但釋子語也。對偶之工者，青蠅白鶴，黃籍白丁，青蚨黃絹，黃口白頭，七札五行，綠熊席青鳳裘，而楚辭尤超出筆墨畦逕”云云。何焯䉷云：“苔滑非關雨，松鳴不假風，眞佳句也。”

駱丞集四卷

其集，新、舊唐書皆作十卷，宋藝文志載有百道判三卷，今並散佚，此本四卷，蓋後人所裒輯。

顧廣圻思適齋集代秦敦甫撰駱賓王文集考異序云：“駱賓王文集，余友顧澗蘋用汲古閣毛氏所藏本影寫，近從之借來，證諸直齋書錄解題，蜀本也。分卷凡十：爲賦頌一、詩四、表啓書二、雜著三，前有郗雲卿序。又考舊、新兩唐志，皆以十卷著錄，是此實爲唐、宋相仍雲卿編次之舊，遂摹刊印行。澗蘋復取文苑英華互勘，凡注‘集作’，大抵相合，其遇有可疑及集非苑是幷苑無注者，皆加決定，撰爲考異一卷。至於苑有差違，或兩得通，雖則甚夥，咸在所略，世行本無足信據，亦置而弗論。” 瞿氏目錄有明刊本駱賓王集十卷，云：“世傳顏注本止四卷，非舊第，此十卷本，凡賦頌一、詩四、表啓書二、雜著三，尙出郗雲卿編次之舊，有郗序，與唐志及宋刊蜀本合。其代李敬業檄結句，‘合是誰家之天下’，足正俗本‘合’作‘竟’之誤。” 丁氏藏書志有元刊本十卷，云：“冠以本傳，先列螢火賦，終以丹陽刺史挽詞，俗本代徐敬業討武氏檄，此作李敬業以武后臨朝移諸郡縣檄，'六尺之孤何託'，此作'安在'，與書錄解題引同。"又有明陳魁士注四卷，云："雖非舊第，而'徐敬業'作'李敬業'，'何託'作'安在'，所引尙非俗本。"

李慈銘荀學齋日記辛集上二云："道光間所刻駱賓王集，籤題'駱文忠公集'，其首載陳析木熙晉作所補傳，言'明末福王時，東陽張國維爲之請謚，得謚文忠'，此與元文宗之謚杜甫曰文貞，正堪作對，亦異聞也。"金華叢書本胡序云："駱丞集，前明有單行本，吾婺之義烏栢林子孫藏於祠，迨我朝乾隆年間欽定全唐詩文，駱丞文二卷、詩三卷與焉，四庫目錄曾採載之，稱四卷。道光初，義烏陳明府津刻駱侍御集，注解甚晰，近爲兵燹所燬，同治戊辰，余覓得江東孫公素本，不分卷數，其文祇載螢火與蕩子、從軍二賦，暨靈泉一頌，詩卽全唐集中所載也。己巳春，因取全唐文所載爲齊州父老請陪封禪表，以及祭趙郎將諸作，共三十八篇，排比鈔刊，合詩文爲四卷，俾成完璧。又校對各本，頗有異同，另纂辨譌考異二卷。"

陳拾遺集十卷

王士禛香祖筆記，又舉其大周受命頌四章，進表一篇，請追上太原王帝號表一篇，以爲"覩劇秦美新殆又過之，其下筆時不復知世有節義廉恥事"，今亦載集中。

張宗泰魯巖所學集武、韋之禍條云："溫公編通鑑，採陳子昂上天后諫疏凡三：一則曰：'諸方告密，囚累百千，及其窮竟，百無一實'；一則曰：'宜緩刑崇德，撫慰宗室，各使自安'；一則曰：'太平之朝，上下樂化，不宜有亂臣賊子，日犯天誅者'，無非爲天后當日羣小用事，搆陷無辜而發，原其進諫之意，不失爲仁人君子之用心。乃新城王氏摘其大周受命頌等作，謂其下筆時不復知世有廉恥節義事，考新唐書本傳，子昂在天后朝，不見有所謂趨權附勢希榮邀寵之迹，則其歌功頌德於平日，用以結主上之知遇，事有可進言者，借爲萬一之補救，其用意正未可厚非，王氏沒其長而專摘其所短，亦爲不善論人者矣。"

張燕公集二十五卷

集首永樂七年伍德記一篇，稱兵燹之後，散佚僅存，錄而藏之。至嘉靖間，其子孫始爲梓行，而譌舛特甚。

張氏藏書志有影寫宋刊張說之文集殘本十卷，云："卷首喜雨賦二首，一題御製，一題應制，明刻本刪去御製、應制等字，卷五醉中作，明刻本有題無詩，卷六廣州蕭都督入朝過岳州宴餞，後缺一頁，計詩七首，題一行，錢牧翁從宋本鈔補。"瞿氏目錄略同，惟所缺一頁，謂凡詩八首，疑誤。其以刪去御製等字，謂誤以御製爲自作，語頗明瞭。顧廣圻思適齋集是書跋云："右秦敦夫藏本，所見燕公集，以此爲最佳，余前別校正燕公文十五卷，又從汪孟慈得茉花吟舫鈔本，多出五卷，又益以英華、文粹所載若干篇，合此庶爲全集，粗可寫定，惜無好事者刊以行世。"玉縉案：顧校本未知與此釐定本何如？其本或尙在天壤間，錄之以待訪。

曲江集二十卷

成化間，邱濬始從內閣錄出，韶州知府蘇韡爲刊行之。其卷目與唐志相合，蓋猶宋以來之舊本也。

翁方綱石洲詩話卷一云："近時粵中所刻曲江公集頗未精校，即如開卷載蘇子瞻一詩，其詞之俚不知出誰附會？其金鑒錄之僞，則阮亭皇華紀聞已辨之。" 吳氏繡谷亭薰習錄云："晁氏題曲江集二十卷，末有姚子彥行狀、呂溫眞讚、鄭宗珍謚議、徐浩墓碑及贈司徒敕，今惟浩碑與敕存，餘則幷元祐中鄧開序亦失之，益以歷官制，蓋錄之文苑英華，內閣書目亦題二十卷，豈舊本猶在耶？"

李北海集六卷附錄一卷

邕事蹟具唐書本傳。

盧弼四庫湖北先正遺書札記云："案大淸一統志，'唐李邕，江都人，嘗遷居江夏，杜甫詩稱爲"江夏李邕"，今縣有李邕宅。'"

李太白集三十卷

舊唐書白傳，稱山東人，新唐書則作隴西成紀人，考杜甫作崔端、薛復筵醉歌，有"近來海內爲長句，汝與山東李白好"句，楊愼丹鉛錄，據魏顥李翰林集序，有"世號爲李東山"之文，謂杜集傳寫誤倒其字，似乎有理，然元稹作杜甫墓誌，亦稱與山東人李白，其文鑿然，如倒之作東山人，則語不成文，又不得以魏序爲解。檢白集寄東魯二子詩，有"我家寄東魯"句，顥序亦稱合於魯一婦人生子曰頗黎，蓋居山東頗久，故人亦以是稱之，實則非其本籍，劉昫等誤也。至於隴西成紀，乃唐時李氏以郡望通稱，故劉知幾史通因習篇自注曰：

“近代史爲王氏傳云瑯邪臨沂人，爲李氏傳云隴西成紀人，非惟王、李二族久離本郡，亦自當時無此郡縣，皆是魏、晉以前舊名”，今勘驗唐書地理志，果如所說，則宋祁等因襲舊文，亦不足據。惟李陽冰序稱“涼武昭王暠之後，謫居條支，神龍之始，逃歸於蜀，復指李樹而生伯陽，驚姜之夕，長庚入夢”，顥序稱“白本隴西，乃因家於縣，身既生蜀”云云，則白爲蜀人，具有確證，二史所書，皆非其實也。今草堂集不傳，樂史所編亦罕見。而此乃云太白全集，未審爲宋本所改？曰芑所改？是則稍稍可疑耳。

案舊書上稱山東人，下稱父爲任城尉，因家焉，是明乎白之先非山東人，而語未完備，新書稱“興聖皇帝九世孫，其先隋末以罪徙西域，神龍初，遁還，客巴西，白之生，母夢長庚星，因以名之”，則與李陽冰及魏顥序所言大致相同，並不是隴西成紀人，不知提要何所據也？吳氏繡谷亭薰習錄考白里貫及生卒子女甚詳，今不錄。陸氏藏書志有北宋蜀刊本李太白文集三十卷，並載元豐三年毛漸題語云：“李詩爲人所尚，以宋公編類之勤，而曾公考次之詳，今晏公又能鏤板以傳”，是“全集”字爲晏本所改無疑，但陸志“全集”作“文集”，豈當時統以文概之耶？又有咸淳刊本李翰林集三十卷，更可見宋時自有兩本。其儀顧堂集北宋本李太白文集跋，以爲即吳門繆武子刊本所從出，並舉宋本不誤而繆本譌誤，及宋本誤字而繆本改易，各若干條，今不錄。丁氏藏書志有明正德刊本李翰林別集十卷。

分類補注李太白集三十卷

此本前二十五卷爲古賦、樂府、歌詩，後五卷爲雜文，且分標門類，與繆本目次不同，其爲齊賢改編，或士贇改編，原書無序跋，已不可考，惟所輯注文，則以"齊賢曰"、"士贇曰"互爲標題以別之，故猶可辨識。

張氏藏書續志有元刊本分類補注李太白詩二十五卷，陸氏儀顧堂續跋元槧二十五卷本跋云："前有李陽冰、樂史序，劉全白碣記，宋敏求、曾鞏、毛漸序，次關中薛仲邕編年譜，次目錄，目後有'建安余氏勤有堂刊'篆文木記，元刊元印本。其分賦、古風、樂府、歌吟、贈別、送、酬答、遊宴、登覽、行役、閒適、懷思、感遇、寫懷、詠物、題詠、雜詠、閨情、哀傷二十類，與晏知止本同，惟晏本賦列二十五，此列卷一，餘亦少有參差。宋次道有云：'沿舊目而釐正其彙次，使各相從'，南豐亦云：'次道以類廣白詩'，今諸本皆分二十類，則分類實始於次道，非楊、蕭兩家所爲也。兩家所注，有詩無文，明郭雲鵬刊本，增雜文爲三十卷，注則刪削過半，有全章削去者，有一章削去四五百言而留一二句者，又增以'禎卿曰'云云，使古書面目，幾無一存，殊爲謬妄。曾鞏序云：'李白集三十二卷，舊歌詩七百七十六篇'，今千有一篇，雜著六十五篇，晏本作李白集三十卷，餘同，咸淳本作李白詩集二十卷，七百若干篇，今九百若干篇，與元豐類稾同，與此本及晏本不合。"玉縉案：提要所見，非此本當即郭本，郭本亦有李、樂、曾諸序，劉墓碣，宋題後，又有李華撰墓誌，既皆佚去，無怪其茫然。惟中有“禎卿曰”而絕不致疑，未免失之目睫耳。　至元辛卯士贇自序云：“一日得左綿所刊楊君子見注本，惜其博不能約，因取其本類比爲之節文，善者存之，注所未盡者以所見附其後，賦八篇，子見本無注，則併注之”，然則分類始於宋敏求，楊本是否仍其次雖不可知？而蕭本則明有所移易矣，陸跋亦未盡。

九家集注杜詩三十六卷

𪓐據書錄解題作字子肅，閩淸人，凌迪知萬姓統譜則作字𪓐甫，閩縣人，慶元中，尉上高，復還廣東漕使，與陳振孫所記小異，振孫與𪓐同時，迪知所敍，又與序中結銜合，未詳孰是也？　世有稱東坡事實者，案當作老杜事實。

陸氏儀顧堂續跋云：“𪓐字子肅，福建閩縣人，紹熙四年進士，尉上高，轉監行在惠民局云云，見陳宓復齋集運判曾公墓誌，萬姓通譜以爲字𪓐甫固誤，書錄解題以爲閩淸人亦誤。”　玉縉案“當作老杜事實”，洪邁容齋隨筆云：“蜀本刻杜集，以老杜事實爲東坡所作，遂以入注，殊誤後生”云云。瞿氏目錄有宋刊殘本門類增廣十注杜工部詩，云：“不著何人編輯？卷首題‘前劍南節度參謀宣義郎檢校尙書工部員外郎賜緋魚袋杜’一行，各家書目俱未著錄。”玉縉案：此本用老杜事實不及郭編，惟郭引王洙說，實亦假託，晁公武郡齋讀書志云：“自王原叔後，學者喜誦杜詩，世有爲之注者數家，率皆淺鄙可笑，有託原叔名者，其實非也。”陸氏儀顧堂題跋影宋鈔王洙本杜詩跋云：“南渡後，原叔孫祖寧又刻於浙中，見中州集卷二，原叔未嘗注杜詩，觀王琪後記可知，今通行本九家注、千家注杜詩，所採王原叔注，實元祐間祕閣校對鄧忠臣字若思者所作，見中州集卷二引吳激彥高說，浙本前有王祖寧序，備言其祖未嘗注杜詩，與讀書志及吳彥高說合。”

黄氏補注杜詩三十六卷

其郭知達九家注、蔡夢弼草堂詩箋視鶴本成書稍前，而注內無一字引及，殆流傳未廣，偶未之見也。

陸氏儀顧堂續跋元槧二十五卷本跋云：“建安蔡氏夢弼亦在姓氏中，集注曾采及，惟郭知達注不及一字耳。”玉縉案：二十五卷，爲徐居仁就黄本爲之分門編類，乃別一本。

集千家注杜詩二十卷

宋犖謂杜詩評點，自劉辰翁始，劉本無注，元大德間有高楚芳者，刪存諸注，以劉評附之，此本疑卽楚芳編也。辰翁評所見至淺，其標舉尖新字句，殆於竟陵之先聲，王士禛乃比之郭象注莊，殆未爲篤論。

楊氏楹書隅錄有元本集千家注批點杜工部詩集二十卷，謂“天一閣書目著錄是書，有大德癸卯廬陵劉將孫序云：‘先君子須溪先生，每浩歎學詩者各自爲宗，無能讀杜詩者，高楚芳類粹刻之，復刪舊注之無稽者、汎濫者，特存精確必不可無者，求爲序以傳。是本淨其繁蕪，可以使讀者得於神，而批評標掇，足使靈悟，固草堂集之郭象本矣。楚芳於是集用力勤，去取當，校正審，賢他本草草藉吾家名以欺者甚遠，相之者吾門劉郁云。’而提要僅據宋犖之言，疑爲高楚芳所編，又謂‘前載王洙、王安石、胡宗愈、蔡夢弼四序'，而不及將孫，是當時採進者乃明人覆本，蓋明刻如玉几山人、長洲許自昌等本甚夥，皆無將孫序也。此本以年譜冠首，目錄及卷一前標題'須溪先生劉會孟評點'，皆明刻所無，惟將孫序亦闕失者，則俗賈割去欲充宋槧耳。是書專主須溪評點，故楚芳删附諸注，僅存其半，殊未若分類集千家注本之詳，然分類本所采須溪語絕寥寥，正宜合觀，亦讀杜詩者所不容廢也。"據此，則是書爲楚芳編、將孫序甚明，王士禛所見本同，故襲其說而比之郭象注莊，提要本無此序，宜其所言之未盡當也。至簡明目錄不作疑詞，直云元高楚芳編矣。分類本者，即吳氏拜經樓藏書題跋記所稱"集千家注杜詩二十五卷"，前題東萊徐居仁編次，張氏續志、瞿志有至正戊子積慶堂本，徐居仁編次。臨川黃鶴補注，後記皇慶壬子余志安刊於勤有堂，首列集注姓氏，自昌黎韓氏迄廬陵劉氏辰翁，未知視楚芳本何如者？四庫未收，别有黃氏補注杜詩三十六卷，非卽分類本，總之，高本以劉評爲主，徐本以黃注爲主而續有附益也。瞿氏目錄有元刊批點本，丁氏藏書志有明刊批點本，瞿、丁兩氏並有元刊徐本。

杜詩詳注二十五卷附編二卷

每詩各分段落，先詮釋文義於前。

陳僅竹林答問云："其分段輯注多不合詩意，且尊杜太過，凡律詩失調之句，必改易平仄以遷就之，有一句改至三四字不復可讀者，穿鑿之病，殆所不免。"

王右丞集箋注二十八卷附錄二卷

瞿氏目録有影鈔宋本王右丞文集十卷，云:"舊爲述古堂藏本，遵王氏謂出宋時麻沙本，而'山中一半雨'，不作'一夜雨'，足徵其本之佳。"又有校宋本王摩詰集十卷，云:"宋本與今本異者，五言絶句中太平詞至閨人贈遠十五首，列第一卷末作王涯詩，在七言十五首後，七言絶句中獻壽詞至秋夜曲十五首，列第一卷末，亦作王涯詩，在寄崇梵僧後。又與盧員外象過崔興宗林亭詩後，有盧象、王縉、裴迪、崔興宗同作詩四首，今本闕之。"玉縉案:趙殿成所見凡四家，未及此本。陸氏儀顧堂題跋宋本十卷跋云:"卷六末有跋云:'韋蘇州詩，韻高而氣淸，王右丞詩，格老而味長，雖皆五言之宗匠，然互有得失，不無優劣，以標韻觀之，右丞遠不逮蘇州，至其詞不迫切而味甚長，雖蘇州亦不及也。'凡七十餘字，爲元以後刊本所無。卷五送梓州李使君'山中一半雨'，不作'山中一夜雨'，與敏求記所記宋本同，惟卷二出塞作脱廿一字。"玉縉案:顧廣圻思適齋集有王摩詰集跋，稱"蜀本不如建昌本之善，題摩詰集者蜀本，題王右丞集者建昌本"，兹從略。

高常侍集十卷

此本從宋本影鈔。

丁氏藏書志有明刊本十卷，云:"四庫本七絶無聽張立本女吟一首，七律無程俱所作重陽一首，此皆有之，天祿琳琅所收者卽此本也。"

孟浩然集四卷

今集其詩二百一十七首，分爲四卷，此本四卷之數雖與序合，而詩乃二百六十二首，較原本多四十五首。洪邁容齋隨筆嘗疑其示孟郊詩時代不能相及，今考長安早春一首，文苑英華作張子容，而同張將軍薊門看鐙一首，亦非浩然遊迹之所及，則後人竄入者多矣。

瞿氏目錄有明刊本，云："宋本作上、中、下三卷，以意分類，不標名目，詩凡二百十首，此出後人重編，較多四十五首。"玉縉案：二百一十七與二百十不同，蓋原序作二百十也。

常建詩三卷

其里貫亦無可考。　修集本作"竹徑通幽處"，蓋一時誤記，姚寬西溪叢語已辨之，今據建集改正。

丁氏藏書志有明刊本二卷，云："建，長安人，提要所辨'曲徑通幽處'，謂歐集及西溪叢語誤作'竹徑'，此本原詩固作'竹徑通幽'，不誤也，餘可證俗本之誤者尚廿餘字。"

次山集十二卷

蓋後人摭拾散佚而編之，非其舊本，觀洪邁識所記二十國事，如方國、圓國、言國、相乳國、無手國、無足國、惡國、忍國、無鼻國、觸國之類，見於容齋隨筆者，此本皆無之，則其佚篇多矣。　文章戛戛自異，變排偶綺靡之習，杜甫嘗和其舂陵行，稱其可爲天地萬物吐氣，晁公武謂其文如古鐘磬，不諧俗耳，高似孫謂其文章奇古，不蹈襲，蓋唐文在韓愈以前，毅然自爲者自結始，亦可謂耿介拔俗之姿矣。皇甫湜嘗題其浯溪中興頌曰："次山有文章，可惋只在碎，然長於指敍，約結有餘態，心語適相應，出句多分外，於諸作者間，拔戟成一隊”，其品題亦頗近實也。

瞿氏目錄有明刊本漫叟文集十卷，拾餘、續拾餘一卷，云：“陳直齋謂‘次山集有蜀本、江本，蜀本有自序及拾遺，江本拾遺文分載十卷中，有李商隱序’，又戴剡源謂永州本刪去浪翁觀化、惡圓、惡曲、出規、處規、訂司樂氏等十四篇，此明初刻本，疑出自蜀本，惟中興頌不列拾遺，與直齋所言微有不合。卷四朝陽巖下歌．‘朝陽洞口寒泉清’句下，正德時湛甘泉刻本，脫去‘零陵城郭夾湘岸，巖洞幽奇當郡城，荒蕪自古人不見’三句，此本有之。”丁氏藏書志有明刊本元次山文集十二卷，云：“與四庫全書所載同，其實十一卷注曰拾遺，十二卷注曰拾遺補，是原編仍舊十卷也。” 李慈銘桃華聖解盦日記丙集三八云：“次山首變六朝之習，昔人推爲韓、柳、‘若、蚡’，然其命題結體時墮小說，後來晚唐、五季，以古文名者，往往俚率短陋，專務小趣，沿至宋、明，遂爲山林惡派，追原濫觴，實由次山。蓋駢儷之弊，誠多蕪濫，而音節有定，終始必倫，雕飾鋪陳，不能率爾，既破偶爲單，化整爲散，古法盡亡，惡札日出。次山惟容州謝上諸表，送譚山人歸雲陽序，又記銘小品，間有可觀，然狀景述情，較之子厚之記永州，何止大小巫之殊哉！虎蛇頌、化虎論等，不諱‘虎’字，以肅、代時太祖已祧，至他文屢用‘淵、民’，則宋以後傳寫者所肊測妄改也。”

顏魯公集十五卷

獨此本爲錫山安國所刻，雖已分十五卷，然猶元剛原本也。

孫星衍廉石居藏書記云:"都穆序云:'顏魯公集有二:予家藏舊本,凡十五卷,人間所傳,又有宋留元剛本,視予家者十五而闕其三,止十二卷,其本有公文補遺及年譜、行狀,皆予家所無,而予家自政和公主碑至顏夫人碑十首,又元剛之所未有,今僭爲編訂'云云,是本都氏所私定也,四庫所收卽此本,疑脫都氏序,故疑爲元剛本耳。" 吳氏繡谷亭薰習錄云:"宋時本有二:一,嘉祐中宋敏求集,見館閣書目,一,劉敞序稱吳興沈侯編,並十五卷,及留元剛永嘉刻本後序,又謂敞所序十二卷卽宋敏求所集,陳氏有辨,見經籍考,其年譜、拾遺,皆元剛所益也。今本吳郡都穆改編,嘉靖中,毘陵安民泰刻,舊以詩居首,今則首奏議而表次之,碑銘次之,書序與記又次之,詩終焉,卷仍舊數,詳穆後序,前有楊一清序。案煉師女冠之稱,魯公有贈吳煉師詩,晏公類要引入女道士類,自宋以降,皆作道流通稱,識者未可沿其誤也。"

杼山集十卷

案唐書藝文志,晈然字淸晝,湖州人,謝靈運十世孫,居杼山,顏眞卿爲刺史,集文士撰韻海鏡源,預其論著。貞元中,取其集藏集賢御書院,刺史于頔爲序,此集卷數與唐志合,頔序亦存。

吳氏繡谷亭薰習錄云:"詩卷及僧錄皆云晈然名晝,頔序云'字淸晝',又頔郡齋寄贈詩注云:'早名晈然,晚字晝',頔與同時,應無誤。獨集中每自稱晝,似又不應人皆書名,己獨書字也。"玉縉案:當是晚名晝,字淸晝。

韋蘇州集十卷

宋姚寬西溪叢話，載吳興沈作喆爲作補傳，稱"應物少游太學，當開元、天寶間，充宿衛，扈從遊幸，頗任俠負氣。兵亂後流落失職，乃更折節讀書，由京兆功曹累官至蘇州刺史，太僕少卿，兼御史中丞，爲諸道鹽鐵轉運江淮留後，年九十餘，不知其所終。"先是嘉祐中，王欽臣校定其集，有序一首，述應物事迹，與補傳皆合。惟云以集中及時人所稱，推其仕宦本末，疑止於蘇州刺史，考劉禹錫集，有蘇州舉韋中丞自代狀，則欽臣爲疏略矣。　此本爲康熙中項絪以宋槧翻雕，卽欽臣所校定。

陸氏藏書志有明覆宋乾道刊本十卷，有王欽臣序，沈作喆補傳。又有明弘治刊本十卷，拾遺一卷，亦有王序、沈傳。楊氏楹書隅錄有宋本十卷，謂"盧抱經羣書拾補所校是集宋本，與此俱合，惟盧本有拾遺三葉，其目云：'熙寧丙辰校本添四首，紹興壬子校本添三首，乾道校本添一首'，此本俱無之，想刻時在前，尙未經輯補，二者均以王欽臣序冠首，次沈作喆所撰補傳。"據此，則宋本均有沈傳，何爲轉引姚書，豈項本獨缺此傳歟？楊氏又云："作喆字明遠云云，天祿琳琅書目著錄，蓋卽此本，乃纂輯諸臣引顧瑛玉山名勝集，以明遠爲元人，似誤以明遠爲名。遂入之元版書中，未免負此古本矣。"玉縉案：天祿本之爲宋爲元不可知？惟引名勝集以沈爲元人，是則不學耳。　吳氏繡谷亭薰習錄云："蔡寬夫詩話謂禹錫所舉別是一人，趙與旹賓退錄辨之特詳，今觀集中自龍郡後不復有詩，足證蔡說之足據。"錢大昕養新錄十二云:"韋應物貞元二年由左司郎中出爲蘇州刺史,而劉禹錫集中有大和六年除蘇州舉韋應物自代狀,宋葉少蘊、胡元任已疑其非一人,而沈作喆撰韋傳,合而一之,篇末雖亦有疑詞,而終未敢決。近世陳少章景雲據白樂天於元和中謫江州後貽書元微之,於文盛稱韋蘇州詩,又言'當蘇州在時,人亦未甚愛重,必待身後人始貴之',則是時蘇州已歿,而劉狀又在此書十年以後,則其所舉必別是一人矣。樂天守蘇日,夢得以詩酬之云:'蘇州刺史例能詩,西掖今來替左司',言白之詩名,足繼左司耳,非謂實代其任也,沈傳謂'貞元二年補外,得蘇州刺史,久之,白居易自中書舍人出守吳門,應物罷郡,寓郡之永定佛寺',則誤甚矣。白公出守在長慶間,距貞元初垂四十年,豈有與韋交代之理乎?大昕案:樂天刺蘇在寶曆元年,陳以爲在長慶間亦誤。"又卷十四亦云:"作喆聯合爲一篇,終雖有疑詞,然失史家矜愼之義。"

李慈銘荀學齋日記辛集上四九云:"分類十四,王記作十五,字誤。古賦祗冰賦一首,詩五百七十首,寄贈最多,分上下卷,歌行亦分兩卷,末附拾遺詩八首,亦宋人所校補也。" 胡仔漁隱叢話十五引蔡寬夫詩話云:"劉禹錫集中有大和六年舉自代一狀,然應物溫泉行云:'北風慘慘投溫泉,忽憶先皇巡幸年,身騎廄馬引天仗,直至華淸列御泉',則嘗逮事天寶間也,不應猶及大和,恐別是一人,或集之誤。"胡仔曰:"蘇州集有燕李錄事詩云:'與君十五侍皇闈,曉拂爐煙上玉墀',又溫泉行云:'出身天寶今幾年,頑鈍如鎚命如紙’，余以編年通載考之，天寶元年至大和六年計九十一年，應物於天寶間已年十五，及有出身之語，不應能至大和間也。蔡寬夫云：‘劉禹錫所舉別是一人’，可以無疑。”

四庫全書總目提要補正卷四十四

别集類二

錢仲文集十卷

其集唐志作一卷，晁公武讀書志作二卷，今本十卷，殆後人所分。

胡仔漁隱叢話後集云："夷白堂小集云：'錢起考功詩，世所藏本皆不同，宋次道舊有五卷，王仲至續爲八卷，號爲最完。'然如'牛羊山上小，煙火隔雲深'，'鳥道掛疏雨，人家殘夕陽'，'窮通戀明主，耕桑亦近郊'，'長樂鐘聲花外盡，龍池春色雨中深'，此等句皆當時相傳爲警絕，而八卷無之，知其所遺多矣。"據此，則宋時有八卷本。

翰苑集二十二卷

案藝文志載贄議論表疏集十二卷，又翰苑集十卷，常處厚纂，陳振孫書錄解題載陸宣公集二十二卷，中分翰苑、牓子爲二卷，其目亦與史志相同。惟晁公武讀書志所載，乃祇有奏議十二卷，且稱"舊有牓子集五卷，議論集三卷，翰苑集十卷，元祐中，蘇軾乞校正進呈，改從今名，疑是裒諸集成此書"，與史志名目全不相合。今考尤袤遂初堂書目所列，實作翰苑集，而錢曾讀書敏求記載所見宋槧大字本二十二卷者，亦作翰苑集。則自南宋以後已合議論、表疏爲一集，而總題以翰苑之名。公武所見，乃元祐本，恐非全冊，而今世刊行贄集，亦有題作陸宣公奏議者，則又沿讀書志而失之者也。

瞿氏目錄有校宋本陸宣公集二十二卷，云："分制誥十卷，奏草七卷，奏議七卷。"又有明刊本二十四卷，云："凡制誥十卷，奏草七卷，中書奏議七卷，與權序翰苑集卷數合，猶出自舊本也。"陸氏藏書志有元刊本二十二卷，其儀顧堂續跋云："前有權德輿翰苑集序，次蘇軾等進奏議劄子，次至大辛亥厲一鶚序，卷一至十制誥，卷十一至十六奏草，卷十七至二十二中書奏議，一至卷十版心刻'苑幾'，十一至廿二版心刻'奏幾'，皆有字數、刻工姓名，蘇東坡等所進劄子題曰'本朝名臣'，此從宋本翻雕之證。"丁氏藏書志有明本，云："制誥十卷，八十五篇，奏草七卷，三十二篇，奏議七卷，二十四篇。" 錢大昕養新錄云："陸宣公集廿二卷，制誥十，奏草六，中書奏議六，前有權德輿序，後載元祐八年五月七日蘇軾等劄子。其書遇'構'字小書太上御名，'慎'字小書御名，若先代諱但缺筆而已，蓋乾道、淳熙間槧本，錢遵王所見大字本卽此也。權序所述三項名目，與此刻同，惟奏草、中書奏議皆作七卷，疑轉寫誤六爲七耳。唐書藝文志所載翰苑集十卷，卽制誥，其云議論表疏集十二卷，卽奏草與中書奏議，驗其目錄，無不脗合，若晁氏所載奏議十二卷，則元祐經進之本，止取後十二卷，不及制誥也。權序雖標翰苑之名，而中書奏議實非翰苑之作，則此題宣公集者爲得之。權公序文絕不云翰苑集，殆刊書者錄權序於翰苑集之首，後來併爲一集，沿此名而不悟其非，故略爲辨正之。"玉縉案：瞿目校宋本識語與標目卷數不合，蓋沿權序之誤，元翻宋本蘇劄題本朝名臣，似亦宋時坊本。惟錢、瞿、丁、陸諸人所見皆不作翰苑集，錢氏謂"中書奏議，實非翰苑之作"，一語破的，而提要不能於此辨別，反以翰苑集之名爲是，疏矣。李慈銘桃華聖解盦日記壬集一四云："陸宣公文集爲制誥十卷，奏草六卷，中書奏議六卷，雍正間年羹堯進呈本。道光丁未，耆英刻於廣東，又增輯二卷。"

權文公集十卷

今制集已佚，文集亦久無傳本。

楊氏楹書隅錄有舊鈔本文集五十卷，摭遺一卷，附錄一卷，謂："乾隆間大興朱竹君得舊鈔全本，彭文勤公從朱文正公假之，親爲校勘，於嘉慶丙寅重付剞劂，此本乃孫淵如先生所藏，當與朱本同出一源。惟新刻本版式俗劣，校尤草略，如卷一先賦後詩，故目錄卷一後標題'賦詩'二字，新刻竟倒作'詩賦'。又目錄每題自爲一行，新刻則分作兩重，遇題目字多者任意芟削，幾不成語。又卷中'一作云云'者甚多，固未必盡是，然存之足資參考，且原書所有，應從其朔，而新刻悉經刊落，不識何以舛誤乃爾？徵特非朱本之舊，恐並失彭校之眞矣。此本尚存廬山面目，卷末從文苑英華、文粹、古今歲時雜詠、全芳備祖、萬首絕句、全唐詩搜輯集中所無者，爲摭遺一卷。又集新、舊唐書本傳、韓昌黎墓碑、楊於陵、李直方、王仲舒、蕭籍祭文，並采唐書藝文志、郡齋讀書志、直齋書錄解題、經籍志、居易錄、四庫全書總目著錄是集語及明刻本楊慎序、劉大謨跋此二篇漏未寫入，予亦未有明刻本，故無從補錄。爲附錄一卷。附錄之目，尙是淵翁自書，當卽淵翁所摭錄，故朱本無之，毋因其已有刻本而忽視之。"據此，則詩文集五十卷尙有傳本，新刻雖草略，當勝此十卷本也。

韓集舉正十卷外集舉正一卷

十卷之末，又有外集舉正一卷，而跋中不及，陳氏亦不及，核其原刻，不標卷第，殆卽附之十卷中歟？

瞿氏目錄有影鈔宋本十卷，外集舉正一卷，敍錄一卷，提要不及敍錄，未知何故？

原本韓文考異十卷

第一卷末有洽補注一條，稱陪杜侍御游湘西兩寺詩，"長沙千里平"句，"千里"當作"十里"，言親至嶽麓寺見之，方氏及朱子皆未知。又第四卷末洽補注一條，辨原性一篇，唐人實作性原，引楊倞荀子注所載全篇，證方氏舉正不誤，朱子偶未及考。又第七卷末有洽補注一條，辨曹成王碑中"摶力句卒"之義，皆今本所未載。

瞿氏目錄有校宋本昌黎先生文集四十卷，外集十卷，云："核與方崧卿所云杭本者一一脗合，疑卽祥符杭本，朱子所云監本是也。每卷前俱載題目，其字句異處，與朱子考異所云‘或作’者合，而考異所載尙未全。如石鼎聯句詩序，‘自衡山來’，山下注蔡作岳，‘長頸而高結’，注‘介甫本無高字’，‘子爲我書吾句’，下注‘蔡無吾句二字’，‘詩旨有似譏喜’，詩下注‘介甫作思’，‘喜思益苦’，思下注‘舊本吟’，‘劉把筆吾詩’云云，下注‘蔡進士把筆則又高吟’，聯詩云云‘又似無足’，似下註‘蔡作鶩’，‘植此傍路坑’，傍下注‘王作過’，‘徒持堅重性’，重下注‘一作貞’，‘全勝瑚璉貴’，勝下注‘舊本服’，此皆可備參覈，而未及舉者，其餘尙多，不勝數也。篇次與考異本同，惟贈河陽李夫人苦寒歌二首，列正集第七卷末，不入外集中，爲稍異耳。”陳澧東塾集書僞韓文公與大顚書後云：“韓文公以諫迎佛骨貶潮州，而與僧大顚來往，此實公之過也，宋人遂僞作公與大顚三書刻於石。歐陽永叔集古錄云：‘其以繫辭爲大傳，謂“著山林與著城郭無異”等語，宜爲退之之言，其後書“吏部侍郎潮州刺史”則非也，退之自刑部侍郎貶潮州，流俗但知爲韓吏部，謬爲附益爾’，歐公旣知其官銜之謬而不知其書之僞，殊不可解？豈有以眞跡刻石而附益其官銜四字者乎？朱子韓文考異云：‘當時旣謫刺遠州，未必更帶侍郎舊官’，亦以其官銜爲附益也，大傳及山林城郭之語，豈必韓公乃能言之耶？考異又云：‘最後一書，實有不成文理處，或是舊本亡逸，僧徒所記不眞，致有脫誤。’又云：‘決爲韓公之文，非他人所能作’，朱子之語，尤不可解？舊本旣亡佚，但以後人所記不眞者刻之，猶可決爲韓公之文非他人所作乎？朱子又引洪氏辨證云：‘吳源明曰：徐君平見介甫不喜退之，故作此文'，方氏又云：'周端禮曰：徐安國自言年二十三四時戲爲此'，但君平字安道，而方云安國，未知便是君平否耳？此朱子引吳、周二說，既有作僞者姓名，惟安道、安國兩字不同，則猶爲疑詞，其意仍謂非他人所作耳。然人有兩字者甚多，朱子字元晦，亦字仲晦，何疑之有。韓公與孟簡述與大顛來往事云：'與之語雖不盡解，要自胸中無滯礙，以爲難得'，所謂與之語雖不盡解者韓公與大顛語，大顛不甚解也，胸中無滯礙者大顛無滯礙也，此文義甚明，朱子則以大顛之語韓公雖不盡解，亦豈不足暫空其滯礙之懷，此尤於文義不合矣。總之，責韓公不當與大顛來往則可，必欲以僞爲眞，則雖歐公、朱子，不能掩後人眼目也。"玉縉案：考異據方崧卿舉正本重加考訂，舉正本無大顛三書，提要已以爲大疑，恐是朱子益之，歐陽云"宜爲退之之言"，尙是懸揣，朱子云"決爲韓公之文"，則已坐實，其所以必以僞爲眞者與綱目書揚雄爲莽大夫同意，蓋在爭道統耳。

别本韓文考異四十卷外集十卷遺文一卷

陸氏藏書志載宋麻沙本，外集後、遺文前有集傳一卷，明正統本、萬曆本並同。成化本正集二十卷，外集五卷，亦有集傳一卷。

五百家注音辯昌黎先生文集四十卷

宋魏仲舉編。 朱彝尊稱此書尙有宋槧本，在長洲文氏，後歸李日華家。正集之外，尙有外集十卷、別集一卷，附論語筆解十卷。

丁氏藏書志有宋慶元刊本文集四十卷，外集十卷，附評論詁訓音釋諸儒名氏一卷，昌黎先生序記碑銘一卷，韓文類譜十卷。云："天祿琳琅書目宋版集部載有二部：一本正集四十卷，外集十卷，引用書目一卷，諸儒名氏一卷，韓文類譜七卷；一本多昌黎先生序傳碑記一卷，看韓文綱目一卷，別集一卷，論語筆解十卷，文集後序五篇而無韓文類譜。兩部亦皆有闕補，是一書多寡不同，實因宋槧輾轉流傳，全璧爲難耳。仲舉名懷忠，殆麻沙坊肆之領袖也。"據此，則彝尊所稱本亦非完本，仲舉爲懷忠之字，提要不舉其名亦不合通例。　李慈銘越縵堂日記八云："閱韓文公順宗實錄，此書世多貶議，其敍次王叔文事，形容醜狀，尤非體裁，伾、文之事，自范文正首開昭雪之端，國朝田氏雯、馮氏景、何氏焯、全氏祖望、陳氏祖范、王氏鳴盛皆力爲湔洗，而王氏辨之尤至，其事已明。文公當日既徇時情，又銜私恨，故雖交契如柳州亦直著其罪，於夢得亦然。此猶以劉、柳同在謫謫，無可隱也，李景讓、呂溫皆時之聞人，未嘗在'八司馬'之列，而必追原黨始，著其倖免，是亦不可以已乎？蓋文公固端人而急功名，俗儒而能文章者也。"玉縉案：此說頗於諸人有關係，特錄之。王懋竑、方苞如亦有辨。　張宗泰魯巖所學集書容齋續筆四卷後云："洪氏謂'鄭權爲嶺南節度使，韓文公作序以送其行，稱其貴而能貧，而許其爲仁者，而權實因鄭注得節鉞，既至鎮，盡輦公家珍寶以酬私恩，乃貪邪之人耳。'予謂文公失言尙不止此，文公於于頔，稱其'抱不世之才，文武惟其所用'，乃考新唐書本傳，則横暴少恩，倔強犯命之人也；謂李實'赤心事上，憂國如家'，考之本傳，則怙權作威，諸惡畢備之人也。宰相趙憬，陸宣公引之執政，而憬反黨附裴延齡以擠之，文公一再上書門下，頌之爲仁人，譽之爲君子，不知當時果有見於其人之賢而稱述之耶？抑以有所求於若輩而操筆不暇持擇耶？予故並次其失以見知人之不易，並以見士君子思以文章垂世，勿以言語輕相假借，致遺後人口實也。"

東雅堂韓昌黎集注四十卷外集十卷

陸氏藏書志載徐氏刊本，尚有遺文一卷，集傳一卷。丁氏藏書志亦有遺文。

韓集點勘四卷

惟尸子先見公羊傳，而云出漢書，稍爲疏漏。又次潼關先寄張十二閣老詩，忽參宋人譜譔一條，非惟無預於校讎，乃併無預於韓集，殊乖體例耳。

玉縉案：陳據王象之輿地紀勝云："中山在溧水縣，山出兔，豪爲筆最精"，以證毛穎傳之中山指此，俞樾讀昌黎先生集，則引馬永卿嬾眞子所稱右軍經云："惟趙國豪中用"以闢之，譏陳爲異說，其文頗詳覈，不備錄。

詁訓柳先生文集四十五卷外集二卷新編外集一卷

案陳振孫書錄解題曰："劉禹錫作序，稱編次其文爲三十二通，退之之誌若祭文，附第一通之末，今世所行本皆四十五卷，又不附誌文，非當時本也。"考今本所載禹錫序，實作四十五通，不作三十二通，與振孫所說不符，或後人追改禹錫之序以合見行之卷數，亦未可知？

案增廣注釋音辯柳集本，載乾道三年陸之淵序，稱“柳州內外集凡三十三通”，是潘緯音義，尚非四十五卷之本，今本所載禹錫序，爲後人追改無疑。其曰三十三通，殆以所附之韓愈誌文、祭文爲一通歟？　李慈銘受禮廬日記中八七云：“二王、八司馬之事，千載負冤，成敗論人，可爲痛哭，子厚終身摧抑，見於文辭者若不勝其哀怨，而絕不歸咎叔文，若牛賦、弔萇弘文、弔樂毅文諸作，意皆爲叔文發，蓋深痛其懷忠而死，雅志不遂，雖與中朝當事者言，亦但稱之曰罪人，曰負罪者，終未嘗顯相詆斥，至與許孟容書，則幾訟言其冤矣。古人此等處自不可及，而世無特識，多爲昌黎順宗實錄所壓，雖歐陽文忠、宋景文、司馬文正尚皆不免，可歎也夫！”

增廣注釋音辯柳集四十三卷

宗說，南城人，始末未詳？　之淵序但題柳文音義。　其本以宗元本集、外集合而爲一。　此本爲麻沙小字版，尚不失其眞云。

陸氏藏書志有宋刊本四十三卷，年譜一卷，別集二卷，外集二卷，附錄一卷，并載之淵序云：“柳州內外集凡三十三通”，知音義本止三十三卷。其案語云：“每葉二十六行，每行二十三字，小字雙行”，知即麻沙本，疑提要所見爲不全本，謂本集、外集合而爲一，亦與此異。張氏藏書志有元刊本，無年譜，丁氏藏書志有明依宋刊黑口本同。又有元刊小字本，無年譜、外集。又陸氏藏書志有鈔本唐盧肇文標集，並載宋紹興庚辰袁州敎授南城童宗說序，是宗說官袁州敎授也。鄭翼謹案：宗說曾修宜春志及盱江志，見書錄解題八，盱江志亦見宋志。

五百家注音辨柳先生文集二十一卷外集二卷新編外集一卷龍城錄二卷附錄八卷

瞿氏目錄有宋刊殘本，云："魏仲舉編，原書四十五卷，今存第十六卷至二十一，第三十七卷至四十一"云云。玉縉案：四庫本原書亦四十五卷，而祇存二十一卷，提要未之言，足以疑誤後學。陳漢章謹案：今商務印書館四部叢刊目，別集、外集、附錄外又有傳一卷、後序一卷，稱爲元刻本。

劉賓客文集三十卷外集十卷

其古文則恣肆博辨，於昌黎、柳州之外，自爲軌轍。

李慈銘孟學齋日記乙集中三五云："中山序記諸文，簡潔刻鍊，於韓、柳外自成一子。其祭昌黎文，謂'子長於筆，我長於論，以矛禦盾，卒莫能困'，王伯厚笑其不自量，未爲知言。"

呂衡州集十卷

此本先詩賦，後雜文，已非禹錫編次之舊，又第六卷、七卷誌銘已闕數篇，卷末有孱守居士跋云："甲子歲，從錢氏借得前五卷，戊辰，從郡中買得後三卷，俱宋本，第六、第七二卷均之闕如，因取英華、文粹照目寫入，以俟得完本校定。"又云："第二卷聞砧以下十五首，宋本所無，照陳解元棚本鈔入"，孱守居士，常熟馮舒之別號，蓋舒所重編也。　集中如與族兄皋書，深有得於六經之旨，送薛天信歸臨晉序，洞見文字之源，裴氏海昏集序，論詩亦殊精邃，古東周城銘，能明君臣之義，以糾左氏之失，其思子臺銘序，謂"遇一物可以正訓於世者，秉筆之士，未嘗闕焉。"其文章之本可見矣。惟代尹僕射度女爲尼表，可以不存，而諸葛侯廟記，以爲有才而無識，尤好爲高論，失之謬妄，分別觀之可矣。

顧廣圻思適齋集是集後序云："敦甫太史校刻呂衡州文集，六，七兩卷，出正、嘉時舊鈔，獨爲完善，如卷六之韋武碑，卷七之河東郡君誌，舉世莫傳者也，誠足本矣。此外如文苑英華三百十六卷，和李使君三郎早秋城北亭宴崔司士因寄關中張評事詩，三百十七卷，題從叔園林詩，集所未見，今恐失眞，皆不取入。緣英華撰人姓名，每有轉寫舛錯，故六百十三卷爲信安王進寫聖容眞圖表，載曲江集第八卷中，當開元末年作，遠在和叔未生之前，題下必本云張九齡，而今英華乃云呂溫，難於盡信可知也。其六百三十八卷，代李中丞薦道州刺史呂溫狀，題下云'溫自作'，蓋又采諸他書，亦不以取入。至字句是非，別具考證，不復贅。" 張氏藏書志有舊鈔本十卷，後附柳宗元誄。陸氏藏書志有影寫宋刊本十卷，馮已蒼校，並載馮手跋。楊氏楹書隅錄、丁氏藏書志均有此本，蓋展轉傳鈔，非一本矣。楊氏又有缺首三卷之舊鈔十卷本。丁氏又有舊鈔校本，載顧廣圻跋云："衡州集前五卷，係吳方山舊鈔本，後五卷，從正、嘉時舊鈔本補全，篇目次第，與馮已蒼本悉同，且第六、第七兩卷獨全。中如韋武神道碑、柳夫人誌，則舉世莫傳，此本有之，可稱祕笈矣。" 王士禛蠶尾文續是書跋云:“溫於詩非所長,贊頌等時有奇逸之氣,如史所稱淩煙閣功臣贊、張始興畫像贊及集中三受降城、古東周城、望恩臺、成皋諸碑銘,皆有可傳者,惟武侯廟記,持論頗謬。” 李慈銘桃華聖解盦日記云:“和叔之文,當時擬之左邱、班固,誠非其倫,然根柢深厚,自不在同時劉夢得、張文昌之下。其文如三受降城碑銘、古東周城銘、成皋銘、酹王景略文、淩煙閣勳臣頌、狄梁公傳贊、張荆州畫像贊,置之韓、柳集中亦爲高作,其他書表,多有可觀,議論亦甚平正,此以見‘八司馬’中固多君子,其氣勢格律皆出於學問,自非元賓輩所可及也。”

張司業集八卷

籍字文昌,和州人,貞元十五年進士,官至國子司業,事蹟附載唐書韓愈傳中。 此本爲明萬曆中張尚儒與張孝祥于湖集合刻者云云。

陸友仁吳中舊事云:“新唐書載‘張籍和州烏江人’,而張洎作張司業詩序云:‘籍蘇州吳郡人,’二者無可考證,今烏江有張司業宅,則疑傳載爲是。余以詩集考之,有贈陸暢詩云:‘共踏長安街裏塵,吳州獨作未歸身,胥門舊宅今誰住?君過西塘與問人。’由是可知籍吳人無疑矣。抑亦嘗寓烏江耶?”玉縉案:韓愈集中有張中丞傳後敍,亦云吳郡張籍。 丁氏藏書志有明刊本八卷,云:“籍字文昌,蘇州吳縣人也”,未知何據?又云:“湯中本八卷,近席氏刻者卽是也。此亦八卷本,卷一五言古詩、七言古詩,卷二五言律詩,卷三五言排律,卷四七言律詩,卷五五言絕句,卷六七言絕句,卷七樂府,卷八雜詩聯句。後有跋云:‘辛酉歲,移告家居,因合歷陽、盱江及湯侍講本校之,得其樂府、古風、近體詩共七十九首,錄於毘陵蔣氏刊本後,錯字亦稍爲正之。’惜不署名,或名列前序已失也。是蔣氏本初止六卷,因增入樂府等詩而爲八卷。”據此,則席本即湯本,而張本外又別有八卷本。

皇甫持正集六卷

此本爲宋人重編。非唐時之舊矣。

瞿氏目錄有舊鈔本,云:“以錢遵王藏本校過,世傳毛刻本多脫譌,如東還賦,‘尼父聘兮蔡、陳一’下,脫去‘困身於王者一固窮兮聖人思九州之博大胡自陷於’二十一字。送邱孺赴舉序,‘一人不知子也’句下,脫去‘他人知子一門不容子也’十字。錢本皆不闕,卷末補寫陶母碑一篇。”

鄭珍巢經巢文集跋韓詩讀皇甫湜公安園池詩書其後首云:“此詩大意謂人生百年內,當留心於大者遠者,無復流連光景,費無益之心思耳。劉貢父、葉石林謂議持正不能詩,勸使不作,並是肊談,持正詩今存三篇,題浯溪石、石佛谷、出世篇。何嘗非詩人吐屬,特全集失傳耳。”

李文公集十八卷

近時凡有二本:一爲明景泰間河東邢讓鈔本,國朝徐養元刻之,譌舛最甚,此本爲毛晉所刊,仍十八卷,或即蘇天爵家本歟?考閻若璩潛邱劄記有與戴唐器書曰:“特借舊唐書參考,李浙東不知何名?或李翺習之,全集出,尙可得其人,然老矣,倦於尋訪矣”云云,則似尙不以爲足本,不知何所據也?

張氏藏書志有成化乙未刊本，何宜序。案閻意疑李浙東爲李翺，故欲得其全集，不知李浙東乃李遜，詳韓集舉正，提要此處不應不一及。

歐陽行周集十卷

然詹之文實有古格，在當時纂組排偶者上。太原贈妓一詩，陳振孫書錄解題力辨函髻之誣，考閩川名士傳載詹游太原始末甚詳，所載孟簡一詩，乃同時之所作，亦必無舛誤。又考邵博聞見後錄，載妓家至宋猶隸樂籍，珍藏詹之手迹，博嘗見之，則不可謂竟無其事。蓋唐、宋官妓，士大夫往往狎游不以爲訝，見於諸家詩集者甚多，亦其時風氣使然，固不必奬其風流，亦不必諱爲瑕垢也。

張氏及陸氏藏書志並有舊鈔本十卷，並載何焯手跋云："從吳紫臣借得所收葉文莊公家鈔本，校正數處。行周文，尚當爲李元賓之亞，然其諸序，固未滅梁補缺，特不宜於多爾。"又載顧千里手跋云："何校葉鈔多雜糅，而何自下己意，語多不確，即如第五卷韓城西尉廳云：'列縣出於千'，乃文集最妙處，文苑英華八百六，文粹七十三，於千上多五字，皆大誤，舊唐志貞觀十三年定簿縣一千五百五十一，新唐志開元二十八年戶部帳縣千五百七十三，行周此記，作於貞元十五年，已非復貞觀、開元之盛，其缺不得反有五千縣之多甚明矣。宜據集刪苑、粹衍字，而義門反以添集何耶？"玉縉案：此跋在集中。丁氏藏書志有萬曆刊本八卷，附錄一卷，爲徐𤇍所編，前有丙午曹學佺序云："太原函髻一節，議者未有定論，竊謂闕試而後，薄遊太原，先生未入仕也，即仕矣，而唐時未嘗置禁也。他如樂津北樓句、聞唱涼州詩，皆因偶見錄之，形諸諷詠，其以爲鍾情惑溺一慟而亡者，好事之譚也。韓之哀辭曰：'貞元八年春，與詹同登第，後詹數歸閩，及十五年爲助教，率徒伏闕，舉余爲博士'，如是，則先生仕之日少而歸之日多，非戀戀於膝下，而二尊人者迫之使出耶？又安見其爲溺於婦人女子之壹鬱踰年以死也？"玉縉案：此序明其仕之日少，歸之日多，較提要尤名通，其所見非此本，故不引曹序耳。晁公武讀書志譏其無德行，陳振孫書錄解題以爲非實，皆不得其說而爲之辭者也。

李元賓文編三卷外編二卷

是集前三卷爲大順元年給事中陸希聲所編，希聲自爲之序，後爲外編二卷，題曰蜀人趙昂編，希聲後至宰相，昂則未詳其仕履？晁公武讀書志稱昂所編凡十四篇，此本闕帖經日上王侍御書一篇，又時時有闕句闕字，蓋輾轉傳寫，脫佚久矣。　論者以元賓蚤世，其文未極，退之窮老不休，故能獨擅其名，希聲之序，則謂"文以理爲本，而詞質在所尚，元賓尙於詞，故詞勝於理，退之尙於質，故理勝其詞，退之雖窮老不休，終不能爲元賓之詞，假使元賓後退之死，亦不及退之之質"，今觀其文，大抵琱琢艱深，或格格不能自達其意，殆與劉蛻、孫樵同爲一格，而鎔鍊之功或不及，則不幸早凋，未卒其業之故也。然則當時之論，以較蛻、樵則可，以較於愈則不及，希聲之序爲有見，宜不以論者爲然也。顧當琱章繪句之時，方競以駢偶鬬工巧，而觀乃從事古文，以與愈相左右，雖所造不及愈，固非餘子所及，王士禛池北偶談詆其與孟簡吏部、奚員外諸書，如醉人使酒駡坐，抑之未免稍過矣。惟希聲之序，稱其文不古不今，卓然自作一體，品題頗當。

顧廣圻思適齋集新刊李元賓集後序云："秦澹生太史刊家藏舊鈔本李元賓集，合陸希聲、趙昂所編凡五卷，幷取唐文粹、文苑英華等所有而兩家失載者，爲續編一卷附其末，舊鈔字句，每與英華所注'集作'吻合，洵稱精本，而續編亦全據'集作'，俾並存其眞。又於相傳有誤如云'第五倫靈臺中'，以章懷所引三輔決錄注證之，實倫少子頡事，不復易倫爲頡，恐此等乃元賓本文，轉因更正而有臆改之嫌，庶從事鉛槧者知所規則也夫。" 李慈銘桃華聖解盦日記云："元賓之文，昌黎以故交，且早夭，因極稱之，本非定論，後人無識，遂謂其才足與昌黎並，陸希聲且謂其辭勝昌黎。今平心論之，元賓卒時，年僅二十九，其文嶄然自異，不肯一語猶人，使假其年，正未可量。即其所傳諸篇，如項籍碑銘、古受降城銘、弔監察御史韓弇文、弔涇州王將軍文、上宰相安邊書、代李圖南上蘇州韋使君論戴察書其文皆有奇氣，餘篇大率意淺語枝，囂而無實，又少年負氣，急於自見，所沾沾者惟在科名，不止王阮亭所舉與奚員外、孟簡兩書作使酒駡坐態也。提要以與孫樵、劉蛻並稱，蓋不及孫，差過於劉耳。"

孟東野集十卷

武康人。

丁氏藏書志有明弘治仿宋刻本，題山南西道節度參謀試大理評事平昌孟郊，云郊洛陽人。陸存齋儀顧堂續跋載藏汲古閣影宋精本，題銜作平昌，不作武康，與此同。丁氏又有嘉靖刊本，爲秦禾得宋刻重鋟者，題銜作武康。玉縉案：陸氏藏書志亦有秦禾翻宋本，並載景定壬戌國材序，稱武康代產文士，又稱今保有孟保，井有孟井。提要不言有國材序，似所見卽影宋陳氏書棚本，而不於結銜平昌二字一辨，疏矣。

長江集十卷

晁公武讀書志謂長江祠中有宣宗大中九年墨制石刻，陳振孫書錄解題亦稱遂寧刊本，首載此制，二人皆辨其非。

陸氏藏書志有陸敕先校宋本十卷，並載王遠跋云："右大中墨敕九十四字，舊刻石祠堂中，唐書本傳云：'文宗時，坐飛謗，貶長江主簿，會昌初，以普州司倉遷司戶參軍'，墓誌亦記'坐飛謗，解褐責授長江簿，會昌癸亥，終於普州官舍'，蘇絳當時人，誌必不差，摭言載武宗時謫去，尤非也。然則大中恐是大和字，今不敢輒改，以俟知者辨之。"又載紹興二年遠後序，知此跋同時作也。案張氏藏書志有精鈔本，云："前有新唐書本傳，韓文公送島歸范陽詩，題浪仙贊，及蘇絳撰墓銘，唐宣宗賜島墨制。"

昌谷集四卷外集一卷

蓋外集詩二十三首，合之則爲二百四十二，除之則爲二百一十九，實卽一本也。

瞿氏目錄有金刊本歌詩編四卷，云："卷第一凡五十九首，第二凡五十四首，第三凡五十七首，第四凡五十首。案歌詩編以臨安書棚本爲最善，以此本核之，有互異處"云云，歷舉數十條，今略之。又有影鈔宋本四卷，集外詩一卷。玉縉案：如金本，是二百二十，非二百十九也，未知增多何篇？抑或傳寫誤耶？

箋注評點李長吉歌詩四卷外集一卷

正子則不知何許人？

張氏藏書續志有鈔本，並載至正丁丑復古堂識語云："箋注則得之臨川吳西泉，批點則得之須溪先生，"是正子爲臨川人。

絳守居園池記注一卷

唐樊宗師撰。　董逌廣川書跋稱"嘗至絳州，得其舊碑，剔刮劘洗，見其後有宗師自釋，然僅略注亭榭之名。"

案辛酉年，其裔孫樊鎮校印元人趙、吳、許三家注絳守居園池記一卷，明人趙注絳守居園池記一卷，清初胡注樊子一卷，孫注樊紹述集二卷，張注絳守居園池記一卷，凡七家，共六卷。其宋人王晟、劉忱清、沈裕、孫繩武四家，尙在搜訪中。　陸氏藏書志有明刊本，並載景德元年孫沖序云："咸平六年，奉詔爲絳州通判，月餘，觀園池記，其石甚卑小，文字多椎缺，因熟讀，及遊覽園池，考其亭臺池塘云云。太子中舍耿君說，知是州，將一年，嘗念園池記既歷年歲，惜其文字缺落，因磨石別刊之以傳其文，沖略而序之。"玉縉案：董逌，徽、欽間人，距景德近百年，沖不言碑後有宗師自釋，逌何以見之？疑即沖序，誤爲宗師文耳。

沈下賢集十二卷

其中如秦夢記、異夢錄、湘中怨解，大抵諱其本事，託之寓言，如唐人后土夫人傳之類。劉克莊後村詩話，詆其名檢掃地，王士禛池北偶談，亦謂弄玉、邢鳳等事，大抵近小說家言。考秦夢記、異夢錄二篇，見太平廣記二百八十二卷，湘中怨解一篇，見太平廣記二百九十八卷，均注曰出異聞集，不云出亞之本集，然則或亞之偶然戲筆，爲小說家所採，後來編亞之集者又從小說摭入之，非原本所舊有歟？此本前有元祐丙寅重刊序，不署姓名，錢曾讀書敏求記乃稱爲元祐丙申刻，考元祐元年，歲在丙寅，至甲戌已改元紹聖，中間不應有丙申，蓋卽此本，而曾誤記寅爲申，又是集本十二卷，曾記爲二十卷，亦誤倒其文也。

陸氏儀顧堂續跋舊鈔本跋云："前有元祐丙寅無名氏刊版序，後有葉石君手書跋，是書宋以後無刊本，鈔帙流傳，脫譌甚多，此本脫譌較少。如卷首夢游仙賦，'星赫曉以淡白'，淡不譌談，'襲烈蕙之芳風'，蕙不譌薰，'贏吹既調戞湘絃'，贏不譌羸，'菱結帶兮荇含絲'，不奪兮字，皆勝諸本。至秦夢記、湘中怨解列卷第二，異夢錄列卷第四，則北宋已然矣。"玉縉案：葉跋稱崇禎戊寅，從閶門坊中得沈亞之集舊人鈔本，見陸氏藏書志，然則此本蓋在提要所見本之前。　玉縉案：元祐丙寅無名氏序云："因欲命工刻鏤以廣其傳，惜乎志有待而未能也。"是未付刊，不解提要及陸跋何以皆稱爲重刊序？

會昌一品集二十卷別集十卷外集四卷

明代袁州有刊本，然僅會昌一品集十卷，外集四卷。

陸氏藏書志有李文饒集三部，兩明刊，一舊鈔，卷數皆與此合。其儀顧堂題跋云：“李文饒文集十六卷，别集十卷，外集三卷，余先有明萬曆刊本，後得嘉靖刊本，前有鄭亞序，後有紹興己卯袁州刊板序，萬曆本則缺，此外無大異同。今借月湖丁氏影宋鈔本校之，始知兩明刻之譌奪，異域歸忠傳序，‘具此四美，是謂誠有’，譌作‘其比四夷，悉謂誠臣’，‘昔仲尼以曾參孝’，譌作‘昔仲凡之曾孫孝’”云云，文繁不具錄。又續跋新刻本三十四卷跋云：“江蘇新刻本，後附補遺一卷，不知何人所輯？首載新授太子太師杜衍制，制詞有云：‘往以時事來還宰旅’，及‘深惟元老’等語，則其人必宰相也。查唐世宰相杜姓十一人，無名衍者，惟宋宰相杜衍，曾爲太子太師，李燾資治通鑑長編有云：‘皇祐五年八月壬子，太子太傅致仕杜衍爲太子太師，以二府舊臣特遷之’，是則此文乃宋杜衍遷官制也，安得出衞公手。是刻所據，乃黄蕘圃家影寫宋本，勝於明萬曆、嘉靖諸刻，補遺之刻，未免畫蛇添足。”

白氏長慶集七十一卷

案錢曾讀書敏求記稱所見宋刻居易集兩本，皆題爲白氏文集，不名長慶集，汪立名校刻香山詩集，亦謂寶曆以後之詩，不應概題曰長慶。今考居易嘗自寫其集，分置僧寺，據所自記，“大和九年，置東林寺者，二千九百六十四首，勒成六十卷，開成元年，置於聖善寺者，三千二百五十五首，勒成六十五卷，開成四年，置於蘇州南禪院者，凡三千四百八十七首，勒爲六十七卷，皆題曰白氏文集。開成五年，置於香山寺者凡八百首，合爲十卷，則別題曰洛中集。”惟長慶四年，元稹作白氏長慶集序，稱“盡徵其文，手自排纂，成五十卷，二千一百九十一首”，又稱“明年當改元長慶，訖於是，因號曰白氏長慶集”，則長慶一集，特穆宗甲辰以前之作，曾及立名所辨，不爲無據。然唐志載白氏長慶集七十五卷，宋志亦載白氏長慶集七十一卷，而白氏文集之名，轉不著錄。又高斯得恥堂存稾，有白氏長慶集序，宋人目錄，傳於今者，晁公武讀書志、尤袤遂初堂書目、陳振孫書錄解題，亦均作白氏長慶集，則謂宋刻必作白氏文集亦未盡然。況元稹之序，本爲長慶集作，而聖善寺文集記中，載有居易自注，稱“元相公先作集序，並目錄一卷在外”，則長慶集序已移弁開成新作之目錄，知寶曆以後之詩文，均編爲續集，襲其舊名矣，未可遽以總題長慶爲非也。

張氏藏書志有宋紹興刊本白氏文集七十一卷，云：“中遇‘構’字注犯御名，‘桓’字注淵聖御名，蓋紹興三十年以前刊本也。”

白香山詩集四十卷附錄年譜二卷

居易集在東林寺者，陸游入蜀記稱宋時已佚，眞宗嘗令崇文院寫校，包以斑竹帙送寺，建炎中，亦壞于兵。

王闢之澠水燕談云：“廬山寺白集七十卷，廣明初，爲高駢強取去，後四十年，有王長史者，徧求善本較正而藏之，尋又易去，頗多舛謬，眞宗詔取至都下，命侍臣以諸本參訂繕寫，付寺僧謹藏之”，此說在入蜀記之前。

樊川文集二十卷外集一卷别集一卷

王士禛居易錄謂"舊載杜集二十卷,後見宋版本,雕刻甚精而多數卷。"

絳雲樓書目陳景雲注云:"陸務觀云:'唐人詩文,近多刻本,唯牧之集誤謬特甚',可知此集在宋時已鮮佳本。"

溫飛卿集箋注九卷

曾注謬譌頗多,如漢皇迎春詞,乃詠漢成帝時事,而以漢皇爲高祖。邯鄲郭公詞,爲北齊樂府舊題,郭公者,傀儡戲也,舊本譌詞爲祠,遂引東京郭子儀祠以附會祠字之譌。嗣立悉爲是正,考據頗爲詳核,然多引白居易、李賀、李商隱詩爲注,雖李善注洛神賦"遠遊履"字,引繁欽定情詩爲證,古人本有此例,然必謂夜宴謠"裂管"字,用白居易"翕然聲作如管裂"句,曉仙謠"下視九州"字,用賀"遙望齊州九點煙"句,生禖屏風歌"銀鴨"字,用商隱"睡鴨香鑪換夕薰"句,似乎不然,是亦一短也。 曾本合爲四卷,名曰八叉集,以作賦之事名其詩,頗爲杜撰。

李詳媿生叢錄云:"庭筠寄分司元庶子兼呈元處士詩,'水木凝輝屬謝家',曾益注,謝靈運詩,'山水含清暉',詳案:謝混游西池詩,'水木湛清華',當用此,靈運詩言山水,非水木也。又集外詩寒食節日寄楚望弟二首,'家乏兩千萬',顧嗣立曰:未詳?案世說新語雅量篇,庾子嵩答太傅云:'下官家故可有兩娑千萬,隨公所取',兩千萬指此。"

玉縉案:孫光憲北夢瑣言云:"溫庭筠才思豔麗,工爲小賦,每入試,押官韻作賦,凡八叉手而八韻成,時人號溫八叉,"曾益以作賦之事名其詩,可謂好異,可謂不倫,不得以爲杜撰,如提要之意,將王定保唐摭言云:"溫庭筠燭下未嘗起草,但籠袖凭几,每賦一詠一吟而已,故場中號爲溫八吟",即可以"八吟"名其詩集耶?

丁卯集二卷續集二卷續補一卷集外遺詩一卷

惟晁氏稱近得渾集完本五百篇,止二卷,是本篇數雖合而卷帙不同,蓋總非宋人刊本之舊矣。毛晉汲古閣刊本亦二卷,詩僅三百餘篇,疑即晁氏所見之本,讀書志或誤三爲五,亦未可知?

楊氏楹書隅錄有元本增廣音注唐許郢州丁卯詩集二卷,續集一卷,謂"此本詩集卷數、篇數,視毛刊略同,則讀書志之誤三爲五愈信。惟續集分遺篇、拾遺、續補三類,統爲一卷,與各本殊不合,或直齋所指之拾遺三卷,四庫本之續補一卷,即就此本之三類而析之耶?至四庫本集外遺詩,更出後人掇拾者,非宋、元舊第矣。"

文泉子集一卷

其文冢銘最爲世所傳。　此本爲崇禎庚辰閩人韓錫所編,僅得一卷。

王士禛蠶尾續文集是書跋云:"文冢在今潼川州,予康熙壬子曾過之,爲賦一詩",香祖筆記同。　瞿氏目錄有舊鈔本六卷,云:"此明吳翀編輯本,有翀序"

李羣玉集三卷後集五卷

洛神謌爲感甄,李善至引以注文選。

玉縉案:感甄事,何焯讀書記力辨之,胡克家文選考異直以自“記曰”以下，至“改爲洛神賦”二百七字，爲尤袤誤取他説載入。

孫可之集十卷

新唐書藝文志、通志、通考皆載樵經緯集三卷，書録解題稱“樵自爲序，凡三十五篇”，此本十卷，爲毛晉汲古閣所刊。

楊氏楹書隅録有校宋本十卷，並載黄丕烈識語云：“嘉慶庚申，從同年友借明崇禎時所刻經緯集十卷，比毛刻敍次適同，然其間竟有與宋刻合者。内載王守溪序，謂‘正德丁丑授户部主事白水王君直夫已刻’，則正德時自有刻本，何毛氏竟未及見，且并未及見崇禎時刻也。”又云：“丁丑，於書坊見守溪刻孫可之集，又有崇禎烏程閔齊伋刻劉蜕、孫樵集，劉云‘拾遺’，孫云‘職方’，可知其集之刻，在崇禎時刊者不止有經緯集之名，又有職方集之名也。”又有宋本十卷，亦載黄丕烈云：“余友顧抱沖得宋刻本，爰從假歸，校於毛刻本上，實有佳處。内卷二、卷三與毛刻誤倒，自當以宋刻爲是。其脱落如卷八唐故倉部郎中康公墓誌銘‘楊㟽’以下二十四字，宋刻獨全，知内閣本必非宋刻也。”楊氏自爲説云：“澗薲居士曰：‘龍多山録云：“樵起辛而遊，洎思適齋集誤洎。甲而休”，此用書“辛壬癸甲”也。刻武侯碑陰云：“獨謂武侯治於燕奭”，此用左傳“管夷吾治於高傒”也。見宋刻而後知正德本之謬。’”又曰：“道光丁亥，因有文粹辨證之役，遍搜唐賢遺集，得王濟之所刻孫可之内閣本，復從長洲汪氏借宋槧勘正，視汲古閣三唐人本遠過之矣。右二則見於思適齋集，故補録之。”玉縉案：

瞿氏目錄有校宋本，即顧校，有此二跋。　丁氏藏書志有舊鈔本，云："此書宋刻之外有王文恪吳下本，林茂之閩本、毛子晉虞山本，又有天啓乙丑吳馥重訂本，其中書田將軍邊事云：'南蠻果大入成都，門其三門，四日而旋'，而正德本脫去'其三門四日而旋'七字。馥云：'"大入成都"是一句，"門其三門"是一句，文粹削"其三門"三字，不成語，文苑可證'，此鈔本不誤，似較正德本爲勝。惟顧千里較宋槧本云：'龍多山錄云云'，此鈔本仍作'起來洎車'，與'武侯之治比於燕奭'，洵乎宋槧之可貴矣。"

皮子文藪十卷

唐書稱其降於黃巢，後爲所害，尹洙河南集有大理寺丞皮子良墓誌，則稱"日休避廣明之難，奔錢氏，子光業，爲吳越丞相，生璨，爲元帥判官，子良卽璨之子。"陸游老學菴筆記，亦據皮光業碑以爲日休終於吳越，並無陷賊之事，皆與史全異，未知果誰是也？

案孫光憲北夢瑣言皮日休獻書條云："黃寇中遇害，其子爲錢尙父吳越相，"王讜唐語林文字門亦云"黃巢時遇害，其子仕錢鏐"，張氏藏書志有明正德刊本，並載柳開序，暢發"藪"字之義，謂"觀其首，又無所序說，遂盡而讀之，見其'藪'之爲意也"云云，若未見其自序者，豈柳所據本適缺耶？又丁氏藏書志有明萬曆間許自昌刊唐皮從事倡酬詩八卷，蓋專錄松陵集中日休之作，本總集而爲別集也。諫議大夫崔璞出爲蘇州刺史，辟日休爲從事，故題其官。附識於此，以明日休當時並未有此別集也。

笠澤叢書四卷補遺一卷

宋元符間，蜀人樊開始序而梓之，政和初，毘陵朱衮復行校刊，止分上下二卷及補遺爲三。此本爲元季龜蒙裔孫德原重鐫，旣依蜀本釐爲四卷，而序仍毘陵本作三卷者字偶誤也。王士禛漁洋文略有此書跋，謂"得都穆重刊蜀本，內紀錦裙在丙集，迎潮詞在丁集"，而此本錦裙在乙集，迎潮詞在丙集，敍次又不盡依蜀本之舊，疑德原又有所竄亂矣。

錢泰吉曝書雜記云："海昌許珊林槤，用十餘年之力，校勘笠澤叢書七卷，補遺一卷，附考一卷，手寫付梓，字體仿歐陽率更，謂'近日士大夫過信宋本，明知字句之誤，不肯更易，故此刻雖據宋樊開本，而宋本之誤亦據他刻更正。'然尙有可商者，春寒賦'朋比熏鑪'，珊林從宋本改爲'明滅'，似不若'朋比'爲勝。又余嘗假曹種水所藏碧筠草堂仿元刻本，詩文雜編，合乎原序'不類不次混而載之'之旨，此用樊開本，雜著、詩歌分編，非叢書舊次矣。"據此，則仿元刻勝於蜀本，所稱元刻，似非德原本也。吳騫於此書凡七校，未知視許本何如？拜經樓藏書題跋記云："右中吳顧氏刻本，先君子書紀錦裙篇後云：'吳融集有古錦裾六韻，自注云："錦上有鸚鵡、鶴，陸處士有序"，此是"錦裾"而非"錦裙"明矣。'案鮑鈔道腴堂集云："甫里集亦作記錦裾。"'又書云：'案詳記錦裾文，前言"瓦官寺有天后羅裙佛旛，皆組繡"，明是裙與旛爲二物，復云"李君乃出古錦裾一幅眎余"云云，似李君所藏衣裾，與瓦官之天后羅裙無涉，詳其制，殆如今之霞帔，故上狹而下廣，前有鶴而背有鸚鵡，的係子華所賦者無疑。陸記又云：“縱非齊、梁物，亦不下三百年矣。”又曰：“曳其裾者誰歟？”其爲非天后羅裙益可見，然其詩落句有“武威應認得”之語，不知其何所指？豈子華當日讀此記不審，而亦認爲天后物耶？考梁元帝詩云：“顧織回文錦，因君寄武威”，融詩用“武威”當出此，非指則天也。’”並載黄丕烈跋云：“紀錦裙一首，先生引吳融詩爲證，可破羣疑矣。余謂‘裾’與‘裙’雖各本不同，而篇中‘曳其裾者’，‘裾’字本不誤，且‘曳裙’未見所出，斷非‘裾’或爲‘裙’之誤也。”又“陸氏刻本，先君子書紀錦裙曳裾二句下云：‘吳融有古錦裾六韻，自注云云，而蜀本笠澤叢書亦作記錦裾，似魯望所記者乃“錦裾”而非“錦裙”，然文苑英華亦作記錦裙，蓋仍譌久矣。觀此二句，則斷非“裙”，亦與瓦官無涉，疑瓦官者乃武后之羅裙，而魯望所記，與吳融所詠者，是李侍御所藏之古錦裾，不得混而爲一也。’又鈔本載趙坦跋云：‘其中紀錦裙，蜀本作記錦裾，先生證以吳融詩謂作‘裾’者是，送豆盧處士謁宋丞相序，先生以丞相爲豆盧瑑，有‘宋’字者謬，皆確不可易。’” 顧廣圻思適齋集有是書二跋，其一論分卷之不同，茲從略。其二云：“前錢聽默告予曰：‘問吳宮辭“大姑蘇兮小長洲”，善本“大”作“火”，“小”作“沼”’，頃從洪殿撰借其家藏舊鈔本正如此，餘尤多是正。” 翁方綱復初齋集跋是書云：“讀是編者挹其高致，大抵在煙波漁具、筆牀茶竈間，君子尙論，則必相與觀其深處。甫里先生，蓋以治經自命也，其最深切者春秋之學，有唐一代，盛文藻而疏經術，其盛文藻也，則宜博綜乎三傳，顧乃薄視乎三傳者何哉？甫里之説，最推文中子，文中子固不信三傳矣，又推韓晉公，晉公通例有石本而不傳，甫里亦未有自著之書，今見其篤守仲淹以薄三傳，又在昌黎'三傳束閣'語後數十年矣。爲春秋學而不守三傳，蓋自啖、陸始也，然啖氏之書成於大曆時，已在昌黎、玉川之前，雖其自出己見，尚不敢盡薄三傳也，況於懿、僖間耶？後之劉氏意林、葉氏考、讞，日出而不窮，實則抱遺經，究終始，舍傳何由以證經哉？卽其隱逸者流，亦必以經術衷之，而況不僅以隱逸目之者乎？" 玉縉案：此論甚精，於是編發之尤別具隻眼。

詠史詩二卷

是編雜詠史事，各以地名爲題，自共工之不周山迄於隋之汴水，凡一百五十首，文獻通考載三卷，此本不分卷數，蓋後人合而編之。

瞿氏目錄有影鈔宋本三卷，云："題'前進士胡曾著述並序，邵陽叟陳蓋注詩，京兆郡米崇吉評註，並續序。'以地名爲題，首烏江迄滎陽，詩共一百五十首，卷數與文獻通考合。四庫著錄者迺別是一本，首共工之不周山訖隋之汴水，其注不同，亦不詳何人所注也？"

雲臺編三卷

所錄詩約三百首。

張氏藏書志有舊鈔本，云："後附補遺十三首，及祖無擇撰墓表，又附錄四則，曹鄴等投贈詩八首，則毛氏子晉所輯也。"玉縉案：附錄爲毛輯，補遺及墓表爲王鏊從祕閣鈔出原有。

韓內翰別集一卷

唐書藝文志載偓集一卷，香匳集一卷，晁氏讀書志云："韓偓詩二卷，香匳不載卷數"，陳振孫書錄解題云："香匳集二卷，入內廷後詩集一卷，別集三卷"，各家著錄，互有不同。今鈔本既曰別集，又注曰"入內廷後詩"，而集中所載又不盡在內廷所作，疑爲後人裒集成書，按年編次，實非偓之全集也。

吳氏繡谷亭薰習錄有韓翰林詩別集一卷，云："以全唐詩校之，此缺四篇：一寄禪師，一訪明公大德，一大酺樂，一思歸樂，後三篇，戊籤已據閩南唐雅補，而全唐詩因之。此本卻多裊娜、多情、閨怨、夜閨、詠燈、春恨六篇。戊籤云：'韓翰林集編年爲四卷，香匳合別集中一二豔詞爲二卷'，則此六詩，當時原載別集中，自後人移攙入香匳者也。戊籤又云：'入翰林集不滿二十篇，別集自出官迄寓閩詩俱在，而及第前後諸作亦附，今此本首行標題云："入內廷後詩"，下注云："天復元年辛酉五月後偓以是時入翰林"，詩題下繫年遞至癸酉，其後又重繫乙卯甲子者，卽所謂及第前後諸作亦附者此也。石林葉氏稱'吾藏偓集僅百餘篇，世傳別本'，今起天復元年至癸酉止，僅百餘首，正葉氏世傳別本，與唐藝文志合，其及第前後諸作併入者，乃嘉靖間從裔孫奕，以取奏之本而附益者也。"又有香匳集三卷，云："戊籤題二卷者誤也。別集中豔體六篇，此本未收，宋世本如是，至和凝僞詞假託，沈存中筆談已辨之矣。”玉縉案：筆談以香匳集爲和凝嫁其名於偓，葉夢得石林集、葛立方韻語陽秋、方回瀛奎律髓均辨之，吳氏不謂沈誤而謂沈辨，蓋誤記耳。張之洞書目答問云：“别有香籨集三卷，四庫著錄本删去。” 瞿氏目錄有翰林集一卷，香匳集一卷，云：“香匳集後有無題詩四首，浣紗溪詞二首，黄蜀葵賦、紅芭蕉賦二首，此從宋刻本影寫，不名內翰别集，亦不注‘入內廷後詩’五字。”丁氏藏書志有舊鈔本同。

玄英集八卷

贊序稱“干朔楊弇，洎門僧居遠，收綴遺詩三百七十餘篇，析爲十卷”，唐書藝文志亦同。此本爲明嘉靖丁酉干裔孫廷璽重刊，祇分八卷，詩三百七篇，卷目俱非其舊，近時洞庭席氏百家唐詩本，從宋刻錄出者，雖仍作十卷而詩亦止三百十六篇，全唐詩搜羅放失，增爲三百四十七篇，然與贊序原數終不相合，蓋流傳既久，其佚闕者多矣。

張氏藏書志有叢書堂鈔本十卷，云：“前有玄英先生傳，孫郃撰。後有集外詩兩首，文獻通考等書十三則，並載毛晉跋二則，其又跋云：‘唐志，玄英先生詩十卷’，與孫傳、王序相符，馬氏謂方干詩一卷，想未見全豹耳。余向藏南宋版，雖亦十卷，傳、序弁首，詩不及三百，考之伊朔楊弇所編三百七十餘之數，散佚已多矣，故張爲主客圖所采貽天台中峰客一聯云：‘枯井夜聞鄰果落，廢巢寒見别禽來’，集中未見。又從别本得如干首，并贈篇紀事數則，附錄於後。晉陵徐氏刻本更多逸詩，若五言律湖上言事以下九首，七言絕夜會鄭氏昆季以下四首，不知何人贋作？集中'窗接停猿樹，巖飛浴鶴泉'，'雪接停猿樹，花藏浴鶴泉'，'纔吟五字句，又白幾莖髭'，'吟成五字句，用破一生心'之類，自用自句頗多，比之王摩詰'水田飛白鷺，夏木囀黃鸝'，又逕庭矣。"

唐風集三卷

其稱杜牧之子，殆亦梁師成之依託蘇軾乎？ 毛晉刻本，前有顧雲序，序末"謂之唐風集"以下文不相屬，蓋舊本唐詩紀事載雲此序，誤連下條荀鶴初謁梁王云云六十四字爲一條，晉不察而誤併鈔之，殊爲疏舛。

案周必大二老堂詩話云："池陽集載杜牧之守郡時，有妾懷娠而出之，以嫁州人杜筠，生子卽荀鶴也，此事人罕知之，余過池嘗有詩云：'千古風流杜牧之，詩材猶及杜筠兒，向來稍喜唐風集，今悟樊川是父師'"，與計有功紀事合。薛雪一瓢詩話云："必欲證實其事，是誠何心，汚衊樊川，已屬不堪，於彥之尤不可忍，楊森嘉樹曾引太平杜氏宗譜辨之。" 瞿氏目錄有宋刊本杜荀鶴文集三卷，云："首行題'杜荀鶴文集'，下題'唐風集'，目錄前題'九華山人杜荀鶴'，汲古毛氏所刊，用南宋分體本，此則北宋不分體者，以毛本相校，字句多不同，顧雲序中'爲之序錄'下，有'乃分爲上、中、下三卷，目曰唐風集'十三字，又'得如周頌'下，有'魯頌者別爲之次序，景福元年夏太常博士修國史顧雲撰序'廿四字，毛刻'周頌'下，別載數行皆無之，知南宋本之舛譌也。又增多詩三首，卷一和吳太守龍郡山村偶題二首曰：‘龍郡饒山興，村家不惜過，官情隨日薄，詩思入秋多，野獸眠低草，池禽欲動荷，眼前餘政在，不似有干戈。’‘快活田翁輩，常言化育時，縱饒稽歲月，猶說向孫兒，茅屋梁和節，茶盤菓帶枝，相傳終不忘，何必立生祠。’卷二送人遇亂湘中云：‘家枕三湘岸，門前有釣磯，漁竿壯歲別，鶴髮亂時歸，嶽暖無猿叫，春深有燕飛，平生書劍在，莫便學忘機。’卷後有陸氏敕先手跋”云云。　胡仔漁隱叢話云：“六一居士詩話云云，余讀隱居詩話云：‘此一聯非杜詩也，乃杜荀鶴之句’，然猶未敢以六一居士詩話爲誤，後又看幕府燕閒錄云：‘杜荀鶴詩，鄙俚近俗，惟宮詞爲唐第一，云“早被嬋娟誤”云云，故諺云：“杜詩三百首，惟在一聯中，風暖鳥聲碎，日高花影重”是也。’”

徐正字詩賦二卷

所著有探龍、釣磯二集，共五卷，自唐書藝文志已不著錄，諸家書目亦不載其名。

張氏及陸氏藏書志並有舊鈔本唐祕書省正字先輩徐公釣磯文集十卷，並載建炎三月寅族孫師仁序云：“本朝張丞相齊賢紀正字未第時，道汴州，進謁梁祖，面賦無雲雨篇，立就，其斷句云：‘爭表梁王造化功’，大蒙賞遇。”又云：“崇文總目，正字賦五卷，探龍集一卷，題曰‘僞唐徐某撰’，正字實未嘗仕僞唐也。師仁家故有賦五卷，探龍集五卷，正字自序其後，又於蔡君謨家得雅道機要一卷，又訪於族人及好事者，得五言詩并絕句合二百五十餘首，以類相從爲八卷，并藏焉。”又云：“其來閩中，且有前跛後隱之歎，安有爲朱溫所屈哉？殆遜言避禍，不得不爾也。”玉縉案：師仁所次八卷本，據延祐間寅族孫玩序，皆已亡失，此十卷本，爲玩重編。惟據師仁序，崇文總目明載賦及探龍集，則提要謂諸家不載者非也。其無雲雨詩，今洛陽縉紳舊聞記屬諸杜荀鶴，與計有功唐詩紀事同，師仁乃以爲寅事，因其非美事，特表之曰遜言避禍，所述當不誤，豈今本舊聞，後人據紀事竄改耶？當再考。張氏云：“此本蓋玩所重編，缺卷四賦一篇，卷五一卷賦十篇，內江令歸金陵、過驪山、樊噲入鴻門、隱居以求志、山暝孤猿吟、白衣入翰林、雷乃發聲、寒賦八篇，全唐文俱有，可據以補入，并多均田賦、衡賦二篇，爲此本所未載者。此本藺相如使秦、玄宗御製盧徵君草堂銘、陳後主獻詩、外舉不避讐、避世金馬門、東陵侯弔蕭何、貴以賤爲本、管仲棄酒、叩寂寞以求其音、知白守黑爲天下式、太極生二儀、員半千說三陣、文王葬枯骨、駕幸華清宮、再幸華清宮、卞莊子刺虎、鑄百鍊鏡、玄宗御製孝經、割字刀子、福善則虛、竹篋子等賦，共二十一篇，全唐文未載，殆未見此本。”瞿氏目錄亦有舊鈔本，云：“卷中諸賦，爲近刻全唐文不載者二十餘首。”玉縉案：此本阮元揅經室外集已著錄。

黃御史集十卷附錄一卷

此本卷首有楊萬里及謝諤序，萬里序謂“滔裔孫永豐君，自言此集久逸，其父考功公始得之，僅四卷而已，其後永豐君又得詩文五卷於呂夏卿家，又得逸詩於翁承贊家，又得銘碣於浮屠老子之宫，編爲十卷”，是爲淳熙初刻，後再刻於明正德，三刻於萬曆，四刻於崇禎，此本即崇禎刻也。集中文頗贍蔚，詩亦有貞元、長慶之遺，雖不及羅隱、司空圖，而實非徐寅諸人之所及。

李慈銘荀學齋日記庚集下四六云：“王廉生新刻黄御史集，凡分兩秩，上秩賦、詩、雜文，下秩書啓、祭文、碑銘，以影鈔宋慶元刻殘本爲主，而補以明崇禎刻本，文江律賦頗有佳句，洪景盧容齋四筆已言之，餘文亦頗不率爾。”據此，則淳熙刻本外又有慶元本。

羅昭諫集八卷

此本爲康熙初彭城知縣張瓚所刻，後有瓚跋云：“昭諫諸集，今不復見，僅得江東集鈔本於邑人袁英家，嗣後得甲乙集刻本，合而讀之，雖全集不獲盡覯，窺豹者已得一斑矣，”蓋出於後人所掇拾，非舊帙也。所載詩四卷，又有雜文一卷，詩與毛晉所刻甲乙集合，雜文則不知原在何集？其湘南集僅存自序一篇，列於卷中，序謂“湘南文失落於馬上軍前，僅分三卷，而舉業祠祭亦與焉”，今雜文既無長沙應用之作，亦無舉業祠祭之文，惟諸啓多作於湖南，或即湘南集中之遺歟？文苑英華有隱秋雲似羅賦一篇，蓋即後集之律賦，此本失載，則所採亦尚遺漏矣。第七卷末一篇，爲廣陵妖亂志，前十一篇，疑即淮海寓言之文也。第八卷有兩同書十篇，唐志著錄，其說以儒道爲一致，故曰兩同，似乎讒書之外又有此書者，其異同則不可考矣。

錢泰吉曝書雜記云："羅昭諫集八卷，康熙年新城知縣武定張瓚容庵所輯，一卷至六卷爲詩文，第七卷雜著，則讒書僅八條，廣陵妖亂志四則，第八卷爲兩同書，道光甲申新城知縣平江吳墉整理印行。余屬潘梧君藹人從全唐文鈔補賦四篇、表一篇、序一篇、書二篇、碑一篇、錢氏大宗列傳十九篇、弔文一篇爲補遺一卷，合諸讒書五卷，昭諫之遺著略備矣。"玉縉案：此則彭城當作新城，遺漏亦不止秋雲似羅賦一篇也。　瞿氏目錄有宋刊本甲乙集十卷，云："汲古毛氏刻本，有'一作某'，此本無之，以之相校，各有勝處，而毛本遜於此本者：如詠繡曰：'洞房西室女工勞'，工誤作綠；銅雀臺曰：'花開花落淚滿纓'，纓誤作繿；秋日酬張特玄曰：'病寄南徐兩度秋'，度誤作地；詠月曰：'兔隈明處弄精神'，隈誤作於；送秦州從事曰：'試批書尾話涼州'，批誤作披；'感別元帥尙父'，帥誤作師；早秋宿葉墮所居曰：'長曆報時殫'，曆誤作曆；寄黔中王從事曰：'今日舉場君莫問'，場誤作觴；詠簾曰：'玉鉤銀燭共熒煌'，熒誤作爍，皆可據以訂正也。"楊氏隅錄亦有此本，並附黃丕烈所記舊人校補字七處，今略之。

白蓮集十卷

兩江總督採進本。

張氏藏書志、瞿氏目錄並有舊鈔本十卷，風騷旨格一卷，瞿云："舉以校毛本，正誤甚多，風騷旨格亦未刻。"

廣成集十二卷

今此本十二卷，僅表及齋醮文二體。

丁氏藏書志有舊鈔本十七卷,云:"殆出自道藏者,前三卷表文,後皆齋醮之詞。"

四庫全書總目提要補正卷四十五

别集類三

騎省集三十卷

集爲其壻吳淑所編。翟耆年籀史曰:“太平興國中,李煜薨,詔侍臣撰神道碑,有欲中傷鉉者,奏曰:‘吳王事莫若徐鉉爲詳’,遂詔鉉撰,鉉請存故主之義,太宗許之,鉉但推言曆數有盡天命有歸而已。其警句曰:‘東鄰搆禍,南箕扇疑,投杼致慈親之惑,乞火無隣婦之詞,始勞因壘之師,終後塗山之會’,太宗覽之,稱歎不已”云云,後呂祖謙編文鑑,多不取儷偶之詞,而特錄此碑,蓋亦賞其立言有體。

案陳彭年序云:“公江南文稾撰集未終,一經亂離,所存無幾,公自勒成二十卷,及歸中國,入直禁林,制詔表章,多不留草,其餘存者,子壻吳君淑編爲十卷。通成三十卷。”提要概以爲淑所編,殆未細閲此序。李慈銘越縵堂筆記云:“所作吳王神道碑,哀感古今,他若岐王墓誌銘、文獻太子哀册文、齊王贈太弟哀册文諸作,均爲悽豔。其作韓熙載墓誌銘,雖極推崇,而中有云:‘公少而放曠,不拘小節，及年位俱高，彌自縱逸，擁妓女，奏淸商，士無賢愚，皆得接待，職務旣簡，稱疾不朝，家人之節，頗成寬易，雖名重於世，人亦訝其太過。’又云：‘向使檢以法度，加以愼重，則古之賢相無以過也。’皆直言不諱，當時後主於熙載方極力褒崇，鼎臣於文靖亦有知己之感，而其辭如此，亦非後世所能及。鼎臣當金陵被圍，奉使入宋乞緩師，臨行時，請後主無止上江援兵，勿以使臣爲念，言詞慷慨，至今閱者爲之感動，而宋人小說，乃有歸宋後向太宗述‘後主悔殺潘佑、李平’之言，小人不欲成人之美類皆如此。”玉縉案：小說謂王銍默記。陸氏儀顧堂集有影宋明州本是集跋云：“各家藏本，卷十烈武帝廟碑‘告貞符卜’下缺三百八十字，三淸觀記‘其守固者其事舉’下缺五十餘字，此本皆完善。”

河東集十五卷附錄一卷

惟體近艱澀，是其所短耳。盛如梓庶齋叢談載開論文之語曰：“古文非在詞澀言苦，令人難讀，在於古其理，高其意。”王士禛池北偶談譏開能言而不能行，非過論也。又尊崇揚雄太過，至比之聖人，持論殊謬。

吳氏繡谷亭薰習錄：“默書諸篇，沈雄堅潔，實有本源，陳氏目以艱澀，過矣。玉縉案：提要蓋本陳振孫說。至論揚雄劇秦美新之論，謂比新於秦，同其惡也，劇者，惡之甚也，美者，謂新之惡少異於秦也，夫秦滅六國，豈與莽竊同科，而尙分其優劣哉？駁班史論雄言不當稱經，謂明聖人之道，卽稱聖人之言，似也，至謂聖人之道存乎揚，其可乎？昌黎集序，謂韓之文得聖人大道，似也，至謂遠過於孟子，其可乎？”後丁氏藏書志全襲其說。 李慈銘荀學齋日記云：“仲塗初名肩愈，字紹先，其自爲東郊野夫傳及景行狀皆同，而宋史作名肖愈，字紹元，仲塗以子厚爲其祖，必無用‘元’字之理也。文頗嶄岸有筆力，勝於穆參軍，而好爲大言，則與之同，蓋唐末江湖之氣猶未能盡洗矣。”又云：“其文言理及自譽者皆甚可厭，又喜多用語助字，或支離詰曲，唐季之惡派也，論事敍人，頗有佳者。又可以證史者三事：上主司李學士書云云，此一節，可以存唐代科名故事，又宋故開府儀同三司檢校太師贈侍中孟公墓志銘，及滁州祭孟太師文，皆爲孟昶子元喆作，宋故和州團練使李侯墓志銘，爲李筠子守節作，孟志言元喆字遵聖云云，李志言守節字得臣云云，皆史所不詳。”又云：“仲塗卒在咸平三年三月，年五十有四，宋史作四十，誤。又宋史言開兄肩吾至御史，肩吾三子湜、灝、沆並進士第，考集中贈大理評事柳公墓志銘，及故贊善大夫柳君墓志銘，則肩吾實仲塗仲父天雄軍都教練使承昫之子，官至太子左贊善大夫知郢州，未嘗爲御史，有六子：湜、涀、液、滐、濬、潯，湜第進士，官中牟尉，無名灝、沆者，蓋涀等後改名又第進士耳，史文疏舛，大率如此。”

逍遙集一卷

閬在宋初，去五代遺風未遠，其詩如秋夕旅舍書懷一篇、喜臘雪一篇間有五代麤獷之習，而其他風格孤峭，亦尚有晚唐作者之遺。蘇軾嘗稱其夏日宿西禪詩；又稱其題資福院石井詩，不在石曼卿、蘇子美下；劉攽中山詩話稱其歲暮自桐廬歸錢塘詩，不減劉長卿；事實類苑稱其苦吟詩、貧居詩、峽中聞猿詩、哭高舍人詩、寄張詠詩諸佳句；劉克莊後村詩話稱其客舍詩；方回瀛奎律髓稱其渭上秋夕閑望詩、秋日題瑯琊寺詩、落葉詩。事實類苑又記其在浙江時，好事者畫爲潘閬詠潮圖；郭若虛圖畫見聞志又記長安許道寧愛其華山詩，畫爲潘閬倒騎驢圖。一時若王禹偁、柳開、寇準、宋白、林逋諸人皆與贈答，蓋宋人絕重之也。

李慈銘桃華聖解盦日記丁集八四云："潘逍遥詩極淺俗，全是五季惡習，四庫本掇拾殘零，尤不足傳。其稍可誦者：望湖樓上作一律、歲暮自桐廬歸錢塘晚泊漁浦一律、孤山寺易從房留題一律、夏日宿西禪院一律、秋日題琅邪山寺一律、自諸暨抵剡四律、留别金山寺一絕、書瓚公房牡丹一絕耳，餘皆粗獷浮率，其所云琅邪山寺，卽吾郡之怪山清涼寺也。"

寇忠愍公詩集三卷

後河陽守范雍，裒合所作二百餘篇，編爲此集。

陸氏儀顧堂題跋云："公集爲范雍所編，宣和中，王次翁刊於春陵，隆興初，辛斆復刊之。此刻當從辛斆本出，以舊鈔本校之，得正譌字數十處：卷上'山積瓌材咸備矣'，刻本材譌村，'澤流紓宇福蒼生'，福譌含，'天安殿致齋'，天譌大，'懷柔祝帝禧'，禧譌僖，卷中'何當歸釣渚'，歸譌窮，'蜀客似悲秋'，客譌魄，'宵殘猶件吟'，伴譌半，'已甘垂樹杪'，杪譌抄，'深歎高堂養獨違'，違譌遲，'江頭别去欲何之'，去譌來，'野鶴漸無驚弋意'，漸譌慚，'夜深窗竹動秋聲'，深譌聲，皆賴鈔本正之。鈔、刊兩本，當同出隆興本，刊本失於校讎，故譌字較多耳。" 吳氏繡谷亭薰習錄有集七卷，云："諸序只稱三卷，凡錄詩二百四十餘篇，則此七卷乃後人分衍耳。"

乖崖集十二卷附錄一卷

此本前有森卿序，蓋即振孫所見之本，序稱於世刻中增詩八篇，別附以韓琦神道碑、王禹偁送辛崇陽序、李畋祠堂記、項安世北峯亭記，今檢勘並合，惟所稱删次年譜別爲一卷者則已不見，蓋傳寫有所脫佚矣。　又青箱雜記載詠贈官妓小英歌，今不見集中，其詩詞意凡劣，決非詠之所爲，殆亦吳處厚誤採鄙談，不足據也。

陸氏儀顧堂題跋云："影寫宋郭森卿本，以舊藏鈔本校之，卷一聲賦，別本'昭昭融融'下，'萬口喧騰'上，脫二十字，卷二蘇公堰銘，'不竊祿以活身'下，別本缺'召塘漳樂'四字。然影宋本亦有缺字，卷七重修公署記'周翰'下，'柴愚'上，羼入他文九十六字，奏鄭元佑事目陳狀，'鼓青蠅'之下，脫一葉，亦賴別本補全。"玉縉案：郭森卿序云："或者以小英歌等不類公作，然其詞豔而不流，政自不害爲宋廣平梅花賦耳。"

小畜集三十卷小畜外集七卷

此殘本爲河間紀氏閱微草堂所藏，僅存第七卷至第十三卷，而又七卷前闕數頁，十三卷末集賢錢侍郎知大名府序，惟有篇首二行，計亦當闕一兩頁，原帙籤題，即曰"小畜外集殘本上下二册,"知所傳止此矣。

陸氏儀顧堂題跋明鈔小畜集跋云:"語涉宋帝皆提行,蓋從宋刊摹寫者。乾隆中,有太平趙熟典刊本,其缺文譌字,大略多同,似卽從此本出,惟輾轉傳刊,譌字更多"云云。歷舉其譌處,玆略之。又陸氏藏書志有宋刊本外集七卷,其自識云:"原三十卷,今存卷七至卷十三凡七卷,又卷六末葉一葉,"幷載案語云:"此宋刊宋印本,每葉二十二行,每行二十二字,卷中有'辨之印'白文方印云云,末葉有沈辨之手書'嘉靖二年閏四月廿二日野竹齋裱完'十五字。"據此,知紀藏卽此本,籤題當卽沈與文書也。其儀顧堂集有跋云:"各家著錄卷數與此本多同,惟卷六末葉諸本所無,正月盡偶題云:'一歲春光九十日,三分已是一分休,何曾快見花燒眼,只解潛催雪滿頭,莫問窮通求季主,自齊生死學莊周,終須擺脫人間事,高逐冥鴻狎海鷗。'眼疾云:'古人功業甘無分,往聖詩書合有緣,何事病來花滿眼?祗因簡策枕頭眠。'望熊耳山云:'謫居多與俗為隣,熊耳當門入望頻,感謝雙峯對雙眼,也勝逢見等閒人。'可以補諸本之缺。"瞿氏目錄有舊鈔殘本七卷,云:"蘇魏公頌有序,見集中,謂'前集公手自編纂,而遺編墜簡尙多散落,曾孫芬購尋裒類,又得詩賦、碑誌、論議、表著凡二十卷,目曰外集',案芬皇祐進士,官集賢校理,諸王府翊善。"據此,知提要芬誤汾,陸志二十誤三十也。陳振孫書錄解題亦作二十,張氏藏書志有舊鈔本,亦有卷六末葉,亦云原三十卷,並載蘇序,亦作三十。鄭翼謹案:王汾,附見宋史王禹偁傳，書錄解題同。初名元宗，字彥祖，夢人告之曰："池水分流，君即登第，"乃更名汾，果以免解擢甲科，例應降甲，仁宗以禹偁故遂不降，後且超升朝籍，見澠水燕談二及六。

和靖詩集四卷

是集前有皇祐五年梅堯臣序，康熙中，長洲吳調元校刊之。瞿氏目錄有宋刊殘本，云："原書分上下二卷，今存上卷，詩編古體、律體、五七言律絕不分列，猶存古式，其足以校正明刻四卷本舛譌甚多。如'湖樓寫望'，不作晚望，詩云：'秋靜雁行高'，不作秋淨，上湖閑泛云：'平望望不極'，不作平皋，'中峰行樂'，不作行藥"云云，凡數十事，今略之。明本當指嘉靖間喬時敏刻。丁氏藏書志有影宋本二卷，云："每葉十八行，每行二十字，卷首題'和靖先生詩集序'，次行低七格，題'太常博士宛陵梅堯臣撰'，凡天下朝廷俱提行。集之首行，題'和靖先生詩集上'，次行低二格，題古詩，三行低四格，題和運使陳學士遊靈隱寺寓懷。其下卷律詩低二格，詩題低四格，版心題'和靖先生詩上'，下有刻工姓名。案郎仁寶七修類稾云：'世重宋版詩文，以其字不差謬，今刻不特差謬，且多遺落字，因林和靖詩而歎之'，舊名止曰'漫稾'，上下兩卷，今分爲四卷，舊題如送范寺丞仲淹，今改爲送范仲淹寺丞者最多，今拾遺和運使陳學士遊靈隱寺古詩四章，宋刻首篇者也，今僅律絕，而遂以此爲拾遺可乎？郎說與此合，姑附證之。"玉縉案：郎說當指正統陳贄本，或正德沈履德本，未知吳本何如？俟考。翁方綱復初齋跋是集云："和靖集，今所見惟長洲吳氏校刊本，而青箱雜記云：'景祐初，和靖尙無恙，范文正贈和靖詩，有"巢、由不顧仕"之句'，和靖生於乾德五年丁卯，而青箱雜記云景祐初尙無恙，則舊傳和靖卒於天聖六年戊辰者未之詳考也。蘇詩，'我不識君嘗夢見'，坡公生於景祐三年丙子，則景祐初元，和靖尙在，亦可信也。又有西湖紀逸一卷，又後村詩話所載和靖逸句，皆不在此刻。而省心錄一卷，以永樂大典所錄詳考之，實宋初直敷文閣李邦獻撰，蓋在宋初臨安刊本，題爲林和靖撰，或又因和靖之號，誤爲尹和靖撰，皆非其實耳。"

穆參軍集一卷附錄遺事一卷

祖無擇集有修集序，稱其遺文於嗣子照得詩五十六，書、序、記、誌、祭文總二十，次爲三卷。其序作於慶曆三年，所刻詩文之數與今本合，蓋此集猶無擇所編之舊也。

李慈銘孟學齋日記乙集中 三九 云："凡詩一卷，文兩卷，僅二十首，後一卷爲附錄遺事，前有祖無擇序及宋史本傳，後有南宋臨江劉淸之跋。參軍爲尹師魯兄弟所師事，以古文倡其代，名與柳仲塗埒，而所作平衍疏冗，實尠佳處。上陳觀察、劉侍郎兩書，干乞之辭，過於自卑，史言其任太州司理時以直獲罪，又極表其剛介之節，而兩書皆在貶謫之後，蓋亦苦節不貞者歟？其稍可取者，如答喬適問學文書，'學乎古者所以爲道'云云，上陳觀察書，'古所謂文武之道'云云，送崔伯盈序，'士困窮而篤於學'云云，皆平實可味之言，蔡州開元寺佛塔記，言'禮義不競，故佛獨盛於時'，議論亦甚好，送李秀才歸泉南序，小篇極有文情。要而論之，參軍才無過人，學亦不競，惟生崑體極盛之世，獨矯割裂排比之習，以文從字順爲文，而說理明確，尹氏、歐陽出而推尊之，故名遂震爆，猶唐人陳伯玉之詩殊無眞詣，而於舉世絺繪之時獨爲古風，張曲江、李、杜起而崇奉之，名亦遂以千古矣。參軍詩更無名什，惟過西京絕句云：'西京千古帝王宮，無限名園水竹中，來恨不逢桃李日，滿城紅樹正秋風。'此本載代州馮如京評云：'不減龍標'，固未爲允，然氣格殊不卑也。宋人說部，言其與丁晉公故舊，後以傲失歡，遂以'行不逮文'短之眞廟，故成怨郄，而集中聞報晉公自崖徙雷詩云：'從來崖貶斷還期，聞徙雷陽衆共疑，卻訝有虞刑政錯，四凶何事不量移'，則怨毒之心亦太甚矣。"

晏元獻遺文一卷

東都事略稱殊有文集二百四十卷，中興書目作九十四卷，文獻通考載臨川集三十卷，紫薇集一卷。陳振孫書錄解題云："其五世孫大正爲年譜一卷，言'先元獻嘗自差次起儒館至學士，爲臨川集三十卷，起樞廷至宰席，爲二府集二十五卷'云云，今皆不傳。"此本爲國朝康熙中慈谿胡亦堂所輯，僅文六篇，詩六首，餘皆詩餘。殊當北宋盛時，日與諸名士文酒唱和，其零章斷什，往往散見諸書，如復齋漫錄、古今歲時雜詠、侯鯖錄、西淸詩話所載諸詩，此本皆未收入，未爲完備。

案宋祁筆記云："晏丞相末年詩見編集者乃過萬篇，唐人以來未有。"又云："天聖初元以來，縉紳間爲詩者益少，唯丞相晏公殊、錢公惟演、翰林劉公筠數人而已。"陸氏儀顧堂集有跋云:"尚有宋文鑑所載中園賦一首,假中示判官張守丞王校勘一首,雪中一首,侍讀學士請宮中視學狀一首,答樞密范給事一首,連珠一首。播芳大全所載代皇太子辭陞儲表二首,杜大珪名臣碑傳琬琰錄所載馬忠肅亮墓誌一首,騎省集所載後序一首,老學菴筆記所載盂蘭盆一首,硯箋所載張殿院惠古瓦硯二首,瀛奎律髓載賦得秋雨一首,春陰一首,汝州志所載巢父井一首,江西詩話所載東湖涵虛閣一首,亦皆未收。合之復齋漫錄、歲時雜詠、西清詩話、侯鯖錄各書所引,及汲古刊珠玉詞,重爲編次,當可增此本三倍也。" 丁氏藏書志有勞季言增輯本,云:"采玉海、事文類聚、播芳大全、宋文鑑、茅山志、歲時雜詠、侯鯖錄、西清詩話、老學菴筆記、瀛奎律髓、汝州志、青箱雜記、海棠譜、鐵網珊瑚、會稽掇英集及諸文集序,凡增文二十二篇,詩一百三十餘首,及單辭斷文又十餘件,文則倍於原輯,詩則視原輯幾二十餘倍,可謂美且富矣。"玉縉案:勞輯本,近南城李氏戊午年已刊入宜秋館彙刊宋人集乙編中,凡晏元獻遺文一卷,補編三卷。

春卿遺稾一卷

案胡宿文恭集有堂神道碑,稱堂以皇祐六年卒,贈吏部侍郎,此集題曰春卿,仍舉其致仕之官,所未詳也? 此本乃明天啓中堂二十世孫鑛掇拾佚稾而成。

陸氏儀顧堂集有跋云:"其名當亦鑛所題,以堂曾官禮部侍郎故也。編次無法,挂漏甚多,宋史本傳所稱論郭皇后不當廢疏、論禁中火起疏、言不必別置發運使疏、奏復鑑湖馬湖疏，均未見。又會稽掇英總集有卷一閱山五古幷序，卷二寄題望湖樓七古，卷三棹歌七古，卷八飛來山五古，天章寺題字，成都文類卷七有清陰堂種橘一首，嘉泰會稽志有守會稽日修永和故事作七律，西湖高僧事略有贈惟政禪師七絕，皆失收。其書以吳都文粹爲藍本，此外所採寥寥數首而已，往往割裂文粹案語，附於題下，似序非序，尤爲非體。虎邱山一首，文粹本作吳王墓，謝李兵部二首，文粹本作靈芝坊，改易篇題，多近肊撰，明自萬曆以後，風氣使然矣。”丁氏藏書志云:“宋史本傳中論郭皇后不當廢疏、論禁中火起疏、言不必別置發運使疏、奏復鑑湖馬湖疏，會稽掇英集、成都文類、嘉泰會稽志所刊諸作尙未采入，可見遺漏尙多也。”

東觀集十卷

據天聖元年薛田所作集序，野先有草堂集，行在人間，宋史亦稱野草堂集十卷，則十卷者野舊本也。序又稱其子閑以新舊詩三百篇混而編之，彙爲七卷，因取贈典命之曰鉅鹿東觀集，則東觀集者閑所重編七卷之本也。此本凡詩三百五十九首，題曰東觀集，而乃作十卷，未喩其故？豈序文誤十爲七歟？別有東觀集補遺三卷，出杭州汪氏家，前後無序跋，不知何人所輯？今核所載詩一百十九首，卽此本之四卷至六卷，蓋書賈作僞之本，不足爲據。或疑除此三卷，正合薛田序七卷之數，當爲後人所合併，不知除此一百一十九首，則七卷僅詩二百四十首，與田序三百首之說仍不相合，知決不然矣。

吳氏繡谷亭薰習錄云:"集乃野之子閑所編, 晁氏稱詩四百餘首, 已經零落, 見於田序, 野別有草堂集, 汾陰未召之先, 蚤流傳於世, 晁氏謂田序爲草堂集而作誤也。" 丁氏藏書志云:"漁洋文集云:'魏野詩, "數聲離岸櫓, 幾點別州山"一篇最佳。王彥輔記其一絕, 亦有風致可喜, "城裏爭看城外花, 獨來城裏訪僧家, 辛勤旋覓新鑽火, 爲我親烹嶽麓茶。"' 今集中失載。" 陸游渭南集魏先生草堂集跋云:"案國史, 野, 陝人, 沈存中筆談以爲蜀人居陝州, 不知何所據也? 予在蜀十年, 亦不聞野爲蜀人, 筆談蓋誤。" 玉縉案: 沈說甚瞭, 陸乃以不誤爲誤。

宋景文集六十二卷補遺二卷附錄一卷

玆就永樂大典所載, 彙萃裒次, 釐爲六十有二卷, 又旁採諸書, 纂成補遺二卷, 併以軼聞餘事各爲考證, 附錄於末, 雖未必盡還舊觀, 名章鉅製, 諒可得十之七八矣。

陸氏儀顧堂集有跋云:"今聚珍本惟六十二卷, 補遺則不可得也, 愚采查各書, 於六十二卷之外尙可得六百餘篇, 其見於佚存叢書所刊景文宋公集殘本、成都文類、歲時雜詠、播芳大全、宋諸臣奏議、全蜀藝文志, 總計凡詩二百六十首, 文二百八十一首, 合之原輯六十二卷, 已得原集三分之二"云云。原跋各舉其篇名, 今略之。六百餘篇, 當爲五百之譌。

文正集二十四卷別集四卷補編五卷

是編本名曰丹陽集, 凡詩賦五卷, 二百六十八首, 雜文十五卷，一百六十五首，元祐四年蘇軾爲之序，淳熙丙午鄱陽從事綦煥校定。舊刻又得詩文三十七篇，爲遺集附於後，卽今別集。

瞿氏目錄有元天曆戊辰本二十四卷，別集四卷，云："別集後附忠宣遺文。"案提要不及忠宣，俟考。陸氏藏書志有宋乾道饒州刊本，淳熙、嘉定兩次重修范文正公集二十卷，別集四卷，尺牘二卷，並載綦煥識，有"以舊京本丹陽集參校"語，是綦本已稱范文正公集，提要未明晰。陸氏識語云："元天曆刊本卽從此出，行款皆同，惟字體有方圓之別。" 沈垚落帆樓文集與徐星伯書云："垚於西夏事未嘗究心，里中張秋水丈曾撰西夏紀事本末一書，因往問之，丈取一圖以示，言從舊本范文正集影鈔者，垚以圖檢考宋史种諤傳，言'諤留千人守米脂，進次銀、石、夏州'，今圖列石州於夏州之東，銀州之西，與諤傳自東而西次第合。劉平傳言'得洪、宥二州，以山爲界，憑高據險，下瞰沙漠，此天險也'，今圖列洪州於宥州之西南，宥州東北，踰山則夏州，亦與平傳合。而東至契丹驛路，北與韃靼壤接之地，又足補史所未備，得是圖而西夏之疆域可得其厓略矣。惟天都爲夏人南境，東接涇原，中國自環慶至涇原，乃從北而南，圖當縱列，不當横出，以限於紙幅，亦斜向而西，則在閱者之善會耳。然圖中有綏德軍及御謀城，文正仕仁宗朝，其時綏州爲夏地，公但使种世衡城青澗而已，熙寧三年，收復綏州爲綏德城，元符二年，始改爲軍，則去公薨久矣。公子純仁、純粹，哲宗初相繼知慶州，米脂等砦之棄，忠宣兄弟實主之，至御謀城之築，則在崇寧三年，其時忠宣已薨，元祐姦黨之禁方熾，而圖中有此等軍砦，必是崇寧後人所作。宋地與夏接者：麟府、鄜延、環慶、涇原、秦鳳、熙河皆屯設重兵，而此圖砦堡，但詳鄜延、環慶兩路，想官是地者取圖附入文正集耳。世間通行文正、忠宣之集，皆無圖，舊本爲里中劉氏所藏，今其家書籍已散，無由借讀，獨圖爲張丈影鈔，垚因先生之言乃假以考校，亦可謂奇緣矣。”玉縉案：提要本恐亦無圖，以其有關考據，錄之。

河南集二十七卷

至所爲文章，古峭勁潔，繼柳開、穆修之後，一挽五季浮靡之習，尤卓然可以自傳。　集凡二十七卷，與宋史藝文志所載合，晁公武郡齋讀書志云二十卷者，蓋傳寫之脫漏。

李慈銘荀學齋日記云：“師魯文筆警特，議論通達，似唐之杜牧之，而平正較勝色澤差減耳。然宋人如張、晁以下皆不及也，歐陽文忠稱其簡而有法，知言哉！”又云：“師魯卒時，年僅四十七，而樹立卓然，文章亦底於成，非特論事深切可喜，其言多類知道者，此杜牧之所不及也。集中答王仲儀書云：‘才者容有小人’云云，與李仲昌書云：‘賢而適不與己親’云云，皆不刊之論。其答王仲儀又一書云：‘某到隨州城東’云云，乃其貶漢東節度副使時所言，洒然絕無怨尤，非知道者不能也。”　瞿氏目錄有舊鈔本二十七卷，附錄一卷，云：“二十五卷、二十六、七兩卷爲五代春秋，附錄本傳、墓表、墓誌、祭文、乞與尹構官狀及雜見事蹟爲一卷。"玉縉案：提要前云洙有五代春秋已著錄，後言集凡二十七卷，殊未明晰。蓋詩一卷、文二十四卷、五代春秋二卷共爲二十七卷，五代春秋非在二十七卷之外。丁氏藏書志有舊鈔本，又嘉慶間長洲陳氏刻本，皆如此。

陸氏儀顧堂題跋云："河南先生文集二十七卷，影寫宋刊本，以舊藏朱銘拙友鶴舊鈔本互校，知宋本譌奪甚多云云，惟二十四卷中陝西招討使狀，則此本亦缺，無可校補耳。余又藏有仁和趙坦錄王漁洋校正本，與此本大略多同，惟備北狄篇亦缺，不及此本之善。"

徂徠集二十卷

第四卷內寄元均、叔仁、讀易堂、永軒暫憇四詩，有錄無書，則傳寫脫佚，亦非盡其舊矣。介傳孫復之學，毅然以天下是非爲己任，然客氣太深，名心太重，不免流於詭激。

案瞿氏目錄有影鈔宋本，第四卷不脫此四詩。陸氏儀顧堂題跋云："寄元均'君爲儒者豈知兵'云云，寄叔仁'幾年持筆事征西'云云，赴任嘉洲初登棧道寄姜潛至讀易堂'我不從官君下第'云云，入蜀至左綿洛次水軒暫憇'水軒聊得恣吟哦'云云，七律四章，完善無缺。"黃式三儆居集讀徂徠文集云："守道言'周之諸侯，矜大而不服，非諸侯之辠，失在周公'；見兵制篇。言'揚子雲不作符命，甘投於閣'；送祖擇之序。言'五代之亂瀛王扶之'，救說篇。違古今之公論，而顚倒是非，適足以見其怪而已。"

蔡忠惠集三十六卷

疑通考以奏議十卷合于集六十卷，總爲七十卷，而傳刻譌舛，倒其文爲十七也。 雍正甲寅，襄裔孫廷魁，又裒次重刻，是爲今本。 今本不以四賢一不肖詩弁首，又非十朋之舊。

楊氏楹書隅錄有宋本莆陽居士蔡公文集三十六卷，並載朱錫庚識語云："郡齋讀書志亦作十七卷，與通考同，而直齋書錄解題作三十六卷，與此合，蓋當時或有多寡不同，故文忠謂此集比他集爲最全，然則世所傳本，恐無復多於是者矣。"玉縉案：陸氏儀顧堂續跋蔡忠惠尺牘跋云："前題'九月十八日襄奉書'，後題'襄再行留台同年屯田兄足下'，留台者，判留都御史台也，同年者，忠惠進士同年也，再行者，宋人正啓用四六，别紙則以散行，此是别紙，故曰再行。忠惠集啓箋之後有别紙一門，是其證也。" 李祖陶邁堂文略讀蔡忠惠公文集云："雍正間，其裔孫廷魁所重刻者：書共三十六卷，末附别紀補遺二卷，分志行、政術、書法、談藝、賞鑒、茶事、荔品、恩遇、遺蹟、途異十門，而附以逸編，則晉江徐興公所輯，而莆陽宋比玉補之者也。"玉縉案：提要所見本同，而不及别紀補遺未免疏漏。 又朱錫庚云："文忠序云：'國朝四葉，文章尤盛，歐陽文忠公、徂徠先生石守道、河南尹師魯、莆田蔡公君謨皆所謂傑然者，永叔之文，追配韓子，其剛氣所激，尤見於責高司諫書，徂徠之氣，則見於慶曆聖德頌，師魯則見於願與范文正公同貶之書，君謨則見於四賢一不肖詩'，文忠之立言如此，蓋古人編刻前賢文集，必自有意旨所在，如劉禹錫次呂衡州集，斷自人文化成論至諸葛武侯廟記爲上篇，李漢編韓昌黎集，則以感二鳥諸賦居首，非若後世僅事剞劂之功已也。”丁氏藏書志有萬曆蔡刊本三十六卷，外紀十卷，云版心作“雙甕齋”三字。

祖英集二卷

編修汪如藻家藏本。

瞿氏目錄有宋刊本雪竇頌古集一卷，拈古一卷，瀑泉集一卷，祖英集二卷。云“遵王錢氏所藏祇有祖英集一種，此其全帙也。”

蘇魏公集七十二卷

是其學本博洽，故發之於文亦多淸麗雄贍，卓然可爲典則。

李慈銘荀學齋日記癸集上二六云：“卷一至卷十三爲古今體詩，卷十四爲輓辭，卷十五以下皆雜文，而內外制至盈十六卷，靑詞、齋文、祝文、樂詞、春帖子、教坊致語皆入內制，詩多酬應率爾之作，文亦頗病沓拖，子容當時負文學名而所就止此，足見非特歐、蘇爲間出，卽楊、劉、晏、夏、二宋、二劉、王、華陽胡武平諸公，臺閣雍容，制作之才，亦一代僅見也。然子容學有本原，集中如立家廟議、承重議、學校議、貢舉議、論前代帝王追尋本親及嗣王公襲封故事、論祖無擇對獄事、奏今後不許特創寺院、請增修尙書省稍復南宮故事，皆準古酌今，深得國體。其駁呂公著、王安石等請復侍講坐講議，謂‘侍講居侍讀之下，若侍講輒坐，侍讀當從何禮？若亦許之坐，則侍從之臣，每遇進說皆當坐矣’，足考宋設侍讀、侍講學士，班制自有高下，至今沿之，而宋史不詳，尤可裨史闕。惟謂‘侍講解詁舊儒章句之學，非有爲師之資，不得自居傳先王之道'，則近於蔑經而阿主矣。”

古靈集二十五卷

內惟林希一人，後來附和時局，自隳生平。　集爲其子紹夫所編，以襄居侯官之古靈村，因以名其詩文。葉祖洽作行狀，稱“襄於六經之義自有所得，方將營一邱之地，著書以自見其志，志竟不遂，故其生平所作文集，止二十五卷”，與今本卷數相符。王士禛居易錄稱古靈集二十卷，蓋所見乃謝氏鈔本，非其完帙，惟其稱冠以紹興元年求賢手詔者，與李綱序合，此本不載，蓋傳寫佚之。

吳氏繡谷亭薰習錄云：“紹興五年李綱序，建炎二年陳公輔跋，先是徐世昌刻於閩，紹興三十一年，四世從孫輝復刻於贛，重爲年譜，附葉祖洽行狀、孫覺墓誌、劉彝祠堂記，此本仿自贛刻，其論樂劄子與詳定禮文，並有闕文，襄所定銅木尺二條亦失焉”云云。玉縉案：提要所見，未知即此本否？　黃式三儆居集讀陳氏薦目云：“其中如林子中希，古靈所稱少有文行者，紹聖間盡黜元祐賢臣，子中實密與其議，一日草制罷，擲筆於地曰：‘壞名節矣！’其自欺如此。孔經甫文仲，古靈所稱性行淳粹文章正直者，爲諫議，力詆程伊川汚下憸巧，後知爲人所紿，憤鬱嘔血而死，其受人欺如此。經甫之受欺，後人既有原之者，使林子中當元祐之盛，必不甘壞其名節，則壞於紹聖，非古靈之所能料也。”

伐檀集二卷

其集自宋以來，即刻附山谷集末。

陸氏藏書志有明刊本，並載皇祐五年自序，又嘉定二年從曾孫犖序。云："康州生太史，太史嘗刻大孤山、宿趙屯二詩，跋云：'先大夫平生刻意於詩，語法類皆如此，小子懼微言之或絕，故刻諸星子灣以俟來哲，今家藏伐檀集，又厄於兵火之變，謹錄而傳之'，是庭堅初刻，並不附其集後，犖重刻，亦單行也。"

傳家集八十卷

是集凡賦一卷，詩十四卷，雜文五十六卷，題跋、疑孟、史剡共一卷，迂書一卷，壺格、策問、樂詞共一卷，誌三卷，碑、行狀、墓表、哀辭共一卷，祭文一卷。

瞿氏目錄有宋刊本文集八十卷，云："題'溫國文正司馬公文集'，與世行本稱傳家集者不合，其編次亦異，凡賦一卷、詩十四卷、章奏謚議四十卷、制詔一卷、表一卷、書啓六卷、序二卷、記傳二卷、銘箴頌原說述一卷、贈諭訓樂詞一卷、論二卷、議辨策問一卷、史贊評議、疑孟一卷、史剡、迂書一卷、碑誌五卷、祭文一卷，前有紹興二年劉嶠刊板序及進書表，今世行傳家集誤劉嶠爲劉隨，并節去序文首尾及年號官銜，表亦不載，今並附錄，以表宋刻之眞"云云。

陸氏儀顧堂題跋明刊本跋云："集爲溫公所自編，原本一百卷，公薨，子康又沒，晁以道得而藏之，中更禁錮，迨至渡江，幸不失墜，後以授謝克家、劉嶠刊而上之，宋季光州有版，見郡齋讀書志、直齋書錄解題。是公集生前無刊本，至南宋而劉嶠始爲版行，此本八十卷，較光州本已少二十卷，故提要所舉辭樞副疏、論西夏疏、張載私謚議、及宋文鑑所收文中子傳皆不載。以乾隆中陳文恭刊本互校，明刊卷五十三乞進呈文字劄子後，有中使徐湜封還傳宣一道，陳本缺。卷四十五奏乞兵官與趙瑜同訓練泊駐兵士狀，'所貴公共'下，陳本脱三十字。文中子傳，則文恭據宋文鑑補入。黄蕘圃百宋一廛宋刊本，前有劉嶠序及進書表，當卽晁氏所謂劉嶠刊版者，然亦祇八十卷何也？”玉縉案：陸跋歷舉陳本某篇明本在某卷之異，兹略之。

清獻集十卷

是集詩文各五卷，前有天台陳仁玉序，乃從宋嘉定中舊本重刊。

瞿氏目錄有元刊本趙清獻公文集十六卷，云："有景定元年陳仁玉序，是本乃至治初重刊者，凡詩七卷、文七卷、補遺一卷、附錄一卷。"

盱江集三十七卷年譜一卷外集三卷

此集爲明南城左贊所編。

案贊字翊時，官吏部驗封司主事。

金氏文集二卷

君卿字正叔，浮梁人，江西通志載君卿登慶曆進士，累官知臨川，權江西提刑，入爲度支郎中，洪邁夷堅志載君卿讀書浮梁山一條，稱其策高科，歷郡守部使者，積伐至度支郎中，與通志相合，然亦不詳其事蹟。考曾鞏元豐類稾有衞尉丞致仕金君墓誌銘一篇，乃爲君卿父溫叟而作，稱“溫叟四子，君著、君佐、君卿、君佑皆舉進士，君卿以皇祐二年官祕書丞，五年官太常博士，得以襃崇其親”，其敍述頗詳。又稱“君卿方以材自起於賤貧，欲以其所爲爲天下，慨然有志”，則其人亦非碌碌者也。

案君卿慶曆二年進士，官至廣西轉運使，陸氏儀顧堂題跋考其事蹟甚詳。

公是集五十四卷

葉適習學記言亦謂敞言經旨，間以謔語酬修，積不能平，復忤韓琦，遂不得爲翰林學士。

吳氏繡谷亭薰習錄有十卷，云：“葉石林以原父忤韓魏公，終身不得爲翰林學士，考本傳云云，是原父凡再入翰林，終以讒言爲人所忌云。”玉縉案：據此，則適又沿夢得之誤。

邕州小集一卷

今十八卷之本久佚，惟此集一卷尚存鈔帙，所載詩僅七十三首。

朱琦小萬卷齋文稾朱竹垞手鈔宋陶商翁詩集跋云：“此詩不知鈔自何處？乾隆間列入四庫，爲鮑士恭家呈進，當即先生所見本。惟提要言七十三首，此少一首，又言辰州一首、園中一首，並闕首二句，五溪一首，闕末二句，正合，而此則荔支一首，中闕二句，宣陽一首，末二句亦闕，或鮑氏以他本攙補歟？宋詩紀事又載零句九聯，一見澠水燕談，餘俱見後村詩話，是集無有，則必在十八卷中矣。更即先生鈔本與厲書校，如送趙樞寺丞宰虔化縣首句‘路入南雲下',鳳書'南'作'虔','下'作'去'云云,此等詞義不甚懸,但傳寫稍異耳。" 李慈銘荀學齋日記云:"弼詩小有風致,如'落照懸漁市,孤煙起戍營。'秋日登南城臺。'月天高寺影,春雨一橋聲。'東湖。'樹色纔分楚,江聲未出蠻。'陽朔縣。'花露生瓶水、松風落架書。'羅秀山。'瀑布聲中窺案牘,女蘿陰裏勸桑麻。'題陽朔縣舍。'兵送遠人還海界,吏申遷客入津橋。'天涯亭。'一區海上神仙宅,數曲人間水墨屏。'閣早。'安城太守知邊計,菡萏花中閱水兵。'安城即事。皆不失爲佳句也。"

丹淵集四十卷拾遺二卷年譜一卷附錄二卷

集中稱蘇軾爲胡侯,或曰蘇子平,見誠之跋,蓋其家避忌蜀黨而改之。

丁氏藏書志云:"與可與東坡爲從表弟,最爲厚善,集中無與東坡往還之作,因避黨禍,悉從芟削,甚至易子瞻爲子平。當東坡倅杭,曾送以詩,有'北客若來休問事,西湖雖好莫吟詩',殆早知有詩禍也。錢功甫稱之爲仙,宜哉!"

鄖溪集三十卷

惟從永樂大典內裒輯編次,又以宋文鑑、兩宋名賢小集諸書所載,分類補入,勒爲三十卷。

瞿氏目錄有鈔本二十八卷,云:"此閣本從永樂大典錄得,凡文二十四卷,詩四卷。"玉縉案:同是本而卷數互異,俟考。

錢塘集十四卷

其事蹟不見於宋史,而集中所載表狀、祭文諸篇,署銜尚存,可以得其大槩。馬端臨經籍考有錢唐韋先生集十八卷，宋史藝文志卷數亦同，是編原本十六卷，前有收藏家題識云："宋版韋驤集，係明吳寬家藏本，原闕第一、第二卷，實止十四卷"，檢勘書中，凡"構"字皆空闕，而注其下云"太上皇帝御名"，當由孝宗時刊本鈔傳，特所闕兩卷，諸本皆同，今已末由考補耳。

陸氏儀顧堂集有跋云："錢唐韋先生集十六卷，影鈔宋乾道刊本，是集原本二十卷，後爲其子失去二卷，其孫能定求之不得，遂於乾道四年，以十八卷刊於臨汀郡庠，見其孫能定跋中。四庫館所據之本，至十六卷止，又缺首二卷，遂移卷三爲卷一，以十四卷著於錄。此本從宋乾道刊本影寫，'構'注太上皇帝御名，'眘'注今上御名，亦缺首二卷，卷三至卷九，古今體詩九百九十三首，卷十表，卷十一啓，卷十二至十四疏狀，卷十五書，卷十六書、祝文、祭文、青詞、墓誌，卷十七記、序、傳、論、策問，卷十八雜著、歌詞，凡文五百六首，較四庫增十七、十八兩卷，增文九十八首，詞十一首，末附陳師錫行狀略云云。是其政事亦有可稱，不僅以文章著矣。後有改修宋史者，宜補入文苑傳也。"玉縉案：瞿氏、丁氏目錄，亦並有舊鈔本十六卷。

元豐類藁五十卷

吳曾能改齋漫錄所載懷友一首，莊綽雞肋編所載厄臺記一首，高似孫緯略所載實錄院謝賜硯紙筆墨表一首，及世所傳書魏鄭公傳後諸佚文，見於宋文鑑、宋文選者，當即外集續藁之文，故今悉不見集中也。今世所行凡有二本：一爲明成化六年南豐知縣楊參所刊，前有元豐八年王震序，後有大德甲辰東平丁思敬序，又有年譜序二篇，無撰人姓名，而年譜已佚，蓋已非宋本之舊，其中舛謬尤多。一爲國朝康熙中長洲顧崧齡所刊，以宋本參校，補入第七卷中水西亭書事詩一首，第四十七卷中太子賓客陳公神道碑銘中闕文四百六十八字，頗爲清整。然何焯義門讀書記中有校正元豐類稾五卷，其中有如雜詩五首之顛倒次序者，有如會稽絕句之妄增題目者，有如寄鄆州邵資政詩諸篇之脱落原注者，其他字句異同，不可殫舉，顧本尚未一一改正。

陸氏藏書志有明正統刊本，並載何焯手跋云："文鑑載雜識二首，幷書魏鄭公傳後，類稾無之，意必續稾所載也。"其儀顧堂題跋云："元刊之後，以此本爲最古。"又考王震之事蹟甚詳，今略之。正統本當爲成化本之自出，提要未之及。

龍學文集十六卷

紹熙三年，其曾孫袁州軍事判官行始裒爲十卷，取無擇知陝府日歐陽修餞行詩中"右掖文章煥星斗"語，名之曰煥斗集，又採司馬光、梅堯臣等與無擇贈答之作，曰名臣賢士詩文，凡二卷，又輯無擇叔祖㬎、叔起居舍人知制誥士衡、弟福建路提刑無頗等傳記敕書，及其姪知普州德恭詩三首，曰家集，凡四卷，皆附之於後，見第十六卷行所作龍學始末中，即此本也。

丁氏藏書志有舊鈔本，云："一卷至十卷爲公所著，內五、六兩卷係與歐陽修、梅堯臣、李覯唱和集，十一、十二卷名賢投贈詩，十三卷鄭隱祖昱神仙傳，幷諸名士跋，昱乃公之叔祖，十四、十五卷、姪孫德泰撰祖士衡紫薇始末，幷士衡所著西齋雜記及文三首，士衡乃公之叔，十六卷祖無頗提刑始末及敕書與記跋，幷附挽提刑子德恭詩三首，卷後爲祖氏源流及龍學始末，而紹定己丑趙體國爲後跋。”玉縉案：提要說殊未晰，得此乃明。

宛陵集六十卷附錄一卷

邵博聞見後錄，乃載傳聞之說，謂修忌堯臣出己上，每商摧其詩，多故刪其最佳者，殊爲誣謾，無論修萬不至此，卽堯臣亦非不辨白黑者，豈得失不自知耶？

翁方綱石洲詩話四云：“王明清記李邯鄲、孫亨仲言，家有梅聖俞詩善本，世所傳多爲歐陽公去其尤者，忌能名之壓己也，明淸辨其非實。梅之能名，本不足以壓歐陽，而邯鄲此說，以小人誣君子，其謬妄固不必言，然亦實因都官全集瞥策處差少，所以致來誣者之口，若蘇詩則人雖欲爲此誣言，其可得乎？” 錢泰吉甘泉餘橐跋梁氏中孚重刻宛陵集云：“近從濮陽春泉澇假所藏查梅史揆評閱徐氏刻本，因取以對校詩文次第，兩本皆同，余舊跋言此本文僅十首誤也，惟第四卷得餘干李尉書錄示唐人于越亭詩因以寄題七言古一首，爲徐本所無，三十一卷中，誤編新息重修孔子廟記及兩賦，三十二卷，誤編小女稱稱甎銘，二十一卷，誤編劉原父同梅二十二飲永叔家觀所鈔近事五律一首，亦兩本所同。此本附宛陵續金鍼詩格，前有元張師曾所編年譜，後附錄爲宛陵所作詩文，則梁氏增刻而徐本所無也。梅史評閲，多訂正編輯先後之失次，衰年憚於傳錄，誤刻之字，以兩本相校，亦略可是正，今亦未暇以爲。”

忠肅集二十卷

今從永樂大典各韻中裒輯編綴，共得文二百八十五首，詩四百四十三首，以原書卷目相較，尚可存十之六七，謹以類排纂，釐爲二十卷，而仍以劉安世原序冠之於首。

陸氏儀顧堂題跋云："李燾續資治通鑑長編載摯自序及日記數十條，今本皆失收，直齋書錄解題、宋史藝文志、馬端臨文獻通考皆稱忠肅集四十卷，蓋其散佚者多矣。"

范太史集五十五卷

此本五十五卷，與宋史藝文志卷目相符，蓋猶當時舊帙也。祖禹平生論諫，不下數十萬言。而集中章奏尤多，類皆湛深經術，練達事務，深有裨於獻納。

陸氏儀顧堂題跋云："張立人手鈔本，凡遇仁宗、英宗、神宗、明肅、慈聖、文母、太皇太后、皇帝及二聖、累朝、陛下字，皆空一格，'煦'字注哲宗舊名，'佶'字注徽宗御名，蓋從宋本傳錄者。卷一至卷三詩，卷四至卷六表狀劄子云云，卷五十五手記，手記者，記當時人材，或但記姓名，或略敘其官秩，或評論其行誼，蓋當時夾袋之儲以備推薦者，爲文集創格。是集宋以後未見刊本。立人名位，何義門門人。" 玉縉案：提要不言是刊、是鈔，據陸說，殆亦鈔本也。 丁氏藏書志云："集中所上喪服疏、進德愛身疏、保護聖躬疏，言甚切直，所著表狀，內有五卷是代文潞公、富韓公、韓康公所作，言詞明暢。朱子云：'四六語佳，莫如范淳夫'，其推重者如此。"

潞公集四十卷

今所傳者，又較陳氏之本佚其一卷也。

瞿氏目錄有校本四十卷，云："前有石林葉氏序略，及嘉靖五年高陵呂柟序，其本多譌脫，仁和胡心耘珽以文瑞樓鈔本攜示，檢覈之，是正甚多。如卷二十五答詔中，'第使之城數亭幛制虜衝軼耳非復'下，衍'有而'二字，脫去'前日圖也所以張大其名若入討之爲者蓋兵法有之用而'廿三字。卷二十六論西邊事中，'比其蘭州本屬董氊'下，脫去'夏人得之爲已三十八九年董氊'十三字。卷二十七元祐元年答奏中，'西人亂弱'下，脫去'取如拾芥又可信乎國之大事豈可數爲'十六字。卷二十八進漢唐故事第五中，'召客者以被牆'下，脫去'古者以奉一帝一后而節適'十一字。其餘改譌補墨丁處不可勝數，蓋猶出自宋刻也。"

儀顧堂題跋云："范太史集卷十一、十二表牋劄記一百八首，宛丘集賀表二首，皆代潞公所作，此集不收，可見古人不掠人之美，此四十卷皆手稾矣。"

擊壤集二十卷

邵子之詩，其源亦出白居易。　集爲邵子所自編，而楊時龜山語錄所稱，"須信畫前原有易，自從刪後更無詩"一聯，集中乃無之，知其隨手散佚，不復收拾，眞爲寄意於詩，而非刻意於詩者矣。

金武祥粟香隨筆云："其詩源出唐台州僧寒山、拾得，蓋寒山、拾得詩，多類偈頌，而時有名理，然其派不行於唐，而擊壤集之派，蔓延於南宋，至明成化間，陳白沙、莊定山等以講學自名者大抵宗之。定山詩如'太極圈兒大，先生帽子高'，'贈我一壺陶靖節，還他兩首邵堯夫'，幾與張打油、胡釘鉸同譏矣。" 陸氏儀顧堂集元槧本跋云："以毛氏汲古閣道藏八種刊本互校，毛本脱落甚多，不及此本遠甚。卷一寄謝韓子華舍人後，脱韓絳答五古一首云云，其他序次之不同，字句之譌謬，更難枚擧。是集爲康節手定編次，必無參差，毛刊爲近時善本，不應脱落之多，蓋毛刊出於道藏，必經道流妄削，又不得原本校正，故踵其謬，此則猶康節原本也。" 楊氏楹書隅錄有北宋本十五卷，謂"伊川擊壤集，元、明皆有刊本，均作二十卷，汲古閣毛氏所刻，源出道藏而舛漏殊甚，四庫所收，即汲古本也。元槧本校毛本多詩五十餘首，藏書家謂爲善本，余齋亦有之，此本作內集十二卷，外集三卷，前有治平丙午中秋自序，編次與各本迥異，序後有蔡氏弼題語一則，蓋由公手訂二十卷本重編爲此本，龜山語錄所稱'須信畫前'云云一聯，此本在卷十二中。" 瞿氏目錄有宋刊本二十卷，云"惟人鬼吟卷八與卷十二重出。"

鄱陽集十二卷

此本乃其詩集，亦止十二卷，非其完帙，又編次錯互，如古體中誤入律詩一首，律詩中誤入古體一首，武岡驛一首，有錄無詩，寄佛印一首，前後兩見，頗多複混。殆其本集久佚，後人掇拾殘賸，復爲此編，故其淆雜如此歟？

陸氏儀顧堂題跋云:"舊鈔本每卷有目,卷一至卷三古詩,卷四至卷十律詩,卷十一、十二絕句,首尾完具,並無缺佚,尙是宋人原本。卷九武岡驛五律,全篇具在,寄佛印詩,亦無重出,惜無文瀾閣傳鈔本校其同異耳。題曰文集,而有詩無文,原本當與文集合編,今僅存詩集耳,諸臣奏議、通鑑長編兩書,載器資奏議頗多,輯之尙可補文集之缺。"

曲阜集四卷

國朝康熙中,其裔孫儼等取所存奏議,益以詔制、碑表諸逸篇,掇拾編次,別爲此集,前三卷皆詩文,後一卷則附錄也。

惜其全本已亡,掇拾多有未盡,如進元豐九域志表爲肇所撰,見於王應麟玉海,而集中亦無之,則其佳文之散失者固不少矣。

丁氏藏書志有明鈔本三卷,附錄一卷,爲萬曆己亥十九世裔孫思孔所輯,並載思孔序,稱"從先代所貯叢書中,得公遺奏議若干篇,釐爲上下集,諸詔誥制表文若詩附焉,繕梓以示將來,附錄宋史傳、行述。"陸氏儀顧堂題跋云:"諸臣奏議卷三,上哲宗論君道在立己知人;卷六,上哲宗乞觀貞觀政要、陸贄奏議;卷七,上哲宗乞選端良博古之士以參諷議;卷十七,上徽宗論君子之道直而難合,小人之言遜而易入;又上徽宗論惟材是用無係一偏;卷十九,上徽宗乞罷編類元祐臣僚章疏;又上徽宗乞法英宗旌賞直言;卷廿四,上哲宗論侯稱少欠酒課以抵當子利充數;杜大圭名臣碑傳琬琰集彭待制汝礪墓誌銘,王學士存墓誌，曾太師公亮行狀；五百家播芳大全卷四，賀太皇太后受册表，此本皆未收。他如李燾長編所載文昭奏議，可補者亦尚不少，不僅玉海所載進元豐九域志表而已。”

南陽集三十卷附錄一卷

維字持國，潁昌人。　此本凡詩十四卷、內制一卷、外制三卷、王邸記室二卷、奏議五卷、表章、雜文、碑志各一卷、手簡、歌詞共一卷、附錄一卷，較陳氏所載多十卷，疑陳氏譌三十爲二十。鮮于綽所撰行狀，今與沈晦跋並列卷末，亦與陳氏所說不同，然目錄仍以行狀列卷首，則傳寫者誤移之也。其第十九卷、二十卷，稱王邸記室，立名頗別，考邵伯溫聞見前錄稱，“神宗開潁邸，韓琦擇官僚，用王陶、韓維、陳薦、孫固、孫思恭、邵亢”云云，蓋維於是時，掌兩宫牋奏所作耳。其集刊版久佚，藏書家轉相繕錄，譌脫頗多，第三十卷與附錄一卷尤顛舛參差，幾不可讀，蓋沈晦作跋之時，已云文字舛駁不可是正，今流傳又四五百載，其愈謬也固宜矣。

吳氏繡谷亭薰習錄云：“第十八卷制辭有闕字，十九卷王邸記室闕二十一篇，二十卷文全闕，二十七卷以後並有闕文，吳中有宋槧本，闕佚略同也。陳氏題潁昌韓維，案維乃億之第五子，開封雍邱人，則書地當稱雍邱，考綽狀，維於宣仁垂簾日，以言事切直爲時所忌，命分司南京，兄康公上章乞改近郡，移知汝州，就差知潁昌府，累章乞休，以太子少傅致仕，史傳失載知潁昌，陳氏又誤爲潁昌人矣。”丁氏藏書志亦云：“持國乃億之第五子，開封雍邱人，陳氏書錄因其所官之地而作潁昌人，似誤。”　陸氏儀顧堂題跋有舊鈔本跋云:“韓元吉南澗甲乙稾,有淳熙元年所作高祖宮師文編序云:‘文編僅三十卷,兵火後所輯,非舊本也。’則直齋著錄譌三爲二無疑,可爲提要確證。又云:‘某逮事曾叔祖留司御史諱宗質,時王、蔡方張,有所避忌,凡家集手自鏴之,無得觀者,故公之論新法觸時禁之言皆不傳於外,南渡流離,集稾遂逸,訪於四方,惟詩尙多,內制特少,他文如與蘇子美書、誌程伯淳墓士大夫雖知有之,無復見也。小子不佞,欲俟備而傳焉,恐有河清之歎,因哀而刊之東陽郡齋’云云,此本卷二十九有程伯淳墓誌,注云‘淳熙四年續得於蜀’,蓋版刊於元年,墓誌得於四年,故云續得,可爲東陽刊本之證。沈晦爲維之外孫,據跋僅以韓元龍所得本,刊鮮于大受所撰行狀,集則未刊也,越三十年而元吉始刊於東陽,此當出於東陽刊本,特缺元吉序耳。提要云:‘第三十卷與附錄一卷尤多顚舛’,今卷二十九、卷三十及附錄,或上截有字,下截無字,或下截有字,上截無字,或以歌詞雜於他人祭文之下,或以書札雜於詔誥之後,當由所據之本模印在後,版多爛亂,裝訂時又有錯簡,非沈晦所云不能是正者也。卷十九、卷二十、卷二十一爲王邸記室,卷二十有錄無書,祇存十九、第二十一兩卷,提要云二卷,蓋除缺卷言之耳。”

節孝集三十卷附錄一卷

今觀其集,往往縱逸自如,不可繩以格律,軾所論者誠然。然其文雖雅俗兼陳,利鈍互見,頗有似於盧仝,而大致醇正,依經立訓,不失爲儒者之言。 史稱其雙耳聵甚,晝地爲字，乃始通語，終日面壁坐，不與人接，而四方事無不周知其詳，殆不然歟？

黄式三儆居集讀徐氏荀子辨云："其論性，駁荀尊孟，懔乎衛道之嚴，雖然，亦有過焉。荀子言禮義生於聖人之僞，僞者，人爲之也，徐氏則直以爲作僞心勞之僞，是駁之過也。孟子之不動心，是言得位行道，功名不足以動心，而富貴不能動心自在其中，徐氏則謂充養之至，雖以齊國卿相之重位，亦不動心思之經營而可治，是尊之過也。" 玉縉案：耳聵甚云云，據漁隱叢話所引爲蘇軾語，史蓋本之。軾又有"雖新且密無不先知"二句，不得以復河說一篇遂疑之也。

文忠集一百五十三卷附錄五卷

檢書中舊存編校人姓名，有題"紹熙三年十月丁朝佐編次、孫謙益校正"者，有題"紹熙五年十月孫謙益、王伯芻校正"者，又有題"郡人羅泌校正"者，亦無曾三異之名，惟卷末考異中多有云"公家定本作某"者，似即周綸所得之歐陽氏本。

陸氏儀顧堂集有跋云："文忠集一百五十三卷，明正德壬申劉喬刊本，前列孫謙益、丁朝佐、曾三異、胡柯校正銜名，及葛澤等覆校銜名，每卷後有'熙寧五年秋七月男發等編定'，及'紹熙二年郡人孫謙益等校正'二行，猶仍宋紹熙本舊式。其書以吉、建、衢、蜀各本異同，附注本文之下，復以未盡者列於每卷之末，間附丁朝佐案語，考證字義，頗爲精核，周益公序稱朝佐博覽羣書，尤長考正，良不虛也。今祠堂刊本，於卷末所列一概削去，亦是書之一厄也。”玉縉案：張氏藏書志有明天順刊本，每卷末俱有“熙寧五年男發等編定”二行。　案丁氏藏書志有正德庚午劉喬本、嘉靖庚申何遷本，每卷末各附考異，卷尾有編定、校正、覆校十二人銜名，有三異名，豈提要本佚之耶？三異字無疑、謙益字彥撝、朝佐字懷忠、伯錫字駒甫、羅泌字長源。　陸氏藏書志有明天順刊本，每卷末俱有“熙寧五年秋七月男發等編定，紹熙二年三月郡人謙益校正”兩條，又有周必大後序，未知於廬陵諸本中爲何本？瞿氏目錄有宋刊本居士集五十卷，云：“每卷末有‘熙寧五年秋七月男發等編定，紹熙二年三月郡人孫謙益校正’二行，卷一後有白文二行云：‘李文敏公家藏公之孫恕宣和癸卯寫本，今以考證異同於後’，其各卷後或有朝佐考正語者，丁朝佐也。”據此，則一百五十三卷之本，不得每卷有子發字，疑陸志誤也。楊氏楹書隅錄有宋本五十卷，引鄒氏午風堂叢談云：“歐陽文忠集考異五十卷，臨江曾魯撰，魯字得之，至元十六年舉於鄉，洪武初，召修元史，歷官禮部侍郎。此本尙是元刻，藏書家不多見也。”“案卷末有‘時柔兆、攝提格，縣人陳斐允文重校譌謬’一行，以得之之時考之，當是洪武十九年丙寅，叢談云元刻，偶未審耳。”據此，則考異爲元末明初人曾魯作，今提要卷末考異云云，爲曾作抑非曾作亦殊含混？据五十卷宋刊本，又似已有考異，殆曾魯因而廣之歟？　蘇籀欒城遺言云：“歐公碑版，今世第一，集中怪竹辯乃甚無謂，非所以示後世。”　案曾三異字無疑，從朱子學，改訂纂修，皆以屬之。扁其讀書堂曰仰高，魏了翁爲記，慶元五年五代史記刊本，卽其校本。

陳澧東塾集跋是集云："歐陽子掊擊經傳何其勇也。其於易，則以爲繫辭非聖人之作，又以爲'十翼'之說不知起於何人？自秦、漢以來大儒君子不論。其於周禮，則以爲實有可疑，反秦制之不若。其於中庸，則以爲其說有異於聖人，怠人而中止無用之空言。其於春秋三傳，則以爲妄意聖人而惑學者，三子之過。至其通論諸經，則以爲自秦之焚書，六經盡矣，至漢而出者，皆其殘脫顚倒，或傳之老師昏耄之說。又以諸經所載鳳皇、玄鳥、河圖、洛書、龜龍、六鷁、鸜鵒、麟暨騶虞皆爲語怪，啓秦、漢以來諸儒所述之荒虛怪誕。然則如歐陽子之說，六經眞可焚矣。"

歐陽文粹二十卷

宋陳亮編。

丁氏藏書志有明郭雲鵬校刊本二十卷，云："卷數疑雲鵬分編。"又有宋刊巾箱本五卷，云："龍川六一文粹，宋史不著錄，至明時始見諸家藏目，皆二十卷，似四庫館或僅據郭雲鵬所梓文、遺兩粹析而著錄歟？"玉縉案：郭編遺粹十卷，四庫入存目。

嘉祐集十六卷附錄二卷

考曾鞏作洵墓誌，稱有集二十卷，晁公武讀書志、陳振孫書錄解題俱作十五卷，蓋宋時已有二本。是本爲徐乾學家傳是樓所藏，卷末題"紹興十七年四月晦日婺州州學雕"，紙墨頗爲精好，又有康熙間蘇州邵仁泓所刊，亦稱從宋本校正。然二本並十六卷，均與宋人所記不同，徐本名嘉祐新集，邵本則名老泉先生集，亦復互異，未喻其故？或當時二本之外更有此一本歟？ 然較徐本闕洪範圖論一卷，史論前少引一篇，又以史論中爲史論下，而闕其史論下一篇，又闕辨姦論一篇、題張仙畫像一篇、送吳侯職方赴闕序一篇、謝歐陽樞密啓一篇、謝相府啓一篇、香詩一篇。朱彝尊經義考載洵洪範圖論一卷，注曰未見，疑所見洵集當卽此本，中間闕漏如是，恐亦未必晁、陳著錄之舊也。今以徐本爲主，以邵本互相參訂，正其譌脫，亦有此存而彼逸者，並爲補入。

顧廣圻思適齋集是書跋云："蘇明允嘉祐集十五卷，自晁氏讀書志、陳氏書錄解題、馬氏經籍考諸家著錄，名目卷數，無不相同，何義門言嘗見宋槧，所謂紹興十七年婺州本，曾在傳是樓者正如此，明嘉靖壬辰太原府尙有重刻本，予曾收之，是明允集之眞未亡也。後有邵仁泓者，凡增第八洪範論、第十七至末諡法共五卷，以附合明允墓誌、哀詞等稱二十卷之數，餘十五卷中又往往有增入之篇，全非本來，而明允集之眞幾亡矣。至其名目，改云蘇老泉先生全集，爲同時閻百詩所笑，載潛邱劄記第四卷中，說甚是也。邵更造凡例數則，反謂之依宋本改正思掩其失，豈不可笑，覿者勿爲所惑。" 瞿氏目錄有宋刊殘本類編增廣老蘇先生大全文集，云："較嘉祐集，增多遊嘉州龍巖、初發嘉州、襄陽懷古、寄楊緯、和楊節推見贈、答張子立見寄、送蜀僧去塵、九日和魏公題仙都觀、遊陵雲寺、過木櫪觀、神女廟、題白帝廟、萬山、荆門、惠泉、昆陽城、題三遊洞、與可許惠所畫舒景以詩督之、仙都山鹿、自尤凡二十首，嘉祐集送任師中，此作吳師中，雜論中增辨姦一篇。”

臨川集一百卷

乃紹興十年郡守桐廬詹大和校定。案蔡絛西淸詩話載“安石嘗云：‘李漢豈知韓退之，輯其文不擇美惡，有不可以示子孫者，況垂世乎’，以此語門弟子，意有在焉，而其文迄無善本。如‘春殘密葉花枝少’云云，皆王元之詩，‘金陵獨酌寄劉原甫’，皆王君玉詩，‘臨津豔豔花千樹’云云，皆王平甫詩”，陳善捫蝨新話所載亦大略相同，據二人所言，則安石詩文本出門弟子排比，非所自定，故當時已議其舛錯。而葉夢得石林詩話，又稱“蔡天啓稱荆公嘗作詩，得‘青山捫蝨坐，黃鳥挾書眠’，自謂不減杜詩，然不能舉全篇，薛肇明被旨編公集，徧求之，終莫之得”，肇明爲薛昂字，是昂亦曾奉詔編定其集，顧蔡絛與昂同時而並未言及，次山序中，亦祗舉閩、浙本而不稱别有敕定之書，其殆爲之而未成歟？

瞿氏目錄有宋刊本，云：“此臨川曾孫珏刊本，覈之明繙詹大和刻本，卷第皆同，惟輓詞類中少蘇才翁輓詞二首，集句中少離昇州作一首，而多移桃花一首，詩云：‘舍北舍南皆種桃，東風一吹數尺高’云云，案此詩不似集句，疑當時誤編入也。” 錢大昕養新錄云：“陳少章書臨川集後云：‘詹子自言，所校悉仍其故，先後失次，譌舛尚多，今案集中七十六卷謝張學士書，即七十八卷與孟逸祕校手書之五，文重出而題互異。又九十九卷金太君徐氏墓誌，自‘夫人天性篤於孝謹’上，凡脫一百七十六字，後卷又有仁壽縣太君徐氏墓誌銘一篇，具載全文。則先後失次，譌舛尚多，誠如詹守之言。它若第九卷詠叔孫通詩，載宋景文集三十卷，春江詩，乃方子通作，詠叔孫通詩，吳曾漫錄已辨之，蔡條西清詩話謂"春殘密葉"云云，皆王平甫詩，七十卷相鶴經一條，本浮邱舊文，皆荆公偶書置方册間，而亦誤編入集，此見於困學紀聞、中吳紀聞、廣川書跋者也。據葉少蘊詩話，荆公集乃宣和中薛肇明奉敕編成，肇明名屢見公詩，則其人素出入門下，宜所編皆精審，不應有如上所疏諸條之失，或肇明所編別是一本，與閩、浙刊布者異耶？'大昕案：少章所舉詹本之失，信矣，薛肇明卽薛昂，徽宗時，以迎合蔡京執政，此小人而無學者，雖出入介甫門下，其編次庸有當乎？"陸氏儀顧堂集有跋云："其失收之詩，提要已備言之，其文之失收，前人多未及之。愚案：宋文選卷之十，選荆公文有性論、性命論、名實論上、名實論中、名實論下、荀卿論六篇今本皆不收。此外如宋文鑑、播芳大全所選，亦有出今本外者。觀黃次山序，一則曰譌舛，再則曰不備，詹君並不諱言，益信宋人敦實，非今人所可及。" 丁氏藏書志有元刊本百卷，目錄三卷，云：安石曾孫王珏，於紹興辛未孟秋旦日謹題云："曾大父之文集，舊所刊行，率多舛誤，政和中，門下侍郎薛公、宣和中，先伯父大資，皆被旨編定，後罹兵火，是書不傳，比年臨川、龍舒刊行，尚從舊本，珏家藏不備，復求遺槀於薛公家，是正精確，多以曾大父親筆石刻爲據，其間參用衆本，取舍尤詳，至於斷缺，則以舊本補校足之，凡百卷，庶廣其傳云。”前有吳澄幼清序云：“宋政和間，官局編書，諸臣之文，獨臨川集得預其列，靖康之禍，官書散失，私集竟無完善之本。金谿危素好古文，慨公之集零落，搜索諸本，增補校訂”云云。據此，則敕定之書已成，特因兵燹失傳耳。

王荆公詩注五十卷

劉克莊後村詩話嘗譏其注“歸腸一夜繞鍾山”句，引韓詩不引吳志，注“世論妄以蟲疑冰”句，引莊子不引盧鴻一、唐彦謙語，指爲疏漏。 海鹽張宗松得元人槧本，始爲校刊。

李詳媿生叢錄云：“荆公寄蔡天啓詩，‘東京一祭酒，收拾偶予愜’，此指許叔重，以許官太尉南閤祭酒也。此詩上有‘秦愚初改辠，新眊仍易疊’，皆見說文，李注謂退之作石鼓歌在東都，‘濯冠沐浴告祭酒’云云，惜其附會，不覈本事也。” 吳騫拜經樓詩話云：“宋李雁湖箋注王半山詩集，海鹽張氏所雕者乃元劉辰翁節本，失雁湖本來面目，曾見知不足齋所藏宋刻半部，箋注並全，每卷後又有庚寅補注，不知出自誰手？晁氏讀書志亦未之及，或疑即雁湖所補。考壁以寧宗開禧丁卯出居臨川，箋注詩集，當在是時，其卒於嘉定壬午，至理宗紹定庚寅，雁湖没已八載，安得復出其手？或其門人如魏鶴山序中所謂李四美之流爲之則未可知耳？”玉縉案：困學紀聞云：“雁湖注荆公詩，於‘日出堂上飲’之詩，‘爲客當酌酒，何預主人謀’，則引鄭氏考槃之誤以寓其譏”，今此本無引鄭氏考槃之誤語，則吳說信矣。

廣陵集三十卷拾遺一卷

其集即說所編，凡詩賦十八卷、文十二卷、又拾遺一卷，墓誌事狀及交游投贈追思之作皆附焉。劉克莊後村詩話嘗稱其暑旱苦熱詩，骨力老蒼，識度高遠。又稱其富公并門入相、答孫莘老、聞雁諸篇，明馮惟訥編古詩紀，以其於忽操三章，誤收入古逸詩中，以爲龐德公作，豈非其氣格遒上幾與古人相亂，故惟訥不能辨歟？古文如性說等篇，亦自成一家之言，王安石於人少許可，而最重令，同時勝流如劉敞等並推服之，固非阿私所好矣。

陸氏儀顧堂題跋云："廣陵先生文集二十卷、拾遺一卷、附錄一卷，題曰'外甥吳說編次'，舊鈔本，前有王荆公所撰墓誌，劉發撰傳，每卷有目，連屬篇目，似從宋刊影寫者。卷一賦、琴操、樂府、歌詞，卷二至卷八古詩，卷九至卷十一近體詩，卷十二說，卷十三雜著、書後，卷十四傳、箴，卷十五序、記、論，卷十六至十九書、文，卷二十墓誌、行狀，拾遺則策問及詩也，與書錄解題合。四庫著錄三十卷，拾遺、附錄各一卷，張月霄藏書志著錄四十卷，無拾遺、附錄，兩本皆嘗插架，以校此本，詩文無所增益，蓋經後人分析卷數，此則猶宋人原本也。別本異文，雙行注於本文之下，如考異之例，其爲吳說所注爲他人所注則不可考矣？吳說字傅朋，號練塘，杭州錢塘人，紹興中，知信州。書學黃山谷，尤善游絲書，見書史會要。"玉縉案：又有一跋，以影宋精鈔本校補乾、嘉以前舊鈔，謂"四十卷本，奪誤更甚於此。" 吳氏繡谷亭薰習錄有二十一卷，拾遺一卷，云："令古詩不減韓吏部，而臨川獨稱其'江上山中'二辭，謂是秦、漢後安有斯人，葉石林謂二辭世人罕有見者，今具見集中，臨川之論，似欲排抑歐、蘇，籠罩當世，非定論也。其律詩佳句，已見桐江詩話，他如春雪云：'風拔海國鹽波涸，春入仙田玉氣肥'；京口云：'水開海月寒初上，樹盡秋城碧自圍'；潤州云：'半夜樓臺横海日，萬家簫鼓過江風'；春城云：'不見暮雲成宿雨，空看芳草到斜陽'，是皆可爲詩法。其文亦喜言性理，高自位置，此東坡所謂'王氏好使人同己'，此則王氏之同也。末有廣陵先生傳，門人劉發作。"

四庫全書總目提要補正卷四十六

别集類四

東坡全集一百十五卷

案蘇轍作軾墓誌，稱軾所著有東坡集四十卷、後集二十卷、奏議十五卷、内制十卷、外制三卷、和陶詩四卷。晁公武讀書志、陳振孫書錄解題所載並同，而别增應詔集十卷，合爲一編，即世所稱東坡七集者是也。宋史藝文志則載前後集七十卷，卷數與墓誌不合，而又别出奏議補遺三卷、南征集一卷、詞一卷、南省説書一卷、别集四十六卷、黄州集二卷、續集二卷、北歸集六卷、儋耳手澤一卷，名目頗爲叢碎。今考軾集在宋世原非一本，邵博聞見後錄稱"京師印本東坡集，軾自校其中'香醪'字誤者"，不更見於他書，殆燬於靖康之亂，陳振孫所稱"有杭本、蜀本，又有軾曾孫嶠所刊建安本，又有麻沙書坊大全集本，又有張某所刊吉州本，蜀本、建安本無應詔集，麻沙本、吉州本兼載志林雜説之類，不加考訂"，而陳鵠耆舊續聞則稱"姑胥居世英刊東坡全集，殊有序，又少舛謬，極可賞"，是當時以蘇州本爲最善，而今亦無存。葉盛水東日記又云:“邵復孺家有細字小本東坡大全文集，松江東日和尚所藏有大本東坡集，又有小字大本東坡集”，盛所見皆宋代舊刻，而其錯互已如此。觀捫蝨新話稱“葉嘉傳，乃其邑人陳元規作，和賀方回青玉案詞，乃華亭姚晉作，集中如睡鄉、醉鄉記，鄙俚淺近，決非坡作，今書肆往往增添改換以求速售，而官不之禁”云云，則軾集風行海內，傳刻日多，而棼亂愈甚固其所矣。

陸氏儀顧堂題跋弘治本東坡七集跋云:“東坡集四十卷、後集二十卷、奏議十五卷、內制十卷、外制三卷、應詔集十卷、續集十二卷、年譜一卷。明黑口本，前有贈太師詔、孝宗贊、宋史本傳、成化四年李紹序，奏議每卷有目，連屬篇目，尚存宋本舊式。東坡著述，生前已版行，崇寧初、奉詔毀版，南宋則有杭本、蜀本、吉州本、建安麻沙本，明仁宗時，嘗以內閣所藏宋本命工翻刻，工未畢而升遐，成化中，海虞程某爲吉州守，求得宋曹訓刊本，與仁宗所刊未完新本重校付梓，又以和陶詩合舊本所無者編爲續集十二卷。宋史藝文志、郡齋讀書志、直齋書錄解題所著錄，與此本同，惟無應詔集、續集而有和陶詩四卷。應詔集皆策論，爲當時應試之作，諸本皆無，爲蜀本所獨，亦見書錄解題。續集始於是刻，故晁、陳皆不著錄。宋刻東坡集今不可得，當以此本爲最古，四庫著錄蔡士英刊本，與此不同。”案提要所稱東坡此集，與此異，續集始於明刻，足資掌故。　李治古今黈五云:“東坡大全集所載漁樵閒話，凡十一事，其言論頗涉粗淺，恐非坡筆，縱是坡筆，決其少作，然獨記倀鬼一說，爲能曲盡小人之所爲，雖百世不可廢也。又載艾子雜說，凡四十一事，雖俱俳優俚俗之語，而所託諷大有切中於時病者，卻應眞出坡手。又坡集中有詩評兩卷，引據叢雜，殊可鄙笑。蓋中間既有坡說，而復有後人論坡者，一切以坡語槩之，不知其纂集者誰也？” 胡仔漁隱叢話後集廿八云：“東坡云：‘世之蓄某詩文者多矣，率眞僞相半，又爲俗子所改竄，讀之使人不平。然亦不足怪，識眞者少，蓋從古所病，李太白、韓退之、白樂天詩文，皆爲庸俗所亂，可爲太息！’漁隱曰：‘東坡文集行於世者，其名不一，惟大全、備成二集，詩文最多，誠如所言，眞僞相半。其後居世英家刊大字東坡前、後集，最爲善本，世傳前集乃東坡手自編者，隨其出處，古律詩相間，謬誤絕少。如御史府諸詩，不欲傳之於世，老人行、題申王畫馬圖，非其所作，故皆無之。後集乃後人所編，惜乎不載和陶諸詩，大爲闕文也’。” 郝懿行曬書堂筆錄，東坡詩文不論事實條云：“坡公著論有云：‘殺之三，宥之三’，問其所出，曰‘想當然耳。’讀冷齋夜話，又得一條，引東坡詩‘客來茶罷空無有，盧橘微黃尙帶酸’，以盧橘爲枇杷，謂見相如賦。張嘉甫曰：‘“盧橘夏熟，黃甘橙楱，枇杷橪柿，亭柰厚朴”，若是一果，則賦不應四句重用，應劭注稱伊尹書云云，不據依之，何也？’東坡笑曰：‘意不欲耳’。所述如此，可見坡公才情豪上，或如其意，則曰‘想當然耳’，不合於心，則曰‘意不欲耳’，在公才大，固無不可，然任情豪快，終是一病。又如‘牢九’直作‘牢丸’，供人嗤點，隸事綴詞，幸勿效之耳。”玉縉案：此論甚正，前一條見陸游老學菴筆記，歐陽公問，東坡曰：“何須出處”，王應麟困學紀聞以爲本王制“王三又”，然“皋陶曰、堯曰”，究屬臆造。

東坡詩集注三十二卷

其分類頗多顛舛。　核書中體例，與杜詩千家注相同，殆必一時書肆所爲，借十朋之名以行耳。

吳騫拜經樓詩話云：“予家有宋建本王梅溪集百家注東坡詩集，楮墨極精，視近刻之注，亦多什三四，而分門別類及卷數俱夐然不同。和陶詩本不在內，而今強爲附入，以是知古來書籍，爲後之庸妄人刪幷錯亂，多失本來面目。”陸氏藏書志有宋刊本王狀元集諸家注分類東坡先生詩三十卷，並載趙夔序及王十朋序，又載吳騫手跋三則。其一云：“宋王梅溪集百家注東坡詩，近所行本，皆後人妄行竄亂刪併，全失本眞，與宋商邱所刊施注無異，觀者每以不能一見宋刻爲恨。此書楮墨精雅，古香襲人，眞舊本之最佳者。”其二云：“梅溪分類蘇詩注二十五卷，不及和陶詩，迨施元之編年注，始合刊之。案苕溪漁隱叢話云：‘前乃東坡手自編定，後乃後人所編，惜乎不載和陶詩’，然則當時人刊東坡詩，多不及和陶詩，無足怪也。庚溪詩話：‘崇寧、大觀間，蔡京當國，禁蘇軾文詞墨跡而毀之。政和間，忽弛其禁，光堯太上皇朝，盡復軾官職，今上尤愛其文章。乾道初，梁叔子任掖垣，兼講席，一日宿直，召對，上曰：‘近有趙夔等注軾詩甚詳，卿見之否？’命內侍取以示之，乾道末，上遂爲軾御製序贊冠其文集，命有司與詩集同刊之。'"其三云:"吾友鮑以文嘗疑百家姓氏中胡銓下注字邦衡,爲後人妄添,謂胡銓姓名偶同,寔非忠簡公,予以爲不然,案注中明有引'邦衡曰'者,則其爲忠簡無疑。鮑君又謂忠簡廬陵人,不應冠以苕溪,予案書中只以苕溪冠胡仔姓氏上,而胡銓上偶失著廬陵耳。如潘大臨、大觀皆黄岡人而列豫章後,徐俯臨川人,而列臨安後,此並注家之鹵莽也。"玉縉案:詳繹趙序,是自明其作注之意,與十朋無涉,其爲書肆牽合可見,標題冠以王狀元字,尤爲淺陋。吳氏三跋,今均見拜經樓藏書題跋記中,如第一說,不過珍其爲宋槧,並未言眞面目之如何?如第二說,則知趙氏自有注,而乃見之王本,吳氏竟不言其失。如第三說,其鹵莽如此,益可悟注之非出於十朋也。提要所說良是,惟趙序當從彼注本移之,未必出於依託,所稱逮今三十年,或二十年之誤。證以晁說之所作蘇過墓誌,過卒於宣和五年,則尚得相見,假使依託,何不可作一與王注黏合之序哉? 陳漢章謹案:王文誥辨'頃'字'今'字異同甚詳,似亦可採。　儀顧堂集有跋,作二十五卷,紀年錄一卷,云:"字兼歐、虞體,與三山蔡氏刊陸狀元通鑑相似,想同時閩本也。凡分七十二門,無和陶詩,明梁溪王永積刊,并爲三十門,分爲三十二卷,增和陶詩,删削注文十餘萬字,全失宋本之舊。論者皆謂此注出坊賈託名,斷非王作,愚觀王序,文理拙謬,其非出梅溪手無疑。查庚溪詩話云云,與夔序合,想書坊以夔無重名而託之十朋耳。邵氏長蘅抉王注訂譌,馮氏編蘇詩詳注,皆未見此本。" 楊氏楹書隅錄有元本增刊校正王狀元集注分類東坡先生詩二十五卷，云："東坡詩舊注，今所傳者惟王氏、施氏二本，梅溪集注，成於乾道間，施、顧之注，至嘉定初，德初之子宿，始經刊行，已後集注三十餘年。仁和王文誥云：'王注猶以仝牢任其欒割，割無不正，迨施注執匕，幾於伐毛而洗髓矣。故王、施並引經史，而詩之本事，見於王者爲多，施則因其詳略而損益之，或穿穴傍出，佐以別載，中有參酌，雖趣操不同，而意實相濟'，最爲篤論，或目施、顧勝王者非也。顧集注自吳興茅本併爲三十類，新安朱本又有爲二十九類，芟夷劙改，舛謬紛然，於是邵長蘅輩起而詬之，而不知非梅溪之眞面也。乾隆間，馮星實得元槧舊本，輯爲合注，而後集注復顯於世，然原書固未重雕，舉世要以不覩廬山爲憾。此本與馮本正同，不識卽星實先生所藏否？"玉縉案：此以王自有集註，又以此爲眞王本，不言分類如何？豈每卷二類爲五十類耶？俟考。丁氏藏書志有明刊本三十二卷，紀年錄一卷，云："是書宋、元刊本二十五卷，題'王狀元集諸家注分類東坡先生詩'，分七十六類，或爲汪氏誠意齋集書堂新刊，或爲廬陵某書室刊，又爲建安虞平齋務本書坊刊，又爲劉安正堂刊，久爲書估所依託，宜邵長蘅有王注正譌之作也。此本三十二卷，分二十九類，十朋自序外又有西蜀趙夔序云：'三十年中，殫精竭慮，心力盡於此書，今乃編寫刊行'，是夔亦曾注斯集矣。玉縉案：樓鑰序胡穉箋注簡齋詩集云："少陵、東坡，出入萬卷，蜀趙彥材注二詩最詳"，彥材未知卽夔否？俟考。前列百家注姓氏，共九十六人。又傅藻撰東坡紀年錄，乃茅維斐閱，刻以行世，與四庫著錄相合。”

玉縉案：維字孝若。吳氏拜經樓藏書題跋記有宋刻本，云前有“建安萬卷堂刊梓於家塾”長墨印。

施注蘇詩四十二卷東坡年譜一卷王注正譌一卷蘇詩續補遺二卷

陸游作是書序，但稱其官曰司諫，其始末則無可考矣。其同注者，爲吳郡顧禧，游序所謂助以顧君景繁之賅洽也。犖屬武進邵長蘅補其闕卷。更倩高郵李必恆續成。

案始末詳翁方綱蘇詩補注卷八，補注又云：“今注中尙有數處，存顧氏姓名，卷二十橄欖詩注，卷三十四立春日戲李端叔詩注。”汪師韓詩學纂聞云：“邵、李所補者皆是鈔襲王注，恐人之議之也，乃特作王注正譌刻之卷首，其所指摘，不過字句傳寫之譌耳。至如王注所闕、所譌，並未能改正增益也。”下摘其失注、誤注數事，而結之曰：“凡若此類，當注而不注，不當注而注者，豈勝指摘耶？”吳騫拜經樓詩話云：“宋所刻宋板施注，亦非原本，嘗見知不足齋有宋板半部，其注較近刻尙多什三四。”又云：“如赤壁賦吹洞簫之客，爲綿州武都山道士楊世昌，亦見次孔毅父詩注。”玉縉案：張爾岐蒿菴閒話，引蘇與范子豐書，謂客卽李委，未知施注何本？翁方綱蘇詩補注卷四云：“施氏原注，有云‘公自注’者，有云‘東坡云’者，二者不盡同，今刻本多一例改作‘公自注’者，未之審也。又有是施氏注而誤爲自注者，次韻周開祖長官見寄詩，‘近憶張、陳與老劉’句，是也。”王文誥編注集成云：“施注殘編，不絕如綫，得宋刻及影鈔本者，當如原書若干字一行，若干行一篇，若干篇一卷，空其殘蝕之字刊行，此前人本來面目，仍當公之於世，其是非得失，亦施、顧之責，非藏書家責也。今皆鐍諸祕篋，出其己作，彼雖不完，非瞽者比，何至矜不成人，必曰階也席也，非我相之不可也哉？苟其傳之吾輩，諸書取於施者，庶後之人知其究竟，據以詳覈。”又云：“歷考古書，有有書闕撰人名氏者，有無書僅傳書名及撰人名氏者，若其書、其人並傳，而書名舉世不知，此從古所無也。施注蘇詩，必有原名，邵注、合注親見宋刻，查注以見影鈔本，皆闕而不發，注雖補邵，其約過半，而書名不復，前人不可廢墜我手之義，後人所當謹也。”玉縉案：此論刊刻古書當存其舊，甚爲精確，至施注原名，是“注東坡先生詩”六字，翁方綱補注詳之。　李詳媿生叢錄云：“翁覃溪復初齋詩集卷七十，金石錄十卷印歌寄贈阮雲臺制府，‘我藏趙錄寫本耳，幸有蘇集珍丹鉛，淮東倉司施、顧注，傳楷更在趙錄前，奇哉漫堂寶残泐，惜也邵補功微愆，欽州馮家有全帙，廿載借諸心拳拳，乞公借從穗城刻，十倍開府竊津賢。’詳案：欽州馮氏，馮魚山敏昌也，魚山爲覃溪入室弟子，頗怪覃溪之力，乃不能屬魚山影寫存此副本，而孳經室集亦未見有刻此書緣起，蓋兩失之。宋刻施、顧注全帙，怡府藏書聞有兩部，與魚山共有三本，漫堂藏本，今在荆州沙市鄧氏，怡府、魚山之本，不可問矣？”

補注東坡編年詩五十卷

其所補注，如宋叔達家聽琵琶詩，“夢回猶識歸舟字”句，本用箜篌朱字事，見太平廣記，乃惟引“天際識歸舟”句，又誤謝朓爲謝靈運。黃精鹿詩，本畫黃精與鹿，乃引雷斆炮炙論黃精汁製鹿茸事，皆爲舛誤。又如紀夢詩，引李白“粲然啓玉齒”句，不知先見郭璞游仙詩，游徑山詩，引廣異記“孤雲兩角”語，不知先見辛氏三秦記，端午詩，引屈原飯筒事，云初學記引齊諧記，不知續齊諧記今本猶載此條，皆爲未窮根柢。其他譌漏之處，爲近時馮應榴合注本所校補者亦復不少。然考核地理，訂正年月，引據時事，元元本本，無不具有條理，非惟邵注新本所不及，即施注原本亦出其下，現行蘇詩之注，以此本居最，區區小失，固不足爲之累矣。

錢大昕養新錄云：“查注東坡和陳述古拒霜花詩，引古靈先生行狀，‘公名襄，字述古，文惠公堯佐長子’，案古靈，福建侯官人，而堯佐，閬州閬中人，堯佐名述古，而古靈字述古，兩人並非同族，豈可溷而爲一，若非行狀差舛，則查所引誤矣。” 劉毓崧通義堂集蘇米往還蹤跡考云：“坡集睡起聞米元章冒熱到東園送麥門冬飲子詩云云，查注云：‘案紀年錄，先生於辛巳五月至常州，據此，題中所云東園，當在常州，而無考。’又云：‘本集與錢濟明尺牘云：“一夜齒間出血，專是熱毒，根源不淺，當專用清涼藥，已令用人參、茯苓、麥門冬煮濃汁，渴即少啜之”’，今案元章挽坡公詩序云：‘季夏相值白沙東園’，第一首云：‘六月相逢萬里歸’，第三首云：‘小冠白氎步東園’，第五首云：‘今看麥飲發悲哦’，自注云：‘見公送麥飲詩’，白沙係眞州舊名，則東園在眞州無疑，既云‘季夏相值’，又云‘六月相逢’，則坡公與元章六月會晤，正在眞州，紀年錄謂‘坡公五月至常州，睡起，聞米元章到東園送麥門冬飲作詩’，其誤甚矣。查氏知常州之東園無考，不知東園本與常州無涉，若夫與錢濟明書所言，自是坡公至常疾革時所服之藥，與在眞州時饋元章解暑湯飲不同，未可因其並用麥門冬遂牽合爲一也。坡公此詩，南宋嘉定間，運判林拱辰刻石眞州東園中共樂堂之北窗，其題中‘睡起’上有‘館寓東園一日’六字，‘送’上有‘急’字，較詩序尤爲完備，儀徵舊志載之甚詳。”又云：“東園在發運司治所之東，皇祐四年，施昌言爲使，許遵爲副使，馬遵爲判官，得州之監軍廢營以作東園，歐陽公撰記。” 翁方綱蘇詩補正載盧文弨與金溎書，亦稱其“考正歲月，辨譌釋滯，洵有功於蘇氏，但微惜其校讐去取之間有未盡。”又稱“此書外間有鈔本，於施注皆全錄其文，間附一二王注，而後乃系以補注，今本乃一概删去，但載補注，翻使人疑其詳所不必詳，而孤文僻事略而不說，安能使閱者意滿，初白晚年有更定本，豈其後人未之見乎”云云？玉縉案：提要所錄爲通行本，恐非晚年定本。 吳氏拜經樓藏書題跋記有手定注稾，云：先君子記後云：“視嘉善刻本多有異同，蓋先生注此書，數易其稾始成，具見良工之苦心也。”當卽盧稱晚年更定本。

楊氏楹書隅錄有宋本注東坡先生詩卷第四十一、第四十二兩册，云：“編年勝於分類，固已，顧和陶諸詩，雖起於揚州，終於儋州，在惠州者又十之三四，本非一時所作，然觀子由詩引云云，則實公所手定，當時自成一集，必應謹循遺軌，此後學撰注之體宜然也。施、顧用殿編年詩之後，不敢妄加移易，正爲是公之原帙，其所併者，特省四卷爲二耳。公墓志作四卷，宋刊杭本東坡集同。邵注紕繆良多，而和陶猶知彙載，查注獨創異說，分之各卷，子由詩引遂删而不錄。合注因之未改，僅補錄詩引於三十五卷和陶飲酒詩題引下，編注案云：'查注以所編和陶，與詩引年月詩數不符，抹去不載，合注亦以其故載於此處，避其從誤之跡，皆非是'，所論誠允，而編注又改載四十一卷總案丁丑十二月條下，亦未見其是也。以公手定之集，乃取而竄亂之，謂不如我編年之例之善也，信乎否乎？且查注於第四十卷翰林帖子詞獨不編年，謂存施氏之舊，和陶則必假編年以紊其舊第，而其間以意推之者年月復未能盡確，何怪編注有'全不了了'之譏也。"玉縉案：和陶爲軾手定，自當別爲一集，至轍作詩引，在丁丑十二月，而卷內諸詩尙有丁丑以後之作，編注載在總案丁丑十二月條下，良非無見，楊氏必執宋本和陶詩引列首以議之，泥矣。又轍引亦經軾筆削，詳費袞梁溪漫志。 李慈銘荀學齋日記辛集上五七云："其中小有疵誤，馮星實補注及提要亦加駁正，然馮注徵引太繁，往往喧奪，不如此本簡覈謹嚴，用爲家塾讀本爲最宜也。"

欒城集五十卷欒城後集二十四卷欒城三集十卷應詔集十二卷

蓋集爲轍所手定，與東坡諸集出自他人裒輯者不同，故自宋以來原本相傳，未有妄爲附益者。

陸氏儀顧堂題跋云："是集爲文定所手定，不應有遺漏，然元祐五年劾上官均疏、劾許將疏、與岑象求同劾許將疏三首,見通鑑長編四百五十二,此本皆不載,豈意有所未愜而削之耶?後有重槧是集者宜別爲補遺刊附集後。"

山谷內集三十卷外集十四卷別集二十卷詞一卷簡尺二卷年譜三卷

其存者一曰內集,庭堅之甥洪炎所編,即庭堅手定之內篇,所謂退聽堂本者也;一曰外集,李彤所編,所謂邱濬藏本者也;一曰別集,即𤲞所編,所謂內閣鈔出宋蜀人所獻本者也。內集編於建炎二年,別集編於淳熙九年,年譜則編於慶元五年,蓋外集繼內集而編,別集繼內、外兩集而編,年譜繼別集而編,獨李彤之編外集,未著年月。然考外集第十四卷送鄧慎思歸長沙詩,"慎"字空格,注云今上御名,是外集亦編於孝宗時也。

胡仔漁隱叢話後集廿八云:"山谷亦有兩三集行於世,惟大字豫章集并外集詩文最多,其間不無眞僞。其後洪玉父別編豫章集,李彤、朱敦儒正是,詩文雖少,皆擇其精深者,最爲善本也。"玉縉案:叢話前集有紹興戊辰自序,後集有丁亥自序,丁亥爲孝宗乾道三年也。

山谷內集注二十卷外集注十七卷別集注二卷

編修翁方綱家藏本。

翁方綱復初齋集刻黄詩全集序云:"乾隆壬寅冬,方綱校黄詩三集注上之,詔刊入聚珍板,於是數百年未合之足本廣播藝林矣。後四年,奉命視學江西,攜其草稾於篋,而寧州新刻本外集之後八卷,即舊本豫章先生外集之四卷也。又其别集與史季溫注者不同，而寧州新刻分體，失其舊式，爰合寫爲一本，附以黄子耕譜，通爲五十六卷，時時與學官弟子論證其所以然。”

後山集二十四卷

此本爲明馬暾所傳，而松江趙鴻烈所重刊，凡詩七百六十五篇，編八卷，文一百七十一篇，編九卷，談叢編四卷，詩話、理究、長短句各一卷，又非衍之舊本。

丁氏藏書志有弘治馬暾刊本三十卷，云：“凡詩十二卷、文八卷、談叢六卷、理究一卷、詩話二卷、長短句一卷。”據此，則趙氏又有所更易，非復暾之舊本。　錢泰吉甘泉鄉人稾校陳后山集跋云：“后山詩，余舊得任氏注本及武水陳氏本，陳唐刻，四庫全書附存目。全集近始得雍正庚戌趙鴻烈學稼山莊所刻，四庫著錄，卽此本也。夙聞拜經樓有過錄何義門校本，因借校一過，詩則參注本及陳氏本，凡四十日而畢。談叢、理究、詩話未見别本，詞則陳刻有之，不暇及也。后山文，世鮮誦習者，以故章善序、送邢居實序，各脱其半，而誤合爲一篇，先夫人行狀及光祿曾公神道碑，脱誤至數百字，他文舛錯處篇篇有之，非得義門校補幾不可讀”云云。據此，則提要所據非善本也。

后山詩注十二卷

瞿氏目錄有宋刊本，云：“有勝於官刻者，如卷二徐氏閑軒注云：‘徐氏謂徐正大’，不作‘大正’，卷三送黄生云：‘百年論交見子心’，不作‘見子知’，胡士彥挽詞云：‘今年見未頻’，不作‘未見頻’”云云。凡數十事，今略之。

宛邱集七十六卷

文獻通考作柯山集一百卷，兹集少二十四卷，查愼行注蘇軾詩云：“嘗見耒詩二首而今本無之”，考周紫芝太倉稊米集，有書譙郡先生文集後曰：“余頃得柯山集十卷於大梁羅仲洪家，已而又得張龍閣集三十卷於內相汪彥章家，已而又得張右史集七十卷於浙西漕臺，而先生之製作於是備矣。今又得譙郡先生集一百卷於四川轉運副使南陽井公之子晦之，然後知先生之詩文爲最多，當猶有網羅之所未盡者，余將盡取數集，削其重複，一其有無，以歸於所謂一百卷以爲先生之全書”云云。然則耒之文集，在南宋已非一本，其多寡亦復相懸，此本卷數與紫芝所記四本皆不合，又不知何時何人摭拾殘剩所編？宜其闕佚者頗夥。

陸氏儀顧堂集有柯山集跋云：“張文潛柯山集一百卷，久無完本，今所存者凡三：一爲宛邱集，凡七十六卷；一爲張右史大全集，凡六十卷；一爲擺本柯山集，凡五十卷。七十六卷本不得見，余以插架所有柯山集及鈔本右史集互勘，編次頗有異同，詩文無大出入，復以羣書互勘，則可以補柯山集之缺者甚多云云。凡見於蘇門六君子文粹、宋文選、宋文鑑、播芳大全、杜大珪名臣碑傳錄、歲時雜詠、瀛奎律髓、侯鯖錄、墨莊漫錄、西江詩話所載，得文四十六首，詩七十一首，其他篇題字句之異亦尙不少。”此雖非爲宛邱集作校勘，而實皆在今本柯山集外，特錄之。原跋各舉篇名，玆從略。又儀顧堂題跋云：“宛邱先生文集七十六卷，目錄三卷，舊鈔本，郡齋讀書志柯山集一百卷，直齋書錄解題宛丘集七十卷，年譜一卷，又云：'蜀本七十五卷。'此本分卷與蜀本合，當從宋刊蜀本傳錄者，卷一至卷三賦，卷四至二十一古詩云云，卷七十一至七十六同文館倡和詩，以聚珍本柯山集互校，柯山集總計詩騷一千六百餘首，宛丘集二千一百餘首，多得詩五百餘首，文賦則大略相同，惟多華陰楊君、晁無咎、田奉議、崔君、符夫人墓誌五首。又嘗見鈔本張右史集六十卷，似更不及聚珍本，柯山集百卷本不可見，當以此本爲最備，四庫旣收此集，聚珍板排印時，不印此集而印不全之柯山集，不可解?”瞿氏目錄有舊鈔本，云：“編次分卷，與今官刻柯山集五十卷本不同，是本卷數雖增於官刻，而詩篇大略相同，惟文類中增多新居上梁文、哭下殤文二首”云云。丁氏藏書志有鈔本七十六卷，補遺六卷，云：“金星軺文瑞樓書目云：'文潛柯山集，讀書志載有百卷，而行世之鈔本祗六十五卷，名右史集，茲集宋子蔚如從其友人借鈔之本，比前本卷數略多，前後參差，訂爲七十六卷，又多補遺六卷，仍未符百卷之數。'此瞿潁山從鮑以文借文瑞樓舊藏本鈔校，兵燹後祗存一十八卷，目錄二卷，配補成書，其補遺六卷，又缺其一。”又有嘉靖郝梁刊本文集十三卷，云：“集中慮遠、擇將、審戰諸篇，宛邱集中所無，固知耒之文散佚者衆矣。”玉縉案：郝本文集，吳氏繡谷亭薰習錄作文選，云：“嘉靖甲申江都馬駙序，稱此係宋人選本，凡錄文八十二首，論有慮遠云云”，丁說襲此。

淮海集四十卷後集六卷長短句三卷

今本卷數與宋史相同，而多後集六卷，長短句分爲三卷，蓋嘉靖中高郵張綖以黄瓚本及監本重爲編次云。

瞿氏目錄有宋刊殘本，云:"自序後又有無名氏題記云:'右學士秦公元豐間自序云耳，故存而不廢，今又采拾遺文而增廣之，合爲四十有六卷。'"玉縉案:據此，則後集六卷宋本已有，不始於張綖本也。瞿錄又校張本譌字一百七八十處，附於後。

寶晉英光集八卷

紹定壬辰，岳珂官潤州時，旣葺芾祠，因摭其遺文爲一編，併爲之序，序中不言卷數，而稱山林集舊一百卷，今所薈稡附益未十之一，似卽此本。然陳振孫書錄解題稱寶晉集十四卷，與此不同，又此本後有張丑跋云:"得於吳寬家"，中間詩文，或注從英光堂帖增入，或注從羣玉堂帖增入，則必非岳珂原本，又有注從戲鴻堂帖增入者，則併非吳寬家本。考寶晉乃芾齋名，英光乃芾堂名，合二名以名一書，古無是例，得無初名寶晉集，後人以英光堂帖補之，改立此名歟?

陸氏藏書志有舊鈔本寶晉山林集拾遺八卷，並載嘉泰元年芾孫憲序，其案語云:"寶晉山林集一百卷，亡於南渡，四庫所收寶晉英光集八卷，乃岳珂所輯，後人又有附益者也。此本爲其孫米憲所輯，嘉泰初，刻於筠陽郡齋，卷一賦、卷二詩、卷三長短句、卷四文、卷五寶章待訪錄、卷六書史、卷七畫史、卷八硯史，各家書目罕見著錄。岳本輯於紹定五年，上距嘉泰改元二十八年，似未見此本者，不可解也?"其儀顧堂題跋云:"以寶晉英光集互校，得多詩文數十首，皆從寶晉、英光兩帖錄出者，故曰寶晉英光集也。惜乎紹興米帖所刊米札百十通皆未收入耳。拾遺所載，除書史、畫史、硯史外岳本皆已有，惟岳本卷八題'古良醫妙技'二十餘條，注曰：'以下並不標題'，其爲拾遺所有者十三條，題'古良醫妙技'，祇二十二字，餘十二條，題曰'雜說'，岳本削'雜說'二字，淆亂不清，不如拾遺之善也。"又楊氏楹書隅錄有宋本拾遺八卷，云："可證岳本之誤者十餘條，據以見各本之妄改詩句者復廿餘字"，又有校舊鈔本寶晉英光集六卷，並載戒菴老人跋二則：其一云："序稱'山林集百卷，今所薈粹附益未十之一'，正謂此六卷也，焦氏館閣書目稱寶晉集十四卷，豈別有書歟？又坊間宋、元名人刻，首米詩，強半在此集外，其與此合者或不免字句之異，未知所從本也？百卷、十四卷俱不可得見，且存此六卷而已，不必雜以吳中贋跡爲貂之續也。"其二云："寶晉英光集六卷，叢書堂板舊鈔，吳文定公原博故物也。已爲張青甫改竄，雜取吳中贋跡增至十卷，將以行世，余恐其亂眞，亟索故本錄之"云云。據此，則吳寬家爲六卷，而張丑增至十卷，此八卷本，當別一本也。吳氏繡谷亭薰習錄有寶晉英光集六卷，云："吳原博藏本，萬曆丁巳張丑跋"，此蓋未經改竄之本，至寶章待訪錄四種，提要已分別著錄矣。隅錄又載黃丕烈跋云："吳枚菴云：'戒菴老人，李姓詡名，萬曆間人，與青父同時人。'" 錢泰吉甘泉鄉人稾十一云："蔣氏別下齋藏鈔本寶晉英光集六卷，後附劉後村、孫元京詩，張丑跋，四庫提要謂或注從英光堂帖增入云云，此皆無之，當是清河所見吳文定家元本，清河書畫舫錄米老書最多，中有一條云：‘岳珂英光堂帖，有米元章臨智永眞草千文，與原本不同，珂跋其後’云云，則清河實嘗見英光堂帖，續有增入宜矣。”丁氏藏書志有勞氏寫本六卷，云：勞氏錄萬曆間李戒菴詡兩跋，其一云：“序稱‘山林集百卷，今所蓄稡附益未十之一’，正所謂止六卷也，焦氏館閣書目稱寶晉集十四卷，豈别有書歟？又坊間宋、元名人刻集米詩，強半在此集外，其與此合者，或不免字句之異，未知所從本也？百卷、十四卷俱不可得見，且存此六卷而已，不必雜取吳中贋跡爲貂之續矣。”又有趙氏鈔本，云：“金星軺文瑞樓書目云：‘此書有查荆菴跋云：集六卷，叢書堂版舊鈔，吳文定公故物也，已爲張青甫改竄，雜取吳中贋跡增至十卷，將以行世，余恐其亂眞，亟取故本錄之’，此本乃淺山趙氏舊帙”云云。據此，則張本之改竄，前人皆議之。又有影宋嘉泰刊本寶晉山林集拾遺八卷，卽陸鈔所自出，其跋語大抵與陸跋同。

青山集三十卷續集七卷

此本三十卷，與陳、晁二家所載合，猶完書矣。又續集七卷，晁氏、陳氏均不載，宋史藝文志亦不著錄，前後無序跋，莫審誰所編次？然核其詩格，確出祥正，非後人所能依託。惟史稱祥正以上書諛頌安石反爲安石所擠，坐是偃蹇以終，而續集內有熙寧口號五首，末云：“百姓命懸三尺法，千秋誰恤兩端情，近聞崇尚刑名學，陛下之心乃好生”云云，殊不似推薦安石者，青山集有奠王荆公墳三首云：“大手曾將元鼎調，龍沈鶴去事寥寥”，又云：“平昔偏蒙愛小詩，如今吟就復誰知”云云？又不似見排於安石者，其是非自相矛盾，蓋述知己之感，所以自明依附之因，刺新法之非，所以隱報擯斥之憾，小人褊躁，忽合忽離，往往如是，不必以前後異詞疑也。

陸氏儀顧堂題跋云：“青山集三十四卷，張立人手鈔，每卷有目，卷一楚詞體、卷二、卷三歌行云云，卷三十一至三十四七絕，附繁昌御書閣記、青山白雲記二，較四庫多四卷，少續集七卷，惜插架無閣本，不能校其同異耳。荆公在當時，富鄭公、司馬溫公皆極推重，史稱祥正上書神宗，請專任荆公，未免意見之偏，不足爲深罪。其罷歸也，徜徉泉石，賦詩自娛，人品亦不爲不高，視呂惠卿、曾布之迎合躁進，有霄壤之別。其與荆公倡和，終始如一，和章附載集中，荆公之歿，過墓賦詩，推服尤至，不以炎涼易節，未可以文士薄之也。”玉縉案：陸說甚是，提要竟以爲小人褊躁，忽合忽離，毋乃太過。又漁隱叢話、詩人玉屑，並引王直方詩話云：“自梅聖俞贈詩有‘采石月下聞謫仙’，以爲李白後身，緣此有名”，潘子眞詩話載其大父淸逸詩，亦有“人疑太白是前生”之句。

倚松老人集二卷

宋史藝文志載倚松集十四卷，今止存鈔本二卷，末有“慶元己未校官黃汝嘉重刊”一行，蓋猶沿宋刻之舊。又今所傳本，與謝薖、韓駒二集行款相同，卷首標目下，俱別題“江西詩派”四字，與他詩集不同，或即宋人所編江西詩派集一百三十七卷內之三種，舊本殘闕，後人析出單行歟？

沈曾植寐叟題跋二集重刊江西詩派韓饒二集序云:“江西詩派詩集,宋史藝文志著錄爲一百十五卷,續宗派詩二卷,書錄解題著錄正集一百七十三卷,續集十三卷,文獻通考同,據陳氏詩派解題下,稱詳詩集類,則詩集類自林敏功高隱集起,至江端我陳留集止,所謂皆入詩派者,其次第當卽詩派次第,綜其卷數,凡二十一家,九十二卷,益以別出之山谷集、后山集,皆明言詩派者,已溢出一百三十七卷之外,尙有濛泉集、無隱集都計合於後村總敍二十五家之數,而卷數則爲一百六十一卷矣。詩派有舊本,有增刻,諸家次第,見於宋人紀述者各各不同,就其最可依據者,陳氏所錄,與後村所敍亦不盡同。劉氏明言舊本以呂紫薇居後山上,而陳氏所錄乃在徐東湖之次,劉言紫薇以高荷殿諸公,而陳錄高在陵陽之次,不知陳氏所錄爲江西舊本耶?或卽黃汝嘉所校刊耶?北宋詩家之有江西詩派,猶南宋之有江湖詩集,江湖詩集尙存於今者,諸家卷第種種不同,度詩派理亦宜然,七百年來,世間遂無留傳定帙,釋茲疑竇,深可惜也。其零本單行者,如此之饒、韓二集、晁叔用集、謝幼槃集、呂東萊詩集,皆有‘慶元乙巳校官黃汝嘉校刊’題記一行,得藉知爲詩派刻本,而韓、饒兩集板式不同,晁集十行廿字,與饒同,江西詩派四字在第一行,又與饒集列第二行者不同,諸本皆自宋本傳摹,而差互不齊乃爾,亦足推見原本之刻非一時,成非一手矣。倚松老人集,余從嘉泰普鐙錄中搜得如璧大師傳一篇,爲向來詩苑所未見者,錄附卷後。”玉縉案:一百六十一卷，視提要稱一百三十七卷爲多，視陳錄一百八十六卷爲少，提要舉是集及謝、韓二集凡三種，據沈序，則尚有晁、呂兩種流傳也。

長興集十九卷

惜流傳既久，篇帙脫佚，闕卷一至卷十二，又闕卷三十一，又闕卷三十三至四十一，共二十二卷，勘驗諸本，亦皆相同，知斷爛蠹蝕，已非一日。宋文鑑及侯鯖錄諸書，載括詩什頗多，而集中乃無一首，又史稱括爲河北西路察訪使，條上三十一事，皆報可，其他建白甚衆，而集中亦無奏箚一門，蓋皆在闕卷之中矣。　又案三沈之中，以括集列遘集之後，實則行輩括爲長，書錄解題曰："括於文通爲叔，案文通沈遘之字也。而年少於文通，世傳文通常稱括叔，今四朝史本傳以爲從弟者非也。文通之父扶，扶之父同，括之父曰周，皆以進士起家，官皆至太常少卿，王荆公誌周與文通墓，及文通弟遼誌其伯父振之墓可考"云云，其辨證甚明，元修宋史，仍以括爲遘之從弟，殊爲乖誤。

陸氏儀顧堂題跋云："通鑑長編載括奏議十餘首，自爲墓誌一首，皆可補此本之缺。" 丁氏藏書志有吳允嘉校補本，並載康熙戊戌允嘉手跋云："存中與文通爲叔姪行，今三沈本先西溪而後長興，以卑冠尊，義不可解？或以文通之孫元用曾守處州，此必元用所刊，自尊其祖，又或因宋史附括、遼於遘傳，敍次殆依史傳，二說雖近是，因考長興集首尾皆缺，若先長興則開卷卽是十三卷起，殊無眉目，此其所以後之歟？茲從他書中搜存中騷賦詩歌得若干篇，補其首卷，又摭序說諸篇爲兩卷，冀漸成完書，幷沈氏先世制敕墓誌更附於末，不無小補云。”玉縉案：瞿世瑛清吟閣書目有吳興三沈文集，云“共四十三卷，另補附三卷，”比四庫多四卷，當即吳補。

西塘集十卷

其集本二十卷，明季重刊，葉向高更爲删汰，存奏疏、雜文八卷，詩一卷，附本傳、謚議、祠記等爲一卷，具見向高所作序中，蓋已刊除大半，非復宋本之舊。然如景定建康志載俠劾呂惠卿論西夏事，及上君子小人事業圖諸疏，今俱不存，則向高之去取亦未爲至當矣。

陸氏儀顧堂題跋云：“原本二十卷，爲先生之孫嘉正所輯，刊於盱江郡齋，隆興二年，黃祖舜爲之序，據黃序，則先生著述散佚已多，嘉正所輯僅得十之三四。乾道丁亥，林簡肅栗删其代人作者，又爲言行錄附於末，鋟於九江郡齋，淳熙改元，史浩又刊於四明，嘉定庚午，嘉正之孫元淸，又刊於金陵，是先生之集，在南宋凡四刊，至明而已不可得。葉向高爲先生鄉人，始從內閣鈔出，寄曹能始等汰其繁複，幷爲十卷付梓，先生所上君子小人事業圖疏，卽十一月一日奏狀也，已載集中。諸臣奏議、通鑑長編所收，無出此集外者，則論惠卿西邊用兵一奏恐嘉正輯集時已佚，非向高所汰。宋人文集，往往以數葉爲一卷，以充卷帙，范忠宣集以行狀一首，分爲卷十八、十九、二十三卷，是集想亦類此。言行錄爲林簡肅所輯，其書全錄先生所著奏狀記事、及附錄所載墓誌事述，今存於長編二百五十九注者可見其略，向高所汰繁複，或指此而言，未必删其大半也。"

景迂生集二十卷

其孫子健，訪輯遺文編爲一十二卷，又續廣爲二十卷。　又有别本，題曰嵩山集，所錄詩文，均與此本相合，譌闕之處亦同，蓋一書而兩名。

案子健有紹興二年、乾道三年兩序，前序云："其遺言：'汝等若訪類吾遺文，則以嵩山景迂生目之'，蓋公平生慕溫國司馬文正公之爲人也，其題則謹如先志"云。據此，則原稱當是嵩山景迂生集，後各從省舉之。瞿氏目有鈔本二十卷，云："陳直齋謂其詩文遺佚已多，今考風月堂詩話云：'唐秦系和韋蘇州詩，具銜云東海釣客，試祕書省校書郎，本朝陳恬叔易隱陽翟澗上，號澗上丈人，大觀間宋喬年諷監司薦於朝，起爲館閣，書疏中猶不去丈人之號，晁以道作詩譏之曰："東海一生垂釣客，石渠萬卷校書郎，丈人風味今如此，鶴到揚州興更長。"'又墨莊漫錄云：'晁以道作感事詩有云："干戈難作牆東客，疾病猶存硯北身"'，二詩集中皆無，是直齋之言不誣也。"

四庫全書總目提要補正卷四十七

别集類五

樂圃餘稾十卷附錄一卷

康熙壬辰，其裔孫岳壽卽舊本重刊，復行於世，外附補遺詩一首、贊一首，則明嘉定陸嘉穎所掇拾增入也。

張氏藏書志有舊鈔本，云："卷七華嚴經讚序一篇，康熙時朱岳壽刊本闕。"陸氏儀顧堂題跋張立人手錄本跋云："是從紹熙刊本摹寫者，朱岳壽重刊本，雖編次仍舊而譌脫頗多。"

龍雲集三十二卷

是集名曰龍雲者，書錄解題謂龍雲安福鄉名，弇所居也。其文不名一格，大都氣體弘整，詞致敷腴，周必大作是集序，謂其醞經飫史，呑吐百氏，爲足繼歐陽修之後而上接韓文，則推許未免溢分，宋史本傳稱其文劖削瑕纇，卓詭不凡，庶幾乎近其實矣。

案周必大序云："居安福之龍雲鄉"，然則解題實本周序。又云："嘗與鄉人論公之文，如南郊賦氣格近先漢，已爲秦陵簡擢，詩書序記，往往祖述韓、柳，間或似之，銘誌豐腴，規摹文忠，讀者可以自得”云云，用筆甚靈活，提要所引與此異，未知何據？如謂約舉其義，則殊失必大之本意。

姑溪居士前集五十卷後集二十卷

坐草范純仁遺表過於鯁直，忤蔡京意，編管太平。　姑溪居士，之儀南遷後自號，因以名其集也。

吳氏繡谷亭薰習錄云：“之儀坐爲范純仁作遺表，編管太平，終老姑孰，今遺表見集中，有云‘宣仁之誣謗未明，保佑之憂勤不顯，本權臣務快其私忿，非泰陵實謂之當然’，時用事者欲置純仁之子於理，之儀慨然自列，復以所撰忠宣行狀出焉，斯固勇於義者也，而當時猶謂其晚節有所附麗謬矣，故吳芾序特爲之辨。姑溪即姑孰溪，又名姑浦，在當塗縣南二里。陳氏稱之儀爲尚書之純之兄，考本集，之儀乃從弟也，之純字端伯，之儀字端叔，可證。”　陸氏儀顧堂題跋云：“之儀以撰范忠宣行狀，載中使傳二聖虛佇之意，爲蔡京所論，與范正平、蔡克明同就詔獄，幾陷不測。其文載范忠宣集，凡一萬五千餘言，今集中無此文，豈以有所忌諱而削之耶？”

濡水集十六卷

其事蹟不見於宋史。

案錢大昕養新錄，據集中所見，考其歷官頗詳，以爲元豐二年進士，終集賢殿修撰。又云：“履中家於長安，而自題趙郡，蓋據郡望而言，又或自題東蒙，則未詳其故矣？”鄭翼謹案：老學菴筆記九，“東蒙蓋終南峯名，杜詩‘故人昔隱東蒙峯’，种放有東蒙新居詩，皆長安也。注杜者妄引䫇臾事以爲魯地。”陸氏儀顧堂題跋云：“復爲陝西戎幕，以抗論忤童貫，金人犯關中，年高且病，強起守秦州，卒死於賊，見樓攻媿集、方桐江集。是潏水歿於王事，不但文學政事可傳也。其孫龜朋字才翁者，南渡後寓居台州，爲錢象祖師，授以是集，象祖守信州，刊於公庫，元時舒彬重刊之，危太樸爲之序，見說學齋稾。”

道鄉集四十卷

柄等鏤版，宋末已燬，明成化間，其裔孫鄒量，始得內閣鈔本，萬曆中，錢塘令鄒忠允亦浩之裔，乃再刊行之。

張氏藏書志、瞿氏目錄並有明正德刊本，張云：“後附諫哲宗立劉后疏一篇，爲續集。”瞿云：“宋刻久佚，正德間裔孫翎重刻之。”

游廌山集四卷

此本首以論語雜解、中庸義、孟子雜解爲一卷，次易說、詩二南義爲一卷，次師語、師訓爲一卷，次以文七篇詩十三首，附以墓誌、年譜爲一卷，又中庸義後有拾遺，孟子雜解僅八條，詩二南義僅二條，蓋後人掇拾重編，不但非其原本，且併非完書矣。

黃彭年陶樓存稾書游文肅公集後云：“游君智開子岱，考訂宋游文肅公集，證譌補缺，爲書六卷，雜錄傳志譜論於卷首尾，各爲一卷，較文肅裔孫文遠本加詳。”玉縉案：提要本未知卽文遠本否？是集當以是本爲最完善。

樂靜集三十卷

其集前後無序跋，不知何人所編？晁、陳二家書目及宋史藝文志皆不著錄。

陸氏藏書志有舊鈔本三十卷，其案語云："祥符周季貺藏舊鈔本，每葉二十行，行二十字，'構'字注'御名'二字，蓋影宋本也。借校一過，缺卷與此本同，卷一補摘果五古一首，培花二聯，卷八錯簡不可讀，照舊鈔本影寫一卷訂入。惟周本以卷一、卷三合而爲一，題曰卷三，卷十六吳正字啓後半攙以他文，亦賴此本正之。"玉縉案：據此，則是集有宋刊本，晁、陳及宋志不著錄，殆偶未之見也。其他異同，未知與提要本如何？其培花二聯，儀顧堂題跋作培花五古四句。鄭翼謹案：是書見書錄解題十七，宋志作李昭玘集，提要失檢耳。

北湖集五卷

則禮字子副，富川人，以父御史中復廕入仕，官至直祕閣，知虢州，晚居豫章，自號北湖居士，其事蹟略見陳振孫書錄解題而不甚詳備。今考集中所與唱和者若唐庚、韓駒、曾紆、陳師道諸人，皆一時名士，其李長者像序署銜則嘗爲軍器監主簿，又續百憂集行有"疇昔罪臣投荆州"之句，則中間嘗以事貶謫也。又永樂大典載有韓駒北湖集序，題宣和壬寅，而中稱則禮卒於虢州之後一年，其子垌綴輯詩文云云，則當終於宣和辛丑，楊萬里誠齋詩話乃稱尤袤賞其二絕句，其一有"華館相望總使星，長淮南北已休兵"句，乃似南宋時語，豈萬里偶傳譌乎？

陸氏儀顧堂題跋云："則禮爲中復之子，當爲湖北興國州永興縣人，書錄解題作富川者恐傳鈔之誤，或南渡後移居廣西之富川歟？曾布壻也，元符元年，爲衛尉寺主簿，見長編四百九十九，崇寧元年，臣僚上言曾布與韓忠彥、李淸臣交通，則禮與外甥高茂華往來計議，共成元祐之黨，崇寧三年，編管荆南，見長編紀事本末。”鄭寳謹案：興國州，三國日陽新縣，隋改富川，又改永興，宋置永興軍，尋改興國軍，見淸一統志二百五十八，非廣西。

日涉園集十卷

陳振孫書錄解題以爲公擇之從孫，王明淸揮麈錄謂李定仲求以不得預蘇舜欽賽神會與大獄，彭卽其孫也，二說未知孰是？

陸氏有舊鈔本十卷，並載某氏手跋云：“珏案：集宿西林寺有先特進及先學士詩云：‘楹間盤硬語，怪底光烱烱，追還高曾風，熟復發深省’四句，又掃除尙書公冢下云：‘非無玉樹郞，抱官在中州’，又哭尙書墓云：‘過家上冢非無子，宿草孤墳獨可悲’，又次韻寄山伯肅老二弟云：‘平原翁仲草蒙茸，種竹當年語竟空，羣從嗟予眞漫叟，象賢期汝繼汧公’，則商老爲公孫非姪也。”玉縉案：似當作爲公擇孫，非姪孫。

慶湖遺老集九卷

其詩自元祐己卯以前凡九卷，自製序文，是爲前集，己卯以後者爲後集，合前後集共二十卷，同時程俱爲之序。今後集已佚，惟前集僅存，鑄子檁跋，稱後集經兵火散失，則南宋已無完本，故書錄解題所載卷數與今本同也。　苕溪漁隱叢話稱其以望夫石詩得名；詩人玉屑稱王安石賞其定林寺絕句。王直方詩話載鑄論詩之言曰："平淡不涉於流俗，奇古不鄰於怪僻，題詠不窘於物義，敍事不病於聲律，比興深者通物理，用事工者如己出，格見於成篇，渾然不可鐫，氣出於言外，浩然不可屈。"觀其所作，雖不盡如其所論，要亦不甚愧其言也。

吳氏繡谷亭薰習錄有九卷，拾遺一卷，後集一卷。云："俱序稱詩凡四百七十二篇，今驗之，四百九十四篇，拾遺凡七十九篇，後集凡二十七篇，子廩豫登編次，有小序。詩下皆繫歲月，并注搜錄出處，紹熙癸丑晉陵胡澄跋。"張氏藏書志、瞿氏目錄並有舊鈔本詩集九卷，拾遺一卷，補遺一卷。張云："卷九後附墓誌銘，程俱撰。"瞿云："紹熙間，晉陵胡澄得其本刻之，繼又得其孫廩所編拾遺、補遺二卷，併刻於後。每題俱注所作年月，猶當時原本也。"玉縉案：提要不及拾遺、補遺，既引檁跋，當亦有之。此書後集不可得，吳以後集之補遺廩跋語如此。爲後集，非。廩爲鑄子，瞿以爲孫，亦誤。鄭翼謹案：老學菴筆記八，"方回二子，曰房曰廩，从方从回，寓父字於二子名"，提要从木誤。案叢話載"王直方詩話稱其望夫石詩，交游間無不愛之"，漁隱並無案語。王安石賞其定林寺絕句，亦出王直方詩話，並非玉屑案語。至"平淡不流於淺俗"云云，鑄謂學詩於前輩得八句，亦不得徑以爲鑄論詩之言，提要此處皆似是而非。

東堂集十卷

謹從永樂大典蒐採裒輯，釐爲詩四卷，文六卷，仍還其十卷之舊。

陸氏儀顧堂題跋云:“檇李詩繫有響應山禱雨寄東坡五古一首,武康舊志有銅山寺七絶一首,至元嘉禾志有月波樓記一首,寒穴泉銘一首,皆失收,應補。誤收晁補之佛鑑禪師語錄序,見雞肋集六十九卷,應删。”

劉給事集五卷

朱彝尊自潁州劉體仁家借鈔,僅得其半,後得福州林佶鈔本始足成之。

陸氏儀顧堂題跋云:“前有留元剛二劉文集序,後有朱竹垞跋,蓋從竹垞藏本傳錄者。以張立人手鈔本互校,卷二周秩復龍圖閣待制後,奪河西路轉運副使侯臨移陝西路制一首六十三字;張閎爲河北路轉運使制‘吏治詳敏’下,脫‘故授以畿右按刑之司以爾閎知謀肅給’十六字;卷三謝再知壽春府再疏‘震戾’下,奪‘之榮’二字;卷四從弟元藥墓銘‘家失令子’下,奪‘人之云亡邦國殄瘁我在壽陽’十二字;卷五經義‘以其餘爲羨義其事不可闕也’下,奪‘有其餘以爲羨也’七字。”

劉左史集四卷

而其文始終以周孚、劉安上與安節並稱,謂之三先生。

案永嘉叢書本附孫詒讓云:“留序所謂太學博士周公者,永嘉周恭叔行己也。行己與二劉同出程門,故留氏以之並稱,此以爲周孚,殆偶失之不考。”玉縉案:陸氏儀顧堂題跋劉給諫集跋云:“留元剛,福建永春人,宋宰相正之孫,開禧初博學宏詞,嘉定初,直學士院,出知溫州,勤恤民隱，不可干以私，加直寶文閣，知贛州。罷歸後，築圃北山，自號雲麓子，見福建通志、四朝聞見錄。"

唐子西集二十四卷

此本乃明崇禎庚辰福州徐𤊹從何楷家鈔傳，國朝雍正乙巳歸安汪亮采所校刊，凡詩十卷，文十二卷，文末綴以三國雜事二卷，共二十四卷。前有鄭總、呂榮義及庚弟庾三序，俱作於宣和四年，又庚子文若書後，作於紹興二十九年，總序但云"太學諸生所錄，鬻書家所刊"，榮義序亦言非完本，庾序則稱"比見京師刊行者止載嶺外所述，因併取其少年時所作隨卷附之"，與文若書後均不言其卷數。惟紹興二十一年鄭康佐序乃稱"初於鵝城得文四十五首，詩賦一百八十五首，續得閩本文十二首，詩賦一百十有一首，又續得蜀本文一百四十二首，詩賦三百有十首，屬教授王維則校讎，勒爲二十二卷，刻版摹之"，則此本實鄭氏所刊，晁、陳諸目所著錄者，殆即所謂閩本、蜀本，故卷數不同歟？强行父作唐子西文錄序，稱"次韻冬日旅舍及留別二詩，集者逸之"，而二詩今在集中，信當時非一本矣。又汪亮采序稱其論三國事雖別爲撰著，亦史所稱精密之一，則三國雜事二卷，爲亮采所增入，故又與二十二卷之數不符也。　集中有別永叔詩一篇，考歐陽修沒於熙寧六年壬子，宋史稱庚謫惠州，遇赦北歸，卒於道，年五十一，據集中黎氏權厝銘，其北歸在政和丁酉，上距壬子凡四十六年，是修卒之時，庚方五六歲，斷不相及。或他人所作誤入，抑別有字永叔者，如瘧疾示聖俞詩乃其甥郭聖俞而非梅堯臣也。

陸氏儀顧堂題跋云："眉山唐先生文集三十卷，影寫宋紹興刻本，編次頗爲淩亂，以汪亮采所刻二十四卷本校之，刻本卷十諭幽燕檄，有目無文，此本完善，卷十一書三謝詩後，卷四黎氏權厝銘，有文無目。四庫據汪本著錄，頗以詩中別永叔一首爲疑，案集中六一堂詩，有'雖未及摳衣'之句，則子西不及見歐陽文忠明矣，安得有留別之作耶？今鈔本作別勾永叔，則別有勾姓字永叔者，非六一公也。勾爲蜀中大族，宋初有勾中正，則永叔當爲子西鄉里，若非鈔本僅存，千古疑團莫釋矣。史夫人墓誌銘，'昌裔今又改名衎，有孫七人矣'，刻本誤奪作'昌裔今亦衎七孫矣'，文不可通。'而欲無考得乎？'刻本'而'譌'人'，上脱'流光如過隙耳'一句，下脱'詩云："未幾見兮，突而弁兮"，是以有德者所行所爲，身雖沒而音容不隔，儀形常著而常新，百年之間若旦暮也'，四十二字。議賞論'國人計功也'下，刻本奪數十字，此外亦多有異同，皆以鈔本爲長。子西集，宋史本傳、書錄解題皆作二十卷，藝文志作二十二卷，蓋并三國雜事計之，讀書志作十卷，文獻通考同。據康佐後序，是書本有閩、蜀兩刻而閩本多於蜀本，疑晁所據者蜀本，陳所據者閩本也。康佐始以所藏合閩、蜀兩本刊之惠州，但去重複而不加編定，故卷雖增而淩亂如此也。"又汪刻本跋云："詩十卷，文十四卷，與影鈔宋紹興本編次卷數皆不同，與徐興公所得何給諫家二十卷本亦不合，據汪氏刊板跋，所據亦卽紹興中鄭康佐刊本，但鈔本康佐後序云：'勒爲三十卷，命刻板摹旣，且將以傳示學者，使知至人有至文，而先生之文可以不朽矣，且以成吾家先君友之之義，而後世之尙友者愈無窮矣。書成矣謹題之卷末'，數語與刻本不同，蓋徐興公所得，即宋史著錄及直齋所見之本，非鄭康佐本。汪氏既得徐本，又得鄭康佐本，又重爲編次，以合宋史二十二卷之數，遂改康佐跋以就之，不知宋志二十二卷，幷三國雜事二卷計之，本傳稱有集二十卷，不連雜事計之，非二十二卷之外又有雜事二卷也，與直齋、興公作跋之本皆合，汪氏刻本分二十四卷，與康佐本固不同，與宋史、直齋、興公亦無一合矣。明人刻書，每好妄改以就己，汪氏猶沿其餘習耳。諭幽燕檄一首，殆刊板時所漏。"玉縉案：丁氏藏書志有謝氏鈔本二十卷，並引陸氏校語。

宗忠簡集八卷

是編自一卷至六卷皆劄子、狀、疏、詩、文、雜體，七卷、八卷爲遺事、附錄，皆後人紀澤事實及誥、敕、銘、記之類也。國朝義烏知縣王庭曾又重爲編定，增入諫止割地一疏。考史稱澤力請高宗還汴，疏凡二十八上，本傳不盡錄其文，今集中所載僅十八篇，猶佚其十，則其散亡已多矣。

金華叢書本胡序云："同治乙丑，吳君竹莊以新梓宗岳全集見贈，己巳春，余彙刻金華叢書，因舉忠簡公七卷，悉心校閱，付之手民，即以吳刻爲藍本，而採取諸家之說，另纂辨譌考異一卷以證異同。"丁氏藏書志有嘉靖三十年十五世孫旦刻本六卷，云："王庭曾本，增諫止割地一疏，而此本先已編入，請回鑾疏，僅載十八篇，而此本多四篇，當時館臣實未覩此本耳。"

梁溪集一百八十卷附錄六卷

此本賦四卷，詩二十八卷，雜文一百三十八卷，而以靖康傳信錄三卷、建炎進退志四卷、建炎時政記三卷俱編入集中，又以年譜、行狀之類六卷附焉。

吳氏繡谷亭薰習錄云："梁溪名集者，忠定之父右文殿修撰夔葬於錫山，忠定營廬墓，并以爲號云。賦四卷，二十三篇，詩二十八卷，一千五百三十八篇，表本詔書二卷，十四篇，擬制詔四卷，八十一篇，表劄奏議六十四卷，五百二十九篇，劄子二卷，八篇，狀三卷，二十四篇，書二十二卷，七十五篇，啓二卷，三十七篇，記二卷，十六篇，序六卷，三十四篇，贊二卷，十九篇，頌箴銘辭一卷，十八篇，論二卷，九篇，迂論十卷，七十二篇，雜著六卷，三十篇，題跋三卷，五十五篇，祭文詞疏二卷，三十四篇，碑誌五卷，十二篇，靖康傳信錄三卷，建炎進退志四卷，建炎時政記三卷。有總目，有分卷目，每卷又有篇目，附錄者年譜、行狀、謚議、祠記、祭文、挽詩、像贊、書跋，此集卷帙浩繁，既無板本流行，傳鈔之久，又恐失眞，余故詳紀篇目，使後之求忠定集者有考焉。舊有陳俊卿序，朱文公後序，見趙氏讀書附志。"玉縉案：提要所見本，蓋與此本同，而有陳序，當亦傳鈔本耳，近活字版李忠定公集不善。李慈銘荀學齋日記辛集上三四云："忠定公集，荀彧論中杜牧之之說，而以唐末之裴樞相儗，國朝魏叔子之論實本於此，蓋未之見也。"

初寮集八卷

而仍以李邴、周必大、周紫芝原序三篇，冠之卷首，以存其舊焉。

案邴序云："由東觀入掖垣，由烏府登鼇禁，皆天下第一選，司內外制者累年，其所製體大而義嚴"云云，蓋內外制序，提要語殊含混。

丹陽集二十四卷

勝仲字魯卿，丹陽人。

金武祥陶廬雜憶續詠自注云："宋史葛勝仲父葛宮傳，稱江陰人，勝仲傳則稱丹陽人，勝仲孫葛邲傳，稱其先居丹陽，後徙吳興云云，宮傳未誤，邲傳猶有先居丹陽之語。案葛氏以葛洪著，望稱丹陽，魯卿自署丹陽，迺宋人之舊習，集亦署曰丹陽集，是晉時之丹陽郡，非宋時之丹陽縣也。自陳振孫書錄解題誤以爲丹陽人，而宋史因之，遂以魯卿爲舊居丹陽，徙居吳興，似與江陰無涉者。因考丹陽、歸愚兩集，韻語陽秋，均無徙居丹陽之文，又考京口耆舊傳，嘉定、至順兩鎮江志，亦不載葛氏父子，韻語陽秋云：'余曾祖享年八十七，居江陰軍青陽之上湖，自號草堂逸老。'又云：'先人文康公罷官還舊業，別建二老堂於宅南，眷望由里諸山皆在目'，考由里山離江陰城九里，距青陽亦在指顧，具見葛氏世居江陰也。又韻語陽秋序云：'歸休吳興，汎金谿上'，蓋魯卿再守湖州，有全城功，遂卜居吳興，則邲傳後徙吳興之語尚不誤耳。"鄭翼謹案：丹陽集及其兄次仲集句詩，見書錄解題十八及二十，並作江陰人，不誤。

毘陵集十五卷

今從永樂大典各韻中蒐輯編綴，約尙存十之三四。

陸氏儀顧堂集有跋云："毘陵集遺文，尙有出十六卷外者，如賀天寧節表、賀天申節表云云，凡三十餘首，見五百家播芳大全，而本集所無也。"

浮溪集三十六卷

今檢勘永樂大典所載，視文粹所收不啻倍蓰，雖未必盡符原數，而什可得其六七。惟楊萬里誠齋詩話紀藻與李綱不叶，其草綱罷相制詞，至比之驩兜、少正卯，頗爲淸議所譏。

陸氏儀顧堂集有跋云："浮溪集六十卷，龍溪集六十卷，久佚不傳，乾隆中，館臣始從永樂大典輯出，釐爲三十六卷，余檢播芳大全卷一上賀天申表、代賀立皇太子表云云，凡一百五十六首，皆今本所未收，內惟明堂禮畢奏告表本二篇。明堂禮畢露香表本、謝普賢菩薩表本、禳謝火星道場表本爲大典所有，欽承聖訓刪削，餘則皆大典所無。又庚溪詩話有桃源行，宋詩紀事有避地西亭野步五古，遊宦紀聞有春日詩，聲畫集有題大年小景七古，賓退錄有賦琴高魚七古，京口三山志有宿焦山方丈五古，咸淳臨安志卷九十七有餘杭道中七律、知杭州葉夢得復舊職制、車駕幸臨安起居表、代發運趙修撰賀克復杭州表，皆宜補入。"玉縉案：胡仔漁隱叢話云："石敏若橘林文、汪彥章龍溪集今並行於世，二集之詩，相犯甚衆，不可概舉，如'鳥聲今爲故人好，梨雪欲將春事空'，'山色總兼溪色好，松聲長作雨聲寒'，'負郭生涯千畝竹，長年心事四愁詩'，'千里江山漁笛晚，十年燈火客氈寒'，'日邊人去雁行斷，江上秋高風葉寒’，‘天闊鳥雙下，山寒人獨歸’，及阻風余干渡詠水晶數珠、次蘇養直韻、寄黃元功、阻風雨辟邪渡、寄王仲誠、客至、夏夜示友人等詩，皆全篇見於兩集，未知果誰作耶”云云？此頗有關係，提要未及此。 袁枚隨園詩話云：“汪彥章爲張邦昌雪罪表云：‘孔子從佛肸之召，卒爲尊周，紀信乘漢王之車，將以誑楚’，可謂善於文過者。”

浮溪文粹十五卷

明胡堯臣刊，其爲何人所編錄則原本不載？他書亦未言及，不可得而復考矣。

吳氏繡谷亭薰習錄云：“原集六十卷，晉陵孫覿序，又臨川吳澄序，後附覿所撰誌銘。藻之先，爲新安婺源人，徙家饒州德興縣之龍溪，又云吳興龍溪，見談鑰湖郡志。四世而生藻，又三世而仍歸婺源，其名浮溪集者，不忘其先也，浮溪在婺源還珠里。此集爲趙子常所編，蓋從散佚後搜錄，題曰文粹，正德己巳，裔孫瓊璣跋。余考趙氏讀書附志云：‘希弁家藏有浮溪、龍溪二集，各六十卷’，則藻集最袤廣，獨龍溪集之名其後人幷不之知，即吳澄題辭，亦僅曰手槀六帙，皆一時不經意之辭，亦非爲本集而作也。末附羅願所撰顯謨閣學士程邁、司業胡仲二傳，因高宗嘗書御屏‘文章汪藻政事程邁’，而時人語有‘江南二寶，胡仲、汪藻’，故編集者取二人以附之，往見錄本，失去標注並願名，誤認爲藻作矣。” 丁氏藏書志有嘉靖乙卯胡堯臣刊本，云：“末有正德紀元西充馬金汝礪父後序云：‘原本附錄孫仲益所撰浮溪墓銘，鄂州所撰陶令祠堂記，並程閣學邁、胡司業仲二傳，鄂州於浮溪爲鄉晚進，意者文粹乃所編定，子孫誤以其手稾續鈔於卷末耶？祠記已載鄂州小集中，兹不重錄，二傳則本集所遺，存之以俟好事者。’案仲在太學，與浮溪齊名，時人語曰：‘江南二寶，胡仲、汪藻’，邁亦與浮溪同朝，高廟書御屏曰：‘文章汪藻，政事程邁’，其爲當時所重若此，而以浮溪本傳附刻銘文後，補其未備，亦安在其不可也。”玉縉案：丁氏往往襲吳說，此處卻與吳意異，殆偶未檢及歟？抑知之而不從歟？考趙汸字子常，吳語當本於瓊瓖跋，俟考。

莊簡集十八卷

今從永樂大典中掇採編次，共詩四百二十五首，詞十三首，雜文二百六十五首，釐爲十八卷。考王明清揮麈餘話稱“蔡京既敗，攻擊者不遺餘力，光獨無劾章，坐貶，謝表云：‘當垂涕止彎弓之射，人以爲狂，然臨危多下石之人，臣則不敢’”，而集中無此一篇。又趙甡之遺史載光在儋耳，嘗賦東坡六無詩，今止有食無肉、居無屋二詩，餘四題亦尋檢不獲，是佳篇之遺落者已多，然就其存於今者觀之，波瀾意度，亦約略可覩矣。

李慈銘荀學齋日記辛集上三二云：“先莊簡公集，四庫據大典授輯成之，余家譜中有莊簡所爲祖父贊，餘姚姜山有宋刻家訓，宋元學案所采論學語五條，皆未收入，陸放翁老學菴筆記所載千山亭一詩，亦無之。”又云：“其中奏議書牘，言言剴切，肝膽照人，在昌化時，與胡忠簡往復諸書，意氣安舒，皆見道之言，而偶及於權奸當軸，勁直無所避，其家書及與故鄉戚友書，皆處置如平時，詩尤閒適和平，若未嘗在憂患。瓊州、昌化兩謝表，絶無怨懟乞憐語，而貶斥賊檜不少屈節，較東坡儋州謝上表尤爲警絶，放翁嘗記公靑鞵布韈，聞命卽行，及譏趙忠簡效兒女子之語，蓋學問沖邃，自信有素也。提要謂散佚之餘，所存皆鴻寶，信哉！”玉縉案：此與提要相發，非阿私其先世，錄之。又岳珂寶眞齋法書贊卷二十四，載光三字帖全文，提要失采，李氏謂當補入集中。

松隱文集三十九卷

其中第十四卷已全佚。

丁氏藏書志有舊鈔本四十卷，云：“四庫所收者已闕第十四一卷，此亦鈔本獨不闕也。”陸氏藏書志載舊鈔本三十九卷，祕籍志云：“三十九當作四十，是本第十四卷全存。”

石林居士建康集八卷

此本八卷，與振孫所記不合，然末有其孫𥳑題跋，亦云八卷，其或書錄解題屢經傳寫，誤以八卷爲十卷，抑或舊本殘闕亡其二卷，後人追改𥳑跋以僞稱完帙，則均不可考矣。

陸氏儀顧堂續跋舊鈔本跋云：“建康集八卷，舊鈔本，每頁十八行，每行二十字，‘廓’字注御名，‘桓’字注欽宗廟諱，‘惇’字注光宗廟諱，蓋從寧宗時刊本影寫者。卷三書李弼告後、書唐李氏告後、蘇秦論、范增論、養生論上中下七篇仍缺，當求葉調生藏本補全之。”玉縉案：“仍缺”字，似指提要本而言，俟考。鄭翼謹案：葉調生本，書李弼告後僅存四十字,餘六篇全闕。又葉輅原作轄。

簡齋集十六卷

是集第一卷爲賦及雜文九篇,第十六卷爲詩餘十八首,中十四卷皆古今體詩。至於湖南流落之餘,汴京板蕩之後,感時撫事,慷慨激越,寄託遙深,乃往往突過古人。

張氏藏書志、瞿氏目錄並有宋刊本增廣箋注簡齋詩集三十卷,無住詞一卷。瞿云:"題'竹坡胡穉仲孺箋',有自序、四明樓鑰序、仲孺撰簡齋年譜,又續添詩箋正誤。書成紹熙初元,距簡齋在時僅越五十年,故所箋出處時事及朋友酬答甚詳。如卷中無題詩箋云:'此詩意爲王氏、程氏發也。宣和五、六年間,先生與綦公叔厚俱爲太學博士,黜三舍偶儷體,去王氏之論而尊用程氏,士類歸之,後人惟知渡江後趙元振尊尙程氏,殊不知陳、綦二公實有以唱之也。'微此書,簡齋之學行世猶不盡知,而但以詩人目之也。其詩案年編次,與今官刻集本分體者不同,又不載外集詩文,官本則併入矣。字句互異處,足以訂正官本者甚多",下歷舉數十事,文繁不錄。又有舊鈔本簡齋外集一卷,云:"此本凡古今體詩五十二首,文三首,皆胡箋本所無,詩多次韻之作,風格亦稍遜,可知宋時原分二集,今官刻本十六卷,有劉辰翁序,殆出後人所併,非原第矣。書有舊序云云,'玄黓、敦牂中秋晦齋書',此序他本所無。"陸氏儀顧堂續跋須溪先生評點簡齋詩集注十五卷跋云:"前有劉辰翁序,卷一賦,卷二至十三詩,卷十四雜著,卷十五無住詞,年譜散入詩題之下,續添正誤散入每卷之後，與張月霄所著錄、阮文達所進呈之三十卷本分卷不同，編次亦異，或即辰翁所合併歟？注爲胡穉作，又有增注，以黑質白章別之，不知出自何人？"玉縉案：胡注三十卷，末附詞一卷，阮元揅經室外集已著錄，至十五卷本之增注，當出於麻沙坊賈。　鄧顯鶴南村草堂文鈔古杉倡和詩序云："陳簡齋先生以避亂來湖湘，寓吾郡久，其將至杉木鋪望野人居及別杉木詩，所云'數株蒼檜遮官道，一樹桃花映草廬'者，卽今之黑田鋪，土人所稱'乾杉樹'是也。先生詩以老杜爲宗，避亂湖嶠，間關萬里，流離乞食，造次不忘憂愛，亦與少陵同。其清明詩云：'書生投老王官谷，壯士偷生漂母家'，蓋明明以少陵自處，傷春詩云：'廟堂無策可平戎，坐使甘泉照夕烽，初怪上都聞戰馬，豈知窮海看飛龍，孤臣霜髮三千丈，每歲煙花一萬重，稍喜長沙向延閣，疲兵敢犯犬羊鋒。'欲不謂之少陵不得也。少陵詩至夔州而始盛，簡齋詩至湖嶠而益昌"云云。玉縉案：後卽其地建與義祠，文鈔中有新建杉木鋪參政祠碑。

沈曾植寐叟題跋簡齋詩集跋云："舊鈔簡齋集十五卷，第一卷賦，第二至十三詩，十四無住詞，十五外集，前有劉辰翁序，卷中闕文壞字皆摹存，無住詞題書在上，調書在下，蓋影鈔元本謹存舊式者。此集四庫著錄本，以五、七言古律分卷，而宋刻胡穉箋注本編年，據第五卷冬至詩'不須行年記，異代尋吾詩'，則簡齋自定本係編年。宋人詩集編年者多，其以五、七言分編者大都出明人之手，四庫本已經羼亂，賴此舊鈔，猶存簡齋本來面目耳。" 又云:"簡齋集,解題、史志皆作十卷,通考作陳參政簡齋集二十卷,頗疑通考所據是周葵刊本,書題卷數,即周本書題卷數也。胡箋本不錄外集詩,瞿氏書目錄舊鈔單行本外集一卷,有元延祐七年錢良有疑良佑。題語云:'簡齋外集罕見其本,錢唐王心田以余愛之,持以見贈'云云,證以通考'周葵得其詩五百餘首刊之'之說,檢今集中詩數,適得五百八十餘首,若益以外集之詩則六百餘首矣。以此知胡本無外集,周本亦無外集,集中詩是簡齋自訂,外集詩則後人拾遺,蛛絲馬跡,猶可尋蹤,四庫本分體合編,則無可研覈矣。是又此鈔本可貴一事也。" 又云:"今日校朝鮮本詩注,得'周葵刻詩釐爲十卷'之說,與肊測相合,爲之一快。"玉縉案:十卷似當作二十卷。 又云:"墨林快事,'宋刻陳簡齋集,是公自書上木,醇古豐圓,出自黄庭',然則周葵所刻,非但爲公自訂本且爲自書本也。"玉縉案:以周刻爲簡齋自書,似與通考"得其詩刊之"之說不甚合。

北山小集四十卷

至制誥諸作尤所擅場,史稱其典雅閎奥,殆無愧色。詩則取逕韋、柳以上闚陶、謝,蕭散古澹,亦頗有自得之趣,其九日一首,毛奇齡選唐人七律,至誤以爲高適之作,足知其音情之近古矣。其集傳世頗稀,此本乃石門吳之振得於泰興季振宜家,蓋猶從宋槧鈔存,故鮮所闕佚。

吳氏繡谷亭薰習錄云:"集手自編次,屬其友石林葉夢得爲序,門人中吳鄭作肅後序,末附程瑀行狀。俱爲文本乎經史，不甚多作，故集中表制居多，古詩堅潔，猶有宋初風味，然頗負著述，當時人亦尊之，鄒浩稱其'北斗以南一人而已'，則其人可想見也。”玉縉案：陸氏藏書志有影寫宋刊本，並載葉序及鄭序。

檆溪居士集十二卷

惟所行秦檜制詞，語多溢量，至稱其“道義接丘、軻之傳，勳名眞伊、呂之佐”，尤爲謬妄。

丁氏藏書志云：“集中慈寧壽慶曲，爲韋太后生辰上壽侑觴，內有頌揚秦檜之語，其餘爲秦檜曾祖、曾祖母、祖、祖母、父、前母、母、妻、秦熺、万俟卨等詔制口宣等作，諛美過量，至稱檜爲道接孔、孟，直如孫仲益一流人物矣。”

筠溪集二十四卷

此本題曰竹溪集，考諸家著錄，皆無此名，知爲傳寫之誤，今仍改題曰筠溪集以復其舊焉。

鄧氏羣碧樓書錄有是書鈔本，卷數相同，有嘉定四年樓序，據稱“此書鈔不精而極舊，通卷皆題竹谿先生文集，後附家傳，但云榜別業曰筠莊，自號筠溪眞隱，初無竹谿之名，不知其何所據也”？竊謂提要所見本，似與此所據之本合，如果通卷皆題竹谿集，不應卷卷皆誤也。當必有故，俟考。

苕溪集五十五卷

行狀及宋史本傳皆稱非有齋類藁五十卷，書錄解題亦同。

吳氏繡谷亭薰習錄云：“焦氏題行簡苕溪集五十五卷卽此是也。又載劉一止類藁五十卷，一書字，一書名，其誤特甚。

考韓元吉行狀，只稱類稾五十卷，通考稱非有齋類稾，無苕溪集之名，考其全編，前五十三卷皆本集，第五十四卷行狀，五十五卷告敕，則卷帙又與韓狀不侔，豈後人又加編定歟？”

三餘集四卷

惟豐城縣志載宋黃得禮字執中，元祐間進士，曾爲柳州軍事參軍，與集中先大夫述一首符合，又載得禮長子名彥輔，字伯強，登政和進士，次子彥平，字季岑，號次山，登宣和進士，建炎初，仕至吏部郎中，出提點湖南刑獄，載其世系、名字、科第、仕履皆一一條晰，然則撰此集者乃黃彥平，所謂次岑、次山、季岑者，或傳寫譌異，或偶以字行耳。至其集名三餘，當取三國董遇三餘讀書之意，宋史作“玉餘”，亦字形相似而誤也。彥平在靖康初，坐與李綱善貶官，南渡後，數上劄子論事，多所建白，其論賞罰一疏，持論尤爲平允，厥後劉光世、呂祉得失卒爲所料，如操券然，亦剛正有識之士矣。

案次山字季岑，洪州分寧人，庭堅族子也。宣和元年，試國學第一，以庭堅名在禁錮，復抑置第四，歷官提點荆湖南路刑獄，旋主管亳州明道宫，陸氏儀顧堂題跋引危太樸集，所言事蹟甚詳。

大隱集十卷

正民宋史無傳，事蹟始末不可考，惟據航海記所述，知其高宗時爲中書舍人，嘗奉使通問隆祐太后而已。今以集中諸表考之，則在朝嘗爲給事中、禮部、吏部侍郎，在外嘗知吉州、筠州、洪州、湖州、溫州、婺州、淮寧府，歇歷頗久，晚予宫祠以歸。

案陸氏儀顧堂題跋考其事蹟頗詳，如"高宗得陳襄薦司馬光等奏稾以示從臣，正民以爲光等皆不合時宜者，又知吉州時，以應辦軍儲派民錢百餘萬緡"，其人殆無甚足取。提要以高宗不用孟庾，始終任正民，意正民未至於失節，不知當時固上言"不能死節請正典刑"也，其用不用，亦幸不幸耳。

四庫全書總目提要補正卷四十八

別集類六

栟櫚集十六卷

今本僅詩一卷、詞一卷、文十四卷，與三十卷之數不符，殆散佚不完，又經後人重編歟？

陸氏藏書志有明刊本二十五卷，有正德己卯胡瓊及林孜序，其案語云："揮麈錄稱'肅有栟櫚文集三十卷'，四庫所收只十六卷，此本二十五卷，當是宋時原本而缺五卷耳。"

玉縉案：卷一絕詩，卷二、三律詩，卷四至卷十古詩，卷十一樂府，卷十二奏劄子，卷十三文，卷十四書，卷十五序，卷十六至十八記，卷十九、二十題跋，卷二十一啓簡，卷二十二祭文，卷二十三疏語，卷二十四志銘，卷二十五評論，似非缺，當爲別一本，卽林孜序，亦有訪求全帙之語。張氏藏書志有舊鈔本，卽據正德本。楊氏楹書隅錄有正德己卯南海羅珊刊本二十五卷，並載黃丕烈跋云："書有不必宋、元舊刻而亦足珍者，此種是也。述古堂書目云：'鄧肅栟櫚集二十五卷，猶是足本，近時傳本則爲十六卷矣'，古書失傳，卽此可見。"玉縉案：據瞿氏目錄，凡詩十卷、樂府一卷、文十四卷。

鄱陽集四卷

今從永樂大典所載裒輯編次。

丁氏藏書志云："康熙間，吳允嘉輯忠宣公遺文，有在此集外者，如追薦徽宗皇帝功德疏、知饒州謝表、奉使留金金臣悟室求詩口占漫答七律，藥石一絕，題作出使懷母，江梅引多訪寒梅、憐落梅詞二闋，及引山堂肆考、台州府志、饒州府志雜記數條，零璣碎璧，皆足助翼此書也。案蓑竹堂所藏至正二十四年鈔本有孫道明明叔、吳寬、沈與文、沈廷芳諸題記，亦四卷，今尙在東郡楊紹和家，安得借鈔而一證之。"

陵陽集四卷

呂本中作江西宗派圖，列駒其中，駒頗不樂，然駒詩磨淬翦截，亦頗涉豫章之格，其不願寄王氏門下，亦猶陳師道之瓣香南豐，不忘所自耳，非必其宗旨之迥別也。

瞿氏目錄有舊鈔本，云："此從王氏池北書庫藏本傳錄，漁洋山人有跋云：'子蒼詩，爲諸家詩話所取者，如"汴水日馳三百里"、"落日同騎款段遊"二篇，最佳，今讀陵陽集，佳處亦無過此矣'，蓋子蒼列江西宗派圖中，漁洋不喜豫章派，故其語如此。"

灊山集三卷

陳鵠耆舊續聞、劉克莊後村詩話、王應麟困學紀聞皆採其佳句，盛相推挹。

丁氏藏書志云："如'天氣未佳宜且住，風濤如此亦安歸'，題顏魯公像云：'千五百年如烈日，二十四州惟一人'，懶軒云：'經年不濯子春足，半月纔梳叔夜頭'，詳見後村詩話、耆舊續聞、困學紀聞、揮麈後錄、隱居通議等書。鮑以文輯補遺文詞，刻入知不足齋叢書。"

雲溪集十二卷

惟厲鶚宋詩紀事載印爲成都人，政和中進士，而亦不詳其官爵。

陸氏儀顧堂題跋云："印字信可，四川雙流縣人，孝子絳之子也。貢上庠中第，與秦檜有庠序舊，絕不與通，歷判三郡，家居十八年，晚號亦樂居士，與蒲大受、馮時行、何耕道爲詩友，見馮時行縉雲集，雙流縣志、宋詩紀事以爲成都人者，誤也。"

盧溪集五十卷

胡銓謫嶺南時，庭珪以詩送之，有"癡兒不了公家事，男子須爲天下奇"語，後坐是流嶺南，孝宗時召對，賜國子監主簿，乾道六年，復除直敷文閣，年九十三乃卒。

案此事亦見張端義貴耳集、楊萬里誠齋詩話，一作流夜郎，一作竄辰州。

屏山集二十卷

此集乃其嗣子坪所編，而朱子爲之序。

案此集紹興二十年胡憲爲之序，朱云："因書其後，以告後之君子"云，當爲跋。

鴻慶居士集四十二卷

然覿所爲詩文頗工。 流傳藝苑，已數百年，今亦姑錄存之。

翁方綱石洲詩話四云："孫仲益五歲屬對，爲東坡所賞，其詩思筆亦自清峻，但多生剝前人字句，則亦不能開拓無前也。" 陸氏藏書志有舊鈔本鴻慶居士文集四十二卷，又有舊鈔本南蘭陵孫尚書大全集七十卷，其案語云："宋史藝文志祇載鴻慶居士集四十二卷，此七十卷本，惟張氏藏書志著於錄，爲王文恪舊藏，此書又從王氏本傳錄。趙希弁讀書附志，孫尚書大全集五十七卷，恐七十卷之譌。"其儀顧堂題跋云："以四庫所收鴻慶居士集互校，此本有而鴻慶集無者：書四首、啓三十九首、詩八十五首、表二十一首、狀三首、外制兩首、記二首、序三首、賀啓三首、帖七百六十二首、跋語二首、頌一首、題跋二十四首、墓誌三首、挽詞四首、青詞一首、疏九首，此本無而鴻慶集有者，亦數十首。鴻慶居士集四十二卷，慶元中，其子介宗所編，此本不著編輯姓氏，首冠宋字，當爲宋以後人，不應反有漏落，意者覿人品汚下，介宗所編，當時已不甚行，輯大全者不得見其全乎？"又鴻慶集跋云："覿集先有閩、蜀兩刻，中間雜以翟汝文文，慶元中，介宗始編爲是集，以大全集互校，此本所無者，翟忠惠之文或在其中，今不可考矣。此本爲介宗所定，必不羼入他人著述，何以反有爲大全集所無者，不可解也？" 玉縉案：吳之振宋詩鈔云："嘉靖朝，常州將謀刻是集，以邑人徐問議而止，蓋覿曾誌万俟卨墓耳。"

內簡尺牘編注十卷

編修勵守謙家藏本。

瞿氏目錄有校宋本李學士新注孫尚書內簡尺牘十六卷，云："宋刻本與成化本分卷行款俱不同。"

藏海居士集二卷

可事蹟無考，亦不知何許人？　厲鶚宋詩紀事搜羅至三千八百餘家，亦未之及，則其沈晦已久矣。

道光辛丑，上元吳繼曾刻本跋云："厲樊榭宋詩紀事，有吳可字思道，金陵人，所錄如淸涼寺及小醉二首，俱見藏海居士集，然厲氏誤引孫覿鴻慶居士集，以吳可爲梁師成黨，提要云：'厲鶚蒐羅至三千八百餘家亦未之及'，以厲氏疏於考證，止知有孫覿之語而不知有藏海之名也。厲氏漫引孫覿，不深核是非，遂使吳思道之詩名不顯，即金陵人亦鮮有稱之者，吾師朱述之先生，證以周紫芝太倉稊米集，有題吳思道藏海小集詩，米芾寶晉英光集，有贈建康吳詩客詩，注，吳可字思道，金陵人，復合元至正金陵新志吳思道傳，參互考訂，然後藏海之事蹟始著，其爲金陵詩人無疑矣。繼曾又考魏慶之詩人玉屑引復齋漫錄，'韓子蒼喜吳可小詩，'東風可是閒來往，時送江梅一陣香'，本張芸叟荼䕷詩，'晚風亦自知人意，時去時來管送香'，吳幵優古堂詩話亦云：'方叔李廌喜吳可小詩云云，即藏海集晚步詩中語。釋惠洪石門文字禪，'金陵吳思道居都城，面城開軒，名曰橫翠軒，作詩贈之。'李之儀姑溪集有寄吳思道橫翠堂詩，即橫翠軒，姑溪集又有跋吳思道詩，跋吳思道小詞，稱其'咄咄逼人，近時人未易接武，妙處略無斧鑿痕，字字皆有來歷'。曹勳松隱集、鄧肅栟櫚集，並有寄送吳思道之作，一時名流，無不推重，是以張邦基墨莊漫錄、羅願新安志、陳起前賢小集拾遺，皆有吳可思道詩，歷歷可證。藏海詩話中論孫詩'雁北還'，還字不佳，即指孫覿，又言汪彥章'燈花聖得知'少意味，知孫、汪因論詩不合，因而造謗，厲氏見聞博洽，惜爲孫覿所惑，偶未及考，幾使高逸之士下儕誓御，繼曾懼後人不察，無能補厲氏之闕，遂取藏海居士集、藏海詩話二書，合鋟諸木。"

玉縉案：可歷官至團練使，宣和末，亟掛冠去，責授武節大夫致仕，陸氏儀顧堂題跋藏海詩話跋，引至正金陵志諸書考之如此。

豫章文集十七卷

以年譜別置於前。

案年譜爲曹道振編。

和靖集八卷

凡奏劄三卷，詩文三卷，其壁帖一卷，乃焞手書聖賢治氣養心之要，黏之屋壁，以自警惕，後人錄之成帙。又師說一卷，則焞平日之緒論，而其門人王時敏所編也。

瞿氏目錄有舊鈔本十卷，云："宗堯序首列年譜一卷，凡奏劄二卷，詩雜文一卷，壁帖一卷，師說三卷，附薦劄告詞一卷，銘記祭挽一卷，與別本作八卷者不同。"

郴江百詠一卷

閱字閎休，舒城人，趙希弁讀書附志，稱其建炎初以中奉大夫知袁州，其事蹟則未詳也？

陸氏藏書志有巢令君阮戶部詞，其案語云："閱字閎休，又字美成，舒城人，元豐中進士，知巢縣，建炎元年，以中奉大夫知袁州，初至，訟牒繁，閱乃依本分三字印榜四城牆壁，郡民化之，乃榜西廳爲無訟，嘗爲袁民雪插筆之謗。喜吟詠，時號'阮絕句'，能爲長短句，後致仕，居於宜春云云，見萬姓統譜、能改齋漫錄、趙希弁讀書附志，方輿勝覽以'閱'爲'閎'，傳寫之譌。"玉縉案：胡仔漁隱叢話卷十一云："閱官至中大夫，嘗作監司郡守。"

雙溪集十五卷

籀此集中乃有上秦檜二書，及庚申年擬上宰相書，皆極言和金之利，所以歸美於檜者無所不至，不免迎合干進之心。又雜著中別有進取策一篇，復力言攻劉豫以圖金，前後議論，自相矛盾，蓋皆揣摩時好以進說，小人反覆，有愧於乃祖實多。

粵雅堂本伍崇曜跋云："籀嘗賦南園詩云：'花驄油壁隱輕雷，消卻冰山不復來，墳土未乾爲餒鬼，園花雖好爲誰開'，厲樊榭等南宋雜事詩注引之，今載集中，殆暮年之作，閱歷已深，亦知冰山之不足恃歟？"玉縉案：此說良是，惟此詩不載集中，伍跋當脫'不'字。

少陽集十卷

其文集宋志不載，書錄解題亦不載，據戴埴鼠璞載"張浚奏胡珵筆削陳東書，追勒編置，蓋以浚爲黃潛善客，珵爲李綱客，故借此去之"云云，則東死以後，尚牽連興鉤黨之獄，宜無編輯其文者。元大德中，始有刻本盡忠錄，凡八卷，編次頗嫌錯雜，續刊於國朝康熙中者曰少陽文集，凡十卷，前五卷皆東遺文，後五卷則本傳、行狀及他書論贊也。

丁氏藏書志有明鈔本盡忠錄十卷，云："嘉定改元，李忠定公之孫大有藏其事迹，莫知何人編次？掇取制詔中二字題曰盡忠錄，序之，鋟木以廣其傳，元大德間，復有版刻。彭文勤公見季滄葦所藏正德年印本，爲唐荆川圈抹，尙無補鈔二卷，此鈔本十卷，前止李大有一序，附錄中不及元以後人，當爲舊本。"據此，則盡忠錄嘉定時卽有刻本，非始於大德。又有舊鈔校本少陽集十卷，云："是集乃明弘治時孫育得公盡忠錄，屬太史陳沂編次行世，本集五卷，附錄五卷，版尋遭燬，天啓時，育之孫雲翼作序，屬其甥賀日獻重梓之，並列魏鶴山原序於首。案先生集在當時已刊布於世，而馬貴與經籍考不載，何耶？"據此，則提要宜無編輯其文之語亦附會。鄭璽謹案：宋志有東奏議一卷。

歐陽修撰集七卷

建炎初，徒步走行在，伏闕上書，請誅黄潛善、汪伯彥，與陳東俱論死，後高宗悔之，追贈祕閣修撰，事蹟具宋史忠義傳。紹興二十六年，吳沆次其詩爲飄然集三卷，併爲作序，至嘉定甲申，會稽胡衍又取其所上三書，並序而刻之，釐爲六卷，元季版燬於兵，明永樂丙申，澈十世孫永康縣丞齊重刊之金華，唐光祖跋稱其書編爲三卷，詩文事蹟爲四卷，當時陳東所同上之書，亦爲掇拾，無所失墜，並取附爲一卷，合爲八卷，所稱贊府士莊甫，卽齊字也。而永樂丁酉崇仁知縣王克義序，乃稱齊錄前後奏議次繼飄然集，分爲六卷，與光祖跋不同，蓋詞有詳略，實即一本。

丁氏藏書志云："朱子語錄云：'某族叔祖居高郵，一日，使人往楚州鹽城小村中買物，久不歸，後問之，乃云："彼村中三四日大雪"，叔祖甚怪之，云"八月二十間安得有雪"，亦且據其僕云記之，後有人自彼中來，問之，果然，乃歐陽澈死時也。'"吳氏繡谷亭薰習錄有飄然集六卷，附錄一卷，云："紹興二十六年，環溪吳沆裒其集三卷，嘉定甲申，會稽胡衍晉遠取所上三書重併編次，刻於臨川倅廨，永樂丁亥重刻，李至剛序。"玉縉案：丁亥爲永樂五年，在十四年丙申、十五年丁酉之前，當爲又一本。

東溪集二卷附錄一卷

此本爲明林希元所編，僅分上下二卷，書疏、論議、辨說等作共二十篇，詩三十一首，贊五首，箴銘二十六首，詞十二首，啓二首，末有附錄一卷，則朱子裒錄奏狀、祠堂記兩篇及言行錄十條。然亡佚者雖多，而讀其遺篇，尚想見忠義之槩。

案林本附錄外，有明莆田周瑛所撰漳州志傳一篇，與林序、黄序並列全書之前，不在附錄之內。近高均儒重刻本，卷首冠以提要，又增入宋史列傳，及朱軾所輯歷代名臣傳，附錄增入朱子謁祠文二篇，家帖跋一篇，及錢塘羅以智、平湖顧廣譽跋各一篇。劉毓崧通義堂文集有跋云："是集編次首列上淵聖皇帝諸書，意切詞危，忠愛溢於言表，乃後之論者，或議其彈擊吳元中，而元中贊守城之謀，與李忠定、种忠憲娩美，推薦徐處仁、唐恪、馮澥而諸人負誤國之罪，與何㮚、耿南仲同科，似乎毁譽是非未能盡協，抑知毁譽不由於附和權勢，是非不出於報復恩讎，則雖偶有參差，固無傷於賢哲之量。即以宋代而論，如范忠宣曾劾韓魏王，歐陽文忠曾糾包孝肅，富鄭公曾舉王安石，司馬文正曾獎蔡京，初不聞以是損其聲稱，何獨於先生而有所疑焉。”玉縉案：此即爲高刻本跋。 丁氏藏書志云：“别本鈔自徐興公手錄本，有㶿題云：‘東溪詩，如“作掾只三語，讀書空五車”，“一無可意身將老，百不如人心自知”，“家連滄海難窮目，人在蠻荒欲盡頭”，啓如“分憂南服，得諸侯之寶三；儷美古人，有君子之道四”，“梁子徒勞走州縣，嗟十年其猶初；蕭生不得行胸懷，雖百歲而何益”，“伯樂去而凡馬空，罔象來而玄珠得”，亦皆佳句也’，特附記之。” 吴氏繡谷亭薰習錄云：“馬氏通考東溪集之下，引葉水心序，考水心集，其序爲劉伯熊作，伯熊字朝元，亦號東溪，端臨誤也。”

岳武穆遺文一卷

此遺文一卷，乃明徐階所編，凡上書一篇、劄十六篇、奏二篇、狀二篇、表一篇、檄一篇、跋一篇、盟文一篇、題識三篇、詩四篇、詞二篇。

丁氏藏書志有明刊本岳少保忠武王集一卷，云：“崇禎戊寅單恂訂本，前列本傳，較徐刻劄多十一篇，奏多四篇，又多記三篇，詩多四篇，恂爲之序。”鄭光祖一斑錄雜述五云：“洞庭東山莫釐峯之西麓村，有碣曰‘將軍翁公之墓’，公諱德裕，原籍在陝，宋欽宗靖康元年，歷官都統制，著有武功。高宗南渡，扈蹕來吳，慕莫釐山水之勝，預卜退老計，厥後帝如臨安，遂退而隱於莫釐，建炎四年也。於時勤王張俊爲江淮招討使，壯其行，贈之詩，武穆岳王時爲右營都統制，與公爲忘年交，亦贈以詩曰：'吳山無此秀，乘興一游之，萬頃湖光裏，千家橘熟時，平看月上早，遠覺鳥歸遲，近載誰眞賞，白雲應得知'，公之得詩於張俊何足重，重其得詩於武穆也。此詩不載武穆王集。"玉縉案：岳集早不傳，此詩未知徐、單二本輯入否？俟考。

雪溪集五卷

王士禛居易錄詆其詩不甚工，而獨稱其附載廬山僧可和詩一篇，似非篤論。

陸氏藏書志有舊鈔本五卷，並載王士禛手跋云："銍最有名譽，其詩亦鮮合作，卷中發石牛一絕句云：'松竹陰中山未盡，梅花林外有人行'，予甚愛之耳。"吳氏拜經樓藏書題跋記有舊鈔本五卷，云："集中載國香詩二首，一原作，一次韻，其元唱非銍作也，銍詩乃次韻耳。鈔本不標題名氏，而以元作附錄者書前致相溷耳，安得它本正之。"

東萊詩集二十卷

此集有慶元二年陸游序，乾道二年曾幾後序，文獻通考别載有集外詩二卷，此本無之，蓋已散佚。又陸游序稱嗣孫祖平，悉裒集他文爲若干卷，今此本有詩無文。

吳氏繡谷亭薰習錄云："曾序稱'是集沈公雅編，公雅於公爲通家子，且從之游，時出守吳郡，暇日裒集公詩刻置郡齋’，是曾序在先也。陸序稱‘公所爲詩已孤行於世，其嗣孫祖平，又盡裒他文若干卷屬游爲序’，則陸之序別有文集一編，自建刻移置於此，陳愷季常跋亦稱建刻，此本是已。紫微論詩，須參活法，彈丸之喻，劉後村、朱文公多議之，至放翁直云彈丸之論方誤人，總由江西詩派圖之作，推尊豫章，摭論李、杜、韓、柳、孟、張詩法，已非一派，而強韓子蒼入派，韓弗肯服，何顒、潘大觀有名無詩，同時如曾幾且贛人與之贈答而不入派，諸家議論紛紜，胡仔漁隱叢話極詆其選擇弗慎。余謂紫微活法之論，自是詩家上乘，宗派圖似可不作，今觀幾序數百言，宛轉低回，曾不以不入派爲尤，可見古人用心之厚。”

澹菴文集六卷

本傳稱銓集凡百卷，今所存者僅文五卷，詩一卷，蓋得之散佚之餘。然書錄解題載銓集七十八卷，宋志載銓集七十卷，則在當時已非百卷之舊矣。

陸氏藏書志有精鈔本三十二卷，並載慶元五年楊萬里序云：“先生既沒後二十年，其子澥與其族子渙、族孫祕，裒集先生之詩文七十卷，目曰澹菴文集。”據此，則宋志是，傳及解題誤也。張氏藏書志有精鈔本胡忠簡先生文選九卷，亦載楊序。

文定集二十四卷

今考永樂大典所載，爲程本不載者幾十之四五。

陸氏儀顧堂集有跋云：“館臣從大典輯出，凡文四百五十六首，詩五十八首，較程本幾倍之。愚案：播芳大全卷一，有賀郡王冠禮表一首，卷六，謝轉官表一首，卷八，賀左丞相啓一首，卷十，賀林侍郎啓一首，卷十六，賀朱丞相帥紹興啓一首，皆今本所未收。"

縉雲文集四卷

時行字當可，璧山人。

陸氏儀顧堂題跋云："時行事蹟詳宋史補傳，宋史藝文志載時行文集五十五卷，今所存不及十之一，史炤通鑑釋文前有時行序，繫年要錄載時行奏議三首，今本皆不載，其佚多矣。時行卒於隆興元年，見集後附錄蹇駒馮侯廟碑，而廟碑之後，附李壘公移，稱時行嘉熙間狀元及第，豈知嘉熙在隆興後七十餘年乎？明人不學至此，眞堪噴飯。"玉縉案：四川通志蓋沿李移之誤。鄭翼謹案：宋史補傳卽陸著宋史翼之初名。明人以當可爲狀元，殆因三元馮京當世而誤。

嵩山居士集五十四卷

又眉州到任謝表及謝執政啓，則嘗知眉州。而集首師璿序亦稱其爲部使者。

瞿氏目錄有舊鈔本，云："凡詩十四卷，文四十卷，舊有師璿序，已失，居士夫人師氏，璿孫女也，集中有璿子驥傳，卽其婦翁，文有'遭父喪'云云，案傳作於紹興三十年，而集刻於乾道四年，是刻時璿歿已久，序蓋舊所作也。又案：集有寄瀘南子止兄詩云：'杖鉞知何處？看雲望欲迷，眞同阮南北，各寄蜀東西'云云，又答瀘州高倅啓云：'居是邦而事其大夫，乃喜吾兄之集處'，是子止爲四川總領財賦司時子西亦官於蜀，惟宋史無傳，仕秩不可考矣。"

知稼翁集二卷

書錄解題載公度集十一卷，卷端洪邁序，稱公度既沒，其嗣子知邵州沃，收拾手澤，彙次爲十有一卷，卷末載有沃跋，亦稱故笥所存，塗乙之餘，纔十一卷，均與陳氏所載合。又書錄解題詞曲部，別有公度知稼翁詞一卷，合之當爲十二卷，此本爲天啓乙丑其裔孫崇翰所刊，稱嘉靖丙午得於陝西謁選人，乃前朝祕府之本，尙有御印，然併詞集合爲一編，僅一百三十四頁，分爲上下二卷，似不足十二卷之數，豈尙有佚遺歟？

瞿氏目錄有影鈔宋本十二卷，云："其子沃所編，凡賦一卷，詩六卷，文四卷，詞一卷，末附行狀、誌銘、壙銘一卷，前有乾道五年陳俊卿序，又慶元二年洪邁序，詞集有淳熙戊申曾丰序，末有沃跋。此從慶元刻本傳錄，天啓間，裔孫某得內府本刻於衡州者，卷分上下，卽此本也。"

香溪集二十二卷

集爲其門人高栴所編，其姪端臣刊之，前有紹興三十一年陳巖肖序，後有元吳師道跋。跋又稱端臣蒙齋集未及刊，先刊其與浚唱酬諸詩附見焉，此本無端臣詩，蓋又佚矣。

陸氏藏書志有元刊本，題門人高梅編，則'栴'乃'梅'之誤。瞿氏目錄亦有元本，云："從子端臣刻於紹興三十一年，元至順壬申，吳禮部師道得其本，屬范俊刻之。"據此，則提要殊未分晰。又有明本云："萬曆間，蘭溪令唐尙虞刻本，後附公從子端臣、端杲遺文一卷，有章懋、胡應麟序。"

雲莊集五卷

協字同季，南豐人，宋史無傳，志乘亦不載其名，據傅伯壽所作集序，知爲曾肇之孫，曾纁之子，而所敍仕履，但曰官零陵太守，不及其詳，且宋無零陵郡，亦無太守之名，殊非實事。今以集中詩文考之，知紹興中舉進士不第，以世賞得官，初爲長興丞，遷嵊縣丞，繼爲鎮江通判，遷臨安通判，乾道癸巳，權知永州事以卒。伯壽所云，蓋以古地名與古官名假借用之，文人換字之陋習耳。

陸氏儀顧堂題跋云："協爲曾文昭肇之孫，南渡後，家湖州之德清，年十九，以詞賦魁胄監，一上不第，以蔭仕爲長興縣丞，終於知永州，官至正奉大夫，見樓攻媿集曾炎神道碑。"

竹軒雜著六卷

季仲字懿成，永嘉人，登進士第，歷官太常少卿，知婺州，自號蘆山老人，嘗僑居暨陽，集中又自稱濟南林某者，蓋其祖貫也。宋史不爲立傳，其行事不可概見，惟陳振孫書錄解題稱"季仲以趙鼎薦入朝，奏疏沮和議得罪，仲熊、叔豹、季貍其弟也，皆知名"云云。今案集中與趙僕射書，有"相公過聽，引而置諸朝，鹿鹿三年，蔑有報稱"之語，與趙鼎薦引之說合，惟沮和議一疏已不見於集中，其得罪貶謫之事遂略而弗顯。

案季仲宣和進士，歷官中書門下，檢正諸房文字，秦檜主和議，季仲上疏引夫差、句踐事爭之，大忤檜意，罷爲直龍圖閣主管洪州玉隆觀，久之，起知婺州，尋復以直祕閣奉祠，陸氏儀顧堂題跋考其事蹟頗詳。

竹洲集二十卷附棣華雜著一卷

宋吳儆撰。

案棣華雜著乃儆兄俯撰，提要不分別，殊疏略。俯字益華，仕至國學錄。

鄂州小集六卷附錄二卷

淳熙甲辰，願由知南劍州改鄂州，乙巳卒於官。 此本卷數雖符，然編次無法，又以新安志中小序二篇入之，疑經後人掇拾而成，亦非其舊也。 後二卷，附願兄頌、願弟頎、姪似臣之文，末又有明人月山錄一卷，冗雜鄙陋，蓋願之疏族，因刊是集而竄入之，冀附驥以傳，殊爲疣贅，今存頌、頎、似臣之文，而所謂月山錄者則竟從刪汰焉。

玉縉案：宋史羅汝楫傳，"子願，知鄂州，有治績，以父故，不敢入岳飛廟，一日自念，吾政善，姑往祠之，甫拜，遽卒於像前"，不言何年？曹涇所爲願傳，則稱"淳熙十一年甲辰七月十三日卒"，提要以爲乙巳，未詳所據？曹又引新安續志，謂"值旱，立日中精禱致疾"，與宋史異，疑此皆得其實。 瞿氏目錄有明刊本羅鄂州小集五卷，附郢州遺文一卷，云："天啓間，族裔羅朗刻本，與別本分六卷、附錄二卷者不同，亦未錯入新安志序二篇，有趙汸、宋濂、王禕、趙壎序，李宗頤、蘇伯衡跋，羅朗刻板跋。" 錢泰吉曝書雜記云："羅鄂州小集六卷，附郢州遺文一卷，歙程哲聖跂輯錄，康熙癸巳，七略書堂刻本也。道光丁酉，假金岱峯所藏天啓丙寅羅朗刻本校一過，第六卷汪王廟考實、新安志序，爲天啓本所無，亦段岱峯所藏康熙丁亥黄以祚承德堂刻本新安志校，天啓本末附羅似臣徽州新城記，程氏謂攙附不倫削去，今補於鄂州文後，以見羅氏一家之學焉。"玉縉案：提要所據，非羅朗本亦非程哲本。

晦菴集一百卷續集五卷别集七卷

明成化癸卯莆田黄仲昭跋，稱"晦菴朱先生文集一百卷，閩、浙舊皆有刻本，浙本洪武初取置南雍，不知輯於何人？今閩藩所存本則先生季子在所編也。又有續集若干卷，别集若干卷，亦併刻之"云云，是正集百卷，編於在手，然朱玉朱子文集大全類編，稱"在所編實八十八卷，合續集、别集乃成百卷"，是正集百卷又不出在手矣。别集之首，有咸淳元年建安書院黄鏞序曰："先生之文，正集、續集，潛齋、實齋二公已鏤版書院，建通守余君師魯，好古博雅，搜訪先生遺文，又得十卷，以爲别集，其標目則一仿乎前，而每篇之下必書其所從得"，是别集之編，出余師魯手，惟續集不得主名，朱玉亦云無考，觀鏞所序，在度宗之初，則其成集亦在理宗之世也。此本爲康熙戊辰蔡方炳、臧眉錫所刊，眉錫序之而方炳書後，題曰"朱子大全集"，不知其名所始？考黄仲昭跋及嘉靖壬辰潘潢跋，尚皆稱"晦菴先生集"，而方炳跋乃稱"朱子故有大全文集，歲月浸久，版已磨滅"，則其名殆起明中葉以後乎？惟是潢跋稱"文集百卷、續集五卷、别集七卷"，與今本合，而與潢共事之蘇信所作前序，乃稱"百有二十卷"，已自相矛盾，方炳手校此書，其跋又稱"原集百卷、續集十卷、别集十一卷"，其數尤不相符，莫明其故？疑信序本作百有十二卷，重刻者偶倒其文，而方炳跋則繕寫筆誤，失於校正也。

瞿氏目錄有宋刊本晦菴先生文集一百卷，云："首目錄二卷，無序跋，考成化本黃氏仲昭跋云：'晦菴朱先生文集，閩、浙舊皆有刻本，成化戊子，偶得閩本，因取浙本校之，其間詳略微有不同，如劾唐仲友數章，閩本不載其所劾事狀，今詳此本，備載無遺，當是浙本矣。又考嘉靖本卷六十七仁說小注云："浙本誤收南軒先生作，而以先生作爲仁說序"，此本正如是，其爲浙本益明矣。'黃氏又云：'浙本洪武初云云'，似浙本當又有續集、別集矣，然陳氏書錄解題、焦氏國史經籍志、錢氏也是園藏書目並止百卷，即吳文恪公所見來自福唐之大全集，亦云總百卷而已。惟徐氏含經堂、培林堂兩家書目，均於正集、續集、別集合刻本外，載有舊板單續集、舊板單別集之本，考王氏遂序續集，在淳祐五年，黃氏鏞跋別集，在咸淳元年，意刻非一時，故與正集各自單行歟？"又有明刊本晦菴先生朱文公文集一百卷，續集十一卷，別集十卷。云："此本明嘉靖壬辰潘氏潢校刻閩中，目後潘氏有記云：'文公文集百卷，又續集十卷、別集十有一卷'，然王氏遂續集序雖不言卷數，而目錄則載十一卷，黃氏鏞別集目後記，明云'搜訪遺文又得十卷，以爲別集'，則潘氏所云，當是互誤。提要引潘氏跋作續集五卷，別集七卷，更誤。惟續集第十一卷有目無書，觀蘇氏信前序此本失去，據提要所引。稱百有二十卷，則本無此卷矣。此本大題視浙本多'朱文公'三字，而板心又稱'朱子大全文集',近世蔡氏方炳刻朱子文集,謂大全集之名,不知何始?而紀文達因黃氏仲昭、潘氏潢諸跋皆不稱大全集,遂臆定其起明中葉以後,然吳文恪序其所編朱子文鈔,在宣德五年,已云'鄉親陳氏歸自福唐,出示先生大全集,總一百卷'。又考趙氏讀書志云:'朱文公帖六卷,可以補晦翁大全集之闕者爲多',則其名實起於宋。惟黃氏稱舊刻止有浙本、閩本,而浙本絕無此名,趙、吳兩家所見蓋是閩本,其後黃氏刻於成化,潘氏刻於嘉靖,並祖閩本,則此大全集之稱固襲舊而非更新也。此本與浙本字句頗有不同,篇次亦互異,如書濂溪光風霽月亭、游密菴記,浙本在卷七十九記類,此本在卷八十四跋類,游密菴記,誠宜在記類,而書光風霽月亭則移之跋類爲是。又如皇考吏部府君遷墓記,浙本在先妣孺人祝氏壙誌後,而此本則在前,似浙本以作文先後爲次,案葬祝孺人在乾道六年正月,葬吏部以其年七月,作文先後,據此知之。而此本以父先乎母爲次也。蓋閩本與浙本故有詳略之異,又經黃氏、潘氏遞相參校,其異同益不少,要亦可爲考訂之資焉。" 陸氏儀顧堂續跋宋淳祐建州本跋云:"晦菴先生朱文公文集一百卷,目錄、續集十一卷,别集十卷。朱子集爲朱在所編,王潛齋所刊,續集爲王實齋遂以蔡覺軒、劉文昌兩家所鈔掇付劉叔忠所編,卷九以下,徐幾從浦城尉劉觀光得與劉韜仲札數十通,增爲十一卷,别集爲建安通守余師魯所編,咸淳元年建安書院山長黃鏞序而刊之。是集宋時有浙、閩兩本,浙本明洪武初取版置南雍,不知編自何人?此乃閩本，明初版存福建藩廨，成化中，黄仲昭以浙本勘訂，補刻劾奏唐仲友數狀，又修補缺數百葉，約不過宋刊百分之一二耳。”玉縉案：此跋目錄續集十一卷，目錄二字，似謂目錄如此，其第十一卷有錄無書，而下文又明稱增爲十一卷，則目錄二字似贅，與瞿説不合，當再考。其藏書志載宋刊大字本，作續集十卷、別集十一卷，又有明嘉靖刊本，卷數相同，當屬舛誤。丁氏藏書志有嘉靖刊本、正德、日本刊本，並作續集十一卷、別集十卷。云：“天祿琳瑯載宋刊前十二卷、後十八卷，目錄之首，標晦菴朱先生大全文集，是‘大全’之名，不始於蔡方炳之刻。”據此，則大全之名宋已有之，趙氏志外又得一證，提要疑其起明中葉以後，殊爲肊説，以蘇信序百有二十爲百有十二之誤倒，尤非。蔡跋十當作十一，十一當作十。

梁谿遺稾一卷

厲鶚作宋詩紀事，即據此本爲主，而別摭三朝北盟會編所載淮民謠一首，茅山志所載庚子歲除前一日遊茅山一首，荊溪外紀所載游張公洞一首，揚州府志所載重登斗野亭一首，郁氏書畫題跋記所載題米元暉瀟湘圖二首，後村詩話所載逸句四聯。而“去年江南荒”兩聯，即淮民謠中之語，前後複出，良由瑣碎摭拾，故失於檢校，知其散亡已甚，不可復收拾也。

瞿氏目錄於誠齋詩話下云：“卷中有稱尤延之寄友詩云：‘胸中襞積千般事，到得相逢一語無’，台州秩滿而歸云：‘送客漸稀城漸遠，歸途應減兩三程’，淮民謠云：‘去年江南荒，趁熟過江北，江北不可住，江南歸未得'，皆梁溪遺稾所無，是竹垞、西堂未見此書也。" 丁氏藏書志有勞季言增輯本，云："尤侗輯一卷，凡文二十四首，詩四十三首，仁和勞季言從相山集、景定建康志、鐵網珊瑚、客亭書啓編、三朝北盟會編、揚州府志、赤城志、天台續集、萬柳溪邊舊話諸書增輯，較原書幾及半矣。"

文忠集二百卷

開禧中其子綸所手訂，以其家嘗刻六一集，故編次一遵其凡例，爲省齋文稾四十卷，平園續稾四十卷，省齋別稾十卷，詞科舊稾三卷，掖垣類稾七卷，玉堂類稾二十卷，政府應制稾一卷，歷官表奏十二卷，奏議十二卷，奉詔錄七卷，承明集十卷，辛巳親征錄一卷，龍飛錄一卷，歸廬陵日記一卷，閑居錄一卷，泛舟游山錄三卷，乾道庚寅奏事錄一卷，壬辰南歸錄一卷，思陵錄一卷，玉堂雜記三卷，二老堂詩話二卷，二老堂雜誌五卷，唐昌玉蕊辨證一卷，近體樂府一卷，書稾三卷，劄子十一卷，小簡一卷。其年譜一卷亦綸所編，又以祭文、行狀、謚誥、神道碑等，別爲附錄四卷終焉。

顧廣圻思適齋集周益文忠公文集跋云："首列周益文忠公文集總目，凡省齋文稾三十卷，平園續稾三十九卷，玉堂類稾十三卷，政府應制稾一卷，歷官表奏五卷，奏議十二卷，奉詔錄四卷，雜著述七卷，書稾十四卷，共一百二十五卷。又附錄五卷，年譜一卷，總目末有開禧丙寅嗣子綸所書，言先公丞相文集二百卷，與曾三異纂集，又得許凌、彭叔夏、羅克宣校正，惟日記紀錄頗詳而書稾尤多，皆未容盡刻。據此，則開禧刻本止有此數矣。今外間鈔本稱周益公大全集，共二百卷，而名目、卷第多寡先後無一相同，蓋出於後來刻本，未詳何人所重編校也？此本舊鈔，尚是文忠家刊，今藏張古餘觀察與古樓。”

網山集八卷

今觀此本，詩僅二卷而輓詩居一卷，文凡六卷而祭文居二卷，祝文聘書居一卷，青詞募疏之類不軌於正者又居一卷，殊不類克莊之所稱，其編次尤爲猥雜。疑原集散佚，無識者掇拾叢殘重編此本，故遺其菁華而存其糟粕也。

吳氏繡谷亭薰習錄云：“集中多誄辭銘歌，疑出後人裒集者，其所著浮屠氏論，謂‘孟氏當辨楊、墨，韓子不必攻釋氏，楊、墨之學，猶近儒者，孟氏辨之，所以鍼其蔽，至釋氏本西方之俗，與中國不同，韓子之辨，益其熾也’，嗚呼！佛入中國以來，其教既行，舉中國而西方之矣。所謂裂其衣冠，去其須髮，逃父割妻，毀滅形骸，此蠢夫愚婦之所爲，而學士大夫往往指空說性，凝思於虛，觀心於寂，卽賢如蘇子瞻、張無垢輩，猶蹈入禪學焉。孟氏誅其心，韓子罪其跡，時各不同，後先一律，豈得以西土之俗置之不論不議之列乎？’亦之學於艾軒，艾軒之學，朱子獨尊信之，吾不知亦之何爲而著斯論也？詩篇佳麗，後村稱其絕類唐人，所傳不多，泠泠可誦。”

東萊集四十卷

其弟祖儉及從子喬年，先後刊補遺稾，釐爲文集十五卷，又以家範尺牘之類爲別集十六卷，程文之類爲外集五卷，年譜、遺事則爲附錄三卷，又附錄拾遺一卷，即今所傳之本也。

案瞿氏目錄有宋刊本東萊集，末一種爲麗澤論說集錄，提要未見宋本，故其言如此。陸氏儀顧堂集有宋本是集跋云:“明嘉靖中，安正堂刊本，始通爲四十卷，無文集、别集、外集之目，失宋本之舊。”鄭翼謹案：麗澤論說集錄，別見提要儒家類二，東萊弟子所錄。

止齋文集五十一卷附錄一卷

此集爲其門人曹叔遠所編，前後各有叔遠序一篇，所取斷自乾道丁亥，訖於嘉泰癸亥，凡乾道以前之少作盡削不存，其去取特爲精審。末爲附錄一卷，爲樓鑰所作神道碑、蔡幼學所作墓誌、葉適所作行狀，而又有雜文八篇綴於其後，不知誰所續入？據弘治乙丑王瓚序，稱澤州張璡欲掇拾遺逸以爲外集，其璡重刊所附入歟？

瞿氏目錄有元刊本，云:“門人曹叔遠所編，爲五十一卷，刻於嘉定戊辰，是本爲元至正間重刻，多附錄一卷，爲神道碑、行狀、墓誌及雜文八篇，合五十二卷，末有白文二行云:‘至正庚子仲冬，屏山書院重刊’，四庫提要謂附錄一卷，不知誰所續入云云？是未見元刊也。”丁氏藏書志云:“明正德丙寅，溫州同知林長蘗傳刻，别增張璡所輯集外文八篇於曹編附錄之後。”錢泰吉曝書雜記上云:“道光甲午，學使陳石士侍郎已更替，以新刻陳文節公止齋文集見贈，侍郎自言按試溫州，得乾隆年刻文節文集，乃與富海颿中丞謀重刻，而屬長興錢士雲任校勘，侍郎撰序，并於卷十七新歸墓表後手識云云，'校書之難如此。錢生士雲校止齋集，以正德本、乾隆本互校，補正誤字數十條，而新歸墓表及答薛子長尺牘，皆能補足闕文，是可嘉也。"玉縉案：提要所據，未知何本？而陳用光此刊校識，與各本或有關涉，特錄之。

格齋四六一卷

子俊字材臣，吉水人，安丙帥蜀，嘗辟爲制置使屬官，其始末則未詳也？

陸氏儀顧堂題跋云："子俊嘗從楊萬里、周必大遊，乃延譽於朱子，朱子勉以博取守約之功，又書'格齋'二大字以遺之，著有史論、師友緒言、三松類稾，見西江人物志。"

梅溪集五十四卷

是集爲正統五年溫州教授何潰所校，知府劉謙刻之，黃淮爲序，凡奏議五卷，而冠以廷試策，前集二十卷、後集二十九卷，而附以汪應辰所作墓誌，後有紹熙壬子其子宣教郎聞禮跋，稱文集合前、後並奏議五十四卷，與此本合，而文獻通考作梅溪集三十二卷，續集五卷，并載劉珙之序，今無此序，卷數更多寡不符，應辰墓誌則稱梅溪前後集五十卷，與此本亦不相應，疑珙所序者初稾，應辰所誌者晚年續增之稾，而此本則十朋沒後其子聞詩、聞禮所編次之定稾也。

吳氏續谷亭薰習錄云："劉珙共父序，紹興壬子，先生之子聞禮鋟木江陵，定爲前集二十卷，後集二十九卷，奏議五卷，聞禮爲後序，文獻通考題三十二卷，說本劉序，然聞禮所載卷帙甚明，且見於汪應辰墓誌者自足遞也。第劉序云：

‘公歿後幾十年,其子閌詩出公遺文凡三十二卷’,而閌禮序則云:‘刻集時先君卽世已二十有一年’,則劉見集時在閌禮刻集之先,豈尙未編定耶? 劉序朱文公代作,其文見大全集。”

攻媿集一百一十二卷

此本原作一百二十卷, 與宋史藝文志及陳振孫書錄解題所載相同,猶爲舊帙。惟中闕第七十七卷, 據原目, 爲宣王內修政事、光武大度同高祖二賦,玉巵爲壽、宅道炳星緯二詩,用人、安民、治兵三策;又闕第七十八卷,據原目,爲御試進士、舉人召試館職閣職、省試、别試、解試、上舍州學諸試所擬策問十五篇;又闕第七十九卷,據原目,爲宴會、慶賀致語十五篇、上梁文四篇、勸農文二篇;其第七十三卷,據原目,闕跋王伯奮所藏文苑英華、跋清閟居士臨修禊序二篇;第七十四卷,據原目,闕跋劉元城、江諫議、任諫議、鄒道鄉、陳了齋五人帖一篇;而第五十六卷中揚州平山堂記亦闕其後半,諸家所藏刻本鈔本並同, 今俱無從校補。 王士禛居易錄稱其“行盡松杉三十里, 看來樓閣幾由旬”,“一百五日麥秋冷,二十四番花信風”,“水眞綠淨不可唾,魚若空行無所依”諸句, 而病是集多叢宂, 謂表狀、內外制之類, 删去半部亦可,然貪多務博,卽誠齋、劍南、平園諸集亦然,蓋一時之風氣,不必以是爲鑰病也。至於題跋諸篇, 尤多元元本本, 證據分明, 不止於居易錄所稱三笑圖贊、吳彩鸞玉篇鈔、唐昭宗賜愔實敕書三篇,毛晉輯津逮祕書,摘錄宋人題跋共爲一集而獨不及鑰,其偶未見此本歟?

張氏、陸氏藏書志、瞿氏目錄並有舊鈔本一百二十卷，張不言有闕卷，瞿云："文一百十六卷，賦一卷，詩一卷，北行日錄二卷，惠定宇氏以朱筆校過"，然則張、瞿所藏似皆不闕，靜嘉堂祕籍志即陸本，明云無缺卷。 李慈銘荀學齋日記癸集上八十云："其文辭爾雅，亦能原本經學，不墮南宋人空疏鹵莽之習，觀其答楊敬仲論詩解書、答張正字論莊子講義書，皆確守儒先訓義，跋釩書、蘊書及答趙郎中書，論濂溪之'濂'字，於小學亦甚留心。答徐敬甫書，言翼祖雖已再祧，在臣子終不當以'敬'爲名字及齋室之名，因言張南軒之字敬夫爲非是，而引文潞公當翼祖祧時，或勸復舊姓，潞公答以老夫弼亮四朝，未敢遽改，此亦足見其學行之醇謹。王漁洋極稱其題跋之佳，而惜毛氏未刻入津逮祕書，誠知言也。"

四庫全書總目提要補正卷四十九

別集類七

乾道稾一卷淳熙稾二十卷章泉稾五卷

先世鄭州人，建炎初，其曾祖暘官於信州，因家焉，蕃以暘致仕恩補官，後終於直祕閣。蕃始受學劉淸之，年至五十，乃問學於朱子，朱子文集與蕃尺牘凡六首，蕃與朱子往還詩，及他作之稱述朱子者二十餘首。朱子答徐斯遠書有云："昌父志操文詞，皆非流輩所及，且欲其刊落枝葉，就日用間深察義理之本然，庶幾有所據依以造實地，不但爲騷人墨客而已"，所以援引之者甚力。然蕃本詞人，晚乃講學，其究也仍以詩傳，與澗泉韓淲有二泉先生之稱，淲集久佚，今從永樂大典裒輯已別著錄，蕃集世亦無傳，而永樂大典所收頗富，并爲採掇編次，依舊本標題，釐爲乾道稾一卷，淳熙稾二十卷，章泉稾五卷，共二十六卷，而以蕃本傳及劉宰所作墓表附錄於後。初，蕃爲太和簿時受知於楊萬里，萬里贈詩有云："西昌主簿如禪僧，日餐秋菊嚼春冰"，又云："勸渠未要思舊隱，且與西昌作好春"，又贊其寫眞云："貌恭氣和，無月下推敲之勢，神清骨聳，非山頭瘦苦之容，一笑詩成，萬象春風”，劉克莊跋亦云：“近歲詩人，惟趙章泉五言有陶、阮意。”詩人玉屑載蕃論詩一則，以“陳后山寄外舅詩爲全篇之似杜者，後戴式之思家用陳韻，又全篇之似陳者”，觀其持論，其詩學淵源亦可概見矣。

李慈銘荀學齋日記癸集上一九云：“昌父事蹟，附見宋史文苑傳，以祖蔭得官，不過簿宰之秩，平生大半隱居，而以老壽官至直祕閣，沒得謚文節，可謂儒生殊遇。其五言頗淵源陶詩，五律、七律，胎息中唐，具有灑落自然之致。又詩中多言梅花及山林閒適之趣，故筆墨間亦時覺蕭然塵外，惟根柢太淺，語多槎枒，時墮江湖、擊壤兩派，章泉稾後附雜文二首，亦迂宂不足觀。”

雙溪集二十七卷

世所行者凡二本：一本爲康熙中其族孫祺等所刊，凡十二卷；一卽此本，乃明萬曆丙申尙寶司丞王鏻得沈一貫家舊本，爲校正開雕者也。凡賦、樂府一卷、詩、詞九卷、文十七卷。

瞿氏目錄有舊鈔本十七卷，云：“此集世有三本，一爲嘉靖癸巳，其裔孫懋元所刻，凡十七卷，有潘滋序，前列三山鄭昭先序云云，此從嘉靖本傳錄。”丁氏藏書志有嘉靖本十七卷。

緣督集二十卷

惟永樂大典編自明初，尙見丰之原集，其所收錄，較刊本多至數倍，今據以增補，乃裒然幾還舊觀，佚而復存，亦云幸矣。

陸氏藏書志有舊鈔本擣齋先生緣督集四十卷，其識語云："四庫所收，從大典錄出，此則原本也。缺卷二十七至卷三十。"玉縉案：多詩一百四十九首、書五首、序三首、記十七首、啓三十三首、墓誌十七首，然有大典本有而此本無者。其儀顧堂題跋有跋二則，言之頗詳。

象山集二十八卷外集四卷附語錄四卷

據九淵年譜，集爲其子持之所編，其門人袁燮刊於江西提舉倉司者，凡三十二卷，宋史藝文志、文獻通考並作象山集二十八卷，外集四卷，總而計之，與燮所刊本卷數相符，獨年譜稱持之所編外集爲六卷，殆傳寫譌四爲六歟？此本前有燮序，又有楊簡序，燮序作於嘉定五年，簡序作於開禧元年，在燮序前七年，而列於燮後，蓋刊版之時以新序弁首，故翻刻者仍之。又有嘉定庚辰吳杰跋，稱是集爲建安陳氏所刊，而年譜未載此本，豈持之偶未見歟？前十七卷爲書，十八卷爲表奏，十九卷爲記，二十卷爲序贈，二十一卷至二十四卷爲雜著，二十五卷爲詩，二十六卷爲祭文，二十七卷、二十八卷爲墓誌、墓碣、墓表，外集四卷，皆程試之文，末爲謚議、行狀，則吳杰所續入也。其語錄四卷，本於集外別行，正德辛巳，撫州守李茂元重刻是集，乃并附集末以成陸氏全書。

吳氏繡谷亭薰習錄有三十六卷本，云："初，先生之冢子持之伯微集其遺言爲二十八卷，集四卷，開禧元年，門人楊簡序，後持之復爲裒益，合成三十三卷，嘉定五年，門人袁燮序，今本增語錄二卷，年譜一卷，明正德辛巳刻於撫州，王守仁序，嘉靖四十年重翻，王宗沐序，增少湖徐階學則辨。案趙氏讀書附志云：'集後附賜諡行狀諡議'，今本第三十三卷是也。然集編於嘉定五年，刻於倉，而賜諡在嘉定十年三月二十八日，則此卷定屬後續，不在原編之三十三卷內也，趙氏又稱十年賜諡。誤也。"玉縉案：此固別一本，卽所稱正德辛巳撫州本，亦非提要所見之撫州本，明人刻書喜改竄，往往如是。

慈湖遺書十八卷續集二卷

此本自六卷以前，爲雜文及詩，七卷至十六卷爲家記，皆雜錄論經史治道之說，如語錄之體，十七卷記先訓，十八卷乃錢時行狀及眞德秀跋，又編雜文一卷及孔子閒居解一卷於後謂之續集。

陸氏藏書志有萬曆刊本，並載嘉定己巳曾熠識語云："熠刊己易、閒居解，因紀歲月，僭書數語於卷末，嘗以書請益老先生，往復之間，兩蒙報教云云，輒合己易、閒居解爲一帙，並以二書刊其後。"丁氏藏書志有嘉靖本遺書十八卷，云："是編前十卷皆題家記，後七卷則書及講義、序、記、賦、詩、文、跋、銘、行狀、墓誌銘、祝文、青詞之屬也，卷十八爲附錄，己易本另爲一編，此列之卷首，自出後人彙集而仍名遺書耳。首列史傳，末附門人錢時所撰行狀、眞西山跋，文元公行狀後曾定遠答問八首，乃明嘉靖間侍御秦鉞勘讎鋟梓，屬武林陳洪謨、太倉周廣爲序，今序已失。"又有嘉靖本遺書十八卷，附鈔補遺一卷，云："此本嘉靖四年武陵陳洪謨序，稱'侍御秦君出舊藏慈湖遺書若干篇，手自勘讎，得十有八卷，以鑱諸梓'云云。案卷一序，卷二記，卷三書，卷四祝文，卷五行狀、墓誌、銘文、講義、跋、銘，卷六賦詩歷代詩，卷七至十六家記，卷十七紀先訓，卷十八附錄，後鈔附補遺雜文一卷。”玉縉案：據陳序，似十八卷者爲秦鉞所分，但同是秦刻，何以序次又不同？提要所據，與後一本合，而又多續集，大抵明人刻書喜竄亂，疑失序之本爲別一本，非秦刻也。至附鈔與刻本無涉。吳氏繡谷亭薰習錄有十七卷，附錄一卷，云：“前十卷皆題家記並說經之文，卽馬氏通考先賢大訓六卷是也。鄭翼謹案：通考引陳氏作先聖大訓。已易另爲一編，此列之卷首，自出後人彙集而仍以遺書名之耳。”是爲丁說所本。又案：徐時棟煙嶼樓筆記卷三，載“袁燮裔孫萬經、世恆父子，尋得燮墓，有楊簡所撰墓志，其文不見於慈湖遺書，亦未錄於袁氏家乘，至是而楊文亦顯”，特附識之，以告後之刻楊集者，或補入焉。

絜齋集二十四卷

乾道、紹熙之間，陸九淵以心學倡一世，燮初與同里沈煥、楊簡、舒璘同師事之，均號金谿高第，猶程門之稱游、楊、呂、謝也。簡與璘各有全集流傳於後，煥之著述久已不存，今亦無從蒐輯，惟燮絜齋集二十六卷，後集十三卷，見於書錄解題者明初尙有其本，故永樂大典採掇頗多，厥後遂罕相傳錄，漸就散亡，卽祖述象山之派者亦不能舉其篇目矣。今據永樂大典所載袁集編次，得文二百四十八首，詩一百七十六首，大抵淳樸質直，不事雕繪，而眞氣流溢，頗近自然，其剖析義理，數陳利病，凡議論爲語錄所未採，事迹爲史傳所未詳者，亦多足證焉，固不徒以文章貴也。

黃以恭愛經居雜著述袁正獻公家學云："正獻師陸氏，以發明本心爲宗旨，而其後與呂伯恭、陳止齋諸人相往來，於古今名物典章考之尤悉，眞西山爲正獻行狀云：'東萊呂成公接中原文獻之正傳，公從之遊，所得益富，永嘉陳公傅良，明舊章，達世變，公與從容考訂，細大靡遺'，則正獻之不名一師已可概見，爲都官時，上疏，以根源治道，一言以蔽之曰，此心之精神而已，爲國子祭酒時，延見諸生，必迪以反躬切己，忠信篤實爲道本，每言'人心與天地一本，精思以得之，兢業以守之，則與天地相似'，此本陸氏說也。奉祠後，日從事於著書，或勸之少休，則曰：'吾以此爲笙鏞管磬，不知其勞'，答文靖諸子書，惓惓以多識前言往行爲要，以是推之，正獻非拘守陸氏者矣。黃棃洲作宋儒學案，附絜齋於金谿，祇知其爲象山門人，而於正獻之學未之深考，全謝山更定學案，始別而出之，誠爲有見。"

玉縉案：燮之學，非拘守象山，詳絜齋家塾書鈔下。

舒文靖集二卷

丁氏藏書志云："雍正辛亥，十六世孫玢刻本，題'廣平先生類稾'，作四卷，核之，仍一百十四篇。"

雲莊集十二卷

是集爲祁承㸁澹生堂鈔本，前有嘉定間李埴序，又附眞德秀碑文，乃明天順間其十世孫梗所編。又別一本，爲其十世孫檼所重刻。　案朱子以儀禮喪、祭二門屬黃榦，未嘗屬爚，宋史爚本傳既不載此語，而王朝禮編亦未見其書，不知何所據而云然? 殆與世傳四書問目,同一在疑似之間歟?

陸氏藏書志有明正德刊本雲莊劉文簡公文集十二卷, 題"門人果齋李正叔方子編次",此在榠、櫄二人所編前。

丁氏藏書志有正統本十二卷, 外集十卷, 年譜一卷,即櫄刻本,外集爲櫄之父孔淵所編,凡爚世系、行狀、挽詩、祭文、祠記之類,及爚弟炳、子垕、孫欽等象贊、小傳,體似家譜,與雲莊集之爲集渺不相涉,年譜則門人沈僴述也。

經傳通解有王朝禮一目,故云精力在王朝禮編,乃謂未見其書,不知何所據而云然耶?

野處類稾二卷

世所行邁集,獨有此本而已。

吳氏繡谷亭薰習錄云:"'野處'者,孝宗御書以賜者也,見瀟湘圖考。" 錢大昕養新錄云:"細讀此集, 似不出文敏之手, 如庚戌正月謁普照塔云:'重來得寓目, 歸枕尾殘汴', 當謂泗州大聖塔也。公生於宣和癸卯, 至庚戌僅八歲, 卽早慧能詩, 不應有重來寓目之句。又有呈元聲、如愚、起莘三兄及懷舍弟逢年時歸婺源詩,與文敏兩兄字全别,益可疑矣。"玉縉案:陸氏儀顧堂有書後一篇云:"余偶讀朱韋齋集,乃知此書之所出,卷上各詩,見韋齋集卷一,卷下各詩,見韋齋集卷二,題目皆同,惟上卷無題一首,乃韋齋集中陳伯辨爲張氏求醉賓軒詩也, 集外詩皆文敏之作,亦襲取宋詩紀事, 不能别有增益, 蓋文敏野處猥稾一百四卷散佚已久, 野處類稾二卷, 文獻通考列入别集類,是文集而非詩集,嗣後亦未見著錄,此本當是乾隆中葉書佔所作僞，故轉以宋詩紀事所錄列爲集外詩也。”

芸菴類稾六卷

洪姓名不著於史，諸家書目亦未載有是集，惟永樂大典頗散見其文，又別出陳貴謙原序一篇，稱洪爲李正民之子，又稱爲藤州使君，知洪官止知藤州，集中又有扈從朝德壽宮、景靈宮詩，則嘗爲京朝官，有在溫州題其父手澤詩，稱嗣子守官於此，則曾知溫州，其他則不可復考矣。

陸氏儀顧堂題跋云：“芸菴類稾，文淵閣書目著於錄，注曰一部五冊全，誤題李正民，則涉下文李正民大隱集而誤也。洪字子大，江都人，曾祖定，宋史有傳，父正民，著有大隱集，洪以建炎二年春試刑法，入第三等，累官提舉兩浙常平鹽茶公事，見繫年要錄及陳貴誼序，南渡後，正民、長民皆寓居海鹽，洪又嘗居湖州，無居廬陵者，直齋以爲廬陵人，蓋廣、廬二字之譌。”

浪語集三十五卷

其集乃寶慶二年其姪孫知府州事旦所編次刊行，旦所作後序尙存。

瞿氏目錄有舊鈔本，云：“此卽出自宋刊本，惟輾轉傳鈔，譌奪甚多，無從校正耳。凡賦三卷，詩十一卷，文二十卷，末卷附錄諸公祭文挽詩，及陳止齋撰行狀、呂成公撰墓志銘。

石湖詩集三十四卷

此本爲長洲顧嗣立等所訂，乃於全集之中獨摘其詩別行，而附以賦一卷，前有楊萬里、陸游二序，然萬里所序者乃其全集,不專序詩,游所序者乃其西征小集,亦非序全詩,以名人之筆,嗣立等姑取以弁首耳。其才調之健,不及萬里,而亦無萬里之麤豪,氣象之闊,不及游,而亦無游之窠臼。

瞿氏目錄有舊鈔本石湖居士文集三十四卷,云:"陳氏書錄載石湖集一百三十六卷,今僅存詩集一種,曰文集者,猶仍舊本也。有楊萬里序,男莘跋,舊爲吳文定藏書,板心有'叢書堂'三字,其全集嘗刻於嘉泰間,卷末有'奉議郎樞密院編修官兼實錄院檢討官兼資善堂小學教授龔頤正校正'一行。"玉縉案:據此,則提要所云,似皆失之,至范、楊優劣,詳後誠齋集下。

誠齋集一百三十三卷

此集則嘉定元年其子長孺所編也。萬里立朝多大節,若乞留張栻、力爭呂頤浩等配享,及裁變應詔諸奏,今具載集中,丰采猶可想見,然其生平乃特以詩擅名,有江湖集七卷、荆溪集五卷、西歸集二卷、南海集四卷、朝天集六卷、江西道院集二卷、朝天續集四卷、江東集五卷、退休集七卷,今併在集中。方回瀛奎律髓稱其"一官一集,每集必變一格,雖沿江西詩派之末流,不免有頹唐麤俚之處,而才思健拔,包孕富有,自爲南宋一作手,非後來四靈、江湖諸派可得而並稱"。周必大嘗跋其詩曰:"誠齋大篇短章,七步而成,一字不改,皆掃千軍、倒三峽、穿天心、出月脅之語,至於狀物姿態,寫人情意,則鋪叙纖悉,曲盡其妙,筆端有口,句中有眼"云云,是亦細大不捐雅俗並陳之一證也。

張氏藏書志有舊鈔本一百二十二卷,並載劉煒叔序云:

"以卷計一百二十有二,以字計八十萬七千一百有八。"瞿氏目錄有影鈔宋本一百三十三卷,云:"詩集舊有淳熙間劉伯順刻本今不傳,此出端平刻本,有劉煒叔序,卷末俱有'嘉定元年春三月男長孺編定,端平元年夏五月門人羅茂良校正'二行,原本詩文合編,乾隆間,裔孫振麟刻本,詩文分爲二集,竄亂舊第,詩江湖集原作七卷,譌分八卷,南海集十一卷,誤分十二卷,惟詩集總爲四十二卷,雖有更易,尙與原本大致相同,若文集則臆分四十二卷,盡失其眞,幷遺去尺牘一類。今案是本詩集四十二卷,後四十三、四十四爲賦云云,一百三十三附錄歷官告詞、詔書、謚告終焉,備舉之以存原本之舊。又案:淳熙十二年,公以地震上疏,論朝臣言無事於有事之時之失者凡十,宋史本傳概誤作'言有事於無事',與其命意相背,集中不誤,足訂宋史之失。"玉縉案:提要言江湖集七卷,南海集四卷,與宋本、乾隆本不合,似別一本,以爲卽長孺所編者殆非。

李慈銘荀學齋日記庚集下五一云:"石湖律詩,雖亦苦槎枒拗澀,墮南宋習氣,然尙有雅音,五七古亦多率爾,而大體老到不失正軌,誠齋則粗梗油滑,滿紙村氣,似擊壤而乏理語,似江湖而乏秀語。其五言如'寒從平野有,雨傍遠山多','雨蒲拳病葉,風篠禿危梢','萬山江外盡,一塔嶺尖明','葉聲和雨細,山色上樓多','竹能知雨至,窗不隔江淸','遠山銜岸出,釣艇背人行','煙昏山易遠,岸闊樹難高','山煙春自起,野燒暮方明',皆上可幾大曆十才子,下可揖永嘉四靈,而數聯以外,絕少佳者。七絕間有清雋之作，亦不過齒牙伶利而已，如閒居初夏午睡起二絕云：'梅子留酸輭齒牙，芭蕉分綠與窗紗，日長睡起無情思，閒看兒童捉柳花'，'松陰一架半弓苔，偶欲觀書又嬾開，戲掬清泉灑蕉葉，兒童誤認雨聲來'，亦是尋常閒適語，不出江湖側調，然已膾炙古今，其餘蓋尠足觀者。退休集尤晚年之作，老筆頹唐，其甚率俗者幾可歕飯，惟至後入城道中雜興云：'大熟仍教得大晴，今年又是一昇平，昇平不在簫韶裏，只在村村打稻聲'，'畦蔬甘似臥沙羊，正爲新經幾夜霜，蘆菔過拳菘過膝，北風一路菜羹香'，兩絕句最佳，非以前諸集所及。然二公高懷清節，皆以止足自期，樂志田園，不爲物累，其詩亦以人重，故世樂道之耳。"

劍南詩藁八十五卷

然游詩清新刻露，而出以圓潤，實能自闢一宗，不襲黃、陳之舊格，劉克莊號爲工詩，而後村詩話載游詩，僅摘其對偶之工，已爲皮相，後人選其詩者，又略其感激豪宕、沈鬱深婉之作，惟取其流連光景，可以剽竊移掇者轉相販鬻，放翁詩派，遂爲論者口實。夫游之才情繁富，觸手成吟，利鈍互陳，誠所不免，故朱彝尊曝書亭集有是集跋，摘其自相蹈襲者至一百四十餘聯，是陳因窠臼，游且不能自免，何況後來。然其託興深微，遣詞雅雋者，全集之內指不勝屈，安可以選者之誤併集矢於作者哉？

李慈銘桃華聖解盦日記甲集四一云："放翁律句，太平切近人，又往往句法相似，與全篇氣多不貫，其詩派之不高自由於此。近人譏楊氏大鶴選劍南詩概取平熟，致失放翁眞面，其論誠是，然放翁七律，究不宜學也，予嘗撮其五首，亦驪龍之珠矣。感憤云：'今皇神武是周宣'云云，題接待院壁云：'埊歌淒咽離亭晚'云云，行至壽昌得請許免入奏仍除外官感恩述懷云：'曉傳尺一到江村'云云，書憤云：'早歲那知世事艱'云云，和周元吉右司過敝居追懷南鄭相從之作云：'梁、益東西六十州'云云，皆全首渾成，氣格高健，置諸老杜集中直無媿色。此外清新婉約者尚有數篇，然僅得中、晚唐人境界，如九月三日泛舟湖中作云：'兒童隨笑放翁狂'云云，禹迹寺南有沈氏小園，四十年前嘗題小闋壁間，偶復一到而園已易主，刻小闋於石，讀之悵賦云：'楓葉初丹槲葉黃'云云二首，自然淸轉，情韻甚佳，亦劉隨州、許丁卯之亞矣。"

渭南文集五十卷逸稾二卷

此本爲毛氏汲古閣以無錫華氏活字版本重刊。逸稾二卷，爲毛晉所補輯。史稱游晚年再出，爲韓侂胄撰南園、閱古泉記，見譏淸議，今集中凡與侂胄啓皆諱其姓，但稱曰丞相，亦不載此二記，惟葉紹翁四朝聞見錄有其全文。晉爲收入逸稾，蓋非游之本志，然足見愧詞曲筆，雖自刊除，而流傳記載有求其泯沒而不得者，是亦足以爲戒矣。

瞿氏目錄有明刊本五十二卷，云："毛氏所刻渭南集五十卷，有入蜀記，無詩，此則無入蜀記，有詩九卷，殆卽子晉跋所謂紹興郡本也。"玉縉案：梁章鉅退菴隨筆二十一云："史傳謂其不能全晚節，晚年再出，見譏淸議，楊萬里寄詩，亦有'不應李、杜翻鯨海，更羨夔、龍集鳳池'之句，皆未免失之過刻。案放翁自嚴州任滿辭歸，里居十餘年，時年已七十七、八，祠祿秩滿，不敢復請，其絕意於仕途可知，嘉泰二年，韓侂胄以其名高，起修光、孝兩朝實錄，然職在文字不及他務，且藉以報孝宗知遇，原不必以不出爲高，甫及一年，史事告成，即力辭還山，並無留戀，則其進退之際，有何可議。而世人所藉爲口實者，以其爲侂胄作南園記、閱古泉記，然一則勉以先忠獻之遺，一則諷其早退，毫無依草附木、干澤向榮之意，何損於放翁，小人好議論者一唱百和，不樂成人之美如是，亦可嘆也。"許宗衡玉井山館文略陸放翁生日詩序亦云："今觀南園、閱古泉二記中，時時以魏忠獻王爲警惕，冀其不忘忠獻之志，公嘗自言無諛詞，蓋誠哉其無諛詞也。古人往矣，論世知人，是在有識者不沒其眞。" 郝懿行曬書堂筆錄云："陸雖畏韓，乃其作記，猶寓箴規，論者當略其迹而原其心可也。"

林紓鐵笛亭筆記云："陸放翁代韓侂胄爲南園記，一時士論譁然，可謂寃極矣。南園記中，前半叙園之景物，處處責之以韓忠獻之忠，於侂胄未嘗貢其諂詞，文之末段，則曰：'游老病謝事，居山陰澤中，公以手書來曰：'子爲我作南園記'，游竊思公之門，才傑所萃也，而顧以屬游者，豈謂其愚且老，又已掛冠而去，則庶幾其無諛詞、無侈語而足以道公之志歟'？放翁之意，終始未有所希冀於韓，不過彼來乞文，以忠獻之故不能峻卻，初非中懾於權貴也。"

放翁詩選前集十卷後集八卷附別集一卷

末有明人重刻舊跋，蠹蝕斷爛，幾不可讀，幷作者姓名亦莫辨，其可辨者惟稱"弘治某年，得於餘杭學究家，屬其同年餘杭知縣冉孝隆校刻之"耳。又稱"放翁集鈔本尚存，然聞而未嘗見，獨羅澗谷、劉須溪所選，在勝國時書肆嘗合而梓行，以故轉相鈔錄，迄今漸出，而印本則見亦罕矣"云云，據其所言，則兩人本各自爲選，其前集、後集之目，蓋元時坊賈所追題矣。跋又有"複者去之"之語，故兩集所錄，無一首重見，末附爲別集一卷，不題編纂名氏，其詩皆見瀛奎律髓中，以跋中"取方虛谷"句推之，知卽作跋者所輯，以補二集之遺。

瞿氏目錄有明刊本澗谷精選陸放翁詩集十卷，須溪精選陸放翁詩集八卷，附陸放翁詩選別集一卷。云："舊有弘治丁巳南京戶部主事蜀劉景寅刻本別集一卷，景寅取方虛谷律髓所選者附之，是本爲嘉靖十三年宜黃縣令莆田黃漳重刻，惟弘治本羅選有圈點，而此本無之"云云。玉縉案：提要所據本，蓋卽劉景寅本。案丁氏藏書志有影寫弘治本，載蜀劉景寅識後云云，卽此跋其在餘杭學究家購得梓本者，爲弘治丁巳。

頤菴居士集二卷

張氏藏書志有舊鈔本，云："卷下西郊三首，知不足齋叢書刊本缺一首。"

水心集二十九卷

此本爲明正統中處州推官黎諒所編，前有自識，稱"少讀適策場標準，慕其文，至括郡訪求八年，得劄、狀、奏議等八百餘篇，因裒輯彙次合爲一編"，蓋已非宋本之舊，惟趙汝鐺原序尚存。然汝鐺實用編年之法，諒不加深考，以意排纂，遂至盡失其原次。其間如財總論、田計諸篇，多論時事，當卽別集佚篇，不在原集二十八卷之內，諒亦不能辨別也。

丁氏藏書志云：“黎諒自識，‘每卷之下，均標前集二字，其所著經傳子史編爲後集’，今後集未見，豈卽所爲別集乎？惟此本前五卷奏劄、狀表、奏議之文皆具別集，黎氏編時，實未見別集耳。” 玉縉案：別集十六卷，近溫州有刊本。

南澗甲乙稾二十二卷

統觀全集，詩體、文格均有歐、蘇之遺，不在南宋諸人下。

李慈銘荀學齋日記壬集下六一云：“詩文雅健，具有北宋典型，南渡以後，可與晦菴、攻媿並稱，其中銘志頗多，殊病繁蕪。”又云：“其答朱元晦兩書，一有云：‘貸金荷不外’云云，一有云：‘嶽祠須自請’云云，此兩書一在朱子葬母後廬墓時，一在朱子辭召命而願復畀祠祿時，无咎旣不應所求而爲之籌畫，具見古人交情眞摯，言無矯飾。其辭薦乞祠，又直言相規，侃侃不避，尤見无咎學識有本，爲朱子所嚴事，而借貸往復，亦聖賢所不廢也。”

石屏集六卷

卷首載其父敏詩十首，蓋復古幼孤，勉承家學，因搜訪其先人遺稾以冠己集。

陸氏藏書志有鈔本八卷，附錄二卷，並載諸人序跋凡十五則，據趙汝談及趙蕃跋，知爲踏中所選，踏中者，趙汝讜也，趙汝騰序，謂趙懶庵選其尤者別爲小集，懶庵豈汝讜之別字歟？姚鏞凡二跋：一紹定六年，卽提要所引，又有端平三年跋云：“式之復俾銓次，不敢辭，得六十篇爲第四稾”，然則是集殆分續稾、三稾等名歟？嘉定三年樓鑰序云：“黄巖戴君敏才，獨能以詩自適，號東皋子，不肯作舉子業，終窮而不悔，且死，一子方襁褓中，語親友曰：‘吾之病革矣，而子甚幼，詩遂無傳乎？’爲之太息，語不及他，與世異好乃如此。既長，名曰復古，字式之，或告以遺言，收拾殘編，僅存一二，深切痛之，遂篤意古律”云云，是其以父詩冠首之所由來也。端平甲午趙以夫序云：“集首東皋子二詩，雖班駁不完，而思致風骨槩可想見。”據此，知今集十首，乃後來所得耳。瞿氏目錄有明刊本十卷，云：“首載其父東皋子詩十首，第十卷附錄其裔孫所作，弘治中十世孫鏞輯本也。”玉縉案：此蓋别一本。　丁氏藏書志有明刊本石屏詩集八卷，附東埜詩一卷，云：“至正戊戌貢師泰序，略云：‘先生詩本於杜，而未嘗有一詞蹈襲之者，今傳世已久，而又有八君子爲之論著，予生也晚，復何言哉！’跋有浚儀趙汝騰、荆溪吴子良、四明樓鑰、盱江包恢、東平趙以夫、建安眞德秀、潛齋王埜、壽峯倪祖義、剡姚鏞、栗齋鞏豐、眉山楊汝明、趙蕃、月洲李賈等，不止八君子，殆後有增入。此集無八君子序跋，并脱其父戴敏東皋集，但附錄戴東埜詩一卷，末有寶祐改元自序。’案四庫著錄爲六卷本，提要不言附錄，殆别一本歟？”又有影寫書棚本續集四卷，云：“當爲袁廣微所選，陳芸居所刻，余家有明刊本，爲詩七卷、詞一卷、附東埜農歌一卷，洪氏台州叢書本卽從此出，今檢續集之詩，列入已十之八九，集外之詩甚少，七卷本殆卽合各本排比刻成”云云。玉縉案：提要別載東野農歌集及石屏詞，則此六卷本爲別一本無疑，八卷本又有趙汝談跋。

江湖長翁文集四十卷

其集久無刻本，明崇禎中，李之藻以淮南自秦觀而後，惟造有名於時，始與觀集同刻之於高郵云。

瞿氏目錄有明刊本，云："宋時有刊本，遭元兵燹不存，明萬曆中，仁和李之藻得貢士王應元錄本刻之，幷序。"

省齋集十卷

今從永樂大典中採掇裒輯，篇帙頗夥，似當日全部收入。

陸氏藏書志有舊鈔本省齋詩餘一卷，其案語云："其詞較大典本省齋集增多一半。"

南軒集四十四卷

至朱子作張浚墓誌，本據栻所作行狀，故多溢美，語錄載之甚明，而編定是集，乃削去浚行狀不載，亦足見不以朋友之私害是非之公矣。論張浚者，往往遺議於朱子，蓋未核是集也。

案揭傒斯文安集題昔刺使宋圖後云："大抵宋之南渡不能復振者，本於張浚抑李綱、殺曲端、引秦檜"，傒斯元人也，而其言若此，彼遺議於朱子所作墓誌固未深考，卽因其子爲南軒而回護之者亦可不必矣。

勉齋集四十卷

是集講義經說三卷，雜文三十六卷，詩一卷，雜文凡守郡公移案牘之辭皆在焉。據其卷目，與宋史藝文志相合，蓋猶原本也。

瞿氏日錄有宋刊本四十卷，附集一卷，語錄一卷，年譜一卷。云："附集錄本傳、告詞、謚議、行實、祠記、祭文等篇，語錄爲門人林圜、蔡念成記錄，年譜爲門人鄭元肅撰，陳義和重編，前後無序跋。"陸氏儀顧堂集有宋本是集跋云："康熙中沈涵刊本，雖仍四十卷之舊，前後編次，多非舊第，竄易脫落，又復不少，如上朱晦菴第八書，'婆娑山林以聽之'下，脫三百餘字；第九書，'遊談諸司'上，脫二百餘字，妄增'與某人書失名'六字；與金陵制使李夢聞第四書全缺，第五書之首脫十餘字；與林宗魯司業書後，脫與黃去非書之前半三百八十餘字，而改題爲'與某某書'；復陳師復殿丞第五書，脫下半首；第六書脫上半首，約七百餘字；通江東柴漕啓，'寬當宁之憂思'下，脫五百餘字；謝史丞相啓，脫上半之百餘字而連屬爲一篇；申轉運司乞減和糴數狀'桐城以旱'下，脫七百餘字；'寧城不得築'下，脫七百餘字；申省土功告畢狀下，脫二千一百餘字；乞備申省丐祠狀後再丐祠狀一首，約四百餘字。此外零星譌舛，更不勝枚舉。"

山房集九卷

南長於四六，以俊逸流麗見稱。

陸氏儀顧堂續跋云："周雖以駢體擅場，頗留心於史事，題跋一卷，考訂羣書，原原本本，不在晁公武、陳直齋之下，雜記一卷，足補宋史之缺，康與之傳，述其貪淫奸惡，陷害蘇師德父子諸事，歷歷如繪，洵足誅奸邪於已死，發潛德之幽光。"丁氏藏書志亦云："康伯可述其貪穢惡迹，尤徵古直。"

二薇亭集一卷

宋元詩會載璣官建安主簿、龍游丞、武當、長泰令，嘉定七年卒，年五十九，而陳振孫書錄解題則曰："四人者，惟師秀嘗登科改官"，意謂三人皆未嘗出仕，曹學佺亦謂二徐皆隱居不仕。今觀此卷中，璣有監造御茶五言古詩，蓋爲主簿時作，其贈趙師秀詩，有"游宦歸來幾度春"之句，七言絶句，又有移官南浦一首，則陳振孫所言偶然失考，學佺又誤因之也。

陸氏儀顧堂續跋永嘉四靈詩跋云："翁卷葦碧軒集有送徐璣赴龍溪丞因過泉南舊里詩，趙師秀清苑齋集有送璣赴永州掾詩，此致中仕履，卽宋元詩會之所本。"

洺水集三十卷

集本六十卷，載於書錄解題，此本乃崇禎乙巳，其裔孫至遠所刻，僅三十卷，原序稱歲久散佚，舊闕其半云。

瞿氏目錄有明刊本二十六卷，云："原本六十卷，又內制類稾十卷，外制類稾二十卷，曾孫景山編刻，其本久佚，明嘉靖間，裔孫元昞等得是本重編卷第，跋而刻之。其內外制稾僅得文獻志所載七篇，列諸卷首，首有洺水遺民自序。"

丁氏藏書志有嘉靖刊本二十六卷，云："所著文集六十卷，內制類稾十卷，外制類稾二十卷，曾孫教授景山嘗輯刻之，元季兵燹，遺本鮮存，明嘉靖乙卯，族裔預敦本約者曰霖、曰霅，以家藏六十卷本間有殘缺失次，更與應元、以善、日升、夢龍輯定，按歷官歲月次其表疏，餘文則各以類從，附轉官制詔及狀傳諸作，爲卷二十有六，其內外制稾，僅得文獻志所載七篇，別附卷首，在約凡二十有六人，故卷因之分隸焉。冠以公自序，丙辰裔孫元昞序其後，四庫著錄者乃崇禎三十卷本，此刻本在前凡七十有二年。”玉縉案：嘉靖本未知視崇禎本何如？惜不得一證其異同也。

龍川文集三十卷

葉適序謂亮集凡四十卷，今是集僅存三十卷，蓋流傳旣久，已多佚闕，非復當時之舊帙。

吳氏繡谷亭薰習錄云：“陳氏謂適未遇時，亮獨先識之，及適作集序與跋，皆含譏誚，今觀適序，歷敍其艱難困阨之狀，及稱其爲文，謂其‘能修皇帝王霸之學，發其祕藏，見聖賢之精微，以不失儒者之指’，其推崇亦至矣。亮得官未祿而卒，適爲吏部郎，請官其一子，非典故也，事見本傳，不知陳氏何以猶譏之？適序稱其子沆台本作沈。聚其集爲四十卷，豈有散佚歟？” 金華叢書本胡序：“龍川文集三十卷，國朝道光間義烏陳東屏司馬校刊，較明崇禎中錢塘鄒氏所刻，多補遺五則，今余從詞綜中搜出朱竹垞採選水龍吟、洞仙歌、虞美人詞三首，附入補遺梅花五律之後，世所稱龍川集詞一卷，未窺全豹，茲合鄒、陳二編，互相讎校，其間時有譌誤，謹就所知者另纂辨譌考異二卷。”

龍洲集十四卷附錄二卷

過字改之，廬陵人。

案陳振孫直齋書錄解題，劉改之詞一卷，襄陽劉過改之撰，以過爲襄陽人。盧弼四庫湖北先正遺書札記云："案岳珂桯史卷二，劉改之詩詞一則，'廬陵劉改之過，以詩鳴江西，厄於韋布，放浪荆楚，客食諸侯間，開禧乙丑，過京口，余爲鑲幕庾吏，因識焉'云云，案岳珂與過交游，自能悉其里貫，其爲廬陵人無疑。又案過和劉叔擬詩，'草露青原淚，煙波白鷺心，班超歸未得，想見舊家林'，小注：'廬陵有青原山、白鷺洲'云云，此亦爲廬陵人之一證。見羣賢小集中龍洲道人詩集，是集亦題廬陵劉過改之。其襄陽歌，'十年著脚走四方，胡不歸來兮襄陽'，當爲流寓至此，與岳珂'放浪荆楚'之語相合。" 玉縉案：詩人玉屑引柳溪呂炎近錄，載其送王簡卿歸天台詩，並載辛稼軒簡云："夜來見示送王簡卿詩，偉甚，眞所謂'横空盤硬語，妥帖力排奡'"云云，當是爲幕客時作。

鶴山全集一百九卷

其集原本一百卷，見於焦竑經籍志，前有淳熙己酉宛陵吳淵序，凡詩十二卷，牋表、制誥、奏議等十八卷，書牘七卷，記九卷，序、銘、字説、跋等十六卷，啓三卷，誌狀二十一卷，祭文、輓詩三卷，策問一卷，長短句三卷，雜文四卷，又制舉文三卷，周禮折衷四卷，拾遺一卷，師友雅言二卷，共成一百一十卷。此十卷皆注有新增字，蓋書坊刊版所續入，然了翁尙有古今考一卷，又不入此集，蓋偶遺也。元、明間集版湮廢，嘉靖辛亥，四川兵備副使高翀等始重刊於邛州，而校訂草率，與目多不相應，或書中有此文而目反佚之，疑有所竄改，已非其舊。又目凡一百十卷，而吳鳳後序稱一百七卷，蓋重訂時失於檢勘。

陸氏藏書志有明安國活字本一百九卷，幷載淳祐辛亥吳潛序云："公之子近思、克愚，相與蒐遺 玉縉案：疑輯字之誤。亡軼，有正集、外集、奏議凡一百卷"，又載開慶元年某氏序云："制幹何璟、漕幕朱景行、昌士盧□皆以所藏先生雅言、周禮折衷大魁之作來，至如墓誌、書劄等文□與大全集者，項背相望，類成一編，比姑蘇、溫陽二本加詳，復命楊起寅偕寮友相與校正，孱工鋟梓。"據此，則注有新增字者，疑卽某氏本，非坊刻續入也。瞿氏目錄亦有安氏活字本一百九卷，錢大昕養新錄云："宋槧本百有十卷，不無魯魚亥豕之譌，又有合兩卷聯爲一卷者"，然則安本殆出於宋本而核實之歟？總之，提要所錄，非此本也。　丁氏藏書志有明活字本大全文集一百九卷，云："舊有姑蘇、溫溪兩本，皆止百卷，明嘉靖辛丑，高翀始以周禮折衷、師友雅言幷增他文爲一百九卷，題曰重校，刻於邛州。"據此，則非書坊刊版續入。又如提要所列詩十二卷，至師友雅言二卷，實祗一百七卷，吳鳳後序似不誤，若折衷併爲三卷，雅言併爲一卷，又闕拾遺一卷，則當爲一百四卷，卽析其所併，亦祗一百七卷，必有譌字，俟考。

西山文集五十五卷

此本爲明萬曆中福建巡撫金學曾所刊，而國朝浦城縣知縣王允文又補葺之。而集中諸作，吹噓釋、老之焰者不一而足，有不止韓愈羅池廟碑，爲劉昫所譏，與大顚諸書，爲朱子所摭者，白璧微瑕，固不必持門戶之見，曲爲隱諱。然其他著作，要不失爲儒者之言，亦不必竟以一眚掩也。

丁氏藏書志有正德間刊本五十一卷，云："此則正德庚辰建寧太守張公瑞文麟訪得遺集於地官郎楊乾叔所，因屬黃鞏校刊而序焉。卷凡五十有一，梓先於金省吾巡撫者五十年。"玉縉案：惜不得一校其異同。 張海珊小安樂窩文集有是書書後云："西山先生在朱子後，於諸儒稱最純，乃其所爲祈禳追薦十王普度之辭，時或雜於異端鄙俚之談，抑又何也？集中有書慈湖行述一篇，其述慈湖語曰：'希元有志於學，顧未能忘富貴利達，何也？'某恍然不知所謂，曰：'子嘗以命訊日者故知之，夫必去是心而後可以語道'，今觀所載青詞，亦多爲民請命之語，然若生辰、建醮、祈嗣諸篇，大抵可已而不已者，得非慈湖先生之所謂當去者歟？愚謂刊先生集，宜去此數卷，庶不貽後學之疑懷云。" 陸以湉冷廬雜識七云："學者編先正文集，往往蒐羅散佚，以多爲貴，或不知簡擇，並存其酬應世故不甚經意之作，適以累之。眞西山先生以道統自任，而集中詩文往往推揚二氏，其爲史彌遠特授正奉大夫，稱其'寬弘而縝栗，剛大而粹夷，有尊主庇民之誠，足以衞王室，有忘身殉國之節，可以通神明'，又金國賀正旦使人到闕，紫宸殿宴，致語口號勾合曲詞，有'兩國交馳通好使，八荒同作太平人，聖曆從茲天共遠，年年玉帛會楓宸'等語，皆爲後人所訾，殆編集者疏於審別，不能汰其失歟"？

平齋文集三十二卷

而集中不錄其奏疏。

瞿氏目錄有影鈔宋本三十二卷，云："仇遠稗史載平齋新第，有上衛王書，自宰相至州縣無不攄摭其短，大略云：'昔之宰相，端委廟堂，進退百官，今之宰相，招權納賄，倚勢作威而已'，凡及一職，必如上式，俱用'而已'二字，時相怒，十年不調，洪有桃符云：'未得之乎一字力，祗因而已十年閑'，集中此文未載。"鄭璽謹案：鶴林玉露，八載"洪官考功，應詔言事，論臺諫失職，惟知請駕謁景靈宮而已，言者摘'而已'字，謂其輕宗廟，坐鐫三官，有句云：'不得之乎成一事，却因而已失三官'"云云，與此小異。

翠微南征錄十一卷

此本卷首有新城王士禛題語曰："宋華岳集十一卷，名翠微南征錄，第一卷開禧元年上皇帝書，請誅韓侂胄、蘇師旦，語最抗直，餘詩十卷，率麤豪使氣。上侂胄詩云：'十廟英靈儼如在，漫於宗社作穿窬'，及誅侂胄，函首請和，又有詩云：'反漢須知爲晁錯，成秦恐不在於期'，皆不肯附和浮議，蓋陳東一流人，如岳詩，不以工拙論可也"，其持議頗允。士禛又引吳興掌故云："翠微集，華廉字仲清著，不知何據？"案岳名著史冊，此集亦著錄藝文志，昭灼無疑，華廉所著翠微集，當別自一人、一書，與岳集不得相混，士禛乃錄以存疑，則失於裁斷矣。

勞氏碎金卷中有是書鈔校本云："道光乙巳冬，見知不足齋校本此集，摘其校改，冀得郎本傳度，去年得此帙於鮑氏，亦淥飲先生手勘本，蓋前所見者迺轉鈔淨本，而此其底本也，以勘一過，識於下方，頗有補初校之漏略。據後村千家詩補逸八首，此本未經增補，按目據楝亭曹氏刻本寫入，鮑氏覆校在嘉慶壬申、癸酉，今并其卷後題識傳之"云云，其文甚繁，每卷各有校語，近於瑣碎，不錄。特錄其最後跋語云："翠微南征錄凡十一卷，元、明以來，世尠傳本，國朝康熙間，溫陵黄俞邰始於史館鈔得之，池州郎遂字趙客，重以鄉里文獻，久失其傳，重加編次，刻以行世，此則其原本也。第一卷爲上皇帝書，二卷以下爲古今體詩，古詩先七古，後五古，律詩亦然，終之以絕句，郎刻析上書爲首卷，而於皇帝上加'寧宗'二字，則似後人追述之辭矣。原本於當時宵小姓氏，頗有空缺，宋時刊行，尙有避忌，因而諱之，而郎以明嘉靖間王崇志本改攛塡補，又大加刪削，竟至失其本眞，編詩爲十卷，古律俱以五言冠七言，此似可也，然原本七古中傷春一首、柴氏一首，通體五字，末結以七字，前人多有此體，郎以入之五古，遂刪去末句四字以合其格，重失作者本意，是則不免截鶴之譏焉。且於題下注往往刪繁就簡，時又攛入他書以亂之，愛古者似不應爾也。" 吳焯南宋雜事詩自注云："及函首後，又爲此詩，重傷國體，蓋不肯逐浮議附和者也。" 玉縉案：重傷國體四字，可味。 案岳築室齊山之麓，讀書於翠微亭，因以爲號，提要語不明瞭，此集不載於宋史藝文志，倪燦志補始著錄，提要尤誕妄。 瞿氏目錄有舊鈔本南征錄十一卷，又有元鈔本北征錄十二卷，云："此書亦華岳所著，傳本絕稀，四庫書目未采。"鄭堂讀案：宋志補北征錄十一卷，又兵書類別出翠微先生北征錄三卷。

安晚堂詩集七卷

且清之爲相，擢用正人，時有小元祐之號，在南宋中葉猶屬良臣。

案淸之相業，敗於末路，詳居易錄條下，此似沿王士禛之說。

四庫全書總目提要補正卷五十

别集類八

友林乙稿一卷

彌寧字安卿，鄞縣人，丞相浩之從子也。嘉定中，以國子舍生蒞春坊事，帶閤門宣贊舍人，知邵陽，宋史無傳，其集亦不見於藝文志。此本猶宋時舊刊，楷法頗爲工緻，凡錄詩一百七十首，前有原序一篇，自稱其名曰域，大略謂"浩帥閩時，以庠序諸生最沐稱賞，後四十年，得見彌寧於湘南，因掇拾友林詩藁命工鋟之"，而序末舊闕一翻，失去題署年月，不知其姓爲誰？

丁氏藏書志有明翻宋本，云："一字清叔，史忠惠王浩弟源之子。錢大昕嘗見史氏譜，知彌寧以宗女澤，仕至武功大夫太子右春坊閤門宣贊舍人，除忠州團練使，知泰州，兼淮安提舉，與趙希弁附志：'安卿嘉定中以國子舍生之望蒞春坊事，帶閤門宣贊舍人'，及域序稱'域隨影湘南，乃得親炙春坊領閤公之幕下'相合。惟希弁云：'友林詩藁二卷，有黄景說、曾豐序'，此祇乙藁，無黄、曾兩序，尚有甲稾，今失其傳。詩止百七十首，如'雲巒著色四時畫，石瀨有聲千古詩'，'一毛不拔管城子，冷眼相看石丈人'，置之涪翁集中幾無以辨。" 張氏藏書志有舊鈔本，陸氏藏書志有宋刊宋印本，張云："前有序，自稱其名曰域，厲氏樊榭云：'集中有鄭中卿惠蝤蛑詩，文獻通考：鄭域，字中卿，當卽其人也。'" 陸氏儀顧堂續跋云："序稱乾道癸巳，文惠帥閩，域以庠序諸生蒙眄睞，則域蓋閩人。乾道癸巳，下距嘉定六年癸酉四十年，序稱'後四十年乃得親炙春坊領閤公之幕下'，與郡齋讀書志所云'彌寧以國子生涖春坊事帶閤門宣贊舍人，嘉定中知邵陽'合，則彌寧之知邵陽，在嘉定六年。集中有丁丑歲中秋日勸農城南詩，系在邵陽作，丁丑爲嘉定十年，則彌寧嘉定十年尚未去邵陽任，序當作於此時。集中有謝鄭中卿惠蝤蛑詩，案中卿名域，閩縣人，號松窗，淳熙十一年進士，慶元中，曾隨張貴謨使金，著燕谷剽聞二卷，累官幹辦諸軍糧料院，見宋詩紀事、福建通志選舉表，則序爲鄭域所作無疑。序之書法，與全書同，當以域手書上版者，已開林吉人書鈍翁文鈔、漁洋精華錄之先路矣。" 玉縉案：瞿氏目錄有影宋本，云："鄭域序"，鄭字蓋據厲、張說增。

方壺存稾八卷

然集首辭晦菴朱侍講書，反覆以調和兩宮責望朱子，至稱"建明稍緩，非特不能爲天下學道者之地，亦不能爲後世學道者之地"，其言剴切耿直，相規以善，非依草附木苟邀獎借者比。 前有程珌、孫嶸叟、王應麟三序，復有宇文十朋、史唐卿、劉次皐、汪循四跋。考所附徐誼書，稱“移牒州縣，使書吏錄其著述”，劉次皐跋，又稱“莘出示詩稾三編”，則莘本有自編之集，宇文十朋跋稱曰“柳塘集”，蓋其初名也，汪循跋乃稱“先生著述多不存，存者此耳，故謂之存稾，裔孫燦、尙和、孝海輯而傳之”，則此本爲燦等所重編，非其舊矣。觀孫嶸叟序作於咸淳辛未，已稱所上三疏不可見，則循跋所謂著述多不存者信也。

吳氏繡谷亭薰習錄有九卷本，云：“傳稱嘉定間，詔求言，莘三上書，論天變、人事、民窮、吏汚之弊，行師布陣之法，不報，時朱子召赴經筵，莘移書首以主上父子爲言，朱子深重之。考朱子年譜，淳熙六年，寧宗受禪，召朱子於潭州，八月，拜侍講，九月，受詔進講，十月，於講筵奏四事，亦論過宮禮，於時南內朝太上禮尙闕，故莘先爲之言，是月，以雷雨之異下詔求言，朱子請詔後省看詳，因命沈有開、劉光祖看詳以聞，莘上封事論天變或在此時。明年爲慶元元年，凡六年改嘉泰，又四年改開禧，又三年始改嘉定，朱子於慶元六年已卒矣，傳不之考，指朱子進講筵爲嘉定間事，其誤特甚。第考劉次皐序，稱‘莘自新安來，應詔上封事，出示詩稾三編，將歸，序而還之’，序題嘉定戊辰，是爲嘉定元年。據此，則上封事或在嘉定，與移朱子書非一時事，今書猶存，而三封事編集時已亡，無由核實，可惜也。今觀書中有‘時事多艱，名節難全，端倪多變，機會易失，先生建明稍緩，恐言者已伺其後’，朱子在講筵，方以匡救爲己任，曾未彌月而罷，莘亦可謂有識之士矣。此本明萬曆二年孝廉學海續校，檢討邑人張應元序。” 瞿氏目錄亦有明刊本九卷，其引汪循跋，“孝海”作“顯應”，云“一本‘顯應’作‘學海’，或作‘孝海’，後來萬曆重刻本，增入稅科提舉邵公行狀一篇，又有淳熙壬申華陽宇文十朋跋，乙丑改元鄭史唐卿跋，此本皆無之”。玉縉案：此蓋別一本。

鐵菴集三十七卷

原集久佚，此本乃其族孫良永、良節等蒐輯編成，蓋散亡之餘，已非全帙矣。

陸氏藏書志有明正德刊本四十五卷，並載劉克莊序云：“寶章閣直學士方公既沒，余於其家，得公諫垣奏疏云云。通所作僅八十篇，而一代之文獻在焉。公他文皆典嚴精麗云云，公之子演孫，方彙次爲別集云。” 丁氏藏書志有明正德本四十五卷，題“廣西按察司按察使族孫良永校正，廣東布政司右參政族孫良節編刊”。云：“四庫著錄作三十七卷，提要云云，浙江採遺書錄亦三十七卷，鮑士恭鈔本，張金吾、瞿鏞所藏，且稱三十六卷，此刻乃四十五卷，較提要多八卷。”

默齋遺稾二卷

而此本之末鮑氏又從劉大彬茅山志補錄詞三首，從曹學佺宋詩選及厲李詩繫諸書補錄詩六首，疑此本亦由掇拾而成，故搜採有所未及歟？

丁氏藏書志有鈔本，云：“勞氏丹鉛精舍又從天台續集補輯登中山七律一首，從方輿勝覽補禱雨辭幷序，從景定建康志補建康府學御書閣記、明道書院記、安撫僉廳壁記、江東安撫司親兵寨記，又從金陵新志補能仁寺佛殿記，凡六篇。案劉後村詩話載游默齋序張晉彦詩云：‘近世以來，學江西詩，不善其學往往音節聱牙，意象迫切，其議論太多，失古詩吟詠性情之本意’，後村謂切中時人之病，益可見先生之善於論詩，幷以見文之散落尚多也。”玉縉案：勞校本，南城李氏已刻入宜秋館彙刊宋人集乙編中，凡默齋遺稾二卷，補遺一卷。

履齋遺集四卷

是集爲明末宣城梅鼎祚所編，凡詩一卷，詩餘一卷，雜文二卷，蓋裒輯而成，非其原本。如詩餘中有和呂居仁侍郎一首，居仁即呂本中字，呂好問之子也，爲江西派中舊人，在南、北宋之間，寶祐四年，潛論鄂渚被兵事，稱年將七十，則其生當在孝宗之末，何由見本中而和之，則捃拾殘賸，不免濫入他人之作。本傳載潛紹定四年有論京城大火疏，又有務畜人材疏；端平元年有陳九事疏；爲江西轉運副使時，有奏造斗斛等十五事疏；知太平州時，有論急救襄陽疏、請分路取士疏；知鎮江府時，有言邊儲防禦十五事疏；爲浙西制置使時，有申論防禦江海疏；爲吏部尚書時，有乞遴選近族疏；爲左丞相時，有令朝臣各陳所見疏、論鄂州被兵疏、劾丁大全等疏，今皆不見集中，則其散佚者尚多。

陸氏儀顧堂題跋云：“宋史藝文志、明文淵閣書目皆未著錄，故永樂大典亦無其書，履齋爲奸臣所陷薨於循州，未幾而宋亦亡，當時想無刊本，明梅鼎祚始輯爲此集。查開慶四明志，載其詩文甚多，卷一王子塾問曰講義一首，卷四創置物斛官申省狀一首，卷五條具海道事宜申省狀一首、防海奏一首、防海申省狀一首，卷七代六縣百姓輸折帛錢奏一首，卷八乞蠲砂租奏一首、罷砂岸稅場榜文一首、蠲免抽倭金奏一首、免抽倭金申省狀一首、再申狀一首，卷九、卷十詩二百八首，卷十一、卷十二詞一百三十首，此本皆未收。養濟院記，開慶志作廣惠院記，亦當從開慶志爲長。此外尙有許國公奏議四卷，前明溧陽吳氏祠堂有版，凡宋史所載諸奏議皆在其中，余已刊入十萬卷樓叢書，合而輯之，可增於此集三倍。集中有和呂居仁侍郎東萊先生韻一首，又有京口鳳凰池和張蘆川春水連天韻一首，皆和古人之作，如東坡和陶之類，不然，居仁、蘆川皆北宋人，履齋安得而與爲倡和耶？"

敝帚藁略八卷

兩傳皆出托克托手，乃賢姦迥異。

陸氏藏書志有文瀾閣傳鈔本八卷，並載方回跋，極詆之，末云："世道衰而怪物作，悲夫！"

滄浪集二卷

與嚴仁、嚴參齊名，世號三嚴。　此本爲明正德中淮陽胡仲器所編。

丁氏藏書志有明閩刊本詩集四卷，爲何若士等重編，並載徐㶿序云："夷考先生，高隱樵郡之言溪，羣從九人俱能詩，時稱九嚴，其地曰嚴坊，滄浪之水出焉，因自號滄浪逋客。九嚴詩俱軼，獨先生遺橐，僅存什一於千百，同時天台石屏戴式之客遊樵川，與交莫逆，郡太史王子文與先生論詩不合，式之作十絶解之。集中有平寇四言上王潛齋使君，案宋史理宗端平元年，權邵武軍王埜平建寇有功，與先生詩意相符，潛齋卽子文。集中有庚寅紀亂之作，案宋史紹定三年，建昌蠻獠竊發，經擾郡縣，寧化曾氏寡婦禦寇有功，亦與先生詩意相符。而詩證中有見寶慶間刻本杜詩，則知先生乃理宗時人，與同邑上官偉長、李友山、賴成之相倡和也。”玉縉案：據此，則不止三嚴，其他亦多考證，特錄之。何本雖有四卷，徐序不言有所增益，當祇更其敍次。胡仲器名岳，提要舉其字，亦不合通例。 瞿氏目錄有校元本滄浪嚴先生吟卷三卷，云：“題樵川陳士元暘谷編次，進士黃清老子肅校正，首列詩話一卷，詩二卷。”

後村集五十卷

此爲傳鈔足本，前有淳祐九年林希逸序，較坊刻多文集三十卷，詩話亦較多後集二卷，蓋猶從舊刻繕錄云。

陸氏藏書志有從天一閣舊鈔影寫本後村先生大全集一百九十六卷，並載開慶元年自題，又有宋刊宋印本後村居士集五十卷，其案語云：“此南宋刊本，每葉二十行，行二十一字，大黑口，前二十卷題後村詩，後三十卷題後村居士集”，又有舊鈔本後村居士集五十卷，並載盧文弨手跋云：“後村集有百九十六卷，今此祇五十卷，僅居四之一，毛氏津逮祕書中載後村題跋凡四卷，此集無其前二卷。後村詩詞及各體文，皆法度卓然，爲南宋一大作手，七言古風，初喜摹長爪生，詩人玉屑所載三篇，酷與之肖，而皆不見此集，集中此體亦不多見，唯有築城、開壕、運糧、朝陵六、七篇而已，風格蒼老，頗近老杜留花門、塞蘆子諸章，其本意欲息唐律，專尚古體，以趙南塘言而止。今集則律詩居多，石門吳氏後村詩鈔，亦無出此集之外者，豈其全者即前輩亦未之見耶？" 其儀顧堂續跋宋槧本五十卷跋云："四庫所收卷數，與此本同，惟四庫本有賀賈相啓及復相啓，再賀平章啓及詩話後集，此本無之，豈別一本耶？又有鈔本五十卷爲盧抱經舊藏，似即從此本出，余初疑五十卷本從大全集選擇，及以大全集校對，詩凡四十八卷，今祇有庚戌以前十六卷，詩話分前、後、續、別、新五集，祇有前集二卷云云。故洪天錫撰後村墓志，稱'前、後、續、新四集二百卷，流布海內'，是後村集宋時刊行已有前、後、續、別四集二百卷，此本當爲四集之一，以不收淳祐庚戌以後詩證之，其爲前集無疑。老妓、老將、老馬三詩，乃淳祐庚戌以前作，故刊入前集，其餘七詩今見大全集二十二卷，乃庚戌以後作，當在後集中，非有所删擇也。" 楊氏楹書隅錄有宋本五十卷，云："此本爲南宋麻沙槧之最善者，詩集十六卷，詩話二卷，詩餘二卷，文集三十卷，無後集之名，每半葉十行，行二十一字。"玉縉案：此則又一本也。瞿氏目錄有宋刊殘本，亦云每半葉十行，行二十一字。

澗泉集二十卷

今檢永樂大典所載，凡得詩二千四百餘首，詞七十九首。

陸氏藏書志有舊鈔本澗泉詩餘一卷，並載勞權手跋云："咸豐丙辰，借丁月河家藏舊本校此本，共百九十五闋，大典本澗泉集祇九十八闋，據補攤破浣溪紗一闋。”玉縉案：七十九與九十八數又不符。

矩山存稾五卷

前後無序跋，惟附錄劉克莊贈其先人文集序一篇，殆傳寫佚脫歟？

陸氏藏書志有舊鈔本宋學士徐文惠公存稾五卷，有徐印登序。

彝齋文編四卷

永樂大典本。　惟其生平本末，則諸書所紀往往不同。如周密齊東野語謂其“終提轄左帑，身後有嚴陵之命”，是孟堅歿於宋世，而姚桐壽樂郊私語謂“孟堅入元，不樂仕進，隱居避客，從弟孟頫來訪，坐定，問弁山、笠澤佳否？孟頫云佳，孟堅曰：‘弟奈山澤佳何！’既退，使人濯其坐具”云云，則又似元初尚存者，二說錯互殊甚。今案孟堅甲辰歲朝把筆詩，有“四十五番見除夕”之句，以干支逆數之，當生於慶元己未，距宋亡時凡七十八年，孟頫仕元，尚在其後，孟堅必不能及見。又考朱存理鐵網珊瑚，載孟堅梅竹譜卷，有咸淳丁卯葉隆禮跋，稱“子固晚年工梅竹，步驟逃禪，予自江右歸，將與之是正而子固死矣”，跋出隆禮手蹟，其言可信，是孟堅之卒於丁卯以前更爲確鑿，亦足證桐壽之說爲誕妄矣。至其歷官次第，他書不載，而見於詩文自述者：如爲湖州掾，入轉運司幕，知諸暨縣，以御史言罷歸，皆歷歷可考，獨不言其曾爲朝官；宋詩紀事乃謂其景定初還翰林學士，又不知何所據也?

丁氏藏書志有知不足齋鈔本，云:“鮑廷博更輯補遺一卷。” 玉縉案: 大意本之錢大昕養新錄浙江通志條下所說，錢書雖刊於嘉慶間，然曝書亭集條下稱“石刻鋪敍之曾宏父非曾惇，四庫全書目即采予說”，故知此亦本之。

玉楮集八卷

其編年起理宗嘉熙戊戌，迄於庚子，珂桯史稱紹熙壬子年十歲，則是集其五十八歲所編。

吳氏拜經樓藏書題跋記云:“先君子書後云:‘右玉楮詩稾八卷，據岳倦翁跋，“自寫淸本，凡百零七版”，今正合其數，每卷首題“十六世孫元聲等藏墨”，殆明時卽依倦翁手錄傳寫付梓，故版數適符，而字句間猶不免晉豕何耶? 至跋中又云:“偶至海寧訪友”云云，海寧不知何地? 考今海寧州，宋時鹽官縣，至元天曆二年始改海寧縣，惟歙之海陽縣，晉初嘗稱海寧縣，隋改休寧縣，是宋時亦未嘗有海寧之稱，豈亦刊梓時人妄改，或係後人僞造此跋，然元聲爲時名臣，刻其先集，不應鹵莽若此也。’”玉縉案: 嘉熙庚子自序，稱裒彙詩稾得三百五十有八，今提要云三百八十五首，俟考。

秋崖集四十卷

岳字巨山，號秋崖，歙縣人，紹定五年進士，淳祐中，爲趙葵參議官，移知南康軍，以杖舟卒，忤荆帥賈似道，後知袁州，又忤丁大全，被劾罷歸。其集世有二本: 一爲秋崖新稾，凡三十一卷，乃從宋寶祐五年刻本影鈔，一爲秋崖小稾，凡文四十五卷，詩三十八卷，乃明嘉靖中其裔孫方謙所刊。今以兩本參校，嘉靖本所載較備，然寶祐本所有而嘉靖本所無者，詩文亦尚各數十首。又有別行之本，題曰秋崖小簡，較之本集，多書札六首，謹刪除重複，以類合編，併成一集，勒爲四十卷。岳才鋒淩厲，洪焱祖作秋崖先生傳，謂其"詩文四六，不用古律，以意爲之，語或天出"，可謂秉盡其得失。要其名言雋句，絡繹奔赴，以駢體爲尤工，可與劉克莊相爲伯仲，集中有在淮南與趙葵書。

吳氏繡谷亭薰習錄有秋崖小稾八十三卷，云："四朝詩選稱岳爲祁門人，仕吏部尚書郎，案歙人洪焱祖傳，'岳居邑之北隅，曾官工部郎，後知袁州，又起知撫州，以賈似道憾之而罷'，洪爲岳之鄉人，其傳可信也。南宋新安文物之盛，韋齋、浮溪、洺水、柳塘外，秋崖繼起，其詩不失溫厚和平之旨，力矯江西派艱澀一路，學者當知之。" 丁氏藏書志有嘉靖刊本八十三卷，云："姚覲惜抱軒書錄：'其集有秋崖新稾三十一卷，係影鈔宋寶祐五年所刻，又秋崖小稾四十五卷，詩三十八卷，係明嘉靖中所鈔，以兩本校之，嘉靖本所載固多於寶祐本，然亦有寶祐本所有而嘉靖本所無者，詩文各數十首，今統編入，歸爲一集，定爲八十三卷，仍前載洪焱祖所爲傳。岳在淮南，與趙端明書，舉葵馭軍之失，辭甚切直，可謂幕僚之忠告者，及與廟堂書，幷代葵作書，欲解葵兄幕府，乃欲爲范游說，於是乎有曲辭矣。'" 又有舊鈔本三十四卷，並載邵位西懿辰手記曰："案惜抱在四庫館，原編秋崖集八十三卷，而今館本定爲四十卷，未知異同何如？秋崖爲人，固亦賢者，爲葵白范，屈於主人之命耳，惜抱之論，亦近苛也。”瞿氏目錄有校宋本秋崖先生小稾八十三卷，玉縉案：卽嘉靖本。云：“此本以宋賓王鈔宋本校過，有補錄者，如第六卷中牡丹多不開花題，宋刻有二首，此遺第二首云云，其十九卷山行題，本十首，此僅存七首，其八云云，其九云云，其十云云，又文集第四十四卷末，宋本多祭費宰一首云云。”玉縉案：宋校詩文，提要本當補入，俟考。

芸隱横舟稾一卷芸隱倦遊稾一卷

別集中有澧闈揭曉後述懷一首，蓋當時曾舉進士而未第。

案倦遊稾自序，明稱“余下壬辰第，始學詩閒吟”，何必爲是迂曲之筆？

蒙川遺稾四卷

此詩文殘稾，乃其弟應奎所裒集也。首有應奎序，作於元大德中。

案應奎序云：“裒聚僅十卷，爲蒙川先生遺稾。”又云：“朝陽閣記，雖已刻於閣之楣矣，今併入十卷之首。”據此，則應奎裒集乃十卷，提要語殊未晰。丁氏藏書志有明鈔本四卷，又有明影元本十卷，然則應奎原編蓋分十卷。

北磵集十卷

其集詩文各爲一編，此則皆其所作雜文也。張誠子序，稱讀其文，與宗密未知伯仲，誦其詩，合參寥、覺範爲一人，不能當也。

瞿氏目錄有舊鈔本北磵詩集九卷，文集十卷，云：“詩集卷首，列葉適贈詩小柬，首行篆書云：'水心先生酬北礀詩帖'，蓋宋時刻本如此，四庫全書總目收文集一種，詩集未經采入。"玉縉案：晁子名自明，提要舉其號，與全書體例舛。陸氏儀顧堂題跋云："北礀頗精鑒別，故集中書畫題語多中肯，其跋廟堂碑云：'廣書廟堂碑，唐人駸駸晉人者，自南北壞斷，贋跡實繁'云云，則翻本中又有翻本矣。其跋九成宮碑云：'化度寺記、醴泉銘，習之者往往失其韻致，但貴端莊如木偶，假刻誤人，人亦罕識眞'云云，據此，可見南宋時醴泉銘覆本之多，今之肥而無生趣者恐未可據斷爲原石也。又云：'湖隱方圓叟舍利塔銘，卽俗所傳濟顚者也'，道濟一號湖隱，又號方圓叟，亦世所罕知者。"

孝詩一卷

案宋史忠義傳，稱林空齋失其名，已爲失考，又誤以空齋爲同之子，分一人爲二，併云空齋舉進士，歷知縣，考是書前有淳祐庚戌劉克莊序，謂"同兄弟俱未脫褐"，又曰："年未四十，慨然罷舉"，是同固未嘗舉進士也。又宋人劉麟瑞昭忠逸詠，稱林處士同，是同固未嘗任知縣也。且麟瑞詩內，有"血書矮壁存吾節，氣貫長虹任汝烹"句，又與史之"嚙指血書壁自誓不屈"諸語相合，然則死節者爲同，而非同之子也，宋史誤矣。又福建通志人物傳，稱"林同字子眞，公遇子，元兵至，不屈死"，隱逸傳又稱"林仝字子貞，與弟合，並有隱操，至元中，郡府上其行誼，詔徵不就，合字子常"云云，其說又異，然同、合之俱爲公遇子，已見原序，同字子眞，合字子常，已見鷹齋集，俱確鑿可信，通志既以死難之林同爲公遇子，則隱逸之林仝不得又曰弟合字子常也。且改同爲仝，改子眞爲子貞，並屬點畫音聲之變，明出傳寫譌謬，分爲二人。至曹溶學海類編，亦載孝詩一卷，題長樂林同季野著，名同而地與字俱異，又不知其何所據矣？今並詳爲考正，庶不失其實。

案無名氏昭忠錄云："有林同者，字子眞，璟之孫，寒齋高士公遇之嗣也。號空齋處士，孝謹廉讓而深於詩，以世澤受官弁不仕，有父風焉。敵至，衆勸其少避，不從，乃盛服坐堂上，題其壁曰：'生爲忠義士，死作忠義鬼，草間足可活，吾不忍爲爾，諸君何爲者？自古皆有死。'俄而被執，同乃大罵不屈而死。"

文山集二十一卷

元貞、大德間，其鄉人搜訪，編爲前集三十二卷，後集七卷，世稱道體堂刻本。　明初其本散佚，尹鳳岐從內閣得之，重加編次，爲詩文十七卷。

瞿氏目錄有明刊本文山先生文集十七卷，別集六卷，附錄三卷。云："公集初刻於元貞二年，前集三十二卷，後集七卷，所謂道體堂本也。此卽其本合幷之，有道體堂舊跋，及韓雍、韓陽、錢習禮、李奎序，卷首有像，蓋別一本。"陸以湉冷廬雜識一云："文信國公詩文集，秉正氣而成，雄絕一代，四六亦工。摘其山中廳屋上梁文，又五色賦、記言，以爲此雖游戲筆墨，亦可見公於斯道曾殫鑽研之功也。"　丁氏藏書志有嘉靖本二十八卷，云："一、二卷詩，三至十七卷文，十八、十九卷指南錄，二十、二十一卷指南後錄，二十二卷吟嘯集，二十三、二十四卷集杜詩，二十五卷紀年錄，二十六至二十八卷附錄傳、序、祭文、記序、詩篇，明嘉靖時，鄢懋卿授河間府守董策，俾教諭嚴順校正，知縣寧龍刻之。”玉縉案：此當出於尹本。

文信公集杜詩四卷

案今本序跋，並無闕字，蓋卽定之所補，而履善甫上已署天祥之名，則不知何人增入？

楊氏楹書隅錄有明本集杜句詩四卷，詠文丞相詩一卷，云：“首載永新劉定之序云云，次天順己卯南陽李賢、宣德戊申池陽柯暹、宋信國文公祠堂兩篇，次信國文忠烈公像及自贊，次自序，末題姓某履善甫序，次目錄，分前卷上下，後卷上下，共四卷，而後卷上之後，又有壬午元日一跋，亦題姓某書，每章首小序，遇元之君臣、宋之叛逆，別作陰文白字，均與定之序合，惟題姓某之序跋中，並無缺文白字，辭意亦無涉及宋、元者，當是定之所稱序跋乃併章首小序言之而語未分明耳。四庫全書總目著錄本謂‘序跋並無缺字’云云，蓋經後人删併竄亂，已失其眞，未嘗獲見此宗人文珊原刻矣。至詠文丞相詩一卷，前列吳郡張慶之子善自序，末有崇德、徐轄文山詩史後序云：‘永新著姓文廷珮甫，宋丞相信國公之宗孫也，得公集杜句詩，取同時張子善所集杜句詠公詩合爲一帙’，定之序亦云‘子善嘗集杜句，述公始終大概，而疏其事於下方以證之，予遂錄附公詩之後’，是子善之作，固與公詩同刻，而總目殊未之及，想更散佚已久也。”玉縉案：瞿氏目錄有明刊本四卷，云：“宗孫禾川文珊錄刊，凡二百首，後附張慶之集杜句詠丞相詩一卷”，蓋即楊氏所言本。

疊山集五卷

原本六十四卷，歲久散佚，明嘉靖中，揭陽林光祖爲廣信府知府，始以黃溥所校刊行世，僅分上下二卷，萬曆中，御史吳某所輯疊山集，又刻之上饒，編次錯迕，未爲精審。

張氏藏書志、瞿氏目錄並有明刊本十六卷，瞿云：“題里生潭石黃溥編，有景泰五年廬陵劉儼克彥序，謂‘公詩文六十四卷，屢經兵燹，存者無幾，監察御史黃君溥澄濟，與公同鄉邑，采輯如干篇，正其誤謬，各以類歸’，是爲初刻本。後有嘉靖丁酉古姚黃齊賢後序，謂‘黃公所刻，年久板毀，遂鳩工重刻之’，是爲再刻本也。”玉縉案：上下二卷之與十六卷，相去懸絕，詳瞿氏此文，殆意在糾提要所據之林本。　丁氏藏書志有萬曆刊本十六卷，云：“集本六十四卷，兵燹散亡，明景泰時，黃溥採輯類編十六卷，諉諸訓導楊撝、州判易緯，繡梓以傳，嘉靖中，揭陽林光祖知廣信府時又刻之。此萬曆中陽羡吳侍御刻於上饒，其中忠齋之留誤劉，蔡氏宗譜序，末署‘至元十五年，廣信後學謝某某謹序’，又第四卷列傳、行實、神道碑、祭文之後，又爲啓劄表疏，編次無序，且有依託之文，校訂未善。”玉縉案：林本即黃本，蓋併十六卷爲上下二卷。

本堂集九十四卷

據其原目，尚有講義二卷，此本有錄無書，蓋傳寫佚之矣。

陸氏藏書志有舊鈔本本堂先生文集九十六卷，題曾孫陳煦編次，並載至大戊申蔣岩書跋。

須溪集十卷

須溪，其所居地名也。 須溪集，明人見者甚罕，卽諸書亦多不載其卷數。

施閏章蠖齋詩話云："劉辰翁號須溪，有疑爲'湏'字者，謂湏字當音卉，非也，廬陵有龍鬚山，溪出其下，須卽古鬚字，曹輔送周吉州詩，'廬陵太守告我行，先把廬陵爲君說，龍鬚山對般侯池，池面山容兩淸絕。'" 香祖筆記十二云："續文獻通考載劉辰翁須溪集一百卷，今所傳止記略二卷，及批點老、莊、列、班、馬、世說、摩詰、子美、長吉、子瞻詩九種耳。"玉縉案：九當作十。

蘭臯集三卷

廣南西路安撫使傚之從孫。 然集中佳句似此者尙頗不乏，岳偶舉其一二耳。

丁氏藏書志云："元倫爲基仲之子，乃文肅公之從孫，而宋人諸序中皆稱爲竹洲之孫，待考。" 陸氏藏書志有鈔本，並載淳祐九年呂午序，歷舉其佳句，非止題林墓二句。又載方回序，亦舉其他佳句，觀提要云云，似所見本無此兩序也。又有程鳴鳳、王應麟、陸夢發等題跋。

柳塘外集四卷

姓陶氏，南昌人，咸淳間，嘗主饒州薦福寺。 書雖晚出，而核其格意確爲宋末江湖之體，不緣贋造。考吳師道禮部詩話，已載其題蘇堂竹一首，則宋代實有其人。

丁氏藏書志有鈔本二卷，並載江都張師孔序云："寶慶間，師住薦福，又住開先，五年還薦福，所著有銘贊記序雜文若干篇。予丁亥遊廬山，偶獲繙閱，不及錄，錄其詩凡百二首以歸，懼其浸久失傳，因校刊備宋人之一臠。柳塘屬豫章，漢昌邑地，多陶姓，五柳先生後也，今猶聚族居焉，師亦其裔，故以柳塘自名集云。"丁氏云："此惟詩二卷。"玉縉案：提要未見此本，故以爲咸淳間主薦福，又引禮部詩話以實其人。

四明文獻集五卷

通一百七十餘篇，制誥居十之七，蓋捃拾殘賸，非其眞矣。

丁氏藏書志有舊鈔本深寧居士集八卷，附錄一卷，云："此本乃嘉慶補輯底本，凡八卷，卷一爲記，卷二爲序，卷三爲赦文、爲詔，卷四爲制，卷五爲誥，卷六爲表，卷七爲露布、爲檄、爲青詞、爲樂章、爲箴、爲銘、爲贊、爲頌，卷八爲跋、爲墓誌銘、爲詩，而終以宋史本傳。別有王尚書遺稾，僅詩五首，中有鼈山唐開成年墓誌石二詩，爲八卷本所無，因附以存焉。"

秋堂集三卷

此本乃後人雜裒而成。

瞿氏目錄有舊鈔本三卷，云："此本爲至正間其從子季武所輯，有楊載序。"

牟氏陵陽集二十四卷

是集凡詩六卷，雜文十八卷，前有至順三年程端學序。

陸氏藏書志有舊鈔本，題牟巘獻之撰，男應復編，並載至順辛未應復序云:"應復所知,如靜軒閻平章先世墓銘、雪樓程承旨藏書樓記、雪樓記、士瞻張左丞共山書院記、三省堂記等作,皆未得,姑集其已得者類成二十有四卷,"是此集爲巘子應復所編。錢大昕養新錄云:"予家有趙子昂書松江寶雲寺記亦巘之作,今不載集中,此可補應復之闕者也。"

湖山類稾五卷水雲集一卷

故李鶴田湖山類稾跋,稱其"記亡國之戚,去國之苦,間關愁歎之狀,備見於詩,微而顯,隱而彰,哀而不怨。開元、天寶之事,記於草堂,後人以詩史目之,水雲之詩,亦宋亡之詩史"云云,其品題頗當。惟集中醉歌一篇,記宋亡之事,曰:"亂點連聲殺六更,熒熒庭燎待天明,侍臣已寫投降表,臣妾簽名謝道清。"以本朝太后,直斥其名,殊爲非體,春秋責備賢者,於元量不能無譏。然元量以一供奉琴士,不預士大夫之列,而眷懷故主,終始不渝,宋季公卿,實靦之有愧,其節概亦不可及。筆墨之間,偶然失檢,視無禮於君者其事固殊,是又當取其大端,恕其一眚者矣。

案此跋末稱吉人鶴田李珏元輝,論提要例當稱李珏,不得稱李鶴田。陸氏藏書志有汪森手鈔本五卷,外集一卷,附錄一卷,附宋舊宮人詩詞,題"宋水雲汪元量大有行吟,須溪劉辰翁會孟批點",外集國朝汪森輯,有康熙二十二年森後序。又有舊鈔本水雲詩一卷,並載崇禎辛未錢謙益手跋云:"汪水雲詩,雜見於鄭明德遂昌雜錄、陶九成輟耕錄、瞿宗吉詩話及程克勤宋遺民錄者不過三四首,夏日曬書，理雲間人物鈔詩舊冊，得水雲詩二百二十餘首，錄成一帙，然迺賢序水雲詩，以爲多記國亡時事，此帙多有之，而所謂與文丞相唱和者概未之見也。唯浮休道人招魂歌，擬杜七古體製者，今見文丞相集後。水雲集，劉辰翁批點刊行者，藏書家必有全本，當更與好古者共購之"云云，未知與鮑廷博所采出入如何？惟此本爲絳雲餘燼，至足貴也。而提要以入存目，所稱舊跋云云即錢跋，蓋提要凡遇謙益字皆屏而弗書，他處或但稱錢氏云。楊氏楹書隅錄有明鈔本汪水雲詩鈔，並載崇禎辛未謙益題記，云："有云：'第二開筵入九重，君王把酒勸三宮，酡酥割罷行酥酪，又進椒盤剝嫩葱。'又云：'客中忽忽又重陽，滿酌葡萄當菊觴，謝后已叨新聖旨，謝家田土免輸糧。'與鄭明德所載'花底傳籌殺六更，風吹庭燎滅還明，侍臣寫罷降元表，臣妾簽名謝道清'，合而觀之，紫蓋入雒，青衣行酒，豈足痛哉！"　玉縉案：雜錄所載，似勝今本，謝道清從上簽名二字貫下，當係事實，曰臣妾，倍見其沈痛，題爲醉歌，即陶潛詩"理應恕醉人"之旨也。提要此語，殆因四十二年詔"改李鷹詩漢徹爲漢武"而推波助瀾耳。

晞髮集十卷

此本爲平湖陸大業以家藏鈔本刊行，云向從舊刻錄出，卷第已亂，大業以意釐定之，校他本差爲完善。

蔣衡雲寥山人文鈔重編晞髮集序云："自明初二十八卷之晞髮集已亡，後弘治間儲柴墟刻於揚州，即陸氏所指爲舊本者，萬曆間，歙張氏復刻以行，即陸氏指爲坊本者，儲本簡略，張本蕪雜，於是陸氏以其家藏鈔白之本，合各本參互考校，補儲本之未備，删張本之僞謬，洵稱善本。然陸氏以鈔本爲主，其篇第間有未合，又各本字異，細列眉間者未能斷從一是，其都失本眞的然無疑者，亦未能悉正。”又云：“陸氏於柴墟之本雖有增損，而未嘗紊其篇第，予於陸氏之本稍移其篇第，而亦未嘗有所增損”云云。玉縉案：陸氏云：“卷第已亂，以意釐定”，此云：“以鈔本爲主，篇第間有未合”，又云：“於儲本未嘗紊其篇第”，語似矛盾。

潛齋文集十一卷附鐵牛翁遺稾一卷

詩頗奇偉，氣格在夢桂上云。

丁氏藏書志云：“景福嘗以任重致遠自期，故自號曰鐵牛子，詩如‘龍吟五夜霜飛岳，鼉吼三更月滿城’，‘青山自此詩名重，采石如今酒價低’，‘荒祠晝掩無人到，苦竹叢中春鳥啼’，‘風景不殊豪傑盡，新亭誰復淚沾衣’，洵錚錚佼佼者。”

四如集五卷

又有至治三年傅定保序，似猶原本。然考宋濂潛溪集中有仲元集序，稱“其門人詹淸子類次六經、四書講義爲六卷，其子梓又分記序、墓銘、字訓爲五卷，其曾孫至又裒其遺文爲十卷，而請濂序之”，是仲元原集，實合講義雜文共爲二十一卷，今講義已別本單行，不入集內，此本止文四卷，附錄一卷，與其子所輯之五卷旣不相合，而其曾孫所續輯之十卷亦不在其內，是散佚之餘，重爲掇拾成帙，非其舊矣。

陸氏藏書志有明刊本五卷，並載至治癸亥仲元子梓序云："山城公假，督兒繕寫，亟遣鏤板，異時攜書歸里，搜訪裒稡，當爲續集，與四書講稾、經史辨疑並行，庶人與書俱傳而未艾也。"據此，則當爲梓所刊原第，但又有洪武八年宋濂序，未載其文，當卽提要所引集文，殊不相應耳。

林霽山集五卷

會札木楊喇勒智發宋諸陵，以遺骨建鎭南塔，景熙以計易眞骨葬之，其忠義感動百世，然諸書或以其事歸唐珏，今考此集載夢中作四詩，與諸書所載珏作同，珏他詩不概見，而此四詩詞格實與景熙他詩相類，且"雙匣親傳竺國經"句，與景熙葬高、孝兩陵之說合，與珏同葬諸陵之說不合。考集中有和唐玉潛一詩，玉潛卽珏之字，則二人本屬舊友，或當時景熙與珏共謀此舉，其事祕密，傳聞異詞，遂譌以爲珏作也。

玉縉案：唐珏事，見雲溪羅有開所撰唐義士傳，林德陽事，見遂昌鄭元祐所書林義士事蹟，陶宗儀輟耕錄卷四具載之。陶云："詩中'雙匣'字，是收兩陵骨之意，得非林義士詩，雲溪以傳者之誤而寫入傳中，但曰'移宋常朝殿冬青，植所函土上而作冬青詩'，吾意會稽去杭，止隔一水，或者可以致之，若東嘉相望千餘里，豈能容易持去，縱持去，又豈能不枯瘁，則又疑是唐義士詩。且葬骨一事，豈唐方起謀時，林已先得高、孝兩陵骨，抑得唐所易之骨，蓋各行其所志，不相知會，理固有之。考周密癸辛雜識，記'至元二十二年乙酉八月，楊髡發陵之事，起於天長寺福僧聞號西山者'云云，據此說，則雲溪所傳歲月絕不同。蓋嘗論之，至元丙子，天兵下江南，至乙酉將十載，版圖必已定，法制必已明，安得有此事？然戊寅距丙子不三年，竊恐此時庶事草創，而妖髡得以肆其惡，但云高宗陵骨髮盡化，孝宗陵止頂骨小片，不知唐義士所易者何骨？林義士所收者又何骨也？惜不及識宋季以來老儒先生以就正其是焉。"陶說雖無所折衷，而反覆推勘，視提要之但爲林、唐同謀者較爲詳愼矣。特錄之。　吳氏繡谷亭薰習錄有十卷本，云："舊序稱文十卷，曰白石藁，詩六卷，曰白石樵唱，今驗之，文只四也。景熙拾宋諸陵骨，其詩多隱語，故祖程爲之注，嘉靖辛卯，平陽尹海康馮彬重刊。"玉縉案：此别一本，未知視毛秀校本何如？丁氏藏書志亦有馮本。　李慈銘孟學齋日記云："所作高淡深秀，前躋石湖，後躡梧溪，其詩本名白石樵唱，予嘗謂南宋中葉後詩，姜堯章最淸峭絕俗，德暘集名適與之同，筆墨町畦，亦出一致，當時取號，蓋非無因。詩有元統中崑山章祖程注解，雖不免村塾弇陋之氣，而同時人物，多藉以考證。其詩中多及越中地名，蓋霽山旣與玉潛同志相善，而王修竹又爲風雅所歸，遺民故老，多主其家，所謂王監簿者是也。王氏居陶山，霽山白石藁中又有陶山修竹書院記，其起語云：'越爲東浙望，前將作監簿修竹王公爲越望'，可見其壇坫風流，勝游推重矣。"

勿軒集八卷

咸淳十年進士。　是書凡易學圖傳二卷、春秋通義一卷、四書標題一卷、詩文三卷、補遺一卷，蓋明天順中舊刻，猶爲完帙。惟前有元許衡序，稱其"晚年修三禮通解，將脱稾，竟以疾卒，平生著述，獨四書標題、易經講義、詩選正宗、小學句解傳於世，嗣孫澍家藏遺稾，存十一於千百，族孫孟秉類次成帙，釐爲八卷，傳諸二世孫斌授梓以傳，求予序之"云云，末署至元十七年，考至元爲世祖年號，而禾卒於仁宗皇慶元年，自至元訖皇慶，相距三十餘年，何以先稱其疾卒？年月錯繆，依託顯然，蓋其後人僞撰此文借名炫俗，不知禾亦通儒，固不必以衡重也。

玉縉案：俞德鄰佩韋齋文集，熊禾爲之序，稱余亦癸酉進士，癸酉爲咸淳九年，非十年。丁氏藏書志有影寫成化本文集八卷，題"鼇峰後人編梓"，云："此本亦八卷，一爲序、跋、銘、約，二、三爲記、爲族譜，四爲文疏、上梁文，五爲啓劄，六爲經籍説、祭文、弔慰，七爲五言詩，八爲七言詩及長短句"，蓋别一本也。前有吳高尚志序，目錄後有成化二年六世孫博羅主簿熊斌識云："先祖勿軒先生遺稾，先君收輯類次，惜齎志而殁，今幸族人孟秉掇拾先祖序記詩賦，并先君所藏編而未就者釐爲八卷，天順間，斌因進秩歸掃松梓，遂同兄椽、弟楨命工繡梓"云云。又有舊鈔本八卷，題"六世孫將仕郎博羅縣主簿熊斌捐俸繡梓"，并載成化三年吳高尚志序云："宋社既屋，先生隱於雲谷，創鼇峰書院，四書六經皆有訓釋，著農禮兵刑稾，晚年修三禮通解，將脱稾，竟以疾卒，平生著述，厄於兵火，鼇峰裔孫熊澍家藏遺稾，存十一於千百，族孫孟秉類次成帙，釐爲八卷，六世孫斌判惠之博羅，考訂繡梓"云云。玉縉案：據斌識、高序，則知天順間繡梓者實成於成化三年，提要所稱天順舊刻，疑因斌語而誤，抑或提要所見本竟出坊間僞託，並因高序僞造衡序也。提要以爲後人借名炫俗，恐非。張氏藏書志有淡生堂鈔本六卷，有吳序、斌跋，又有成化三年潘本愚後序，六疑八之誤。 沈曾植寐叟題跋二集是集跋云："四庫提要知許之誤而不知爲吳氏之作。"

廬山集五卷英溪集一卷

嗣杲履貫未詳？考集中元宵懷鄉詩，有"清和坊裏燈宵月，負卻東風已兩年"句，又抵北新橋詩，有"歸逢鄉井心纔穩"句，案咸淳臨安志，清和坊在臨安府左一北廂，北新橋在餘杭門外，則嗣杲殆杭州人歟？

丁氏藏書志云："集中有辛酉富池元宵寫懷云：'風柔卻憶沙河塘'，謝村云：'臨平山色入船青'，清明懷孤山云：'獨客此時思上塚，孤山今日定開門'，懷潘宰留方家峪別業云：'想戀西湖賞物華'，元宵懷鄉詩云云，皆惓惓於杭州故鄉也。張炎有自東越還西湖飲靜傳董高士書樓詞，仇遠有董靜傳挂冠孤山四聖觀詩，靜傳，嗣杲字也。"玉縉案：西湖百詠題靜傳居士董嗣杲明德作，餘姚後學陳贄惟成和韻，則嗣杲字明德，自號靜傳居士。

西湖百詠二卷

贄字維成，餘姚人，徙於錢塘，洪武間，以薦授杭州學訓導，後官至太常寺卿。

案此本田汝成西湖志，天順癸未錢塘陳知府敏政百詠唱和詩序，稱太常少卿會稽陳維城先生，嘉靖丁酉河南周王重刻序，亦稱會稽陳太常少卿，皆不作餘姚人。

富山遺稾十卷

嘗著漢論十卷，富山懶稾三十卷，後刊版散佚，其裔孫世德等復裒集其詩，輯爲是編。

陸氏藏書志有舊鈔本富山嬾稾十九卷，正統九年周瑄序、景泰七年商輅序。玉縉案：吳氏拜經樓藏書題跋記云："周序謂曾孫宗大，旣嘗編次，今五世孫文傑，復能珍藏校正以壽諸梓"云云，蓋是本爲重編付刊。　丁氏藏書志有舊鈔本十九卷，題從曾孫方宗大編集，云："此初刻本，雖較四庫多九卷，而詩之篇數則同，蓋四庫本分類，此則不分類爲少異耳。"

百正集三卷

至元丙戌，浦江吳渭邀謝翶、方鳳等舉月泉吟社，以春日田園雜興爲題，徵詩四方，得二千七百三十五卷，入選者二百八十卷，刊版者六十卷，以羅公福爲第一名，據題下所注，公福卽文鳳之寓名也。王士禛池北偶談則謂月泉吟社詩，淸新尖刻，別自一家，而謝翶等品題未允，因重爲移置，改文鳳爲第二十一名。然元初東南詩社，作者如林，推文鳳爲第一，物無異詞，當必有說，似未可以一字一句遽易前人之甲乙。今觀所作，大抵淸切流麗，自抒性靈，無宋末江湖諸人纖瑣麤獷之習，雖上不及尤、楊、范、陸，下不及范、揭、虞、楊，而位置於諸人之間，亦未遽爲白茅之藉，則當時首屈一指亦有由矣。

李慈銘桃華聖解盦日記丁集八五云："連應山爲元初月泉

吟社中人，其詩境逼仄，不出江湖小家，春日田園雜興七律，當日社中賦詩者二千七百三十五人，以連作爲第一，然卑陋淺弱，不過如童子學語而已。"

紫巖詩選三卷

每卷題門人吳師道選，僅古今體詩二百首。

陸氏藏書志有舊鈔本詩集三卷，並載金履祥序。又有舊鈔本詩選三卷，並載勞權手跋云："中缺二葉，以家本補錄，復以近年金華王氏冰壺山館叢書新刻本補中卷末姜換馬一首，及此序，舊補弔古行，云見元詩體要，乃集外逸詩也。" 丁氏藏書志有天福山房鈔本三卷，云："所著詩七卷，今存卷一五古五十三首、七古十一首，卷二七古十七首、五律二十三首、七律二十三首，卷三七律四十首、七絕三十七首，綜古今體詩二百四首。每卷後題元門人吳師道原編，明四世孫伯善謹錄。"又有舊鈔本云："詩三卷，篇第與前不同，殆別一鈔本也。後有之江沈廷芳題云：'集久不傳，傳者僅此冊耳。同里門人吳師道爲之選次，詩凡三卷，內缺二頁，其來已久，不能復補矣。'" 玉縉案：據此，則原詩七卷吳師道編，殆後人因殘闕而改題爲選歟？師道乃弟子，不應自居於選也。

寧極齋稾一卷附愼獨叟遺稾一卷

今仍題曰"愼獨叟遺稾"以相區別。

陸氏藏書志有鈔本寧極齋稾一卷，附愼獨叟詩集一卷，題吳郡陳深子微父著，愼獨叟詩集，陳植撰，然則提要題愼獨叟遺稾，尙未得其眞相也。

自堂存稾四卷

今從永樂大典裒輯遺篇。

丁氏藏書志有舊鈔本，云："此爲四庫館底本，前鈐翰林院印，中有冬至攝獻於郊五律詩，上有簽云：'案陳杰官止郡守，不應有冬郊攝獻之事，詳詩意，蓋投贈攝亞獻者，原本詩題，當有脱誤'，觀此，可見館臣校勘之精審。"玉縉案：此條四庫本當已載本詩下，姑錄之。

四庫全書總目提要補正卷五十一

别集類九

拙軒集六卷

而各體具存，可以得其什七矣。

案藕香零拾本遼東行部志中有詩五十七首，文三首，均集所不載。繆氏云："詩別鈔出，轉貽吳仲懌中丞附刻拙軒集之後。"

滏水集二十卷

則滏水集本二十卷。

陸氏藏書志有舊鈔本二十卷，並載元光二年楊雲翼序云："自魏、晉而下，爲學者不究孔、孟之旨而溺於異端，不本於仁義之說而尙夸辭，君子病諸，今禮部趙公自擇其所爲文章，釐爲二十卷，過以見示。"

滹南遺老集四十五卷

史稱若虛有慵夫集、滹南遺老集，均曰若干卷，不詳其數？黃虞稷千頃堂書目載滹南遺老集四十五卷，與王鶚序合。慵夫集，虞稷雖著錄而卷數則闕，考大德三年王復翁序，稱以中州集所載詩二十首附卷末，則慵夫集元時已佚，惟此集存耳。

陸氏藏書志有舊鈔本四十五卷，續編詩一卷，並載至大己酉東明王鶚序云："壬寅春，先生以手書四帙見示，曰：'向所雜著，往往爲人竊去，今記憶止此，子其爲我去取之。'明年春，先生亡矣，越四年，其子恕見予，盡以其書付之，又二年，董君彥明益以所藏，釐爲四十五卷，與趙君壽卿將鏤諸板，屬爲引"云云，然則金史所稱慵夫集者，殆卽此集而誤別爲二也。又載吳焯手跋云："中州集稱'若虛負重名，精經學、史學，文章禮樂，一代偉人，北渡後，隱居鄉里'，據此，則滹南老人終於元，未嘗仕於元，且其人已入金史文藝傳，焦氏經籍志編入元人，誤也。集內詩與中州集本字句微有不同，覺中州集之爲善，想元遺山入選時，摘其微瑕，不嫌改削耳。然此故原作，其後一卷，係因中州集補入，便相同。中州集所無者宮女圍碁一首，和王子端，此本多一首，白髮歎六韻，卽感秋十二韻之半，亦元遺山增改，後人失考，據以編入續集耳。"又云："滹南議論絕高，其辨駁司馬子長、宋子京，實另具隻眼，獨其自作詩文絕不佳，置之集中，猶蒼葭之倚叢玉也。"玉縉案：和王子端下脫"四絕"二字，今王氏畿輔叢書本，凡與中州集異者已校注各句下。　李慈銘桃華聖解盦日記丁集八三云："滹南詩話亦有得處，而拘滯未化，其極推東坡而力詆山谷，亦頗過當。惟於大謝'池塘生春草'句，獨取李元膺'反覆求之終不見佳'之論，以爲'謝氏誇誕，猶存兩晉遺風,後世惑於其言而不敢非',則通人之言也。"

湛然居士集十四卷

耶律或作移剌,蓋譯語之譌,焦竑經籍志以爲兩人,非也。平水王鄰則曰:"案元裕之中州集載右相文獻公詩,又稱趙閑閑爲吾道主盟,李屏山爲中州豪傑,知晉卿學問淵源有自來矣。故旁通諸極,而要以儒者爲歸。"

吳氏繡谷亭薰習錄云:"余嘗論中州集與元詩絕不相類,讀湛然集,猶存餘響,在元人中別自一種氣骨也。晉卿爲萬松作從容菴錄序,自題漆水移剌楚材。"案陸氏藏書志有舊鈔本,並載王鄰序及孟攀鱗、李微各序,皆無"案元裕之中州集"語,當考。陸氏儀顧堂題跋云:"卷十二有壽其子鑄十五歲詩,卷十一廣陵散五十韻,以廣陵散爲序聶政刺韓相俠累之事,如後世南北曲之類,皆創聞也。"

黃彭年陶樓存稾書是集後云:"文正以宗臣名宿,忘君事仇,招笑千載下,集中過燕京詩云:'倘期晚節回天意',所謂節者何事?李微作序,諛以忠義,諛以浩然之氣,文正乃忘其身事二姓而以節自諛也。文正究心內典,自言'西行數萬里,確乎不動心,爲法海汪洋涵養之效'。又以'西域九十六種,北方毗盧糠瓢白經香會之徒,爲釋氏之邪,全眞大道混元太乙三張左道之術,爲老氏之邪,黃白金丹導引服餌之屬,爲方技之異端',似倘能斥糠孽而悟大乘者。又言'用則行孔,舍則藏釋',夫釋氏之敎,本遺名利,孔氏亦何嘗敎人爲貳心之臣哉?又取屏山語,謂'釋不害儒而儒害釋',其謬尤甚。集中進西征庚午元曆一卷,頗有關於史乘，其言‘庚辰五月之望，以大明大陰當虧二分，食甚子正，時在宵中，是夜候之，未盡初更，月已食’，足見元初曆法之疏。又以西域、中原地里殊遠，創立里差以增損之，雖東西數萬里不復差異，皆足與元史參證。”

藏春集六卷

此本祗六卷，乃明處州知府馬偉所刊，前五卷爲各體詩，末一卷爲附錄誥敕誌文行狀而不及所著雜文。

瞿氏目錄有舊鈔本詩集六卷，云：“題‘中書參知政事魯國文定公左山商挺孟卿類集’，有閻復、馬偉、黎近序，舊藏檇李曹氏，秀水胡菊圃重以天順刊本校過，卷首有題記云：‘集中止有七言律詩、七言絕句及詩餘，而無古詩及五言律、絕詩，其非全書明矣。’又云：“曹氏書未經點勘，玆借武原張氏清綺齋藏雕本校對，一一改補。”玉縉案：曹本疑卽馬本，一云各體詩，一云無古詩及五言律、絕詩，疑提要誤，抑別一本耶？俟考。　張氏藏書志有舊鈔本，並載胡重識語云：“集中止有七言律詩、七言絕句及詩餘，而無古詩及五言律、絕，其非全書明矣。至章奏碑版之文，劉公所作必富，而集中亦無一字，殆編次時失之。”

歸田類稾二十四卷

養浩嘗自序其集，稱“退休田野，錄所得詩文樂府九百餘首，岐爲四十卷，名曰歸田類稾”，富珠哩翀序作三十八卷，卷數已異，文淵閣書目載養浩雲莊傳家集一冊，雲莊集三冊，焦竑國史經籍志則作張養浩文忠集十八卷，書名、卷數，更均與養浩自序不符，黄虞稷千頃堂書目，雖載歸田類稾之名而亦無卷數。考吳師道序云:"公雲莊集四十卷,已刻於龍興學宫,臨川危太樸掇其有關於治敎大體者爲此編,而屬予以序"云云,則龍興所刻者即養浩手編之類稾,而改其名曰雲莊集,亦即文淵閣書目之三册,危素所删定者即經籍志之張文忠集十八卷,而所謂傳家集一册者,當由後人掇拾,乃外集、補遺之類也。然蘇天爵輯元文類,僅錄養浩文二篇,故明葉盛水東日記頗以天爵失載諫燈山疏爲譏,疑元末已尠流播。近時王士禛偶得養浩王友開墓誌,歎其奇詭,載之皇華紀聞,則亦未見其全集。惟明季有刻本二十七卷,尙存於世,旣多漏略,編次亦失倫類,今據以爲本,而别採永樂大典所載,删其重複,補其遺闕,得雜文八十八首、賦三首、詩四百六十三首,共爲五百八十四首,釐爲二十四卷。

陸氏藏書志有元刊元印本二十八卷,其案語云:"三十八卷者三乃二之譌字,今此二十八卷,猶是元時刻本,完善無缺,翀序即冠卷端,則非别有三十八卷本明矣。焦氏所見,當亦即此本,脱二字耳。"其儀顧堂題跋云:"自序是初退休時作,當在至治中,此或天曆以後所定,有所取棄。"

桐江續集三十七卷

所撰有虛谷集,今未見。 集中有自序,稱二十卷,而千頃堂書目作五十卷,今觀集中四卷末題"從事郎寧國路儒學敎授同舍生曹祐編次",五卷末題"男方存心、正心刊行",六卷末題"初授徽州路儒學敎授馮蒙龜、林一桂等刊",九卷末題"表姪劉秉懿謹編刊行",十卷末題"甥姪汪庭芝謹編",二十五卷末題"古杭徐芝石宅滄浪山房刊行",二十七卷末題"學生徐編次”，而佚其名，則後人所增益，非其舊也。

瞿氏目錄有鈔本桐江集四卷，云：“四庫著錄者有桐江續集，已多殘闕，文集僅存八卷，是本凡賦、序、說、記、考辨、跋、書疏、論議、墓誌、事狀、祭文之類，共二百一篇。其見於續集者有十六篇，而序目亦異，如送汪復心序，續集作汪巽元復心說，進齋記，續集作進齋序。盧抱經氏有跋云：‘乾隆庚寅借振綺堂汪氏本鈔錄。’又云：‘嘉慶乙丑閏六月，借維揚秦氏石研齋所藏弘治十四年范文恭手錄本重校，凡改正數百字，補落者數千字。’案是書雖分四卷而編次甚雜，序跋爲多，皆似詩話，說詩主黃、陳，亦推朱子，力斥武功、丁卯及四靈、江湖，大抵與瀛奎律髓中評語相同。其跋吳尚賢、劉元輝詩集後，併載評語，兼錄其詩，連篇累幅，毫無翦裁，疑是虛谷原稾流傳，范氏所錄得者也。”玉縉案：阮元擘經室外集著錄八卷，非此本。　陸氏藏書志有舊鈔本方虛谷桐江集二十卷，補遺一卷，又有舊鈔本虛谷桐江續集四十八卷，並載鮑廷博手跋云：“方萬里桐江集已不傳，僅此序見於戴表元剡源文集中，因錄於續集之首。至萬里桐江續集自序一首，已列此集第四十八卷中，茲不贅錄。”玉縉案：擘經室外集著錄桐江集固非足本，戴序稱桐江集六十五卷，則二十卷及補遺一卷亦非足本也。續集四十八卷，而千頃堂書目作五十卷，豈四十八卷後又有增益歟？　丁氏藏書志有鮑氏校鈔本云：“此書黃氏千頃堂書目所載作五十卷，此集總目僅四十八卷，是已缺後二卷矣。卷一、卷二爲文，卷三至卷四十二爲詩，卷四十三至四十八爲文，據自序云：‘詩自壬午至戊子二十卷，卷百首’，今是集詩凡三十卷，則二字當爲三字之誤。今檢鈔本，全缺者卷三、卷十四、二十一、二十三、二十四、三十三、三十四、三十六、三十九、四十、四十一、凡十一卷，實存三十七卷，而卷一、卷十九、二十七中間，均缺數葉，卷七缺後數葉，是本知不足齋鮑廷博從元刻鈔錄云云。鮑於卷首書云：“新安文獻志載虚谷文二十九首，惟二首載續集，九首載桐江集，餘當别鈔一卷附後。”玉縉案：提要本據元刻，其詩原本有四十餘卷，鮑鈔本亦據元刻，其詩原本三十卷，一則一、二兩卷皆詩，一則爲文，其所缺，一則一卷、二卷、二十六卷，一則十四卷，互異，餘缺並同，所存同爲三十七卷，殊不可解？惜不得一校之。清吟閣有是書四十八卷，云闕十二卷，鮑手校蓋即丁所見本，十二當爲十一之誤。

野趣有聲畫二卷

知原集止一卷，而下卷爲後人所續輯，故又有丙戌初度詩，在作跋後一年也。

瞿氏目錄有鈔本，云：“後裔表正儀邦重輯。”

月屋漫稾一卷

王士禛居易錄謂“月屋漫稾一卷，皆庸下無足取”。

張氏藏書志、瞿氏目錄並有舊鈔本四卷，瞿云：“居易錄云云，實未見其全也。”

剡源集三十卷

此本乃嘉靖間四明周儀得其舊目，廣爲蒐輯，釐爲三十卷，表元後裔洵復梓行之。王士禛居易錄稱海寧刻剡源集四卷，乃黄宗羲所選錄，非完書也。

瞿氏目錄有舊鈔本，云："此從萬曆間戴洵重刊本傳錄，何氏義門嘗於毛氏借得嘉靖以前舊鈔本一冊，玉縉案：此本分甲、乙、丙、丁四卷，瞿氏亦著錄。以校此集，補闕文十二篇，唐畫西域圖記後半幅，脫落二百六十餘字。案惜抱姚氏擬作剡源集提要爲三十二卷，文二十二卷，詩十卷，又集外文一卷，雜記一卷，附其祖拙逸稾一卷，與此本不合。又作江湖集提要，引剡源題孫過庭書譜云云，此文亦不見是集也。"玉縉案：據瞿說，則知洵刊非足本。 吳氏拜經樓藏書題跋記云："先君子書居易錄，'戴以古文名淳祐、大德間，與柳貫齊名'數語於卷首云：'案宋淳祐時，表元年方幼齡，下至大德，幾五六十載，且道傳生更後，亦不得云齊名。'" 丁氏藏書志有舊鈔本三十卷，補一卷，云："何義門手識云：'康熙庚寅，從隱湖十丈借得嘉靖以前舊鈔一冊，以校新刻，改正處甚多，毛丈憐余校之勤也，云家有剡源詩，亦舊鈔，并以借我，乃書以志喜。焯。'後補一卷，即所從出耳。"

牆東類稾二十卷

世久無傳，今從永樂大典中蒐採遺佚，共得文三百餘篇，詩詞六百餘篇，仍依原目釐爲二十卷。

案金武祥有校勘記，光緒丙申，盛氏刻常州先哲遺書，即以金校附類稾後，而盛刻復有譌誤，金又校正數十條，並在粟香五筆內。惟有失之過泥處，其第十五卷廿三頁詩序，"余先秀崇德人"，武祥疑秀是世字，或本字，則二筆引顧氏云："秀字不誤，當秀下脫一州字耳。"

水雲村稾十五卷

惟原目二十卷，而所存止十五卷。

陸氏藏書志有明刊本三十八卷，有天啓辛酉趙師聖序。

巴西文集一卷

所著有內制集、素履齋稾，今並未見傳本，此本不知何人所編？僅錄其碑、誌、記、序等文七十餘篇，即顧嗣立元詩選中所錄諸詩亦無一首，蓋出後人摘選，非其完帙。然黃虞稷千頃堂書目，僅列二集之名而無其卷數，蓋亦未見。近時藏書家所有，皆與此本相同，則其全集之存否蓋未可知？或好事者蒐採遺篇以補亡佚，亦未可知？

瞿氏目錄有舊鈔本文集一卷，云："此弘治以前鈔本，朱性父藏書。"又有鈔本履素齋稾一卷，云："舊傳巴西集，有文無詩，此出知不足齋鮑氏采輯，題畫詩爲多。"玉縉案：陸氏藏書志有舊鈔本五卷，祕籍志云："五當作一。"

屏巖小稾一卷

觀光字直夫，東陽人，其始末未詳？集中有和仇山村九日吟，而晚春即事詩中有"杜鵑亡國恨，歸鶴故鄉情"句，蓋宋末元初人。又有甲子歲旦詩，考景定五年爲甲子，元泰定元年亦爲甲子，詩中有"歲換上元新甲子"句，以曆家三元之次推之，上元甲子，當屬泰定，觀其除夕即事詩中稱"明朝年八十"，則得壽頗長，其時猶相及也。詩多窮途之感，蓋不遇之士，惟贈談命姚月壺詩，有"試把五行推測看，廣文官冷幾時春”句，其殆曾爲學官歟？

勞格讀書雜識云：“隆慶東陽縣志，元張觀光字用賓，天性通敏，羣經子史，莫不涉獵，世居邑南屏巖下，因以屏巖自號，江、浙行臺選授婺州路敎授。”

竹素山房詩集三卷

編修汪如藻家藏本。　朱存理樓居雜著，有書吾氏類集一篇，稱“虞山雜鈔內有竹房集三卷，予家有子行招雨師文等篇遺蹟一册錄附集後”。

陸氏藏書志有鈔本，並載杭世駿手跋云：“子行精小學，學古編、古人印式諸書而外，於閒居辨‘酢醋’二字，謂‘酢’卽古‘醋’字，‘醋’卽古人酬酢‘酢’字，皆今人所未察。集中如錢良佑字說，辨‘佐佑仲’卽‘左右中’，亦有理。此集維揚馬涉江從姑蘇購鈔，予僅得見。”又載鮑廷博手跋云：“朱性父吾氏類集題詞，是書自性父從虞山雜鈔錄出始傳於世，今第三卷末招雨師以下諸詩文皆朱所補，附錄數十則，亦其所手輯，是馬氏所得，實野航先生所遺留也。乾隆癸巳，朝廷開四庫館，予別繕潔本進呈乙覽，業詔儒臣采入全書以不朽之矣。”據此，知鮑有新錄本，而著錄汪本者，殆以其舊鈔歟？

松鄉文集十卷

大抵刻意摹韓愈，而其力不足以及愈。　杜本亦稱其謝翺傳、胡烈婦傳，能使秉彝好德之心千載著明。

陸氏藏書志有元刊本，並載陸文圭及杜本序。又有明刊本，並載王應麟題語云：“賦、傳二篇，師法孟堅幽通，昌黎百川學海以至於海，其進也孰愈。”又自識云：“厚齋王先生客廣平，予偶錄復志賦、壽光先生傳求正，先生遽題其尾如此”云云。提要所論，似未見王語，至所引杜語，即杜序文也。

松雪齋集十卷外集一卷

惟焦竑經籍志載孟頫集十卷，與此本目次相合，而史所稱琴原、樂原得律呂不傳之妙者，檢勘均在其中，外集雜文十九首，亦他本所未載，蓋全帙也。

陸氏藏書志載元刊元印本，有大德戊戌戴表元序，至元後己卯何貞立序及花谿沈璜伯玉序。沈序云：“從公子仲穆玉縉案：即雍字。求假全集，與友原城鄭君再加校正，凡得賦五、古詩一百八十四、律詩一百五十、絕句一百四十、雜著五、序二十、記十二、碑誌二十六、制誥策題批答廿五、贊十、銘一、題跋五、樂府二十、總五百三十四，幷公行狀謚文一卷、目錄一卷合爲一十二卷，亟鋟諸梓。”是其集至後己卯始刊於沈氏。李慈銘荀學齋日記癸集下四六云：“松雪齋全集，凡賦一、詩四、文五共爲十卷，後附樂府。外集一卷、續集一卷，前有戴表元序及元史本傳，至順三年謚議及詔旨，楊載所作行狀，國朝康熙癸巳，上海曹培廉刻本。其集十卷，是文敏子仲穆所編，外集至元間花谿沈氏所編，續集則曹氏所輯墨蹟石刻諸詩及題跋也。”是曹本即重翻沈本，別爲續集一本，當以此本爲最足，提要蓋未之見耳。陸氏又有至元辛巳刊本趙子昂詩集七卷，題“宜黄後學譚潤伯玉編集”，其儀顧堂續跋云：“元麻沙坊本，比松雪齋集多有所思、望美人等詩十餘首。”

吳文正集一百卷

是集爲其孫當所編，永樂丙戌，其五世孫爟所重刊，後有爟跋曰：“支言集一百卷，私錄二卷，皆大父縣尹公手所編類，刊行於世，不幸刻版俱燬於兵火，舊本散落，雖獲存者間亦殘闕。迨永樂甲申，始克取家藏舊刻本重壽諸梓，篇類卷次，悉存其舊，不敢更改，惟卷首增入年譜、神道碑、行狀、國史傳以冠之。但舊所闕簡，徧求不得完本，今故止將殘闕篇題列於各卷之末，以俟補續”云云，則此本乃殘闕之餘，非初刻之舊矣。然檢其卷尾闕目，惟十七卷徐君順詩序一篇、五十四卷題趙天放桃源卷後一篇、五十七卷題約說後一篇、又三十七卷滹南王先生祠堂記末注此下有闕文而已，所佚尚不多也。

瞿氏目錄有明刊本臨川吳文正公集四十九卷，外集三卷，學基、學統一卷。云：“前有成化二十年臨川伍福序，謂‘宣德中，諸玄孫爟輩嘗繡梓於家，歲久剝蝕，巡按江西監察御史曹南陳公孟安、按察僉憲淳安方公大本屬爲詳校，因得先生裔孫興化縣令鑑家藏錄本，凡舊所刊誤舛妄悉爲是正，編成五十三卷’。案今四庫著錄有一百卷，私錄二卷，提要謂其孫當所編，五世孫爟重刊，爟跋云：‘大父縣尹公編類云云’，其說微有不同，卷帙亦異，惟所云卷首增入家譜、神道碑、行狀、國史傳，則與此本同，又缺目所載題趙天放桃源卷後，舊在五十四卷，是本在二十七卷，題約說後，舊在五十七卷，是本在二十九卷，滹南王先生祠堂記，舊在三十七卷，是本在二十卷末，疑即舊本刪併，卷次非有多少。至天一閣書目作四十二卷，當別一本也。"

金淵集六卷

近時歙縣項夢昶始采摭諸書所載，補輯爲山村遺集一卷，刻之杭州。 遠在宋末，與白珽齊名，號曰仇、白，厥後張翥、張羽以詩鳴於元代者皆出其門，他所與唱和者：周密、趙孟頫、吾邱衍、鮮于樞、方回、黃溍、馬臻皆一時名士，故其詩格高雅，往往頡頏古人，無宋末麤獷之習。方鳳序，述遠之言曰："近體吾主唐，古體吾主選"，翟祐又記遠自跋其詩曰："近世習唐詩者以不用事爲第一格，少陵無一字無來處，衆人固不識也，若不用事之說，正以文不讀書之過耳"，其言頗中江湖、四靈二派之病，今觀所作，不愧所言。

案乾隆庚申項輯遺集，較遺稾多詩十四首，雜文十五篇。

李慈銘荀學齋日記癸集下四七云："山村書畫名家，詩實非其所長，而氣格頗蒼老，不墮江湖惡派，故雖槎枒率易，終近雅音。是集輯自永樂大典，得蒙高宗御題之什，比之蘇、陸，可謂厚幸矣。"

湛淵集一卷

此本爲近時杭州沈菘町所輯。

丁國鈞荷香館瑣言云："考菘町，仁和人，名景良，字敬履，與鮑以文爲友，菘町其別號也。以別號著錄當代欽定書中，亦藝林佳話矣。"玉縉案：丁氏可如此立言，在提要實不合全書之例。

牧潛集七卷

前有崇禎己卯僧明河書姚廣孝序後一篇，稱“初得鈔本於武林，前有方回序，後有洪喬祖跋，又有姚廣孝序，序爲逃虛子集所不載，後又得見刻本，多詩數首，因校付毛晉刻之”，此本卽毛晉所刻，僅有喬祖跋，及明河此文，無方、姚二序，殆偶失之。明河又稱“嘗讀虎邱舊志，見圓至修隆禪師塔記，歎其文字之妙，今此記不見集中”。

陸氏藏書志有元刊元印本筠溪牧潛集七卷，並載大德三年方、洪兩序。儀顧堂續跋云：“其書不分卷，以類各爲起訖，故喬祖跋祗云一卷，明刻始分爲七卷。”楊氏楹書隅錄亦有元本七卷，云：“此本題曰‘筠溪牧潛集’，方序、洪跋俱在，共分七類：曰詩、曰銘、曰碑記、曰序、曰書、曰雜著、曰榜疏，每類首葉，以天干字甲至庚記之，無卷數。修隆禪師塔記，作修虎邱塔頌序，在丁字類中，蓋子晉所刻已多脫佚，此則大德間之元槧也。”

還山遺稾二卷附錄一卷

集中贊僮記，稱“所著有還山前集八十一卷、後集二十卷、近鑑三十卷、韓子十卷、槩言二十五篇、硯纂八卷、北見記三卷、正統記六十卷”，元史本傳則僅稱有還山集六十卷，元好問作奐神道碑則稱還山集一百二十卷，卷目均參差不符，然舊本不傳，無由考定。

瞿氏目錄有明刊本，云：“文憲還山集，大德中，其孫南劍錄事曙得其本於姚牧庵，刻之建寧，有六十卷，見牧庵紫陽先生文集序。其本久佚，此則明宋廷佐采掇殘賸，不及十之一，然文憲所作，賴是以存其略。”玉縉案：卽提要所見本。

魯齋遺書八卷附錄二卷

初，衡七世孫壻郝亞卿輯其遺文未竟，河內敎諭宰廷俊繼成之，何瑭爲之序，嘉靖乙酉，山陰蕭鳴鳳校刊於汴，自爲之序，序後復有題識云："鳴鳳方校是書，適應內翰元宗奉使過汴，謂舊本次第似有未當，乃重編如左，續得內法及大學、中庸直解，俱以次增入，舊本名魯齋全書，竊謂先生之書，尚多散佚，未敢謂之全也，故更名遺書。"蓋此本爲應良所重編，而鳴鳳更名者也。首二卷爲語錄，第三卷爲小學大義直說、大學要略、大學直解，第四卷分上下，上爲中庸直解，下爲讀易私言、讀文獻公揲蓍說及陰陽消長一篇，第五卷爲奏疏，第六卷亦分上下，上爲雜著，下爲書狀，第七、第八卷爲詩樂府，附錄二卷，則像贊、誥敕之類，及後人題識之文。其書爲後人所裒輯，無所別擇，如大學、中庸直解皆課蒙之書，詞求通俗，無所發明，其編年歌括，尤不宜列之集內，一槩刊行，非衡本意。

瞿氏目錄有元刊本魯齋遺書六卷，云："是書明代凡三刻，而卷第、名目皆不同，一爲成化甲午倪顒刻本，其書未見；一爲正德戊寅刊本，前有何瑭序，分卷凡七，名魯齋全書；一爲嘉靖乙酉蕭鳴鳳刊本，仍更名遺書，鳴鳳題識云云，是祗見正德本，未知元大德本原名遺書也。爲書八卷，附錄二卷，淡生堂著錄及四庫所收，皆蕭本也。此乃大德九年刊本，前有楊學文序，及大德元年贈謚詔、內翰王文秉贊，卷一奏議，卷二、卷三無總目，自讀易私言至答丞相問大學明明德凡五篇，皆論學之文，卷四雜著，卷五書簡，卷六詩章、樂府、編年歌括，分卷與明刊本絕異。卷一後有題識二行云：'右數段皆非全文，偶見別紙草槀，今附錄於此'，是則魯齋集以此本爲最初矣。後有歐陽圭齋所作神道碑一篇，述姚文公作祠堂記，謂'五百年必有名世者出，惟公足以當之'，案今本牧庵集無之，此又可證牧庵文佚去者多也。"又有明刊本魯齋全書七卷，云："七世孫壻郝絹編集，河內知縣高傑刊行，有何瑭序，較元刊本多性理一種、附錄一卷，其篇目已改元刊之舊，視嘉靖本較爲近古。"玉縉案：提要例稱名，乃於郝絹舉其字，未合，且郝有刊本，"蕭鳴鳳校刊於汴"之語，亦殊含混。　丁氏藏書志有正德戊寅刊本魯齋全書七卷，云："大德九年，眉山楊學文序云：'中齋蘇公，來牧安成，出其遺槀六卷以廣其傳'云云，此爲衡七世孫壻郝絹編輯未竟，繼成於河內教諭宰廷俊，刊行於縣令高傑，而何瑭爲之序。恬裕齋藏書記云：'較元刻多性理一種，附錄一卷。'"又有萬曆刊本魯齋遺書十四卷，云："萬曆二十四年，河北道蒲坂張泰徵及江學詩怡愉鄭道興序，雖十四卷，仍八卷本而析其卷也。"玉縉案：據此，則提要本實已完備矣。

靜修集三十卷

既乃自訂丁亥詩集五卷，盡取他文焚之，卒後，門人故友，裒其軼槀，得樵菴詞集一卷、遺文六卷、拾遺七卷，最後楊俊民又得續集二卷，捃拾殘賸，一字不遺，其中當必有因所自焚者一例編輯，未必因本意也。後房山賈彝復增入附錄二卷，合成三十卷，至正中，官爲刊行，卽今所傳之本。

張氏、陸氏藏書志並有舊鈔本二十二卷，補遺二卷，並載東平李謙序。張云："卷一後注云：'元刻有"至順庚午孟秋宗文堂刻"十字，蓋從元刊本影寫者。'宋氏賓王跋云：'明永樂間所刻詩文遺集、附錄，分三十卷者，較之此本，詩文則有闕無多，譌字脫落則倍之。'案三十卷本，首載至正九年牒文一通，中云'鈔錄詩文、附錄共三十卷'，則三十卷蓋至正時所定，永樂本從之重刊者也。至正本，後此本凡二十年，且裒集不出一手，不若是本之完備。杜肅撰靜修先生壙記見至正本附錄。云：'有文集二十二卷'，蓋卽是本，後附補遺二卷，宋賓王從容城西賢集鈔入者。"張氏又載明弘治刊三十卷，云："凡丁亥集五卷、樵庵詞一卷、遺文、遺詩各六卷、拾遺七卷、續集三卷、附錄二卷合三十卷。宋賓王云：'三十卷實二十五卷'，蓋偶見缺五卷者耳。"玉縉案：此則提要所稱疑脫"遺詩六卷"四字，其宋賓王手跋兩則今略之。瞿氏目錄亦載宋鈔本及明刊本。

案如提要說，不合三十卷之數。丁氏藏書志云："凡丁亥集六卷，內附樵菴詞、遺文六卷、遺詩六卷、拾遺七卷，楊俊民裒錄續集三卷，房山賈彝編附錄二卷，皆薦牘、壙記、墓志也。"

存悔齋稾一卷補遺一卷

明朱存理復輯其佚篇爲補遺一卷。

張氏藏書續志、陸氏藏書志並有舊鈔本，張云："後附補遺十七首，明朱存理輯，又七首，則毛氏斧季所補也。"並載毛扆手跋云:"偶閱天平山志,載子敬詩二首,集中止有其一,又從六硯齋筆記得絕句一首,皇元風雅得詩五首,幷錄於右。"陸志同。提要不言扆補,或無此七首也。

默菴集五卷

此本僅存詩文五卷、附錄一卷,或舊本散佚,後人重爲編綴歟?

丁氏藏書志有舊鈔本文集五卷,末有蒙隱褐夫記云:"蘇氏所編安敬仲內、外集各五卷,此其內集也,自勝國以來,絕少傳本,余從鄒生借得季氏藏本,錄爲一册,謬誤孔多,姑闕其疑而存之。"玉縉案:據此,則非重爲編輯。

秋澗集一百卷

集凡詩文七十七卷,又承華事略二卷。 中堂事紀三卷。烏臺筆補十卷。 玉堂嘉話八卷。

瞿氏目錄有元刊本,云:"其子公孺編。延祐七年,朝廷以其書關係政教,嘗經乙覽,移江、浙行省給帑刊行。"陸氏儀顧堂集有跋云:"秋澗先生大全集一百卷,目錄五卷,元至治中,嘉興學刊本,卷一爲頌賦云云,七十四至七十七爲樂府,七十八至七十九爲承華事略、守成事鑑,八十至八十二爲中堂事記,八十三爲烏臺筆補,八十四爲論列事狀,八十五至九十二爲事狀,九十三至一百爲玉堂嘉話,其子公孺所編。"玉縉案:據陸跋,詩文亦七十七卷,與提要合。烏臺筆補乃一卷,事略外又有事鑑,合二卷,又有論列事狀及事狀諸目,疑非提要所見之本。又續跋弘治本跋云:"行款與元至治壬戌嘉興路刊本同,當卽以元刊翻雕者，惟元刊前有王構序，王士熙、王公儀、羅應龍跋，明刊皆缺，元刊制辭、哀挽、墓志皆列總目之後，目錄之前版心，刊'目錄'二字，未免眉目不清，明刊則改列於後版心，刊'附錄'二字，較爲允當耳。"

雪樓集三十卷

建昌人，雪樓者，郢州有白雪樓，鉅夫嘗以名所寓，故世卽以是稱之。　此本併作三十卷，乃至正癸卯其曾孫潛所重編。

案元史本傳，其先自徽州徙京山，瞿氏目錄有明刊本，云："集本四十五卷，子大本編輯，揭文安校正，其孫伯崇，復屬文安子汯重定爲三十卷，至正癸卯，刻於建陽市，僅成前十卷，旋遭兵燹板燬，洪武二十八年，曾孫潛合邱本、寫本併刻於朱氏之肆，卷首有附錄一卷"，陸氏儀顧堂續跋略同，蓋皆本潛跋，是至正癸卯刻者伯崇，其洪武刻者潛也。提要殊誤。

曹文貞詩集十集後錄一卷

後有至元戊寅吳全節跋，稱爲其子江南諸道御史臺管勾復亨所類次，國子生胡益編爲十卷。又稱有張夢臣、歐陽原功、蘇伯修、呂仲實四序，此本皆不載。

陸氏藏書志有影寫元刊本十卷，並載張起巖諸人序及全節後序。又有影寫元刊本十卷，後錄一卷。並載錢大昕手跋云："曹文貞公漢泉漫藁，其子復亨所編，有張夢臣、歐陽原功、蘇伯修、呂仲實序，及吳閒閒後序，附以神道碑、畫像贊、祭文、哀辭、挽章甚備，其爲完書無疑。然止詩九卷，樂府一卷，傳云'有詩文十卷'，蓋未足信，傳又云:'子六人,孫十人,皆顯仕',據神道碑,子震亨、謙亨、泰亨皆前卒,初未登顯仕,而謙亨幷未得官,史之難信如此。"玉縉案:瞿氏目錄有元刊本十卷,云:"有張起巖、呂思誠序,吳全節跋,後附錄一卷。"丁氏藏書志有元刊本,題"文林郎江南諸道行御史臺管勾男復亨類集,國子生浚儀胡益編錄",有張起巖、歐陽玄、蘇天爵、呂思誠及吳全節序。

申齋集十五卷

今此鈔帙僅存,亦可云希覯之本矣。

瞿氏目錄有鈔本十卷,云:"門人蕭洵校正幷跋,吉水知州番陽費震刻之。傳本絕稀,此從元刊本傳錄。"玉縉案:一作十五卷,一作十卷,必有一誤。

弁山小隱吟錄二卷

玠姓名不見於史傳,惟弘治湖州府志載玠字伯成,慈谿人,宋黃震之曾孫,清苦力學,無所不通,周游西湖,樂吳興山水,因卜居弁山,與趙文敏游,文敏稱許之。有弁山集、知非稾、唐詩選、纂韻錄等書,獨不載此集之目,或後人以弁山集、知非稾併爲一編,改題此名歟?其詩不爲近體,視宋末江湖諸人惟從事五、七言律者志趣殊高。

陸氏儀顧堂續跋云:"玠爲黃東發先生曾孫,父名正孫,字長孺,自號尙絅翁,其沒也,黃溍爲誌其墓,見金華黃先生集。此本上卷五言古,下卷七言古而無近體詩,然玠嘗與顧玉山瑛游,玉山名勝集載玠七律十餘首,吳興藝文補載七律四首、五律一首、七絕六首,均在此本之外,似非不爲近體詩者，想大典所存衹得其半，非全帙也。”玉縉案：提要本並不謂從大典輯出，陸說誤。惟據名勝集等所載以爲非全帙，甚是，丁氏藏書志襲用之。

知非堂稾六卷

王士禛居易錄作十六卷，亦與自序外稾合，此集止六卷，似非完書。然嗣立之所錄與士禛之所稱者，已均在此六卷之中，又似無所亡佚者，豈後人傳寫，或合併其卷數，抑或重爲選錄，汰其繁冗，故篇帙雖減，而名章雋句一一具存歟？

陸氏藏書志有舊鈔本六卷，題“後學孫何賤雅言編集”，並載吳澄序及自序，又載王士禛手跋云：“中善五言詩，如‘聊隨碧溪轉，忽與白鷗逢’，‘小雨十數點，淡煙三四峰’，‘落葉半藏路，清風時滿溪’，‘寒沙梅影路，微雪酒香村’，‘湖雪殘波岸，船燈獨夜人’，‘西風一夜雨，丹桂滿林花’，皆有唐風。中自序有易類象二卷云云，今詩止十六卷耳。”玉縉案：此鈔本明係六卷，又明載王氏手跋，則跋中十六卷乃誤衍十字，而居易錄仍之耳。丁氏藏書志有舊鈔本六卷，題“臨川何中太虛著，後學孫何賤雅言編集，趙郡管時中校正”。云“觀何雅言編集一條，或是足本”。吳氏繡谷亭薰習錄云：“元詩選稱知非堂稾十七卷，驗其選次甲乙，卽從此本錄出，自序衹題六卷，或有文集耳。新城王阮亭尚書論太虛五字獨佳，有唐人風格，顧氏選十錄其六七，河間一首，‘河間堠子多’，‘堠’誤‘猴’，又‘伯父堅白道人’，‘父’誤‘艾’，以此本校之，誤處尚多。”

雲林集六卷附錄一卷

惟雲林小稾宋濂所序者，尙存其曾孫蘭家，洪熙中，福州陳嵦復序而傳之，弘治間，其裔孫元禮，復采諸書所載奎詩及遺文二篇，附益成編，是爲今本。

瞿氏目錄有明刊本，云："六卷，皆詩，後附錄天游亭記、嵇法師碑、遊長春宮詩序三篇，此弘治庚戌刊本。"據此，則提要二篇乃三篇之誤。陸氏儀顧堂題跋云："舊鈔本卷六題倪氏今是亭詩脫題，與宿古柳墅詩誤連，閣本同，據弘治本補題。卷首范吉識語，亦補二十餘字。"丁氏藏書志有十萬卷樓鈔本十卷，云："此本析爲十卷，附錄天遊亭記、嵇法師碑二篇，乃三世孫蘭所增也。"

梅花字字香前集一卷後集一卷

前後二集，詠梅七律至二百首。

楊氏楹書隅錄有元本二卷，云："近時仁和胡珽得五硯樓袁氏鈔本，刻入琳琅祕室叢書，舛誤頗多，如每詩標原作姓名於後，皆隨所集之序，故一詩之中，一人集至數句亦必重書，其偶未注出者，則以空格或墨釘間之，而胡刻一槩連寫，遂令序次混淆，詩與人均牴牾不合，且莫辨漏注者爲何句？非見此原刻，幾無從是正矣。前集詩五十首，後集詩四十八首，豫亨序言百首，蓋舉成數，四庫總目作二百首，二乃衍字耳。"玉縉案：瞿氏目錄有舊鈔本二卷，亦云"皆集宋人詠梅句爲梅花詩百首。"鄭翼謹案：自序集古今詩，故篇中雖多宋人，間亦有唐句。

靜春堂集四卷

是集乃易歿之後，其子泰所編，延祐四年，龔璛爲之序，推之甚至，然以王安石擬之殊不相類，卷末有厲鶚跋，擬以黄、陳，亦未盡然，易詩吐言天拔，於陳與義爲近，與黄庭堅之鎔鑄剷削、陳師道之深刻瘦硬，其門徑實各别也。有元作者，綺縟居多，易詩雖所傳無幾，而風骨遒上，固足以高步一時，龔璛等所作集序墨蹟，至明正統中尙存，吳訥題其卷末，深致向往。

丁氏藏書志有舊鈔本詩集四卷，附錄一卷，云："集八卷，爲其子泰編，延祐庚申，龔璛首序，同序者爲陸文圭、錢重鼎、郭麟孫、楊載、虞集、湯彌昌、陳繹曾，明正統三年，吳訥又爲後跋，訥蓋其五世孫□玉縉案：原不空，疑脫壻字，俟考再塡。也。後有吳寬一跋，集遭兵火，僅存四卷，四庫著錄者卽是本也。袁氏五硯樓既錄其文，黄氏蕘圃又考證之，而爲附錄一卷，且謂此集之可寶者在八卷之目尙全，或可因是以俟訪求。"

惟實集四卷外集一卷

玄爲序其文集，稱其詩六體皆善。

案歐陽玄序云："及觀楚奇作，辭氣深妥，境趣一眞，所謂佳處可傳者，眞如乃祖之訓"云云，幷無此語。惟虞集序云："既讀其詩，六體皆善，信如臨川之言"，蓋誤以集爲玄。

石田集十五卷

稱其"接武隋、唐，上追漢、魏，後生爭效慕之，文章爲之一變，與會稽袁桷、蜀郡虞集、東平王構更迭倡和，如金石相宣而文益奇。"

案原序云："文則富麗而有法，新奇而不鑿，詩則接武"云云，論文理，上二句似不可節，"與會稽"數語，本在上文，今併引之，且有更改。

道園學古錄五十卷

據金華黃溍序，以是集爲集手自編定，然其天藻詩序云："友人臨川李本伯宗，輯舊詩謂之芝亭永言"，又賦謝李伯宗題云："至元庚辰冬，臨川李伯宗、黃仲律來訪山中，拾殘稾二百餘篇錄之"，而李序又云："至正元年十有一月，閩憲韓公徵先生文稾本，與先生幼子翁歸，及同門之友編輯之，得在朝稾二十卷、應制稾六卷、歸田稾一十八卷，方外稾六卷"，所言與今本正相合。又考道園遺稾，前有至正己亥眉山楊椿序，以爲集季子翁歸及其門人所編，與李本序合。蓋集母楊氏，爲衡陽守楊文中之女，楊椿即其外家後人，其言自當無誤，亦可證黃溍所云之不足據，是編爲李所定無疑也。

自元暨明，屢經刊雕，然皆從建本翻刻，亦間有參錯不合，蓋多出後人竄改，要當以元本爲正矣。　此錄所收，雖不足盡集之著作，然菁華薈稡已見大凡。

翁方綱復初齋集道園遺稾序云："吾於道園集，每據門人李本序以辨正黃序自編之說，然當韓克莊徵全稾時，先生豈竟略不加意乎？虞勝伯之編遺稾，蓋從其後追憶之，故遇殘編賸草，皆所不忍遺，此則後人用心之勤，抑與當時得失寸心之自知固微有間矣。以今覆讀是編，而知黃序謂先生自編者，特言之未詳耳，非失實也，蓋學古錄未收，實皆先生所不欲存者，故黃序以爲先生自編耳。"張氏藏書志有明景泰本，云："目錄後有重增目錄，嘉靖本散入各卷，不另列。所增詩文，散入各卷末，或元本所無而鄭達增入者歟？”陸氏藏書志云：“景泰、嘉靖兩刊，行款皆同，惟景泰本目錄後有補遺目，嘉靖本則以補遺目散入各類，今人往往以景泰刊爲元刊，其誤始於吳兔牀拜經樓題跋記。”其儀顧堂續跋云：“兔牀所藏本，爲人割去葉盛跋、歐陽札、鄭達序，遂誤以爲元刊，不知劉伯溫刻有歐序者乃大字本也，莫友芝經眼錄誤同，不免爲書賈所愚矣。”又有舊鈔本翰林珠玉六卷，並載吳焯手跋云：“歷考諸簿錄，無翰林珠玉之名，疑出後人彙集，案此編所錄，亦有學古錄及遺稾所未載者，固知先生平生著作殷富，李本集錄時採摭未盡也。”又有元刊元印本，及黄丕烈手跋，今略之。瞿氏目錄有舊鈔校本新編翰林珠玉六卷，云：“首行題‘儒學學正孫存善如山家塾刊’，次行題‘邵庵虞集伯生父全集’，案楊氏椿序道園遺稾有云：‘道園學古錄板行後，湖海好事者復輯公詩另爲一編，與學古錄所載時有得失’，即謂此本也。所錄在朝稾，視學古錄爲多，至所錄歸田稾，不逮學古錄之全，而亦有不見學古錄者，字句亦有與學古錄異者，間有自注，爲學古錄所遺，皆可備參考。”又“道園遺稾亦有失載者”云云，皆歷舉其題目及首數，玆略之。虞堪編輯遺稾，其識語云：“先叔祖學士虞公詩文，有道園學古錄、翰林珠玉等編，已行於世，然竊讀之，每慮有所遺落”云云，是珠玉所載，遺稾不必收也。

道園遺稾六卷

凡古律詩七百四十一首，附以樂府，刻於至正十四年。考袁錄集之遺文者別有道園類稾，以校此編，類稾所已載者僅百餘篇，類稾所未載者尙五百餘篇。

陸氏藏書志有元刊本遺稾六卷，鳴鶴遺音一卷，幷載至正二十四年金天瑞識云："右蘇武慢三十二首、無俗念一首，全眞馮尊師、道園虞先生所共作也。天瑞昔刊道園遺稾，而先生所作已附於編，然其所謂馮尊師最傳者廿篇，世莫全覩，今復併類編次以刻諸梓"云云，提要不言馮作，豈所據本無鳴鶴遺音歟？又丁氏藏書志有影元刊本道園類稾五十卷，云："門人吳彤類編，凡方外稾均削去不登，今以學古錄校之，所收之文，多有爲在朝、歸田二稾未載者。"玉縉案：提要以其大率見於遺稾，故不著錄，然存目既列坊刻之道園集及詩續編而不及此，殆失之矣。

楊仲弘集八卷

焦竑國史經籍志載楊載仲弘集四卷，此本八卷，不知何人所分？

丁氏藏書志云："焦氏經籍志著爲四卷，而錢遵王敏求記載楊仲弘詩集八卷，云：'余昔藏元版仲弘詩集，後歸之季氏，此從刻本影鈔'，似元槧本八卷，焦氏所見，乃後人併卷者耳。"

范德機詩七卷

此本七卷，不知何人所併？

瞿氏目錄、丁氏藏書志並有元刊本七卷，題"臨川葛雝仲穆編次"，目後有"至元庚辰良月益友書堂新刊"一行，陸氏藏書志舊鈔本同。據此，知是雝所併也。且提要於存目范文白詩集六卷下云:"椁詩別有七卷之本,題范德機集者乃臨川葛䧺所編",是亦知之,徒以出於衆手,遂致不相顧耳。

文安集十四卷

此本凡詩四卷,又續集二卷,制、表、書、序記、碑誌、雜文八卷,乃其門人錫喇布哈所編。

丁氏藏書志有舊鈔本詩集三卷,續集二卷,文集九卷。云:"詩集前三卷,門人爕理溥化校錄,毛晉所刊,次第與此相符。惟第三卷尙少送孔學文、送李都事、送于孔昭三首,多登祝融峯以下六首,續集二卷,較全集多五十九首,文集九卷,制、表、書、序記、碑誌、雜文。"

翠寒集一卷

是集前有自序,又有元貞乙未趙孟頫序、延祐庚申馮子振序,然卷末有題孟頫遺墨詩,不應有孟頫序,以自序考之,蓋此本爲无晚年自定,子振爲序而刻之,孟頫所序,乃其少作,以其名重,仍刊以冠集耳。

張氏藏書續志有元刊本翠寒集六卷,嘀嚳集一卷,馮子振序外有至治二年錢良佑序,有嘀嚳集自序及鄧光薦序,無趙序,當別一本。六卷是否一卷之誤?俟考。至嘀嚳集提要入存目。

檜亭集九卷

其壻饒介之及其門人李謹之,各據所得,蒐輯成帙。偶桓乾坤淸氣集多錄其詩,如餞趙公子、送王伯庸、郭生生子諸詩,字句或有小異,殆由傳本各殊。又蘭堂上人之金陵因寄憲府張使君諸詩，此集不載。

陸氏藏書志有元刊本九卷，並載李桓、李孝光、危素、楊翮、喻立敬各序，楊序云："其壻饒君介之，訪求得百餘篇，而猶遺落太甚，從之游者，李君謹之，深以爲惜，益加蒐羅，久之，得若干篇，皆饒集之所未嘗有者。"據此，是李繼饒而輯，故稱續集，提要"各據所得"二語，殊未明晰。丁氏藏書志亦有元刊本，引朱緒曾開有益齋讀書志云："偶桓乾坤清氣集仲容詩，扶桑行送銛仲剛東歸、題長江萬里圖、蘭堂上人之金陵因寄憲府張使君三首，爲此集所不載。偶讀朱右白雲稾云：'李謹之編檜亭集，如瓊花瑞竹送常憲使、題長江萬里圖，皆膾炙人口，而不能盡傳，因補所未備，得一百四十七首，與御史王克惠商刻之。'"又有舊寫本九卷，拾遺一卷，云："此本後別從草堂雅集、乾坤清氣集、元音、大雅集、赤城詩集、鶴亭詩倡和集、鐵網珊瑚諸書拾出，凡四十餘首，似亦可略得朱白雲所補之梗概矣。"

黃文獻集十卷

濂序稱所著日損齋稾二十五卷，溍歿後，縣尹胡惟信鍥梓以傳，又有危素所編本，爲二十三卷，今皆未見。

陸氏藏書志有元刊元印本金華黃先生文集四十三卷，並載至正十五年貢師泰序云："其初稾三卷，則未第時作，監察御史臨川危素所編次，續稾四十卷，則皆登第後作，門人王生、宋生所編次也。"又有明正統補刊本黃文獻公集二十三卷，其案語云："卷一至三曰初稾，卷四至十曰續稾上，俱題臨川危素編，卷十一至十六曰續稾中，題門人王禕編，卷十七至二十三曰續稾下，題門人宋濂、傅藻同編，並據杜桓後序云云，謂當刊於元至正中。”玉縉案：貢序近是，若續稾分爲上中下各自編次，斷非事實，當是二人同編，而分題王、宋等名。張氏藏書志亦有是本，至金華集概列危素名。錢大昕潛研堂集有跋云：“太樸負重名，王、宋不敢與抗行”，瞿氏目錄以爲臆度之說，疑當時校勘失檢，玉縉則謂編次卷第，各自不同，乃各自類集耳。又養新錄云：“張儉所刻，以意删削，春風亭筆記本别爲一編，雜入文集，次第紊亂，尤爲可憎。元槧本雖不標日損齋之名，而合前後集數之，與行狀卷數恰合。蓋文獻手定本，以齋名爲集名，厥後門弟子校刊，改題金華黄先生以示尊崇之意，非有兩本。”此謂金華集本於日損齋稾，非謂與文獻集無二也。

圭齋集十五卷附錄一卷

揭傒斯作玄集序，稱“有曰詩流者三卷，曰鉛中者十卷，曰驅煙者十五卷，曰強學者十卷，曰述直者三卷，其門人王師模所編”，明宋濂序則謂“原集一百餘册，皆燬於兵，惟存辛卯至丁酉七年之作，二十四卷，其孫祐持編錄之”，此本詩賦四卷，文十一卷，附錄一卷，題宗孫銘、鏞編集，又非祐持之舊矣。孔齊至正直記曰：“歐陽玄作文，必詢其實事而書，未嘗代世俗誇誕，時人謂文法不及虞集、揭傒斯、黄溍，而事實不妄則過之”，然宋濂稱“其文如雷電恍惚，雨雹交下，可怖可愕，及乎雲散雨止，長空萬里，一碧如洗”，實亦未減於三人也。

案序云:"歐陽先生集曰詩流者三卷"云云,"其門人"上,又有"曰脞語者三卷"六字,提要引脫去。沈濤十經齋文集有是集跋云:"原功於揭公爲同朝後進,公不應以先生稱之,且原功三仕成均,兩爲祭酒,六入翰林,三拜承旨,凡朝廷高文典册多出其手,而序云'惜棄在草野,不得與典謨訓誥之述作以黼黻皇猷,然文關世教,斯可傳矣,不繫其人之隱顯',則所謂歐陽先生者,直隱居不仕,初不在承明侍從之列。又原功與揭公交甚密,集中揭公墓碑銘,言嘗共修典憲,又共史事,今序云:'獨恨不登先生之堂,從諸先生之後',則公與歐陽先生並未識面,不過因其門人之請爲序以塞其求,其別爲一人可知。蓋銘、鏞輩皆非文人,見文安集中有歐陽先生集序,以爲必是序其先世之文,因弁諸卷首,可齋又誤從而述之,亦可見明人之不學矣。原功遺文尙多,孫觀察訪碑錄中,載原功所撰碑誌二十餘通,余於藁城,拓得董淸獻公神道碑銘,亦原功所撰,而此集均所不載,則欲搜羅散佚者正當於金石文字中求之耳。"玉縉案:揭序與本集不相謀,沈辨極細,提要亦未加以考核,丁氏藏書志襲其說。據此,則詩流諸目,知非圭齋集所有矣。銘、鏞所編本,有天順辛巳、成化庚寅後學彭時兩跋,及劉釪跋,可齋者,時字也。據釪跋,則知銘字光器,鏞字光樂,去玄五世。又此集近有李祖陶本、鄧顯鶴本,鄧本尤善,補輯若干篇,幷删去其中贋作。李慈銘荀學齋日記癸集下三四云:"圭齋負元季文章重望,一時詔册碑傳大著作多出其手，而集久散佚，此所存僅十之一，爲賦一卷、附頌一首、詩三卷、記二卷、序二卷、碑銘二卷、阡表、哀詞、傳一卷、各止一首。經疑、書義、策問一卷、詔表、册文、銘説等一卷、題跋一卷、贊、疏、簡啓、祝文、祭文一卷、附錄一卷。詩賦雖清雅而淺弱易盡，文亦多落庸近，惟碑銘尚有氣勢，而自張齊郡公、趙國忠靖公、馬合馬沙。許文正公、趙文敏公、虞雍公、貫酸齋、揭文安公數篇外，亦尠有關文獻，然一代盛名，其文終可傳也。”錢泰吉甘泉鄉人稾跋校本元文類云：“圭齋集，宗孫銘、鏞編集本，每卷俱有銘、鏞編集，及安成後學劉釪校正兩行，文中應空格者均不空格，當是明初刻。文類三十九卷所選補正水經序、送曲阜廟學管勾簡君序，四十七卷所選鄉試策問、會試策問，集中皆無之，五十四卷曾秀才墓誌，適在缺葉中，尚須覓善本也。”

所安遺集一卷

延祐二年進士，除龍泉縣主簿。 明成化中，其來孫銓等重刊，卷末有舊題六字云：“後段蠹損惜哉！”則併朴所緝，亦非完本也。

丁氏藏書志云：“元史類編稱泰與歐陽玄同舉於鄉，官龍泉縣主簿，案龍泉有三：一浙江處州，一江西安吉，一貴州石阡。案湖廣省志，泰延祐元年試天馬賦，擢上第，授翰林供奉，出補龍南令，豈龍泉簿别有所據耶？”陸氏儀顧堂題跋云：“從丁松生所藏鮑淥飲校本過錄，譚文卿中丞撫浙時即以鮑校本刊刻，余近得成化本，以校此本，多得詩三十餘首、閻潔序一首、劉三吾像贊一首，及小像，陳銓、陳章、陳瑺跋三首，周濟、蔣冕跋各一首。蓋淥飲所見本，前後缺十餘葉，故脫落如此，惜文帥移節陝、甘，不及補刊。”案丁氏藏書志不載鮑本，有影寫成化本，閻潔等序跋均有，豈從陸氏藏本傳錄耶？又有趙輯寧手寫本，云從初刻本錄出者，雖較成化重刻本闕詩二十餘首，别從元詩體要、湖廣通志、乾坤清氣集補遺數篇，又錄新城王士禛跋云：“所安遺集，歌行馳騁筆力，有太白之風，在元人諸名家中，當居道園之下諸公之上，而名不甚著，豈名位卑耶？”丙案：“李祁雲陽集有題刻陳所安文集云云，此文亦未梓於成化本，似散失已久耳。”

禮部集二十卷

此本乃新城王士禛寫自崑山徐秉義家，因行於世。

王士禛蠶尾續文有是書跋云：“吳師道仙山秋月圖詩，自注，‘宮扇馬遠畫，宋寧宗后楊氏題詩，自稱楊妹子，詩中感慨濟王之事’，以楊妹子爲楊后，誤矣。”陸氏儀顧堂續跋元槧本跋云：“每葉三十二行，每行二十字。”

秋聲集四卷

其集據顧嗣立元詩選稱原本十卷，又載有鄭潛序，此本僅存四卷，又惟鎮成自序一篇，而不載潛序，似非完帙矣。

陸氏藏書志有舊鈔本十卷，並載自序，及至正十七年鄭潛序、洪武十一年鎮成子鈞跋。案十卷本，凡詩六卷、文二卷，實八卷，詳張氏藏書志明刊本。又瞿氏目錄有舊鈔本六卷，云：“詩每體爲一卷，雜著一卷”云云，疑别一本。

雁門集三卷集外詩一卷

集本八卷，世罕流傳，毛晉得別本刊之，併爲三卷，後得荻匾王氏舊本，乃以此本未載者別爲集外詩一卷，而其集復完。

張氏藏書志、瞿氏目錄並有元刊本八卷，題代郡薩都剌天錫撰，前有至正丁丑干文傳序。瞿云："是本流傳絶少，汲古毛氏所刻，得一別本，分三卷，實未全，後獲見此本，故別刊集外詩一卷。"

杏亭摘藁一卷

所居有銀杏樹，大百圍，焱祖嘗以杏亭自號，因以名集。

陸氏藏書志有舊鈔本，作杏庭摘藁，以所居有銀杏樹云云推之，"亭"當爲"庭"之誤。

安雅堂集十三卷

其集見於本傳者十四卷，此本僅十三卷，乃其子續所編，有張翥、林泉生二序，一作於至正九年，一作於十一年，目次與焦竑經籍志相合，殆本傳筆誤，以三爲四歟？

吳氏拜經樓藏書題跋記云："先君子又書別紙云：'案元史本傳，文集十四卷，簡明書目，安雅堂集十三卷，遺書目云十四卷。元百家詩選小傳，安雅堂集一百廿四首，元刻陳衆仲集一、二卷一百六十九首，三卷一百五十九首，通計三百廿八首，較元詩選多二百四首。'" 瞿氏目錄有元刊本陳衆仲文集十三卷，云："此本舊存元槧七卷，八卷以下，依明刊本鈔補，遂存完書，考傳是樓書目有元板陳衆仲集十三卷，此未經闕佚者也。元本詩三卷，係編年，明刻易爲分體，且原注多漏去，已盡失初刻之眞矣。" 陸氏儀顧堂續跋元槧本跋云:"陳衆仲文集十三卷, 卷五題安雅堂集, 語涉元帝皆提行, 卷一至三賦、詩, 卷四至六序, 卷七至十記, 卷十一、十二碑銘, 卷十三銘、跋、解、說、策問、贊、傳, 各體皆備, 並無缺少, 提要以元史本傳四字爲三字之譌, 良是。"

傅與礪詩文集二十卷

所著詩集: 有初稾、南征稾、使還新稾、牛鐸音等編, 范、虞諸人皆嘗爲之序, 至正間, 其弟若川彙録之, 名清江集, 明洪武中, 又刻其文集十一卷、附錄一卷, 今詩文總爲一編, 不知何人所併也?

陸氏藏書志有舊鈔本傅集八卷, 並載范梈、揭奚斯、虞集、胡行簡諸序, 及其弟傅若川跋, 胡序作於至正戊戌, 云: "傅廣文詩, 舊有刻本而燬, 令弟若川欲重鋟梓, 介友人袁大賓徵序其端", 是至正十八年也。傅跋作於癸亥, 云"壬辰兵燬之後, 欲求正稾刊行而力弗逮, 至壬戌夏, 偶得宋應祥伯禎鈔錄點校先兄正稾, 遂僭編次, 率衆力鋟梓", 壬辰爲至正十二年, 癸亥當爲洪武十六年, 如爲至治三年, 則與天曆范序、元統揭序等皆不合, 胡序後有"洪武壬戌仲冬瀹川百丈山前建溪精舍新刊"一行, 知傅跋當是刊成後將付印時所作, 提要以爲至正間彙梓, 是但據胡序未細審傅跋也。瞿氏目錄謂有洪武壬戌胡序, 尤誤。陸志又有舊鈔本傅與礪文集十一卷, 附錄一卷, 並載洪武甲子梁寅序云: "君旣卒後, 詩文俱嘗刻之, 捧其詩乃范、虞、揭三先生爲之序, 君之弟次舟, 以舊刻不存乃取而重刻之, 且續刻其文，屬寅爲之序”云云，是詩文集於壬、癸、甲三年中刻之，疑即若川所併也。

俟菴集三十卷

前有永樂乙酉鄒濟序。

案有洪武癸丑涂幾、永樂乙酉徐旭、王和諸序，不止鄒氏一序。

青陽集四卷

元余闕撰。

陸氏藏書志有明刊本青陽先生文集六卷，附錄一卷，題“門人淮西郭奎編”，並載程國儒、李祁序，皆稱奎所編錄，又有嘉靖本余忠宣集六卷，題“門人淮西郭奎子章輯”。瞿氏目錄有明刊本九卷，云：“八卷，門人淮西郭奎子章輯，第九卷爲維揚張毅仲剛續輯，洪武初，有張彥剛刻本，此則正統間沅陵縣丞高誠重刻本也。”據此，則明有兩本，而皆非提要所見本。 吳氏繡谷亭薰習錄有六卷本，云：“門人淮西郭奎子章編，前有金華宋濂傳、太原賈良伯死節記，附維揚張毅夫人姓氏辨。蓋公之夫人蔣氏，妾爲耶律氏、卜氏，而濂傳誤書夫人爲耶卜氏，元史節要又誤爲耶律氏，毅已辨之，至公之子曰德臣、女曰安安、甥曰福童，公戰歿之日，夫人率子女赴水死，福童亦以戰死，濂傳以女名福童，毅獨未之辨也。”

鯨背吟集一卷

舊本題元朱晞顏撰，前有自序，署其字曰名世。 長洲顧嗣立編元百家詩，據趙孟頫所作宋无翠寒集序，謂无舊以晞顏字行，先世自晉陵遷吳，冒朱姓，至元中，其父領征東萬戶，案牘當行，病痿，无㔨以身代，遂入海，經高麗諸山，未嘗廢吟詠，鯨背吟正其時作。

陸氏、丁氏藏書志並有舊鈔本，題元朱名世撰，陸氏案語云："簡明目錄云：'舊本題朱晞顔撰'，提要云：'舊本題朱名世撰'，此本爲長洲顧湘舟舊藏，亦題朱名世撰，與提要合，豈簡明所據又別一本歟？何與提要參差也？"玉縉案：提要、簡明目往往參差，近本則多相合，不知何人所改？陸氏所據提要本殆未改者耳？邵遠平元史類編云："宋无字子虛，舊字晞顔，宋末兵起，自晉陵遷吳，冒朱姓，著翠寒集，又啽囈集，更有鯨背吟，乃從事征東幕府時作，皆七言斷句，議論諷刺，探賾闡幽，不當徒以詩目之"，此本顧說，當以提要爲正。

近光集三卷扈從詩一卷

丁氏藏書志有淡生堂鈔本，附補遺，云："鈐有'山陰祁氏藏書之章'，'禦兒呂氏講習堂經籍圖書'、'汪魚亭藏閱書'各印，末附遺文、遺詩數篇，不知誰手掇拾？"

經濟文集六卷

先世新野人，徙居荆門，至正初中大都路進士。

順天府志百二十四云："士瞻字彥聞，東安人，爲翰林學士承旨，封楚國公，使閩，適海酋據福州城，王師攻之不下，士瞻喻以禍福，酋遂出降，閩人立祠祀之，具載東安李志。"提要則云："先世新野人"云云，不言其爲東安人，於其子繼本一山文集則云："東安人，占籍北平"，而不言其爲士瞻之子，考元之東安有二：一爲湖廣省永州路，一即大都路之東安州，士瞻由新野徙荆門，與永州不合，惟紀士瞻云中大都路進士，繼本云占籍北平，其即寄北平之東安籍歟？東安志所紀，與提要所云，詳略不同，大致則一。

純白齋類稾二十卷附錄二卷

是集乃助所自編，本三十卷，歷年既久，殘闕失次，明正德中，其六世孫淮掇拾散佚，重編此本。

陸氏藏書志有舊鈔本，並載正德庚午杜儲序云："類稾者，先生之子瑜以詩文遺稾類而別之，以便傳誦，總二十卷，歲久薦經兵燹，殘缺失次，六世孫淮，徧求遺墨，分入各類以補之，仍曰類稾"云云，是其初本，非自編也，提要恐誤，或別有據。

圭峯集二卷

此本爲元陳誠中所編，明萬曆初，邑人朱一龍、福州董應舉序而刻之，在莊本之前，然已多竄入他作。

陸氏藏書志有舊鈔本七卷，並載至正丙午孫伯延序。其案語云："圭峯集七卷，元陳誠中編，從洪武刊影寫，孫序後有'洪武癸丑五月七日重梓'一行，其證也。四庫著錄本作二卷，乃館臣所重編，並非原本，提要已言之矣。萬曆莊氏刊本，改圭峯爲圭齋，其名已誤，文與此本同，亦分六卷，詩則增爲七卷，較多二百餘首。謝在杭筆精云：'內竄入薩天錫詩六十餘首'，明人蓋已知之，但不知薩詩之外所增又何據耳？是本雖祇四十餘首，篇篇可誦，萬曆本除薩、陳諸作外多不足觀，其爲後人妄竄無疑也。是書刊於洪武中，確有可證。莊序云：'誠中所編，欲鋟未就'，又改孫序七卷爲十五卷，作僞顯然，尤可笑也。"鄭翼謹案：此條提要引䇿精作徐㘯是也，盧志誤。

蛻菴集五卷

王士禛則稱蛻菴集四卷，明洪武三年錫山郎成鈔本，此本乃朱彝尊所藏，明初釋大杼手鈔本，前後有來復、宗泐二人序跋。

張氏藏書志有明洪武刊本蛻菴詩四卷，題"衡山釋大杼北山編集"，並載來復、宗泐序跋。又有鈔本蛻菴詩五卷，云："分卷序次，均與洪武刊本異，五言古詩堂堂一首、五言長律題玉山詩一百韻、七言古詩古促促辭、北風行、螢苑曲諸篇，洪武本俱闕。案來復序云：'北山杼禪師以公手稾選次而刊行之，'則洪武所刊爲選定重編之本，此或其原本歟？" 楊氏楹書隅錄有校舊鈔本蛻菴詩集四卷，並載黃丕烈識語云："王漁洋居易錄載元張翥蛻菴集四卷，衡山釋大杼北山編集，洪武三年錫山郎成鈔本，是四卷之目固舊本也，近時四庫書目以爲五卷，未知所據何本？俟博考之。"案丁氏藏書志有知不足齋鈔本四卷，云："鮑氏廷博從明虞山梅林潘京倩藏本錄出，并跋云：'蘇序云公所作最多，掇其遺尙五百餘首'，案今集實五百九十三篇，別本有釋宗泐跋云：'選得九百首'，疑傳寫之誤耳。"又有舊鈔本詩五卷，蛻巖詞二卷，云："右卽四庫著錄之五卷本，古、近體詩綜六百九十篇，較四卷本多至百篇，前無來復、宗泐、蘇伯衡三序，後有元史本傳、堯山堂外紀二則。"玉縉案：蛻巖詞提要云："實詩七百六十七首"，則四庫所收似別一本。

五峯集六卷

是編乃弘治甲子懷遠錢杲爲樂清令，訪求遺稾，得全集於儒生周綸家，因俾綸編次刊版，杲自爲之序，仍以五峯集爲名，其詩文不分卷帙，但以各體分編。

丁氏藏書志有舊鈔本五卷，即出自周綸本，云："一、二卷古體詩，三卷今體詩，四卷序、銘、傳，五卷記，四庫分編六卷，此其原編也。"

野處集四卷

今詩、詞二選，世已無傳。

玉縉案：蟻術詩選八卷，詞選四卷，阮元揅經室外集著於錄。陸氏、丁氏藏書志亦均有舊鈔本詞選。

夢觀集五卷

其集本二十四卷，首爲夢法一卷，夢偈一卷，夢事一卷，次爲詩六卷，次爲文十五卷。今刪除其夢法等卷，併刪除其雜文，惟錄古今體詩編爲五卷。

陸氏藏書志云："四庫館惟取其詩，以卷四爲卷一，卷五爲卷二，卷六爲卷三，卷七爲卷四，卷八、卷九爲卷五，編爲五卷，著於錄，餘皆斥而不收。同治十二年赴閩，從晉江黃制軍處借得翰林院底本，命胥錄副，卷第則改從閣本焉。"其儀顧堂題跋同。丁氏藏書志有明初刊本六卷，云："首題夢觀集卷一，當是專刻詩集，有洪武廿二年金華宋濂序。"據此，則其詩原有專集，提要未見，故重編耳。

金臺集二卷

前有歐陽玄、李好文、貢師泰三序，作於至正壬辰，又有黄溍題詞，作於至正庚寅，末有至正乙酉揭傒斯跋、至正辛卯程文跋、至正乙未楊彝跋、至正己丑泰哈布哈題字、至正戊子張起巖題詩，復有虞集詩一首及危素一跋，均不著年月，素跋稱"易之金臺前稾余既序之，及再至京師，又得後稾一卷"，則此集二卷乃合兩稾編之，故集中稱揭傒斯謚爲揭文安，而集末乃有傒斯跋也。

瞿氏目錄有舊鈔本二卷，云："題'南陽迺賢易之學，臨川危素太樸編'，爲金侃亦陶手鈔本，有歐陽玄、李好文、貢師泰、揭傒斯、楊彝、危素、程文諸序，虞集、張起巖題詞，與毛刻本同。惟卷二末增多補遺，爲毛本所無，如次韻元復初春思三首、送鄧元道四首、賣鹽婦仙居縣杜氏二眞廟詩、錢塘留別、康里丞相之會稽代祀使歸、張員外光弼先生奉楊公之命，函香浦陀落伽山，瑞相示現，使節今還，輒成長律四章，少寓餞忱，取校毛本，共增多五古七首、七古兩首、七律六首，不知從何處得之？卷末有亦陶手跋云云。"

子淵詩集六卷

以其兄字推之，則子淵當爲其字矣。

陸氏藏書志有文瀾閣傳鈔本，並載鄭奕夫、危素、艾逸、楊彝四序，各見子淵字，則子淵之爲字無疑，此本當即四庫著錄本，提要往往舍近就遠，故不及序歟？

栲栳山人集三卷

是集爲安卿邑人宋禧所編輯。

陸氏藏書志有勞權校本，祕籍志並載勞氏手跋云:“此千頃堂鈔本,用校乾隆壬寅餘姚張氏新刻,張本多七言律詩二十八首，及像贊行狀，似從岑氏後裔所藏增補,若宋文憲公序，別本有之而張本亦缺，今據此本校正新刻之謬，並略正此本傳寫譌字。據邑志，集凡四卷，今佚其末卷，張氏遽以上中下分卷,則似完帙矣。近人刻書,大率不遵原本之舊,非勘對不可。”陸氏儀顧堂題跋大半襲其說。

四庫全書總目提要補正卷五十二

别集類十

玩齋集十卷拾遺一卷

明天順間，寧國守會稽沈性重加蒐輯，得詩文六百五十三首，釐爲十卷，又補遺一卷，其年譜之類，别爲一卷附之，是爲今本。

瞿氏目錄有舊鈔本十卷，拾遺二卷，云："天順初，會稽沈性爲宣州守，合家藏友迂集，與諸孫武欽所藏玩齋稾，又博訪一切碑板文彙刻之，然迺賢金臺集序不載書中，又黃文獻有玩齋集原序亦不載，可知殘佚已多矣。此太倉宋蔚如鈔本，前列貢玩齋集存疑目，後補錄程文玩齋記一首，又較莘客持來活字本，有楊維楨、趙贇、錢用壬、謝肅、王褘、余闕、程文序，沈性刻板序。"

羽庭集六卷

案自序及宋無逸序，是集原名亦玄，豈提要改爲今名歟？

句曲外史集三卷補遺三卷集外詩一卷

明成化間，姚綬始購得其稾，嘉靖甲午，陳應符始釐爲三卷，校讐付刊，而以劉基所作墓誌、姚綬所作小傳附之。崇禎中，常熟毛晉，復取烏程閔元衢所錄佚詩爲補遺三卷，附以同時酬贈之作，晉又與甥馮武，搜得雨集外詩若干首續刻於後，仍以徐世達原序冠於簡端者，卽此本也。　早年及識趙孟頫，晚年猶及見倪瓚、顧阿瑛、楊維楨，中間如虞集、范梈、袁桷、黃溍諸人，皆以方外之交，深爲投契，故耳濡目染，具有典型。

瞿氏目錄有元刊本句曲外史貞居先生詩集五卷，云："題'吳郡海昌張雨伯雨撰，江、浙鄉貢進士姪誼編類，吳郡徐達左校正'，前有達左分隸序，汲古毛氏未見此本，故所刻不同，徐序亦多脫落舛譌，署名並脫'左'字尤爲乖謬。"又有舊鈔本詩集四卷，詞一卷，云："此明柳大中鈔本，卷首題記云：'貞居先生集有板行者，比斯鈔本十之二耳，近得此本於南濠都太僕家，借歸錄之，補以小傳。'"又有舊鈔校本詩集六卷，詞一卷，雜文一卷。云："此何元朗鈔本，黃蕘翁以柳大中本對校，其詩分體，較柳本稍多，詞編次第多同，惟首闋東風第一枝爲柳本所無，雜文九首則又此本增出者也。毛氏刻本，乃從陳應符刻本重刊，後復摭拾遺篇，不逮此兩本遠甚。"　陸氏藏書志有舊鈔本句曲外史貞居先生集七卷，並載錢天樹手跋云："四庫書目所載共七卷，是本卷數雖同斷非四庫本，其第七卷內詩餘，茅山逢故人至跋定武蘭亭九頁半，是厲樊榭手補，尤足寶貴。細審其所補之本，大約出自珊瑚網及鐵網珊瑚、書畫正續題跋記三書居多，其硃筆是丁龍泓徵君筆　更所謂趙一清校，則不能知其所在矣？予昔年曾見外史手書詩稾兩册，當時不及錄副，定與此集大有異同，若得彙爲一集，則爲外史全集之大觀也。明虞山毛氏所刻元人十集，篴江可將是一校尤善，然元刻斷不能如是本之富耳。”丁氏藏書志有舊鈔本句曲外史貞居先生詩集七卷，云：“此七卷，一、二爲五言古詩，三爲七言古詩歌行，四爲五言律詩、五言長律、五言絕句，五爲七言律詩，六爲七言絕句，七爲辭四言、六言、五言、三韻、聯句、銘贊、詩餘，統曰雜言，前有徐達左序，當是外史之姪誼所編次，較汲古閣刊者，類分而詩多，宜文瑞樓書目稱爲祕册者也。”又有舊鈔本七卷，云：“近皕宋樓藏錢天樹跋本云云，此本自七卷後茅山逢故人至跋定武蘭亭，亦補九葉，豈卽同錢天樹舊藏本耶？惟末有‘海虞毛斧季圖書記’一印，似厲徵君手補者乃補鈔非補輯，然則七卷已編在明時矣。” 玉縉案：始賞於吳全節，詳道家類元品錄條，此所舉似較備，實亦適辭耳。

僑吳集十二卷

其中與張德常書，有“僕贊郡無補，嘗移槜李”之語，而蘇大年所作墓誌、盧熊蘇州府誌，皆稱元祐以大府薦，兩爲校官，不言嘗爲他職，與元祐仕履不合，豈代人所作，失於標注耶？

玉縉案：遂昌雜錄下提要，亦不及其嘗爲他職，許元溥吳乘竊筆，亦祇訂張受先太倉志之誤收，今此引讀書得間，足補前條提要所未備，並足正蘇銘及盧、王二志之闕失也。

詠物詩一卷

相傳爲元人，故顧嗣立元百家詩選錄是編於戊集之末，亦不知其當何代也？

陸氏藏書志有舊鈔本，並載至正癸巳汪澤民題云："本朝金陵謝宗可爲詠物詩數百篇，予居宣城，或見之，亟以念誦，記而後已，竊爲之評曰：晉謝朓云云，觀公之於詩，又能兼之"，繹其語意，似同爲順帝時人。

鹿皮子集四卷

遁居圁谷。　是集題曰"盧聯子友編"。其古賦落落有奇氣，詩古體五言勝七言，近體七言勝五言，大抵七言古體學溫庭筠，以幽豔爲宗，七言近體學陸龜蒙，而雕削往往太甚，如"春在地中常不死，月行天盡又飛來"之類，則傷於麤俗，"詩無獺髓痕猶在，夢有鸞膠斷若何"之類，則傷於纖巧，顧嗣立元詩選乃標爲佳句，列於小傳之內，殊失別裁。又古詩用韻，多以眞、諄、臻、侵同用，沿吳棫韻補之謬注，殊乖古法，近體多以支、脂、之、微、齊通押，蓋亦誤信吳棫之說。

吳氏繡谷亭薰習錄云："詩七言絕佳，第多出韻，不可爲法，余有二本：一杜儲編，有大德丙寅山陰龐龍序，一盧聯編，二本相同，疑杜本在前，盧本末一卷多詩三十七首，而顧氏元詩所錄竹枝詞，二本俱無，似猶有闕軼。東陽新志，圁谷在小東白山少霞洞，續通考有陳樵飛霞觀稾。"陸氏藏書志有舊鈔本四卷，有正德戊寅周旋序，其案語云："鹿皮子集，有國朝董肇勳刊本，卷二缺出塞曲、夜闌曲、海人謠、望夫石、東飛伯勞西飛燕五首，卷首周旋序亦缺，此乃完帙也。”

林外野言二卷

今所傳本凡二卷，附與顧仲瑛書一篇，考玉山名勝及乾坤清氣諸集，所錄翼詩，不見此集者尙多。又如題劉龍洲墓道、道士游武當諸詩，又皆別見呂誠集，疑或後人重編，故多所舛漏，未必卽翼手定之稾也。

丁氏藏書志有舊鈔本二卷，附補遺一卷，云：“補遺從玉山草堂雅集補三首，乾坤清氣集補二十三首，西湖竹枝詞補二首，珊瑚木難補三首，崑山雜詠補七首，秀野草堂元詩選補一首，元才調集補一首。”又有十萬卷樓鈔本，並載王端履識云：“林外野言二卷，係後人掇拾殘賸爲之，其佚詩時見於他書，歙縣鮑君廷博訂其異同，正其譌謬，更錄玉山雅集、乾坤清氣集等所載諸詩，爲補遺一卷。”

師山文集八卷遺文五卷附錄一卷

玉自序謂“韓、柳、歐、蘇塗天下之耳目，置斯民於無聞見之地，道之不明，文章障之，道之不行，文章尼之”，其與洪君實書，又力詆唐皇甫湜，其言殊妄。汪克寬作玉行狀，稱“其文以正大剛直之氣，發爲雄渾警拔之詞，感慨頓挫，簡潔純粹，然紀事樸實，不爲雕鏤鍛鍊、跌宕怪神之作，出入馬遷、班固，而根之以六經之至理”，其推尊亦太過。然玉學術本醇，克寬所謂，大抵主於明正道、扶世敎者其論不誣，其文皆雅潔不支，歐陽玄所謂嚴而有法者亦爲不愧。其送葛子熙序，稱“陸子之質高明，故好簡易，朱子之質篤實，故好邃密，所入之途有不同，及其至也，三綱五常，仁義道德，豈有不同者哉?况同是堯、舜,同非桀、紂,同尊周、孔,同排釋、老,同以天理爲公,同以人欲爲私,大本達道無有不同者,學者不求其所以同,惟求其所以異,此豈善學聖賢者哉?”又與汪眞卿書,稱“朱子盡取羣賢之書,析其同異,歸之至當,使吾道在宇宙如青天白日,萬象燦然,莫不畢見,然自是以來,三尺之童,卽談忠恕,目未識丁,亦聞性與天道,一變而爲口耳之弊。蓋古人之學,以所到之深淺,爲所見之高下,所言皆實事,今人之學,所見雖遠,而皆空言,此豈朱子畢盡精微以敎世之意哉?”其言皆辨别眞僞,洞見癥結,無講學家門戶之見,知其授命成仁,措拄名敎,不自剽竊語錄中來矣。

李慈銘荀學齋日記癸集下四四云:“師山力守朱子之學,大節凜然,其隱居山中,潛心春秋之學,著春秋經傳闕疑三十卷,至今學者傳之。嘗往來富春,偶憩一巖石,臨江可釣,唐兀忠宣公余闕爲篆書‘鄭公釣臺’四字,二忠相契,尤爲佳話。其文亦簡老,無槎枒宂沓之病,惟議論多近迂闊,不深切於事理,如唐太宗論謂‘隋煬之暴,太宗弔民伐罪,才足濟事,而高祖庸人,不足有爲,太宗當徑起兵,不必以告高祖,則天下可自取,名正言順,前不致有刼父之嫌,後不致有殺兄之事,亦不必仍立代王,蹈前代篡禪故迹’,不知高祖爲太原留守,世爵唐公,太宗不過一貴冑少年,手無一兵,豈能憑空起事。高祖久於軍旅,遵養時晦,沈幾觀變,其初拒太宗起兵之請,且欲執送長安,皆老成持重,欲以覘人心之向背,非眞碌碌者。古帝王起事,必有所資,漢高之因義帝、項梁,明祖之因韓林兒、郭子興,皆非以匹夫崛興也。張華論謂'當賈后殺楊駿、幽太后時，華爲重臣，朝野屬望，卽當廢黜賈氏，申大義於天下，乃附會時局，苟幸未至大亂，卒致太后被弑，愍、懷受禍，身亦族滅，爲不知經權之義'。然楊駿之誅，方以反名，賈后凶燄正熾，華雖三公，不過一文臣，無兵權之寄，豈能遽行廢后之事，此皆不免過當。狄仁傑論極稱其爲社稷之臣，而惜其不早圖反正，謂'尙惑於當時習俗，以武后爲眞主，不知其爲唐之罪人，所謂明其爲賊，敵乃可服'，亦好爲高論，宋儒責人無已之故智也。"

友石山人遺稾一卷

後附誌銘、表詞等七篇，皆吳海所作也。

瞿氏目錄有舊鈔本，云："後附徐㘭、謝肇淛、陳鳴鶴、陳薦夫詩，提要云云，則徐㘭諸人詩闕也。前有陳仲述序，後有其子偁跋，案偁字孟揚，以文名當世，有虛舟集五卷。"丁氏藏書志有弘治本忠節流芳集二卷，云："前列王翰友石山人遺稾，後列王偁自述誄，及諸公輓偁詩文，有弘治八年張信跋。"玉縉案：忠節流芳集，乃信所名，實則偁祇有誄一篇，並非父子合集也。偁虛舟集，提要著錄。

聞過齋集八卷

海字朝宗。　是集爲其門人王偁所編。

瞿氏目錄有舊鈔本四卷，云："徐起序，門人王偁編，幷跋。是書每卷分上下，原本不題作者名，序末有'吳公名海號魯客'七字。"

北郭集六卷補遺一卷

集中每卷之首，皆題五、七言古一行，其實乃古體、近體雜編，殊不可解？疑或傳錄者所妄加。

金氏粟香室叢書有刻本，非此本，曾從縣志采蘇伯衡序，又從滄螺集采孫作序，載諸卷首，並載繆荃孫跋云："己亥得同里趙敬夫先生曦明手鈔本，跋云：'北郭集原本四百四十五首，國變無傳，迺於張允敬江陰文獻錄得二百五十六首，又於許氏家譜得一百五十首，去其重複體，編錄得五古廿九首、七古廿八首、五律七十二首、七律一百廿四首、五言長律三首、七言長律四首、五絕六首、六絕四首、七絕二十三首共二百九十三首，分爲六卷。'而卷中古、近體仍是雜編，是敬夫雖定目錄，尚未照目另寫，此書乃槀本也。與四庫本相校，序次盡同，而多五十首，是四庫照此輯本收入，元詩選亦不出乎此，均未見原書也。卷首有張端、金文徵、林右三序，均作於洪武朝，并錄副寄粟香室補刊云。"

玉笥集十卷

今集中樂府、琴操凡五卷。

粵雅堂本伍崇曜跋云："詩於七言古外，復分歌、吟、長短句諸名目，微嫌破碎。" 瞿氏目錄有明刊本，云："此明弘治間山陰令慈谿王伯仁刻本，嘉定潘密序，其詩不分卷，專錄詠史樂府，間有楊鐵崖評語，與成化十卷本篇第字句微有不同。又列朝詩集采玉笥詩五十餘首，取校此本絕異，或蒙叟未見刊本也。"

丁鶴年集一卷

色目人。 其詩本名海巢集,此本題丁鶴年先生集,不知何人所編? 末附有鶴年長兄浙東僉事都元帥吉雅摩迪音詩九首,次兄翰林應奉阿里沙詩三首,又鶴年表兄樊川吳惟善詩五首,亦不知何人所續入也?

盧弼四庫湖北先正遺書札記云:"大清一統志,丁鶴年,其先西域人,父知默特羅丹,爲武昌縣達嚕噶齊,遂爲武昌人。淮兵襲武昌,奉嫡母走鎮江,母歿,鹽酪不入口者五年,復避地四明,後還武昌,生母馮已前死,不知殯處,痛哭行求,母告以夢,乃齧血沁骨斂而葬焉。烏斯道爲作丁孝子傳,鶴年好學洽聞,精詩律,晚學浮屠,結廬居父墓卒。" 張氏藏書志有元刊本四卷,云:"卷一曰海巢集,題'門人四明戴稷編次',卷二曰哀思集,題'門人戴習編次',卷三曰方外集,編次姓氏闕,卷四曰續集,題'門人修江向誠編次'。後附鶴年兄吉雅謨丁、愛理沙及鶴年表兄吳惟善三人詩一十三首", 瞿氏目錄影鈔元本同。云:"此從元和顧氏所得元刊本傳錄,有戴良、至仁二序,若正統本則分三卷,統名海巢集,而海巢一詩,原列卷一者轉列卷二,俱失其舊矣。"玉縉案:海巢、哀思諸目,皆有取意,黃丕烈題跋言之已詳,瞿說本此,惟其不止海巢一目,故稱鶴年先生集,元刊已如此,所附詩,亦元刊有之,提要皆未核,特元刊有三卷、四卷兩本,皆非提要所據耳。丁氏藏書志亦有此兩本影寫本,其四卷本,胡珽已刊入琳琅祕室叢書中。 陸氏藏書志有元刊本鶴年詩集三卷,題"門人四明戴、稷習 脩江向、誠信道 方外曇鍠編次",並載萬曆丁未徐興公手跋云:“予疇家藏丁鶴年詩三卷,乃永樂間刻版,後有廬陵楊文貞士奇跋,斯本爲元版,亦分三卷,二本俱善,因合藏之。”玉縉案:此本卷一五言古詩、絶句、律詩、古詩長篇、排律、歌行,卷二七言古詩、律詩、排律、絶句,卷三四言銘,附錄吉雅謨丁等三人詩,實非原次。

貞素齋集八卷附錄一卷北莊遺稾一卷

北莊遺稾一卷,則頔弟遠、遜遺詩。

瞿氏目録有舊鈔本八卷,云:“附録其弟遠、遜二人詩文,遠字仲修,曰北莊遺稾,遜字士謙,曰可庵搜枯集,嘉靖中,其裔孫旭等裒輯,績溪令趙春刻之。”據此,則提要所見本卽此本,不解何以僅舉北莊遺稾?且又似誤遠、遜二人爲一也。丁氏藏書志亦有舊鈔本華陽貞素文集七卷,附錄一卷,又北莊遺稾、可庵搜枯集一卷,云“第八卷則舒遠北莊遺稾”云云,疑“一卷又”三字衍,然亦足見提要之失。

一山文集九卷

繼本名延興,以字行,東安人。朱彝尊明詩綜蒐羅最備,獨未錄是集,殆以未仕於明,故與楊維楨諸人一例不載。

盧弼四庫湖北先正遺書札記云:“湖北通志云:‘案錢氏補元史藝文志,李繼本一名守成,士瞻子,蓋亦荆門人也。’元詩選李士瞻小傳云:‘子守成,後名延興,明洪武間,嘗典邑校。’又曰:‘經濟集、一山集皆曾孫伸所編次,吉安知府張廷璽嘗合彥聞父子詩文爲濟美集’,明詩綜十四卷中實有李延興詩，提要蓋偶未詳考云。"

江月松風集十二卷

惟善初應鄉試時，題曰羅刹江賦，鎖院三千人不知所出？獨惟善引枚乘七發，證錢塘之曲江卽羅刹江，大爲主司所稱，由是知名。 此本初爲惟善手書眞跡，藏於練川陸氏家，後歸嘉興曹溶，康熙中，金侃於溶家鈔得，又以甫里許氏藏本較其異同，始行於世。

乾隆御製文廣陵濤疆域辨云："枚乘七發，'觀濤廣陵之曲江'，注云：'廣陵國屬吳'，自是詠潮數典，概舉廣陵，而於其封域則姑舍而未詳？酈道元水經注，於漸江引海水逆流，江水上潮，似神而非，爲江流兩山間濤來高大之據，亦不定云廣陵所屬，自元時錢惟善試羅刹江賦，始云'惟羅刹之巨江，實發源於太末'，人皆知此語始自惟善，而不知惟善實祖元稹'爲問西州羅刹岸，濤頭衝突近何如'之句，於是以浙江爲曲江，而浙江潮、廣陵潮遂溷而爲一矣"云云。玉縉案：廣陵自有其濤，李善文選注引山謙之南徐州記及南齊書地理志，最爲明核，近汪中述學有廣陵曲江證，以爲"廣陵漢縣，今爲甘泉及天長之南竟，江，北江也"，劉寶楠愈愚錄，又歷引晉穆帝紀等所載濤水入石頭破航殺人事，以爲"六朝時濤水猶如此之盛，何疑於枚乘之言"，而曲江之爲廣陵非浙江益信矣。御製文又疑七發所言於浙江之潮爲近，未免忽明忽昧耳。 吳氏繡谷亭薰習錄云："此本傳於練川陸氏，繼歸倦圃曹氏，其源流見顧氏元詩選，列朝詩集僅錄之賴良大雅集，實未嘗見全集也。吾家志上搜得三十五首，余亦得十篇，悉爲補入。”

張氏及陸氏藏書志並有鈔本，並載翁栻手跋云：“江月松風集爲有元錢思復手書稾草，錢馨室、曹秋嶽相繼收藏，秋嶽亡後，伯兄鶴澂於金閶見之，傾囊得歸，一時爭相傳寫，未免有魚豕之誤。此本乃予手鈔，較對獨細，惜有闕脫，無從考補，至字畫間有舛誤，亦從闕疑。大抵古人手筆，當仍其舊，不可妄以己意增損也。”據此，知原稾亦有闕脫及舛誤，許氏藏本，當亦轉鈔得來，其於金鈔之異同，恐皆意爲增損者耳。吳氏拜經樓藏書題跋記有金憲邦鈔本，又錄補遺二首，邦憲未知即侃否？ 丁氏藏書志有曹氏倦圃鈔本十二卷，補遺一卷。云：“吳石倉手輯補遺，有‘丙申桂月石倉初校一次’手識，又有‘菊月何延祖氏重校一次’，又‘戊申仲春晦日繡谷代校一過，疑誤處都爲改正，余本多二篇，并不全詩半首，錄而歸之’墨筆二段。”

龜巢集十七卷

集一卷爲賦，二卷至五卷爲詩，六卷至十一卷爲雜文，十二卷爲詩餘，十三卷至十五卷又爲雜文，十六卷十七卷又爲詩，編次頗爲無緒。疑後人傳寫亂其舊第，抑或本爲前集十二卷，後集五卷，一則先詩而後文，一則先文而後詩，傳寫誤併爲一集，故參錯如是也。

瞿氏目錄有舊鈔本，云：“卷一至五爲詩，卷六至十五爲文，十六、十七兩卷復爲詩，大約詩分前後集，後人合編之，而繫其後集於文後耳。”

梧溪集七卷

當至正間，被薦不就，避地吳淞江，築室上海之烏涇，適張氏據吳，東南之士，咸爲之用，逢獨高蹈遠引，及洪武初，徵召甚迫，又以老疾辭，明史文苑傳附載於戴良傳中，以二人皆義不負元者也。逢少學詩於陳漢卿，得虞集之傳，才氣弘敞而不失謹嚴，集中載宋、元之際忠孝節義之事甚備，每作小序以標其崖略。 王士禛屬其鄉人楊名時訪得明末江陰老儒周榮起手錄本，乃盛傳於世。

吳氏繡谷亭薰習錄云："卷首雜列志傳，并汪澤民、周伯琦二小序。此集刊於洪武初，至景泰七年，四世孫孟重翻，南康守錢唐陳敏政後序，澤民序云：'原吉學詩於延陵陳漢卿，陳與柯敬仲俱事虞邵菴，原吉得其傳'，敏政序云：'先生未歿，集已行世，先生嘗手自標題其微辭奧義及人名、地理之難曉者，其第七卷，則先生既歿而其子掖刊也。'考第七卷皆洪武時作，牧齋謂其臣於張氏，且建策使降元以拒臺歷。考傳志未嘗就張氏辟。又案集中自至正甲辰河清獻頌之後，憲司交薦，以疾辭，其後避地無錫梁鴻山、松江青龍江、上海烏涇，所至題詠，歷歷可考，迨身入承平，迫乎衰暮，於時有徵不起者，亦有徵至不就職者，各行其志而已，牧齋執'鶴怨蛇横'之詞，阮籍、陳琳之喻，謂其狂詩，亦過甚矣。余反覆全集，善記事而多寄託，彼於宋末前聞，猶爲傳述，況乎聞見所至，一一可驚可愕之事，發乎放言高論之間，蓋欲以草野之詩，備一代之史，所謂不以風雲月露浪染筆尖者也。方其避亂屢遷，干戈滿道，憂危之作，固所不免，江南既定，其子已登仕籍，隱憂、采芝諸作,微情隱見,其紀別詩序云:'太尉張公闢幕省僚之拔,浙相達公蕭山之版,並辭不赴',此蓋晚年復低徊致意者,是猶青雲之士,不忘提掇,安得不以西山采薇之歌目之乎?顧氏錄入元詩,稱爲元遺民,誠定論也。" 李聯琇好雲樓集云:"毘陵秋懷詩後序,所載'金山長'言常州城狀如龜事,與高啓鳧藻集胡應炎傳略同,雖高謂攻首,王謂擊尾,王說似伸於高,其爲陷南門則一,'金山長'之讖,高作應炎語,王作劉師勇語,其語亦無甚殊。至王稱知州趙汝鑒遁,通判錢彬以城降,高稱知府王洙遁,其客王虎臣盜郡印,自稱知府,詣伯顏軍門獻之,證諸元史,常州知府王宗洙遁,通判王虎臣以城降,與高傳合,特王洙作王宗洙耳。虎臣爲王洙客,伯顏不知其詐,高傳似得實,史臣或不及致詳,且諱避存體以爲通判歟?若王序姓名全異,恐不足據,官稱知州,尤誤。惟於師勇遁後,敍其赴行在,扈二王入閩,至紹興,憤懣疽發背卒,謂江陰孫謨所傳亦然,闡揚師勇晚節,可補高傳之遺。" 蠶尾續文有是書兩跋:但謂名時所貽,不謂屬名時訪求也。其屬名時訪求者,乃胡恢南唐書,見香祖筆記。 陸氏藏書志有元刊明印本,並載至正丙戌 玉縉案:六年。汪澤民及十九年楊維楨序,又載顧千里手跋云:"少第七卷第四葉,故其三葉末節石銘題下,梧溪自注云:'有後序'而今佚空焉",又有周研農手鈔本,並載王氏兩跋,但少"今歿才五六年耳"以下諸語。丁氏藏書志有明洪武本。

樵雲獨唱六卷

首有自序，謂"薪桂老而雲山高寒，音調古而巖谷絕響"，故名曰樵雲獨唱。序凡二篇，皆題至正甲午，而集中多載入明詩，且後篇乃明興後語，疑原本後篇未著年月，傳寫者誤以前篇年月補入也。　集中詩皆高曠之言。

陸氏藏書志有舊鈔本，並載自序兩篇：一題至正甲午重九前四日，一題至正庚子中秋日，又有甲午十一月自序。又載黃丕烈手跋云："戊辰秋，友人陶琅軒寄我殘元本樵雲獨唱，有鈔補者，內中卷有原缺處，想所據本無也，因用硃筆校元本，以墨筆參鈔補"云云。　瞿氏目錄有元刊本六卷，云："有至正甲午自序，及至正庚子後序，景南詩高曠語固多，而身世之感時復流露楮墨間，如庚子端午次潘明舉韻云：'今日亂離非昔比，澹煙衰艾不勝愁'，乙巳正月十二日感懷云：'自憐衰朽心猶壯，夢裏麾兵入蔡城'之類。他若諷左右司黃郎中、蘇知縣兩篇，皆傷元代重賦，尤與詩史爲近也。"玉縉案：十一月序起數行，大意與前序略同，通首文氣，又與先後不類，元刊本無之，則知此序多明興後語者，疑明人僞託，非止以前篇年月補入之誤。惟載入明詩，惜未得元本一勘之耳。

靜思集十卷

嘉靖間，羅洪先始爲序而傳之。

陸氏藏書志有舊鈔本二卷，並載洪武二年羅大已序，是其集當鈺生存時已有序也。

九靈山房集三十卷補編二卷

後跋又云："集外有和陶詩一卷。"

陸氏藏書志有洪武刊本三十卷，題"男禮叔儀類編，從孫佪伯初同編"，有揭汯、王褘、桂彥良諸序，宋濂題辭，是其集良子禮編也。又有正統修洪武本，有正統十年曾孫戴統跋，皆無補編，今提要不言何人編？引後跋而不舉其名，疏略甚矣。瞿氏目錄有正統本，云："乾隆中，十四世從孫殿海等擬重刻之，先得鮑氏、汪氏鈔本，依以開雕，續得嘉興曹氏所藏刻本校勘之，始臻無憾，然獲見已遲，故未遵其行款。案宋文憲所題，詳其文義，是書揭序後者，舊本首行明寫題九靈山房集，新刻概編入原序中，似非是。祭方壽父文，'壽'乃'韶'之譌，仙華方公，無壽父之字也，新本頗有訂正處，而此字猶沿其譌。"

灤京雜詠一卷

惟集後羅大已跋，稱"楊君以布衣襆被，歲走萬里，窮西北之勝，凡山川、物產、典章、風俗，無不以詠歌記之。"題曰百詠，蓋舉成數。

案：羅跋原文，此多改竄，本名百詠，而題作雜詠，亦屬臆改，遂致語不相應。

雲陽集十卷

元統元年進士。　是榜得李黼爲狀元。　至弘治間，其五世從孫東陽，搜輯遺稾，屬吉安守顧天錫重鋟。

案黼，泰定四年丁卯狀元，其元統元年癸酉狀元爲李齊，羅汝懷湖南文徵姓氏傳云："湖南通志作泰定四年進士，殆本諸提要，而劉三吾跋詩後云：'公登元統癸酉李齊榜進士第，始，考官讀其廷試策，擬甲是科，啓緘乃南士，遂改次李齊，公宴，會齊病，上表謝恩則先生也。'又先生詩中小序及序青陽集，皆云'元統初元賜第一甲進士，廷心得右榜，余忝左榜'云云，廷心謂余闕也。文正公東陽，爲先生五世從孫，所作戊七府君墓表，亦言公元統初進士，則先生所同登第者爲元統癸酉榜之李齊，非泰定丁卯榜之李黼也，説見沅湘耆舊傳。"玉縉案：元史忠義傳黼傳云："泰定四年，以明經魁多士"，齊傳云："元統元年進士第一"，提要以黼爲元統元年狀元，可謂重紕貤繆。鄭翼謹案：元統元年進士錄全榜具在，狀元李齊。蕢新錄十云："泰定四年，李黼右榜第一，故楊廉夫自稱李黼榜進士。"陸氏儀顧堂續跋云："明弘治刊本，前有危素序，後有弘治壬子傅瀚跋、潘辰題、弘治癸丑李東陽跋。以文瀾閣傳鈔本校一過，閣本卷六雲篷記後，脱永寧榷茶鹽提舉事進思堂記一首，凡五百九十一字，卷二和汪士章詠一鏡亭韻，原本二首，閣本亦脱一首，凡二十字，危素序閣本亦缺。"

佩玉齋類稾十卷

是集刊於至正末。

朱緒曾開有益齋集有是書跋云："余見佩玉齋類稾凡三本：初次從文瀾閣傳鈔，繼假汪氏振綺堂本十一卷，文無加增，後得武原馬氏舊鈔十卷，以論爲首，校前兩本多十之三。余更采上虞水利序、白雲稾序、續復古編序、杭州府學及嵊縣學宫碑、陳少陽集跋、雅頌正音所載詩八首附錄於後。"丁氏藏書志有舊鈔本十三卷，云："卷一、二記，卷三至八序，卷九論，卷十題跋，卷十一樂歌，卷十二啓，卷十三篋，寫繕極工，可備參校。”

清閟閣集十二卷

明天順間，宜興蹇朝陽有刻本，至萬曆中，其八世孫理等復爲彙刊，凡十五卷，歲久漫漶，惟毛晉所刊十元人集本行世。國朝康熙癸巳，上海曹培廉重爲編定，校勘付梓，多所增補。考朱存理樓居雜著，有題雲林子詩後一篇，稱“素愛其詩，每見一篇一詠，輒收錄之，近得蹇氏新刻本，參校其所遺者存而萃集成帙，多吳遊之作，計得諸體詩及雜文共若干篇，爲外集一卷”，則蹇刻原非足本，故培廉更爲蒐輯也。

吳氏繡谷亭薰習錄有雲林詩集六卷，清閟閣遺稾十五卷。云：“雲林詩集，宜興蹇朝陽編，天順四年，華亭錢溥序，後有附錄一卷，僅錄文數篇而已。清閟閣遺稾，萬曆中八世孫理編，王穉登、顧憲成、高攀龍、陳繼儒並序，後之搜集，宜備於前，而蹇氏本所有往往逸去，何也？穉登序云：‘聞雲林集有二刻：一江陰孫大雅序，一華亭錢學士序’，是不知錢序卽蹇本，孫序者或另有一編，卽雲林詩傳於勾曲張雨、錢塘俞和，殘煤斷繭，拾掇未盡，刻家集者舉成編而失之，以致潘是仁選本及近日雲間曹氏新刻，均失蹇本之舊。” 瞿氏目錄有理刻本清閟閣遺稾八卷，云：“汲古毛氏所刻，次序迥異，亦有譌字，如題本‘出郭’，譌作‘入郭’，題墨贈李文遠，通首是詠墨，譌作題墨竹。又是本五言古中，有雙寺精舍新秋追和戎昱長安秋夕、題驪山圖、題墨竹送顧克善之高郵、題畫贈徐季明、龍門茶屋圖、黃本中書齋爲寫寄傲窗圖凡六首；五言律中，有春日客懷、野眺、寄友、贈謝長源、雨霽呈德常、秋日贈張茂實、期友人不至、題風竹圖贈于靜遠寫法藏禪寺凡八首；五言絶句中，有畫竹爲景周寫一首，皆毛本所無，是當時未見此本也。”又有理所重刻荆溪蹇曦朝陽本倪雲林先生詩集六卷，附錄一卷。云：“雲林集有江陰、荆溪二本，此卽荆溪本而重刻者，與汲古毛氏所刻元人十集本同。以校清閟閣遺槀，其詩之次第旣異，而各體中詩亦較多，凡見於縣志、詩話者俱爲采錄，殆出自江陰本耶？惜闕七言絶句與樂府雜文，序跋亦失。”丁氏藏書志有萬曆刊本六卷，云：“世尙有一刻，乃江陰孫大雅序也。萬曆辛卯，王穉登又因理重刻而序之，綴以附錄”，據此，則附錄又似爲王氏所益，與吳說異，未詳孰是？毛本所無，曹刻當已搜入，俟考。朝陽名曦，提要舉其字，與通例不合。沈曾植寐叟題跋二集倪雲林先生集跋云：“此卽汲古閣祖本也。毛氏旣梓雲林逸事，又從墨跡輯集外詩，用心亦已勤矣，顧所刻卷數次第雖同，而不存蹇氏編集之名，又無錢序。第一卷脫送呂養浩詩，第二卷脫汎滄浪詩，此本諸墨釘，毛氏皆爲空格，而卷一別鄭明德詩，‘□體保寧謐’毛本併□謐字，卷二快雪齋對月詩，‘心境快然同一潔’，毛本脫‘同’字，而加□於‘潔’字下，其他譌脫不少，似不出此本，而出於傳鈔或重刻者，豈此本明季已罕流傳耶？”光緒辛卯，金武祥重刻江南春詞集序云：“淸閟閣集，以此詞列入七言古中，編次殊舛，其字句多互異，‘冷’字叶韻，而集作‘寒’字，尤誤。此本中或疑三首，或謂二首，其實一首，分上下閡而已。"又粟香四筆云:"清閟閣集附載祕笈周履靖和詞,其題云'江南春詞和雲林韻',既知其詞矣,而不入詩餘,尤不可解?"玉縉案:據此,則江南春詞提要云:"當時實皆以詩和之",爲未覈。

玉山璞稾一卷

瞿氏目錄有鈔本二卷,云:"皆至正甲午、乙未兩年所作,卷分上下,汲古毛氏所刻玉山草堂集,皆摭拾玉山名勝集中仲瑛詩刻之,故與此本不同。"又有玉山唱和集一卷,附錄一卷。云:"不著何人編輯?皆玉山與友人唱和之詩,多不見玉山璞稾者,其友人亦不盡見草堂雅集與名勝集中,後附西湖梅約册,與水西清興卷,舊爲朱性甫藏書,鮑以文刻玉山逸稾時未見此書也。"

來鶴亭詩八卷補遺一卷

又顧嗣立元人百家詩選,稱其尙有旣白軒、竹洲歸田諸稾,今所見者惟此集。

吳氏拜經樓藏書題跋記有舊鈔本呂誠樂志園集八卷,後附補遺,並載黃丕烈題云:"余取舊藏顧秀野鈔本勘之,大段略同,而詞句互有得失,至命名則有異。此云樂志園詩集,一至八卷,余本則分題各爲一集,一云來鶴草堂稾,二云旣白軒稾,三云竹洲歸田稾,鄭文康後記外,又有鶴亭唱和一卷,又有十葉,亦敬夫詩,無集名,未知云何?此皆脫之矣。卷一內此多南海道中三首半,各本皆空白,因據補余本,余本竹洲歸田稾內多'杖屨云云至答之',此本脫也,亦據余本補入,鄭記不全,亦據余本足之。"丁氏藏書志亦有舊鈔本，云："四庫著錄即是此本，惟題作樂志園集，未知何據？卷首廷博書云：'别本標題作呂敬夫集，分作五卷，曰來鶴堂稾、番禺稾、旣白軒稾、草堂雜詠、竹洲歸田稾，與此次第略同，末附鶴亭倡和一卷，則此本所無也。'"又有舊鈔本呂敬夫詩集五卷，鶴亭倡和詩一卷。玉縉案：卽鮑氏所謂别本。

花溪集三卷

是集爲其玄孫江西按察司僉事淸所編。

陸氏、丁氏藏書志並有舊鈔本三卷，題邑人陸珩編，蓋别是一本。

東山存稾七卷附錄一卷

康熙辛酉，趙吉士重刊，跋稱第六卷虞集行狀中闕二頁，今考此篇之末，其文未畢，蓋尙闕其末一頁，不但二頁也。

吳氏繡谷亭薰習錄有東山集十一卷，云："茲集裔孫吉士視榷揚州日刻，吉士字恆夫，康熙中給諫，此明人錄本也。"

東維子集三十卷附錄一卷

此編乃錄文二十八卷，詩僅兩卷，又以雜文六篇足之，蓋以文爲主，詩特附行耳。朱國楨湧幢小品載王彝嘗詆維楨爲文妖，今觀所傳諸集，詩歌樂府，出入於盧仝、李賀之間，奇奇怪怪，溢爲牛鬼蛇神者誠所不免。

張氏藏書志有明刊本，又有元刊本鐵崖文集五卷。云："卷首圻城老夫射敗將書、上巎巎平章書兩篇，東維子集、鐵崖漫稾俱不載"，陸氏及丁氏藏書志載明本同。玉縉案：實不止兩篇，詳儀顧堂續跋文集跋。至王彝文妖一篇，今在王常宗集中，何不徑引本集。

復古詩集六卷

乃其門人章琬所編，以其體皆時俗所置而不爲，故以復古爲名，琬序稱"輯前後所製者二百首，連吳復所編又三百首"，而今止一百五十二首，數不相符，或後人已有所刪削非完本歟？

陸氏儀顧堂續跋元槧鐵崖古樂府復古詩集跋云："鐵崖先生古樂府十卷，復古詩集六卷，題'門生富春吳復類編'，前有至正丙戌張天雨序、吳復序，卷十後附鐵崖所作吳復墓誌，至正八年復卒，其後人所附入也。詩集題'太史紹興楊維楨廉夫著，太史金華黃溍晉卿評，門生雲間章琬孟文注'，前有至正二十四年章琬序，後有至正甲辰琬跋。其目錄以復古詩集連作十六卷，詩則別爲起訖，版心統題古樂府。復序云：'先生爲古雜詩五百餘首，自謂樂府遺聲'，琬序則云：'輯前後所製二百首，及吳復所編又三百首，名曰復古詩集'，蓋其體爲古樂府，復古則琬所名也，故琬所注者名曰復古詩集，其不注者仍名古樂府，蓋二而一者也。今復所編四百九首，琬所注一百五十二首，共得五百六十餘首，分計之，則篇數不符，總計之，固有贏無絀，無所刪削也。吳復字見心，富陽人，學詩於鐵崖，自號雲槎秋客，著有雲槎集，以處士終。" 張氏藏書志有鈔本鐵崖先生詩集十卷，云："甲至丙曰'鐵崖先生詩集'，丁、戊二集曰'鐵崖先生古樂府後集'，丁集題'太史金華黃溍晉卿評點，門人雲間章琬孟文編注’，戊集前有至正丙午章琬跋，己集曰‘鐵龍詩集’，曰‘鐵笛詩七言絕句’，庚集曰‘鐵笛詩七言律’，辛至癸曰‘草玄閣後集’，壬集題‘孫月泉輯錄’，月泉未詳何時人？”丁氏藏書志同，云：末有黃丕烈題云：“疑出自洪、永間，可與漫稾爲合璧，所錄詩篇，不特東維子集二卷詩有未符，卽其後所編古樂府、章琬所集復古詩亦不盡合，當別據舊本也。”丁氏又有愛日精廬鈔本鐵崖楊先生詩集二卷，云：“分體編集，與鐵崖詩集、東維子集均不符，而無五律、五絕諸體，疑出前人摘本。”藏書志中未列此書，當是後得。又有鈔本鐵崖漫稾五卷。

李慈銘荀學齋日記癸集下七三云：“閱鐵崖樂府諸集，其擬古諸篇務求尖新，而多近傖調，時病粗梗，至改撰焦仲卿妻等詩，眞點金成鐵矣。”

夷白齋稾三十五卷外集一卷

凡內集詩十一卷，文二十四卷，外集詩、文合一卷。 朱存理樓居雜著有跋夷白齋稾一篇，稱“得鈔本於王東郭家，臨寫一部，計二百九十六番，裝爲五册”，而不言其卷數。又有跋夷白齋拾遺一篇，稱“尙寶李公前修郡乘時，先得海虞人家本一册，復有遺文三十五篇，予悉錄之。今得王氏本相校異同於海虞本，錄出爲拾遺一卷，吳中尤氏有遺墨數紙，內有陳基傳、謝徽詩，併存拾遺後”云云，據其所言，頗與今本相近。

案是集有弘治乙卯張習所刻十二卷，吳氏拜經樓藏書題跋記引涤歆題云：“張習刻本，每有出於三十五卷之外者，當時所據者不知何本? 又玉山雅集錄敬初詩, 大半不在集中, 知夷白齋稾遺佚者多矣。”陸氏儀顧堂題跋云:“余所藏凡兩本: 一舊鈔三十五卷, 外集一卷, 一弘治八年張習刊十二卷, 兩本互有多少, 刊本有而鈔本無者: 詩七十六首, 文二十六首, 鈔本有而刊本佚者: 詩五十三首, 文三十五首, 卷首戴九靈序, ‘方是時祖宗深仁厚澤’至‘一時作者’五十四字, 刻本削之, ‘居無何, 我吳王聞其學問, 卽以樞府都事起於家, 不幾年間, 遂屢遷而長其省幕, 調太尉府參軍, 由參軍升內史’, 刻本作‘藩翰不次用賢, 卽以樞府都事起於家, 又用之省幕, 用之公府’, 序末題‘至正二十四年歲在甲辰夏五月朔旦書’, 刻本作‘同門友金華戴良書’校以九靈山房集, 與刻本皆合, 蓋鈔本戴序, 乃元時舊稾, 集本則入明以後所改定者, 弘治本未見底稾, 當從戴集錄入耳。文、詩字句不同尤多, 八里莊寄吳中兄弟洛口兩律, 同者僅十餘字, 倦繡七絕, 全章改易, 其尤者也。” 張氏及陸氏藏書志並有舊鈔本, 並載至正二十四年戴良序云:“夷白齋稾, 合四百五十四篇, 臨海陳先生所著, 良旣訪之先生, 盡得其稿而稾次之, 以爲三十五卷, 而復序其篇目”云云, 據此, 則存理所得鈔本, 當卽良編之三十五卷也。

可閒老人集四卷

此本卽從正統刻本傳寫者, 士奇原序尚載於簡端。

瞿氏目錄有舊鈔本張光弼詩集二卷, 云:“前有洪武九年陳彥博序, 又正統元年楊士奇序, 後有天啓二年清常道人手跋云:'元張光弼詩二卷,爲不解事書人強爲解事,作七卷分之,遂失其本來面目,一卷之五卷,元合作第一卷,六卷之七卷,元合作第二卷也。中多浥爛損壞字,尙須假孫唐卿本補之'云云,案今四庫著錄,作可閒老人集四卷,是別一本也。"丁氏藏書志亦有舊鈔二卷本,云:"七修類稾云:'先生有春日詩云:"一陣東風一陣寒,芭蕉長過石欄杆,只銷幾度瞢騰醉,看得春光到牡丹",蓋寓時事也',今集不載。"

石門集七卷

寅有詩演義已著錄,其集世有二本:一卽此本,乃馬氏玲瓏山館所鈔,一爲新喩知縣崇安暨用所刊本,分爲十卷,與此本稍有詳略,而其大致不甚相遠,蓋卽此本而析其卷帙以就成數耳。

案寅有周易參義已著錄,此處應舉易,不應舉詩。丁氏藏書志有明嘉靖刊本文集二卷,較此本約多詩文百篇,詳余未收書目續編。吳氏拜經樓藏書題跋記有舊鈔本十五卷,云:"四庫書目作七卷,未審視此本何如?"

四庫全書總目提要補正卷五十三

別集類十一

明太祖文集二十卷

然所謂三十卷者今未見傳本，其存佚均未可知？

丁氏藏書志有明初刊本御製文集四集三十卷，云："與千頃堂書目所載四部之第一部、國史經籍志所載之第二部卷數相符，即所謂'三十卷今未見傳本'者是也。"

宋學士全集三十六卷

內府藏本。　濂文雍容渾穆，如天閑良驥，魚魚雅雅，自中節度。

吳氏繡谷亭薰習錄有文集七十五卷，云："翰苑前集十卷、後集十卷、二集又名鑾坡集。續集十卷、別集十卷，芝園前集十卷、後集十卷、續集十卷，朝京稾五卷，會稽楊維楨、豫章揭汯、檇李貝瓊並序。案景濂在元代所作名潛溪集，歐陽玄、張以寧序，此八集皆入明之作也。正德九年，漕督太原張縉刻於淮署，其後序云：'公有潛溪前後集文粹，輯於鄭氏，及蜀本、衢本、日本本皆略，杭本稍多而去取未善，此八編，公存日手定，命子璲繕錄精整，首簡猶公手筆，其本亦歸鄭氏，流入錢唐，余購得之，按本翻錄入刻，稍展而大之，總成七十五卷，凡錄文九百十四首'，今世行三十三卷本，乃嘉靖間浦江知縣高淳韓叔陽編，并潛溪集、凝道記、龍門子、浦陽人物記亦彙入，是不若文以類從，俾讀者可得論世之道也。至槧樣優劣，又不啻什伯，吾無論已。" 陸氏藏書志有明正德刊七十五卷本，又有天順本宋學士集二十六卷，附錄二卷。其儀顧堂題跋云："濂集刊於未入明以前者：文曰潛溪前、後、續集四十卷，詩曰蘿山集五卷，其入明以後：翰苑集四十卷，芝園前、後、續稾三十卷，朝京稾五卷，洪武中，劉誠意選爲文粹十卷，建文初，方正學又選爲續文粹十卷，天順元年，黃溥合各集選刊之，僅得三百三十餘首。此本爲黃譽官浙江參政時所刊，合潛溪前、後集、潛溪文粹、蘿山集而編之，凡涉二氏者皆不錄，計得詩文六百餘首，似未見鑾坡、翰苑、芝園、朝京各稾者。惟蔣超所刊景濂未刊集中：皇太子受玉册頌、皇太子入學頌、國朝名臣頌、西域獲角端頌、擬魏錡絕秦書、太乙元徵記、撫州路總管張君銘、二賢母墓碣、康里公神道碑、湯節婦銘、趙侯神道碑、趙仲誅、蔣處士兩誌、詩塚銘、方孝婦表辭、孔君權厝誌、跋何道夫鄭公墓誌、富春子事實、蘿山雜言、書白衢州秦士錄各篇，已裒然在列，豈蔣超未見此本歟？" 丁氏藏書志云："其集元時所刻者，已有潛溪前、後、續、别四集，明洪武間，又刻潛溪新集，楊維楨、揭汯爲序，其後在翰苑所作曰翰苑集，歸田所作曰芝田集,各四十卷,見鄭楷所爲行狀,又合潛溪、龍門諸集,總爲一百三十卷,見吴之器婺州書。今諸刻皆亡,近日競尚張溍所刻八編本,據稱得景濂次子璲繕寫墨迹,遂以鋟木,正德以前未之有也。此書爲天順間黄譽合潛溪前、後、續三集及文粹等書,選擇分類,刊於浙中,其鑒别頗能持擇。景濂喜爲二氏撰述文字,嚴榮刻本所載極多,實爲全集之累,此刻删削淨盡,讀之心目爲之一清,前有魏驥序。此書嘉靖三年有翻刻本,有附錄二卷,嘉慶庚午,金華嚴太守榮刊文憲集,彙張刻、徐刻、周刻、陳刻、傅刻、彭刻諸本備校而獨遺此本,則無論原刻、重刻,傳印之稀可見矣。"玉縉案:丁氏舉濂集諸刻視陸爲詳,天順本止二十六卷,嘉靖翻刻多附錄二卷,視陸尤分晰,惟盛稱黄譽之删削涉及二氏之作,意似不以宋濂未刻集提要所言爲然。至提要稱"今以韓叔陽刻本重勘,其中跋何道夫所著宣撫鄭公墓銘等十一篇,皆今本所已載"云云,則知三十六卷本者,即韓本也。李慈銘桃華聖解盦日記云:"康熙中,浙江學政諭德彭始摶合韓叔陽彙刻三十六卷本、有豐城雷尚書禮序。蔣超所補未刻遺集本,其文較黄溥所刻者幾多兩倍餘,黄刻止三百三十四首,韓刻至九百六十七首,又順治中吴應台增三首,未刻集增二十七首,本作三十八首,中十一首複出。而分卷止三十二,先賦、頌、詔誥、表箋,次記、序、傳等以至雜文,而終以詩,又附錄一卷。始摶自言先取明文各選本中對勘,又得朱竹垞所藏分年本詳校一過,然誤字甚多,又有妄改者,甚矣刻書之難也。黄溥本刻於蜀中,是本前載舊刻諸序，有天順元年丁丑三月四川按察使黄溥序，言'景泰甲戌官蜀憲，於先生曾孫賢得其遺稾，請秋官侍郎羅公三俊汰其重複，正其差譌，若所述無補於人倫世教者雖工亦刊去之，得三百三十四首'，又有天順二年四川按察使金谿王裕序，言其遺稾本五百餘篇。"玉縉案：彭本爲提要所未見，以不錄未刻集知之，又余書於刻本之增損多寡不甚注意，今亦以不錄未刻集故，備載諸說。　荀學齋日記癸集下——云："金華文氣從容而博大，故有明推爲一代之冠，然頗乏精采，故罕警策可傳誦者。其題跋三卷，雜著中演連珠五十首、諸子辨等，識議皆可觀。"

宋景濂未刻集二卷

明宋濂撰，濂集重刻於嘉靖中，行世已久，此本乃國朝順治乙未濂裔孫實穎得文徵明家所藏舊稾，以示金壇蔣超，超擇其中今本未載者得三十八篇，編爲此集，以補其遺。今以韓叔陽刻本重勘，其中跋何道夫所著宣撫鄭公墓銘等十一篇，皆今本所已載，超蓋檢之未審，其餘二十七篇則實屬佚文。

金華叢書本胡序云："四庫書目載文集三十六卷，百川書志載七十五卷，有鑾坡、翰苑、芝園、朝京各集之名，係正德九年初刻。王忠文作公傳，祗云潛溪內外集三十卷，蘿山吟稾三卷。鄭長史作公行狀，又云潛溪集四十卷，芝園集五卷，已行於世，翰苑集四十卷，芝園集歸田以後作者四十卷，刊於蜀者十八卷．弋陽高溥選定，刊於金華者爲全集三十三卷，高淳韓叔陽彙纂。康熙間，彭方洲殿撰視學浙中重刻者三十二卷，附錄一卷，合考是書，卷數互異。

茲刻悉遵彭本，剞劂將竣，續獲明本，較韓本文多至三百四篇，詩多五十四首，擬刻補遺八卷附於後，韓本與明本及各集中歧異者，另纂辨譌考異二卷。”玉縉案：楊守敬、李之鼎叢書舉要云：“嘉慶庚午，吳嚴榮合各集刊本五十三卷，最足。”

誠意伯文集二十卷

其詩文雜著：凡郁離子四卷、覆瓿集十卷、寫情集二卷、春秋明經二卷、犂眉公集二卷，本各自爲書，成化中，巡按浙江御史戴鱀等始合爲一帙，而冠以基孫廌等所撰翊運錄。蓋以中載詔旨制敕，故列之卷首，然其書究屬廌編，用以編入卷數，使此集標基之名，而開卷乃他人之書，殊乖體例，今移綴是錄於末簡，以正其譌，餘十九卷，則悉仍戴本之原次以存其舊。

吳氏繡谷亭薰習錄云：“第一卷爲翊運錄，永樂二年，翰林學士同郡王景序，二至四爲郁離子，洪武十九年，國史編修吳從善、杭州敎授天台徐一夔並序，五至十四爲覆瓿集，宣德五年，工部侍郎吉水羅汝敬補序，十五、十六爲犂眉公集，宣德五年，翰林學士金陵李時勉補序，十七、十八爲寫情詞集，洪武十三年，永嘉訓導安國葉蕃序，十九、二十爲春秋明經，此成化六年彙刻，太子洗馬四明楊守陳總序。案郁離子原編五卷、覆瓿集二十卷、犂眉公集五卷、寫情集、春秋明經各四卷，後人旣彙次，以其卷帙之繁而約之，其文則仍舊也，至麗水何鏜再刻，文已編亂，盡削舊序，集名俱不可得見矣。”玉縉案：提要所見，似即楊守陳總序本，惟所舉序次不同，未詳何故？

翠屏集四卷

是集爲宣德三年所刊，陳璉爲之序，稱“以寧文集，爲其子孟晦所編，宋濂序之，詩集爲其門人石光霽所編，劉三吾、陳南賓序之，其孫南雄教官隆復以安南稾續版行世”。今三集皆冠集首，而詩文集總題光霽編次，嗣孫德慶州訓導淮續編，與序不同，未喻其故？

吳氏繡谷亭薰習錄有翠屏集四卷，至寶集一卷。云：“其文，子孟晦編，洪武三年宋濂序，其詩，門人國子博士石光霽編，有後序，洪武己巳，長史陳南賓、甲戌學士劉三吾並序，後諸孫南雄教官隆復以使安南稾續編，宣德三年，通政使陳璉序，成化十六年，嗣孫德慶州訓導淮重刊，廣東提學趙琉後序。至寶集者，以寧使安南，太祖所降御製也。洪武三年詔封安南，以寧爲正使，典簿牛涼副之，至國，其主既卒，國人請封其子，以寧奏請更詔，帝嘉其能用禮，因御製十詩褒之，幷爲之序，竟卒於安南，有臨終詩幷哀挽之作，附於玉音之後，弘治元年，福建按察司僉事楊澤序。案以寧登元泰定丁卯進士，累遷翰林學士承旨，仕於元者幾四十年，明興，詔徙南京，復爲學士，其祖名留孫，元禮部尚書，父一清，參知政事，是以寧爲元之世臣，而太祖寵異如此，其視危素、周伯琦輩遠矣。然太祖詩序有云：‘句之不聯，朕本非儒，文之不深，專述其事’，吾恐以寧讀時亦當爲之踖蹴也。”玉縉案：提要所見，爲宣德三年本，而題淮續編，吳氏所見，爲成化十六年本，則稱淮重刊，後宣德五十三年，豈至是始改正耶？不然，何以吳氏但言重刊不言續編也，眞不可解？至寶集有弘治元年楊序，又後八年，當是續刊。

說學齋稾四卷

此本乃嘉靖三十八年歸有光從吳氏得素手稾，傳鈔其文，不分卷帙，但於紙尾記所作年歲，皆在元時所作。有光跋，稱"共一百三十六篇"，此本乃止一百三十三篇。又王懋竑白田雜著有是集跋，稱"賦三、贊二、銘二、頌三、記五十有一、序七十有六共一百三十八首"，以有光跋爲傳寫之誤。然據懋竑所列，實止一百三十七首，數亦不符，殆舊無刊版，好事者遞相傳錄，故篇數參差，不能畫一，實則一本也。

陸氏藏書志有舊鈔本四卷，並載隆慶辛未葉恭煥手跋云："嘉靖辛酉，震川歸師從予覓危太樸文，因檢不得，竟復之，隆慶丁卯後，予以病淹，偶點檢樓間元朝集，乃獲此卷，實先文莊鈔存，題曰'危翰林文'者。今歸師已仙去而不獲見，予復病淹而非昔比，皆可感也！"又載顧䪨手跋云："危太樸遺文，藏書家絕少，前一半，琴川錢氏尙有鈔本，歸太僕有跋者是也，後一半，即太僕公亦未之見。向讀傳平敍書曾子白誌後，稱其淳健有法，而此集不見，此不過五十卷中所存之一二耳。"又載查愼行手跋云："焦氏經籍志，危太樸集五十卷，今不可得矣。世所傳之鈔本凡二：其一曰太樸文集，皆賦頌記序，有目錄而不分卷，其一曰說學齋稾，碑版之文居多而不編目，即開林顧氏跋所云歸太僕亦未見者。此外又有古今體詩二卷，要之皆非全書，近從玉峯徐氏、梅里朱氏、花山馬氏三處借閱，互加參考，稍稍正其舛譌。又於浦江鄭氏麟溪集及程文憲公雪樓集、黃文獻公日損齋集，續采得題跋、墓銘五首，補錄於後。"又有舊鈔本不分卷，其案語云："凡賦三、贊二、銘二、頌三、記五十、序七十七共一百三十七篇，與王白田集合。較四庫本多四篇，無碑、傳、墓誌，卽查氏本所謂危太樸文集者也。" 丁氏藏書志有鈔本危太樸集四卷，云："賦三、贊一、銘二、頌三、記五十有二、序七十有九共一百四十篇，較之王白田雜著所記數增三篇，又多哀詞一、詩二十首。"玉縉案：嘉靖三十八年爲己未，據葉跋，則知有光既得手稾後，殆欲別覓他文；據查跋，則知傳鈔本有二；據陸跋，則知此不分卷本，總數雖與白田集合，而記序之數仍參差也。至丁本，爲吳志上鈔本，考志上名允嘉，與焯爲同時、同族，疑卽焯所附益，詳下。 吳氏繡谷亭薰習錄有說學齋稾一卷，云："震川歸氏校定本，凡錄文一百三十七首，以賦、頌、贊、記、序爲次，而編不分卷，文不聯牘，每篇自署甲子而已。有光跋稱尙有其半而軼矣，余以所記甲子考之，止於乙未之歲，乙未爲元順帝至正十五年，是歲明太祖起兵，自和州渡江，更十有四年而元亡，此十餘年間，正當南北兵戈俶擾之際，素以史事自任，其間豈無憂時憫世之作，迨身歷承平，雖登禁從，而亡國之餘聲華銷爍，卒致觸諱，此稾之軼，非無故也。志傳所稱集五十卷者，大抵未有成書，素行文精整古淡，後來宋濂、王褘諸家，未始不馳驟康莊，然終不脫此公規矩，讀斯集者，可得氣運先後之道焉。續收詩文并志傳,別爲補遺附錄,庶不失歸氏本之舊,余於是編凡三校云。"玉縉案:吳稱以賦、頌、贊、記、序爲次,與諸家所言異,且脫銘,似誤。　黄式三儆居集讀嚴刻危太樸集云:"此嚴氏刻本,據序,是出於李庶子家,書三、序八十四、記二十,與白田所見本異,蓋各據所見之殘本刻而行之。若夫危氏之仕於明,猶草廬之仕於元也,危氏序草廬年譜云:'屢聘而起,無意爲世用',危氏以六十餘齡之殘軀,而值鼎革之運,豈其有所覬覦也耶?危氏以上書不報,退居房山四年,及順帝已北,帖木兒不花監國召之,復官僅一日而明兵入燕,是其人固在可以死可以無死之間者,聲譽既高,明太祖召之,不能不出,而宋潛溪作墓誌云:'公春秋已高,雅志不仕',非虛語矣。明太祖自喜以夏變夷,鄙其不知時而詆之,王著等於元臣之仕明者,獨劾危氏亡國之臣不可用,承太祖意而劾之也。"

雲林集二卷

素家居臨川,相近有雲林山,嘗讀書其上,方方壺爲作雲林圖,陳旅等俱賦詩以記其事,故集即以是爲名。　浙江鮑氏知不足齋本,復從他書蒐採,增入補遺十四首,較爲完備。

陸氏藏書志有舊鈔本,並載查慎行手跋云:"案黄文獻溍所作太常博士危府君墓誌,'府君諱永吉,字德祥,徙居雲林三十六峰之陽',即太樸之父也,詩名雲林集當以此。"又云:"虞伯生有清明山房詩爲危太樸作,又次韻太樸讀書山中見懷之作二首,皆載學古錄二十七卷,今檢雲林集皆失原作。宋景濂有題危雲林訓子四言詩後云:'危公冢子字于幰,自檢討奉常遷佐薊州,將之官,賦四言詩一章勉之'云云,今亦失原作。"玉縉案:拜經樓藏書題跋記亦載此二跋,又云:"卷一後補梅仙峯七律一首,從撫州舊志采出,亦先生親筆。"丁氏藏書志有舊鈔本二卷、附文四卷。云:"原詩七十六首,此本八十三首",似鮑廷博補遺之十四首尚不在內,當再核也。

槎翁詩集八卷

然崧詩平正典雅,實不失爲正聲。

丁氏藏書志云:"核其體格,於唐近大曆十子,於宋類永嘉四靈,於元最肖薩天錫。"

白雲稾五卷

所著白雲稾本十卷,今世所傳,僅存五卷。

陸氏藏書志有舊鈔本十一卷,其案語云:"四庫不全,此則足本也。"

密菴集八卷

而傳本久稀,藏書家罕著於錄。

丁氏藏書志云:"金氏文瑞樓猶藏其書。"

清江詩集十卷文集三十一卷

明萬曆中所刻乃止三卷,此本凡詩集十卷,文集分:海昌集一卷、雲間集七卷、雨峯集三卷、金陵集十卷、中都稾九卷、歸田稾一卷,僅有鈔本流傳,康熙丁亥,桐鄉金檀購得之,始爲刊版。

吳氏繡谷亭薰習錄有清江文集三卷,續集一卷。云:"桐鄉儒學訓導海虞李詩志齋類編貝瓊之文。洪武乙亥蘇伯衡序云:'先生舊有清江集,散佚無存,邑博李君爲之鈔集,刻以行世,其未盡者又續而錄之。'永樂三年,袁海叟後序。案瓊以洪武十年致仕,明年卒於家,其去伯衡作序時僅十八年,而舊集竟未之見,玆編所錄雖少,亦有舊集所無者,兩存之可也。" 陸氏藏書志有洪武刊本清江貝先生文集三十卷,有徐一夔序,並載貝墉手跋云:"洪武板清江公全集四十卷,流傳甚少,惟見王西莊光祿、袁壽堦外舅有藏本。嘉慶戊辰,以金向同郡黃蕘圃易得,黃係得之桐鄉金氏文瑞樓,有朱印可證。金星軺於康熙五十八年曾重刻公集,序云:'始得先生清江集四卷,又借得鈔本四十卷,次第校刻',想重刻時尙未得洪武板也。又云:'先生集,鐫板萬曆間,見者絕少。'據此,則萬曆時又有刻本也,余未之見。又唐孫華序云:'清江集二十卷,盛行於世,歲久板刻散失,學者罕見全本。'據此,又有二十卷之刻本,亦未見。友人海鹽吳思亭續疑年錄云:'先生年四十八,始領鄉薦,張士誠據吳,累徵不就,計其生年,當在元延祐四、五年間。'"玉縉案:金檀所刊,何人所編?惜提要不言。吳氏所稱舊集,似指金刻,故知兩本之有無,而金始得四卷本,又得四十卷本,次第校刻,則不應有異同,似不指金刻,俟考。

胡仲子集十卷

今印本罕傳,惟寫本猶存於世。

丁氏藏書志有洪武刊本。

白石山房逸稾二卷

此本不知何人所輯? 視思煌本較多數首, 疑尚出明人裒集。

吳氏繡谷亭薰習錄云: "其釋謝翶西臺記、冬青樹引, 微辭隱語, 都爲詮注, 使後來者有考焉。洪武十年龍門宋濂、義門鄭淵並跋。" 玉縉案: 據此, 則出於明人裒集無疑。

滄螺集六卷

兩淮馬裕家藏本。

金氏粟香室叢書有刻本, 非此本, 並從游志續編、鐵網珊瑚等書搜采數篇附後。

臨安集六卷

今從永樂大典中採掇編排, 參以諸選本所錄, 釐爲六卷, 以備明初之一家。

陸氏藏書志有舊鈔本十卷, 題"明文林郎國子博士致仕錢宰著", 有洪武二十九年自序。其案語云: "四庫所收, 從大典輯出, 此則其原本也。"

藍山集六卷

明史藝文志載仁集六卷, 朱彝尊作明詩綜猶及見之, 今外間絕少傳本。

陸氏儀顧堂題跋原本跋云: "前有正統二年丁巳秋八月朔嘉議大夫禮部左侍郎陳璉序, 洪武庚辰歲花朝日武夷文學西江吉水倪伯文序, 雲松樵者張榘序, 橘山眞逸蔣易序。計詩六百八十餘首, 從明刻原本鈔出多得詩一百五十餘首。" 又新刻本跋云: "閩中郭伯蒼主政新刻永樂大典本, 誤收藍澗詩五十四首, 五古之靈鳳篇、舟中望長洲、田家、暮宿田家、正月十四日西山感興、擬貧士二首、在野、暮秋懷鄭居貞、西山暮歸、秋山懷友、暮歸山中宿田家、望武夷山、少年行、宿楠山田家、懷蔣先生、風雨不已簡我同志；七古之雲峯秋霽圖、高彥敬畫楚江春曉圖、水南山房詩、題劉商觀弈圖、贈魏士達、題清江碧嶂集；五律之題武季遠竹木圖、挽趙子將三首、過雲洞嶺柳隘嶺、上賓州、九日作、蒼梧夜坐、藍澗雜詩五首、題觀音巖、送別歐陽雪舟、秋夕懷武夷舊業、九日病中寄雲松、山中漫題六首；七律之寄張郭二山人、西山修竹、挽張執中、煉師柳城夢草堂、玉蟾丹室拜虛白塔、九日西山讌集；七絕之首山行、雨中皆藍澗詩也。大同路石佛谷過吳嶺五律一首，則原本所無，考靜之生平踪迹，亦未嘗之大同，或他人詩而大典誤收者。”玉縉案：丁氏藏書志有正統刊本六卷，云：“仁之子仲穆所編，未及擬梓，諸孫幹等始鋟以傳。”

藍澗集六卷

劉彥昺集有輓藍氏昆季詩云：“桂林持節還，高風振林谷”，則晚年又嘗謝事歸里矣。智集原目已不可考。

丁氏藏書志云：“劉彥昺挽藍氏昆季詩云云，而張榘序藍澗詩則云‘客死他鄉，不永天年’，是誤傳耳。”陸氏儀顧堂題跋原本跋云：“題曰‘友生程嗣祖奇遠編’，前有至正壬寅冬戊子進士戶部尚書西夏張昶序、張榘題、張易序。計詩五百餘首，從明刻原本鈔出，多詩一百五十餘首。”又新刻本跋云：“郭主政新刻永樂大典本，誤收藍山詩三十五首，七古之次韻張邑判留別一首；五律之重東雲松聞詔，乃藍山集五首之一；次袁縣丞述懷、送孟寬希年入京、宿瑞巖寺、題徐節婦卷；七律之送歐陽士鄂入京、鄭居貞別駕歸閑未久又以明經赴召因敬題春江別意圖、次張雲松山行、挽江惟志學佛坐解、滁州贈詹富之、題廖監河行軸、招王愼之東林宴集、小軒得白石、挽雪舟煉師二首、山中書懷、題劉椿正桂圖、夜雨、秋山訪隱圖、秋宿南山別墅、有感、寄贈毛包二山人；七絕之風雨、山中時景四首、題溫日觀葡萄二首、題鄭御史竹木圖、題古木蒼崖圖；六言題魏宰扇面。他如詠白石五古'雨漲陰崖瀑'下，脫'瑤臺下羣仙，鶴駕紛在月，天空水容淨'十五字，春日山居、送京學危提舉奉旨代祀文公祠加封齊國公、中秋有懷陸滕宅、秋雨中探韻七律三首、湘陰舜妃廟五排一首、亦原本所無也。"

大全集十八卷

自選定爲缶鳴集十二卷，凡九百餘首，啓沒無子，其姪立，於永樂元年鏤版行之。

丁氏藏書志有永樂刊本缶鳴集十二卷，云："目錄下注卷一之十二卷詩，凡一千首。"

鳧藻集五卷

是集不知誰所編？

案丁氏藏書志有正統刊本，附扣舷集一卷，題後學周立編輯。

靜居集四卷

故編集者亦僅錄其詩，而文則未之及也。

張氏及陸氏藏書志並有舊鈔本張來儀先生文集一卷，張云："明史文苑傳云：'羽文清潔有法'，則羽固非不以文著名者。世行本止有詩集四卷，文集則未之見，此本始山雉賦，終漏月齋記，凡文五十一篇，文瑞樓書目有張羽文集一卷，注鈔，未知即是本否？畫屏贊云：'白雲蔭軒，飛嵐入梘'，何氏以朱筆改作'幌'，仍以墨筆改作'梘'，而注云：'梘，廣韻注，讀書牀也'，黃氏蕘圃跋云：'此字義門幾交臂失之。'"玉縉案：丁氏藏書志云："近從石渠寶笈法帖中得其至正丁未追寫懷友詩廿三章，附於後。"據此，則詩亦有遺佚也。

北郭集六卷

舊本爲吳人張習編次，今是集前後無序跋，題曰陳邦瞻校，蓋萬曆間重刻之本，又非習所編之舊矣。

丁氏藏書志有舊寫本十卷，云："萬曆間汪志淳重刻，併爲六卷，爲四庫著錄，此猶影寫張企翱僉憲初刊本。"玉縉案：陸氏藏書志有明刊本十卷，即張刻。丁氏又有萬曆刊明初四家詩，陳邦瞻序，疑提要本即四家中之一，爲末一種，故前後無序跋。

半軒集十四卷

丁氏藏書志有弘治刊本半軒集十二卷、補遺一卷、楮園草一卷，云："張習所刻。"玉縉案：提要卷數雖合，恐非此本，如即此本而不加分別，亦太顢頇矣。

西郊笑端集二卷

而朱彝尊靜志居詩話，則舉其題海屋詩"過橋雲磬天台寺，泊岸風帆日本船”句，謂亦不爲率漫。

丁氏藏書志云：“有煮鶴一首，終句云：‘恐襲乘軒弊，防微意亦深’，可稱翻新出奇，不獨題海屋詩膾炙人口也。”

耕學齋詩集十二卷

此集凡古體詩七卷、近體詩五卷，不知何人所編?

陸氏藏書志有舊鈔本十二卷，題“崑山袁華著，河東呂昭編”，並載黃丕烈手跋云：“此得諸東城故藏書家，是曹潔躬藏本，適書友以東倉陸時化手鈔唐、宋、元、明人集數種求售，內有是集，留校一過，曹本尙有一二通假字，陸本去之，卽譌謬亦更甚，惟曹本脫落，賴陸本增補者未知陸所據云何？適憶篋中有舊鈔殘本，爲葉文莊鈔本，因復校去陸本譌字幾處。卽如卷十二直沽偶成次首，‘馬牛遺矢滿平川’，曹、陸二本俱誤爲‘失’，澗蘋云：‘此“矢”字’，及揀葉本，信然。卷十一中增詩一首，或當時筆誤脫落，陸本雖有，次序不符，此集終以葉本爲據。”又有舊鈔本十卷，題“汝陽袁華子英著，河東呂昭克明編”，其案語云：“閣本十二卷，凡古詩七卷、近體詩五卷，提要云：‘不知何人所編?’此本十卷，凡古詩六卷、近體四卷，分卷旣殊，編次亦少異，題曰‘河東呂昭克明編’，昭，仕履無考。兩本相較，閣本東皐集陶兩首，較此本多一首，餘皆同，惟閣本集古諸詩散入各體詩中，此則附於卷末，編次似較有法。別得曹倦圃藏本，脫落極多，雖分卷十二，編次又與各本不同，非善本也。閣本不題編次之人，恐出後人所析，此本每卷題汝陽云云，分卷停勻，編次有法，洵稱善本。”其儀顧堂題跋同。丁氏藏書志亦有舊鈔本十卷。

强齋集十卷

集本刊於洪武十五年，崑山儒學訓導錢塘陳振祖爲之序。

丁氏藏書志有正統刊本，云："新安余熑從先生學，官至冢宰，刻不忘師，聚諸槀合曰強齋先生集，既序之，以錢塘陳振祖同事崑學，請爲序，未版行而熑謝世。正統十三年，後學龔詡於其孫援家得余公手錄本，因遇東海王叔正，捐金刻成，詡作後序，以明校刻始末。"據此，則提要恐誤。

海桑集十卷

是集有謨家傳，稱卒年九十六，考集中年月止於洪武十七年，晏壁於永樂七年作海桑集序，稱謨卒後二十年，則卒於洪武二十一年戊辰也，謨書劉氏西齋唱和卷後，稱生大德間，爲前朝太平幸民六十餘年，由洪武戊辰上推大德元年丁酉，僅九十二年，或晏壁所稱，乃約成數也。其詩集、文集各五卷，爲其甥楊士奇所編，國朝康熙庚申，其裔孫邦祥重刊，然靈山寺詩以五言長律入古體，悼劉生詩以七言拗律入古體，而崆峒雲居詩又以古體入律體，士奇未必舛誤如是，殆邦祥又有所竄亂歟？

丁氏藏書志有明刊本，云："此本乃六世孫德文所錄，其誤正同，惟邦祥重刊詩文各五卷，此則詩二卷、文八卷，又德文輯先生通傳一卷附於後。前有永樂七年晏壁序，稱先生生元大德乙巳，而先生集中有歲己未，乃洪武十二年，上數乙巳，正七十五年，而通傳之首，稱年八十六卒於家，是爲庚午，由辛未而下數永樂己丑晏壁作序之時，正先生歿之二十年也。書之貴乎先刊者如是如是。"

竹齋集三卷續集一卷附錄一卷

續高士傳，以爲太祖欲授以參軍，一夕卒，浙江通志據以列入隱逸傳，舊本亦題爲元人，非其實矣。

吳氏繡谷亭薰習錄有集一卷，云："舊編三卷，此諸甥駱居安重編，景泰七年，郡人白圭後序，冕爲元季逸民，未嘗仕明，竹垞檢討有辨，詳顧氏元詩。"

海叟集四卷集外詩一卷

天順中，朱應祥、張璞所校選者名在野集，多以己意更竄，如"煙樹微茫獨倚欄"改爲"煙樹微茫夢裏山"，蓋以詩用刪山韻，而欄字在寒桓韻，不知洪武正韻已合二部爲一，凱用官韻，非奸韻也。"故國飄零事已非"，改爲"老去悲秋不自知"，蓋以凱已仕明，欲諱其前朝之感，不知據陶宗儀輟耕錄，是詩作於至正末，乃用金陵王、謝燕事，下句自明，非爲元亡作也。至"雨聲終日過閒門"，改爲"雨聲隨處有閒門"，更不知其點竄之意何居矣？弘治間，陸深得舊刻不全本，與何景明、李夢陽更相刪定，即所刊瓦缶集、既悔集是也。隆慶時，何元之得祥澤舊刻，以活字校印百部傳之，萬曆間，張所望復爲重刻。　故論者不以爲然，然使凱馳騁於高啓諸人之間，亦各有短長，互相勝負，居其上則未能，居其下似亦未甘也。

丁氏藏書志有淡生堂鈔本在野集二卷，云："提要稱此書多以己意更竄，然當原本未見之時，刊餉後學，似未可遽廢。"又有萬曆刊本海叟集四卷，云："有萬曆己酉郡人張所望重刊序。” 王士禛蠶尾續文是書跋云：“明初詩人，共推高季迪爲冠，而大復獨以海叟爲冠，空同許爲知言。今讀其詩，古詩學魏、晉，近體學杜，皆具體而微耳，遽躋之青邱生之列，未免失倫。”香祖筆記同。玉縉案：提要所謂“論者”似即指此，下文轉語，似即駁此也。趙詒琛等刊甲戌叢編，有無名氏筆記云：“袁海叟古詩學選，七言律與絶句宗杜，格調最正，故何大復、李空同稱其爲國初詩人之冠，近有以高太史爲過之者，高較袁稍闊大，然不能脱元人之習氣，若論體裁，終是袁勝。”玉縉案：此説頗有見。

希澹園詩三卷

世又有堪詩別本，題曰鼓枻稾者，與此集互相檢勘，其詩篇數多寡並同，惟前後編次稍異，或即堪之原本，或後人別題以行，均未可定？

丁氏藏書志有舊鈔本鼓枻稾一卷，云：“集乃門人襄陽邱晉民編輯，後載先生自跋，今不存。四庫著錄作希澹園集三卷，也是園書目作鼓枻稾，又有稱虞山人詩者。”玉縉案：陸氏藏書志有是三書，均鈔本，虞山人詩亦三卷，大約不甚相遠。

滎陽外史集七十卷

案陸氏藏書志有舊鈔本，存七十一卷。

全室外集九卷續集一卷

徐一夔作是集序，稱其“如晨霜老鶴，聲聞九皋，清廟朱弦，曲終三歎”。

案是集固有徐序，而“昂然若霜晨老鶴”云云，乃朱右序中語。

峴泉集四卷

朱彝尊明詩綜稱其集二十卷，詩居其半，王紳爲之序。

丁氏藏書志有明刊本六卷，云："此本有崇禎間文震孟、鄒鳳梧重刊兩序，凡六卷，核之文淵閣本，始知五、六兩卷皆闕也。"

唐愚士詩二卷附會稽懷古詩一卷

之淳字愚士，亦以字行，山陰人，肅之子也。

陸氏儀顧堂集丹崖集跋云："丹崖集八卷，附錄一卷，題曰'會稽唐肅處敬著。'案提要全書，凡父之著作已收於前，則於子之著述下云某之子也，如清溪漫稾云：'岳，謙之子也'之類，今肅集不收，則'肅之子'一語爲無根。竊意唐氏父子，皆以文名，丹崖集當時必收，想爲後來編次所遺，故提要云云耳，不然，附存目中何以亦無其名耶？"

練中丞集二卷

弘治中，王佐始輯其遺文，名曰金川玉屑。

案金川玉屑集凡六卷，僅文三十三首、詩七十八首。

遜志齋集二十四卷

原本凡三十卷，拾遺十卷，乃黃孔昭、謝鐸所編，此本併爲二十四卷，則正德中顧璘守台州時所重刊也。

丁氏藏書志有成化刊本三十卷，拾遺十卷，附錄一卷，云："惜闕一、二、三、六、八凡五卷，其第四、五兩卷，首尾復有闕葉，拾遺闕第六一卷，覓之三十年不能得其全。"又有嘉靖刊本二十四卷，附錄一卷。云："天順癸未初刻，詩文僅二百六十七首，有林公輔、王紳二序，及臨海趙洪序，是爲蜀本。再刻於成化庚子，凡四十卷，爲文千二百首，有謝鐸、黃孔昭序，張弼書後，寧海令郭紳刊，是爲邑本。正德庚辰，顧尙書璘守台，删併爲二十四卷，梓於郡齋，是爲郡本，璘有序。此本嘉靖辛酉王可大守台，與提學范惟一、兵憲唐堯臣據上三刻重加審定，有删有補，是爲第四刻，即今所傳定本也。有范、唐、王三序及徐階序，並正學小像，後有附錄一卷。”

靜學文集一卷

史稱叔英在建文朝，嘗上資治八策，又稱方孝孺欲行井田，叔英貽之書曰:“事有行於古亦可行於今者，夏時、周冕之類是也，有行於古而不可行於今者，井田、封建之類是也，可行者行，則人之從之也易，而民受其利，難行者行，則人之從之也難，而民受其患”云云，今是集三十篇，僅存序、記二體，而所上八策及貽孝孺書並無之。案徐敬孚跋稱“楊士奇嘗欲纂集叔英之文，求無完本，深悼惜之，成化年有謝世修者，欲募刻以廣其傳”，蓋捜葺重編，非其舊本，卷首林佑序，作於洪武中者，乃後人所錄入，非即爲此本作也。 前有黃綰所爲傳，稱其“文章有原本，知時達勢，爲用世之儒”，蓋不誣云。

丁氏藏書志有寫本三卷，云:“是集初刻於成化壬辰，邑人謝省爲後序、徐孚爲跋，謝氏赤城新志云:‘靜學集有版刻’，即指此本。再刻於萬曆丙子，知太平縣事翁仲益爲序，益以漢陽求雨文三篇及黃綰所爲傳。三刻於康熙乙西，太平參將郭鎮邦爲序。四刻於嘉慶甲子，邑人項調陽爲序，補利害策一首，又附弔謁詩七首。今復據赤城論諫錄補資治策八首幷序一首，釐爲三卷，而附序跋、傳記等十六首、弔謁詩七首爲首末二卷，於靜學之文亦庶幾備云。又聞胡心耘有舊鈔本六卷，附錄一卷，亂後不知書在人間否?”玉縉案：提要本當即再刻本。 靜嘉堂祕籍志有鈔本，並載光緒王棻跋云：“靜學文集二卷，初刻於成化壬辰，邑人謝省爲後序、徐孚爲跋。再刻於萬曆丙子，知太平縣事翁仲益爲序，益以漢陽祈雨文三首及黃綰所爲傳。三刻於國朝康熙乙酉，太平參將郭鎮邦爲序。四刻於嘉慶甲子，邑人項調陽爲序，補明利害策一首，資治八策之一。又附弔謁詩七首。今復據赤城論策錄補資治策八首，幷序一首，內明利害策已見項本。釐爲三卷，而附序跋、傳記等十六首，幷弔謁詩七首，爲首末二卷，計共五卷。四庫所收止卷一序記三十首，而無卷二傳志、書說等三十一首及詩十五首，故無貽正學書也。又以徐孚爲徐敬孚，不知世修爲謝省之字，似皆失考。今與正學書具在第二卷，又補資治八策爲第三卷，於先生之文亦稍備矣。”

野古集三卷

父晉，洪武中官給事中，以言事遣戍五開衞，詡遂隸軍籍，後調守金川門，燕王篡位，詡變姓名遁歸，賣藥授徒以自給。正統己未，巡撫周忱薦爲松江學官，不就，又薦爲太倉學官，亦不就，嘗語都御史吳訥曰：“詡仕無害於義，但恐負當日城門一慟耳”，成化己丑始卒，年八十八，明史附載牛景先傳。

陸氏儀顧堂集有跋云："明史卷一百四十三牛景先傳，固無誤名，遍檢明史，亦無此傳，豈刊板時有遺漏耶？"玉縉案：門人陳生漢章云："提要殆誤記龔泰爲龔詧耳"，余謂泰附廖昇傳，其事與此不合，俟再考。

文毅集十六卷

故李東陽懷麓堂詩話謂"其詩無全稾，眞僞相半，蓋出於後人竄亂者爲多"，然其中佳句間存，亦復不減作者，至其奏議，如大庖西封事、白李善長寃諸篇，俱明白剴切，黃汝亨狂言紀略詆其文義繁縟，使當賈長沙直是奴隸，苛矣。又案：大庖西封事中有云："陛下好觀韻府雜書，鈔輯穢蕪，略無文彩，若喜其便於檢閱，願集一二儒英，隨事類別，勒成一經"云云，其後成祖修永樂大典，縉實爲總裁官，果用分韻編類之法勒爲巨帙。

案阮元石渠隨筆卷五載解縉自書雜詩卷，謂觀此可知僞文毅集中之謬，足以證李說之非誣，今考集中王艮墓表，稱艮以辛巳九月七日病卒，與明史本傳不合，當亦僞作。周樹槐壯學齋集書是集後，以爲文毅儉德避難之苦心，殆未必然，又以爲此表不當存，則甚是。又大庖封事云："隨事類别"，則是類書而非韻書，今分韻編類，當是從成祖好觀韻書之本意，非縉之原議也。提要於此，殊欠分曉。

李慈銘受禮廬日記上集二六云："得節子書，以'解縉明史不言贈謚，而乾隆間其後人刻遺集稱解文毅公集，其末載傳贊一首，不著誰作？言縉於神宗時追謚文毅，屬予審正'，即復以解大紳謚，據鄒忠介所作祠記，謂'萬曆時忠介請謚於朝，時于文定長禮部，已有成言，而忠介旋以讒出都，事遂寢'，而明史禮志載萬曆、天啓補謚諸臣中亦無解縉名，今四庫書目稱縉集爲文毅集，蓋亦據其後人所稱稱之，當再考。”玉縉案：解縉謚文毅事，見李清南渡錄。

虛舟集五卷

偁字孟揚，永福人，元潮州總管翰之子，翰於明初抗節死，偁生甫六齡，其母教之讀書，洪武庚午領鄉薦，乞歸養母，成祖即位，徵至京師，授國史院檢討，充永樂大典副總裁，後坐解縉黨下獄死。偁爲閩中十子之一，明史文苑傳附見林鴻傳中。

案林鴻傳云：“王偁字孟敭，父翰，仕元抗節死，偁方九歲，父友吳海撫教之。”吳海傳云：“與永福王翰善，翰嘗仕元，海數勸之死，翰果自裁，海教養其子偁，卒底成立。”陳友定傳云：“數招致文學知名士，如閩縣鄭定、廬州王翰之屬留置幕下，翰字用文，仕元爲潮州路總管，友定敗，爲黃冠棲永泰山中者十載，太祖聞其賢，強起之，自刎死，有子偁，知名。”提要不言吳海，非特與史異，亦與友石山人遺稟提要不相應。至明史廬州、永福不同，乃先後之別耳。

東里全集九十七卷別集四卷

陸氏藏書志有明刊本東里文集二十五卷、詩集三卷、續集六十二卷、代言錄一卷、聖諭錄一卷、奏對錄一卷、附錄四卷。靜嘉堂祕籍志云：“別集即代言錄以下四種”，今據志計之，併別集共爲九十七卷。

省愆集二卷

當患難幽憂之日，而和平溫厚，無所怨尤，可謂不失風人之旨。

丁氏藏書志云："中有'寶劍蘊豐城，斕斑土花碧'，又'十年頓足圜扉間，時向牆頭看柳色'，可謂不失風人之旨矣。"

古廉集十一卷附錄一卷

此集乃成化中，其門人戴難所編，其孫長樂知縣顒所刊，幷以墓志、傳贊之類附錄於末焉。

丁氏藏書志有景泰刊本詩集二十卷，云："沒後三年，門人吳節裒集其稾，分十一卷，景泰七年，弋陽李奎序之。案楊愼詩話云：'元武伯英詠燭翦詩，"嘸殘瘦玉蘭心吐，蹴落春紅燕尾香"，爲一時所賞，李古廉詠翦刀詩，"吳綾翦處魚吞浪，蜀錦裁時燕掠霞，深院響傳春晝靜，小樓工罷夕陽斜"。公之直節淸聲而詩嫵媚如是，信乎賦梅花者不獨宋廣平也。'此詩不載古廉集中，金星軺補書於後。古廉尙有文集六卷，惜不能得耳。"玉縉案：提要所見本在此本後，是詩未知收入否？俟考。丁氏標目作二十卷，而跋語云分十二卷，必有一誤。

于忠肅集十三卷

此本前爲奏議十卷，分北伐、南征、雜行三類，與藝文志合，後次以詩一卷、雜文一卷、附錄一卷，與藝文志迥異，與嘉靖刊本亦迥異。　是當時所上乃廷臣公疏，非謙一人。

案丁氏藏書志有嘉靖二十年陳仕賢刊少保于公奏議十卷，分北伐類二、南征類二、雜行類六，尙在謙未改謚忠肅之前，實爲此書之藍本，提要所云嘉靖本，蓋別一本也。又靜嘉堂祕籍志載文瀾閣傳鈔本，爲本集十二卷、附錄四卷，疑提要中附錄一卷，當爲四卷，而標目當爲十六卷。朱珪知足齋詩集讀張次仲跋阮泰元紀于忠肅公諫易儲請復儲三事詩附錄原跋云："仁和阮氏泰元，讀于公旌功錄志感詩序云：'斯錄在壬午夏，嘉靖元年。先祖檜屏公永訣時，手授泰元，云"予供事實錄，獲睹諫易儲一疏，憲宗簡及，爲之流涕，又有請復儲二疏，英宗未及簡發，爲人臣者，當以肅愍爲法，公初諡肅愍。爾其志之"云云，案阮氏所云三疏，人鮮有知者'云云，獨恨阮氏不即以三疏載公集後"云云，以上皆爲張跋，朱詩不錄。吳騫拜經樓詩話云："昔天台齊次風侍郎未第時，讀書萬松書院，曾夢于公來謁，與之抗禮，謂曰：'昔英廟易儲，某實有疏諫，留中不發，君他日幸物色之'，後次風預修明紀，入皇史宬，徧檢三日不可得，嘗有詩紀其事。"合二事觀之，益可見忠肅之寃矣。據此，則謙實有三疏，倪、王、李三說合之乃備，提要僅主倪說，非也。

倪文僖集三十二卷

蓋謙所自編，於生平著作，汰存六之一者也。

丁氏藏書志有弘治刊本，云："弘治癸丑，謙子岳、阜輩，裒成是集，屬長沙李東陽爲序，岳識後。"據此，則非謙自編。

白沙集九卷

是集爲其門人湛若水校定，萬曆間，何熊祥重刊之，凡文四卷，詩五卷。行狀志表附於後。

丁氏藏書志有正德刊本全集二十卷，云："全集有六卷本，吳門顧氏刻，首列自序、行狀、墓表、志銘、像贊、應召錄；有九卷本，門人湛若水校定，萬曆間何熊祥重刊；有白沙詩敎解十五卷本，湛若水輯解序刊，婺源汪鉉有序；又有二十一卷本，嘉靖辛亥蕭友山刻；此二十卷，乃弘治十八年，門人張詡序，稱'先生詩集，刻於山東者二十之五，刻於梧州者二十之一耳，而文則子弟門人所鈔錄，散在四方，未有會輯刻傳者，弘治癸亥，吉水羅僑來知新會縣事，政暇搜羅詩文爲全集，屬詡序其端，文、詩各十卷'，羅僑有後跋，正德戊辰，莆田林齊重訂補刻，更爲跋。"玉縉案：九卷本列弘治間張詡、羅僑、嘉靖間高簡、項喬、隆慶間林會春原序跋於前後，附錄行狀、銘表、挽詩爲一卷，實足本也；至詩敎解，提要別入存目。　又案：翁方綱復初齋集有是集序云："陳先生之學，可謂爲己而無累者，而人猶或謂其西南驛詩寓意於瓊山者何哉？世傳瓊山之齮三原也，坐吳禎、劉文泰輩耳，且說者以瓊山主會試發策之語度之，試問瓊山發策，所指虛慕道學之士，爲詭異之行以徼名干譽者，曾與先生奚涉乎？彼蓋痛斥其時士習之不醇者，俾養學術而正文體也，卽與三原尙無與而況先生乎？三原之去官，在瓊山入閣之後，先生以成化十九年應召，在瓊山入閣之前，而瓊山之主會試，在成化十一年乙未，其援此傅會者不辨而自明矣。先生入京不謁瓊山，蓋正在以疾辭秩之時，而其祭瓊山文所云'足不至公之門'

者，又特以自道其積慕未申之隱，而好事者又援斯文與‘山雨不來’之句並案焉，其亦支而弗通矣。因見重刻本尙存黃氏所爲應召錄者，而懼覽者之弗究其實，故第就此一條言之。”

竹巖詩集一卷文集一卷補遺一卷

據集首董士弘序，則原集在嘉靖中曾經刊版，然今福建所採進者僅屬鈔本，又據康太和序，知當時已多闕佚，今則幷康序中所稱記盆魚、序愚樂等作，亦俱未見，殆更爲後人妄有刊削，彌致散亡，鈔錄亦多舛誤，彌失其眞。

陸氏藏書續志有影寫明刊本竹巖先生文集十二卷，題“四世從孫維騏編”，丁氏藏書志亦有舊鈔本同。靜嘉堂祕籍志云：“四庫所收殘闕本，僅二卷，此本十二卷，蓋從嘉靖中刊本原集鈔出者，卷一疏議序，卷二至卷六序，卷七記，卷八傳，卷九墓表，卷十碑銘，卷十一誌銘，卷十二說、贊、祭文、哀辭、書題，而詩集闕佚，又絕無序跋，未得謂足本也。”

淸風亭稾七卷

靜嘉堂祕籍志云：“當作八卷”，又引陸心源手校簡明目錄云：“明刊八卷，見天一閣書目。”

方洲集二十六卷附讀史錄四卷

而今本乃止二十六卷，合以所附讀史錄，僅三十卷，或錢陸重刊改併歟？

靜嘉堂祕籍志有鈔本，云：“此本有讀史錄六卷，幷本集爲三十二卷。”

椒邱文集四十四卷

是集前三卷爲策略，蓋科舉之學，次五卷爲史論，次十二卷爲雜文，次十四卷爲詩，次六卷爲碑誄，次三卷爲奏議，外集一卷，則往來贈答之文，爲婺源余瑩所編輯。

丁氏藏書志有嘉靖本三十四卷，附一卷，題"婺源余瑩訂刊，同邑黄選、李喬編輯。"云："爲策府者三卷，爲史論者五卷，爲奏議者三卷，爲序、記、銘、碑、詩、賦、書簡、題跋者二十三卷，附公之謚議、傳贊、銘碑又爲一卷。"玉縉案：丁氏似即提要本，而卷數不同，據所說，各與其所見本合，又非有字誤，俟考。

石田詩選十卷

此集不標體製，不譜年月，但分天文、時令等三十一類，蓋仿宋人分類杜詩之例，據慈谿張鈇跋，蓋其友光祿寺署丞華汝德所編也。

静嘉堂祕籍志有陳仁錫編石田先生集刊本，云："卷首有萬曆乙卯錢允治序，次目錄，五言古二卷、七言古一卷、五言、七言排律一卷、五言律二卷、五言、六言絕句一卷、七言律三卷、七言絕句一卷、共十一卷。以各體分，不以類分，以行體書"，蓋萬曆刊本，與華汝德本異。　韓泰華玉雨堂書畫記有沈石田遊虎丘詩卷云："和周桐邨遊虎丘四絕，至雪夜登虎丘古近體詩十七首，案昳石齋石田詩鈔，只載四月九日因往西山五古一首，此卷凡三疊前韻，俱可觀，和周桐邨虎丘四絕，其一云：'憑君莫問眞娘墓，春草萋萋不可尋，只有落花如笑靨，年年恨與綠波沈'，頗饒神韻。餘如'風泉清互答，雲月淡相交'，'穲稏雲連地，梧桐月在軒'，'眞娘墓上花無主，短簫祠前鶯有聲'，皆佳句也。此卷詩十七首，而所見刻本只存其一，未知華汝德選刻視此本何如？要之散佚正多矣。四月題中'山空人靜此景特異'，瞿刻作'此景異常'，又誤作'嘗'，詩中'措足'，誤'指足'，'或映僧窗火'，刻作'紅'，不如'火'字。"

淸谿漫稾二十四卷

史稱其爲禮部長貳時，禮文制度，率待岳而決，論事未嘗苟同，前後陳請百餘事，軍國弊政，剔抉無遺，疏出，人多傳錄之。今集中疏議共五十九篇，與所謂百餘事者不合，疑刊集時，已有所刪擇。

丁氏藏書志有正德刊本，云："此本目錄後有夾行注云：'文毅倪公靑谿漫稾，詩文七十八卷，講章奏議二十一卷，南畿提學莆田黃公刊行二十四卷。'此本凡賦、詩、詩餘，致語九卷，經筵講章一卷，奏議四卷，頌、表、贊、箴、銘一卷，記一卷，序三卷，書說、題跋、策問一卷，碑及神道碑一卷，墓表、誌銘二卷，傳、哀辭、誄祭文一卷。提要云：'與百餘事不合'，殆未見目錄後之夾注耳。"

康齋文集十二卷

其集初刻於撫州，凡四卷，歲久漫漶，此本乃崇禎壬申江南提學副使陳維新所刻。

丁氏藏書志有弘治刊本十二卷，附錄一卷。云："弘治七年，江浦吳泰守撫州，從其子瓌得遺文若干，遂刊於郡齋，陳維新所刻，實從此本出也。"

四庫全書總目提要補正卷五十四

别集類十二

一峯集十卷

丁氏藏書志有嘉靖己酉本十四卷，又有萬曆庚寅本十卷。

玉縉案：萬曆刊多夢橐，提要所據即此，爲最足本，蓋合併卷數矣。

篁墩集九十三卷

考新安有黃墩，爲晉新安太守黃積所居，子孫世宅於此，故以黃爲名，自羅願新安志、朱子文集所載皆同，敏政乃稱黃本篁字，因黃巢而改，遂稱曰篁墩，爲之作記，且以自號，其說杜撰無稽。

李東陽懷麓堂集篁墩賦云："新安之篁墩，以竹名，黃巢之亂，凡地名黃者輒不加兵，墩之人更篁爲黃，以求免禍，其後因習稱爲黃墩。墩之程氏，有晉賜太守元譚故第，梁將軍忠壯公靈洗亦以功祀於墩，其裔孫春坊諭德克勤，憤其先世賜第廟食之地，汙於七百年之僞姓，乃按據譜冊，復其名曰篁墩。"

震澤集三十六卷

然其謂鏊早學於蘇，晚學於韓，折衷於程、朱，則固公論也。

翁方綱復初齋集跋王文恪主一齋詩墨蹟後云："文恪爲常熟徐都憲作主一齋詩，詩集作'箴'，'一非非他'四句，後人編集去此，蓋上句既言'一者維心之神'，則或疑下句不得以神爲賓，不知文恪之意，爲人危之，故曰'神也其賓'，又曰：'主則爲客'，見賓主無定名，猶夫'出入無時莫知其鄉'云爾。若去此四句，則警人之意不著，而文義爲不完矣，張子謂'始學之要，當知內外賓主之辨'，正謂此也。故曰'維二則參，維三則散'，參字本與三相屬，而移之二者，蓋以既二則不止於貳，是卽參矣，既三則不止於參，是卽散爲千百矣，仍一危言而已。"

容春堂前集二十卷後集十四卷續集十八卷別集九卷

丁氏藏書志有嘉靖刊本六十六卷，云："此本前集二十卷，正德中，王鏊、浦瑾爲前序，林俊爲後序，寶又自序。卷二十一起，接別集九卷，卷三十至卷六十六，不分後、續二集，較分四集本多五卷，末有'嘉靖甲午歲愼獨齋刊行'木記。案千頃堂書目，四集之外，多勿藥集十四卷，豈此本爲初編未分之帙歟？"

羅圭峯文集三十卷

因樹屋書影稱"玘集一刻於盱眙，再刻於南國子監，又有武進孫氏本"，今皆未見，據此本所敍，則"初刻於常州，再刻於荆州，版皆佚。嘉靖五年，陳洪謨得荆州本六卷，又得續集二卷，奏議一卷，彙而重刊，後其鄉人黄端伯，又於玘曾孫寬處求得逸稾，合原集編爲三十卷。"是其集輾轉增入，已非其舊，玆數篇者毋乃端伯所增入歟？此本爲康熙庚午玘八世從孫美才所刊，編次頗無體例。

丁氏藏書志有文集十八卷，續集十五卷。云："其集初刻盱眙，再刻南監，及武進孫氏，而荆州祇刊六卷，嘉靖五年陳洪謨按盱，荆本之外，命郡官從其子姪復得續集二卷、奏疏一卷，並登諸木，自爲序，同時夏良勝爲後序，即此本也。四庫著錄之三十卷本，又在其後矣。"玉縉案：據提要說，陳本似即八卷，得此乃明，但丁說亦不甚了，俟考。吳氏拜經樓藏書題跋記有是集三十七卷，未審視丁本何如？

西村集八卷附錄一卷

案王士禛香祖筆記曰："吳江門人徐翰林電發，寄西村集二十八卷，其鄉前輩史鑑明古著也。集中有曾祖文質府君行狀，祇言洪武中縛貪吏詣闕事，無一語及靖難，集是陳繼儒仲醇選"云云，是鑑集本二十八卷，此本八卷，尚非完帙，然今未見繼儒所選本，故仍以此本著錄。

丁氏藏書志有舊鈔本二十八卷，題耳孫冊編輯。云："目錄後有徐渭仁記云：'此本正是陳眉公選定二十八卷，徐虹亭太史之印記前後俱存，蓋即池北偶談所載四庫未見之本也。'今從而鈔之。"

柏齋集十一卷

集凡文十卷、詩一卷，爲嘉靖己酉鄭王所刻。

靜嘉堂祕籍志有刊本十卷，云："卷一至卷七文，卷八詩，卷九陰陽管見、陰陽後語、樂律管見、樂律續論，卷十醫學管見，共十卷。有嘉靖甲寅馬汝彰序。"玉縉案：此當別一本，但己酉、甲寅，相距祗五年。

大復集三十八卷

必以景明之論足誤後人，則不免於懲羹而吹齏矣。

沈德潛說詩晬語云："何景明明月篇序，大意謂子美七言詩詞固沈著，而調失流轉，不如唐初四子音節可歌，蓋以子美爲歌詩之變體，而四子猶三百之遺風也。然子美詩每從風雅中出，未可執詞、調一節以議之，王阮亭論詩云云，能不被前人瞞過。"

迪功集六卷附談藝錄一卷

其平生論詩宗旨，見於談藝錄及與李夢陽第一書，如云"古詩三百，可以博其源，遺篇十九，可以約其趣，樂府雄高，可以勵其氣，離騷深永，可以裨其思，然後法經而植旨，繩古以崇辭，或未盡臻其奧，吾亦罕見其失也。"又云："繩漢之武，其流也猶至於魏，宗晉之體，其弊也不可以悉"，據其所談，仍北地摹古之門徑，特夢陽才雄而氣盛，故枵張其詞，禎卿慮澹而思深，故密運以意，當時不能與夢陽爭先，日久論定，亦不與夢陽俱廢，蓋以此也。　毛先舒詩辨坻曰："昌穀迪功集外，復有徐迪功外集，皇甫子安爲序而刻之者，又有徐氏別稾五集：曰鸚鵡編、焦桐集、花間集、野興集、自慙集。"又曰："迪功集是所自選，風骨最高，外集殊復奕奕，焦桐多近體，最疵，鸚鵡多學六朝，間雜晚唐，有竹枝、楊柳之韻，花間'文章江左家家玉，煙月揚州樹樹花'，於詩爲小乘，入詞亦苦於不稱。他如'花間打散雙蝴蝶，飛過牆兒又作團'，詠柳花詩云:'轉眼東風有遺恨，井泥流水是前程'，便是詞家情語之最"云云，今不盡可見矣。

翁方綱復初齋集環中廬初稾序云:"昔徐昌穀以吳門儁才，從北地李獻吉游，其後詩名與李、何並駕，而當時論者或謂'文章煙月'之作，散華流豔，自足傳世，及其趨爲漢、魏、盛唐，乃有守而未化之譏，予竊以爲不然，今談藝錄具在也，而陳約之、王敬美皆以迪功與蘇門同論者，故在詩外有微旨矣。至於守而能化之祕，則獻吉固未能幾此，而以譏迪功，可乎?"又有徐昌穀詩論二首，文長不俱錄。

玉縉案:李詡戒庵漫筆云:"徐迪功嘆嘆集，皆消遣悲傷之作，與迪功集迥然不倫，蓋迪功集工於模擬漢、魏，而嘆嘆集則任眞而出者也。"據此，則又有嘆嘆集。

太白山人漫稾八卷

目錄於八卷之末，尙標有補遺若干首，而卷內無之，豈當時有志搜訪而未得歟?

丁氏藏書志有崇禎刊本八卷、補遺一卷、附錄一卷。云:"提要云云，此本有之。"

東洲初稾十四卷

明史藝文志載東洲稾十二卷，詩八卷，與此本卷帙互異。然此本題曰初稾，刻於正德十五年，其嘉靖以後諸作咸未之及，史所載者，殆其全集之卷數歟?

丁氏藏書志有嘉靖本，云:"千頃堂書目載東洲初稾十二卷，又詩集八卷，此本前有正德十四年舒芬序，又蔣潮序，又十五年曾漢序，次嘉靖甲申安成鄒守益南歸錄序，其一至十卷尾，皆有'建昌府推官危德校刊'一條，十一、十二卷尾有'門人南城朱揮校正、門人黔陽危岳同校'二條，十三、十四兩卷末限於紙不刻。細按卷一至十，乃正德丙子、丁丑良勝守建昌時所梓，故有危德校刊之字，十一、二，一爲北瞻，一爲南歸，爲官郎中時所梓，尾有門人朱揮校正之字，此十二卷當爲初稾，千頃堂書目所稱詩八卷者乃第八卷爲詩，非詩爲八卷也。十三、十四兩卷則家居所作，合前編而益之爲初稾耳。"玉縉案：明志實本千頃堂目，據丁說，則十三、十四兩卷爲後來所益，並無詩集八卷之本，明志蓋沿黃目之譌。且南歸錄已有嘉靖鄒序，提要渾言刻於正德，亦少分析。

雲邨文集十四卷

其自題絕句有曰："雲邨病老語多哤，造次詩成絕宋腔，還溯開元論風格，拾遺壇上樹旌幢"，蓋自以所學爲未足，欲進而求之唐人也。

丁氏藏書志有萬曆刊本黃門集十二卷、附錄一卷、品藻一卷。云："'老如舊曆渾無用，病戀殘燈亦暫明'，亦宋腔之佳者。"玉縉案：丁本即自定本，其標題蓋後人所改。

甫田集三十五卷附錄一卷

朱彝尊明詩綜錄徵明詩十五首，其池上一詩，得諸墨迹，爲本集所不載，且稱其集外流傳者甚多，惜無廣搜爲續集者。

胡爾榮破鐵網云："文衡山拙政園圖眞跡，凡分景三十有二，每景序其大略，繫以小詩，後附園記，皆甫田集所未載，而汪珂玉珊瑚網全錄之，特缺林庭棉前序一篇，此特有之，誠希世之寶也。”

遵巖集二十五卷

惟簡端洪朝選序，稱詩文四十卷，此本止二十五卷，目錄卷數，亦多改補，未喻其故？或刻成之後又爲簡汰歟？

靜嘉堂祕籍志有刊本四十一卷，並引陸心源手校簡明目錄云：“刊本四十一卷，有同郡洪朝選序 一本十七卷，一本二十五卷，遵巖子二卷，又文選十六卷，此本卽四十一卷本也。”

念菴集二十二卷

其集初刻於撫州，再刻於應天，最後諸門人編爲此本，而門人胡直序之。

丁氏藏書志有內集八卷、外集十五卷、別集三卷。云：“集舊刻於撫州，再刻於應天，最後門人編分三集，隆慶元年，門人泰和胡直爲序，四庫著錄爲二十二卷，乃雍正間六世孫所刊，千頃堂書目載念菴文集十三卷，又石蓮洞全集二十五卷，與此卷數皆不符。”

荆川集十二卷

然考索既深，議論具有根柢，終非井田封建之游談，其文章法度，具見文編一書，所錄上自秦、漢以來，而大抵從唐、宋門庭沿溯以入，故於秦、漢之文，不似李夢陽之割剝字句，描摹面貌，於唐、宋之文，亦不似茅坤之比擬間架，掉弄機鋒，在有明中葉，屹然爲一大宗。至其末年，遁而講學，文格稍變，集中如與王愼中書云：“近來將四十年前伎倆頭頭放捨，四十年前見解種種抹殺,始得見些影子”云云,則薰蒸語錄,與之俱化,分别觀之可矣。

李慈銘受禮廬日記云:“荆川文集,凡詩四卷、賦一首、書六卷、序二卷、記一卷、説、銘、誄、贊、祭文一卷、誌銘二卷、附行狀二篇。墓表、傳一卷、雜著一卷、附數論五篇。共十八卷。荆川之文,自同時王遵巖序之,以爲‘吳之英華,惟季札、言游兩人,繼之者荆川’,其言絶誕,固不必論。國朝邵青門則謂‘荆川之規八家,醪醴之酒䤈’,則又訾之太過。王阮亭謂‘荆川之文,渾茫演迤,可與少游、无咎、文潛之流馳騁後先,而洮汰鍛鍊之功有所未暇,蓋其中年自詭講學,而又不能忘情於用世,又其學博而雜,荆川自以爲徒業者不嚌其胾,殆非盡誣’,其論最爲平允。今平心論之,集中書牘最多,大半膚言心性,多涉禪宗,其於學問,蓋無一得,而喜爲語錄鄙俚之言,最爲可厭。觀其所往還,最密者遵巖外,惟吾鄉之王龍谿、吉水之羅念菴,而與吾鄉李彭山書,謂其治經當融眞機,以求古聖賢之精,則其學可想見。序記諸作,多簡雅淸深,不失大家矩矱,傳誌墓表諸作,最爲可觀,其敍事謹嚴,確守古法,於故舊之文尤抑揚往復,情深於詞,多造歐、曾深處,以有明而論,遜於震川,勝於潛谿,而齒於遵巖、弇州之間,其名震一代,良非無故。至其最著名者,敍沈希儀廣右戰功一篇,至八千二百言,古今推爲奇作,其中敍次,歷歷如繪,備極聲色,固足動人,明史沈希儀傳,多采節之,便與他傳迥殊。然自捕韋扶諫以下,稍嫌支蔓,所記誘傅岑金事,雖曲折盡情,而太拉雜，有小說氣，且此兩事，皆不得謂之戰功，若改其題爲書事則無病矣。詩皆平直淺率，觀其與王遵巖書，謂'文莫高於曾南豐，詩莫高於邵康節'，此其詩文之優劣所分也。"又云："荆川爲人，王弇州極詆之，至謂其父民賁之死，由荆川譖於分宜所致，野史中遂有謂王氏兄弟於荆川爲不共之仇，其卒於泰州舟中，乃王氏兄弟所鴆，此固無稽，而荆川晚出從戎，驟膺節鉞，則人多議之。然荆川立身自有本末，其官翰林而忤時兩黜，直聲炳然，蓋亦負氣之士，思欲自見於天下，旣久不用，則遁而講學以自高，一旦得效尺寸之地，遂攘袂而起，力疾馳驅，經營海上，指臂不應，盡瘁以歿，此其遇亦可悲，而心亦良苦矣。是時當國者嚴分宜，視師者趙文華，凶德參會，荆川方思自效，不得不委蛇其間，形迹疑似，易生嫌謗，觀其集中有與趙甬江司空書，力辭其修葺先墓，則亦皭然不滓，與楊椒山書，推以豪傑，而勸其含蓄沈幾，少養其銳，其相愛亦甚摯。答曾石塘總制書，亦極致推許，而微勸止其河套之役，目錄中又有答夏桂洲相公書而無其文。與胡宗憲素相善，又共事行間，而集中有與胡梅林總督十三書，皆惓惓兵事，未嘗及私。其與白伯倫儀部書，有云：'三十餘年中第一老翁，偶得一淮揚都堂，世間便有許多搖撼'，其牢騷不平之氣，溢於言外。而今之論者，尙譏其娟權躁進，或謂其輕出無功，徒累晚節，皆責備過刻者也。惟荆川本文士近名之流，而自謂悟道，妄思以講學名，遂過爲高論，吐棄一切，此固文人之通病，而荆川尤爲其拙者歟？"

宗子相集十五卷

明史文苑傳，附載李攀龍傳中，蓋攀龍、徐中行、吳國倫、梁有譽及臣，有前五子之稱也。

王先謙虛受堂集有子相詩集序云："先生初與謝榛、李攀龍、王世貞、梁有譽爲五子，益徐中行、吳國倫而七，榛心薄國倫，與攀龍論不合，世貞輩因力擯榛諸人集，各爲五子詩，意謂與己而六，削榛於七子之列。今觀先生五子詩，獨首榛，無國倫，其次卽列寄李順德詩，是其爲五子詩時已當在李、謝不合後，而不以一時之私廢天下公論，其於友朋風誼有足紀者。"

震川文集三十卷別集十卷

文集舊本有二：一爲其族弟道傳所刻，凡二十卷，爲常熟本；一爲其子子祜、子寧所刻，凡三十二卷，爲崑山本，去取多不相同，莊以家藏鈔本，互相校勘，又補入未刻之文，彙爲全集，刻於國朝康熙間。

靜嘉堂祕籍志有是本，並引陸心源手校簡明目錄云："太僕集三十二卷，又蔣以忠校定二十五卷，嘉慶大全本五十二卷。"

劉蕺山集十七卷

所陳奏：如除詔獄，汰新餉，招無罪之流亡，恩義拊循，以收天下泮渙之人心，還內廷掃除之職，正懦帥失律之誅，諸疏皆切中當時利弊。

李慈銘祥琴室日記云："先生不以文章名，其敍事亦多徇俗稱，未嘗講求義法，然眞氣旁薄，字字由衷之言，轉非文士所能及。如南京吏部文選司郎中醒涵臧公、名照如，字明遠，長興人。工科右給事中聚洲王公、名元翰，字伯舉，雲南寧州人。封資政大夫兵部尚書原任刑部浙江司郎中文源李公名廷諫，字信卿，吉水人，忠肅公邦華之父。諸志，丁長孺先生、名元薦，長興人，官尚寶司少卿。禮部尚書孫文介公、江西參政養沖姜公名士昌，字仲文，丹陽人。諸表，皆極言朋黨門戶之害，追原禍始，反覆抑揚，深情如揭。刑部河南司郎中日乾趙公名會楨，字衷如，慈谿人。墓志，據事直書，黑白自見，未嘗回護趙君，而亦不以異同致疑，尤見公心如稱。少師恆岳朱公墓志，詳而有要，筆力亦足相副；大中丞張浮峯先生、名元沖，字叔謙，山陰之白魚潭里人。福建右布政使馬湖來公名斯行，字道之，蕭山人。兩志，皆有裨鄉邦文獻，此所謂有德者必有言也。”又云：“忠介之論學頗直截，較諸儒之言心則分情性意志之先後，言理則分氣質知行之偏全，殊爲一掃葛藤，其下一卷言時事出處，尤爲老謀深識，字字名言。吾越之爲理學者陽明尚矣，龍谿亦經濟之才，忠介難進易退，不竟其用，其抱負弘深，實足爲名世間生，非宋、元諸儒及薛、胡、曹、蔡之比，亦非並時梁谿、漳浦所能頡頏，莊烈知而不用，天之所以亡明也。其與周綿貞起元書云：‘吾輩出處語默之間亦多可議’云云，與丁長孺書云：‘山林學問，只是平淡布素’云云，第二書云：‘封疆連喪，而朝士猶爭經爭撫，言是言非，尙無定案’云云，時爲天啓壬戌。觀此，可知當日東林諸君子蹇裳濡足之習，先生亦心非之，故言之懍然，絕無適莫，先幾之哲，尤非趙、鄒、楊、左諸公所及，故先生雖首劾客、魏，而其後僅遭削奪，終不及於慘禍，則先生之自處瞻然有以致之也。其答方孩未震孺巡關書，力匡其不善處經撫，但以不和二字藉口，有云：'今日之局，經處內而撫處外，勢不得不以經隨撫，協力成功'云云，時爲天啓辛酉。其於遼事可謂洞若觀火，而熊襄愍日後之禍亦已燭照，且益見當日之不善用襄愍，所謂'自壞長城'，此其識豈葉文忠、鄒忠介、魏忠節等所可同日語哉？其與錢牧齋書，慰其丁丑之被逮，有曰：'小人之欲借門下以殺君子久矣，而門下每不知所以自全'云云；與黃石齋少詹書，唁其戊寅之得罪，有曰：'語云："漢文不能用賈誼，誼與有過焉"'云云，其詞嚴義正，皆有泰山巖巖氣象。其上温員嶠體仁相公書，在丙子七月。歷數其營私弄權，辭直而不絞，勝於廬陵之上高司諫書，其與章羽侯正宸吏掌垣書，在辛巳八月十三日。切責其曠官緘口，氣婉而益嚴，過於昌黎之爭臣論。至罷官時與祁世培、卽忠惠公。祝開美、淵惲仲升日初諸書，國變後與張考甫、祁世培、熊雨殷汝霖諸書，皆非有意爲文，而危切深警，精神迸溢，讀之令人振悚，此先生所以爲有明第一流人，亦道學中之第一流人歟？"玉縉案：李氏所據爲董瑒所編劉子全書中文編十四卷，非提要本。

忠肅集三卷

象昇奏疏凡六集，其姪孫豪然嘗彙刻別行，今未之見。

靜嘉堂祕籍志載陸心源手校簡明目錄云："道光刊奏議十卷。"

倪文貞集十七卷續編三卷奏疏十二卷講編四卷詩集四卷

其詩文雖不脱北地、弇州之舊格，至其奏疏則詳明剴切，多軍國大計興亡治亂之所關，尤爲當世所推重。

李慈銘受禮廬日記下六四云："文貞長於論事，故制誥奏疏，俱嚴重剴切，似陸敬輿、劉原父，他文則學沈亞之、孫可之，喜出以奥澀，然善敍情事，與同時黄石齋相上下，在明代中固錚錚秀出者矣。其詩殊詭僻不入格，蓋學青藤未至，而染於並時王遂東一派者。"

梅村集四十卷

其少作大抵才華豔發，吐納風流，有藻思綺合清麗芊眠之致，及乎遭逢喪亂，閱歷興亡，激楚蒼涼，風骨彌爲遒上，暮年蕭瑟，論者以庾信方之。其中歌行一體，尤所擅長，格律本乎四傑，而情韻爲深，敍述類乎香山，而風華爲勝，韻協宫商，感均頑豔，一時尤稱絶調，其流播詞林，仰邀睿賞，非偶然也。

洪亮吉北江詩話一云："偉業詩熟精諸史，是以引用確切，裁對精工，然生平殊昧平仄，如以長史之長爲平聲，韋、杜之韋爲仄聲，實非小失。" 李慈銘桃華聖解盦日記丁集四六云："梅村長歌，古今獨絶，製兼賦體，法合史裁，誠風雅之嫡傳，非聲韻之變調，而世人不學，皮傅唐人，輒藉口杜、韓，侈言正變，豈知鋪陳終始，正杜陵之擅場，蚍蜉毁傷，入昌黎之雅謔，嗟兹聲瞽，難語精微，世有知音，必契斯恉，至其諸體，未可槩論。五古間有佳篇，七絶亦饒雋致，五律、七律，沿襲雲間，要皆具體古賢，不足專門自立。” 趙翼甌北詩話摘其贈袁韜玉“西州士女章臺柳，南國江山玉樹花”諸聯，以爲不著議論，而意在言外．又摘無題“千絲碧藕玲瓏腕，一卷芭蕉宛轉心”以爲雖無言外意味，而雄麗華贍。又摘其俠少云：“柳市博徒珠勒馬，柏堂箏妓石華裙”，訪吳永調云：“南州師友江天笛，北固知交午夜砧”觀蜀鵑啼劇云：“親朋形影燈前月，家國音書笛裏風”以爲雜湊成句，“其病又在專用實字，不用虚字，故掉運不靈，斡旋不轉，徒覺堆垛，益成呆笨”。玉縉案：送李書雲典試蜀中云：“兵火才人羈旅舍，山川奇字亂離搜”，亦不佳，趙氏賞之非也。

湯子遺書十卷附錄一卷

故二人異趣而同歸。

黄式三儆居集讀湯公潛庵遺書云：“湯公心折之友曰田簣山，陸氏讀簣山書而云覺向來汲汲於朱、王之辯，未免氣浮而躁，則湯公之答書，亦陸氏所欽服矣。”

學餘堂文集二十八卷詩集五十卷外集二卷

王士禛選感舊、山木二集，所錄閏章詩最多，又取其五言近體八十二聯爲摘句圖，見所撰池北偶談中。

李慈銘孟學齋日記甲集尾又云：“施愚山五言詩，漁洋極稱之，池北偶談中最其佳者八十二聯爲摘句圖，然中惟‘共看溪上月，正照城頭山’，‘翠屏横少室，明月正中峯’，‘月照竹林早，露從衣袂生’三聯，可以繼武盛唐，次則‘到門聞午磬，繞屋過寒泉’，‘江路多春雨，山村易夕陽’，‘孤村流水上，盡日白雲閑’，‘野水合諸磵，桃花成一村’，‘村徑半牛跡，山田多水聲'，'微雨洗山月，白雲生客衣'，'松火圍寒坐，溪窗聞夜漁'，亦近自然。'蘆渚起寒燒，楓林明翠微'，'竹色翠連屋，林香清滿山'，'風笛荷花外，漁燈葦葉間'，'春光門外水，夕梵雨中鐙'，'暮煙隨野闊，山翠入江明'，亦爲清妙。餘無甚可取者，且多語意相同，尠出新思。至於'明月非霜雪，滿城生夜涼'，'翠合江天色，愁連今古情'，'臺迥收山郭，江清送酒杯'，則幾嫌淺拙矣。'山廚連馬櫪，官舍奪僧居'，'生猺安鼠穴，猛虎雜人羣'，則又嫌直致矣。'泉聞深樹裏，山響亂流間'，'湖影涵官閣，泉聲滿郡樓'，則兼病重複矣。" 玉縉案：一本別集外有史傳七卷，附其孫瑮隨村遺集六卷。

林蕙堂集二十六卷

此本一卷至十二卷爲四六，卽所謂林蕙堂集也；十三卷至二十二卷爲詩，卽所謂亭臯集也；二十三卷至二十五卷爲詩餘，卽所謂藝香詞也；二十六卷，則以所作南曲附焉。

乾隆甲午、丙申袖珍本，爲林蕙堂集十二卷，續刻六卷、亭臯詩鈔四卷、藝香詩鈔四卷、亦二十六卷，爲別一本。

精華錄十卷

士禛談詩，大抵源出嚴羽，以神韻爲宗，其在揚州，作論詩絕句三十首，前二十八首皆品藻古人，末二首爲士禛自述，其一曰："曾聽巴渝里社詞，三閭哀怨此中遺，詩情合在空舲峽，冷雁哀猿和竹枝。"平生大指，具在是矣。 平心而論，當我朝開國之初，人皆厭明代王、李之膚廓，鍾、譚之纖仄，於是談詩者競尚宋、元，旣而宋詩質直，流爲有韻之語錄，元詩縟豔，流爲對句之小詞，於是士禛等以清新俊逸之才，範水模山，批風抹月，倡天下以"不著一字盡得風流"之說，天下遂翕然應之，然所稱者盛唐，而古體惟宗王、孟，上及於謝朓而止，較以十九首之驚心動魄，一字千金，則有天工人巧之分矣。近體多近錢郎，上及乎李頎而止，律以杜甫之忠厚纏綿，沈鬱頓挫，則有浮聲切響之異矣。故國朝之有士禛，亦如宋有蘇軾、元有虞集、明有高啓，而尊之者必躋諸古人之上，激而反脣，異論遂漸生焉，此傳其說者之過，非士禛之過也。

玉縉案：神韻二字，辨見漁洋詩話條下。

堯峰文鈔五十卷

惟琬學術既深，軌轍復正，其言大抵原本六經，與二家迥別。

王應奎柳南隨筆云："公孫衍、犀首，本一人也，而鈍翁文中旣用公孫衍，復於蘇秦、張儀之下繼以犀首，一時以爲笑柄，予外王父張公九苞，述其師湘靈錢先生陸燦之言如此。今鈍翁集中有蘭室記，謂班固不知士會、范武子爲一人，不害其爲良史，鄭玄不知周時有兩公孫龍，不害其爲大儒，司馬相如不知枇杷之卽爲盧橘，不害其有詞賦之名，豈因往日之失而潛以自解歟？"又續筆云："鈍翁與某宗伯頗多異議，一日，與吾邑嚴白雲論詩，謂白雲曰：'公在虞山門下久，亦知何語爲諦語？'白雲舉其言曰：'詩文一道，故事中須再加故事，意思中須再加意思'，鈍翁不覺爽然自失。"

松桂堂全集三十七卷延露詞三卷南沚集三卷

今觀是集，才學富贍，詞采清華，館閣諸作，尤瑰瑋絶特，知其獨邀甄拔，領袖羣才，不偶然也。孫通所著南泩集、香匳倡和集、金粟詞、延露詞，俱先有刊本，惟全集未刊，孫通没後五十年，至乾隆癸亥，其孫景曾始爲開雕，併以舊刊南泩集、延露詞附錄於後云。

阮元定香亭筆談云："彭羨門未央宫瓦歌云：'猶是阿房三月泥，燒作未央千片瓦'，奇句未經人道，若陳白沙草書歌、西洋琥珀酒船歌、張都尉畫馬歌諸篇，皆骯髒瑰偉，自立旗鼓，世競稱其竹枝豔體，及應制諸作擅場，淺之乎論少宰矣。"李詳媿生叢錄云："羨門詩以南泩集爲最，漁洋先生極稱羨門登滕王閣'依然極浦生秋水，終古寒潮送夕陽'，今在第一卷内，前有丹霞今釋序，後有陳恭尹跋，此集四庫著錄，附松桂堂集下，蓋别自爲集，早已刊行，故不綴入全集内，漢書揚雄傳，'横江、湘以南泩'，顔師古注，'泩，往也'，羨門名集以此。"

曝書亭集八十卷附錄一卷

惟原本有風懷二百韻詩，及静志居琴趣長短句，皆流宕豔冶，不止陶潛之賦閑情。

翁方綱復初齋集跋朱竹垞文稾云："竹垞先生文稾手蹟，凡跋十二、記一，惟感蝗賦跋集中無之，蘭亭續考跋集本大同小異，蓋後來又自重訂者，李義山詩跋，則集中楊太眞傳跋云：'玉谿生集，箋之别幅'，卽此篇也。移居圖跋，'開士'是'高士'之譌，萬歲通天帖跋，'掌'是'賞'之譌，宋石經跋，'理宗御製序'，此稾脱'序'字，當以集本爲正。

唐游石橋石記跋，集本誤脫'軍縱前左內率府錄事參'十字，當據此手稾補之。至於石經跋曾惇之名，曩嘗疑集本之誤，今見手草，實是曾惇二字，此則先生竟誤以南宋末之曾幼卿爲南宋初之曾宏父矣。西陂記云：'宋城門見於載記者四：曰陽也、宋也、盧也、垤澤也'，集本無'四'字，而有盧、有桐、有集林，案桐門與集林，皆見於左氏傳，不應畫定此四名，且楊門亦非陽字，此手書蓋未定之稾，不足爲據也。續蘭亭考跋，於沈虞卿歷官，皆一一著其歲月，然則先生經義考於著錄序跋，偶或删其歲月者特小史鈔胥之脫漏耳，安得盡得先生當日手草，一一爲之追錄補正乎？" 翁方綱復初齋集與曹中堂論儒林傳目書云："朱彝尊詩集內有風懷二百韻一首，昔竹垞自定其集已删去此首，旣而不能捨之，繞几回旋，至通夕不寐，乃曰：'實不欲棄此首，不過不吃生豬肉耳'，蓋自知其集有此作，不能配食廟廷，然畢竟有經義考三百卷，即使不可配食聖廟，而入儒林，究與配享不同。" 又寶晉齋研山考云："竹垞集中之米家研山，非米老易甘露寺屋基之研山也，研石有二，皆出於南唐，歸於米老寶晉齋，而一爲薛紹彭道祖所易，一爲蘇仲恭之弟以庵基相易，二石判然不可強合，竹垞先生精於考據，其家世相傳之奇石，何至漫不加審，而其詩亦云'以之易園廬，勝絕臨江闕'，則是竹垞亦不知米氏有二石。"其歷引避暑漫鈔、鐵圍山叢談、秋宜集、岳氏法書贊及陶南村輟耕錄諸書，分別以證，頗爲精覈，以字句太繁，特舉大概於此。 李慈銘桃華聖解盦日記丁集二集七二云:"管韞山集中追紀舊事詩注云:'丁未春,大宗伯某掎摭王漁洋、朱竹垞、查他山三家詩,及吳園次長短句語疵,奏請毀禁,事下機庭,時余甫內直,惟請將曝書亭集壽李清七言古詩一首事在禁前,照例抽燬,其漁洋秋柳七律及他山宮中草絕句、園次詞,語意均無違礙,當路頗韙其議,奏上報可。'考竹垞此詩,止發揮映碧在南渡時請卹謚建文諸臣一節,於國朝絕無妨礙,所謂事在禁前者,以有旨禁李清著述也。乾隆四十七年五月,四庫全書館所刻銷燬抽燬書目,尚不及映碧諸書,故是年七月所進簡明目錄史部別史類,猶收其南北史合注一百五卷,載記類猶收其南唐書合訂二十五卷,至提要告成,則削去兩書矣。丁未爲乾隆五十二年,禁令早頒,故幷其名氏見於他家集者亦抽燬之耳。"

西河文集一百七十九卷

奇齡之文,縱橫博辨,傲睨一世,與其經說相表裏,不古不今,自成一格,不可以繩尺求之,然議論多所發明,亦不可廢。

翁方綱復初齋集與曹中堂論儒林傳目書云:"毛奇齡全書五百卷,開首一卷,是舜典補亡,乃其最末一卷,是賣唱之打花鼓兒曲,此則較之風懷詩何如?學者但見其全書五百卷之富,而不省記其末卷是打花鼓兒之賣唱曲,竊以爲西河若入儒林,則竹垞亦不能刪也。" 李慈銘荀學齋日記已集下六七云:"西河縱橫浩博,才氣無雙,而往往失於持擇,其援引既廣,故多不免舛誤,於掌故尤疏。集爲其門人及諸子所編，校勘不精，字句多謬，又多收酬應頁諛之作，蓋西河本多世俗之見，而及門諸子復不知別擇也。諸類中，以尺牘、雜箋兩卷爲最佳，寥寥短章，意態百出，多有魏、晉人雋永之致，且異聞掰解，溢出不窮，實較勝於蘇、黄，而亦時有江湖小說氣。碑記如息縣雷迹碑記、旌表徐節婦貞節里碑記、范督師志完祠記、觀音閣種柳記、郡太守平賊碑記、嚴禁開燔郡南諸山碑記亦皆不媿名作。”又云：“其碑志記事之文，往往景飾不足盡信，晚年家居，與會稽姜氏交摯，爲其先世作碑志，如言禮部郎中姜鏡之首請神宗建儲，以及子羔之清節，一洪之忠義，希轍之政事，皆未可盡據。然其爲逢元傳，言天啓時逢元兄弟自言非黨人，故撰三朝要典時得爲纂修，其論云：‘漢季皇甫規自言爲黨人，今乃自言非黨人，可以觀世變’，則自爲直筆矣。”

陳檢討四六二十卷

至於毛貞女墮樓詩序，“空空實下天之狀”句，自用李斯奏秦始皇“鑿之空空如下天狀”語，而補注引劍俠傳妙手空空兒，尤爲乖謬。

李慈銘桃華聖解盦日記云：“繹史卷一百四十九，引蔡質漢儀云：‘李斯治驪山陵上書云：‘臣所將隸徒七十二萬人，治驪山者，已深已極，鑿之不入，燒之不燓，扣之空空如下天狀’，非‘鑿之空空’也。”

蓮洋詩鈔十卷

此本沿新城之派，又以神韻婉約爲宗，一切激昂沈著之作多見屏斥，反似鄰於清弱，亦不足盡其所長，然終較劉本爲簡潔，故置彼錄此。

查爲仁蓮坡詩話云："天章居蒲州永樂村，爲新城入室弟子，有'門前九曲黄河水，千點桃花尺半魚'之句。己未秋，友人自山右來，攜其鈔本詩一帙，即假歸手錄，而'門前九曲'一首已佚云云，天章墓誌新城撰，蓮洋集新城親爲評隲。"玉縉案：漁洋詩話亦及此二句，分甘餘話載其四句云："自卜條南舊隱居，明星玉女對攤書，門前萬里崑崙水"云云，"萬里崑崙"，似不如"九曲黄河"，今此本未知有此首否？俟考。

西陂類稾三十九卷

其官蘇州巡撫時，長洲邵長蘅選士禛及犖詩爲王、宋二家集，一時頗以獻媚大吏爲疑，趙執信尤持異論。

洪亮吉北江詩話云："康熙中葉，大僚中稱詩者王、宋齊名，宋開府江南，遂有漁洋、綿津合刻，相傳趙秋谷宫贊罷官南遊，過吳門，宋以合刻見貽，趙歸寓後，書一柬復宋云：'謹登漁洋詩鈔，綿津詩謹璧'，宋銜之刺骨，時王已爲大司寇，宋便中以千金貽之，欲王賦一詩，作王、宋齊名之證，王貽以一絶云：'尚書北闕霜侵鬢，開府江南雪滿頭，誰識朱顔兩年少，王揚州與宋黄州。'此詩不錄集中，見盧運使見曾所輯山左詩鈔。若平心論之，趙固傷輕薄，然宋豈止不及王，亦并不及秋谷也。至邵山人長蘅所作詩序，實係阿私所好，不足爲據。"李詳媿生叢錄云："提要'其詩雖不及士禛之超逸'云云，蓋爲世之宗趙秋谷愛憎之言而發，乃洪稚存短之，其過黃州詩云：'百年誰續雪堂游，苦竹寒蘆起暮愁，畢竟後來才士少，詩名數到宋黃州'，此輕薄之言也。"

湛園集八卷

其文閎肆雅健，往往有北宋人意。

李慈銘孟學齋日記甲集尾——云："湛園學養深醇，故文中論古，皆具特識，其楚子玉論、荀氏八龍論等作，尤有裨於世教，蕭望之論亦爲傑作，又黃老論、書史記儒林傳、讀孔子世家諸篇，皆正議卓然，足以推明史意。其書史記衞霍傳後云：'論者多左霍而右衞，熟觀太史公傳，所謂兩人點次處，則左衞也，其於霍多微辭，傳敍衞戰功，摹寫惟恐不盡，至驃騎戰功三次，皆於天子詔辭見之，此良史言外褒貶法也'，其言誠當，然左右字似誤用。自來書傳，皆以右爲助，左爲觭，此當云'論者多右霍而左衞'，下當云'則右衞也'，方合文法。予尤愛其賀歸娶詩序云云，可謂說經解頤，不愧讀書人吐屬，車牽之義，出於宋儒，與傳、箋不合，故更以關雎義佐之。鄭翼謹案：說文，左，卽今佐字，亦有助義，又世言左袒，湛園意或本此。

古懽堂集三十六卷附黔書二卷長河志籍考十卷

王士禛居易錄，嘗稱黔書篇不一格，有似考工記者，似公、穀、檀弓者，似越絕書者，如觀偃師化人之戲。

李慈銘孟學齋日記云："黔書，王阮亭謂其'篇不一格'云云，推許可謂至矣。然文章雖尙雅飭，而時不免俗氣，蓋猶染明季餘習，間爲雜文，亦近平弱，牡丹、紫薇諸篇尤散宂，下卷旣有人物、名宦，而復有許長史等篇，皆於黔無所關係，殊病繁碎。人通馬語馬通人語等，幾同小說，卽阮亭所舉苗、蠻種類、水西馬、烏蒙馬、朱砂、雄黃、蒟醬、邛竹、凱里鉛等篇，雖敍次簡潔，而未見有警絕者。惟所紀風俗及治黔、治苗之方，深悉利弊，極有裨於政治，其土官篇，深致美於高拱不從撫臣勦安國亨之請，平亂篇，以李化龍之討播蠻而克平，王三善之討水西而致死，備舉其方略得失，兩兩相形，俱爲至論。甲秀樓篇，論及經學、理學之分，謂'言敬、言誠、言禮、言格物致知，正言誠意，莫不本於經學，苟於嬴氏灰燼之餘，非得漢儒諸人經各有注，傳各有釋，火盡薪傳，以聞於後世，彼宋儒欲直接洙泗之淵源，詎可得乎'云云？時當國初宋學極盛之時，而能爲此言，尤爲卓識獨出。白雲山篇，深疑建文行遯之事，詹廣文篇，極言王驥征黔之罪，皆有裨史乘。方言、蠱毒、瘴癘諸篇，尤入黔者所不可不讀，他所記山水之勝，多警秀有六朝語，則侍郎本長於詩文故也。"玉縉案：此書本集本爲上下二卷，嘉慶時，貴州布政使太湖李氏重刻本仍之，光緒乙亥，伍紹棠刊入粵雅堂叢書，分爲四卷。

因園集十三卷

末有乾隆辛酉執信門人丁際隆跋，稱"是秋重謁秋谷先生於因園，時先生病目彌甚，不作詩者六年矣，從仲君虆梅得先生手定詩稾，分十三集，錄副未及校，而虆梅遂索原本以去。歲寒無事，乃校一過，曩見手書濟南竹枝及宿法慶寺二律，皆不在，蓋所刪多矣"云云，虆梅者，常熟仲昰保之字，爲執信門人之冠，最爲篤契，則是集爲執信晚年定本手授之者矣。　一曰幷門集，二曰閑齋集，三曰還山集，四曰觀海集，五曰鼓枻集，六曰涓流集，七曰葑溪集，八曰紅葉山樓集，九曰浮家集，十曰金鵝館集，十一曰回帆集，十二曰懷舊集，十三曰礦菴集，集各一卷。

乾隆甲午刊本趙飴山集，爲文十二卷、附錄一卷、詩二十卷、聲調譜三卷、談龍錄一卷。　李詳媿生叢錄云："趙秋谷飴山詩集二十卷，卷一幷門集四十四首，卷二閑齋集四十六首，卷三還山集上六十首，卷四觀海集上二十首，卷五還山集下三十九首，卷六觀海集下六十二首，卷七鼓枻集上一百八首，卷八鼓枻集下一百一十五首，卷九涓流集三十九首，卷十葑溪集六十五首，卷十一紅葉山樓集上三十二首，卷十二紅葉山樓集下四十六首，卷十三浮家集七十二首，卷十四金鵝館集六十二首，卷十五迴颿集七十六首，卷十六礦菴集一，七十四首，卷十七礦菴集二，三十三首，卷十八懷舊集十四首，卷十九礦菴集三，二十七首，卷二十詩餘七十二闋。首有盧見曾序，言'先生翰墨流傳，貴之者如拱璧，而未覩其全稾，歿後，滇南李鶴峰閣學視學山左，就鈔於其家，以還於京師，因介宋蒙泉編修，乞閣學之本刊之於津門，適聞本家刻本已出，隨龍茲役'，據此，爲家刻本，而四庫著錄本因園集十三卷，言集各一卷，此本還山、觀海，鼓枻、紅葉山樓卷皆分上下，礦菴集則析卷爲三，與詩餘共二十卷，疑此爲先生晚年自定本，而四庫館臣據丁際隆跋，所得稾本，猶不備也。"

敬業堂集五十卷

凡慎旃集三卷，遄歸集、西江集共一卷，踰淮集一卷，假館集二卷，人海集、春帆集、獨吟集各一卷，竿木集、題壁集共一卷，橘社集、勸酬集、湓城集、雲霧窟集各一卷，客船集、並轡集共一卷，冗寄集一卷，白蘋集、秋鳴集共一卷，敝裘集、酒人集共一卷，游梁集、皖上集、中江集各一卷，得樹樓集、近遊集共一卷，賓雲集一卷，炎天冰雪集、垂橐集共一卷，杖家集、過夏集各一卷，偷存集、繙經集共一卷，赴召集、隨輦集、直廬集、考牧集、甘雨集、西阡集、迎鑾集、還朝集、道院集各一卷，槐簃集二卷，粟東集、長告集、待放集、計日集、齒會集、步陳集、吾過集各一卷，夏課集、望歲集共一卷，粵游集二卷，附載餘波詞二卷。自古喜立集名，以楊萬里爲最多，慎行此集，隨筆立名，殆數倍之，其中有以二十四首爲一集者，殊傷煩碎。　集首載王士禛原序，稱黄宗羲比其詩於陸游，士禛則謂"奇創之才，慎行遜游，綿至之思，游遜慎行"，又稱"其五、七言古體有陳師道、元好問之風"，今觀慎行近體，實出劍南，但游善寫景，慎行善抒情，游善隸事，慎行善運意，故長短互形，士禛所評良允。

查爲仁蓮坡詩話云："家伯初白老人著敬業堂集，中分小集，多至十餘種，宋人惟楊誠齋有之，老人歸田以及患難，又有餘生、詔獄、生還三集，家七倫弟刻於嘉善。" 周壽昌思益堂日札云："敬業堂詩集存者過多，遂少別擇，其沈博清轉之作固擅勝場，而下筆頹唐處政復不免，趙雲松篇評句采，集爲詩話，列之放翁、遺山、梅村諸老之後，蔣心餘遂將全集痛加詆斥，謂是山歌村唱，其亦過矣。蔣評無刻本，予有一冊，是蔣手書。”玉縉案：甌北詩話云：“初白近體最擅長，當其年少氣銳，從軍黔、楚，有江山戎馬之助，故出手卽沈雄踔厲，有幽、幷之氣，中年遊中州，地多勝蹟，益足以發抒其才思，登臨懷古，慷慨悲歌，集中此數卷爲勝，內召以後，更細意熨貼，因物賦形，無一字不穩愜，今姑摘句如左”云云，蓋卽所謂篇評句采也。翁方綱復初齋集月山詩稾序云：“傳曰：‘詩發乎情’，又曰：‘感於物而後動’，夫感發之際，情與物均，職之而情與物之間，有節度焉，有原委焉，如漁洋四言曰典遠諧則者，衷乎情，盡乎物矣，而至於發抒極致，各指所之，則初白諸體，乃有漁洋所未到者。三十年前，在端溪舟中，嘗與沈椒園前輩暢論斯義，椒園輒欲舉初白詩集，引申而箋疏之，然予竊謂初白深入白、蘇，每患言之太盡耳。”又同學二首贈魚門別云：“査氏之詩，繼王、朱而起則有餘，遽言駕之則未也。且詩以道性情，讀查詩則機械日出，讀王詩則和平可幾，以聖門學詩之道言之，未知當日孰取也？初白之妙則至矣，惜未深厚耳，有謂東坡已開其流弊者，愼勿以知言許之。”又書查初白中山尼詩後云：“漁洋集中有不得荔裳妻孥消息詩，在康熙十九年庚申之春，而荔裳歿於京師，在十三年甲寅，王景曾爲宋公撰墓志云：‘公北上時，眷屬數十口在蜀中，瀕於死者屢矣，卒獲保全得歸，無一散失者，蓋在公歿八年之後’，漁洋作此詩時，尙未知也。初白此詩，乃作於二十一年壬戌，則正是宋公家屬甫北歸時，而宋公行略云：‘女一，適廩生王成命’，皆其全家歸後之事，與初白所敍不相應矣。初白詩頗熟人口，慮其流傳既久，遂成荔裳身後一大憾事，不得不詳考而具著之。”

望溪集八卷

苞於經學研究較深，集中説經之文最多，大抵指事類情，有所闡發。　是以所作，上規史、漢，下倣韓、歐，不肯少軼於規矩之外，雖大體雅潔，而變化太少，終不能絕去町畦，自闢門戶。然其所論古人榘度與爲文之道，頗能沈潛反覆，而得其用意之所以然，雖蹊徑未除，而源流極正，近時爲八家之文者以苞爲不失舊軌焉。

陳澧東塾集跋是集議其讀齊風云云：“謂地理志何嘗有淫奔之説，不知所徵者安在？望溪之説經類如此，近之講經學者多詆望溪，固望溪有以致之也。”玉縉案：方氏説經，類多臆决，陳氏舉一以槩其餘，正爲提要此語發耳。　陸以湉冷廬雜識三云：“望溪文，譽之者以爲韓、歐復出，北宋後無此作，李安溪。毁之者謂所得者古文之糟粕，非古文之神理，錢竹汀。全謝山謂侍郎生平於人之里居世系多不留心，自以爲史遷、退之嫡傳皆如此，乃大疏忽處也。余謂作文不留心里居世系，乃文人通病，望溪文格清眞簡潔，要當推爲一代宗工，錢、全二公皆不逮也。”　案戴鈞衡編望溪文集十八卷、集外文十卷、補遺二卷、年譜二卷爲足本，詳余未收書目續編。

香屑集十八卷

是編皆集唐人之句爲香匳詩，凡古今體九百三十餘首，前有自序，亦集唐人文句爲之，凡二千六百餘言。集句爲詩，始晉傅咸，今載於藝文類聚者皆寥寥數句，聲韻僅諧，劉勰明詩，不列是體，蓋繼之者無其人也。有唐一代，無格不備，而自韋蟾妓女續楚詞兩句之外，是體竟亦闕如，至北宋石延年、王安石間以相角，而未入於集，孔武仲始以入集，而別錄成卷，尚未單行，南宋李龏之梅花衲、剪綃集，文天祥之集杜詩，始別著錄，然卷帙亦無多。之雋是編，雖取諸家之成句，而對偶工整，意義通貫，排比聯絡，渾若天成，且惟第二卷無題五言長律中重用杜甫二句、陸龜蒙二句，餘雖纚纚鉅篇，亦每人惟取一句，不相重複，且有疊韻不已，至於倒押前韻而一一如自已出，可謂前無古人，後無來者。雖其詞皆豔冶，千變萬化，不出於綺羅脂粉之間，於風騷正軌未能有合，而就詩論詩，其記誦之博，運用之巧，亦不可無一之才矣。

陸以湉冷廬雜識三云："香屑集集唐詩九百四十二首，各體皆備，其自序集唐駢體文三千餘言，工巧渾成，極才人之能事。自言'應試屢黜，窮愁外侮，百感紛至，每用豔體爲集句，寓美人香草之言，以寫憂而寄思'，蓋皆未通籍時所作也。"玉縉案：陸云皆未通籍時所作，爲扼要之言，又引其自言云云，蓋以明上合風騷，不得以香奩目之也。

樊榭山房集二十卷

生平博洽羣書，尤熟於宋事，嘗撰宋詩紀事一百卷，南宋院畫錄八卷，東城雜記二卷，又與同社作南宋雜事詩七卷，皆考證詳明，足以傳後。其詩則吐屬嫻雅，有修潔自喜之致，絕不染南宋江湖末派，雖才力富健，尚未能與朱彝尊等抗行，而恬吟密詠，綽有餘思，視國初西泠十子，則倘然遠矣。

翁方綱復初齋集同學一首送別吳穀人云："樊榭一生精力，多在南宋，而以鐵厓樂府神趣行之，鐵厓在元人中不及道園遠甚，今以樊榭之精詣，壹似可追道園，而其實與鐵厓較量，已露單窘之狀者，何也？詩家之韻味，與考訂家之研覈，途不同也，乃樊榭復有文集，以及遼史所摭，城東所記，畫院所編，勤且博矣，且詩之韻味，又夐絕時流，而反若微露單窘者，無他，仍於杜未深耳。"

果堂集十二卷

是集多訂正經學文字，如周官頒田異同說、五溝異同說、井田軍賦說、釋周官地征等篇，皆援據典核，考證精密，其於禮經服制多所考訂，尤足補漢、宋以來注釋家所未備。其釋骨一篇，雖爲醫家而作，然非究貫蒼、雅、兼通靈、素者不能也。其論堯典星辰不兼五緯，蓋主孔安國傳，又於"在璿璣玉衡以齊七政"力闢史記斗杓之解，雖未必盡爲定論，然各尊所聞，亦足見其用意之不苟矣。

黃式三儆居集讀果堂集云："如論周官遂人、匠人溝洫之法云：'井九夫，以溝加一夫，則得十夫，每九夫而間以溝，溝在井間'，推之洫在成間，澮在同間，無不然也。其論周之軍賦云：'一軍百二十五乘，一乘百人'，參合周官縣師、稍人之文，及漢書刑法志、曹公新書而得之者也。其論'女子成人將嫁，逆降旁期爲大功，使之卒哭而嫁'，參合喪服大功章及雜記之文而得之者也。其論'斗建有歲差，後世之月建，不與斗建值'，因是知史記以北斗七星齊日月四時，歲之七政，始於商、周，不始於唐、虞也。其論保甲之法，'以保長、甲長，必擇士之賢者能者爲之，爲州縣者，必重其事，愼其人，求之以誠，聘之以禮幣，昔之以分治之故'，則推本於周官之閭胥、比長、黨正、族師之義也。其贈沈師閔之序，年六十而勸以著書，贈徐靈胎之序，勵以修身爲先，務純其心，易其氣，恭愼其言容。送顧浦城之序，戒以吏之用法刻深者，雖潔廉精敏，能聲流聞，不足以爲善治。送沈潁谷序，言吏治以仁心爲本，經史爲用，其述張恕齋之訓，旣於宋五子之言，錄其醇者以貫之，有恥所以立身，自強所以行道，復亟述之。生平所學，於禮尤長，其卒也，門人以文孝私諡之。"

四庫全書總目提要補正卷五十五

别集類存目

杜律注二卷

考元趙汸學詩於集,而所注杜詩乃無一語及其師,董文玉爲趙注作序,亦疑虞注之非眞,然不云實出誰手。

瞿氏目錄有明刊本趙汸杜工部五言律詩注二卷。 陸容菽園雜記十四云:"杜律虞注,本名杜律演義,元進士臨川張伯成之所作也,後人謬以爲虞伯生所注。予嘗見演義刻本,有天順丁丑臨川黎迱久大序及伯成傳序,其略云:'注少陵詩者非一,皆弗如吾鄉先進士張氏伯成七言律詩演義云云,然近時江陰諸處,以爲虞文靖公注而刻板盛行,謬矣,其桃樹等篇,"來行萬里"等句,復有數字之謬焉。吾臨川故有刻本,且首載曾昂夫、吳伯慶所著伯成傳并輓詞,敍述所以作演義甚悉,奈何以之加誣虞公哉!'案文靖嘗欲釐析詩、書彙正三體弗暇,獨暇爲此乎?楊文貞公固疑此注非虞,惜不知爲伯成耳。"

讀杜心解六卷

詮釋之中，每參以評語。

翁方綱石洲詩話一云："近日有讀杜心解一書，如送遠、九日崔氏莊、諸葛大名等篇，所解誠有意味，然苦於索摘文句，太頭巾酸氣，蓋知文而不知詩也。不過較之杜詩論文、杜詩詳注等略爲有說耳，其實未成片段。"陳僅竹林答問云："浦二田解'出郭載酸鼻''載'字，如'出郊載贄'之'載'，反覆辨疏，愈解而愈不通。"

樊紹述集注二卷

宗師文故爲詭異，本非正軌，韓愈以交游之故，曲以文從字順許之。

案此蓋求之於神也。韓愈詩硬語橫空，而元稹稱爲"玉磬聲聲徹，金鈴箇箇圓"，亦卽此意。

李長吉歌詩彙解五卷

琦此注兼採諸家之本，故曰彙解，亦不免尋行數墨之見，或附會穿鑿，或引據失當。如雁門太守行，"塞土臙脂凝夜紫"句，舊注引古今注紫塞爲解，本不爲謬，而琦必從別本作"塞上"，引王勃"煙光凝而暮山紫"句，以就凝紫二字，是豈塞上夜景耶？又如勉愛行，"洛郊無俎豆，弊廄慙老馬"句，舊本誤慙爲斬，曾益注遂云："斬老馬以祖別"，直謂殺馬食客，固非事理，余光注斬爲絕，謂廄中無馬可乘，亦牽強未安，琦不從之是矣，然不知此用陶潛詩"馬廄講肆"之意，明儒者之不得志，而以爲無俎豆以餞行，卽乘馬亦非強壯，仍郢書燕說也。至蘇小小墓詩，"油壁車，久相待，冷翠燭，勞光彩，西陵下，風吹雨"，下與雨叶，乃用古音，集中如讀來爲釐，押入支韻之類，不一而足，琦乃易末句爲“風雨改”，以就待、彩二韻，尤失古法矣。此類不可枚舉，與諸家亦魯、衛之政也。

程鴻詔有恆心齋集前集載其父式金所著筆記云：“李長吉詩，‘縣官騎馬來，獰色虬紫鬚’云云，天下無此催科縣官，長吉向壁虛造，殆是少年高興，誤說天下事也，而王琦注云：‘縣官親自催租，火迫乃爾，又必飽餐，爲民父母，固如是乎？縣官方去，簿吏又復登堂，民力幾何能疊供此輩口腹耶？’大似癡人解夢。”又云：“王注長吉詩，如夜飲朝眠曲云：‘柳花鴉啼公主醉’，又云：‘夜飲朝眠斷無事，楚羅之幃臥皇子’，此等皆不必有之事，輳句成篇，所謂皇子，仍是公主也，而注以爲公主宴皇子爲長夜之飲，白晝對臥，雖詩人幻想，亦不應有此。五粒小松歌云：‘主人壁下鋪州圖’，注云：‘州圖俗筆，與此松不稱’，夫州圖非俗筆，長吉不過隨手牽寫，本無譏意，不如注所說也。呂將軍歌云：‘榼榼銀龜搖白馬，傅粉女郎火旗下’云云，此詩直是詠本事耳。注以爲‘佩龜騎馬，非不形似，而孱怯如傅粉女子，鐵騎請與比較金槍高下，藏匿不出，但遙聞其箙中花箭香而已’，此等議論，可謂迂曲奇謬。宮娃歌云：‘放妾騎魚撇波去’，騎魚出楚辭注，又云：‘騎魚字甚怪’，又釋之曰：‘宮娃未易得放，河魚豈可騎乘，以不必然之事，設爲擬詞，蓋欲歸之至，舟行不似魚游之速耳’，此注眞長吉所意想不到。公莫舞歌云：‘材官小臣公莫舞，坐上眞人赤龍子’云云，注云：‘劉會孟以爲作項伯口語，夫楚王未醉，亞夫舉玦，項伯獨不畏其聞之而敢言耶？’此注尤奇，李賀推其意設言之，項籍、范增，何緣聞也。金銅仙人辭漢歌云：‘茂陵劉郎秋風客’，注，‘古之帝王而渺稱之曰劉郎，是長吉欠理處’，不知唐人稱父爲郎，皇帝亦曰郎，謂明皇曰三郎，此自其風俗不以爲非，惟秋風客僅輳句耳。官街鼓云：‘漏聲相將無斷絕’，卽白日堂堂，注謂神仙終有盡期，豈能如漏聲日夜不絕，語亦太曲。又長吉詩中阿侯，皆謂美人，詩‘洵美且侯’，侯好聲之轉也，而注俱以爲盧阿侯。惱公云：‘匀臉安斜雁’，謂安軫也，而注以爲首飾；‘夫位在三宮’，三宮以年九宮推之，而注以爲寅宮；榮華錄云：‘得明珠十斛，白璧一雙’，又云：‘新詔垂金曳紫光煌煌’，又云：‘馬如飛，人如水’，句讀分明如此，而云‘煌煌馬如飛’，甚矣注書之難也。” 玉縉案：仁和里雜敍皇甫湜詩，“那知堅都相草草”，王注引曾益云：“謂孟堅兩都”，李詳媿生叢錄云：“國語楚語‘使富都那豎贊焉’，韋昭注，‘富，富於容貌，都，閑也，那，美也，豎，未冠者也’，長吉所用本此，而豎誤爲堅，若如曾云，與相字無涉。”

歐陽遺粹十卷

雲鵬爵里未詳？

案丁氏藏書志有明刊曹子建集，前有吳郡徐伯虬序，稱“郭子萬程雅好是集”，末有嘉靖壬寅自跋，題“吳下後學郭雲鵬”，疑卽其人。而丁氏云：“雲鵬，閩清人，嘉靖己未進士，官刑部主事。考明題名碑，嘉靖乙未有郭萬程，福清人，己未無郭雲鵬，且與吳下不合，殆別一人。”

東坡外集八十六卷

又轍所作軾墓誌，載所作凡六集，晁、陳二家所錄多應詔集十卷，宋史藝文志所載凡十一集，皆無此八十六卷之本。

吳氏繡谷亭薰習錄云："此編坡公前後二集未錄之文，萬曆戊申濟南康丕揚視鹺兩淮日所刻，有序，瑯琊焦竑、晉興毛九苞並序之，序中只稱向有外集一書而已，不詳編自何人？其卷前載坡公集名：如南行集、坡梁集、錢塘集、超然集、黃樓集、眉山集、武功集、雪堂集、黃岡小集、仇池集、毘陵集、蘭臺集、眞一集、岷精集、掞庭集、百斛明珠集、玉局集、海上老人集、東坡前集、後集、東坡備成集、類聚東坡集、東坡大全集、東坡遺編。幷有跋云：'如上諸集，詳加校讐，輒以類附，合爲一編，名曰外集，親蹟出於先生孫子，與凡當時故家者皆在，庶幾覩是集者幷前後二集，則先生之文無復逸遺之憾'，據跋語，似出舊人所編，且諸集在當時各有單行，又不可不知也。"丁氏藏書志云："此本康、焦兩序已失，惟存毛序，稱'直指康臺董治兩淮鹺政，暇出所藏先生外集鈔本二種，屬苞校讐，刻之維揚。苞參考經史，及先生全集、志林諸書，若原本、若謄本、若刻本，凡三歷心目，訂定譌謬，必不可解？存舊闕疑'云云，似非明人書帕本之草草者。而四庫館以外集之名殊無根據云云，惟案文獻通考載陳振孫書錄解題，有東坡別集四十六卷，謂'坡之曾孫給事嶠刊家集於建安，大略與杭本同，麻沙書坊又有大全集，兼載志林、雜說之類，亦雜以潁濱及小坡之文，且間有譌僞勦入者，有張某爲吉州，取建安所遺盡刻之而不加考訂，中載應詔策論，蓋建安本無應詔集也'，以此目核之，大略相近。考坡公七集，無別集之目，或者外集即別集乎？況原跋所稱親蹟出於先生孫子，正合給事嶠刊家集於建安情事，又羅列當日單行集名，似尙資考證者也。"玉縉案：外集非別集，卷數不同，各集名似亦僞撰，殆仿黃庭堅焦尾集、敝帚集、豫章集諸目。

山谷刀筆二十卷

以年爲次，自初仕至館職四卷，居憂時三卷，在黔州三卷，戎州七卷，荊渚二卷，宜州一卷，皆於全集中摘出別行者。

彭元瑞知聖道齋讀書跋尾云："此書與文集、別集、外集中書簡微有異同，不可偏廢，其以歷官編次，尤足考見當時出處之跡，與黃䇓編詩目入年譜同意。" 玉縉案：此乃庭堅曾孫銖所編，嘉定戊辰，與山谷遺文同刻，瞿氏目錄有影鈔宋本豫章先生遺文十二卷，引銖後序云云，可見。

精華錄八卷

又有朱承爵題詞，稱"嘗得其目錄，蓋宋元祐間刻版而亡其文，心寶其名而竊病其實，久之，始獲旁稽載籍，緣目尋詞，以還故物，若太史大全詩、宋文鑑、文苑英華、文翰類選、光岳英華諸集，悉掇拾無遺"云云。考庭堅卒於徽宗崇寧四年乙酉，是書之選雖無年月，然稱"黃太史山谷集幾萬篇，嘗節其略而謬注三十之一也"，則成於所注內集後，內集注中已稱徽宗爲徽考，鄱海許尹序內集注，亦稱作於紹興時，此集旣刻於元祐中，何以反在其後？且錄中詩文，以本集年月核之，已有崇寧中作，何以預刻於元祐時？集中之目，亦往往與本集不合，如夜發鄂渚曉泊漢陽親舊攜酒追送一題，是時庭堅自武昌赴宜州貶所，故親舊追送至於漢陽，此本割裂其文，作漢陽親舊追送，則親舊屬之漢陽，追送字不可通矣。又用前韻贈高子勉一題，乃庭堅自用其韻，本集可考，此本乃作和高子勉，則事實全乖矣。謝公定和二謝秋懷邀予同作一題，有末四字，乃見倡和之意，此本無此四字，則謝公定自和二謝與庭堅無關矣。甚至雙井茶詩“人間風日不到處”四句，乃七言古詩之前半，而割爲絕句，改其題曰內直；觀化第十一首之“竹筍初生”一絕，改其題曰二月；江南修水記一篇，乃取庭堅書幽芳亭一篇，摘其中一段而略增末數語；其餘竄亂不可勝數，淵所注內集，年經事緯，考證詳明，何以此集憒憒至此？至於所錄集中不載諸詩，西湖徙魚和蘇公二首，乃陳師道三首之二，見後山集中，淵亦嘗注師道詩，何以兩集並收？漫無一語之訂正。其新竹一首，乃陸游詩，題曰東湖新竹，見劍南集中，淵何以能於數十年前預見之？其爲僞託，固可不攻而破。且承爵序旣稱緣目尋詞，集中一題數首者目中並無明文，云摘選某首，何以摘選者較多？又稱所採之詩有文苑英華，乃宋太宗時宋白等奉敕編撰，所錄詩文止於唐代，何以有庭堅之作？排律之名，唐、宋、元人皆無之，舊集具存，可以覆案，至元末楊士弘所選唐音，始以排律標目，明初高棅選唐詩品彙，仍之不改，乃沿用至今，何以此本刊於宋時，已有五言排律？其爲承爵依託爲之亦確鑿無疑。何景明曰：“山谷精華錄任淵選者，其所採取多不愜人意”，王士禛曰：“精華錄八卷，有天社任淵自序，錄中取舍，未愜人意”，張宗柟亦曰：“觀其録取大意，祇以備體，且多闌入游戲之作，非上選也”，宗柟所見者，稱嘉靖間摹宋槧本，士禛所見者，稱明章邱李開先家宋槧本，皆在承爵之後，何景明雖正德時人，而比承爵亦差後，蓋皆即承爵此刻，託諸宋槧，觀士禛所記任淵序，與此本不異一字，而承爵之序，與淵序貌爲軋茁，如出一手，其作僞之蹟，固了然矣。向來藏書之家，珍爲秘笈，蓋以名取之，未及一一核其實耳。

丁國鈞荷香館瑣言下云：“天祿琳瑯載元版黄太史精華録，館臣案語謂‘據朱承爵跋語，知承爵必非宋人，以板式紙質定之，當屬元刻’云云，不知承爵係明中葉時江陰人，著有存餘堂詩話各書，列朝詩集亦采録其詩，非無名小卒也，承爵有跋而定爲元刻，毋乃太疏歟？四庫提要謂精華録即朱承爵僞撰，何竟不一檢耶？”玉縉案：承爵有灼薪劇談，提要入雜家類存目，謂不知何許人？詩話入詩文評類存目，皆稱明人。

斜川集十卷

案劉過龍洲集中所載之詩，與此盡同，蓋作僞者因二人同名爲過，而鈔出冒題爲斜川集刊以漁利耳。

陸氏藏書志有吳長元手鈔本八卷，並載長元手跋云：“蘇叔黨斜川集二十卷，世罕傳本，余昔見書賈持售者皆宋劉過龍洲道人集，同名而易其姓耳，後閲王弇州題跋，言以劉集充斜川，自元季已然，不自近始，因歎廣陵散久絶人寰矣。頃朝廷纂修四庫全書，始於永樂大典各韻中纂輯詩文各若干首，編爲六卷，長元偶得副墨於孫中翰溶，借歸手錄，雖零篇剩簡，十得其二三，然得見廬山眞面目。傳寫脫誤，悉加是正，又錄宋史本傳與書所載逸事數則於前，從東坡題跋、漁隱叢話、書畫考補詩四首，詞宗、詞荃補詞二首，賦彙補賦一首，播芳大全補表一首、啓二首，皆纂修之所未及者，他日當與鮑君共欣賞之。”玉縉案：此集已刊入知不足齋叢書，惟四庫有輯本而不著錄，殆以尙未能盡而留待補綴歟？　李慈銘桃華聖解盦日記丁集八四云：“斜川集鈔撮於永樂大典，尙得六卷，世間贋本，一旦而敗，自爲佳事。叔黨詩文，俱有父風，其田布論、志隱論、海南黎事書、祭叔父黃門文、梟瀆亭上梁文諸作，尤可觀。”

雙峯存稾六卷

舊本題宋進士舒邦佐平叔撰，宋志及諸家書目皆不著錄，厲鶚宋詩紀事亦不載其名。

吳氏拜經樓藏書題跋記有雙峰先生集九卷，並載查愼行手跋云：“是集初刻於宋寧宗嘉泰四年，公季子邁所編，先生自序，題曰雙峰猥稾，至理宗淳祐七年，再刻於連山，章枕山有序。元初，公之七世孫名世重刊，有歐陽龔公序，未幾板燬，洪武中，八世孫泰亨以家藏舊雕本重刻於南昌，訓導劉鉞志其本末，正統中，十世孫守中重刻，劉忠慜爲之序。今所鈔者照正統本，第八卷中缺七言律詩三首，第九卷中缺訓後一條，據別本補入。” 所補之條書於卷首云：“愼行於江西書局見是集鈔本，第九卷中尙有訓後一條，今補錄：‘惟余之在職，存心處事，必欲上通天意，下合人情，買田築室，勤儉得之，後世子孫，優必聞於詩禮，勤必苦於耕讀，教子擇姻，慎終追遠，毋螟蛉異姓以亂宗祧，毋勇很非爲自罹刑憲，倘違是言，則必爲人指笑曰："舒通直郎子孫所爲如此"，可不慎哉！'"玉縉案：此本所載詩文，未知視提要本何如？惜不得一核之，竊疑提要本或後人重編，未必贋作，提要云云，殆亦如棠湖詩稾之疑爲厲鶚等遺稾歟？

李忠定集選四十四卷

此本凡錄奏議十五卷、文十六卷、詩六卷、靖康傳信錄三卷、建炎進退志四卷，冠以本傳一卷、行狀三卷，明萬曆中閩人李嗣元所選。

李慈銘荀學齋日記辛集上三一云："李忠定公集，明崇禎間，桐城左羅生光先爲邵武建寧縣知縣時所選，忠定後人刻之，凡奏議十五卷、詩文集二十二卷，附靖康傳信錄三卷、建炎進退志四卷。忠定梁谿集，今所傳者一百八十卷，近日閩中有新刻本，此不及三之一，甚至賦僅存二首，制詔全删去，亦云妄矣。"玉縉案：左本卷數與李本同，疑即翻李本，俟考。

志道集一卷

惟序末署至元壬辰，乃元世祖即位之二十九年，禧爲宋高宗時人，相距一百餘年，安得有其姪尚在爲之作序。

陸氏藏書志有舊鈔本一卷，其案語云："禧嘗與施宿注蘇詩，宿，紹興四年進士，其官會稽通判，在嘉泰中，刻蘇詩於淮東倉司因而被劾，又在官會稽後，禧與宿同注蘇詩，開禧、嘉定中當尙在也。紹興壬午，距嘉定壬申五十年，至元二十九年，距嘉定壬申八十年，子元序云：少侍景繁，若在十歲以內，作序時尙未到九十也。行省非宋官名，或後人傳鈔沿元官名而誤。”玉縉案：此辨甚明，提要云：“是編稱禧子宏聞”云云，卽長卿序文，而乃曰莫知其所自來？近於鍛鍊，其來卽從江浙提刑轉運任公處也。結銜泉州石井書院山長，提要稱石泉書院，亦有脫誤。陸稱子元蓋卽長卿字，龔明之中吳紀聞，有顧景繁一條，稱其享高壽而終，翁方綱蘇詩補注附刻是集，其案語云：“序言少侍伯父，則景繁之卒，當在嘉泰後，故足爲證。”

分類誠齋文膾後集十二卷

不著編輯者名氏。　又有題見此集，而注云文見前集者，亦非完書。

陸氏藏書志有宋刊本前集十二卷，後集十二卷，並載開慶己未方逢辰序云：“建安李誠父，取先生片言隻字之有助於舉子者，門分條析，爲前後集，前集爲綱者四十三，後集爲綱者三十二，名曰文膾。”玉縉案：瞿氏目錄云：“方序詞意鄙淺，疑亦僞託。”

朱子大同集十三卷

明林希元增輯。

瞿氏目錄有元刊本十卷，云：“陳利用編，凡詩一卷、文九卷，蓋在林氏增輯本前也。”

止齋論祖五卷

疑傅良當日自悔其少作，故其門人編次之時不以入集，特別錄此本，私存爲程試之用耳。

瞿氏目錄有元刊本二卷，云："此元時書肆所刻止齋決科諸論，全集不載，其門人曹叔遠序公集，謂'片言落筆，傳誦震響，場屋相師，而紹興之文丕變'，即謂此種也。集中所載之文，斷自乾道丁亥以後，此作於隆興間，故删去不存。"

棠湖詩稾一卷

疑鶚及符曾等七人嘗合作南宋雜事詩，而其北宋雜事詩則未及成書，或遺稾偶存，好事者嫁名於珂耶？

瞿氏目錄有影鈔宋本，云："卷末有'臨安府棚北大街陳宅書籍鋪印行'小字二行，此書原刻本，舊藏汲古毛氏，今在嘉興錢衎石給諫家，見其所題寶晉齋法帖詩注。此影鈔本，即出毛氏，紀文達疑爲厲樊榭作北宋雜事詩，而好事者僞託岳氏以傳，其說非也。"丁氏藏書志亦云："殆先未見宋本。"

斷腸集二卷

淑眞錢塘女子，自號幽棲居士，嫁爲市井民妻，不得志以沒，宛陵魏端禮輯其詩爲斷腸集，即此本也。其詩淺弱，不脫閨閣之習，世以淪落哀之，故得傳於後。前有田藝蘅紀略一篇，詞頗鄙俚，似出依託，至謂"淑眞寄居尼菴，日勤再生之請，時亦牽情於才子"，尤爲誕語。

瞿氏目錄有舊鈔本十卷，後集一卷，云："錢塘鄭元佐注。元佐未詳？其注亦詳贍，末有嘉泰二年孫壽齋後序。"玉縉案：陸氏藏書志後集作四卷，並載鮑氏跋云："計詩二百五十七首，潘詡叔本，共佚九十二首。”吳氏拜經樓藏書題跋記有是集云：“詩三卷，先君子手寫本，並附錄百川書志、詩女史、名媛詩歸、宋詩紀事、汲古閣校刊題語、巖居幽事各條於前。又記云，‘某案名媛詩歸選淑眞古近體詩，凡一百七十餘首。’” 吳焯南宋雜事詩自注云：“朱淑眞，錢唐下里人，世居桃村，工爲詩，嫁爲市井民妻，不得志歿，宛陵魏仲恭端禮輯其集，名曰斷腸，錢唐鄭元佐加注，分爲十卷刊行，有臨安王唐佐傳，今失之，世所傳二卷田藝蘅序者繆也。”玉縉案：陳撰玉几山房聽雨錄同，無“今失之”句，失者吳失之耳。 丁國鈞荷香館瑣言下云：“斷腸集，首有魏仲恭序，言‘淑貞父母失審，不勝擇伉儷，嫁爲市井民家妻，一生抑鬱，故詩多憂愁怨恨之語’云云。余讀其詩，雖時涉哀怨，然詞意絕不類小家村婦，且其春日書懷云：‘從宦他鄉不自由，親闈千里淚長流’，又有寄大人二律，首云：‘去家千里外，飄泊若爲心，詩誦南陔句，琴歌陟岵音，承顏故國遠，舉日白雲深，欲識歸寧意，三年數歲陰。’味詩意，淑貞嫁後，隨夫遠宦甚明，安得如序言父母失審嫁爲民妻乎？四庫提要疑田藝蘅序出依託，洵爲定論，今幷疑魏序亦淺人僞撰，否則序中所言，未有與詩意絕不相肖者也。宜興程璋刻玉臺名翰，中有淑貞精楷數百字，極儁雅，自署古歙朱淑貞，然則淑貞本徽人，相傳爲文公姪女者當自可信。斷腸詞記略指爲浙中海寧人，文公姪女云云，當是隨夫或父官浙，遂家浙中耳。池北偶談載淑貞璇璣圖記，有‘家君遊宦浙西，好拾淸玩’

語，末署錢塘幽棲居士書，可證也。歐陽公生查子詞，誤入此集，楊用修首爲辨白，四庫提要亦擊其誣，惟集中尚有元夜三律，末首詞意放誕，與集中諸作絕不類，當亦他人之作誤雜入者，可意決焉。” 況阮菴中翰詞集後有辨淑眞一文，極詳核，久不記憶，比因閱斷腸詞略有辨正一二，無心勦說，或不免也。○鄭翼謹案：況著證璧集據詞人姓氏錄，淑眞與曾布妻魏氏友善，且斷腸之名，身後它人所題，疑桃村者別是一人，餘與此略同，然所引書不盡同。

石堂遺集四卷

普有全集已著錄。

案全集提要並未著錄，陸氏藏書志有明嘉靖及萬曆兩刊本石堂先生遺集二十二卷，當卽所謂全集。普字尙德，別號懼齋，福建寧德人。

蒻綃集二卷

是編皆集唐人之句。

瞿氏目錄影宋鈔本梅花衲一卷，云：“李龏撰，是編集唐、宋人詠梅詩，成七言絕句百首。”陸氏藏書志並載紹興丁亥劉宰序云：“其所取用，下及於近時諸作”，是龏又有唐、宋人詠梅集句，不專集唐矣。

牧萊脞語十二卷二稾八卷

咸淳十年濟試第一。

鄢燾環溪文集重刻文選補遺序云：“先生之生，在乎宋季，州志第列漕舉，學校志紀爲進士，家譜亦云景炎丁丑進士，俱未詳其生年。案景炎丁丑，宋端宗之次年，越四年宋亡，前乎端爲恭宗，未二年北狩，又前爲度宗，僅七年，則先生之生，必在理宗之朝。”

心史七卷

思肖有題畫詩、錦錢集及所著雜文，併附載其父震菊山清雋集後，已著於錄。 徐乾學通鑑後編考異以爲海鹽姚士粦所僞託，其言必有所據。

案簡明目錄菊山清雋集四種，下注云：“謹案：此部總目不存”，今考總目蒙川遺稾後，雪磯叢稾前，確不載此四種，當是後來删之，然則此處數語殊爲不相應。又臾翌鳳遜志堂雜鈔丁集所記，無久久書，有釋氏施食心法等，可以互證，要之皆僞託也。 案閻氏尚書古文疏證第六十九條云：“且以寧可信其有者，莫過史彬之致身錄，鄭所南之心史，一爲史兆斗撰，一爲姚士粦撰，前說余徵諸牧齋，後說聞諸曹秋岳云”，然則徐氏恐或卽本曹說耳。全氏鮚埼亭集云：“閻百詩集引萬季野語，以爲海鹽姚叔祥所依託”，萬季野語，疑卽曹秋岳之誤。又云：“所南錦錢集，明崇禎中尙存，梨洲先生曾見之，予今求之不得，但從永樂大典得見其奇零者，向使是書而在，以之對勘心史，當有敗闕”，不知錦錢集一卷，至今完好，不待對勘而心史之敗闕自見也。 隨園詩話四云：“心史所載元世祖剖割文天祥，食其心肺，又好食孕婦腹中小兒，語太荒悖，殊不足信。” 翁方綱復初齋集跋鄭所南墨蘭云：“鄭所南墨蘭卷，紙本，自題‘丙午正月十五日作’，下押‘所南翁’三字紅文方印。案所南宋遺老，入元不仕，客吳下，寄食城南報國寺以終，自稱景定詩人，有咸淳集、中興集，宋遺民錄稱其畫蘭自更祚後，不畫土根者是也。此卷自題丙午，不著年號，爲元成宗改元大德原注：此年號二字是家父諱，今補。之十年丙午，內有吳人陳昱題詩云：'家學相承寶祐年，東籬幾度菊花天，紫莖綠葉留殘墨，更覺秋光分外妍。'予考所南題井中心史云：'德祐五年己卯，三山菊山後人所南鄭思肖憶翁'，蓋所南之父名起，號菊山，以陳昱詩證之，知其承過庭之訓，在宋末寶祐時，而其詩稱景定、咸淳者，特自敍宋代遺民之詞，而其隱居吳下，則入元已久矣。卽此一卷，而所南平生始末可以略得其概。"　玉縉案：徐氏考異外，閻若璩潛邱劄記、全祖望結埼亭外集亦以爲僞託，惟顧炎武詩集有井中心史歌，自序云："崇禎十一年冬，蘇州府城中承天寺，以久旱浚井，得一函，其外曰'大宋鐵函經'，錮之再重，中有書一卷，名曰'心史'，稱'大宋孤臣鄭思肖拜封'，思肖號所南，宋之遺民，有聞於志乘者。其藏書之日爲德祐九年，宋已亡矣，而猶日夜望陳丞相、張少保統兵外來，以復土宇，至於痛哭流涕而禱之天地，盟之天神，謂氣化轉移，必有一日，於是郡中之人見者，無不稽首驚詫，而巡撫都院張公國維刻之以傳，又爲所南立祠，藏其函祠中，未幾而遭國難，一如德祐末年之事，嗚呼悲矣！其書傳至北方者少，而變故之後，又多諱而不出，不見此書者三十餘年，而今復覩之富平朱氏。昔此書初出，太倉守錢君肅樂賦詩二章，而崑山歸生莊和之八章，及浙東之陷，張公走歸東陽，赴池中死，錢君遯之海外，卒於瑯琦山，歸生更名祚明，爲人尤慷慨激烈，亦終窮餓以沒，獨余不才，浮沈於世，悲年運之日往，値禁網之逾密，而見賢思齊，獨立不懼，故作此歌以發揮其事”云云，是初未疑及其僞。近梁鴻志爰居閣脞談云：“心史詩文所載德祐紀年，及所南自身年齒，前後無不脗合，與文集無大差謬，如菊山家傳謂菊山生慶元己未，卒景定壬戌，而文集中答吳山人書，則謂‘二十二歲壬戌二月，我父卒於吳中’，又所南久久書中，自言‘二十二歲無父，三十五歲無君，三十六歲無母’，今證以答吳山人書所南二十二而菊山逝世，已符合矣，德祐元年乙亥，宋祚云亡，上距壬戌十三年，所謂三十五歲無君是也。大義集標目自注，亦謂德祐乙亥我三十五，又三膜堂記，丙子九月老母歿，丙子爲乙亥之次年，所南正三十六也。其他記載，亦多可證者，惟菊山翁家傳謂先君四十歲始生思肖者似有未合，蓋菊山沒於景定壬戌，年六十四，所南時年止二十二，則菊山翁四十三歲所生矣。所南於己身年歷言之綦詳，不應於其父生身之年舉成數而不言實數，此其可議者也。”

羅滄洲集五卷

天祥既敗，所謂軍功者何功？所謂本邑尉者何人所授？且宋亡之後，孑然一匹夫，何以北上圖恢復？皆於事理不甚近。

陸氏藏書志有舊鈔本，並載劉辰翁序，又載顧嗣立手跋云：“滄洲翁名公升，字時翁，吉之永豐人，大父開禮，宋咸淳間由胄監登第，授袁州教授，尋改武岡。德祐丙子，文丞相開督府於閩、廣，號召天下勤王，辟開禮知縣事，授安撫使，後兵敗被執，不食死節，即辰翁序中所云水心翁也。

滄洲少有才略，以軍功授本邑教，傷大父死節，傾貲北遊燕、趙，與宋宗室趙孟榮諸公圖復宋祚，知勢不可爲，回經錢塘江，作弔胥濤以自寓，今載集中，餘亦多感憤語。永豐志云：'尚有石初集'，則未見也。滄洲有弟，宋亡，亦不仕元，父死於寇，廬墓號泣，不御酒食肉者七年，蓋孝義萃於一堂，嗚呼！於以見宋之能養士也。"據此，則軍功爲未敗以前之功，官當由天祥所授，蓋上敍開禮事，下文更端敍公升事，文義甚明。與宗室圖恢復，當在丁丑、戊寅間，其時天祥尚存，宋亦未亡，皆無可疑，惟所舉各詩，誠不免竄亂耳。

輝山存稾一卷

然此本所載僅二十四首，爲明崇禎間其裔孫雲程重編，疑舊稾散佚，雲程掇拾成之，故所存止此也。書僅五頁，不成卷帙。

丁氏藏書志有舊鈔本一卷，附葦菴稾一卷。云："雲程著葦菴稾，有吳有涯序，雲程字漸于，篤於孝行，開卷即陳情詩。"玉縉案：提要所見當亦有葦菴稾，否則五葉眞不成卷帙，提要不欲錄葦菴稾遂不言耳。

剡源文鈔四卷

國朝黃宗羲編。

丁氏藏書志有舊鈔本剡源文集四卷，云："何義門焯云：'剡源文集，余病譌謬不可讀，康熙庚寅，始從隱湖毛十丈借得嘉靖以前舊鈔一冊，爲文祗六十五篇，合甲、乙、丙、丁四卷以校新刻，則唐畫西域圖記一篇，後半幅脫去二百六十餘字,其他賴以改正處甚多,集中文爲新刻所逸者凡十二篇',云卽此本也。舊因黃氏宗羲繕刻此集,遂傳爲黃氏所編,四庫據入存目,徵焯識語,則無從知爲嘉靖以前所編矣。"

水鏡集一卷

是編一名金囦集,囦,古淵字,與仇遠金淵集同名。

吳氏繡谷亭薰習錄有金囦吟一卷,云:"六世孫道泰編刻。"據此,則作吟不作集,提要殆誤。

存復齋集十卷

後移疾歸,至正間,起爲江、浙行中書省照磨官參軍事,守杭、湖二郡,攝守長興,是集有虞集題詞、黃溍序,皆見徵詞,惟合沙俞焯序,稱其文理到而辭不凡,差得其實。

丁氏藏書志有明刊本十卷,附錄一卷。云:"附錄其母吉氏墓碣、提舉墓志及贈序等篇,後有吳寬、王鏊跋、贊。"又有舊鈔本成性齋文集九卷,云:"此或别本,前有合沙俞焯序。"姚元之竹葉亭雜記四云:"德潤移疾歸,至正十二年,起爲江、浙行中書省照磨官參軍事,攝守長興,集題征東儒學提舉,案集中文止於至正十一年,是集蓋成於未起官以前也。"

坦齋文集二卷

明劉三吾撰。　案鄭曉、雷禮、王世貞並謂三吾於洪武三十年以罪誅死,蔣一葵又謂三吾以作大誥漏言賜死,明史則稱以考試不實戍邊,建文初召還,今集中有敕下御製大明一統賦,實建文時所撰,與史相合,是曉等所載皆不確。　三吾於洪武中典司文章，頗被恩遇。

案鄧顯鶴沅湘耆舊集小傳云：“所著有璠署、春坊、北園、知非、化鶴、正氣等集，桐江余蓋知茶陵，合爲坦齋集，今刊行本十五卷。”鄭翼謹案：提要作俞藎，藎字廷臣，明史有傳。 譚紹琬涉園集大學士劉公文集序云：“我外祖學士公文一輯於成、弘者，爲文安呆齋所錄，而於大誥一序尤致流連往復之思焉，再輯於隆、萬者，爲督學養旦所編，而於碑銘、序、記諸作益殫網羅掇摭之勤焉”云云，是其集在明代非祇一刻。又劉映藜乾隆戊寅重修坦齋公文集序云：“叔公漢三公，謂‘公集刊於成化間者，既因回祿之燬而未得其全，刊於萬曆間者，又因校讎之艱而幾去其半，吾昆季欲重修其集以成完璧’云云，詎意彙集無幾，而公暨諸公相繼捐館，余用加意旁搜，積十餘載，於前二刊外，得皇明文衡、皇明館閣二刻本，及正氣集、化鶴集、斐然稾諸鈔本，文若干篇，詩及詩餘若干首，視萬曆間刊本增五之一。”玉縉案：戊寅爲乾隆二十三年。 黃佐南廱志經籍考，載長史黃章等薄福不臣榜文，自注云：“章，福建人，洪武三十年爲文華殿直府長史，教韓王等。初，王與侍讀張信、侍講戴彝、贊善王俊華、司憲修撰陳郯、編修尹昌隆、劉謂等十餘人，翻閱學士劉三吾主考會試落卷，以不用心批點，且所進卷有‘一氣交而萬物成’，及‘至尊者君至卑者臣’等語，坐罪寘於法，獨彝與昌隆不誅，榜其事以示戒，今俱亡，惟都察院榜版尚存。”玉縉案：此又一異聞。 陸氏藏書志有舊鈔本二卷，其案語云：“錢氏養新餘錄引朱竹垞帖云:'三吾集有耿炳文墓碑,卒於洪武二十七年'云云,今檢集中祗有長興侯耿炳文追封三代碑,乃洪武二十七年作,明琬琰集亦載此文,並無炳文墓碑,蓋竹坨記憶之誤也。"

甘白集六卷

適字子宣。 集爲正統丁卯其子收所編,文體修潔而未造深厚。

陸氏藏書志有舊鈔本甘白先生張子宜詩集六卷、文集六卷、詩集補遺二卷,有正統六年陳鎰序及丁卯收跋。據此,則適有詩集,詳提要語氣,此六卷似祗文集也。丁氏藏書志亦有詩文鈔本,不言有補遺,子宣作子宜,似與名適爲近。

黄忠宣集八卷

是集爲其子琮所編,冠以奉使安南水程,殊乖體例。

丁氏藏書志有明刊本十三卷,云:"卷一列奉使安南水陸記,卷二爲序,卷三、四爲書,卷五爲祭文,卷六爲表、論、頌、譜、銘贊,卷七檄文,卷八雜著,卷九至十三古、近體詩,有正統三年楊榮、四年楊溥、及馮時雍序。四庫存目載集八卷,蓋有文無詩耳。"

林公輔集三卷

至於故國舊君,動多詆斥,其視徐鉉撰李煜碑,但陳運數有歸者,用心之厚薄尤相去遠矣。

吳氏拜經樓藏書題跋記有是集,並載查愼行跋云:"所著文計一百五篇,不分卷帙,余得鈔本於友人齋頭,補綴破斕，别錄如右。案先生臨海人，洪武中，與葉見泰等並徵，官中書舍人，與方正學友善，嘗奉璽書行邊有功，進春坊大學士，命輔導皇太孫，以事謫中都教授，棄官歸。靖難初，聞正學被禍，爲位哭於家，成祖召之不至，械至京，猶欲用之，先生對曰：'罪人逃死已久，藉令可仕，當與方孝孺同朝矣'，成祖怒，劓之死，南渡後，追贈禮部尙書，諡貞穆，事載華亭明史列傳。世但知先生爲文士，罕有稱其忠義者，特表出之。"玉縉案：右，明史無傳，惟見王鴻緒明史稾，其忠義如此，則所謂於故國舊君動多詆斥者，殆因太祖自喜用夏變夷，而不得不遜詞以避禍歟？提要似未明其指。

東行百詠集句九卷附芳洲年譜一卷

丁氏藏書志有天順刊本東行百詠集句三卷、和三卷、再和三卷、三和一卷，附年譜一卷，並載天順壬午循自引云："均分十卷"，據此，九疑十之譌。

草窗集一卷

靜嘉堂祕籍志有是集，云："上卷鈔補，下卷明刊。"據此，則一當爲二之誤。鄭翼謹案：李滋然編四庫書目表正作二卷。

菉竹堂稾八卷

是集乃盛所自訂。

案六世孫九淵刊葉文莊公集三十卷，計水東稾八卷、開封紀行稾五卷、菉竹堂稾八卷、涇東小稾八卷、和山東名勝詩一卷，爲最足本。

鳴秋集二卷

是集即其仲子壯所編，前載林誌序。

案丁氏藏書志有舊鈔本，云："詩分上下二卷，前有永樂癸巳林誌序，後有景泰五年孤子壯識"云云。附壯作贈臚峰陳日章赴春闈詩十四首。

龍臯文集十九卷

李東陽爲撰墓誌，稱"其文縝密峻潔，力追古作，而不輕應接，有求之經歲而不得者"。又云："所著已累百數十卷"，今所存者僅若此，則知其佚者多也。

丁氏藏書志嘉靖元年門生華亭顧清序，稱長沙誌墓云："著述數十百卷，當不下篋墩，而先生屬纊時，諸郎幼，散落頗多，收拾數年，稍有倫序，傳錄之間，詩復逸去，今所存者，經筵講義、賦辭、銘贊、記序、誌表等文而已，定爲二十二卷。"今案止十九卷，而各體已全，豈刊時減併耶？

石淙槀十九卷

此本有詩無文。

朱彝尊靜志居詩話稱其"古詩原本韓、蘇，近體一似陳簡齋、陸放翁，李獻吉送昌穀詩云：'吾師崛起楊與李，力挽元化迴千鈞'，初意楊非李敵，不過爲師門耳，及觀石淙詩，實有高出李者，乃知文士以千秋自命，類不輕許人也"。

集古梅花詩四卷

是編皆集句成詩以詠梅花，得五言律詩、七言律詩、七言絕句各百首，又旁及紅梅，得七言律詩十首。

案丁氏藏書志有草窗梅花集句三卷，附錄一卷，和梅花百詠二卷。並載弘治己未自序云:“借古人之句，寫吾心之趣，得五、七言近體三百餘篇，題曰草窗梅花集句”云云，而提要本標題作集古梅花詩，未詳其故？和梅花百詠，當是所見本缺也。

山堂萃稾十六卷

是編詩六卷、文十卷，而奏疏三篇附詩之末，體例殊別。

靜嘉堂祕籍志有刊本十六卷、續稾四卷，附讀書劄記八卷、續記一卷、書略一卷。玉縉案：據此，則尚有續稾四卷，其劄記，提要已入儒家類。

常評事集一卷

是集賦五首、樂府二十一首、各體詩百餘首，傳贊等雜著數篇附之。

丁氏藏書志有嘉靖本四卷，寫情集二卷，題邑人韓范編輯，云:“嘉靖戊子瑞泉南大吉序，寫情集者，倫所作樂府。”

東原集七卷

後有正德己卯俞弁跋，稱刻本體製未備，此集乃其鄉人僉都御史張企翱所輯補云。

道光廿九年韓崇刊二卷本，跋云:“明代所刻文集僅存什一，近日求此刻本亦不可得，前在士禮居黃氏傳錄舊鈔，詳加校勘”云云，爲別一本。

世經堂集二十六卷

階所編武穆集已著錄。

案階字子升，華亭人，嘉靖二年進士第三人，官至建極殿大學士，贈太師，謚文貞，事蹟具明史本傳，提要於岳集下未詳其仕履，則此處爲疏漏。又丁氏藏書志少湖先生文集下云："階有世經堂集二十六卷、續集十四卷"云云，是尚有續集。

笠江集十二卷

前有陸樹聲序，稱"恩所著有笠江集、笠江近稾，皆已梓行，既沒而其子允哲、允端合前後刻彙爲恭定全集"。此本仍題曰笠江集，殆當時編集未成故以新序冠於舊本歟？

丁氏藏書志有萬曆刊本潘笠江先生集十二卷，近稾十二卷。云："四庫存目未見近稾，但稱其子允哲、允端合前後刻爲恭定全集，然則此本猶在合刻之先歟？"

龍溪全集二十卷

畿傳王守仁良知之學而漸失其本旨，如謂"虛寂微密，是千聖相傳之祕，從此悟入，乃範圍三敎之宗"，又謂"佛氏所說，本是吾儒大路"，是不止陽儒而陰釋矣，故史稱其雜以禪機，亦不自諱。史又載畿嘗言"學當致知見性而已，應事有小過不足累"，故在官不免干請，以不謹斥，蓋王學末流之恣肆實自畿始，明史雖收入儒林傳，而稱"士之浮誕不逞者率自名龍溪弟子"云云，深著其弊，蓋有由也。

李慈銘荀學齋日記辛集下 六九 云："先生於良知之學實有心得，其天泉證道語，謂意之動亦無善無惡，與陽明宗旨顯殊，流入於禪，不特爲朱學者詬病，卽王門亦深疑之，然其意不過主靜而已。其與唐荆川問答語，字字鍼砭意氣之失，可謂名言，與王遵巖問答語亦有精理，蓋龍谿天分極高，故其悟入處極透澈，其與人言層層鞭辟，眞能開發神智，吾曹志氣浮散，能時時讀之，所得非尠，讀書如醫病，惟求藥之對證耳。"玉縉案：李氏此說須善會。

許水部稾三卷

凡詩一卷、文二卷。

丁氏藏書志有陭堂摘稾十六卷，云："詩四卷、文十二卷，嘉靖辛酉游震得序。"

敬所文集三十卷

明史藝文志載宗沐奏疏四卷，文集三十卷，此本止三十卷而奏疏在焉。

丁氏藏書志云："千頃堂書目三十卷外又有續集八卷，明史藝文志又載奏疏四卷，今皆未見。"

太岳集四十六卷

神宗初年，居正獨持國柄，後毁譽不一，迄無定評，要其振作有爲之功，與威福自擅之罪，俱不能相掩。至文章本非所長，集中奏疏啓劄最多，皆在廟堂時論事之作，往往縱筆而成，未嘗有所鍛鍊也。

李慈銘荀學齋日記云："江陵張文忠公文集，凡詩六卷、文十四卷、書牘十五卷、奏對十一卷，萬曆四十年壬子，其第三子修撰懋修所編，時去文忠之沒三十年矣。前有沈鯉、呂坤兩序及懋修所撰凡例兩則，又述先公致禍之由一篇，末有其長子禮部主事敬修等所撰行實一卷，則文忠初喪時也。有荆州高以儉後序。文忠相業爲有明第一人，任事過專，身後遂中奇禍，後之秉政者，才既相去遠甚，而又鑒於前車，務爲保身，相率推諉，於是明遂不振，陵夷以至於亡矣。讀是集者，令人歎息於神宗之昏，眞下愚也。書牘十五卷，字字老謀，最爲可觀，近日胡文忠所不能及。其雜著言秦之治勝於周，此文忠雜霸之術，有激言之，不可以訓。”又論居正之爲人，以爲“明史諸書，載文忠謀陷高文襄，紀事本末諸書，載文忠改錦衣揭帖，跪言饒我等事，皆不足信”。而總結之曰：“文忠之才，及任事之勇謀國之勤，有明第一人也，其量狹而少容，知進而不知退，則學不足也”云云，文繁不具錄。

卓澂甫詩續集三卷

是集爲明卿所自編。

丁氏藏書志有卓澂甫詩集十卷，云：“前有俞允文、王世貞、王世懋、葉之芳諸序，及萬曆八年明卿自序。”玉縉案：此蓋其正集。

李湘洲集十卷補遺一卷

其學宗王守仁，故集中第二卷有陽明集鈔序，反覆幾二千言，發明良知之旨，至以事功節義與辭章養生，均爲正道之障。又有金剛經集注序、金剛經注采序、蓮池自知錄序皆提唱二氏之說，亦頗尊崇李贄，稱爲卓吾老子，蓋明季士大夫所見大抵如此，不但騰芳一人也。

羅汝懷綠漪草堂文集十四重刻李文莊公全集序云：“迹公生平，在朝在野，無日不以國計民生爲念，既意主事功，自以姚江爲祈嚮，而闡發良知之旨，僅見於選鈔陽明集序中，其於他文，皆依據典訓，探求端委，莫非由體參考索而得，未嘗稍涉冥悟，而亦不標講學之名，卽其名重東林，亦由中涓嫉忌而指目之，在公落落穆穆，固不屑託清流以自重也。” 又云崇尚李贄，羅氏云：“案集末山居雜記一條云：‘庸德庸言，本無奇特，少年知解聰異，初時尙覺新穎有趣，到底只是脚踏虛空，李謫星近稱卓吾老子詩，有曰：“鼻孔生來原向下，勸君莫與鼻相違”，言殊有味’，此不過偶舉其言以箴後生耳，卓吾老子，殆當時之戲相稱謂，其詩亦游戲之詞，公又轉述他人之言，亦戲語而非莊論，是可據爲崇尙其人乎？在昔湖、湘老宿多通釋典，蓋亦風尙，公旣抱負傀偉，志在用世，而迄不得稍施，中歲多艱，家庭骨肉之間憂傷迭見，嗣息終以不蕃，其注經以釋偈，造字以懺心，亦以寄情遣境云爾，非欲闡其道以傳於人人也。”

譚友夏合集二十三卷

每篇各有批評，皆刻意摹仿元春語。

李慈銘孟學齋日記乙集中七三云：“詩文皆分體編錄，中有評點，每卷首分標徐九一、張天如、楊維斗、錢吉士、顧麟士、楊子常、周勒卣、張受先、周介生、錢彥林、朱子若諸人姓名，而皆副以吳郡張澤草臣，蓋皆出此人手也。竟陵之派，笑齒已冷，秀水朱氏，至比之泗鼎將沈，魅彪並出，爲明社將屋之徵，今日閱其全集，總其大凡，詩則格囿卑寒，意鄰淺直，故爲不了之語，每涉鬼趣之言，而情性所搏，時有名理，山水所發，亦見淸思，惟才小氣粗、體輕腹陋，俚俗之弊，流爲俳諧，故或片語可稱，全篇匙取，披沙汰石，得不償勞,見斥藝林,蓋非無故。至其散文之病,差亦同詩,傳誌諸篇,立言無體,幾爲笑柄,多類稗官,而書牘序言,頗有意致,銘辭游記,尤可取裁,敍泉石之奇,能超形想,寫友朋之樂,足散人懷,銘或具體於東坡,記多得力於酈注。其以蔡清憲爲師,鍾退谷爲友,皆有古人之風,亮節直言,庶乎無媿,深情遠韻,亦自足多,世人平心觀之可矣。今最其文之佳者”云云,文繁不具錄。又選錄其詩,幷摘句評點甚細。

花王閣賸稾一卷

丁氏藏書志有舊鈔本,云:“卷首有翰林院印,蓋當時進四庫館本也。玄孫紀昀,方以直閣爲總裁官,而此本不登著錄,僅入存目,足以見朝政淸嚴,士論公允之一端。”

翁方綱復初齋集有是書序云:“詩皆明季天、崇間作,憂時感事,多怫鬱沈痛之音,然而每有事外遠致。曩嘗論田間集,謂北方詩人無其比,今見是集,雖視田間多寡不同,要其峻冷孤峭,可以相視而笑矣。”

石屋山居詩一卷

題曰石屋禪師撰,不著其名,明史藝文志、浙江通志亦不載其目,詩中有“吾家住在霅溪西”之語,蓋明代湖州僧也。

丁氏藏書志有元刊本石屋和尙住嘉興福源禪寺語錄偈頌二卷,首署參學門人至柔編,前有沙門來員序,後有元旭撰塔銘,云“師諱淸珙,字石屋,蘇之常熟人也。生於宋咸淳八年,元至正壬辰示寂,壽八十有一”。據此,則提要疑爲明僧,大誤。

金文通集二十卷

一本爲息齋集十卷，有順治五年陳名夏序，六年自序，十六年錢謙益序。

南雷文定十一卷文約四卷

晚年手自删削，名曰文定，後更刊存四卷，故名曰文約云。

李慈銘孟學齋日記乙集下一八云："南雷文定，雖氣魄雄大而蕪冗不翦，又喜用詞藻，不脱明季習氣。"又荀學齋日記乙集下八五云："南雷文約，尚是舊版，已多漫滅處，梨洲文鮮持擇，才情爛漫，時有近小説家者，望谿謂吴、越間遺老尤放恣，蓋指是也。然本原深厚，隨在傾吐，皆至情至理之言，讀之饜心。"　譚獻復堂日記云："先生文無餖飣之篇，有餖飣之句，固知早歆香名，以華藻入，亦熟處難忘，必以僞體目之則妄。敍事諸篇，鮚埼亭所師法而殊有稗習，不如先生之簡勁。後集清深尤勝，名論如'古之君子，有死天下之心，而後能成天下之事，有成天下之心，而後能死天下之事'，吴弁玉墓志所言，與顔習齋若合符節。又陳府君墓志引王魯齋言，'以日計時，得命十有二，以其六十之十二，得命七百二十，計之以月，又六十其七百二十，得命四萬三千二百，又檃之以歲，六十其月，得命二百五十有九萬二千'。詩歷質健，有儒者氣象。"

二曲集二十二卷

每卷分標篇目：曰悔過自新説、曰學髓、曰兩庠彙語、曰靖江語要、曰錫山語要、曰傳心錄、曰體用全學、曰讀書次第、曰東行述、曰南行述、曰東林書院會語、曰匡時要務、曰關中書院會約、曰盩厔答問、曰富平答問、曰觀感錄，皆其講學敎授之語，或出自著，或門弟子所輯，凡十六種。

黃式三儆居集讀二曲集云："王陽明以致良知之學提唱天下，而比朱子以洪水猛獸，李中孚則以朱子敎不躐等，先下學而後上達，深得洙泗家法，而又稱陽明能泄千載不傳之祕，令人洞悉本體，超凡入聖，是李氏爲兩家之調人，而大旨歸重於王也。同時平湖陸氏，表章朱子之學，聞人談及王學，直被髮纓冠以救之，而不爲調停兩可之言，是以陸、李之說，往往相反。夫中孚遵守陸、王，力標宗旨，於朱子之學半明半昧，正如公超之霧，足障數里，幸此時陸氏之書盛行，如日在天中，而𤺥霧不得蔽之也。阮雲臺擯中孚於儒林外，歸入隱逸，公論乃著耳。"

水田居士文集五卷

國朝賀貽孫撰，貽孫有詩觸已著錄。

案詩類詩觸下，題爲明人，雜家類激書下，所題同，均誤，當以此爲正。

擬故宮詞一卷

國朝徐宇昭撰，宇昭不知何許人？

吳氏拜經樓藏書題跋記有鈔本四十首，云："唐宇昭作。先君子題云：'唐宇昭字孔明，家富藏書，毛斧季嘗聞其有宋槧趙孟奎分類唐詩一百卷，展轉倩友借之而未得，詳拜經樓詩話。'"玉縉案：提要本亦四十首，而作徐宇昭，俟考。

鄭翼謹案：唐宇昭亦作禹昭，一字雲客，號半園，荆川玄孫，明崇禎舉人，入清不仕，工詩善書畫，有半園集、擬古宮詞。見張惟驤毘陵名人傳、毘陵書目，盛鏞萱史增編。

精華錄訓纂十卷

士禛晚年仿宋黃庭堅精華錄例，自定其詩爲此本。

金武祥粟香隨筆五，載翁方綱手批精華錄云："盛、曹二君編此錄，蓋仿任天社之山谷精華錄，然山谷精華錄其書久亡，漁洋先生所見者，已是後人僞託之本，而盛、曹二君更無從得其所以然矣。"又云："和窟室畫松歌'江南吳生昔爲此'二句下，删去四句，則江南吳生不可解矣？編先生詩者妄作如此，而門弟子亦竟無訂正者，予見先生原草，始知之。" 玉縉案：復初齋集有漁洋先生精華錄序云："先生之詩，自漁洋前後集以訖南海、雍益、蠶尾諸集，可謂富矣，今約取之，而目曰精華，其果先生精華所在耶？且先生詩之精華，當於何處覓之？在當時有謂先生祧唐祖宋者固非矣，其謂專主唐音者亦有所未盡也，謂先生師韋、柳者，似矣，顧何以選三昧集而不及韋、柳？又謂具體右丞，似矣，然又何以鈔五言詩不及右丞？是皆未足以盡之也。或曰：'讀先生詩，當熟史記、漢書，故以惠氏、金氏、徐氏諸箋説，援據極博，而尚有補注者'，然且又舉司空表聖、嚴滄浪言詩之旨，歸於妙悟，又若不假注釋者，此皆仁智各見，吾惡乎執一處以求之？"又有濤音集序云："皆掖縣人詩，漁洋窟室畫松歌，蓋和孫黃門作，所謂江南吳生者，賴此集以傳其姓名，而注漁洋詩者皆失之，則是集之久不著於世可知也。集內附載漁洋詩，吳生前後凡三見，中以道子襯託耳，今所行漁洋詩，則删去中間吳生句，雖視初本若稍薙其蕪，而於層折乃轉未了然也。”皆與金語合。又有跋孫退谷所藏吳季子劍銘云：“池北偶談云：‘孫北海家銅劍，長尺餘，有鳥篆十字，云“吳季子之子保之永用劍”，而雙劍行自注，則謂銘云：“吳季子之子永寶用劍”凡九字’，譌‘保’爲‘寶’，誤‘十’爲‘九’，惠氏亦未能是正。”

七頌堂集十四卷

是集凡詩八卷、文四卷，又空中語一卷、尺牘一卷。

胡鳳丹退補齋文存有七頌堂詩文集序云：“四庫存目載先生詩八卷云云，是集也，先生六世孫瓊字靜齋者，官於鄂，梓以見示，其間或分卷或不分卷，體例小有參差，而卷尾所附詩餘一卷，存目所未載，意者流傳既廣，坊間行本，固互有異同歟？”

秋笳集八卷

八卷則五頁以前題雜著，六頁以後題後集。特其自知罪重譴輕，甘心竄謫，但有悲苦之音，而絕無怨懟君上之意，猶爲可諒，故仍存其目焉。

案粵雅堂本，即覆吳振臣本，今雜著並不分後集，但有附錄二則在卷外，疑提要誤也。伍崇曜跋云：“蘇州府志稱其‘少有雋才，與愼交社，名聞遠近，順治丁酉舉於鄉，以科場蜚語逮繫，遣戍寧古塔，康熙辛酉，徐健庵司寇爲之納鍰放歸田里，亦成容若侍御力也。’徐菊莊續本事詩，稱‘漢槎驚才絕豔，數奇淪落，萬里投荒，驅車北上時，嘗託名金陵女子王倩孃，題詩驛壁，以自寓其哀怨，兩河三輔間多有和者，故計改亭詩云："最是倩孃題壁句，吳郎絕塞不勝情"'，詩今載集中，則爲豫章劉素素，倩孃其姊云。"玉縉案：徐、計自是傳聞之誤，題爲虎邱題壁，則所稱北上時及兩河三輔語亦非。觀戊戌三月九日自禮部被逮赴刑部，及四月四日就訊刑部詩，則爲中蜚語無疑，提要云："罪重謫輕"，當時立言不得不如是也。栻臣跋云："長白賦奏而特邀當宁之知，沈冤昭雪，賜環歸里"，今此賦在集中，殆得力於性德，而明珠爲之奏請歟？　李詳媿生叢錄云："秋笳集三卷，據兆宜小引，乃漢槎自定其集寄健庵者，與張尙瑗寧古塔紀略序合。言漢槎秋笳集始寄歸，崑山司寇公爲刊本行世。漢槎子名栻臣，提要誤爲'振'字單名，且誤'栻'爲'振'，案揚雄甘泉賦'列宿迺施於上榮，日月纔經於柍栻'，韋昭曰：'榮，屋翼'，服虔曰：'栻，屋梠'，栻臣字南榮，取義於此，司馬相如上林賦，'偓佺之倫，暴於南榮。'"

陋軒詩四卷

其詩頗爲王士禛所稱，後刊板散佚，此本乃其友人方干雲裒集重刻者也。其詩風骨頗遒，運思亦復劖刻，而生於明季，遭逢荒亂，不免多怨咽之音。

劉文淇青溪舊屋文集陋軒詩續集序云："吾友夏君退庵，既購得繆氏所刻陋軒詩集板，又獲陋軒未刻詩冊，輯爲兩卷，刻成，未及印行遽歸道山，哲嗣子猷，以集見示，並乞爲之序。余謂野人先生詩，前人序之已詳，復何俟鄙言贅說，而續刻詩未則固不可不序也。先是，東淘施君井亭藏陋軒未刻詩二册：一爲孫豹人手訂，一爲陋軒自鈔，乾隆戊子，宫君節溪遊東淘，於井亭處見之，攜歸，其孫文波爲退庵僚壻，取以相贈，計詩三百六十餘首，其已見陋軒詩刻者約十之一，餘皆世所未見，又得周櫟園、孫豹人序兩篇，亦前集所未有，退庵詳加遴選，得詩百二十餘首，分爲上下卷以付諸梓，將與初集並行，此事詳退庵所著筆記中。退庵所得詩册，余未之見，然觀初集，猶間有酬應之篇，而續集則皆陶寫性靈之作，以是歎退庵抉擇之精也。”

臨野堂文集十卷

靜嘉堂祕籍志載文十卷、詩十三卷、詩餘二卷、尺牘四卷。

有懷堂詩文稾二十八卷

菼以制藝著名，其古文亦法度嚴謹，凡安章宅句皆刻意研削，然其不能脫然於畦封亦即在此，詩則又其餘事矣。

王應奎柳南隨筆云：“韓宗伯制藝，國朝推爲大家，而古文之工則知者絶少，所著有懷堂集，筋力於南、北二史，疏疏落落，若不經意，而每篇必有一二會心語爽人心目，其品格當在堯峰之右。吾友陳亦韓祖范，曾讀書寒碧齋，宗伯每有撰著，輒命之謄寫，因語之曰：‘汝輩第知我時文耳，然我他日之可傳者，在古文不在時文也’，宗伯之自信如此。”

青門簏集十六卷附邵氏家録一卷青門旅稾六卷青門賸稾八卷

是集乃其兄子璿等編次。

洪亮吉北江詩話二云：“余頗不喜邵山人詩，以其作意矜情，描頭畫脚，而又無眞性情與氣也。晚年入宋商邱犖幕，則復學步邯鄲，益不足觀。其散體文，亦惟有古文面目，苦無獨到處。” 李慈銘荀學齋日記丙集下一二云：“青門文以李忠肅公邦華、盧忠烈公象昇兩傳爲最佳，李傳在旅稾，盧傳在賸稾也。”

思復堂集十卷

是集刊於康熙壬辰，以龔翔麟所撰墓誌、邵思淵所撰墓表、萬經所撰小傳冠諸編首。

李慈銘孟學齋日記乙集下二九云：“全謝山譏念魯爲學究，頗抉摘是集之謬誤，念魯腹笥儉隘，其學問誠不足望謝山津涯，而文章峻潔，則非謝山所及。” 又云：“念魯私淑梨洲，自任傳姚江之學，尤懃懃於殘明文獻，晉拾表章，不遺餘力，雖終身授徒鄉塾，聞見有限，讀書不多，其所紀載不能無誤。要其服膺先賢，專心壹志，行步繩尺，文如其人，前輩典型，儼然可想，鮚埼以‘固陋’二字概其一生，其亦過矣。至以王遂東爲不食而死，陳玄倩爲山陰產，鮚埼皆糾其謬，然禮部死節，越人相傳，孤竹名菴，采薇署號，揆其素志，蓋已不誣，或江上之潰，適遘寢疾，固非絕粒，不失全歸，死際其時，無待引決，首邱既正，夫亦何嫌，自不得以生日稱觴，曖昧之事，妄疑降辱。太僕里籍，向無定著，明史以爲會稽，齒錄以爲仁和，據崇正丙子同年錄。而祖居山陰，亦載於錄，正命小赭，始終是鄉，迹其生平，居杭可考者惟與陸鯤庭相許一事，是則鮚埼‘杭有後人’之說，滄桑遷徙，亦未足憑，舉此二端，正不得謂紀事之疏也。第八卷有史論十數篇，皆言明事，中有余六世祖殿纂公評語，蓋亦相交契者。” 玉縉案：靜嘉堂祕籍志有思復堂前集十卷，附載一卷。李元度先正事略云：“門人刻其遺文爲思復堂集二十卷”，然則當有續集。

湛園未定稾六卷

此本爲其未入書局以前所自定。不及大興黄氏本之完備，以別行已久，姑附存其目。

翁方綱復初齋集書是稾云：“嘗聞方望溪以其文質諸李穆堂，穆堂笑其未通，望溪愕然，穆堂指其首句‘吾桐’云：‘桐江、桐廬，皆可稱桐’，望溪爲折服。乃湛園之文有甚於此，周櫟園河南祥符人，官江南布政使，而其墓志云：‘卒於江寧之里第’，豈有官廨可稱里第者乎？此不更謬於桐城縣人之稱‘吾桐’乎？志其人之生平而云某科進士，不知其何世？云卒年若干，不知其爲何歲？徒以詞氣若效史遷而目爲古文可乎？書此當箴記，非敢漫議前輩也。”

樸學齋詩集十卷

靜嘉堂祕籍志載道光乙酉刊本，文一卷，詩十卷。

滋蘭堂詩集十卷

是編分六集：曰康瓠集、灌畦集、今雨集、紫貝集、勞薪集、西征集。

靜嘉堂祕籍志有鈔本滋蘭堂詩鈔，爲雞肋草一卷、東陽集一卷、靜樹編一卷、看雲草一卷，似皆在此本之外。

集虚齋學古文十二卷

然喜雕琢新句，襞積古辭，遂流爲別派。

李慈銘祥琴室日記二六云:“凡十二卷,首雜著兩卷,爲考辨、題跋、紀事之文,次書札兩卷、次序四卷、次碑記一卷、次墓志、墓表兩卷、次傳志一卷附以離騷經解略。文輈仕而即廢,以時文盛名,教授浙東西,著錄至數百人,杭大宗、孫虛船、梁文莊、任武承等,皆其高第弟子,故名益著。其古文頗自矜重,喜鑱刻爲工,而學淺語佻,多近小說,敘事尤無義灋,惟議論間有可取。如校大戴禮,謂公符篇當爲'公冠',後來孔氏廣森、阮氏元皆因之,讀史記伯夷、孟子、荀卿、游俠列傳諸解,深得古人文章微意。又極貶宋儒,雖或言之過當,然如書毛詩名物解云:'陸農師、方性夫皆從介甫新學,然說經鏗鏗,類能敷通危疑,傑然自建,而號爲得不傳之學,其門徒昏昏索索,乃反十三四不逮之。元度此解,穿穴囚鎖,遠有致思,雜解以下諸條尤奇,故曰王氏之學,未必不佳也,此公論也。'書集古錄云:'後漢延熹二年孫叔敖碑,載叔敖名饒,而字叔敖,此立碑人妄作,饒乃叔敖之切音耳,歐陽公信之,後遂有鄭清之謂公羊、穀梁爲姜氏一人幻作者。'與全紹扆即謝山,扆當作衣。書云:'讀易謂取象不必泥,謂互卦不必論,即不敢與言易。讀書謂篇序僞,謂多錯簡,謂文王不受命稱王,謂武王封康叔,謂命公後非封伯禽,謂遷頑民而後作洛,即不敢與言書。讀詩謂序說可廢,謂鄭風即鄭聲,謂笙詩本無詞,謂楚茨以下十四篇非變雅,即不敢與言詩。讀禮謂周公不踐天子位,謂成王賜魯重祭爲非,謂賜魯重祭者非成王,謂禘禮當如趙匡說,謂周禮冬官非缺誤散入五官中,謂儀禮爲末，卽不敢與言禮。讀春秋謂三傳可高閣，謂“春王正月”卽夏時，卽不敢與言春秋。讀論語謂主皮爲貫革、謂山節藻梲卽居蔡，謂左邱明非傳春秋者，謂師摯適齊爲孔子正樂之功，卽不敢與言論語。’又謂‘近作經說疑，經無敢疑也，所疑者諸儒經說耳，於漢十之一，於唐十之二，於宋十之七，前儒說經，解說而已，至宋而說之不足，則論而議，議而辨，往往於無可疑者而疑，旣疑之，則遂以身質疑事，小則改張前說，大則顚倒經文，儼若有聖人復起，言提其耳而命之更定者。’鄭注拾瀋自序云：‘嗚呼！宋儒火談久矣。漢人解經，不播國序，如“去墠而鬼”，今鄭氏詩、禮注故在也，諸生家魚愕雞睨，震於怪物，而況收合餘燼，欲然死灰之已溺而傳於爲薪，其不唾而不顧者有人哉？抑歐陽子云：“予於鄭氏之學盡心焉耳”，斯則區區之心，所願爲執鞭者也。’皆可謂名通之論。是時漢學未盛，尊高密者無幾人，而所言如是，亦一時之達識。其答李雪崖雜辨凡十八條，皆辨文王有受命改元之事，據康成禮大傳注文王稱王早矣，於殷猶爲諸侯，謂惟受命改元，而猶率叛國以事殷，所以爲至德。據中庸言周公成文、武之德，追王太王、王季，不言文王，以證大傳鄭注之可信，且據左傳國君十五而生子，以證文王生伯邑考在十五以前之無足疑。據周官掌六夢，以見古人重言夢，文、武之夢齡、錫齡，正聖人盡性知命，通晝夜之道，知死生之說。據‘文王受命惟終身，饗國五十年’，及‘文王之德百年而後崩’語，卽文王之年，推太姒之年，以駁竹書紀年稱武王崩年五十四之繆，亦極明確。其末一條云：'三古以還，漢爲最古，當日開獻書之路，建藏書之策，置寫書之官，遣求書之使，收合餘燼，火傳窮薪，幸苦而有之以遺後人，後人當陳而拜之之不暇，何暇登枝捐本，呫呫焉動其喙者。淮南子謂"侏儒問天徑於修人，修人曰：'不知'，侏儒曰：'子雖不知，猶近之乎我'"，僕於漢人，所不敢輒以意突者以此'，其言尤可味。惟不知古文尚書之僞，而援引紛紜，近於知二五而不知十，是則其所蔽耳。"

白田草堂存稾二十四卷

其學長於考證。故全集以雜著爲冠。

黄式三儆居集讀白田草堂集云："首辯易本義九圖非朱子之作，遂謂本義中未嘗參邵子之說，惟啓蒙則本邵子，案繫辭上傳，'兩儀生四象，四象生八卦'，本義有'一畫分陰陽，二畫分大少，詳見序例啓蒙'之說，下傳'八卦成列，因而重之'，本義有'乾一、兌二、離三、震巽五、坎六、艮七、坤八'之說，說卦傳'天地定位'節，本義云：'此邵子所謂伏羲八卦之位，先天之學也'，然則王氏謂本義無邵子之說，其可信乎？卷二辯家禮非朱子所作，因詳論家禮之惟謬，朱子必不爲此。案朱子丁母祝令人憂，於苦塊之中，鈔集家禮，本未成之書，既而書亡，不能增損訂正，則是書之有惟謬不足爲朱子病。家禮之序，與朱子平日之文無不脗合，邱瓊山謂此序非朱子不能作，可謂知言，然則王氏引邱瓊山之言而駁之，可信乎？卷七據朱子答呂士瞻書，以程伊川不可於未發求中爲甲辰定論，考朱子前信伊川說，於是有主靜之學，後知靜寂無益，信李氏求中未發之旨，本非求於無心，雖朱子後悟敬賅動靜，較李說爲備，而與伊川思即已發之旨迥異，則與呂士瞻書必非甲辰定論。王氏言朱子自庚寅年四十一，知敬賅動靜，學問大指已定，而復以伊川不可於未發求中爲甲辰定論，豈年五十有五，仍狃守主靜之學乎？則王說之自矛盾也。十三與朱宗洛、喬星渚書，詳辯孟子求放心之說，謂學問以求放心爲本，學問所以求放心，二說皆本朱子，以前說爲是，求放心不必言求已放之仁心，黃勉齋、饒雙峰之說爲非。式三謂陳季慈自言我放心未收，如何讀書能記？於是靜坐月餘，自此讀書無遺，朱子屢稱陳說，是前說所本，欲初學者先自收其心耳。然孟子言'學問之道無他，務求已放之仁心'，即論語所謂'依於仁'也，勉齋答雙峰云三心字以仁言，是矣，然則王氏以學者未可遽識仁，遂謂求放心之非求仁，不尤失乎？朱子憫學者之於仁，東摸西揣，而無以用其力於不可知之物，乃作仁說，詳見與呂伯恭書，浙本朱子文集以張南軒仁說爲朱子仁說，因以朱子仁說爲序，此譌之當辨者。王氏祇據張南軒集以仁說爲非朱子作，因言學者之未可遽識仁，若此類者，非後學之所宜信。"

寒香草堂集四卷

官至山西道御史，緣事降廣西布政司經歷。

湖南文徵姓氏傳云："改山西道御史，出爲蒼梧道，旋謫南丹州吏目。"

抗言在昔集一卷

是編皆詠古七言絕句，而多考證文史，與他家詠古評論事蹟得失者又別，其學識頗爲拔俗，而有意示高，或流於誕。如論帝魏、帝蜀一條，洞見宋人之癥結；論蘇氏父子之文，自相矛盾一條，足關其口；論續通鑑綱目諸條，皆頗公允；論岳飛女銀瓶一條，極有根據；羊祜、周恭帝二條，亦頗有推闡。至於以司馬遷之先黃老、後六經爲是，以王充論衡欲糟諸子正經之誤爲識在董仲舒上，以莊子、荀子爲兩大儒，以老子配論語，莊子配易，管子配書，離騷配詩，荀子配禮，史記配春秋，續爲沈氏六經，謂管子地員篇、班固地理志，伯仲禹貢，而周禮職方有愧色，皆未免有意駭俗，不爲定論。其論劍俠傳之詐似矣，不知劍俠傳本無是書，乃明人鈔太平廣記二卷爲之；其論亢倉子爲影撰似矣，不知爲王士元所補，士元作孟浩然集序，自言其始末最明，頗爲失考。又如國朝詩人：自王士禛、朱彝尊、田雯、梁佩蘭、宋琬諸人，無一不肆詆排，國朝文人：自黃宗羲、毛奇齡、汪琬、姜宸英、王源、方苞諸人，無一不遭指摘，或加以醜詈，至謂其不堪供唾，且謂此外寥寥，自鄶無譏，其意欲於百餘年中以第一人自命，尤放誕矣。

李慈銘荀學齋日記庚集下六八云：“紹興府志，舛謬殆不可理董。沈清玉冰壺著述甚多，精於史事，商氏越風采其詠史樂府數十首，皆戛戛獨造，名論解頤，在西涯樂府之上。己巳里居時，於張存齋處見鈔本明季國初名人傳誦一册，不著姓名，所載逸事甚多，文亦嶄絕，余據其所言時代、人地及稱家下賢，決爲清玉所作。後於甲戌在都中，晤蕭山魯瑶仙燮元，偶言及之，魯家多藏書，言道光末，於郡城購得沈氏文集凡數十册，寫本精好，其中考辨文獻掌故甚多，亂後失之。今文苑傳中止言所著有古調自彈集、抗言在昔集，經籍中僅言抗言在昔集，但據四庫存目謂其中皆詠史絶句，且詆其苛繩古人，以第一人自居。不知四庫書目出於衆手，近代集部，多從屏略，不特未經睿覽，亦爲總校紀、陸諸公所未寓目，此不過據浙江采集遺書目言之，其實卽越風所選以觀，議論甚平，可爲讀史之法。迺歎劫火以後文獻衰絶，昔賢仰屋著書，無力梓行，竟爲狐狸貒貉嗽齧，深可痛也！”

柘坡居士集十二卷

乾隆庚午舉人。 前有汪孟鋗序，稱“循初計偕北上，以病卒，方病中，嗇自定詩十二卷，一緘寄余，有‘可存則付令子存之，不者燬之’之說。”又稱“刻旣成，取循初別字，題曰柘坡居士集，其古文、詩餘極夥，聞手自燬去，外雜著十六種，則皆其自定緘寄者，俟他日續刻”云云，蓋光泰才思富贍，篇什頗多，後乃悔其少作，所存止此也。

劉毓崧通義堂文集有書後一篇，考其所在蹤跡甚詳，謂“光泰戊午順天鄉試中式，提要言庚午舉人者，‘庚’字原本當作‘戊’，此傳寫之譌耳。”又云：“生平所作甚多，而所存較少，集中未存之聯句，見於他集者，筆力亦挺拔可傳。其文集、詞集全行删棄，雜著十六種亦未刊行，余家舊藏說文凝錦錄鈔本，蓋卽十六種中之一，紹古齋主人借錄付梓。”玉縉案：提要以是集廁陳道凝齋遺集、鄭際熙浩波遺集之間，道，乾隆戊辰進士，際熙，乾隆丙子舉人，則直誤以光泰爲庚午舉人耳。　袁枚隨園詩話云："同徵友萬柘坡，精於五七古，程魚門讀之，五體投地，近體學宋人，有晦澀之病，陳古漁專工近體，宗七子，故聞魚門贊萬詩，大相牴牾，余爲作跋，釋兩家之憾，且摘柘坡近體之佳者以曉古漁。其題開元寺云：'古樹鳥巢密，疏寮客到稀'，'鈴空隨瓦墜，碑斷入牆塡'，方鏡云：'自笑相逢同柄鑿，封侯誰有面如田'，金鰲玉蝀橋云：'曉來濃翠東西映，也算蛾眉對仗班'，陳乃折服。"

睫巢集六卷後集一卷

鍇卜居盤山，優游泉石以終，故其詩意思蕭散，挺然拔俗，大都有古松奇石之態。

震鈞天咫偶聞云："先生著述甚多，今惟尙史流傳，餘者不可見，卽其焦螟集，亦如碩果晨星，以難得而逾貴。余嘗於廠肆得先生手書詩一册，共二十首，爲焦螟集所未載"云云，案此爲盤山雜詩二十首，乾隆元年丙辰所書，全詩具詳偶聞，茲不錄。惟所稱焦螟集，是一是二，抑或誤記，俟考。鄭翼謹案：書人輯略四，鍇築室曰睫巢，自號焦明子，著焦明賦以見志。又隨園詩話三作蟭螟齋集，文獻徵存錄三作睫巢詩文集二十卷，疑有兩本。

四庫全書總目提要補正卷五十六

總集類一

總集類

故體例所成，以摯虞流別爲始。

案隋志總集類，善文五十卷，杜預撰，而史記李斯傳，"餘子莫從"，集解，"辨士隱姓名，遺秦將章邯書云云，此書在善文中"，是薈萃文章自預始，非虞始也。陳漢章謹案：補正通例，採輯諸書，不沒人善，此條似以仍引困學紀聞卷十二全氏箋爲合例。

文選注六十卷

今本事義兼釋，似爲邕所改定，然傳稱善注文選，在顯慶中，與今本所載進表題顯慶三年者合，而舊唐書邕傳，稱"天寶五載，坐柳勣事杖殺，年七十餘"，上距顯慶三年凡八十九年，是時邕尚未生，安得有助善注書之事。且自天寶五載，上推七十餘年，當在高宗總章、咸亨間，而舊書稱善文選之學，受之曹憲，計在隋末年已弱冠，至生邕之時當七十餘歲，亦決無伏生之壽，待其長而著書。考李匡乂資暇集曰："李氏文選有初注成者，有覆注、有三注、四注者，當時旋被傳寫，其絕筆之本皆釋音、訓義，注解甚多”，是善之定本，本事義彙釋，不由於邕，匡乂唐人，時代相近，其言當必有徵，知新唐書喜采小說未詳考也。　此本爲毛晉所刻，雖稱從宋本校正，今考其第二十五卷，陸雲答兄機詩注中，有“向曰”一條，“濟曰”一條，又答張士然詩注中，有“翰曰”、“銑曰”、“向曰”、“濟曰”各一條，殆因六臣之本削去五臣，獨留善注，故刊除不盡，未必眞見單行本也。他如班固兩都賦，誤以注列目錄下，左思三都賦，善明稱劉逵注蜀都、吳都，張載注魏都，乃三篇俱題劉淵林字。又如楚辭用王逸注，子虛、上林賦用郭璞注，兩京賦用薛綜注，思玄賦用舊注，魯靈光殿賦用張載注，詠懷詩用顏延年、沈約注，射雉賦用徐爰注，皆題本名，而補注則別稱“善曰”，於薛綜條下，發例甚明，乃於揚雄羽獵賦用顏師古注之類，則竟漏本名，於班固幽通賦用曹大家注之類，則散標句下。又文選之例，於作者皆書其字，而杜預春秋傳序則獨題名，豈非從六臣本中摘出善注，以意排纂，故體例互殊歟？至二十七卷末附載樂府君子行一篇，注曰：“李善本古詞止三首，無此一篇，五臣本有，今附於後”，其非善原書尤爲顯證。以是例之，其孔安國尚書序、杜預春秋傳序二篇，僅列原文，絕無一字之注，疑亦從五臣本勦入，非其舊矣。

高步瀛文選李注義疏云：“四庫書目從李濟翁說，以今本事義彙釋者爲李善定本，其說甚是，足正新傳之謬，然顯慶三年表上之本，必非其絕筆之本，書目既以今本爲定本，則雖冠以顯慶三年上表，其爲晚定本固無妨也。至謂善受文選在隋末，生邕時當七十餘歲，則非是。舊傳善卒在載初元年，即永昌元年，上推至貞觀元年凡六十三年，舊書儒學傳言曹憲百有五歲卒，新書文藝傳亦言憲百餘歲卒，使貞觀元年憲七八十歲，尚有二三十年以外之歲月，善弱冠受業，當在唐初，不在隋末也。由此言之，假使善生貞觀初年，則總章、咸亨間亦僅四十餘歲，安得謂七十餘歲始生邕哉？” 洪亮吉北江詩話四云：“善注成於唐顯慶三年，而三都賦皆標題云‘劉淵林注’，恐係後人追改，蜀都賦注引管子曰：‘四民雜處’，即改‘民’作‘人’，豈其避太宗諱而不避高祖諱者乎？” 陳鱣簡莊綴文有元本李善注文選跋云：“翻閱一過，始知汲古閣本所脫者：如司馬長卿上林賦，脫標郭璞注，張平子思玄賦，脫‘爛漫麗靡，藐目迭逷’二句，并注，陸士衡答賈長淵詩，脫‘魯侯戾止，袞服委蛇’二句，并注，曹子建箜篌引，脫‘百年忽我遺，生存華屋處’二句，鮑明遠放歌行，脫‘今君有何疾？臨路獨遲迴’二句，枚叔七發，脫自‘太子有悅色’至‘然而有起色矣’二段，共十九行，并注，宣德皇后令，脫標‘任彥昇’三字，曹子建求通親親表，脫‘有不蒙施之物’一句，若斯之類，遽數難終。惟司馬長卿封禪文，脫‘上帝垂恩儲祉，將以慶成’二句，元刊已脫。又如西都賦注，引‘三倉’之作‘王倉’，閒居賦注，引‘韋孟詩’之作‘安革猛詩’，元刊亦然，汲古本蓋仍其誤，而義門亦未之校正也。”玉縉案：瞿氏目錄，有明成化間唐藩重刊張伯顏本，其案語亦以汲古閣本多脫誤，大率襲陳跋。惟云：“左太沖吳都賦

‘趫材悍壯’注，引胡非子，‘胡’誤改‘韓’，不知胡非子爲墨子弟子，此本不譌”，此說爲陳跋所未及。張伯顏者，名世昌，字正卿，長洲之相城人，成宗賜名伯顏，詳見錢大昕養新錄。張本與宋尤袤本行款悉同，惟每卷首葉縮小排密，以掩其襲取之迹，詳陸氏儀顧堂續跋。文選今以胡氏重刻尤本爲最善，而瞿氏有宋刊殘本，云：“卷五十五演連珠注，‘日月發揮’以上，及‘下愚由性’以上，尤本有‘善曰’二字，案下文旣有‘善曰’，則此處爲劉孝標注甚明，實不當有‘善曰’，是本皆無之而空二字。又卷五十九頭陀寺碑文注，‘劉蚪曰：菩薩員淨’以上，鄉翼謹案：胡刻本作圓淨。此本有‘法華經曰慧日大聖尊久乃說是法’十四字，尤本無之，是此本刻在尤本之後，重加校正矣”云云，以其有關校勘，附錄之，餘不悉具。丁氏藏書志有嘉靖元年汪諒翻元本，又有嘉靖四年晉藩本。 玉縉又案：昭明序善不爲注，學海堂文集有張杓等十人注，引徵蘄自梁代，擥究選學者當及之。

六臣注文選六十卷

然唐李匡乂作資暇集，備摘其竊據善注，巧爲顚倒，條分縷析，言之甚詳。又姚寬西溪叢語，詆其注揚雄解嘲，不知伯夷、太公爲二老，反駁善注之誤。王楙野客叢書，詆其誤敍王暕世系，以覽後爲祥後，以曇首之曾孫爲曇首之子。明田汝成重刊文選，其子藝蘅又摘所注西都賦之“龍興虎視”，東都之“乾符坤珍”，東京賦之“巨猾閒釁”，蕪城賦之“豕廣三墳”諸條。 此本爲明袁褧所刊，朱彝尊跋，謂從宋崇寧五年廣都裴氏本翻雕，諱字闕筆，尙仍其舊，頗足亂眞，惟不題鏤版訖工年月，以是爲別耳。

玉縉案：邱光庭兼明書，摘其乖疏處凡二十三條。蘇軾書謝瞻詩，詆其誤解“苛慝暴三殤”句，又書文選後，詆其誤解琴賦“閒遼故音庳”二句、“廣陵止息”一句。洪邁容齋隨筆，詆其誤解謝玄暉詩“阽危賴宗衮”二句。陸氏藏書志有袁褧覆宋本，其案語云：“昭明序後，有‘此集精加校正，絕無舛誤，在廣都縣北門裴宅印賣’三行，卷末有‘吳郡袁氏善本翻雕’八字。”玉縉案：丁氏藏書志亦有袁本。

玉臺新詠十卷

此本爲趙宧光家所傳宋刻，有嘉定乙亥永嘉陳玉父重刻跋，最爲完善，間有後人附入之作，如武陵王閨妾寄征人詩，沈約八詠之六諸篇，皆一一注明，尤爲精審。然玉父跋稱初從外家李氏得舊京本，間多錯謬，復得石氏所藏錄本以補亡校脫，如五言詩中入李延年歌一首、陳琳飲馬長城窟行一首、沈約六憶詩四首，皆自亂其例，七言詩中移東飛伯勞歌於越人歌之前，亦乖世次，疑石氏本有所竄亂，而玉父因之未察也。

錢大昕日記鈔一云：“宋刻小字本，陳玉父刻，甚工，唯焦仲卿詩‘新婦初來時，小姑如我長’，中脫二句，又‘曙’字不缺筆。” 李慈銘桃華聖解盦日記云：“取巾箱本明萬曆間張嗣修所刻宋陳玉父本，以提要所言陳本優絀，及紀容舒考異本、馮武增注本一一證之，知張本極爲精審，紀氏謂其多所竄亂者非也。”又荀學齋日記云:“以乾隆間無錫華氏翻刻馮巳蒼校趙寒山所鈔宋本,勘明張嗣修所刻小字本,兩本雖同出永嘉陳玉父宋刻本,而各有改迻,華本又頗據萬曆間楊刻本,而馮氏所校,亦有肊改,華氏多去其校語,惟存圈點而已。兩刻幸皆附注‘宋本作某,新本作某’,尙可考其大略,其校勘則張刻誤少耳。” 沈曾植寐叟題跋二集云:“此本爲紀容舒考異所詆,故四庫中不收,然提要稱萬曆中張嗣修本,則疑亦未曾親見此刻者。又云多所增竄,而覈諸提要所云,乃皆與宋本符合,未嘗見增竄之迹。趙本流傳漸稀,此固不失爲佳刻,非後來各本可比,提要昔人有議其考證疏舛者,疑其言不虛也。”玉縉案:提要所云,乃沿紀說之誤。

河岳英靈集三卷

又毛晉刊本,綦毋潛條下注曰:“小序與時刻不同”,蓋校刊者互有點竄,已非盡舊本矣。

沈曾植寐叟題跋二集云:“甲寅三月,借傅沅叔新得宋本河岳英靈集,校於毛刻本上,字句異同頗多,其間亦有毛不必非,宋不必是者,宋刻誤舛顯然,固不少也。六月中,復得此明本,乃知毛氏分卷實祖於此,此前有刻書人小啓,則覆宋本也,文與宋本不同者往往與宋本所注‘一作’者合。是此祖本,尙在傅本之前,以此兩本合校,而後毛氏改竄之處乃確然可指。”

中興間氣集二卷

而張衆甫、章八元、戴叔倫、孟雲卿、劉灣五人俱闕。

瞿氏目録有校宋本云:"義門何氏以蔣文肅所藏舊鈔宋本參校,核汲古毛氏刊本,李希仲薊門行一首,誤分二首,李嘉祐衍和苗員外秋夜省直一首,章八元闕小序,又少寄都官李郎中一首,朱灣少對蘇使君席詠箏柱子一首。"

二皇甫集七卷

觀其與曾集皆以五言排律別立一體,非惟唐無此名,即宋、元亦尚無此名,其爲高棅以後不學者所竄亂審矣。

案排律之名,始於元楊士弘唐音,不始於明高棅唐詩品彙,彼兩書提要已詳,此處以爲元尚無此名,非是。

竇氏聯珠集五卷

此本爲毛晉汲古閣所刊。

瞿氏目録有宋刊本一册,云:"不分卷,無目録,析每人詩爲一種,詩首有傳,即臧言所纂。汲古毛氏刻本,於竇常詩謁三閭廟下,脱去杏山館聽子規一首云:'楚塞餘春聽漸稀,斷猿今夕讓霑衣,雲埋老樹空山裏,髣髴千聲一度飛。'又誤字甚多,如竇常傳,'牧丁'誤'牧下','小職'誤'少職','疏泉'誤'流泉','黄州'誤'廣州',常詩中'滁東'誤'除東','召公爲保'誤'君爲宫保','連雲'誤'連天',金鉤店'店'誤'居'。竇牟詩中'銀臺'誤'臨臺',少人家'人'誤'年','疾驅'誤'疾駸','秦宫'誤'秦官','苦澁'誤'若澁','北部'誤'比部',詎可云'云'誤'聞'。竇羣傳'復全'誤'復前',京兆尹'尹'誤'命',任蘇州'任'誤'在'。羣詩中'冢樹'誤'家樹',謝時人'謝'誤'試'。竇庠詩金成柱'成'誤'城','朱絲絃'誤'朱絃琴',無俗心'俗'

誤'塵','疃疃'誤'重重'。竇鞏傳'舊交'誤'舊文',鞏詩中侍彤闈'侍'誤'待','猶言'誤'猶疑','採掇'誤'探掇','今年'誤'新年'。卷末潛夫詩梁苑夜'夜'誤'後',微此本,無以訂正也。"

才調集十卷

王維渭城曲,"客舍青青楊柳春"句,俗本改爲"柳色新",賈島贈劍客詩,"誰爲不平事?"句 俗本改作"誰有?"如斯之類,此書皆獨存其舊,亦足資考證也。 以穠麗宏敞爲宗,救纖疏淺弱之習,未爲無見。

案東坡集有陽關曲三首:一贈張繼愿,一答李公擇,一中秋月,逐字按之,無小出入,惟第二句,一云"戲馬臺前古戰場",一云"行到龍山馬足輕",一云"銀漢無聲轉玉盤",第一字平仄不同,而第五字皆仄,疑"楊柳春"非也。沈德潛說詩晬語云:"才調集選,固多明麗之篇,然如會眞詩及'隔牆花影動'等作,亦采入太白、摩詰之後,未免雅、鄭同奏矣,奈何闡揚其體,以敎當世耶?"然則提要但辨王之渙爲王渙,又以爲救積習,亦未免失檢。

搜玉小集一卷

舊目題凡三十七人,詩六十三首,此本但三十四人,詩六十二首,蓋毛晉重刊所釐定,所注考證頗詳。然胡鵠等三人有錄無詩,晉并删其姓氏,已非闕疑存舊之意。又人闕其三,而詩僅闕其二,不足分配,三人必有一人之詩溷於他人名下矣,則所訂亦未確也。

瞿氏目錄有舊鈔本,云:"末有瓠菴老人題識云:'此集乃仲兄所錄，兄沈靜寡言，不妄交人，日以詩書自娛，惜中年不祿，展讀之下，如見音容。’詩共六十二首，四人有錄無詩，與原目凡三十七人共六十三首不合，惟胡鵠、崔顥、王翰、陳子昂名猶存目中，尙仍原本之舊。”據此，則提要以爲毛晉釐定者殆非，識語似宋人，以爲源出唐人者亦非。

古文苑二十一卷

書錄解題稱“世傳孫洙巨源於佛寺經龕中得之，唐人所藏”，所錄詩、賦、雜文，自東周迄於南齊，凡二百六十餘首，皆史傳文選所不載。然所錄漢、魏詩文，多從藝文類聚、初學記删節之本，石鼓文亦與近本相同，其眞僞蓋莫得而明也？南宋淳熙間，韓元吉次爲九卷，至紹定間，章樵爲之注釋，明成化壬寅，福建巡按御史張世用得本刊之，樵序稱“有首尾殘闕者姑存舊編，復取史册所遺以補其數，釐爲二十卷，又有雜賦十四首、頌三首，以其文多不全，別爲一卷附於書末，共爲二十一卷”，則已非經龕之舊本矣。中間王融二詩，題爲謝朓，蓋因附見朓集而誤，又文木賦出西京雜記，乃吳均所爲，見段成式酉陽雜俎，亦不能辨別，則編錄未爲精核。至柏梁一詩，顧炎武日知錄據所注姓名駁其依託，錢曾讀書敏求記則謂“舊本但稱官位，自樵增注，妄以其人實之，因啓後人之疑。”又如宋玉釣賦，“蜎淵”誤作“元洲”，曹夫人書，“官絲”誤作“官錦”，皆傳寫之譌，而注復詳爲之解，王應麟困學紀聞亦辨之，則注釋亦不能無失。

顧廣圻思適齋集重刻宋九卷本古文苑序云：“孫巨源古文苑，次爲九卷，淳熙間韓元吉記其末云：‘譌舛謬缺者多，不敢是正而補之，蓋傳疑也'，可謂愼矣。後有章樵者爲之注，改分廿一卷，移易篇第，增竄文句，負非舊觀，不僅詩紀匡謬譏其於柏梁詩妄署姓名，困學紀聞論其不解曹操夫人與楊彪夫人書'房子官綿'，及釣賦'元淵'等之爲違失也。然韓本譌舛謬缺，如揚雄蜀都賦，'爾乃其俗迎春送'下脫'冬'字，文選三都賦李善注引有之。誚青衣賦，'悉請諸靈僻邪無主'，'僻'當作'辟'，'無'當作'富'，藝文類聚三十五引不誤。孔北海離合作郡姓名字詩，'海外有截，隼逝鷹揚'，'截'當作'㦰'，隸體'截'作'㦰'，洪釋度尙碑正如此。上林苑令箴，'昔在帝羿，共田徑游'，'共'當作'失'，'徑'當作'淫'，卽離騷之'羿淫游以佚田兮'也。凡若斯類，灼然無疑，其餘與羣籍出入，足資證明者尙難勝枚數。夫旣通其所不通，而不強通其所不可通，是在善讀書者，固非章注望文生解所能見及，抑與韓記之云初無異致也。"　又與孫淵如論九卷本古文苑書云："承諭以古文苑多從類書中采出，洵精確不易之論，考此書世傳爲唐人所錄，未見其然，石鼓之一，是皇祐四年向傳師求得者，施武子言'每行自四字而上，傳師磨去，刻當時得之之由'云云，而此書所錄，亦但有下四字，然則必在向傳師磨去後，非唐人一也。王厚之言'詛楚文有三，皆出於近世，初得告巫咸文於鳳翔'云云，集古錄云：'右秦祠巫咸神文，流俗謂之詛楚文'，而此書所錄告巫咸者正謂之詛楚文，然則必在得告巫咸文後，非唐人二也。集古錄漢樊常侍碑跋云：'右漢樊常侍碑云："君諱安，字子佑，南陽湖陽人也，此碑蓋初不見錄於世"云云，洪文惠言字子仲，以歐公云佑者爲誤，而此書所錄，亦云字子佑，然則必在集古錄後，非唐人三也。由是推之，此書乃宋人所錄，其時隋以前集罕存，凡不全各篇，采諸唐人類書，固其宜矣，至九卷本脫誤不少，卻非章樵廿一卷本所能補正。廣圻於校刊時，曾取宋板章本細閱，知樵實未得此書要領，就中最是者莫過於據唐人類書各條而已。然其遺漏，則如琴賦，藝文類聚四十四引首多'爾乃言求茂木'至'琴瑟是宜'十二句，及'楚妃遺歎，雞鳴高桑'二句，司徒箴，類聚四十七引多'恪恭爾職，以勤王機'二句之類，皆未補。又如函谷關賦，'壺口石陘，貫越代、朔'，初學記七引'陘'字'代'字不誤，柳賦'豈駕遲而不屢'，初學記廿引'遲'字不誤，僮約'裁盂鑿斗'，'斗'字譌，類聚三十五引不誤，責髯奴辭，'則論說虞、唐'，'唐'字譌，初學記十九引不誤之類，皆未正。他如蔡邕述行賦，載中郎集，全篇幷序，千有餘言，經龕所錄，出自類聚，祗存數語，樵不能甄取，而退此賦於其廿一卷內，抑何疏也。至其中謬盭，則如初學記中王粲浮淮賦，經龕所錄也，類聚八別引'於是迅風興，濤波動，長瀨潭湨，滂沛汹溶'，樵乃割裂此十四字，散置初學記文句之間。士不遇賦，'將遠遊而終'，終下所脫是'古'字，'終古'，離騷文也，樵乃補以'慕'字，而曲爲之解。魏衞此字今補。敬侯碑陰文，'形垣而背阜'，'垣'者'坦'之譌，樵不悟，而亦曲爲之解。大理箴，'九州允理'，經龕本無誤，初學記十二正同，樵誤'州'爲'刑'，乃引左傳解之，不思周有亂政而作九刑，豈皋陶翊唐作士時事，且樵既以己意增竄多篇，大非經籥之舊。羽獵賦原載二首：一張衡，一王粲，俱采自類書，樵編王粲賦於其第七卷，將張衡一賦全行脱去，藉非九卷本復出，幾莫知其原有矣。凡如此者，皆已一一條記，又益以羣書出入，如石鼓文之於諸家音釋，揚雄答劉歆書之於方言，賦、詩、頌、銘之引於選注，狀、記、碑之載於隸釋，足資證明者累累在樵注外，特是絕不可通之處，仍復不少，故未敢輒謂成書而附卷後，若枚乘梁王菟園、揚雄蜀都、王延壽王孫、班固車騎將軍竇北征等篇，其尤弗能無闕疑者也。其昨撰拙序，所已論及之各條，玆不重述。” 瞿氏目錄有宋刊本，云：“有自序及吳淵後序，韓元吉題記，江師心、盛如杞二跋，明刻本僅存自序一篇，字多舛譌，如孫叔碑，‘野無螟䘃’，注‘䘃即螟蜮’，案爾雅‘食苗心螟，食葉蟘’，‘䘃蜮’爲‘貸蟘’之譌，明刻作‘伛蜮’，尤大謬矣。又揚雄蜀都賦‘迎春送冬’，九卷本脱‘冬’，顧澗薲引文選三都賦注以補之，不知宋刻章注本實不缺也，明翻本則譌‘冬’爲‘臘’矣。”

文苑英華一千卷

宋太平興國七年，李昉、扈蒙、徐鉉、宋白等奉敕編纂，又命蘇易簡、王祐等參修，至雍熙四年書成，宋四大書之一也。蓋六朝及唐代文集，南宋初存者尚多，故必大之言如是，迄今四五百年，唐代詩集已漸減於舊，文集則宋志所著錄者殆十不存一，即如李商隱樊南甲乙集，久已散佚，今所存本，乃全自是書錄出。又如張說集雖有傳本，而以此書所載互校，尚遺漏雜文六十一篇，則考唐文者惟賴此書之存，實爲著作之淵海，與南宋之初其事迥異矣。

張氏藏書志有舊鈔本，題"翰林學士朝請大夫中書舍人廣平縣開國男食邑三百戶上柱國賜紫金魚袋宋白等奉勅集。"云："每卷末，俱有'登仕郎胡柯、鄉貢進士彭叔夏校正'一條，末有'成忠郎新差充嶌州臨江巡轄馬遞鋪王思恭點對彙督工'一條。"玉縉案：據此，則領銜者爲宋白，提要云云殊不瞭。 李慈銘荀學齋日記癸集上七一云："其所收賦至一百五十卷，唐賦居十之七八，陳陳相因，最無足觀，中書制誥四十卷、翰林制誥五十三卷、表七十四卷，皆以當時所尙，而宋初尤重之，多足以考證史事。判五十卷，則唐代以此設科，其文雖寂寥而不失雅馴。最可觀者，書二十七卷、論二十三卷、碑九十卷、誌三十五卷，可謂考據之淵藪，册府之鴻寶也。其雜文中不收柳州乞巧文、昌黎送窮文，而收沈下賢爲邯鄲使李容子所作乞巧文，殊不可解？"

唐文粹一百卷

惟文中芟韓愈平淮西碑，而仍錄段文昌作，未免有心立異。詩中如陸龜蒙江湖散人歌皎然古意詩之類，一概收之，亦未免過求樸野，稍失別裁。然論唐文者終以是書爲總匯，不以一二小疵掩其全美也。

瞿氏目錄有元刊本，云："明刊本已改行款，是本猶仍宋刻之舊，書名無唐字，其賦、頌等總幾首，即在首行書名下，次行撰人姓名，次二行聖德與含元殿賦等并列，不分兩行。吳中孫古雲家藏宋刻殘本，覈之悉同，惟宋本後有'臨安府今重行開雕唐文粹壹部，計貳拾策，已委官校正訖，紹興九年正月日'一條"云云。玉縉案：書名無唐字，而宋本後一條則稱唐文粹，未知李紱所藏宋仁宗十七年刊本有唐字否？丁氏藏書志亦有元刊本。 李慈銘荀學齋日記壬集上四十云："文選體目分析，昔人以為病，文粹踵之，於各體中多區門類，尤近繁猥，然古人因事類文，備人取則，蓋有所自，至宋文鑑出而古法頓改，此亦不可不知者也。寶臣此選，雖本之文苑英華，而別擇精嚴，中、晚唐後，樸野詭促之作汰除略盡。" 顧廣圻思適齋集是書跋云："文苑英華屢引川文粹，而其間每為文粹不載之篇，疑不能明？頃讀彭叔夏辨證第五卷名氏條，有云'近世眉山成午編唐三百家名賢文粹'，乃知川文粹者指此，亦讀文粹者所當知也。" 陸以湉冷廬雜識一云："唐文粹中，歐陽詹自明誠論、呂溫諸葛武侯廟記立說頗謬，韓昌黎革華傳，意致不及毛穎傳，似可不選。至段文昌平淮西碑遠遜韓作，何取彼而舍此，如愛其才藻，則奚不並存之。然其大要以復古為主，搜擇博而別裁正，一代文物之盛，賴是以存，宜其繼文選而垂範來世也。"

西崑酬唱集二卷

其詩宗法唐李商隱，詞取妍華而不乏興象，效之者漸失本眞，惟工組織，於是有優伶撏撦之戲。 要其取材博贍，練詞精整，非學有根柢，亦不能鎔鑄變化，自名一家，固亦未可輕詆。後村詩話云:"西崑酬唱集對偶字面雖工，而佳句可錄者殊少，宜爲歐公之所厭"，又一條云:"君僅以詩寄歐公，公答云:'先朝劉、楊，風采聳動天下，至今使人傾想，豈公特惡其碑版、奏疏，其詩之精工穩切者自不可廢歟?'"二說自相矛盾，平心而論，要以後說爲公矣。其書自明代以來世罕流布，毛奇齡初得舊本於江寧，徐乾學爲之刻版，以剞劂未工，不甚摹印，康熙戊子，長洲朱俊升又重鐫之。

胡仔漁隱叢話引古今詩話云:"楊大年、錢文僖、晏元獻、劉子儀爲詩皆宗義山，號西崑體，後進效之，多竊取義山詩句，嘗內宴，優人有爲義山者，衣服敗裂，告人曰:'吾爲諸館職撏撦至此'，聞者大噱，然大年詠漢武詩云:'力通青海求龍種，死諱文成食馬肝，待詔先生齒編貝，忍令乞米向長安'，義山不能過也。" 瞿氏目錄有舊鈔本，云:"此書元、明時不顯於世，國朝凡五刻:一刻於崑山徐司寇，再刻於吳門求是堂，三刻於長洲聽香樓朱氏，四刻於浦城祝氏，又有周楨注本，世以朱本爲善，祝本依之，今核此本所校，有異於祝本者:如受詔修書云:'寡婦宜憂緯'，不作'疑憂';和作云:'歷帝自几蘧'，不作'凡蘧';几蘧出莊子，惟几字仄聲，莊子釋文無音，劉殆作平聲讀耳。此詩韻府亦引之。南朝云:'廨壁燈迴偏照晝'，不作'鹿壁''照畫';槿花云:'千金輕換笑'，不作'經換';夜讌云:'蹁躚霞袖舉'，不作'袖舞';詠鶴云:'不是鵷雛枉見疑'，不作'不似';舊將云:'新晝儀容當漢閣'，不作'儀形';宣曲云:'高唐薦枕榮'，不作'高堂';無題云:'不曾亡國是無言'，不作'忘國;’又‘走馬章臺冒雨歸’,不作‘暴雨’;荷花云:‘香返夢蘭魂’,不作‘蘭船’;又‘不知誰有高唐夢’,不作‘惟有’;詠淚云:‘多情不待悲秋氣’,不作‘秋意’;又‘江山滿目新亭淚’,不作‘江南’;初秋屬疾云:‘秋意先侵玉井桐’,不作‘知侵’;樞密王左丞宅新菊云:‘佳色豔輕霜’,不作‘桂色’;無題云:‘玉壺盛淚祇凝紅’,不作‘承淚’;譯經光梵大師云:‘機緣芥引鍼’,不作‘値鍼’;清風十韻云:‘涼飇逗曉迴’,不作‘涼颸’;戊申年七夕云:‘昔人求富是虛辭’,不作‘晉人’;秋夕池上云:‘林疏露下涼’,不作‘松疏’,皆勝於刻本也。”

同文館唱和詩十卷

宋鄧忠臣等撰。　忠臣而外,爲張耒、晁補之、蔡肇、余幹、耿南仲、商倚、曹輔、柳子文、李公麟、孔武仲等凡十一人,又有但題其名曰向、曰昷而不著姓者二人,昷疑即溫昷,向則不知何人也?耒、補之、肇、南仲、公麟、武仲、昷七人,宋史有傳,忠臣、倚並入元祐黨籍,惟幹、子文行事不槩見,輔亦非靖康時爲樞筦者,樓鑰誤合爲一,王應麟困學紀聞已辨之矣。

案忠臣字愼思,長沙人,熙寧二年進士,官至考功郎,後入元祐黨籍,大觀中卒,王昶金石萃編元祐黨籍碑姓名考、陸氏儀顧堂題跋考其事跡頗詳。　吳氏繡谷亭薰習錄有宛邱集七十卷,同文倡和六卷。云:“同文諸人,鄧忠臣字愼思,長沙人,熙寧三年進士,仕至考功郎;耿南仲,開封人,登第,仕至尙書左丞門下侍郎;曹輔字載德,南劍州人，中詞學兼茂科，仕至御史中丞，拜延康殿學士簽書樞密院事，集中稱子方者，疑即輔，而播芳文粹任正一字子方，俟考。晁補之字无咎，鉅野人，進士，歷禮部郎中；蔡肇字天啓，丹陽人，進士第，歷中書舍人；李公麟字伯時，舒州人，進士第，歷禮部侍郎，出知洪、宣二州；余幹字槬年，見播芳文粹。”商倚、柳子文及名向、名諡者，俱未有考，後丁氏藏書志全襲其說。

唐百家詩選二十卷

惟晁公武讀書志云：唐百家詩選二十卷，皇朝宋敏求次道編，次道爲三司判官，嘗取其家所藏唐人一百八家詩，選擇其佳者，凡一千二百四十六首爲一編，王介甫觀之，因再有所去取，且題曰：“欲觀唐詩者觀此足矣”，世遂以爲介甫所纂，其說與諸家特異。案讀書志作於南宋之初，去安石未遠，又晁氏自元祐以來，舊家文獻，緒論相承，其言當必有自，邵博聞見後錄，引晁說之之言，謂“王荆公與宋次道同爲羣牧司判官，次道家多唐人詩集，荆公盡即其本，擇善者籤帖其上，令吏鈔之，吏厭書字多，輒移所取長詩籤，置所不取小詩上，荆公性忽略，不復更視，今世所謂唐百家詩選，曰荆公定，乃羣牧司吏人定也。”其說與公武又異，然說之果有是說，不應公武反不知，考周煇清波雜志亦有是說，與博所記相合，煇之曾祖，與安石爲中表，故煇持論多左袒安石，當由安石之黨以此書不愜於公論，造爲是說以解之，託其言於說之，博不考而載之耳。　國朝康熙中，商邱宋犖始購得殘本八卷刻之，既又得其全本，續刻以行，而二十卷之數復完。

惟今本所錄共一千二百六十二首，較晁氏所記多十六首，若璩未及置論，或傳寫讀書志者誤以六十二爲四十六歟？

陸氏藏書志有何焯手校本二十卷，並載焯手跋云："八卷乃祕閣藏書，商邱公從東海司寇家得之，二十卷全者，斧季得之吳興鬻書人，鈔本非宋刻也，書跡類明初人，亦不知與八卷有異同否？商邱喜於復完，不復研覈，但非出於毛之僞造，或眞爲荆公之舊耶？余見錢牧齋手校岑嘉州詩，上有'荆'字印者，或與此不盡合，此則其可疑者，豈牧翁一時疏略耶？"又云"晁氏讀書志云云，案玉海載唐百家詩選二十卷，不言介甫撰錄，得晁氏之說乃渙然無疑，今爲詩一千二百六十首"。玉縉案：據此，知八卷本爲宋刻，餘十二卷爲鈔本，六十下當有二字，疑傳寫脫之。又有宋刻殘本十卷，並載元符戊寅楊蟠序，其案語云："每半頁九行，行十八字，存卷一至卷五、卷十一至十五凡十卷，分類編次，與宋牧仲刊迥然不同，卷一日、月、雨、雪、雲五類，卷二四時、晨昏、節序、泉石四類，卷三花木、茶果、蟲魚三類，卷四京闕、省禁、屋室、田園四類，卷五棲隱、歸休二類，卷十一音樂、書畫、親族、墳廟、城驛、雜詠六類，卷十二古宮榭、古京室、古方國、昔人遺賞、昔人居處五類，卷十三送上一類，卷十四送下一類，卷十五別意、有懷二類，卽百宋一廛賦注中所謂小讀書堆分類本也。"儀顧堂續跋云："分類出自後人則不可知，選則未必僞，選或非盡出荆公，詩則不僞，宋牧仲必以此本爲僞，亦一偏之見耳。"據此，知宋時有二本。黃丕烈有殘宋刊詩選，存一至十一凡十一卷，每半葉十行，行十八字，亦有楊序，見賦注。　王士禛漁洋詩話中云："王介甫唐百家詩，宋牧仲尚書從常熟毛扆得古本，刻之，余閱一過，寄牧仲書云：'百家選古物自可寶惜，然去取太謬，謂爲佳選，則未敢聞命，其書載王建詩多至兩卷，不啻數百篇，而王、楊、沈、宋、陳子昂、張燕公、張曲江、王右丞、韋蘇州、劉賓客諸大家，不錄一首，若謂宋次道家無此數十家文集，何以謂之藏書家，若有之而一字不入選，尚得爲有目人耶？'後閱嚴滄浪詩話，已先余言之，安石一生相業，所謂好惡拂人之性，此選亦然。"其蠶尾續文集中有是書跋三則，與此同，香祖筆記亦及之。分甘餘話又云："諸說皆言'吏倦於書寫，每遇長篇輒削去，今所傳本，乃羣牧吏所删也'，余觀新刊百家詩選又不盡然，如删長篇，則王建一人入選者凡三卷，樂府長篇悉載，何未刊削，王右丞、韋蘇州十數大家，何以絕句亦不存一字"，沈德潛說詩晬語云："雜出不倫，大旨取和平之旨，而忽入盧仝月蝕，斥王摩詰、韋左司，而王仲初多至百首，此何意也？勿怖其盛名，珍爲善本。"翁方綱石洲詩話七七云："所錄多非大篇，故後人多疑之者，遺山詩：'陶、謝風流到百家，半山老眼淨無花，北人不拾江西唾，未要曾郎借齒牙。'蓋遺山之意，謂半山多取近古之作，不必多取其大篇歟？後二句，蓋指後人有議論半山此選者，今未詳其事？紀曉嵐語予曰：'曾郎當是茶山'，予以無實徵，未敢定。"　遯齋閒覽云："荆公百家詩選序云：'予與宋次道同爲三司判官，次道出其家所藏唐百家詩，請予擇其善者，廢日力於此，良可悔也，雖然，如觀唐人詩，觀此足矣。' 今世所傳百家詩選印本，已不載此序矣。然唐之詩人，有如宋之問、白居易、元稹、劉禹錫、李益、韋應物、韓翃、王維、杜牧、孟郊之流，皆無一篇入選者，或謂公但據當時所見之集詮釋，蓋有未盡見者故不得而徧敍，其實不然，公選此詩，自有微旨，但恨觀者不能詳究耳。公後復以杜、歐、韓、李別有四家詩選，則其意可見。" 漁隱叢話三十六引西淸詩話云："百家詩選，余讀之，見其取張祜惠山寺詩：'泉聲到池盡，山色上樓多'，而不取孤山寺詩：'樓臺聳碧岑，一徑入湖心，不雨山長潤，無雲水自陰，斷橋荒蘚澀，空院落花深，猶憶西窗月，鐘聲在北林。' 又賈島平生得意句，'獨行潭底影，數息樹邊身'，復不取，而載'寫留行道影，焚卻坐禪身'，不知意果如何耳？" 詩人玉屑云："荆公百家詩選，蓋本於唐人英靈、間氣集，其初明皇、德宗、薛稷、劉希夷、王適、韋述之詩，無少增損，次序亦同，孟浩然但增其數，儲光羲後，方是荆公自去取，前卷讀之盡佳，非其選擇之精，蓋盛唐人之詩，無不可觀者。至於大曆以後，其去取深不滿人意，况唐人如沈、宋、王、楊、盧、駱、陳拾遺、張曲江、賈至、王維、獨孤及、韋應物、孫逖、祖詠、劉昚虛、綦毋潛、劉長卿、李長吉諸公，皆大名家，李、杜、韓、柳、元、白以家有其集故不載，而此集無之，荆公當時所選，但據宋次道家之所有耳。其序乃言'觀唐詩者觀此足矣'，豈不誣哉？今人但以荆公所選，斂衽而莫敢議，可歎也！荆公有一家但取一二首而不可讀者，如曹唐二首，其一首云：'年少風流好丈夫，大家望拜執金吾，閒眠曉日聽鵾鳩，笑倚東風仗轆轤，深院吹笙從漢婢，靜街調馬任奚奴，牡丹花下鉤簾看，獨凭紅肌捋虎鬚。'此不足以書屏幛，但可與閭巷小人爲文背之詞。又賈劍一首云：'靑天露拔雲霓泣，黑地潛擎鬼魅愁'，但可與巫師念誦也。唐人類集一代之詩，不特英靈、間氣、極玄、又玄也。 鄭翼謹案：唐人二句，與上文似不貫，玉屑此下別起一行，歷舉唐人選集多種，疑此二句應屬下一行。 陳僅竹林答問云："百家選王仲初而斥右丞、左司，猶可言也，曹唐之'獨倚紅肌捋虎鬚'，'黑地潛擎鬼魅愁'，亦復入選，不幾於好惡拂人之性乎？"玉縉案：曹唐二詩，滄浪詩話已議之。

會稽掇英總集二十卷

宋孔延之編。 此本乃明山陰祁氏淡生堂舊鈔。

案延之一作延世，字長源，江西新淦人，孔子四十六代孫，慶曆二年進士，歷官知潤州，未行卒，陸氏儀顧堂題跋考其事跡頗詳。又陸氏藏書志有錢穀手鈔本二十卷，續集五卷，其續集題"將仕郎試祕書省校書郎守越州會稽縣主簿黃康弼編次"，並載文震孟手跋，其案語云："此錢罄室手鈔本續集五卷，四庫所未收也。" 李慈銘桃華聖解盦日記云："延之字長源云云，歷知潤州、宣州，有文集二十卷，曾子固爲撰墓志，有子七人，文仲、武仲、平仲即所稱'淸江三孔'也。是書向無刊本，嘉慶丙子，杜明經丙杰從文瀾閣轉鈔付刻，末附札記一卷，惜明經所纂拾遺二十卷未及刊行，今亂後是書之版亦久銷燬。"又荀學齋日記云：

"唐太守題名記,王奉慈,永徽二年正月自潭州都督授,五年拜秦州都督,案此必是勃海王奉慈,高祖兄蜀王湛之子也。舊唐書隴西王博乂傳,言奉慈顯慶中爲原州都督,薨謚曰敬,時代正合,惟史文從略,止言其所終之官耳。此記據宋時石刻誤作王奉慈,嘉泰志踵其誤,以後諸志遂皆沿作王奉慈矣。"

樂府詩集一百卷

建炎以來繫年要錄,載茂倩爲侍讀學士郭褒之孫,源中之子,其仕履未詳?本渾州須城人,此本題曰太原,蓋署郡望也。

陸氏儀顧堂續跋云:"茂倩字德粲,東平人,通音律,善篆隸,元豐七年河南府法曹參軍。祖勸,翰林侍讀學士給事中,贈吏部尚書,父源明,字潛亮,初名元賡,字永敬,嘉祐二年進士,官至職方員外郎,知單州軍州事,蘇頌誌其墓,見蘇魏公集卷五十九,與繫年要錄徵有不同,要錄從永樂大典錄出,恐有傳寫之譌,蘇集從宋本影寫,當可據。惟郭源中亦有其人,累官都官員外郎,充廣陸郡王申王院教授職方員外郎,見蘇魏公集外制,或源明與源中弟兄,而茂倩嗣源中歟?" 玉縉案:是書有周慧孫序,愛日精廬所錄,闕字至二十餘,汲古閣并無此序,惟沈曾植藏本闕字均存,其寐叟題跋二集言之。

古今歲時雜詠四十六卷

積中履貫未詳?初,宋綬有歲時雜詠二十卷,晁公武郡齋讀書志謂宣獻昔在中書第三閣,手編古詩及魏、晉迄唐人歲時章什，釐爲十八卷，今益爲二十卷，積中因其原本續爲此書，前有紹興丁卯自序，稱宣獻所集，允稱廣博，然本朝如歐陽、蘇、黃與夫半山、宛陵、文潛、無己之流，逢時感慨，發爲辭章，不在古人下，因取其卷目而擇今代之詩附之，名曰古今歲時雜詠，鋟版以傳，蓋所增惟宋人之詩，而目類則一仍其舊也。晁公武載綬原本詩一千五百六首，而此本二千七百四十九首，比綬所錄增一千二百四十三首，則一代之詩，已敵古人五分之四，其蒐採亦可謂博矣。其書自一卷至四十二卷，爲元日至除夜二十八目，其後四卷，則凡祇題月令而無節序之詩皆附焉，古來時令之詩，摘錄編類莫備於此，非惟歌詠之林，亦典故之藪，頗可以資採掇云。

玉縉案：自序稱眉山蒲積中致和，是明載字里，不解提要何以忽於目睫？　陸氏儀顧堂題跋云："積中字致龢，四川眉山人，紹興初進士，見宋眉州進士題名碑。"　李慈銘荀學齋日記壬集下二七云："宋書止二十卷，此所取宋人詩過倍，每類皆先曰古詩，卽宋所編自漢至唐也，次曰今詩，則蒲所續宋詩。於宋人如歐、宋、司馬等，或稱公，或稱謚，或稱爵，又有韓資政縝、呂相公公著等，皆稱官，蘇、黃、梅、陳等，皆稱字，而劉筠、楊億、晏殊皆稱名，又有豹林先生、東溪先生等稱，頗無義例，不如宋選之概題姓名也。"

嚴陵集九卷

宋董弅編。

玉縉案：弅字令升，宣和中，官鎭江府學教授，紹興間，梁官知嚴州、婺州。吳氏拜經樓藏書題跋記有鈔本董令升遺事，首李心傳繫年要錄、宋史禮志二篇，後列書錄解題弅所著各種一條。陸氏儀顧堂續跋是書跋，亦據解題及要錄詳其事蹟。鄭寳謹案：續跋誤弅爲弃。

萬首唐人絕句詩九十一卷

邁於淳熙間，錄唐五、七言絕句五千四百首進御，後復補輯得滿萬首，爲百卷，紹熙三年上之，是時降敕褒嘉，有選擇甚精備見博洽之諭。陳振孫書錄解題謂其中多採宋人詩，如李九齡、郭震、滕白、王喦、王初之屬，其尤不深考者，爲梁何遜。劉克莊後村詩話，亦謂其但取唐人文集雜說鈔類成書，非必有所去取，蓋當時瑣屑摭拾，以足萬首之數，其不能精審，勢所必然，無怪後人之排詆。　是書原本一百卷，每卷以百首爲率，而卷十九至卷二十二皆不滿百首，又五言止十六卷，合之七言七十五卷亦不滿百卷，目錄後載嘉定間紹興守吳格跋，謂原書歲久蠹闕，因修補以永其傳，此本當是修補之後復又散佚也。

葉紹翁四朝聞見錄："孝宗從容清燕，洪邁侍，上語以宮中無事，編唐人絕句以自娛，今已得六百餘首，對曰：'以臣記憶，恐不止此'，上問有幾，以五千首對，上大驚曰：'若是多耶，煩卿爲朕編集'，洪歸，搜閱逾年，僅得十之三，至於稗官小說、神仙鬼怪、婦人女子之詩，皆括而湊之，迨以進御，上固知不迨所對數，然亦嘉其敏贍，亦轉秩賜金帛。"　案如葉說，是尚不及五千之數，紕繆顯然。　陳撰玉几山房聽雨錄上云："山光物態弄春暉，莫爲輕陰便欲蹄，縱使晴明無雨過，入林深處亦沾衣'，此蔡忠惠襄入天竺山留客作也，洪景盧誤編入萬首唐詩中。” 張氏藏書志有明嘉靖刊本一百一卷，云：“是書直齋書錄解題著錄一百卷，凡七言七十五卷，五言、六言二十五卷，此本析六言另爲一卷，故作一百一卷，與汪綱跋及焦氏經籍志合。” 玉縉案：吳格跋在嘉定辛亥，案嘉定無辛亥，有辛未、辛巳，亥字誤。汪綱跋在嘉定癸未，總之在吳後，而云一百一卷，嘉靖辛丑陳敬學重刊本，即汪本，提要所據，未知何本？謂吳格修補後復又散佚，殆不然也。

聲畫集八卷

自署曰谷橋，未知谷橋何地也？

陸氏儀顧堂續跋云：“福建通志，孫紹遠，淳熙七年，以承議郎知興化軍，丁未爲淳熙十四年，距知興化時不及十年，當即其人。金承遼制，縣之下置鎮，及得宋地，地名多承宋舊，惟於縣之下置鎮，金史地理志，南京路開封府祥符縣鎮四，一曰郭橋，谷郭同音，谷橋當即郭橋，紹遠雖南渡後人，先世或爲谷橋望族，不署縣名而署谷橋，猶著鼠璞之戴埴，世居桃源，不署鄞而署桃源也。”

宋文鑑一百五十卷

案李心傳建炎以來朝野雜記，稱“臨安書坊有所謂聖宋文海者，近歲江鈿所編，孝宗得之，命本府校正刻版，周必大言其去取差謬，遂命祖謙校正，於是盡取祕府及士大夫所藏諸家文集，旁採傳記他書，悉行編類，凡六十一門。”又稱“有近臣密啓，所載臣僚奏議，有詆及祖宗政事者不可示後世，乃命直院崔敦詩更定，增損去留，凡數十篇，然訖不果刻也。”此本不著爲祖謙原本，爲敦詩改本。朱子語錄稱“文鑑收蜀人呂陶論制師服一篇，爲敦詩所刪”，此本六十一卷中仍有此篇，則非敦詩改本確矣。商輅序稱當時臨安府及書肆皆有版，與心傳所記亦不合，蓋官未刻而其後坊間私刻之，故仍從原本耳。祖謙之爲此書，當時頗鑠於衆口，張端義貴耳集稱“東萊修文鑑成，獨進一本，滿朝皆未得見，惟大璫甘昺有之，公論頗不與，得旨除直祕閣，爲中書陳騤所駁，載於陳之行狀”，朝野雜記又引孝宗實錄，稱“祖謙編文鑑，有通經而不能文詞者亦表奏廁其間，以自矜黨同伐異之功，縉紳公論皆嫉之”，又載張栻時在江陵，與朱子書曰：“伯恭好敝精神於閑文字中，何補於治道，何補於後學，承當編此等文字，亦非所以成君德也。”而朱子語錄記其選錄五例，亦微論其去取有未當，蓋一時皆紛紛訾議。案錄副本以獻中官，祖謙似不至是，所謂通經而不能文章者蓋指伊川，然伊川亦非全不能文，至此書所載論政、論學之文，不一而足，安得盡謂之無補，栻殆聞有此舉，未見此書，意其議出周必大，必選詞科之文，故意度而爲此語也。陳振孫書錄解題記朱子晚年語學者曰：“此書編次，篇篇有意，其所載奏議，亦係當時政治大節，祖宗二百年規模，與後來申變之意盡在其間，非選、粹比也”，然則朱子亦未始非之，殆日久而後論定歟？

玉縉案：陸氏藏書志有宋刊大字本端平重修皇朝文鑑一百五十卷，題呂祖謙奉聖旨銓次，並載祖謙從子喬年“太史成公編皇朝文鑑始末”一則，又載嘉泰甲子沈有開題云:"文鑑一書,諸處未見有刊行善本,惟建寧書坊有之"云云。又有周必大序、趙彥适等跋,及繳進文鑑劄子、謝賜銀絹除直祕閣表。瞿氏目錄有宋嘉泰刊本,詳載其版式。陸氏儀顧堂續跋又歷考劉炳、趙彥适、呂喬年、沈有開諸人之仕履,今皆從略。 陸氏云:"葉水心集,以此本校嚴州本,卷一五鳳樓賦,'屋卑者豐',上脫'臺卑者崇'一句;卷二十四范雍招魯清詩,嚴州本有目無詩,此本目在宋庠重展日湖後,詩附卷末;嚴州本卷六十梁燾論呂大防乞以旱罷疏,末缺一百十餘字;胡宗愈請令帶職人赴三館供職疏,首缺八十餘字,而以梁燾論呂疏'皆思以禮'句,與胡宗愈疏'職臣愚竊謂士不知朝廷之治體'云云接連,其梁燾論還政疏則全缺。卷七十一陳瓘台州羈管謝表,嚴州本自'奉聖旨陳瓘自撰尊堯集云'起,此本多'臣某言'云云一百三十餘字;卷六十九代范忠宣賀平河外三州表、京東運副謝到任表,皆畢仲游作,嚴州本誤作林希;嚴州本卷六十五有王冕漳州進珠表,此本有目無文,或重修時删之歟?"以其有關校勘,錄之。 錢泰吉曝書雜記云:"家夢廬丈語余,'嘗見不全宋本,梁周翰五鳳樓賦,"臺卑者崇,屋卑者豐",宋版此二句作小字雙行,今通行本竟脫去"屋卑者豐"一句,其他錯謬不可枚舉',余所藏者,乃明弘治時嚴郡太守番易胡韶因舊版修補,故卷首標題有作'新雕宋朝文鑑',有作'皇宋文鑑',有去皇宋字但作'文鑑'者。五鳳樓賦,但有'臺卑者豐'一句,'屋'作'臺',與夢翁所見本又異。葉水心習學記言中有四卷,專論文鑑，水心雖持論喜爲新奇，然亦爲讀文鑑之一助。”玉縉案：後一說足補提要所未及，前一說足悟“屋卑者豐”句，“屋”不當作“臺”也。

五百家播芳大全文粹一百十卷

又彝尊所見徐炯家宋刻本，稱二百卷，今鈔本止一百十卷，尋檢首尾似無闕佚，殆彝尊記憶未審，或偶然筆誤歟？

瞿氏目錄有舊鈔本聖宋名賢五百家播芳大全文粹一百五十卷，云：“前有紹熙庚戌南徐許開仲啓序，卷末有嘉定三年唐山宋均跋。案秀水朱氏跋此書，謂所見徐章仲家宋槧本二百卷，考宋跋，謂‘是書葉子實初編一百卷，刊行後一時紙貴，既思書以四六爲宗，宜多採啓表諸作，乃復廣蒐旁輯成百五十卷，未及梓而卒’云云，則此書刊行在光宗時僅有百卷，朱氏所云二百卷，乃譌一爲二也。此本又有孫氏均、姚氏椿手跋，姚氏謂‘今彭南昌選宋四六集盛行於世，卽取諸是書。又四庫全書總目作一百十卷，疑偶脫五字，非有二本’云云，然盧氏宋史藝文志補及張氏藏書志，著錄皆作一百十卷，此本或是最後續增足本，尤可貴也。” 錢大昕養新錄云：“聖宋名賢五百家播芳大全文粹一百卷，衢山精舍葉棻子實編，富學堂魏齊賢仲賢校正，每卷或析爲上下，或上中下，以前所列目計之，實不止五百人，舉其大數耳。竹垞見徐氏宋槧本稱二百卷，今吳興劉氏藏本祇百卷，豈竹垞倂所析之卷計之耶？四庫全書云：‘今鈔本一百十卷’，亦不甚合。”玉縉案：陸氏所藏明鈔本一百二十六卷，始卷一、卷二賀表，訖一百廿六頌題跋。其儀顧堂題跋云:“書坊所刻，隨時增益，本各不同,安得合數本而較其缺佚也。”傅增湘藏園羣書題記影宋本播芳大全跋云:“此書卷數，最爲紛歧，各家目錄所載及余生平所見，皆不盡同，有二百卷者，朱竹垞所見是也；有一百五十卷者，鐵琴銅劍樓所藏舊鈔本，有嘉定三年宋均跋是也；有一百二十六卷者，皕宋樓陸氏藏精鈔本是也；有一百十卷者，四庫所著錄，八千卷樓丁氏、愛日精廬張氏、及近時慈谿李氏贊侯藏明鈔本、余所收孔氏嶽雪樓鈔本皆是也；有一百卷者，涵芬樓所得季滄葦之宋刊本、友人邢君贊廷藏明鈔本是也。其別有三，二百卷世無其書，疑竹垞誤記，四庫提要已言之，瞿氏本卷數最多，據宋均跋，知爲葉氏續增未刊之本，與歷來從宋刊傳錄者迥然不侔，可勿論。宋刊本之一百卷，余叚得細校，實殘缺不完之本，季目卽注不全。爲書賈挖改卷第以充完帙，而明以來傳鈔本遂沿襲而下，如邢氏本自卷七十三以後，逐卷補綴之痕猶顯然可按也。慈谿李氏本亦經挖改。其題一百二十六卷或作一百二十五卷。者，詳檢之，實卽一百十卷，不過將子卷改作正卷耳。今以王宗炎本考之，如卷一至卷七，原本分上中下子卷，玆本遂展爲二十二卷，其卷二之中卷，自趙德莊賀太上皇后箋起，至賀皇太子受册箋止，凡三十五篇，玆本析爲卷第五。自汪彥章北郊清城起居表起，至上皇帝勸進表，凡十三篇，玆本析爲卷第六。又卷四十九原本分上下卷，玆本亦析爲二卷，通計溢出者凡一十六卷，遂成爲今本之一百二十六卷矣。最難索解者，玆本字迹工雅，其行格一仍舊式，全書咸經手勘，其爲親見宋本傳錄可知，何獨於宋本卷第，乃率行改易。且延令宋本，前有紹熙庚戌南徐許開仲啓行書序，半葉八行。次名賢總目一卷，半葉十二行。次目錄七卷，只標題目，不著人名，玆本序及名賢總目旣皆失鈔，而目錄不分卷，文下皆著撰人，亦非原刊面目，豈王氏所見者爲別一宋本，或佚去首四帙歟？姑俟詳考。”玉縉案：傳所跋爲一百二十六卷，王宗炎校。

崇古文訣三十五卷

是集乃所選古文，凡二百餘首。

陸氏藏書志有宋陳森刊本二十卷，並載寶慶丙戌陳振孫序云：“得一百六十有八篇”，與此卷數篇數皆不合。其儀顧堂集有跋云：“明嘉靖中，松陵吳邦楨、邦杰所刊，分三十五卷，與四庫著錄本合，多文三十二篇，如楊惲報孫會宗書云云，皆宋本所無。陳振孫序云：‘致堂、澹庵二胡公所上書，皆爲所取’，與明本合，此本一百五十七篇，明本一百八十九篇，與振孫序云一百六十八篇者又皆不合。觀森跋語，莆郡未刻以前，四明、金華傳授已廣，想當時去取未定，傳鈔各有不同，明本所據，殆別一本耳。”玉縉案：丁氏藏書志有明刊本三十五卷，云：“文凡百九十三首，前有‘松陵後學吳邦楨、吳邦杰校正’一條”，與陸氏所跋又不合。

文章正宗二十卷續集二十卷

瞿氏目錄有宋刊本、元刊本文章正宗，並作二十四卷，又有明刊本續文章正宗二十卷。丁氏藏書志有正德本正宗二十四卷,云:“别有二十卷本,刊刻較此爲後。” 黄佐南廱志經籍考云:“史記傳寫之譌,失其本眞爲不少,有以漢書雜於其内者,如司馬相如傳贊,末載‘揚雄有言,美麗之賦,勸百而諷一,如曲終而奏雅,不亦戲乎?’乃班固所增,若此類者多矣。文章正宗於史記贊内既載此篇,於漢書贊内又載此篇,吾不知其何說也?”

天台前集三卷前集别編一卷續集三卷續集别編六卷

案是集皆裒輯天台題詠,前集宋李庚原本,林師蒧等增修,皆録唐以前詩,成於寧宗嘉定元年戊辰,有郡守宣城李兼序。前集别編一卷,則師蒧子表民所輯補,又附拾遺詩十二首,有陳耆卿跋,及表民自記,題癸未小至,乃嘉定十六年。續集前二卷,亦李庚原本,後一卷則師蒧、林登、李次謩等所彙録,皆宋初迄宣、政間人之詩,亦成於嘉定元年,後附拾遺詩七首,跋稱“得此於會稽鬻書者十年,今刻之續集後”,似亦爲表民所題也。續集别編,則表民以所得南渡後諸人之詩,及續集内闕載者,次第裒次而成,前五卷末有表民自跋,題戊申中秋,乃理宗淳祐八年,後一卷末題庚戌夏五,則淳祐十年,蓋父子相繼甄輯,歷四十年而後成書也。庚字子長,其爵里無考,惟李兼序有“李棨出其先公御史所裒文集”語,又有“寓公李公”語,則嘗官御史而流寓天台者也。 此集則有詩而無文,雖僅方隅之賦詠,而遺集淪亡者每藉此以幸存百一,足爲考古者採摭之所資,固當與會稽掇英總集諸書並傳不廢矣。

陸氏儀顧堂續跋影宋本跋云:“庚,臨海人,字子長,歷御史臺主簿監察御史兵部郎中,繼奉祠,提舉江東常平,乾道間,知南劍州,淳熙中,朝散大夫知撫州,後知袁州,未上卒,有集號詅癡符,見樓鑰攻媿集、江西通志、福建通志、嘉定赤城志。鄭翼謹案:李庚亦見書錄解題十八詅癡符下,云“乙酉進士,以湯鵬舉薦入臺”,乙酉蓋紹興十五年。卷三陳耆卿跋,續集李兼跋,皆言別編爲林表民之父師蒧所纂,續集後一卷,則爲州人林思蒧、林登及其子李次謩所編,此本別編皆題表民名,而表民之跋絕不述及其父何也?所采諸人,如王欽若、陳堯叟云云,玉縉案:原文舉二百九十餘人。或集已無存,或並名氏闕然,皆賴此集存其崖略,而楊億、蔣堂、晏殊、夏竦、張舜民、朱翌、周行己、許景衡、胡宿、綦崇禮、張守、李正民、洪邁、曾幾、尤袤、汪藻諸人之詩,往往爲武夷新集、春卿遺稾、晏元獻集、胡文恭集、夏文莊集、晝墁集、灊山集、北海集、浮沚集、橫塘集、毘陵集、浮溪集、野處類稾、茶山集、梁溪遺稾所未收,可藉此以補其缺。”玉縉案:據此,則提要但謂集之佚者幸存百一,實爲未盡,惟野處類稾本非詩集,今本爲僞託,陸氏儀顧堂集已詳之,此四字當刪。

赤城集十八卷

今此集僅有文一百八十二首而無詩。

瞿氏目錄有明刊本,云:“所選自陳忠肅瓘至王縣令然凡一百四家,其間如陳篔窗、吳荆溪皆南宋古文作手,其集不傳,猶賴是書考見厓略。”鄭翼謹案:篔窗集見提要別集類十六,雖非全璧,亦自可傳。　李慈銘荀學齋日記云:“皆輯台州掌故文字，大半宂漫，罕可讀者，以洪适分繡閣記、尤袤玉霄亭柱記、節愛堂記、唐仲友中津橋碑爲最佳。”又云：“元祐中，天台令鄭至道所作劉阮洞記，頗能狀泉石之勝。”

衆妙集一卷

然其去取之間確有法度，不似明人所依託。

瞿氏目錄有舊鈔本，云：“卷後有無名氏題識云：‘嘉靖丙申臘月晦日，宋本摹書，時寓繡石堂。’”又有舊鈔本二妙集一卷，亦師秀編，所錄爲賈島、姚合詩。

江湖小集九十五卷

起字宗之，錢塘人，開書肆於睦親坊，亦號陳道人，今所傳宋本諸書，稱臨安陳道人家開雕者皆所刻也。　本改劉屏山句也。　言者併潛夫梅詩論列。

楊氏楹書隅錄有宋本韋蘇州集十卷，謂卽百宋一廛賦注所謂臨安府睦親坊南陳氏書棚本也。錢心湖先生跋所藏棠湖詩稾云：“卷末稱臨安府棚北大街陳氏印行者，卽書坊陳起解元也，曹斯棟稗販，以南宋名賢遺集刊於臨安府棚北大街者爲陳思，而謂陳起自居睦親坊，然予所見名賢諸集，亦有稱棚北大街睦親坊陳解元書籍鋪印行者，是不爲二地。且起之字芸居，思之字續芸，又疑思爲起之後人也。予案南宋羣賢小集，石門顧君修已據宋本校刻，亦疑思爲起之子，思又著有寶刻叢編、寶刻類編二書，尤爲淵博，蓋南宋時臨安書肆有力者，往往喜文章，好撰述，而江鈿、陳氏其最著者也。”　玉縉案：陳思亦稱陳道人，見寶刻叢編孔山居士及某氏題語、書小史謝愈修序，提要專屬之起，似非。　又案瞿氏目錄有舊鈔本宋人小集九十三卷，云："此卽宋陳起江湖集，後人得其不全本裒錄之，亦有羼入者。原本藏蘇州王逸陶扶搖館，太倉宋賓王借錄，以顧俠君藏本校過，編分甲至癸十集，凡五十一家，十集外又有十六家，較今讀畫齋所刻知不足齋本，增多宋器之西塍集、王鎡雪溪詩、羅公升滄洲集、王質紹陶錄、釋道燦柳塘外集、陶弼邕州小集、洪炎西渡詩、洪邁野處類藁、孫銳耕閑集凡九家。賓王有跋云：'秀水竹垞翁祕藏宋人小集，中多世所罕見，其客周文還曾攜數種見售，字畫多譌，且非其全。旣而王子逸陶有收藏善本，編分甲乙，凡五十一種，於十集外另有十六種，較秀水本爲勝，丙午夏，借鈔之。'"玉縉案：此說於此書及後集兩宋名賢小集下提要外又備一說也。　丁氏藏書志有舊鈔本羣賢小集八十八卷，云："陳起收刻海內詩人小集，雖十數葉亦名一家，命曰江湖集，蓋一時舉場游客炫名之資，幷名公貴人小卷，間及北宋所遺，本無一定家數、卷數，後以'夜月梧桐皇子府，春風楊柳相公橋'之句，爲史彌遠羅織，起從遣戍，書亦劈版，零落之餘，尙留舊印，錢塘吳志上允嘉得宋槧本，珍祕倍至，同人稍稍傳寫，王漁洋得二十八家，吳尺鳧彙爲六十四家，馬秋玉得六十家，卷各不同，此爲海昌周芚兮春舊藏校本。"玉縉案：周本無吳仲孚、斯植、姜夔、周文璞，有周弼端平詩雋四卷、釋永頤雲泉詩集一卷、吳惟信菊潭詩集一卷、張弋秋江煙草一卷、林希逸竹溪十一藁一卷、陶弼邕州小集一卷爲提要本所無，而江湖後集有周弼、永頤、林希逸。 案本改句，一作“哀濟邸而誚彌遠也。” 後村集：劉克莊詠落梅，“東君謬掌花權柄，卻忌孤高不主張”，讒者箋其詩以示柄臣，由此閒廢十載。 集中有贈陳起詩，“陳侯生長繁華地，卻以芸香自沐薰，鍊句豈非林處士，鬻書莫是穆參軍，雨簷兀坐忘春去，雪案清談至夜分，何日我閒君閉肆？扁舟同泛北山雲”。

江湖後集二十四卷

案起以刻江湖集得名，然其書刻非一時，版非一律，故諸家所藏如黃俞邰、朱彝尊、曹楝、吳焯及花谿徐氏、花山馬氏諸本，少或二十八家，多至六十四家，輾轉傳鈔，眞贋錯雜，莫詳孰爲原本？今檢永樂大典所載，有江湖集、有江湖前集、有江湖後集、有江湖續集、有中興江湖集諸名。鄭寘謹案：曹楝當是曹廷棟之誤，曹有宋百家詩存。 以世傳江湖集本互校，其人爲前集所未有者：凡鞏豐、周弼、劉子澄、林逢吉、林表民、周端臣、趙汝鐩、鄭清之、趙汝績、趙汝回、趙庚夫、葛起文、趙崇嶓、張榘、姚寬、羅椅、林昉、戴埴、林希逸、張煒、万俟紹之、儲泳、朱復之、李時可、盛烈、史衛卿、胡仲弓、曾由基、王諶、李自中、董杞、陳宗遠、黃敏求、程炎子、劉植、張紹文、章采、章粲、盛世宗、程垣、王志道、蕭澥、蕭元之、鄧允端、徐從善、高吉、釋圓悟、釋永頤凡四十八人，考林逢吉卽林表民之字，蓋前後刊版，所題偶異，實得四十七人，又詩餘二家，爲吳仲方、張輯共四十九人。有其人已見前集，而詩爲前集未載者：凡敖陶孫、李龏、黃文雷、周文璞、葉茵、張蘊、俞桂、武衍、胡仲參、姚鏞、戴復古、危稹、徐集孫、朱繼芳、陳必復、釋斯植及起所自作，共十七人。

陸氏藏書志有舊鈔本中興羣公吟稾戊集七卷，其案語云："中興羣公吟稾，凡四十八卷，百三十五家，見趙希弁郡齋讀書附志，今僅存戊集殘帙七卷。嘉慶中，石門顧氏彙刻南宋小集，見知不足齋藏宋槧本，謂其版式與羣賢小集無異，定爲陳起所刊，取附集後，今所列三十册、三十一册是也。顧槧以目錄經書賈竄刻，未以付梓，此從鮑本傳錄，目之末葉，有'中興江湖吟稾'字，案四庫提要云：'考永樂大典所載，有江湖集、前集、後集、續集、中興江湖集諸名'，則此爲江湖中興集之一無疑，讀書志雖未著編輯者之名，而顧氏定爲陳起，似可信也。"玉縉案：據此，則江湖集諸名外又有羣公吟稾，以十干分爲十集，惜祗存戴復古三卷、高九萬二卷、姜夔一卷、嚴粲一卷。儀顧堂續跋宋槧本跋云："目後有割補痕"，恐戊集亦不全耳。　案顧氏讀畫齋刊本，武衍後，胡仲參前，有吳仲孚一家，提要未之及，或所見本異，或偶脫。

三體唐詩六卷

是書蓋以救江湖末派油腔滑調之弊。

案是書原有方回序，坊刻皆不載，唐孟高補寫本有之，中有"專爲四韻五、七言小律詩設，以爲有一詩之法，有一句之法，有一字之法，止於此三法，而江湖無詩人矣"云云，詳見瞿佑歸田詩話，佑謂此序議論甚正，識見甚廣，於周伯弜深寓不滿之意。都穆南濠詩話亦言有萬里作序，並言刻者爲長洲陳湖磧沙寺僧魁天紀，吳人稱磧沙唐詩，今提要不稱有回序，所言正與方說相歧，蓋高士奇補正本不載也。釋圓至唐詩說下云："前有大德九年方回序"，意以方氏專爲圓至書序，其不滿於弼書者特兼及之，然既反其說，而於方序絕無駁辨，亦太疏矣。又周選絕句，以杜常華清宮一首爲冠，不知常乃宋人，宋史文苑傳有傳，首句"行盡江南數十程"，於地理頗不可解？考杜常驪山詩有四首，其第一首云："東別家山十六程，曉來和月到華清"，疑妄者依岑參"行盡江南數千里"等句改竄，吳師道詩話議是詩，而仍以常爲唐人，亦考之未審矣。李羣玉黃陵廟詩，昔人謂其名檢掃地，今亦入選，南濠詩話亦議之。

吳都文粹九卷

案蘇州府志，虎臣字景兆，曾爲會稽尉，宋德祐初，自請監押賈似道，殺之於木綿菴者卽其人也。是書於吳郡遺文，綜緝頗富，其中若李壽朋之劄補新軍，汪應辰之申奏許浦水軍，趙肅之三十六浦利害，郟亶之至和塘六得六失諸篇，均有關兵農大計，其他輿地沿革亦多有因文以著者。如書中龔頤正企賢堂記曰："長洲爲縣，肇唐萬歲通天中"，而吳地記則云"建自貞觀七年"，考唐地理志，與頤正之記合，可以證吳地記之譌。又吳地記云："常熟縣改自唐貞觀九年"，而書中范成大常熟縣題名記曰："縣舊爲毘陵，至梁而改"，又可與吳地記考異。蓋是書雖稱文粹，實與地志相表裏，東南文獻，藉是有徵，與范成大吳郡志相輔而行，亦如驂有靳矣。

許元溥吳乘竊筆云："鄭虎臣爲吾郡人，盧、王二志俱不載其事蹟，考山房隨筆云：'秋壑在朝，有術者言平章不利姓鄭之人，因此每有此姓爲官者多困抑之，武學生鄭虎臣登科，輒以罪配之，後遇赦得還，秋壑喪師，陳靜觀諸公欲寘之死地，遂尋其極仇者監押，虎臣遂請身爲之，乃假以武功大夫押其行。虎臣一路淩辱，至漳州木棉菴，病泄瀉，踞虎子欲絶，虎臣知其服腦子求死，乃曰"好教作只恁地死"，遂趯數下而殂。' 案宋鑑謂虎臣以父嘗爲似道所配，欲報之，忻然請行，又謂舟次劍州黯淡灘，虎臣曰：'水清甚，何不死於此'？似道曰：'太皇許我不死'，俱與前說相戾，末稱陳宜中至福州捕虎臣，斃於獄，豈爲權奸報復耶？"玉縉案：提要所引府志，未知何本？疑是康熙志，俟考，許所稱在其前，足備參訂。許又云："吳都文粹雖鄭公所萃，要皆取材於范文穆吳郡志，絶無增減，亦見古人服善心虚，今人不及也"，此數語，見錢叔寶文粹條。亦視提要爲切實。

月泉吟社一卷

入元後，退居吳溪，立月泉吟社。 其人大抵宋之遺老，故多寓遯世之意及聽杜鵑餐薇蕨語。 王士禛池北偶談稱其清新尖刻，别自一家，而怪所品高下未當。

薛應旂浙江通志云："月泉在浦江西二里，其泉視月盈虚爲消長，宋政和間，縣令孫潮疏爲曲池，咸淳間，縣令王霖龍構精舍於泉上，元改爲書院。" 粤雅堂本伍崇曜跋云："厲樊榭等南宋雜事詩注，記是書始末最詳，謂'其間或有名，或無名，大抵皆宋末遺老也，然第十八唐楚友，孤山白珽也，著有湛淵集，宋咸淳中，已與仇遠同以詩名，入元後，應薦爲儒官，坎坷不達，退老湖山，殆亦有不能概以汐社遺民例之者矣。’又謂舊有黄顥序，今琴川毛氏重刊本佚之。” 案香祖筆記十一云：“田元均爲三司使，性寬厚，有干請者，雖不從，必溫顏強笑以遣之，語人曰：‘爲三司使數年，強笑多矣，直笑得面似靴皮’，月泉吟社有謝詩賞答啓云：‘恭惟某官，笑面如靴’，蓋用此語，不惟欠雅馴，亦本非佳語，而援以爲贊頌之詞謬矣。”分甘餘話略同，並稱田元均事爲歸田錄所載。

三國文類六十卷

瞿氏目錄有舊鈔本六十卷，云：“此書卷第與焦氏經籍志合，陳氏書錄解題作四十卷，疑未見全書也。”

詩家鼎臠二卷

卷首有題詞，署曰倦叟，亦不知倦叟爲誰也？所錄有王惲之詩，頗疑爲元人所輯。 上卷凡五十八人，下卷凡三十七人，每人各著其里居字號，爲例不一。所存詩多者十餘首，少者僅一二首，蓋取嘗鼎一臠之意，故以爲名。其間家數太雜，時代亦多顚倒，編次頗爲無緒。

陸氏藏書志有舊鈔本，並載勞權手跋云：“偶閱全芳備祖前集十九卷桐花類，見引鼎臠集詩，旋檢是編，則方士繇崇安分水道中後二句也，始信此書出宋人所選，不必以未見著錄致疑矣。”玉縉案：全芳備祖有寶祐元年韓鏡序，則倦叟當爲寧宗、理宗時人。丁氏藏書志云：前有曹倦圃序云：“宋季江湖詩派，以尤、楊、范、陸爲大家，茲選均不及，惟推服紫芝、石屏、後村、儀卿，其餘人各一二詩止，隘矣。疆事日蹙，如處漏舟，里巷之儒，猶刊詩卷相傳，且諸人姓名，有他書別無可考獨見之此編者，存以徵晚宋故實可也。”據此，則曹溶亦以爲宋人輯。

柴氏四隱集三卷

望有丙丁龜鑑已著錄，隨亨字瞻岘，登文天祥榜進士，歷知建昌軍事，元亨字吉甫，與隨亨同舉進士，歷官朝散大夫荆湖參制，元彪字炳中，號澤臞居士，嘗官察推，宋亡以後，兄弟俱遁跡不仕，時稱柴氏四隱。望所著有道州台衣集、詠史詩、涼州鼓吹，元彪所著有襪線集，隨亨、元亨著作散佚，其集名皆不可考。明萬曆中，其十一世孫復貞等搜羅遺稾，元亨之作已無復存，因合望與隨亨、元彪詩文共爲一集，仍以四隱爲名，因舊稱也。

丁氏藏書志有鈔本，並載雍正丙午吳焯題云：“望上丙丁龜鑑，所忤時相爲史嵩之，京尹論救者爲趙與懃，此據宋史及咸淳臨安志職官表。隨亨登寶祐四年文天祥榜進士，元亨爲同榜進士，元彪登咸淳四年陳文龍榜進士，並見三衢志，此補集中之未備也。集序稱元亨之官曰制參，而望之詩中有送監丞弟參江陵閫，則元亨當授官監丞，序稱元彪曰察推，亦本之望詩題中，二君無碑傳可考，故官閥翳如，其子姓亦未之考。復貞編此集，張斗序之，斗序雖云得四隱公集而讀之，而復貞序已云吉甫公集無傳，則元亨集原闕，其實只三人集，而以四隱之名槩之也。”玉縉案：提要不言元彪登進士，失考。鄭寶謹案：寶祐四年登科錄有隨亨而無元亨，當在脱佚中。元亨幼試神童科，免解，初任春陵令，轉監丞，見宋史翼三十四引江山志。

四庫全書總目提要補正卷五十七

總集類二

中州集十卷附中州樂府一卷

其選錄諸詩，頗極精審，實在宋末江湖諸派之上，故卷末自題有"若從華實評詩品，未便吳儂得錦袍"，及"北人不拾江西唾，未要曾郎借齒牙"句，士禛亦深不滿之，殆以門戶不同歟？後附中州樂府一卷，與此集皆毛晉所刊，卷末各有晉跋，稱"初刻中州集，佚其樂府，後得陸深家所藏樂府，乃足成之"，今考集中小傳，皆兼評其樂府，是樂府與中州集合爲一編之明證。

沈德潛說詩晬語云："中州集，錢牧齋極爲獎激，然可取者元裕之小序，詩品薄弱，又在南宋諸公下也。集中所傳，如'好景落誰詩句裏？蹇驢駝我畫圖間'，好句不過爾爾，王元美謂直於宋而太淺，質於元而少情，豈苛論哉？"玉縉案：提要於遺山集下亦云："所撰中州集，意在以詩存史，去取尙不盡精。"丁氏藏書志有弘治本，云："汲古閣所據以上版者，乃嘉靖丙申毛鳳韶稱儼山陸公家藏本，子晉識云:'小傳已見詩集中,不復贅',殊不知鄧千江、宗室文卿、張信甫、王元佐、折元禮五人,俱未見詩中小序,一槩芟去,未免失檢。" 張氏藏書志有元至大刊本,云:"總目題'翰苑英華中州集','翰苑英華'四字,似是後來改題,痕迹顯然,自序又題'中州鼓吹翰苑英華'六字,亦似剜改,未知原書作何標題?俟續考。" 陸氏儀顧堂續跋元槧本跋云:"前有元好問中州鼓吹翰苑英華序,首爲十一卷總目,卷一首題中州集,下十卷仿此,樂府則題中州樂府,每卷有目,連屬篇目,樂府卷末有'至大庚戌平水進修堂案當依皕宋樓藏書志作進德齋。刊'木記。汲古毛氏刊本,先缺樂府,後得陸文裕家藏本始成全璧,而十一卷總目終缺。提要以集中小傳皆兼評樂府,爲樂府、中州集合爲一編之證,今總目第十卷後接樂府目,又爲提要得一確證矣。" 張氏藏書志又有影寫元至大本中州樂府,云:"宗室文卿、從郁。張信甫、中孚。王元佐澮。三人俱有小傳,毛本删去。案子晉跋云:'小序已見詩集中,不更贅',向嘗疑樂府三十六人皆有小傳,且妄以爲必有與中州集詳略互見之處,甚以毛氏删之爲惜,今得此本,乃知小傳止有三篇,其人俱中州集未載者,蓋以補詩集之闕也。毛氏云云,殆偶未詳考歟?"

唐詩鼓吹十卷

不著編輯者名氏,據趙孟頫序,稱爲金元好問所編。 其書與方回瀛奎律髓同出元初,而去取謹嚴,軌轍歸一,大抵遒健弘敞,無宋末江湖、四靈瑣碎寒儉之習,實出方書之上。

據都卬三餘贅筆，此書至大戊申，江浙儒司刊本，舊有姚燧、武一昌二序，此本佚之。又載燧序，謂宋高宗嘗纂唐、宋軼事爲幽閒鼓吹，故好問本之，案“三都二京，五經鼓吹”，其語見於世說，好問立名當由於此，燧所解不免附會其文也。

沈德潛說詩晬語云：“律髓去取評點多近凡庸，特便於時下捉刀人耳，鼓吹一書，尤爲下劣，學者以此等爲始基，汩沒靈臺，後難洗滌。”翁方綱石洲詩話五云：“曹兌齋讀唐詩鼓吹云：‘不經詩老遺山手，誰解披沙揀得金？’兌齋從遺山遊，而其言如此，則鼓吹之選信是遺山用意處耶？”又云：“遺山論詩，於初唐舉射洪，於晚唐舉玉溪，識力高絕，知世傳唐詩鼓吹，非出遺山也。”玉縉案：此不足據，當以兌齋詩爲正。羅汝懷綠漪草堂文集十六七律流別集述意云：“提要據趙孟頫序，稱爲金元好問撰，其門人中書左丞郝天挺所注，曝書亭集則稱郝天挺鼓吹，殆不以爲遺山，長洲沈氏、大興翁氏皆斥其書。說詩晬語云：“其書下劣，嫁名元遺山者。”翁云：“豈有遺山而選是書之理？”觀其開卷首柳子厚柳州城樓一篇，遷謫蕭騷，與書之命名殊不相副。謂爲專主中、晚，則仍錄王、李、高、岑，謂爲意取和平，而不及張、王、元、白，韓偓居張說之前，崔顥列曹唐之後，世次淩雜，全無義例，其爲隨手掇拾可知，乃流傳至五六百年不廢，而從事鑽研者不一其人，徒以名出遺山，紛紛馳騖，枉費梨棗，固無眞知，亦見世無善本也。郝注恐亦託名。”丁氏藏書志有至大戊申江浙儒司刊本，云：“首趙孟頫序，又姚牧菴燧序，又蜀西武乙昌序，又盧摯後跋。提要引三餘贅筆云云，又以陸貽典據金史云云，池北偶談始有兩郝天挺之辨，若當時早見及此，亦可息喙矣。”陸氏藏書志亦有元刊元印本，並載四人全序，其儀顧堂續跋云：“遺山祇取此九十餘家，去取不得謂不嚴，惟胡宿宋人，宋史有傳，誤在唐人之列，想由南北隔絕，未得其詳，郝氏當元一統之時，雖不強爲注釋，而不加辨正，何也？明之廖文炳，國朝之錢朝鼒、王俊臣、王淸臣、陸貽典增注此書，自謂正郝氏之失，而亦絕不一及，豈未見宋史耶？”玉縉案：據姚序，則知以好問爲本幽閒鼓吹者，乃乙昌，非燧，贅筆誤。又趙、武皆有鼓吹軍樂之說，姚亦以兵事爲喻，提要本雖無姚、武序，固有趙序者，乃以爲取義五經鼓吹，未免失之目睫。又郝天挺元史有傳，王說實本之，提要亦失引。

瀛奎律髓四十九卷

是書兼選唐、宋二代之詩，分四十九類，所錄皆五、七言近體，故名律髓。

羅汝懷綠漪草堂文集十四鈔紀氏刊正瀛奎律髓序云：“瀛奎律髓一書，以名目分類，作者不書名書字，皆仿昭明文選，然昭明時無別號，此書則及別號。如稱呂東萊，則伯恭、居仁，並有東萊之稱，果誰屬乎？又或稱官，而其中稱名者復多，甚至一人而其稱屢易，殊爲錯雜。至其分類四十餘目，既有著題類矣，而梅花與雪又各一類，春夏秋冬，亦各一類，實瑣屑而無意義。其於詩，尊江西以抑西崑，爲‘一祖三宗’之說，一祖者少陵，三宗者山谷、后山、簡齋也，觀所宗主，宜若專尚氣格，而又標題句眼，每於一二字句稱奇，詭僻纖仄，大爲竟陵先導，顧以唐、宋選本，流傳不多，而其中遺聞軼事頗資考索，故傳之至今不廢。”又云：“紀文達公瀛奎律髓刊誤，廓清之功甚偉，今於胡子薊門許見此編，其於刊誤不同者：刊誤就原本點論，此編雖備列類目，而於詩多所芟汰，略采原論，而刊正之說，亦與刊誤微異，殆先爲此論，而後定爲刊誤。先生論詩，門徑正大，凡所發抒，罔弗愜當，惟劉夢得西塞山懷古之作，實只論王濬伐吳一事，後四句頗病空衍，而先生賞之，謂第五句包括六朝，未免因循舊說。溫飛卿過陳琳墓詩，‘詞客霸才’，久無定說，先生以爲詞客謂琳，霸才謂己，則何以憐琳哉？然此不過一二，不足病其全體之明通也，當俟暇日再覓刊誤合勘之，更爲定本焉。” 梁章鉅退菴隨筆廿一云：“吳中有瀛奎律髓刊誤，乃吾鄉李光垣將紀本校梓，講律詩者不可不家置一編。”又云：“紀文達督學吾閩時，有自行删定之兩册，在鏡煙堂十種中，所删太多，必須覓全本讀之。” 沈德潛說詩晬語云：“瀛奎律髓，去取評點多近凡庸，特便於時下捉刀人耳。”

谷音一卷

每人各載小傳。

案張琰誤作張璜，又粤雅堂本伍崇曜跋云：“卷末羅浮狂客一首，陳樵山志錄之，謂黄野人儔侶，殆均有託而逃者耳。” 十七史商榷四十云：“崔琰傳，楊訓發表，稱贊功伐，琰與訓書曰：‘省表事佳耳’，太祖怒曰：‘諺言生女耳，耳非佳語’，案谷音柯芝詩，‘耳耳非佳語，陸陸難爲顏’，以‘耳耳’連讀，此宋季人讀，恐不可據，案文當以‘生女耳’爲句。”

梅花百詠一卷

東閣梅一首，中峯和韋原闕，而別見於韋德珪集。

案韋德珪亦有梅花百詠一卷，見擘經室外集，四庫未著錄。

河汾諸老詩集八卷

凡麻革、張宇、陳賡、陳颺、房皥、段克己、段成己、曹之謙八人之詩。

案陳颺當作陳庾，此蓋因賡字子颺而誤。

天下同文集四十四卷

兩淮馬裕家藏本。觀其目錄末標“隨有所傳錄陸續刊行”九字。其中十七卷、十八卷、三十一卷、三十四卷、三十五卷、四十一卷並闕。

張氏及陸氏藏書志並有舊鈔本，云：“目錄後有‘隨所傳錄陸續刊行’八字，闕卷十七、十八”云云，凡六卷。陸氏並載馬思贊手跋云：“近代儲藏家，惟葉文莊菉竹堂書目有此，亦止一册，可知五十卷之外未必再有乙、丙諸集也。余於癸未，從汲古後人借鈔，時朱竹垞先生寓吳，蓋三寄書懇之，始得一慰耳。原本缺十數紙，竟無從補完矣。”據此，知思贊鈔時，雖缺十數葉而有五十卷，至裕時，則已闕六卷，張、陸二氏所藏，即提要所見本也。又云：“姚牧庵全集已不可見，是集所載，大半中州文表之漏者”，此說亦提要所未及，至目後八字、九字之異，當以八字爲得，提要似誤。

圭塘欸乃集二卷

而所謂江湖友人者卽文昇也。

案文昇卽八跋中之一人，提要語意不明。

忠義集七卷

初，南豐劉壎作補史十忠詩一卷，述宋末李芾、趙卯發、文天祥、陸秀夫、江萬里、密佑、李庭芝、陳文龍、張世傑、張珏之事，壎自爲序。其子麟瑞，復取宋末節義之士，撰述遺事，賦五十律，題曰昭忠逸詠，凡四卷，亦自爲前後序，又有岳天佑者序之。景良合二集爲一編，又採宋末遺老諸作，續爲二卷，而併麟瑞詩四卷爲三，總名之曰忠義集。

張氏藏書志有陸貽典校本昭忠逸詠六卷，補史十忠詩一卷，並載陸氏手跋云："黼季購得顧修遠家藏鈔本，校過兩次，尙是此書原本，忠義集乃後人所加名也。"

元文類七十卷目錄三卷

是編刊於元統二年，監察御史王理、國子助教陳旅各爲之序。　葉盛水東日記曰："蘇天爵元文類，元統中監察御史南鄭王理序之，有元名人文集如王百一、閻高唐、姚牧菴、元淸河、馬祖常、元好問之卓卓者今皆無傳，則所以考勝國文章之盛，獨賴是編而已。嘗見至正初浙省元刻大字本，有陳旅序，此本則有書坊自增考亭書院記、建陽縣江源復一堂記，併高昌偰氏家傳"云云，今此本無此三篇，而有陳旅序，蓋猶從至正元刻翻雕也。

楊氏楹書隅錄有元本國朝文類七十卷，目錄三卷，云："每半葉十行，行十九字，水東日記云：'嘗見至正初浙省元刻大字本，有陳旅序'，卽此本也。是書元刻有大字、小字兩本，小字本爲建安劉氏翠巖精舍所刊，槧鍥之工，視此頗勝，然此本乃當時官板，且曾以蘇氏元編校正，俾四十一卷經世大典軍制以下之文，各本所無者，此獨補成完帙。”又有元本七十卷，云：“每半葉十三行，行二十四字，板式字體，均與翠巖本無異，目錄不分卷，卷四十一經世大典軍制以下全缺，亦同翠巖，惟卷十八李節婦贊，卷三十一建陽縣江源復一堂記，卷六十九李節婦傳，卷七十高昌偰氏家傳，皆翠巖本所無，而李節婦傳則西湖本亦有之。考翠巖本，但載元統二年王理序，當是最初刻，西湖本，至元初刻，已補入陳旅序、王守誠跋，至正二年復修補一十八板，九千三百九十餘字，又於目錄及各卷內校正九十三板，脫漏差誤一百三十餘字，於是四十一卷始成完帙。見西湖本，至正二年中書省下杭州路西湖書院公文。此本殆從翠巖本翻雕，而刊時在西湖本初刻之後，未補之前，故陳、王序跋均依西湖本補入，軍制以下之文則仍闕如也。至李節婦贊諸篇，想又由他本蒐輯者，水東日記曰：'嘗見至正初浙省元刻大字本，有陳旅序，此本則有書坊自增考亭書院記'云云，殊不盡然，葉氏所見，僅西湖本，不知考亭書院記翠巖本已有之矣。況元刊諸本，互有差池，自是各從所據，非出一源，不得謂西湖本所無者卽屬書坊妄益也。”陸氏儀顧堂續跋元槧本跋云：“此本四十一卷，旣已補完，其餘亦無一缺葉爛版，當是至正二年初印本，每葉二十行，每行十九字。元文類刊本，余所見凡五：一爲翠微精舍本，刊於元至正初；一爲明晉藩本，題曰‘元文類’，刊於嘉靖時；一爲明坊刻細字本，題曰‘校元文類’，當刊於明初；一爲修德堂本，刻於明季；一卽此本，乃此書祖本也。多考亭書院記，翠巖本、明初坊本，又多卷十八李節婦、馮靜君兩贊，卷七十高昌偰氏家傳、卷十九建陽江源復一堂記，似皆書賈所妄增。西湖書院之版，明時尙存，缺葉爛斷甚多，晉藩本行款與西湖同，而缺爛甚多，當以後印西湖本翻雕者，翠微本卷四十一缺下半卷，當據至元四年西湖未修補本付雕，而增考亭書院記，明初本又從翠巖本出，而妄有所增，修德本則又據坊刊細字本重雕者，五本之中，以西湖本爲最，此則又西湖本之最善者也。”玉縉案：翠巖本多考亭書院記，陸跋誤將“翠巖本”三字倒在“記”字下，當乙轉。楊、陸兩說，均足訂葉氏之失，大字本，卽西湖本。張氏藏書志載元刊本，有至正二年中書省下西湖書院公文，及王理、陳旅、王守誠序跋。　錢泰吉甘泉鄉人稾跋校本元文類云：“唐鏡香茂才仁壽藏修德堂本三十卷，末多虞道園德符堂記，目錄中所無，蓋後來增入者。”

元風雅前集十二卷後集十二卷

前集十二卷，元傅習所採集，孫存吾爲之編次，後集十二卷，則存吾所續輯也。習字說卿，清江人，存吾字如山，廬陵人，習仕履不可考？存吾嘗爲儒學正，亦不詳其始末也？前集首劉因，凡一百十四家，後集首鄧文原，凡一百六十六家。

又案：范氏天一閣所藏，有元朝野詩集二册，亦題曰元風雅，不知何人所編？其體例與此迥殊。又傳寫多譌，參差失序，幾至不可句讀，蓋斷爛不全之本，無足甄錄。

丁氏藏書志有影元鈔本前、後集各六卷，然則此當後來所析。瞿氏目錄有元刊本皇元風雅三十卷，云："元蔣易編，并序，又黄溍老、虞集序。此書惟見焦氏經籍志、文淵閣書目，天一閣藏本祗存二册，是本始劉夢吉，終陳梓卿，凡一百五十五家，獨爲完善，刻於至元三年。"玉縉案：此别一本，阮元揅經室外集已著錄。

古樂府十卷

又馮舒校玉臺新詠，於焦仲卿妻詩"守節情不移"句下，注曰："案活本、楊本此句下有'賤妾留空房，相見常日稀'二句，檢郭、左二樂府並無之"，今考此本，乃已有此二句，知正文亦爲重刻所改，不止私增其解題矣。然元刻今未之見，無由互校刊除。

瞿氏目錄有元刊本，云："書中焦仲卿妻詩'守節情不移'句下，未增'賤妾守空房，相見常日稀'二句，尚是左氏原本。"丁氏藏書志亦有至正刊本云："讀書敏求記云：'焦仲卿妻詩，"新婦初來時，小姑如我長"，蘭雪堂活字本玉臺集，"初來時"下添"小姑始扶牀，今日被驅逐"二句，初覩不覺其謬，再四尋繹，始知妄庸子以顧逋翁棄婦詩誤爲添補，逋翁詩云："及至見君歸，君歸妾已老"，則扶牀之小姑，何怪其長如我，此詩前云"共事二三年，始爾未爲久"，安得三年未周，小姑長成遽如許耶？'此刻未改原書之舊，近吳門刻左氏樂府，反據譌本增入，幷改'寡婦赴徬徨'爲'起徬徨'，文理違背，書之日就舛錯，將使誰辨之而誰正之?"又有嘉靖本云:"其焦仲卿妻詩，雖不免沿'寡婦起徬徨'之譌，然'新婦初來時'之下，尙不致如蘭雪堂玉臺集之添改。"

玉山名勝集八卷外集一卷

元顧瑛編。 各以地名爲綱：曰玉山堂、曰玉山佳處、曰種玉亭、曰小蓬萊、曰碧梧翠竹堂、曰湖光山色樓、曰讀書舍、曰可詩齋、曰聽雪齋、曰白雲海、曰來龜軒、曰雪巢、曰春草池、曰綠波亭、曰絳雪亭、曰浣花館、曰柳塘春、曰漁莊、曰書畫舫、曰春暉樓、曰秋華亭、曰淡香亭、曰君子亭、曰釣月軒、曰拜石壇、曰寒翠所、曰芝雲堂、曰金粟海。

瞿氏書目有舊鈔本二卷，云:"不題編輯姓氏，前有至正十年金華黃溍序、至正十一年湘東李祁序、至正九年張翥寄題玉山詩。所編玉山亭館，其次序與別本不同，曰玉山草堂、曰玉山佳處、曰釣月軒、曰芝雲堂、曰可詩齋、曰讀書舍、曰種玉亭、曰小蓬萊爲上卷；曰碧梧翠竹、曰湖光山色、曰浣花館、曰柳塘春、曰漁莊、曰金粟影、曰書畫舫、曰聽雪齋、曰絳雪亭、曰綠波亭、曰春草池、曰雪巢、曰君子亭、曰澹香亭、曰秋華亭、曰春暉樓、曰白雲海、曰來龜軒、曰拜石壇、寒翠所 二名一處。爲下卷。"又載何焯跋，有"此集朱野航性甫先生故物，而余妻太原孺人之曾祖雄蜚先生所藏也。及出守嶺外，俾羅浮張萱孟奇開雕，然流傳甚寡，張又不學，謬分爲八卷，顚易置其詩文次第，譌字亦屢見”等語。又有舊鈔本二卷，云:“舊爲張青父所藏，首題玉峯顧瑛仲瑛編次，其次序與朱野航本不同。曰玉山草堂、曰玉山佳處、曰釣月軒、曰芝雲堂、曰金粟影爲上卷;曰書畫舫、曰春暉樓、曰秋華亭、曰澹香亭、曰君子亭、曰雪巢、曰春草池、曰綠波亭、曰絳雪亭、曰聽雪齋、曰白雲海、曰來龜軒、曰拜石壇、寒翠所、曰可詩齋、曰讀書舍、曰種玉亭、曰小蓬萊、曰碧梧翠竹堂、曰湖光山色樓、曰浣花館、曰柳塘春、曰漁莊爲下卷。其玉山草堂分題詩下，與朱本不同，是集以‘高秋爽氣相鮮新’爲韻，朱本昂吉得高字，良琦得爽字，又口占七絕一首，于立得氣字，亦口占一首，顧瑛得鮮字，又口占二首，記詩不成者三人，張本則無良、于、顧三人，而有鄭元祐得秋字，陳基得新字二首，記詩不成者五人，其互異處，殊不可解？又絳雪亭有河南張渥詩一首，爲朱本所無。案是書世有傳鈔本，多譌奪處，其次序與朱、張二本俱不同，據義門跋，萬曆間有兩刻本，皆出自朱本，流傳亦罕，若四庫所收之鮑氏本爲十二卷，其次序又異，不知出自何本也？”又有舊鈔本玉山名勝外集二卷，云:“不著編次姓氏，上卷紀寄題，下卷紀餞送，殆由後人雜採成編，非舊有此集也。”丁氏亦有鈔本二卷，紀遊一卷。 張氏藏書志有舊鈔本玉山名勝集二卷，題玉峯顧瑛仲瑛編次，云:“前有張翥寄題玉山詩一首，張丑、趙宧光俱有印記，并載黃廷鑑手跋云:‘玉山名勝集世無刊本，月霄向從其小阮子謙家藏國初人校本繕錄，其書自玉山草堂至寒翠所，凡二十八題爲一册，每題各爲起訖，不分卷數，外集二卷爲一冊，與四庫總目九卷本者不合。今月霄又購得明初人鈔本，有張氏丑印記，書分上下二卷，自玉山草堂至金粟影五題爲上卷，自書畫舫至漁莊二十三題爲下卷，當是玉山主人元本如是，後來傳錄，意爲分合，故寖失其眞也。'" 陸氏儀顧堂續跋影元鈔本跋云："玉山名勝集，明天啓中徐詔翁刊於廣東，張萱爲之校勘，即今四庫著錄九卷本也。此本不分卷，自玉山草堂起至寒翠所止，二十八題，每題各爲起訖，與張月霄藏本同，與九卷本頗有不同。如玉山草堂分題詩，此本脫良琦、顧瑛、于立七首，九卷本則缺鄭元祐得秋字、陳基得新字二首，玉山佳處，九卷本有袁華七律一首爲此本所無，九卷本柳塘春末附玉鸞謠、玉鸞傳二篇，亦爲此本所無，已刻於鮑淥飲所輯玉山逸稾。然天啓本寒翠所上脫一葉，綠波亭題詠中缺僧法堅、陸仁、釋至奐詩三首，文質詩一首，而割裂他詩羼入，且譌誤甚多，不如此本之善。"玉縉案：四庫本即張本，止九卷，瞿說誤，陸本又與瞿本不同，可謂糾紛矣，然足廣異聞，錄之。但各本仍多遺漏，詳玉山璞稾下。

草堂雅集十三卷

自陳基至釋自恢，凡七十人。

陸氏藏書志有宋賓王手鈔本十六卷，並載至正九年楊維楨序云："集自予而次凡七十餘家，詩凡二千餘首。"又載賓王手跋云："向晤蓮涇王先生云：'此集首柯敬仲九思'，余得石門鈔本首陳基者，共一十三卷，中闕三、六、九等卷，今春，桐鄉金元功得洞庭翁氏本，亦首陳基者，借之較對，以補石門之闕，暇則併鈔之。夏謁王蓮涇，求假其所藏本觀之，凡一十六卷，其第一有前後卷，實一十七卷，七十九人，詩篇二千四百一十有七，較初補，脫柯九思、陳旅、李孝先、束氏昆季、徐達左、繆嵩、湯成、僧自恢九人，時寓桃花塢，校梅宛陵、胡仲子諸集，弗暇，因檢九人詩寄歸補闕，謂得其全，及歸，翻閱王藏，與翁本乃人同詩異，再閱鐵崖先生所爲序云：'玆集自予而次凡五十餘家，詩凡七百餘首'，於人、詩不符外，又疑鐵崖詩冠首，豈祗作序耶？遂目錄而兩存之，俟眞本定焉。"玉縉案：楊序當卽宋鈔原本，何以其跋所舉家數、詩數絕不相符，殆翁本如此，而此序則據石門本數耶？張氏藏書志有元刊本十三卷，云："始柯九思，終釋自恢，凡七十四人。"瞿氏目錄有影鈔元本十三卷，云："無序跋，始柯九思，終釋自恢，凡七十六人。"其書與閣鈔本始陳基終自恢者編次具異。又有鈔本十三卷，云："是本與元刊本卷數同，而編次略異，元本始柯九思，此本則始陳基，終釋自恢，凡七十五人，較元本僅少束宗庚一人"，蓋皆非提要所據本。又此書尙有遺漏，詳玉山璞稾下。　陸氏儀顧堂集足本草堂雅集書後云："右影元鈔草堂雅集十三卷，玉山顧瑛類編，每葉二十四行，行二十二字。凡柯九思、陳旅、李孝先、張翥、楊維楨、黃溍、張天英、鄭元祐、吳克恭、陳方、張雨、陸德源、張舜咨、熊諫、趙奕、倪瓚、潘純、鄭東、李元珪、張渥、李瓚、唐棣、丁復、項炯、高明、趙渙、宋沂、郭翼、呂誠、姚文奐、郯韶、陸友、王蒙、昂吉、王禕、鄭守仁、衞仁近、于立、陳基、胡助、卞思義、屠性、陳秀民、王鑑、王冕、余曰強、李廷臣、宗本先、陸仁、袁華、秦約、彭罙、徐穎、馬謩、盧照、翟榮智、張遜、李簡、袁泰、唐元、文質、張簡、顧盟、黄文德、周砥、東宗廉、釋餘澤、那希顔、寶月、祖柏、良琦、文信、子賢、來復、自恢計七十五家。較浙撫採進本,多柯九思、陳旅、李孝先、張翥各家,陳基列卷十一而非卷一,彭罙以下十五家,列卷十二而非卷十一,其他多所異同。考顧嗣立元詩選小傳有云:'向來藏書家,奉草堂雅集爲祕寶,兵燹之餘,獨缺首卷,近者朱竹垞太史從琴川毛氏得草堂雅集鈔本一册,閲之,乃首卷敬仲詩也。'由是言之,則雅集首卷,國初已不可見,作僞者既以卷十一之陳基詩爲首卷,又割卷十二之彭罙以下爲十一卷以充完本,當時亦莫辨其僞也。此本首尾完具,不但遠勝浙本,以視顧氏所見首卷僅有敬仲詩者亦迥不侔矣。”玉縉案:此跋當作於未得十六卷本之先。丁氏藏書志有舊鈔本十三卷云:“世傳本自陳基至釋自恢凡七十人,蓋闕其首册,移易編成。此本有正統乙丑玉峯七十五歲老翁金子眞識云云,又天啓元年文氏震孟跋云云,玉縉案:張氏元刊本有金、文兩人跋,此本蓋從之傳寫者。始柯九思迄釋自恢凡七十四人,似較陸其清藏本爲勝。”

玉山紀遊一卷

又有顧佐、馮郁、王濡之三人,里貫事迹皆未詳?

瞿氏目録有鈔本,云:“王濡之,紀文達謂無考,實山陰人,字德輔,詩亦見名勝集。”

元音遺響十卷

前八卷爲胡布詩，又名崆峒樵音，後二卷則張達、劉紹詩也。

楊氏楹書隅錄有校明鈔本三卷，並載海源閣主人識語云："此本三卷，與四庫本迥異，胡、張二集，分上下兩卷，又名崆峒樵音，後二卷劉子憲詩，總題曰元音遺響，無所謂前集八卷也。書以最古者爲可貴，此本猶是明初人鈔，字法古秀可愛。"案此當紹和父以增語。

風雅翼十四卷

是編首爲選詩補注八卷，取文選各詩刪補訓釋，大抵本之五臣舊注、曾原演義，而各斷以己意，次爲選詩補遺二卷，取古歌謠詞之散見於傳記諸子及樂府詩集者，選錄四十二首，以補文選之闕，次爲選詩續編四卷，取唐、宋以來諸家詩詞之近古者，一百五十九首，以爲文選嗣音。

丁氏藏書志有嘉靖刊本選詩補注八卷，補遺二卷，續編四卷。云："四庫著錄名風雅翼，天一閣書目載其書，有至正二十一年謝肅序例云：'詩自孔子刪後，殆未易言，然今人欲知漢、魏以下諸作，頗賴昭明選詩之存，茲重加訂選，得二百十有二首。又常恨陶靖節詩在文選者甚少，今就其本集增取二十九首，又於後漢書得酈炎詩二首，於文章正宗得曹子建怨歌行一首，於阮嗣宗集得詠懷二首，皆文選所遺者，總二百四十六首，釐爲八卷。'此本重刻，謝序已佚，惟存太原王穉登序，補遺二卷，履自序云云，續編四卷，履自序云云。"玉縉案：提要於補遺、續編各言首數，而補注不言首數，殊未一律。所據本，殆亦無謝序，詳謝序，似補注之選詩，爲謝删補，劉特從而補注，因復爲補遺、爲續編也。此意從無人言及，俟再考。

荆南倡和集一卷

斂後仍歸諸馬氏，成化間，鄉人李廷芝攜至京師，俾李應禎、張弼校正付梓。

丁氏藏書志有明刊本，云："此本尚在成化李應禎、張弼校刊以前。"玉縉案：詳提要語意，似李、張始有刊本，此云尚在其前，亦不言何時刊？未明其故？

唐詩品彙九十卷拾遺十卷

如以陳子昂與李白列在正宗，劉長卿、錢起、韋應物、柳宗元與高適、岑參同在名家是也。其分初、盛、中、晚，蓋宋嚴羽已有是說，二馮嘗以劉長卿亦盛亦中之類力攻其謬，然限斷之例，亦論大槩耳，寒溫相代，必有半冬半春之一日，遂可謂四時無別哉？

王士禛蠶尾續文跋此書云："七言古詩，以李太白爲正宗，杜子美爲大家，王摩詰、高達夫、李東川爲名家，稍誤。是三家者，皆當爲正宗，李、杜均之爲大家，岑嘉州而下爲名家，則確然不可易矣。"香祖筆記同。　李慈銘孟學齋日記云："高以太白爲正宗固非，王以三家當之亦不然，三家自不過名家耳，此事總當推杜陵爲正宗，太白爲大家，阮亭平生嗜好稍偏，其於七古，才力亦所不逮，故集中無一佳篇也。"　"唐詩分初、盛、中、晚，說者謂初唐自高祖武德元年戊寅歲，至玄宗先天元年壬子歲，凡九十五年，盛唐自玄宗開元元年癸丑歲，至代宗永泰元年乙巳歲，凡五十三年，中唐自代宗大曆元年丙午歲，至文宗大和九年乙卯歲，凡七十年，晚唐自文宗開成元年丙辰歲，至哀宗末年丙寅歲，凡七十一年，四唐自高祖武德戊寅，至哀宗末年丙寅，總計二百八十九年。然愚謂詩格雖隨氣運變遷，其間轉移處亦非可以年歲限截，況有一人而經歷數朝，今雖分別年歲，究不能分一人之詩以隸於某年之下，甚之以譌傳譌，或一詩而分載兩人，或異時而互爲牽引，則四唐之強分疆界，無亦'刻舟求劍'之說耶？"

元詩體要十四卷

傳本頗稀，此本爲秀水曹溶家所藏，目錄卷六以下闕，書中亦間有闕頁，惜無別本可校矣。

張氏藏書志有明正德刊本，云："是書傳本頗稀，彙多闕頁，此本通體無闕，差可貴也。"玉縉案：提要本即正德本，特所據曹溶所藏，適多殘闕耳。

明文衡九十八卷

然所錄皆洪武以後成化以前之文，在北地、信陽之前，文格未變，無七子末流摹擬語屈之僞體，稽明初之文者固當以是編爲正軌矣。

陸氏藏書志有明刊本，並載葉道穀手跋云："程篁墩上承伊川之敎，文衡一書，取材亦專以道學爲宗旨，於有明他選固自出羣，若較以漢、唐以來諸選家，則瞠乎其後矣。蓋拘於道學，而於經天緯地之義未有以及之也。"玉縉案：葉說存參。

經義模範一卷

前有王廷表序，稱"嘉靖丁未，訪楊升菴於滇，得經義模範一帙，乃同年朱良矩所刻"云云，考廷表爲正德甲戌進士，是科題名碑有朱良、朱敬、朱裳、朱節、朱昭、朱方六人，未詳孰是？以字義求之，殆朱方爲近乎？方，浙江永康人，其仕履亦未詳？所錄凡宋張才叔、姚孝寧、吳師孟、張孝四人經義，共十六篇，其弁首卽才叔"自靖人自獻於先王"一篇，呂祖謙錄入文鑑者也。時文之變，千態萬狀，愈遠而愈失其宗，亦愈工而愈遠於道，今觀其初體，明白切實乃如此。考吳伯宗榮進集，亦載其洪武辛亥會試中式之文，是爲明之首科，其所作亦與此不相遠，知立法之初惟以明理爲主，不以修詞相尙矣。康熙中，編修俞長城嘗輯北宋至國初經義爲一百二十名家稾，然所錄如王安石、蘇轍諸人之作，皆不言出自何書？世或疑焉，此集雖篇帙寥寥，然猶可見經義之本始，錄而存之，亦足爲黜浮式靡之助。惟劉安節集載有經義十七篇，亦北宋程試之作，此集未載，或偶未見歟？

胡虔柿葉軒筆記五云："俞長城選名家制義，首載北宋二人，南宋五人，其文雖不類近代所爲八股，然終不知其錄自何處？且盡四書中文，亦不似宋人所爲，蓋後人僞託，而桐川誤採之也。明朱方刻經義模範，文凡十六篇，內惟張才叔'自靖人自獻于先王'一篇見宋文鑑，餘亦不知所本？王廷表作序，稱方得自楊升菴，則眞僞猶未敢定也？"明志有楊愼經義模範一卷。又云："朱方字良矩，浙江永康人，正德甲戌進士，官雲南參政。"玉縉案：張孝祥，此脫祥字。

全蜀藝文志六十四卷

明周復俊編。 諸篇之後，復俊間附案語，如漢初平五年周公禮殿記，載洪适隸釋，並載史子堅隸格，詳略異同，彼此互見，亦頗有所辨證。

案光緒乙巳，安岳鄒蘭生刻本載楊慎序云："先君子在館閣日，嘗取袁說友所著成都文類、李光所編固陵文類，及成都丙、丁兩記，及輿地紀勝一書，上下旁搜，左右採獲，欲纂爲蜀文獻志，未果。悼手澤之如新，悵往志於未紹，罪謫南裔，十有八年，辛丑春，值捧戎檄過故都，大中丞劉公東皋禮聘玉壘王君舜卿、方洲楊君實卿編錄全志，而謬以藝文一局委之慎，乃檢故簏，探行篋，參之近志，復采諸家，擇其精華，褫其煩重，拾其遺逸，籥彼稂稗，支郡列邑，各以采上。又得漢太守樊敏碑於蘆山，漢孝廉柳莊敏碑於黔江，文無錯譌，刻猶古刓，唐、宋以下，遺文墜翰，乃博選而約載之，爲卷尚盈七十。中間凡名宦、遊士篇詠關於蜀者載之，若蜀人作僅一篇傳者，非關於蜀，亦得載焉，用程篁墩新安文獻志例也；諸家全集，如杜與蘇盛行於世者祗載百一，從呂成公文鑑例也；同時年近諸大老之作，皆不敢錄，以避去取之嫌，循海虞吳敏德文章辨體例也。始事以八月乙卯日，竣事以九月甲申，廿八日以畢，乃屬鄉進士劉大昌、周遜校正而付之梓人"云云。又載嘉慶丁卯安岳譚言藹跋云："蜀乘舊稱明嘉靖中巡撫劉東皋大謨所修爲最善，司其事者，實維盩厔王舜卿元正、遂寧楊實卿名，暨新都楊用修三太史，顧所修志，今佚不傳，而藝文一志，出升菴手，前賢謂其可以別行者，蜀中亦無刊本。江陵朱遐塘先生，購得鈔本，亟爲校梓，升菴職此志，凡廿有八日而畢，其間應不無小舛，如破吐蕃露布，實王應麟所擬，誤題韋皋，陸游牡丹譜，本集實三篇，後兩篇誤合爲一"云云。又載嘉慶丙辰俞廷舉序及蘭生重刻序，皆以爲愼作，於復俊絕不涉一字，不解提要所據馬裕家藏本，何以竟屬之復俊。所稱重陽亭銘、姓氏譜、古器譜及周公禮殿記、史子堅隸格，所附考證，此本並同，惟不稱某某案，豈提要本明著復俊耶？俟考。靜嘉堂祕籍志亦以爲疑。

文氏五家詩十四卷

明長洲文氏三世五人之詩也。文洪字功大，成化乙酉舉人，官淶水敎諭，著括囊稾，詩一卷、文一卷，其孫徵明著甫田集，詩四卷，徵明長子彭字壽承，官南京國子監博士，著博士詩二卷，次子嘉字休承，官和州學正，著和州詩一卷，彭之子肇祉字基聖，官上林苑錄事，亦著詩五卷。中惟徵明名最盛，其家學之淵源則自洪始，如靜志居詩話所稱，"野猿窺落果，林蝶戀殘花"，"自得翻書趣，渾忘對客言"諸句，饒有恬澹之致，徵明詩格不高，而意境自能拔俗，至彭、嘉、肇祉，亦能於耳濡目染之餘力承先緒，所謂謝家子弟雖復不端正者，亦奕奕有一種風氣也。

萬曆戊子文肇祉刻文氏家藏詩集，文洪後，徵明前，有文林溫州詩一卷，附錄一卷，蓋別一本。靜嘉堂祕籍志載文氏五家詩云："文林溫州詩一卷、文森中丞詩一卷、文彭博士詩集二卷、文嘉和州詩一卷、文肇祉錄事詩集五卷，即肇祉所編。溫州詩卷首有弘治十三年呂㦂所撰林碑陰題，中丞詩卷末附錄文徵明所撰森行狀，博士詩卷首有萬曆戊子張鳳翼序，及張獻翼博士、和州詩序，錄事詩卷首有王穉登序，卷末有肇祉後序。文林字宗儒，洪之子，徵明之父，森字宗嚴，林之弟，彭、嘉皆徵明之子，肇祉彭之子。”玉縉案：存目有洪淶水集二卷，林溫州集十二卷。

吳都文粹續集五十六卷補遺一卷

朱彝尊靜志居詩話則稱“穀貧無典籍，遊文徵仲之門，日取插架書讀之，手鈔異書最多，至老不倦，倣鄭虎臣吳都文粹輯成續編，聞有三百卷，其子功甫繼之，吳中文獻，藉以不墜”云云。功甫，錢與治之字也，所稱卷數，與此本不符，疑合與治續編言之，或穀初所蒐羅原有此數，後復加刪汰以成今本，彝尊乃據其舊橐言之歟？此本第五十三卷、五十四卷俱逸，第五十卷亦殘闕，檢勘他本並同。

許元溥吳乘竊筆云：“姑蘇名賢小紀敍錢叔寶，有云：‘所纂有續吳都文粹爲數百卷，吳中故實，將無踰此，惜世鮮好事者莫爲梓行，亦未有副在名山也。’案續文粹乃叔寶二十年博搜精掇所得，嘉靖乙丑，王中丞庭爲之序而未梓，叔寶晚歲，曾手鈔裝成巨帙，向爲蔣氏所購，後乃歸余，卷凡五十有六，又補遺一卷，世多遙慕而罕覯，文文肅謫傳爲數百卷耳，且皆以詩文類編，不涉事實。”玉縉案：據此，則朱說亦謫傳，提要因之推測，皆未得也。　丁氏藏書志有舊鈔本，云：“此猶完善。”

石倉歷代詩選五百六卷

明詩初集八十六卷，次集一百四十卷。

案曹氏原刊本次集一百四十卷,後尚有三集一百卷、四集一百三十二卷、五集五十二卷、六集一百卷、七集一百卷、八集一百一卷、九集十一册、十集四册、續集十册、再續集九册、三續集五册、四續集四册、五續集一册、又五續集三册、六續集一册。又有南直集八册、浙集八册、閩集八册、社集十册、楚集四册、川集一册、江西集一册、陝西集一册、河南集一册。朱氏行素軒目覩書目云:"九集後不分卷,以册爲卷。"案提要云:"五百六卷",千頃堂書目載明詩尚有三、四、五、六集,三百八十四卷,近佚,此從禮王集載,藩府藏此全集無缺云。 明史藝文志:明詩至六集止,八百八十八卷,五集作五十卷。

四六法海十二卷

志堅此編所錄,下迄於元,而能上溯於魏、晉,如敕則託始宋武帝册,文則託始宋公九錫文,表則託始陸機、桓溫、謝靈運,書則託始於魏文帝、應瑒、應璩、陸景、薛綜、阮籍、呂安、陸雲、習鑿齒,序則託始陸機,論則託始謝靈運。大抵皆變體之初,儷語散文,相兼而用。其齊、梁以至唐人,亦多取不甚拘對偶者,俾讀者知四六之文,運意遣詞,與古文不異,於玆體深爲有功。

譚獻復堂日記云:"蔣心餘評次四六法海, 以開闔生動論儷體,固不刊之論,而獨崇于山,不能識晉、宋人散朗泂褑之妙,故於任彥昇多所不滿,此通人之蔽。"

隋文紀八卷

千頃堂書目載鼎祚所編,尚有三國文紀、東晉文紀、後陳文紀，三國、東晉，今未見其本，姑從闕如，後陳並不知爲何代？疑傳寫有譌，今亦未見其本，故置之不論焉。

陸氏藏書志有明刊本魏文紀十八卷、蜀文紀二卷、吳文紀四卷，崇禎乙亥李右讜序。丁氏藏書志有明刊本歷代文紀二百四十八卷，內三國文紀二十四卷同，又後魏文紀二十卷，有崇禎壬午四明徐之垣、豫章漆嘉祉兩序，云："序稱搜輯者，心深扶抑，例嚴進退，幾費苦心，絕非爲拓跋氏左袒也。"玉縉案：據此，則黃目"後陳"乃"後魏"之誤。

釋文紀四十五卷

是書成於崇禎辛未。

丁氏藏書志云："從弟梅膺祚誕生參訂幷撰序，時在崇禎辛未。凡例云：'釋、道各輯爲紀'，然則尚有道文紀乎？"

四庫全書總目提要補正卷五十八

總集類三

御選古文淵鑒六十四卷

康熙二十四年，聖祖仁皇帝御選，內閣學士徐乾學等奉敕編注。

閻若璩尚書古文疏證第一百條云："東海公編古文淵鑒，問予報任安書可入選否？予云：'此大有關繫文字，近袁公繼咸題其後曰："負絕代良史才，寧賤辱自處，以杜閹宦擅政用人之漸，其爲天下萬世慮尤深遠矣"，可稱遷知己，併載此語書後，以徹乙夜之覽，亦可以當諫書也。'公曰：善！"

御定全金詩七十四卷

郭元釪因取好問原本重爲葺綴，所增之人，視舊加倍，所增之詩，視舊三倍，仍存好問之小傳，而取劉祁歸潛志以拾其遺，別題曰補，又雜取金史及諸家文集、說部以備考核，別題曰附，元釪有所論說亦附見焉，金源一代之歌詠，彬彬乎備矣。

玉縉案：歸潛志提要下云："朝釬編纂金詩，所採錄僅及前七卷，知其未見全帙"，此說是也，惟"朝"字誤。　案張氏藏書志，祝誠蓮堂詩話云："卷上載金海陵王哀宋姚將軍詩云：'獨領孤軍將姓姚，一心忠孝爲南朝，元戎若解徵兵援，未必將軍死尉橋。'伏讀全金詩，錄海陵王詩五首，此詩未經采入，故表出之。"

明文海四百八十二卷

其書卷帙繁重，傳鈔者稀。

案是書卷帙浩繁，其子百家請選其尤者，乃編明文授讀六十二卷付刊，而文海僅有稾本。貴筑黄子壽先生開藩吾蘇，設立學古堂，曾以稾本送至堂中收藏，並謀在江蘇書局開雕，祗以稾本誤字過多，所錄之文不經見者亦大半，無從校覈，因而中止。嗣後學古堂屢經改易，聞此稾本某君姑隱其姓名。猶謹爲保藏，有力者倘欲刻此，余尚能設法使之出而公諸人也。

唐賢三昧集三卷

若璩所云，不必爲是集諱，亦不必爲是集病。

案談龍錄云："比歲阮翁深不欲流布三昧集，且毁池北偶談之刻，案此當指上文詩家惟論興會一條言。其亦久而自知乎？"此當局實情，提要何不及之。又案提要云："名曰三昧，取佛經自在義"，固也，余謂陸游論詩長句云："詩家三昧忽見前"，先已取之矣。　然鐙記聞載士禛云："吾蓋疾夫世之依附盛唐者，但知學爲'九天閶闔、萬國衣冠'之語，而自命高華，自矜爲壯麗，按之其中，毫無生氣，故有三昧集之選，要在剔出盛唐眞面目，與世人看，以見盛唐之詩原非空殼子、大帽子話，其中蘊藉風流，包含萬物，自足以兼前後諸公之長”云云，提要謂其矯折而入宋之弊，亦失其旨。

明詩綜一百卷

每人皆略敍始末，不橫牽他事，巧肆譏彈。里貫之下，各備載諸家評論，而以所作靜志居詩話分附於後。

吳騫拜經樓詩話二云：“芝蘭室集，明邢慈靜著，才思敏贍，頗脫脂粉纖媚之氣，靜坐云云。慈靜爲太僕子愿女弟，書法酷似其兄，母萬夫人極愛憐之，必欲字貴人，後適大同守馬拯，年已二十八矣。觀慈靜諸作，其才華當在香茗之亞，明詩綜搜采極博，獨遺慈靜，不可解也？”又四云：“寄笠道人者，姓盛氏，名蘊貞，字靜維，華亭人，爲練川侯納言峒曾第三子所聘，未婚，公父子皆殉節，靜維誓不改適，薙髮入空門，自號寄笠道人。讀書能吟詠，嘗題納言春草堂詩云云，身世之感，不堪多讀，明詩綜載靜維詩而不甚悉，此亦可補靜志居詩話所未備者。”又云：“張誠之先生所著蟲獲軒筆記，論‘竹垞選明詩綜，喜刪改前人句，如亭林禹陵二十韻，刪去中間“往者三光降”十六句，尤大失作者本旨，幷結俱落空’，其言殊允。” 玉縉案：誠之名爲儒，拜經樓藏書題跋記亦引之。題跋記有蔣之翹天啓宮詞一百三十六首，並載陳鱣跋云：“明詩綜選秦楚芳天啓宮詞八首，而靜志居詩話嫌其述客、魏居多，而事關德陵者寡，不無微憾，此楚穉所作，較之楚芳作爲詳備，乃詩綜並不選入，豈竹垞先生猶未見耶？” 又案詩綜錄周淑禧杜康祠絕句，靜志居詩話云：“江陰周榮公二女淑祜、淑禧”云云，金武祥粟香隨筆八云：“周硯農名榮起，此稱爲榮公，祜、禧稱淑祜、淑禧，當再考之”，二筆引無聲詩史作“淑祜、淑禧，父仲榮。”玉縉案：當是名祜、禧，字淑祜、淑禧，猶其父榮起字仲榮耳。二筆又云：“明有閨秀陸娟，代父送友詩云：‘津亭楊柳碧毿毿，人面春風酒半酣，萬里落花舟一葉，載將春色過江南’，朱竹垞明詩綜遺之。” 李慈銘荀學齋日記乙上 五七 云：“此書精心貫擇，與史相輔，惟其議論，先懲王、李，後惡鍾、譚，故於滄溟、弇州七律、七絕諸名作概從汰置，即子相之五古、七古、七律、七絕、明卿，七絕亦大有佳篇，而於子相尚有恕辭，明卿置之不齒。其於公安，略有采取，而集中五律、七律名句駱驛，十不存一，伯敬、友夏五古近體亦有佳者，竟以妖孽絕之。而嘉定四先生以牧齋表章太過，亦等之自鄶，長蘅五古，如南歸諸詩，豈在四皇甫下，亦槪置之，子柔五言，入選尤稀。又以牧齋力推孟陽，稱爲松圓詩老，故訾之尤力，集中五古深秀之作，以及七律之高婉，七絕之溫麗，世所傳誦者一首不登。此則選政之失平，矯枉之過正，故爲異議，遂近褊衷，致一代之製作不完，使所選之常留遺恨，是可惜也！有人能爲補之，且補注晚明諸人仕三王後官職出處，殉國降竄，及乾隆時之追謚，則盡善矣。桑海諸公遺集，其時尚多忌諱，十九不出，尤宜搜輯存之也。” 又桃華聖解盦日記戊集 八十 云：“竹垞此選，最稱完美，然於後七子貶斥太甚，滄溟僅選十八首，其七律、七絶高作，多置不録，子相僅十七首，亦多遺珠之恨。子與、明卿律、絶俱佳，而竹垞尤峻詆之，徐取二首，吳取四首，彌爲失平，其稍許可者，弇州一人，亦多所刊落。即此後之公安、竟陵，叢訶攢駡，談者齒冷，竹垞於中郎雖稍示平反，而其佳章秀句，十不登一，伯敬、友夏，則全没其眞，此尚成見之未融也。”“滄溟諸君，可厭者擬古樂府耳，五古亦匙眞詣，七古高亮華美之作自爲可愛，惟不宜多取，至於七律、七絶，則虚實開合，非僅浮聲爲貴，胡可非也。如謂其用字多同，格調若一，則又不盡然，觀其隨物賦形，古澤可掬，何嘗不典且麗，至詩中常用好字，本自不多，陶、謝、韋、杜、王、孟諸公何獨不然。且明之高、薛、邊、徐二皇甫專長五古，比而觀之，多有雷同，較其眞際，亦不數見，牧齋、竹垞於彼則譽之無異詞，於此則詆之無遺力，不亦失是非之公耶？” 博明西齋偶得云：“明詩綜載朝鮮詩人八十有二，其爵里、表德、文集缺而未載及所載有舛誤者，郵致鮮國，代爲檢核補之，其檢而未獲者仍缺焉。鄭希良、字淳夫，官校理，有虚安集。曹庶、仁山人，官參議。權擥、字正卿，安東人，有所聞堂集。尹子雲、字彦龍，茂松人，官左議政，有樂閒軒集。李克堪、廣州人。申從濩、字次韶，高靈人，官參判，有三魁堂集。成俔、字磬叔，號庸齋，昌寧人，官大提學，有虚白堂集。成侃、字和仲，昌寧人，官修撰，有眞逸齋集。盧公弼、字希亮，交河人，官領中樞府事，有菊逸齋集。李荇、有容齋集。尹仁鏡、字鏡之，坡平人。金麟孫、字呈瑞，慶州人，官判書。尹殷輔、字商卿，海平人。林百齡、字仁順，號槐馬，善山人，官右議政。李潤度、字重吉，廣州人，官判書。徐敬德、字可久，唐城人，贈官右議政，有花潭集。朴淳、字和叔，忠州人，官領議政，有思菴集。李珥、有栗谷集。金瞻、字子瞻，號荷堂，安東人，有東岡集。高敬命、字而順，號霽峯，長興人，官參議，有苔軒集。許葑、字美叔，號荷谷，陽川人，官校理。金尙憲、有淸陰集。李廷龜、字聖徵，號月沙，官判書，其先世蓋隴西李氏入高麗者。原云號栗谷，栗谷李珥字也，蓋誤。崔壽城、字可鎭，號猿亭，江陵人，處士。城當作鹹。林悌、字子順，處士，有白湖集。趙希逸、字怡叔，號竹陰，林川人，官參判。金瑬、字冠玉，號北渚。申欽、字敬叔，號象利，平山人，官領議政。權韠、字汝章，號石洲，安東人，贈官持平，有石洲集。趙昱、字景陽，號龍門，平壤人。官主簿，有葆眞集。柳永吉、字德純，號月篷，全州人，官參判。魚無逸、字潛夫，號浪仙，威從人。李嶸、字仲高，完山人，官翰林。金宗直、字季昷，善山人，官判書，死節之臣也。有佔畢齋集。李承詔、字允甫，號三灘，陽城人，官判書。鄭碏、字君敬，號古玉，溫陽人，官司評。李直、字汝固，號澤堂，德水人，官判書。李達、著有蓀谷集詩，不詳其名，蓋誤。朴瀾、字仲囿，號芬西，潘南人，官錦陽尉。姜克誠、字伯實，號醉竹，晉州人，官舍人。鄭之升、字子愼，溫陽人，處士，有叢桂堂集。姜渾、字士浩，晉州人，官判中樞府事，有水溪子集。金淨、字元沖，號沖菴，慶州人，官判書。鄭知常、西京人，官知制誥。李仁老、字眉叟，仁川人，官右諫議大夫，有雙明齋集。李安納、字子敏，德水人，官判書，原未載名。梅月堂詩集、乃金時習作，時習少穎異，後避世隱於儒、釋之間。月山大君婷 懷簡王子康靖王娶弟。朝鮮制王兄弟封君，同母者封大君，非女子也，詩話誤。以上共補四十八人。”玉縉案：明字西齋，亦字晰齋，蒙古人，乾隆壬申進士，官至雲南迤西道。 陸以湉冷廬雜識二云:"七十一卷項眞名下,靜志居詩話云:'余嘗見其爲閩人銘梳篋'云云,予案銘乃盧仝所作,見唐文粹,云'人之有髮兮,旦旦思理,有身兮有心兮,胡不如是?'項蓋減易其字而書之耳。"陳撰玉几山房聽雨錄上云:"止庵德祥題明辨之畫春江聽雨圖,'歸來雙鬢各蕭然'云云,朱檢討既嘗錄之詩綜止庵下矣,復見錄於王世懋,且易其題,何耶?"

宋詩鈔一百六卷

是編以宋詩選本叢雜,因蒐羅遺集,共得百家,其本無專集及有集而所選不滿五首者,皆不錄,每集之首,繫以小傳,略如元好問中州集例,而品評考證,其文加詳。蓋明季詩派,最爲蕪雜,其初厭太倉、歷下之剽襲,一變而趨清新,其繼又厭公安、竟陵之纖佻,一變而趨眞樸,故國初諸家,頗以出入宋詩矯鉤棘塗飾之弊,之振是選,即成於是時,以其人自爲集,故甫刊一帙,即摹印行世,所傳之本,往往多寡不同。此本有錄無書者,尚有劉弇、鄧肅、黃榦、魏了翁、方逢辰、宋伯仁、馮時行、岳珂、嚴羽、裘萬頃、謝枋得、呂定、鄭思肖、王柏、葛長庚、朱淑眞十六家,蓋剞劂未竣,故竟無完帙也。

翁方綱石洲詩話三云"略西崑而首取元之,意則高矣,然宋初眞面目自當存之,元之雖爲歐、蘇先聲,亦自接脈而已,至於林和靖之高逸,則猶之王無功之在唐初,不得徑以陶、韋嫡派誣之。若夫柳、种、穆、尹,學在師古,又不以詩擅長矣。"又三云:"一時自有一時神理,一家自有一家精液,吳選似專於硬直一路,而不知宋人之精腴亦不可執一而論也。且如入宋之初,楊文公輩雖主西崑,然亦自有神致,何可盡祧去之,而晏元獻、宋元憲、宋景文、胡文恭、王君玉、文潞公皆繼往開來,肇起歐、王、蘇、黃盛大之漸,必以不取濃麗專尚天然爲事,將明人之呑剝唐調以爲復古者轉有辭矣,故知平心易氣者難也。”又六云:“朱子謂李泰伯文字得之經中,皆自大處起議論,范文正薦之,以爲著書立言有孟軻、揚雄之風,此不可以詩人論也。惟阮亭所採諸絕句有致,而吳鈔轉不具錄。”又三云:“宋詩鈔之選,意在別裁衆說,獨存眞際,而實有過於偏枯處,轉失古人之眞,如論蘇詩,以使事富縟爲嫌,夫蘇之妙處固不在多使事,而使事亦卽其妙處,奈何轉欲汰之,而必如梅宛陵之枯淡,蘇子美之鬆膚者,乃爲眞詩乎?且如開卷鳳翔八觀詩,尙欲加以芟削,何也?餘所去取,亦多未當,蘇爲宋一代詩人冠冕,而所鈔若此,則他更何論。”又云“文定自是北宋一作家,而鈔亦不入”。又云:“吳鈔云:‘元祐文人之盛,大都材致雄闊而氣魄剛直,故能振靡復古’,其論固是,然宋之元祐諸賢,正如唐之開元、天寶諸賢,自有精腴,非徒雄闊也。卽東坡妙處,亦不在於豪橫,吳鈔大意,總是浩浩落落之氣,不踐唐迹,與宋人大局未嘗不合,而其細密精深處則正未之別擇。卽如論蘇詩,首在去梅溪之餖飣,而幷欲汰蘇之富縟,夫梅溪之餖飣本不知蘇,不必與之較也,而蘇豈以富縟勝者,此未免以目皮相觀。吳孟舉所作序,對針嘉、隆人一種呑剝唐人之習立言,頗爲有見,而及觀其中間所選,則是目空一切,不顧涵養之一莽夫所爲，於風雅之旨殊遠。”又云：“王逢原詩學韓、孟，肌理亦粗，而吳鈔乃謂其高遠過於安石，大抵吳鈔不避粗獷，不分雅俗，不擇淺深耳。”又云：“情景脱化，亦俱從字句鍛鍊中出，古人到後來，只更無鍛鍊之迹耳，而宋詩鈔則惟取其蒼直之氣，其於詞場祖述之源流概不之講，後人何自而含英咀華？勢必日襲成調，陳陳相因耳，此乃所謂腐也，何足以服嘉、隆諸公哉？”又四云：“劉後村曰：‘豫章稍後出，會粹百家，句律之長，究極歷代，體製之變，蒐討古書，穿穴異聞，作爲古律，自成一家，雖雙字半句不輕出，遂爲本朝詩家宗祖’，此論不特深切豫章，且深切宋賢三昧，論者不察，而於宋詩鈔品之曰：宋詩宋祖，是殆必將全宋之詩境，與後村立言之旨一一研勘也。觀其所鈔，則又不然，專以平直豪放者爲宋詩，則山谷又何以爲之宗祖？蓋所鈔全集，與其品山谷之言，初無照應，非知言之選也。”又云：“吳孟舉之鈔宋詩，若用其本領以鈔邵堯夫、陳白沙及莊定山諸公之詩，或可成一片段耳。”又云：“后山所作溫公挽詞三首，眞有杜意，而吳不鈔。”又云：“唐詩妙境在虛處，宋詩妙境在實處，宋人之學，全在研理日精，觀書日富，因而論事日密，如熙寧、元祐一切用人行政，往往有史傳所不及載，而於諸公贈答議論之章略見其概，至如茶馬、鹽法、河渠、市貨，一一皆可推析。南渡而後，如武林之遺事，汴土之舊聞，故老名臣之言行學術，師承之緒論淵源，莫不借詩以資考據，而其言之是非得失，以其聲之貞淫正變，亦從可互按焉。今論者不察，而或以鋪寫實境者爲唐詩，吟詠性靈掉虛機者爲宋詩，所以吳孟舉之宋詩鈔，舍其知人論世、闡幽表微之處，略不加省，而惟是早起晚坐，風花雪月，懷人對景之作，陳陳相因，如是以爲讀宋賢之詩，宋賢之精神其有存焉者乎？”又云：“晁具茨送一上人還滁詩，无咎不能爲，而吳鈔乃獨不取之，蓋以防禪耳。”又云：“米詩亦入宋詩鈔，其實米固有英靈氣，而自別一路人，其精力不專聚於詩，大抵全在書畫，所與往還，則薛道祖、劉巨濟也。”又云：“墨莊漫錄稱唐子西詩多新意，不沿襲前人語，當時有‘小東坡’之目，同生眉山，同貶惠州。然格律雖新，而肌理粗疏，遜於蘇、黃遠矣，吳鈔乃謂後出固勝，亦矯枉過正之言也。”又云：“‘舊學商量加邃密，新知培養轉深沈’，朱子次陸子靜韻詩也。朱子詩自以此種爲正脈，蓋從道中流露也，而吳鈔轉不之及。”又云：“周益公自謂人以老杜相期，童敏德謂不合學東坡，殆非知詩者矣，吳鈔亦謂其由白傅而泝浣花。今看其詩，未能免於傖俚，已入楊誠齋法門矣，惟高宗挽詞差佳，吳所不取。”又云：“吳孟舉之鈔宋詩，於大蘇則欲汰其富縟，於半山則病其議論，而以楊誠齋爲太白，以陳后山、簡齋爲少陵，以林君復之屬爲韋、柳，後來頹波日甚，至如祝枝山、唐伯虎之放肆，陳白沙、莊定山之流易，以及袁公安、鍾伯敬之佻薄，皆此一家之言，浸淫灌注而莫可復返，所謂率天下而禍仁義者，吳獨何心？乃習焉不察哉！”又云：“誠齋以輕儇佻巧之音，作劍拔弩張之態，閱至十首以外，輒令人厭不欲觀，此眞詩家之魔障，而吳鈔鈔之獨多，自有肺腸，俾民卒狂，孟子所謂'放淫息邪'，少陵所謂'别裁僞體'，其指斯乎?"又云:"止齋贊讀嘉邸於孝、光間，過宫之事，最致懃拳，癸丑冬一詩，可覘其志，此極有關係詩，而吴不鈔。"又云:"陳止齋詩，吴鈔稱其得少陵一體，然氣力單窘，尚在后山、簡齋之下。"又云:"薛士龍七言，以南渡俚弱之質，而效盧玉川縱横排奡之體，豈復更有風雅，而吴鈔乃稱之。"又云:"四靈皆晚唐體，大率不出姚合、賈島之緒餘，阮亭謂如襪材窘於方幅者也。吴鈔乃謂唐詩由此復行。"又云:"何潛齋夢桂深於易，吴鈔謂其詩淳朴，阮亭則與王義山同評爲酸腐庸下者也。"玉縉案:諸條互有得失，如云柳、种、穆、尹不以詩擅長，李泰伯不可以詩人論，米之精力不專聚於詩，意以不必録此諸人，已屬一偏。其謂後來祝枝山、唐伯虎諸人之弊，皆此一家之言浸淫灌注而莫可返，尤爲深文，曰"率天下而禍仁義"，曰"自有肺腸俾民卒狂"，豈所謂"平心易氣"者乎?

宋元詩會一百卷

每家名氏之後，倣元好問中州集例，詳其里居出處，正史之外，旁取志乘、稗説以補訂闕漏，其用心可謂勤矣。王士禛香祖筆記，載"甲子祭告南海時，歲杪抵桐城，焯攜是編相商，縱觀竟日"，而不言其書之可否，今觀其書，不載諸詩之出處，猶明人著書舊格，其間網羅既富，亦不免疏漏蕪雜。

陸氏儀顧堂續跋云:"前有康熙癸亥曹溶序、曹溶與焯書、潘江序、凡例九條。是書爲焯乞養罷官後所輯，卷一至三十三，北宋二百三十一人，卷三十四至六十五，南宋一百六十八人，字里世次無考二十五人，神童二人，羽流、釋子三十四人，香匳二十九人，六十六至卷一百，金詩一百三十五人，元詩二百七十五人。凡例頗自負，屢舉潘訒叔、曹石倉詩選一人數收之失，今觀其書，疏謬更甚於潘、曹，誠有如提要所譏者。如致中徐璣字也，徐璣與徐致中並收，致中小傳曰：'淳熙時人，與永嘉四靈唱和'，於夏日懷人詩下注曰：'此詩併謝公巖作，别本又作徐璣'，是知有永嘉四靈，而不知致中即四靈之字。王澮、冉琇、元吉、孟鯁皆金人，見中州集，劉壎至大辛酉爲南劍州學官，見隱居通議，而皆列之南宋。江爲、魯交、俞汝尚、黄大受、利登、薛嵎、黄文雷、杜旃名氏尙顯，而列之字里世次無考。仁宗賜梅摯詩，全篇載庚溪詩話，而以爲不傳，孝宗冷泉亭詩，全篇載武林舊事，而僅收十四句，皆疏漏之甚者。司馬朴以不屈被殺，宇文虛中以劫金主被殺，朱弁、滕茂實被羈不屈，宋史皆有傳。何弘中爲韋城尉，汴京被圍，獨韋城不下，後爲兩路統制接應副使，以糧盡被禽，金人憐其忠，授之以官，弘中投牒於地曰：'我嘗以此物誘人出死力，若輩欲以此嚇我耶？'囚京西獄。久之，免爲黄冠，自號道理先生，起紫微殿，還徽宗東華君御容事之，後病歿。姚孝錫爲代州兵曹，金人寇雁門，州將議降，孝錫投牀大鼾，不與其議，旣得脱去，遂往五台，移疾不仕，放浪詩酒，自號醉軒，皆見齊東野語。此六公者，皆宋之忠臣，而列之金人，焯自謂辨正宋史有功史學，而顛倒黑白一至此乎？"

元詩選一百一十一卷

初集凡元好問以下一百家，二集所錄，凡段克己兄弟以下一百家，三集所錄，凡廝革以下一百家。

翁方綱石洲詩話五云："遺山金亡不仕，著壬辰之編，撰中州之詩，掩淚空山，殫心野史，此豈可以元人目之，顧俠君選元百家詩，既欲自附於中州集知人論世之大義，而開卷先錯謬如此，此何說也？"又云："元百家詩體裁潔淨，勝於吳孟舉宋詩鈔遠矣，猶嫌未盡審別雅俗耳。如關係史事及可備考證者，自不應概以文詞工拙相繩，若其言懷敍景之作，自當就各家各體，從其所長而去其所短，一人有一人之精華，豈必一例編載陳陳相因哉？"

檇李詩繫四十二卷

其間若趙孟堅小傳，沿山房隨筆之誤，以爲卒於元時，吳鎮沒於至正間，與楊璉眞伽時代迥不相及，而謂楊發諸墳，不及鎮墓，此類皆爲疏於考核。

陸氏儀顧堂題跋云："王明清仲言小傳，'黃山谷有王仲言乞米詩跋'，案揮麈前錄云：'紹興丙辰，明清年甫十歲'，則生於建炎元年矣，山谷年譜，'卒於崇寧四年'，是山谷卒時，明清尚未生，安得跋其乞米詩乎？且遍檢山谷內、外、別三集，亦無此跋也。卷二呂謂閻立本北齊校書圖詩，乃謝諤昌國作，今墨迹在余家，不知南疑何據而屬之呂謂也？"案陸氏又有北齊校書圖跋云："謝諤字昌國，學者稱艮齋先生，爵清江縣開國伯，宋史有傳，楊誠齋集有墓碑。"

南宋雜事詩七卷

一代故實，巨細兼該。

玉縉案：是書以七朝百五十年事爲斷，所以補田汝成西湖志、志餘之未備，凡田志所有則避之，或同一事而所錄未詳則廣之，其或舛譌則訂正之，前列凡例七則甚明，提要此語，頗欠分曉。

總集類存目

文選音義八卷

約舉其失，凡有數端：一曰引證亡書，不具出典，如李善進文選注表，"化龍"引晉陽秋，"肅成"引王沈魏書，"筴字"引徐邈、李順莊子音，如斯之類，開卷皆是，舊籍存佚，諸家著錄可考，世無傳本之書，蕭客何由得見？此輾轉稗販，而諱所自來也。一曰本書尚存，轉引他籍，如西都賦"火齊"，引龐元英文昌雜錄"南史中天竺國說火齊"云云，何不竟引南史也？逸民傳論，引宋俞成螢雪叢說"嚴子陵本姓莊，避顯宗諱，遂稱嚴氏"，此說果宋末始有耶？一曰嗜博貪多，不辨眞僞，海賦"陰火"，引王嘉拾遺記"西海之西，浮玉山巨穴"云云，與木華所云陰火何涉？盧諶覽古詩"和璧"，引杜光庭錄異記"歲星之精，墮於荆山"云云，是晉人讀五代書矣。飲馬長城窟行"雙鯉魚"，引元散堂詩話"試鶯以朝鮮原繭紙作鯉魚"云云，此出龍輔女紅餘志。案錢希言戲瑕，明言嫏嬛記、女紅餘志諸書皆桑懌依託，鄭翼謹案：懌應作悅，以字民懌而誤。則女紅餘志已屬僞本，所引元散堂詩話，更僞中之僞，乃據爲實事，不亦傎耶？一曰摭拾舊聞，漫無考訂，如閒居賦“櫻字”，引鬼谷子“崖蜜櫻桃也”，案此惠洪冷齋夜話之文，鬼谷子實無此語，蕭客既沒惠洪之名，攘爲己有，又不知宋人已屢有駁正。吳都賦“欃槍”，引李周翰注，以爲“鯨魚目精”，此因博物志“鯨魚死彗星出”之文，而加以妄誕。陸機贈從兄詩“言樹背與襟”，引謝氏詩源，“堂北曰背，堂南曰襟”，亦杜撰虛詞，不出典記。歸去來辭“西疇”，引何焯批本曰：“卽農服先疇之意”，西先古通用，案西古音先，非義同先也，“西疇”正如詩之“南畝”，偶舉一方言之耳，如是穿鑿，則本辭之“東皋”，何以獨言東耶？凡斯之類，皆疏舛也。一曰疊引瑣說，繁複矛盾，如三都賦序“玉樹”，引顏師古漢書注，謂“左思不曉其義”，甘泉賦“玉樹”，又引王楙野客叢書，謂“師古注甚謬。”劉琨重贈盧諶詩下，注引蔡寬夫詩話曰：“秦、漢以前平仄皆通，魏、晉間此體猶存，潘岳詩‘位同單父邑，愧無子賤歌，豈敢陋微官，但恐忝所荷’是也”，潘岳河陽詩下又注曰：“國語補音，負荷之荷亦音何”，兩卷之中，是非頓異，數頁之後，平仄迥殊，將使讀者何從耶？一曰見事卽引，不究本始，如蜀都賦“琥珀”，引曹昭格古要論，不知昭據廣韻楓字注也。飲馬長城窟行，引吳兢樂府解題“或云蔡邕”，不知兢據玉臺新詠也。尙書序“伏生”，引經典敍錄云：“名勝”，不知晉書伏滔傳稱遠祖勝也。至於凡注花草，必引王象晉羣芳譜，益不足據矣。一曰旁引浮文，苟盈卷帙，首引何焯批本，稱麈史“宋景文母夢朱衣人攜文選一部與之，遂生景文，故小字選哥”，已爲枝蔓，又沿用其例，於顏延年贈王太常詩"玉水記方流"句下，注曰："王定保唐摭言，白樂天及第，省試'玉水記方流'詩"，此於音義居何等也？一曰鈔撮習見，徒溷簡牘，如賢良詔漢武帝下注，"向曰：漢書云諱徹，景帝中子"，洛神賦曹子建下注，"翰曰：武帝第三子"，世有不知漢武帝、曹子建而讀文選者乎？至於八言詩見東方朔本傳，蕭統序所云八字正用此事，乃引呂延濟注，以八字爲魏文帝樂府詩已爲紕繆，又引何焯批本，蔓引三言至五言，獨遺八字，挂漏者亦所不免。惟魏都賦注"廣蒼"一條，效曹子建題注"孫巖宋書"一條，並引隋書經籍志爲證，洞簫賦注"顏叔子"一條，引毛萇詩傳巷伯篇爲證，曲水詩序"三月三日"一條，引宋書禮志爲證，東京賦注"偷字協韻"一條，引沈重毛詩音義爲證，糾何焯批本之誤，爲有考正耳。蓋蕭客究心經義，詞章非所擅長，強賦六合，違才易務，其見短也宜矣。

駱鴻凱選學源流云："提要所摘，深中其失，然據余氏弟子江鄭堂所著漢學師承記，余氏是書，本悔少作，然久已刊行，乃別撰文選雜題三十卷，病革之時，以付弟子朱敬輿，敬輿寶爲枕中祕，以是學者罕知之。今案巴陵方氏刻碧琳瑯館叢書中，有余氏文選紀聞三十卷，實卽雜題原書，歷久而光，亦云幸已。書中泛引羣籍至數百種，意取疏通選義，頗嫌雜遝，不盡本原，所聞往往實無涉於選，此裁制之不精，然多聞可爲古之益友也。"

中州啓劄二卷

永樂大典本。

陸氏藏書志有舊鈔本四卷，其識語云："此原本也。"玉縉案：錢大昕元史藝文志總集類，謂之中州啓牘。

唐詩說二十一卷

瞿氏目錄有元刊本箋注唐賢絕句三體詩法二十卷，即此書，今作唐詩說二十一卷，書名卷數不同，疑所據非圓至原本。

殘本光嶽英華十五卷

此詩傳本殘闕，僅存七言律體一門，唐後即接以元、明，不錄宋、金。

絳雲樓書目陳景雲注云："元末許中麗字仲孚編，十五卷，唐、元詩合編，卷末皆明初人詩，作序者臨川揭軌。"玉縉案：據陳說，似十五卷之本並非殘缺，俟考。

金蘭集三卷附錄一卷

此集乃其所輯同時酬贈之作，又附錄一卷，則達左兄子濟出守邵武及歸田後與友朋倡和之詩。

丁氏藏書志有舊鈔本三卷，續集一卷，云："附錄一卷，此本已佚，而別有續集一卷，爲鄧尉徐堅重編，皆遊武夷九曲時題贈之作，附達左所撰遺文。"

江南春詞一卷

自周以下共五十人，嘉靖十八年，袁表序而刻之，後有袁袠跋，二人亦皆有和作。又有張鳳翼、湯科、陳瀚三人之作，卷首不載姓氏，疑刻成後所續入也。

道光戊戌，鄧廷楨以萬曆間朱之蕃寫本影鈔，刻於粤中，梁廷枏並載作者爵里爲附考，光緒辛卯，金武祥刻入粟香室叢書，又輯其他和作爲附錄。戊申年並加識語云："提要云：'此詞和作共五十人'，而粵刻方跋云三十九人，梁跋云三十八人，互相歧異，細審原目，併沈周合計實四十人，疑提要之作五十是刻本之誤，方跋自沈周以下計之，故稱三十九人，梁從方跋，又誤刻九作八，遂致參差，證以提要，決爲四十誤作五十無疑。至云又有張鳳翼、湯科、陳瀚三人之作，則粵本無之，蓋明人續和者甚多，各家刻本，不無遺漏，近又考得黃陶庵和作，亦出諸本之外也。"

春秋詞命三卷

舊本題明王鏊撰，王徹注。　徹，自署松江人。

丁氏藏書志有明刊本，題明句吳守溪王鏊編輯，雲間後學周明璵注。云："黃氏千頃堂、徐氏傳是樓兩書目著錄，四庫則未收入。"

金華正學編十二卷

案正德間趙鶴十卷本，自題云："呂成公與許、吳二公舊列從祀，成化間，有以四賢請者，賜正學祠准龜山例，祀於本郡，今龜山已秩從祀，而郡未及爲四賢再請，議者歉焉。侍御一山張先生按浙，屬鶴考述婺之文獻，鶴遵伊洛淵源錄，稽訂東萊、北山、魯齋、仁山、白雲五先生言行，又仿王魯齋五先生文粹，取其文之關於道源教本者附諸後"云云，是此書實毘陵正學編之類也，當入傳記，不當入總集，其金華文統，則列總集爲是。

崑山雜詠二十八卷

宋嘉定中，龔昱嘗輯崑山雜詠三卷，續集一卷，開禧中，知嘉定縣事徐挺之曾刊之縣齋。

瞿氏目錄有宋刊本三卷，云："宋龔昱編，前有嘉定改元朝散郎監察御史范之柔序，後有開禧丁卯儀眞徐挺之跋，詩編上中下爲三卷，首張祜慧聚寺，終陳世守詠枇杷綠橘，覈之俞氏允文重輯本，足訂譌奪不少"云云，文繁不錄。末云："立道爲襲明之子，乃俞本明之小傳中，謂著中吳紀聞及此書，何失檢至此，宜其譌謬之多也。"玉縉案：此俞失之大者，提要亦未糾及。丁氏寶書閣著錄，亦載龔書四卷。

唐音戊籤二百一卷閏餘六十四卷

始以戊籤刊行，即此本也。

分甘餘話四云："唐詩統籤，卷帙浩汗，久未版行，余僅見其癸籤一部耳。康熙四十□年，上命購其全書，令織造府兼理鹽課通政使曹寅鳩工刻於廣陵，胡氏遺書，幸不湮沒，然版藏內府，人間亦無從而見之也。"玉縉案：吳氏拜經樓藏書題跋記有戊籤餘槀本八冊，未知即閏餘六十四卷否？全書甲籤帝王詩七卷，乙籤初唐詩七十九卷，丙籤盛唐詩一百二十五卷，丁籤中唐詩三百四十一卷，戊籤晚唐詩二百一卷，餘閏六十四卷，己籤五唐雜詩五十四卷，庚籤僧詩三十九卷、道士詩六卷、宮閨詩九卷、外國詩一卷，辛籤樂章十卷、雜曲五卷、塡詞十卷、歌謠諺四卷、諧謔四卷、謎、酒令一卷、題語、判語一卷、讖記一卷、占辭一卷、蒙求一卷、章呪四卷、偈頌詩二十四卷，壬籤仙詩三卷、神詩一卷、鬼詩二卷、夢詩一卷、物怪詩一卷，癸籤詩史三十六卷，共一千三十六卷。聞全唐詩據以爲藍本之稾本，近爲江寧鄧氏所得，明史藝文志五唐雜詩作四十六卷，僧詩作三十八卷，章呪作一卷，凡一千二十四卷。

梁園風雅二十七卷

是編選中州之詩凡九家，李夢陽五卷、何景明五卷、王廷相一卷、孟洋一卷、薛蕙二卷、高叔嗣二卷、劉繪一卷、張九一三卷、謝榛五卷、而彥復詩一卷附焉。李、薛皆秦產，以夢陽祖籍扶溝，蕙祖籍偃師，遂併闌入，謝榛本臨清人，以遊蹟偶至，遂强爲流寓。

王士禛香祖筆記云："趙彥復撰梁園風雅，義例謹嚴，自李獻吉、何仲默、王子衡、高子業以下凡八人。"張宗泰魯巖所學集書筆記後云："所列李、何諸人外，有孟洋、薛蕙、劉繪、張九一、謝榛，而趙彥復詩亦殿其末，則當云十人。十人之中，李夢陽由慶陽徙居扶溝，其編入宜也，至薛蕙爲亳州人，而偃師則其祖籍也，謝榛臨清人，以客趙康王而寓於鄴下，而一概編入，殆不免借材之嫌，亦未有以見其義例謹嚴也。又孟洋、劉繪二人詩亦平平耳，而當時大梁李濂川夫，詩名久播，內鄉李蓘于田亦才名藉甚，二子均有詩集行世，彥復爲萬曆甲辰進士，不容均未之見，而何以反遺之，疑其選錄亦未盡出於公允。"

詩歸五十一卷

顧炎武日知錄曰："近日盛行詩歸一書尤爲妄誕，魏文帝短歌行，'長吟永歎，思我聖考'，聖考謂其父武帝也，改爲'聖老'，評之曰：'聖老字奇。'舊唐書載李泌對肅宗言，天后有四子，長曰太子弘，天后方圖稱制，乃鴆殺之，以雍王賢爲太子，賢自知不免，與二弟日侍父母之側，不敢明言，乃作黃臺瓜詞，使樂工歌之，其詞曰：'種瓜黃臺下，瓜熟子離離，一摘使瓜好，再摘使瓜稀，三摘猶尚可，四摘抱蔓歸'，其言四摘者，以況四子也，以爲非四所能盡，改爲'摘絕'，此皆不考古而肆臆之說，豈非小人而無忌憚者哉？"朱彝尊詩話，謂是書乃其鄉人託名，今觀二人所作，其門徑不過如是，殆彝尊曲爲之詞也。

鄧之麟海粟詩話云："武王几銘，'皇王惟敬，□□生垢，□戕□'，譚批云：'四口字疊出，不以爲纖'，鍾批云：'口戕口三字，悚然骨驚'，不知古書闕字，俱作□，音圍，何竟認作口字，抑思口與几銘何涉耶？曹子桓短歌行，'長吟短歎，懷我聖考'，刊本譌'考'爲'老'，鍾批云：'聖老字奇'，宋顏峻詩題'淫思古意'，本古樂府題，鍾乃云'四字造得奇妙'，二公手眼原高，以好逞新奇，故爾徒貧口實。" 李詳媿生叢錄云："古人詩豈不佳，而專標枯澀清靈爲宗使味如嚼蠟，所謂掣鯨碧海巨刃摩天者概從擯落，未足厭人之心，反令讀者憎及胥餘，並其選而置之。朱竹垞靜志居詩話云：'詩歸既出，紙貴一時，正如摩登伽女之淫呪，聞者皆爲所懾'，竊歎主持風雅，當以竹垞之語爲戒。" 玉縉案：顧說見改書條，其前隔兩則有鍾惺條，歷舉劣迹，謂罪雖不及李贄，亦敗壞天下之一人。

吳興藝文補四十八卷

靜嘉堂祕籍志有崇禎刊本七十卷，其六十七卷以下爲補遺。

二十六家唐詩(無卷數)

惟目錄後題曰:"姑蘇吳時用書,黃周賢、金賢刻",疑明末書賈所爲云。

案明翻宋本家語末,載"歲甲寅端陽望吳時用書,黃周賢、金賢刻",嘉靖本野客叢書,亦有黃周賢名,丁氏藏書志以甲寅當爲嘉靖三十三年,其爲明末書賈無疑。

三蘇文粹七十卷

凡蘇洵文十一卷、蘇軾文三十二卷、蘇轍文二十七卷。所錄皆議論之文,蓋備場屋策論之用者也。

瞿氏目錄有宋刊本,云:"選老泉文六十八首、東坡文二百七十九首、潁濱文三百十二首。目後有眞書墨圖記云:'婺州東陽胡倉王宅桂堂刊行'與歐陽文粹板式相同,當是同時所刊,紀文達未見宋本,譌認明人輯錄,故不獲與歐陽文粹並列。老泉文有洪範三論及後序、辨姦論,爲嘉祐集不載;東坡文有邇英進讀、評史、評文選等篇,爲七集本不載,當取諸大全集本;潁濱文有諸論,爲四集本不載者,皆取諸古史。文中字句多與集本不同,亦互有得失,可資參校,明嘉靖中有重翻本,頗清整,譌字亦不多"云云。　陸氏藏書志有蜀大字本,卷三後有孫原湘手跋云:"老泉文後附詩廿二首,東坡、潁濱詩皆不錄,文章與近時諸刊本微有異同處,惜未得宋刊小字本一校。"陸志不載孫跋,見靜嘉堂祕籍志。

古詩選三十二卷

蓋一家之書，不足以盡古今之變也。

羅汝懷綠漪草堂文集十六七律流別集述意云："新城古詩一選，五言於陳、隋後惟錄韋、柳，太白僅取古風，七言於唐惟錄十一家、李嶠、宋之問、張說、王翰、王維、李頎、高適、岑參、李白、杜甫、韓愈，而王昌齡、崔顥附李白後，李商隱附韓愈後。宋錄六家、歐陽、王、蘇、黃、晁、陸。金一家、元好問。元二家，虞集、吳萊。雖別有微尚，而難以饜於人人矣。"

十種唐詩選十七卷

惟才調集、唐文粹刪汰未精，門徑叢雜，而文粹尤甚。如盧仝月蝕詩、陸龜蒙江湖散人歌，皆不能謂之盛唐格也。

翁方綱石洲詩話二云："漁洋十選，大意歸重在殷璠、元結二本，而以文粹爲備，文粹首載樂章、樂歌、琴操肆矣，然元次山之補樂歌，徒有幽深之韻，未爲古雅之則，至皮襲美補九夏歌，豈足與韓之琴操同日而語。"

明文授讀六十二卷

初宗羲輯有明一代之文爲文案，後得崑山徐氏傳是樓藏書，益以所未見文集三百餘種增爲文海，後其子百家以文海卷帙浩繁，請宗羲選其尤者爲此編。

李慈銘受禮廬日記云："明文授讀，爲奏疏四、表一、論五、議一、原考辨一、解說釋一、頌贊箴銘一、疏文對答述叢談一、書八、記七、序十四、碑文一、墓文五、哀文一、行狀一、傳四、賦五、經一，蔣德璟琊經、珠經兩篇。其中又各自分類。梨洲先爲明文案二百一十七卷，後又得徐氏傳是樓所藏明集三百餘家，遂增廣爲明文海四百八十卷，此乃即文海中擇其尤者，加朱圈以授百家讀之，百家乃拌輯晉其父所論識之語，綴於各篇之下，間附以百家私記，而梨洲門人張錫琨爲之付梓，亦間附錫琨記語，其篇中圈點，悉依梨洲原本。南雷之文，浩瀚可喜，而才情爛漫，無復持擇，故往往不脱明末習氣，流入小説家言。其論文主於隨地流出，而謂方言、語錄，皆可入文，於明文痛貶前、後七子，以宋潛溪、方正學、楊東里、解春雨、李西涯、王震澤、王新建、唐荆川、王遵巖、歸震川、郭江夏、錢虞山諸家爲大宗，趙大洲、趙浚谷、徐天池、桑民懌、劉子素、盧次楩、吾惟可、謹湯若士、倪鴻寶、黄石齋、尹宣子、民輿李寒支、曾弗人諸家爲别子。其極推者潛溪、新建、大洲、天池四家，極貶者空同、弇州，而謂大復習氣最寡，滄溟尚可附庸於孫樵、劉蜕，於二袁、鍾、譚則頗節取其長，於艾千子雖稱之，而謂其傳者當在論文諸書，他文摹仿歐陽，生吞活剝，亦猶摹仿史、漢之習氣，又謂其理學未嘗深思，而墨守時文見解，批駁先儒，引後生小子不學而狂妄，其罪爲大，於虞山雖許以正宗，而病其不能入情，謂荆川、大洲文皆得之新建，則其宗旨大略可見。至以天池之蕪俗，而稱爲嘉靖間大作手，勝於震川，殊不可解？故所選頗泛濫駁雜，多非雅音，以先生學識之高，精力之富，而鑒裁斯事，尚多淆淆，文章正法，固非易知者也。”又云“梨洲明文案序，謂‘正德間餘姚之醇正，南城之精練，掩絶前作’，而授讀中評圭峯之文以爲逼仄，‘所爭在句法奇險之間，非大家氣象’，羅玘字景鳴，南城人，官至吏部侍郎，諡文肅，著有圭峯文集三十卷，明史入文苑傳。吳人黄省曾言其爲文苦思，或柄樹顛，或閉一室，嘗爲都少卿之父作墓銘，謂少卿曰："吾爲此銘瞑去四五度矣。" 又謂'崇禎時三吳以牧齋爲典刑，同時江右之艾千子、徐巨源，閩之曾弗人卓犖相望'，而授讀中評錢受之文，謂有五病，評千子文，謂其摹仿歐陽，生吞活剝，猶王、李等之模仿史、漢，評徐巨源文，謂其賦豔麗，文則小品，皆抑揚不同。其譏千子尤甚者，以千子極詆陳大樽，而梨洲與大樽交契，故謂臥子晚年亦趨於平淡，未必爲千子之所及，而圭峯則千子所推爲大家，故梨洲亦駁之。然是選終未登大樽一篇，而圭峯、千子之文入選頗夥。又千子與陳人中 大樽初字人中，後字臥子。書，極口鄙薄，至令受者不堪，而是選亦載之，則又似未嘗爲大樽地，出入無定，疑是書多主一 百家字。所爲，非梨洲論定者也。所選自正學、陽明、圭峯、荊川、遵巖、震川、石齋、牧齋、天傭 即千子。數家外，雖間有可觀，不過是議論好，或小品有致，求其知古文義法者蓋無一二，以此歎明代文章之衰。"

楚風補五十卷

又如劉跛子乃北宋人，而列於六朝之際，嚴羽乃昭武人，而引於三湘之間。蓋州縣志書，率多附會先賢，借爲光耀，而元度乃據志書以爲之，宜其至於是也。

鄧顯鶴沅湘耆舊集序例云："今案其謬，尤不止此，如范浚蘭谿人，而以爲澧州，周渭恭城人，而以爲桂陽，曹唐桂州人，而以爲湘州，廖正一安州人，而以爲衡山，余闕色目人，而以爲羅田，此猶謂仍方志之譌也。尤可異者，元浙江天台有黄庚字星甫，著月屋漫稾，見四庫著錄、浙江通志，廖氏因湖南通志宋選舉表有常寧黄庚，名姓同，遂以其詩實之，則不顧朝代之隔矣。金源氏之王庭筠，中州集所謂黄華先生者也，愛相下山水，自稱黄華山主，廖氏因南嶽志黄華觀有黄華老人，并以其有詩名實之，則併不顧南北之阻矣。又以方志所載長沙好善樂施之許有壬爲許文忠公，文忠著籍湯陰，爲有元一代偉人，有至正集八十一卷及圭塘欵乃集，見四庫著錄，乃以疆域遠隔，姓名偶同之人當之，是豈足以爲楚重乎？至不知周樸有二人，李燾有四人，此尤其誤之小者也。”玉縉案：廖氏又有楚詩紀二十二卷，起順治乙酉，至康熙癸酉。

四庫全書總目提要補正卷五十九

詩文評類

文心雕龍十卷

又據時序篇中所言，此書實成於齊代。　是書自至正乙未刻於嘉禾，至明弘治、嘉靖、萬曆間凡經五刻，其隱秀一篇皆有闕文，明末常熟錢允治稱得阮華山宋槧本，鈔補四百餘字，然其書晚出，別無顯證，其詞亦頗不類。如“嘔心吐膽”，似摭李賀小傳語，“鍛歲鍊年”，似摭六一詩話論周朴語，稱班姬爲“匹婦”，亦似摭鍾嶸詩品語，皆有可疑。況至正去宋未遠，不應宋本已無一存，三百年後，乃爲明人所得。又考永樂大典所載舊本，闕文亦同，其時宋本如林，更不應內府所藏無一完刻，阮氏所稱，殆亦影撰，何焯等誤信之也。

劉毓崧通義堂文集有書後一篇，謂“勰雖梁人，而此書之成則不在梁時，而在南齊之末，觀於時序篇云云，東昏上高宗之廟號，係永泰元年八月事，據‘高宗興運’之語，則成書必在是月以後。梁武受和帝之禪位，係中興二年四月事，據‘皇齊馭寶’之語，則成書必在是月以前。其間首尾相距，將及四載，所謂‘今聖曆方興’者雖未嘗明有所謂，然以史傳核之，當是指和帝非指東昏。” 案據錢允治記語：“至正乙未、弘治甲子、嘉靖庚子、辛卯及癸卯、萬曆己酉凡六刻。” 吳氏拜經樓藏書題跋記云：“胡夏客曰：‘隱秀篇舊脫四百餘字，余家藏宋本獨完，丁丑冬，復得崑山張誕嘉氏雅㞯緘寄家藏鈔本，爲校定數字以貽之朋好。’夏客字宣子，海鹽人，孝轅先生子也，然據所錄補四百餘言，尙不無魯魚，爰復爲校訂，錄於簡端。”據此，知允治所補，確出宋槧，並非影撰。

文心雕龍輯注十卷

所注如宗經篇中“書實紀言，而訓詁茫昧，通乎爾雅，則文義曉然”句，謂爾雅本以釋詩，無關書之訓詁，案爾雅開卷第二字，郭注卽引尙書“哉生魄”爲證，其他釋書者不一而足，安得謂與書無關？

錢大昕養新錄云：“議對篇‘春秋釋宋，魯桓務議’二句，注家皆未詳？惠學士士奇云：‘案文當云“魯僖預議”，公羊經僖二十一年，“釋宋公”傳云：“執未有言釋之者，此其言釋之何？公與爲爾也，公與爲爾奈何？公與議爾也”，“預”與“與”同，轉寫譌爲“務”耳。’”

詩品三卷

未可以掇拾殘文，定當日全集之優劣。

漁洋詩話下云：“嶸以三品銓敍作者，自譬諸九品論人，七略裁士，乃以劉楨與陳思並稱，以爲文章之聖，夫楨之視植，豈但斥鷃之與鯤鵬耶？又置曹孟德下品，而楨與王粲反居上品，他如上品之陸機、潘岳，宜在中品，中品之劉琨、郭璞、陶潛、鮑照、謝朓、江淹，下品之魏武，宜在上品，下品之徐幹、謝莊、王融、帛道猷、湯惠休，宜在中品，而位置顛錯，黑白淆譌，千秋定論，謂之何哉？建安諸子，偉長實勝公幹，而嶸譏其以莛扣鐘，乖反彌甚，至以陶潛出於應璩，郭璞出於潘岳，鮑照出於二張，尤陋矣，又不足深辨也。”玉縉案：王説甚當，嶸之根本錯誤，全在以某人源出某人，故品第遂多違失，提要既知其附會，而仍欲有所回護，殆以其古書而尊之耳。又嶸以左思爲野於士衡而深於安仁，沈德潛説詩晬語云：“太沖弗受”以比興之興爲文已盡而意有餘，汪師韓詩學纂聞云：“似以去聲之興字，解爲平聲之興字。” 陸以湉冷廬雜識一云：“鍾記室詩品，自漢迄梁百三人，别本一百二十二人，上品十一人、中品三十九人、下品七十二人，漢七人、魏十一人、晉三十八人、宋二十六人、齊三十人、梁十人，漢四百餘年，祇得七人，宋、齊以下僅百年，而得六十餘人，蓋五言之學，六朝始盛，抑略於遠而詳於近，理則然也。惟同時昭明太子文選詩六十二家，詩品所遺者五十一人，韋孟、束皙、應貞四言、張衡七言既不列於品，若漢之蘇武、應瑒，晉之盧諶、司馬彪、王康琚，宋之徐悱、劉鑠，皆以五言著稱，乃亦見遺，然則所取殆猶未備歟？又如以劉楨列上品，陶潛列中品，徐幹、阮瑀列下品，品第違失，昔人多議及之。然其鋪觀列代，撮舉同異，實能推見淵源，闡明旨趣，且百餘人之詩今不盡存，尚賴此以流傳，俾得考見得失，誠於詩教有功，可爲後學之津梁也。"

優古堂詩話一卷

所論惟卷末"吏部文章二百年"一條，褁飯非子來一條，王僧綽蠟鳳一條，荷囊一條，陽燧一條，陽關圖一條，珠還合浦一條，黄金臺一條，以玉兒爲玉奴一條，東坡用事切一條，妓人出家詩一條，蒸壺似蒸鴨一條，望夫石一條，落梅花折楊柳一條，兼涉考證。　必一句一字求其源出某某，未免於求劍刻舟。

陸以湉冷廬雜識五云："優古堂詩話謂'友于見南史劉湛友于素篤'云云，案友于二字，後漢書已有之，吳弼傳，'陛下隆於友于'，又晉書馮紞傳：'陛下友于之情甚篤。'色斯亦始於後漢書左雄傳，'或色斯以求名'，赫斯始於後漢書曹節傳，'發赫斯之怒'，貽厥始於晉書賈充傳贊，蓋歇後語之濫觴也。"玉縉案：色斯、赫斯，即色然赫然也。　瞿氏目錄有舊鈔本，云："中有論韓子蒼送友詩云：'盧作西清老從臣，知爾才華不能舉'，即用王摩詰'知爾不能薦'意，可知宋時不作'知禰'也。"

詩話總龜前集四十八卷後集五十卷

此本爲明宗室月窗道人所刊，併改其名爲阮一閲，尤爲疏舛。

丁氏藏書志有明刊本，云："月窗爲高皇六世孫珖，楚郡弟子員，前有李易序，又嘉靖甲辰張嘉秀序及珖後跋，稱'月西殿下延珖校讎譌舛，芟剔重冗而壽諸梓'云云，是則此本之經竄改，珖亦自言之。"又有舊鈔本前、後集各五十卷，云："天祿琳瑯書目載書凡百卷，前集五十卷，分四十五門，後集五十卷，分六十門，月窗本譌舛特甚，此本鈔手極工云云。今本與天祿書目卷數相同，惟前集多苦吟一類，少詩病一類，後集多御宴一類，而鈔手拙劣，特較月窗本爲全耳。" 玉縉案：胡仔漁隱叢話卷十一云："閩中近時又刊詩話總龜，此集卽阮閱所編詩總也。其詩總十卷，分門編集，今乃爲人易其舊序，去其姓名，略加以蘇黃門詩說，更號曰詩話總龜以欺世盜名耳。"據此，則是書在南宋時早已竄亂，至珧又加刪削矣。又後集卷三十六云："閩中近時刊行詩話總龜，卽舒城阮閱所編詩總也。余家有此集，今總龜不載此序，故錄於此云。""余平昔與士大夫遊，聞古今詩句膾炙人口，多未見全本，及誰氏所作也？宣和癸卯春，來官郴江，因取所藏諸家小史、別傳、雜記、野錄讀之，遂盡見前所未見者。至癸卯秋，得一千四百餘事，共二千四百餘詩，分四十六門而類之。其播揚人之隱慝，暴白事之曖昧，猥陋太甚、雌黃無實者，皆略而不取，至其本惟一詩而記所取之意不同，如'栗爆燒氈破，貓跳觸鼎翻'，'春洲生荻芽，春岸飛楊花'，載所作之人或異，如'幾夜礙新月，半江無夕陽'，'斜陽如有意，偏傍小窗明'，如此之類，皆兩存之。若愛其造語之工而舉一聯，如'風暖鳥聲碎，日高花影重'，不知其全篇？亦有喜其用字之當而論一字，如'惠和官尙小，師達祿須干'，不知其所引自誤，如此之類，咸辯證之。然皆前後名公、鉅儒、逸人、達士，傳諸搢紳間而著以爲書，不可得而增損也，但類而總之以便觀閱，故名曰詩總。倦游歸田，幅巾短褐，松窗竹几，時卷舒之以銷閑日，不願行於時也。世間書固未盡於此，後有得之者當續焉。宣和五年十一月朔，舒城阮閱序。"據此，則尚有自序，爲後人所削，提要竟未之及。

彥周詩話一卷

顗，襄邑人，彥周其字也，始末無可考。

陸氏儀顧堂續跋宋刊本跋云："前有建炎戊申自序。案石門文字禪有'大雪寄許彥周宣敎法弟、臥病次彥周、謝彥周仙茅、彥周見和復答、次韻彥周、送彥周、贈彥周、遊南嶽參機道者次韻彥周見寄、彥周借書、彥周法弟作出家菴，又自爲銘，作此寄之。其送彥周詩有云：'彥周雖綠髮，風味映前古'，又云：'死生人所怖，玩之於掌股'語，一則曰法弟，再則曰法弟，蓋其人曾官宣敎郎而中年出家者。

珊瑚鉤詩話三卷

表臣字正民，里貫未詳？猶及與陳師道遊，與晁說之尤相善。

陸氏儀顧堂題跋云："表臣，單父人，嘗編刻張右史集七十卷，與秦熺友善，蓋江湖名士之趨炎附勢者，見張右史集後序。"

石林詩話一卷

然夢得詩文，實南、北宋間之巨擘，其所評論，往往深中竅會，終非他家聽聲之見隨人以爲是非者比。

李慈銘荀學齋日記壬集下八五云："石林謂詩下雙字極難，

唐人記‘水田飛白鷺，夏木囀黃鸝’，爲李嘉祐詩，王摩詰竊取之，非也，此兩句好處，正在漠漠陰陰四字，此乃摩詰爲嘉祐點化以自見其妙，竹坡詩話亦言之，皆得詩家三昧，王漁洋最重神韻，獨以爲不然，何耶？二句去此四字，便成歎語，精神景狀，全在疊字中也。”

歲寒堂詩話二卷

考戒名附見宋史趙鼎傳，不詳其始末？惟李心傳建炎以來繫年要錄，載戒正平人，紹興五年四月，以趙鼎薦得召對，授國子監丞，鼎稱其登第十餘年，曾作縣令，則嘗舉進士也。

陸氏儀顧堂題跋云：“戒，絳郡人，沈晦榜進士，紹興五年二月，除祕書郎，七年七月，提舉福建茶鹽，見中興館閣錄，餘詳宋史補傳。”

韻語陽秋二十卷

尙不止與旹之所糾。

周必大序孫覿鴻慶居士集云：“近葛公立方作韻語陽秋，載東坡自海南歸，公方髫齔，坡命對‘衡門稚子璠璵器’，公應聲云：‘翰苑僊人錦繡腸’，坡歎曰：‘眞璠璵也！’以公早慧，固應有此，然坡北歸實靖康辛巳，公已二十一，得非元豐辛丑自便還常，公纔五歲時乎？所記譌耳。”鄭寶謹案：王明淸玉照新志五據孫覿從子長文云：“此元祐四年東坡出牧杭州時事，覿生辛酉，是年八歲，葛、周說皆非。”又周序“自便”，一本作“自汴。”香祖筆記七云：“韻語陽秋載錢起贈杜牧詩，今坊刻襄陽集有贈孟郊詩，皆可一噱。”

唐詩紀事八十一卷

有功字敏夫，其始末未詳。李心傳建炎以來繫年要錄，載紹興五年秋七月戊子，右承議郎新知簡州計有功，提舉兩浙西路常平茶鹽公事，有功，安仁人，張浚從舅也。

案有功，臨邛人，宣和三年進士，歷官利州路轉運判官，旋移嘉州，陸氏儀顧堂題跋考其始末頗詳。

四六談塵一卷

卷首但題靈石山藥寮字，不著撰人，書錄解題載爲謝伋撰，考書中時自稱伋，則其說是也。

陸氏藏書志有宋刊本，題謝伋撰，並載紹興十一年自序。

竹坡詩話一卷

周必大二老堂詩話，辨金鎖甲一條，稱紫芝詩話百篇，此本惟存八十條。又山海經詩一條，稱竹坡詩話第一卷，則必有第二卷矣。 必大嘗譏其解綠沈金鎖之疏失，又譏其論陶潛"形天舞干戚"句勦襲曾紘之說，又譏其論譙國集一條，皆中其失。他如論王維襲李嘉祐詩，尙沿李肇國史補之誤，論柳宗元身在刀山之類，亦近於惡謔，然如辨嘲鼾睡非韓愈作，辨留春不住詞非王安石作，辨韓愈調張籍詩非爲元稹作，皆有特見。其餘亦頗多可採，惟其中李白、柳公權與文宗論詩一條，時代殊不相及，此非僻人、僻事，紫芝不容舛謬至此，殆傳寫者之誤歟?

陸氏藏書志有宋刊本三卷，並載丁亥論彙題語。玉縉案：丁亥當爲寶慶三年，論彙未知何人? 李慈銘荀學齋日記壬集下八五云："竹坡詩，其見聞頗陋，而論詩亦時有悟處，如言'白樂天長恨歌云："玉容寂寞淚闌干，梨花一枝春帶雨”，人皆喜其工，不知其氣韻之近俗，東坡送人小詞云：“故將別語調佳人，要看梨花枝上雨”，雖用樂天語，而別有一種，非點鐵成黃金手不能爲此。’又言‘東坡和僧守詮詩，“但聞煙外鐘，不見煙中寺，幽人行未已，草露溼其屨，惟應山頭月，夜夜照來去”，未嘗不喜其清絕過人遠甚，及得詮詩云：“落日寒蟬鳴，獨歸林下寺，松扉竟未掩，片月隨行屨，時聞犬吠聲，更入青蘿去”，乃知其幽深清遠，自有一種林下風流，東坡雖欲回三峽倒流之瀾與溪壑爭流，終不近也。’又言‘“銀燭秋光冷畫屏”一詩，杜牧之、王建集中皆有之，當是建詩，蓋二子之詩，其流婉大略相似，而牧多險側，案當云峭儁。建多工麗，案當云流麗。此詩蓋清而平者。’所論皆能辨別氣格，深有所契，惟謂‘東萊蔡伯世作杜少陵集正異甚有功，亦時有可疑者，如“峽雲籠樹小，湖月落船明”，以落爲蕩，且云非久在江湖者不知此字之爲工，以余觀之，不若落字爲佳。又“春色浮天外，天河宿殿陰”，以宿爲沒字，沒字不若宿字之意味深遠。’案蕩字之妙，與落字相去天淵，謂非身習江湖不知，尤是妙語，蓋此船是行船，蕩字如見天水晃漾，取景不盡，落字庸甚，且對不過籠字。沒與宿字亦工拙相懸，‘天河沒殿陰’者形其坐久，而殿之高亦見，宿字襲孫逖語，亦與浮字不對。” 謝肇淛文海披沙二云：“詩話當以滄浪爲最，竹坡老人故當最劣，竹坡於詩極尊少陵，而口坡、谷不置，政未脫宋人口吻，何得夢見儀卿脚後？以‘梨花枝上雨’一語爲點鐵成金，以‘調鼎論花’語爲可使和靖作衙官，改滕元發'直與水相連'爲'自與水相連'，以王觀游俠曲爲似太白，引史記天官書釋杜詩'影動搖'句，大似嚀囈中語。至評魯直食笋，似幷高力士傳未之見者，豈所謂不讀萬卷書，看不得杜詩者耶？"

苕溪漁隱叢話前集六十卷後集四十卷

然閱書多錄雜事，頗近小說，此則論文考義者居多，去取較爲謹嚴，閱書分類編輯，多立門目，此則惟以作者時代爲先後，能成家者列其名，瑣聞軼句，則或附錄之，或類聚之，體例亦較爲明晰。閱書惟採摭舊文，無所考正，此則多附辨證之語，尤足以資參訂，故閱書不甚見重於世，而此書則諸家援據，多所取資焉。

案是編摭拾繁富，所引蔡寬夫、王直方、潘子真、洪駒父諸家詩話，今已失傳，所附考證，亦多明確，惟"肆赦樹金雞"，封氏聞見記早有論列，乃後集卷十四僅引藝苑雌黃，則采輯猶略。白居易詩，"退之服硫黃，一病竟不痊"，謂衞退之中立，洪慶善韓子年譜有方崧卿辨證一條極明，乃前集卷十六但引孔毅父雜說、陳師道後山詩話，以爲韓退之，則考訂猶疏。王直方詩話，以老杜"文章憎命達"，爲恐亦出於此意，蓋謂與李賀"筆補造化天無功"同意，乃卷七以爲可笑，辨其一在天寶前，一在元和後，不知王氏並非謂杜出於李。王觀國學林，以老杜"天棘蔓青絲"爲天門冬，亦名天棘，意卽指本草之巔棘，乃卷八以爲本草不名天棘，不知天巔祇一聲之轉。西清詩話以歐陽"歲月纔如熟羊胛"，爲用骨利幹事，深得其出處，乃卷三十以通鑑作羊脾爲疑，不知唐書骨利幹傳正作胛，此類皆辨所不當辨。老杜“陰、何尚清省，沈、宋欻聯翩”，陰、何固謂陰鏗、何遜，沈、宋則謂沈佺期、宋之問，而學林以爲沈約、宋玉，殊爲紕繆，乃卷六引之。李商隱錦瑟詩，本自傷之詞，而緗素雜記載東坡說，以“適怨清和”四字分解，尤屬穿鑿，乃卷二十五引之，此類又當辨而不辨。他如王建詩，“閉門留野鹿，分食與山雞”，寫山居意趣極見閒適，乃後集卷十四以爲二物馴狎如許，理所必無，則閉門、分食就人言，非就物言，何害於理。王維詩，“漠漠水田飛白鷺”兩句，本屬自造，乃卷十八以爲竊李嘉祐詩，則嘉祐爲中唐人，王何由預知？嚴維詩，“柳塘春水漫”二句，寫自然之景甚工，乃前集卷二十以爲春水漫不必柳塘，夕陽遲豈獨花塢，則此本據一時所見，何容妄有論難？凡此皆失之拘滯，倘所謂詩話興而詩亡者非歟？然所引各書，殘膏賸馥，足溉後人，實爲詩話中善本，至於卷二十四疑鄭文寶、鄭仲賢爲兩人，卷五十三疑謝夷季、謝幼槃爲一人，則後集卷三十五已自正之，亦可見其學問之不自畫矣。

誠齋詩話一卷

於考論典故亦爲紕繆。

吳騫拜經樓詩話四云：“誠齋詩話載‘人有從秦少游許來，見東坡，坡問少游近有何言句？客舉秦燕子樓詞云云’，案高齋詩話云：‘少游在蔡州，有營妓婁婉字東玉者甚密，少游贈以詞云：“小樓連苑橫空，下窺繡轂雕鞍驟”云云’，此詞今見淮海集，並非題燕子樓，誠齋豈得之傳聞，又謂

'連苑'作'連遠'，'下窺'作'下臨'，而假東坡云云，大抵皆好事者所爲。"

滄浪詩話一卷

首詩辨，次詩體。

陳僅竹林答問云："中如杜荀鶴不足列一體，而皮、陸松陵一體似須增入，他如元次山篋中集、韋縠才調集亦另是一種，雜體中尙應補吳體、即俳諧體。竹枝兩體，宋詩無歐、梅、陸三家體，亦不可解？" 又云："五言古詩，起於蘇、李，七言古詩，起於柏梁，若五言歌行，漢人之樂府也，七言歌行，肇始於禹王牒辭，拾遺記所載白帝、皇娥二歌。不足信。後來如飮牛、臨河、采葛、易水、垓下、大風皆是，亦樂府也。古詩及歌行，自是兩種，論古詩之源，則五、七言同時，論歌行之源，則七言先於五言，滄浪於此，頗似倒置。至謂四言起於漢韋孟，則大謬。" 玉縉案：柏梁乃後人僞作，日知錄已辨之，七言當始於如彼築室於道謀，及"自今以始歲其有，君子有穀貽孫子"等句，其七言一句一韻，當始於靈寶謠。 又云："古五句詩，惟樂府有之，如前溪歌'逍遙獨桑頭，前溪滄浪映，黃葛結蒙蘢，當曙與未曙'數章而已，唐永淳中童謠亦五句，七古五句，如漢昭帝淋池歌、太白荆州樂、老杜曲江三首是已，皆見郭茂倩樂府詩集中，滄浪臚列詩品，無此一體。"

詩人玉屑二十卷

慶之書以格法分類，與仔書體例稍殊，其彙採齊己風騷旨格僞本，詭立句律之名，頗失簡擇。又如禁體之中，載蒲鞵詩之類，亦殊猥陋，論韓愈精衞銜石塡海"人皆譏造次，我獨賞專精"二句，爲勝錢起"曲終人不見，江上數峯青"二句之類，是非亦未平允。

案是編大致以胡仔苕溪漁隱叢話爲藍本，附益十之二三，體例未協，出處有注有不注，凡叢話引書後有所折衷者，加"苕溪漁隱曰"五字，今錄叢話而但標其所引之書，一似原書引漁隱說者，殊足疑誤後人。卷二十惠詮條，載東吳僧惠詮云云，又載竹坡詩話云云，而注曰冷齋夜話，亦同此病。他如卷四風騷句法類，載五言一百八十六聯，七言一百聯，每兩聯必立一品題，如"萬象入壺，重輪倒影"，及"百川歸海，雙龍輔日"之類，亦乖大雅。卷十九旣列高九萬，越二十五人，又列高菊磵九萬，尤爲紛雜，惟卷七三易條，反其意而用之條，各有"昇案"云云，當卽黃昇，語頗簡要。書中每注"玉林"二字，考昇序稱玉林黃㬅叔暘序，豈卽昇歟？俟考。鄭翼謹案：昇號玉林，見宋詩紀事六九，提要散花菴詞下同，謂所居有玉林。又案注稱玉林，卽玉林中興詩話續編之簡稱，見卷十九原注莒條。

草堂詩話二卷

蔡夢弼，建安人，其始末未詳？嘗弼杜工部草堂詩箋及此書，今詩箋久佚，惟此書僅存。

陸氏儀顧堂題跋云："夢弼字傅卿，建安人，生平高尙，不求聞達，嘗注韓退之、柳子厚之文，嘉泰中，著草堂詩箋四十卷，補遺十卷，見草堂詩箋兪成元跋。"玉縉案：瞿氏目錄有宋刊詩箋殘本二十六卷，自第二十六卷至末，及附外集一卷。

對牀夜話五卷

晞文字景文，號葯莊，錢塘人。

丁氏藏書志有盧氏校鈔本，題孤山人范晞文景文，並載乾隆四十年盧文弨手跋云："孤山之在錢塘者則以林和靖著，而此孤山則在今常州靖江縣東北二十里，山向在江中，明成化沙合，始可陸行，立縣亦在此時，舊則江陰縣之地也。余杭人，不以爲吾邑之孤山，而以爲靖江之孤山，徵於吾友江陰趙敬夫之言也。且余所見本，實江陰人爲梓，是可信也。"又嘉慶丁卯嚴元照題語云："考抱經校錄此書，尙在四庫館書未竣之前，趙敬夫據陳新之翻刻，定孤山爲江陰之地，似未知景文流寓無錫，故署爲孤山人。且孤山，杭州之外亦不止江陰一處矣。別案元釋英白雲集後，題贈詩八人，其一署錢塘范晞文葯莊，釋英亦錢塘人，更有一重公案可證，正不可強蹈爭墩之誚耳。"玉縉案：陳新之，江陰陳沐字，卽正德十六年翻刻此書者，嚴氏爭墩之誚，蓋譏趙氏也。

修辭鑑衡二卷

據至順四年王理序，是編乃構官濟南總管時以授其門人劉氏，而理爲刻於集慶路者，舊本殘蠹，闕其前頁，其劉氏之名則不可考矣。上卷論詩，下卷論文，皆採宋人詩話及文集、說部爲之，構所附論者，惟下卷結語一條而已。

陸氏藏書志有舊鈔本，並載王理序云："監察御史東平劉君起宗，始以歲貢山東廉訪司爲其書吏居濟南，故翰林承旨王文肅公爲濟南總管，固其鄉先生也，君以諸生事之，文肅教之爲文，出書一編，即此書也。劉君愛之不忘，俾刻之，理命李君晉仲、李君伯羽校之，釐正其次敍，論詩爲首，文爲後，四六以附，凡一百九十餘條，俾學者知其難焉。"並載黃丕烈手跋云："四庫雖收，讀其提要語，序文缺第一葉，以致始受書於王公之劉某，不知其名？且云缺第五葉，今劉起宗之名固在，而第五葉文玉縉案：此四字原缺，以意補之。義都全，此本居然全本矣。"玉縉案：提要以劉氏爲構門人。

金石例十卷

書在元代，版凡三刻，此本乃其子詡至正五年刊於鄱陽者也。

楊氏楹書隅錄有元本十卷，附鈔本附錄一卷，云："是書凡三刻：一濟南本，文僖之子詡刊定，一鄱陽本，王思明校正，一爲龍宗武摹泰和楊寅弼鈔本而刻者。盧雅雨所鐫金石三例，謂從鄱陽本錄出，故有思明序，即此本也。案思明序稱，'至正丁亥，余忝教鄱陽，公之子敏中爲理官，嘗屬郡士楊本端如緝其次第，既已刻於家而公諸人，學之賓師，景陽吳君旭、子謙吳君以牧，謂此書將歸中州，則邦之人焉能一一見之，乃復加校正而壽諸梓，'署款明年'戊子夏六月'，蓋詡本雖校於鄱陽，而實刻於濟南，故思明復雕此本，列之鄱陽學宮以垂永久，詡跋書至正五年者，當是謀始於乙酉耳。四庫總目即據詡本著錄，乃謂至正五年刊於鄱陽，似尚未之審也，焦氏經籍志作楊本撰，誤尤甚矣。末有鈔葉十餘紙，首列伯常先生金石八例，次題‘文章精義，國子助敎臨川李淦耆卿述’，而標題曰‘別卷附錄’，自是從他書寫入。”

懷麓堂詩話一卷

惟好譽其子兆先，殆有王袥畤之癖，是其一瑕耳。

李慈銘孟學齋日記云：“詩話屢稱兒子兆先，尤可異者自舉所作上陵詩，‘野行愁夜虎，林臥起秋蠅’二語，而言兆先謂‘愁’字與‘起’字不對，屢次駁詰，且爲改定曰‘迴夜虎’。夫此二語，本是惡詩，乃荆公‘靑山捫蝨坐黃鳥挾書眠’之流弊，在西涯集中最爲下乘，而津津標舉，以其子爲‘一字師’耶？”

漁洋詩話三卷

士禛論詩，主於神韻，故所標舉，多流連山水、點染風景之詞，蓋其宗旨如是也。 至如石谿橋壁書絕句，乃晚唐儲嗣宗詩，點易數字，士禛不辨，而盛稱之，亦疏於考證。

翁方綱復初齋集坳堂詩集序云：“獻縣戈芥舟坳堂詩集，不蹈格調之滯習，亦不必以神韻例之，顧其槀有任邱邊連寶一序，極口詆斥神韻之非，甚至目漁洋爲神韻家，彼蓋未熟觀古人集，不知神韻之所以然，神韻乃詩中自具之本然，自古作家皆有之，豈自漁洋始乎？古人蓋皆未言之，至漁洋乃明著之耳。漁洋所以拈舉神韻者，特爲明朝李、何一輩之貌襲者言之，此特亦偶舉其一端，而非神韻之全旨也，詩有高古渾樸見神韻者，亦有於風致見神韻者，不能執一以論也，神韻者，本極超詣之理，非可執迹求之，而漁洋猶未免於滯迹也。”格調論略同。又神韻論云:“漁洋有未盡化滯習者,如詠焦山鼎,只知鋪陳鐘鼎款識之料,如詠漢碑,只知敍說漢末事,此皆習作套語,所以事、境偶有未能深切者,則未知鋪陳排比之卽連城玉璞也。”又月山詩稾序云:“又讀月山詩話,雖上下千年評騭不多,而就其大者如漁洋之薄視香山,至於杜公八哀而亦譏之,若李潮八分小篆歌高出韓、蘇之上,皆漁洋持論未定者,得此數條以辨正之,誠詩家定案矣。”

師友詩傳錄一卷續錄一卷

樂府始漢武帝,史有明文,漢初實無是名,篤慶又稱樂府主紀功,古詩主言情。

案漢書禮樂志,孝惠二年,使樂府令夏侯寬備其簫管,更名曰安世樂,王似本此,而與三侯並稱,遂致語不別白。實居以竹枝、柳枝與絕句語度無異,句末加竹枝、柳枝,卽其語以名其詞,音節無別,薛雪一瓢詩話云:“亦有不加竹枝、柳枝者,何以爲語度無異音節不分?若果如此,則仍是絕句,何必別其名曰竹枝、柳枝,要知全在語度音節間分別”,然則此條不特篤慶,卽實居亦誤也。又問詩自三百篇後條,以下皆士禛答,間有實居答,提要謂每一問而三答,亦非。續錄引董逃行、雁門太守行以證用樂府題而不與題相顧者之不始今人,不知宋書樂志載雁門太守行,上文有洛陽行三字,下文有古詞二字,是洛陽行者其題也,雁門太守行者其調也,但用其調,是以與古詞無涉,董逃行如之,提要亦未及糾正。翁方綱復初齋集新城縣新刻王文簡古詩平仄論序云:"方綱束髮學爲詩, 得聞先生緒論於吾邑黃詹事, 因得先生所爲古詩聲調譜者, 旣又見江南屢有刊本, 或詳或略, 又有所謂詩問、詩則者, 其論間有揩柱, 亦大同小異, 今見新城此刻, 抑又不同, 或遂疑其有贋, 方綱蓋嘗熟復先生言詩之旨而知其不相悖也。"

聲調譜一卷

其四平切脚, 如李商隱之"詠神聖功書之碑。"

案李詩外, 所舉各詩皆不見今本, 李詩此句, 亦無說。翁方綱小石帆亭著錄之二所訂趙譜云:"詠神聖功, 功字平聲, 尙未論及", 是所見本卽同今本, 其所注"律句、拗律句及古詩不用韻句, 偶入律調, 以下句救之"之說, 翁皆斥其非, 意以"古詩在律詩先, 非預知後世有律體, 卽偶然如律之句, 皆係必應如此, 非姑著此句, 而尙煩下文出救兵以解之", 所論誠有見。但趙援律句爲說, 以明其聲調爲後學計, 似亦無妨, 惟白居易集半格詩, 謂此卷中半是格詩, 趙誤以半格二字連讀, 因以"半格詩"三字標目, 翁謂應删去, 此則足正其失耳。翁又有五七言詩平仄舉隅, 意在翻案, 亦可備考。涇縣翟翬聲調譜拾遺, 卽廣趙譜而變通之, 與翁意略同, 而不似翁之故爲論難, 如能以趙譜植其基, 以翁、翟博其趣, 斯三書實互相成爾。 又案李重華貞一齋詩說云:"秋谷向余云:'少時作詩, 請政阮亭, 阮亭麤爲點閱, 其竅妙處吝不一示, 因發憤三四月, 始於古、近二體, 每體各分爲二, 蓋古體有古中之古, 古中之近, 近體有近中之古, 近中之近, 截然判析明白, 自此勢如破竹, 詩家竅妙,具得了然於心矣。'"今趙書分前譜、後譜、續譜,似即此意,翁但辨前譜非漁洋著,皆秋谷所爲,尙未見及此也。

宋詩紀事一百卷

然全書網羅賅備,自序稱閱書三千八百一十二家,今江南、浙江所採遺書,經其簽題自某處鈔至某處,以及經其點勘題識者往往而是,則其用力亦云勤矣。

陸氏儀顧堂題跋云:"曹斯棟稗販譏其有遺珠,是矣,惟所舉陳棣諸集,皆出永樂大典,非樊榭所得見也,然遺漏尙不止此,以余寡陋,尙可補百餘家。至其舛誤之處不下百餘條,如趙季西名岍而不著其名,洪平齋咨夔一人分而爲二之類,所錄三千八百一十二人,而不詳出處者一千五百有餘,如柴成務、李固,宋史有傳,而亦不署字里出處,愚已考得數百人,他日當爲宋詩紀事補正。"玉縉案:黃康弼會稽綴英續集、陳世隆宋詩拾遺,鶚未之見,陸氏謂可補百餘家,當不出此兩書。鄭翼謹案:陸氏宋詩紀事補遺百卷,後附補正,已刊行,間亦采及方志。

五代詩話十卷

其中有尤而效之者,如原本載羅隱謝表、殷文圭啓事,本爲四六駢詞,無關吟詠,他若李氏藏書,太原草檄,和凝之論擬符,桑維翰之鑄鐵硯,徐寅之獻過大梁賦,直成雜事,無預於詩,一概從刪,殊有廓清之功,而李後主跋懷素書,亦無關詩事,乃錄之不遺。原本方干、鄭谷、唐球諸人,上連唐代,方坤既已刊削,而司空圖之不受梁官,韓偓之未食閩祿,例以陶潛稱晉，仍是唐人，列之五代，亦乖斷限。至潘慎修獻宋太宗詩，劉兼長春節詩，宋事、宋人，一併闌入，尤泛濫矣。又如蘇軾演陌上花，晁補之撰芳儀曲，李淑題周恭帝陵，宋徽宗書白居易句，雖詠五代之事，實非五代之人，一概增入，則詠明妃者當列之漢詩，賦雀臺者應入之魏集，自古以來，無斯體例，貪多務得，方坤亦自言之矣。至於"江南江北舊家鄉"一首，江表志以爲楊溥，馬令南唐書以爲李煜，嘲宋齊邱喪子一詩，夢溪筆談以爲老瞽樂工，漁隱叢話以爲李家明，如此之類，不一而足，前後並載，既不互注，又不考定，亦屬疏舛。

粵雅堂本伍崇曜跋云："例言稱離乎詩而泛及，雖有事蹟壯尋，要無聲律可采，概從芟薙，然如姚垍一條，引竹坡詩話，但論黃山谷詩，而謂推波助瀾，殊可不必，與楊凝式末一條，引珊瑚網正同。至如黃損'生平願作樂中箏'一詞，見歷代詩餘，膾炙人口，而亦未采入，孟賓于，吟窗雜錄與詩話總龜、詩中旨格，均載其詩，而亦未見，則罣漏之譏，仍所不免。又如孟貫一條，同一詩也，引江南野錄，謂其釋褐授官，引漫叟詩話，謂其正坐詩窮，所謂轉喉觸諱，殆自相矛盾，至如同一詩而互見各條者殆難更僕，亦微嫌屋上架屋，尚乏翦裁。"玉縉案：一詩互見，如宴時唱韓琮柳枝詞，一引全唐詩話屬王衍，一引十國春秋屬孟昶，此類猶可曰原書爲兩事，一時未暇考定。錢宏偁條引十國春秋，固見宏偁所由名，而寶誌銅牌條引詩話總龜，則是眞宗諱當之，推之王審知條引如齋類稾，乃明人詩，皆所謂有乖斷限者也。李贊華條引契丹國志，不言唐明宗賜姓名，則"東丹王突欲"五字，與標題不相應，李翰條引玉壺清話，不考其字之當作"瀚"或作"澣"，則與其兄李濤名從水旁者不類，余別有書後一篇詳之。

詩文評類存目

詩式一卷

考陳振孫書錄解題，載詩式五卷，詩議一卷，唐釋皎然撰，以十九字括詩之體，此本既非五卷，又一十九體，乃末一條，陳氏不應舉以概全書。陳氏又載正字王元擬皎然十九字一卷，使僅如今本一條，則不能擬爲一卷矣，殊參差可疑。

陸氏藏書志有舊鈔本五卷，並載盧文弨手跋云："此書世有鐫本，俱不全，今乃得此五卷完備者，從兩漢及唐，詩人名篇麗句，摘而錄之，差以五格，括以十九體，此所以謂之式也，若世間本，則虛張其目而已，豈知其用意之所在乎？讀杼山詩者，卽以其所謂格與體者求之，不可知其撰造之有自乎？"陸氏並加案語云："四庫開館時未見此本，進呈者惟後人掇拾之一卷本，故斥而不收，此本首尾完具，知爲罕覯之祕笈矣。"

吟窗雜錄五十卷

舊本題狀元陳應行編，前有紹興五年重陽後一日浩然子序，末有嘉靖戊申孟夏崇文書堂家藏宋本刊字，蓋僞書也。

瞿氏目錄有影鈔宋本，云："此書舊爲蔡君謨孫名傳者所輯，凡前人論詩諸書都爲一編，本三十卷，見直齋書錄。

是本題狀元陳應行編，有自序，乃宋末麻沙本，竄易姓氏、重編卷第以眩人也。”

全唐詩話十卷

考周密齊東野語載賈似道所著諸書，此居其一，蓋似道假手廖瑩中，而瑩中又剽竊舊文，塗飾塞責，後人惡似道之姦，改題袤名以便行世，遂致僞書之中又增一僞撰人耳。毛晉不爲考核，刻之津逮祕書中，疏亦甚矣。

丁氏藏書志有正德刊本三卷，云：“中有咸淳辛未重陽遂初堂書云：‘余少有詩癖，甲午奉祠湖曲，專意此事，唐人詩誦之尤習，彙而書之，名曰全唐詩話，未幾，馳驅於外，此事便廢，邇來三十有八年，今又蒙恩使養湖曲，因理故篋，復得是編，披覽慨然，恍如疇昔浩歌縱談時也。’周密齊東野語載賈似道所著書有全唐詩話，武林舊事載集芳御園後賜賈平章，有秋壑遂初客堂，度宗御書，此跋時地相合，後人惡似道之姦，以遂初與尤袤同名，故改題文簡，毛子晉踵正德刻之誤而刻入津逮祕書，可見正譌之不易也。”鄭翼謹案：尤袤卒於紹熙間，下距咸淳，已七八十年矣。

蠖齋詩話二卷

如顏眞卿判楊志堅妻，李翺嫁韋應物女，李紳題放生池，胡釘鉸感夢能詩，廖有方葬胡秀瑄，韓愈、孟郊友善，韓愈等獎進後輩，淳化中老妓詩，老叟改薩天錫詩，石介慶曆盛德頌，艮岳詩讖，李後主題金樓子，劉長卿題詩不署姓，凡一十三條，皆直錄舊文以爲己語，殊不可解？

案洞庭烈女條，見陶式南筆獵、査爲仁蓮坡詩話，互有異同,蓋亦錄舊文耳。

圍爐詩話八卷

吳喬撰,喬字修齡,崑山人。是書所論,如"意喻之米,文則炊而爲飯,詩則釀而爲酒,飯不變米形,酒則變盡,如小弁、凱風諸篇,斷不能以文章之道平直出之",又謂"詩之中須有人在",趙執信作談龍錄,皆深取其說。

案張穆閻氏年譜云:"喬又名殳,字修齡,常熟人。"案趙云:"圍爐詩話,余三客吳門,徧求之不得,獨見其與友人書一篇"云云,蓋"詩中須有人在,及意喻之米"等語,雖亦見於詩話,而趙則取之於其與友人書耳,此殊欠別白。又吳騫拜經樓詩話云:"吳喬於雙聲疊韻尤多強解,如'月影侵簪冷,江光逼屐清',謂侵簪、江光爲疊韻,不知月影、江光並雙聲,侵簪、逼屐並疊韻也。又不知懸瓠礙碻之語,而以重翻爲雙聲,重切爲疊韻,尤爲夢囈。"玉縉案:喬所著詩名舒拂集。

原詩四卷

謂謝靈運勝曹植,亦故爲高論耳。

案燮謂"五古漢、魏無轉韻者,至晉以後漸多,"又云:"五言樂府,或數句或四句一轉韻",此又不可泥。案十九首,"行行重行行","冉冉孤生竹","生年不滿百",皆換韻,魏文帝雜詩,"棄置勿復陳,客子常畏人",曹植"去去勿復道,沈憂令人老",皆末二句換韻,此類不可悉數,燮以五古漢、魏無轉韻,殆以文選注引古詩,多云枚乘樂府,因以十九首爲樂府乎?然曹植、陸機所製,時稱乖調,劉勰文心雕龍云:"無詔伶人,故事謝絲管",據此,則文人樂府,亦有不能歌者,詩、樂分界,疑即在漢、魏之際,葉說殊未分曉。

四庫全書總目提要補正卷六十

詞曲類

樂章集一卷

今止一卷，蓋毛晉刊本所合併也。

丁氏藏書志有明鈔本三卷，云："毛刻作一卷，且於上卷尾棄原本未全之詞，删削以滅其迹，最爲大謬。"胡仔漁隱叢話後集三十九引藝苑雌黄云："柳三變字景莊，一名永，字耆卿，喜作小詞，然薄於操行，當時有薦其才者，上曰：'得非填詞柳三變乎？'曰：'然'，上曰：'且去填詞'，由是不得志，日與獧子縱游娼館酒樓間，無復檢約，自稱云：'奉聖旨填詞柳三變。'柳之樂章，人多稱之，然大概非羈旅窮愁之詞，則閨門淫媟之語，其所以傳名者直以言多近俗，俗子易悦故也。皇祐中，老人星現，承應制撰詞，意望厚恩，無何，始用'漸'字，終篇有'太液波翻'之語，其間'宸游鳳輦何處？'與仁廟挽詞闇合，遂致忤旨，士大夫惜之。余謂此詞借使不忤旨亦無佳處，如'嫩菊黄深，拒霜紅淺'，竹籬茅舍間，何處無此景物？方之李謫仙、黄英公等應制辭，殆不晉天冠地履也。世傳永嘗作輪臺子蚤行詞，頗自以爲得意，其後張子野見之云：‘既言“匆匆策馬登途，滿目淡煙衰草”，則已辨色矣，而後又言“楚天闊，望中未曉”，何也？抑何語意顛倒如是。’”

安陸集一卷附錄一卷

此本乃近時安邑葛鳴陽所輯，凡詩八首、詞六十八首。

阮元擘經室外集著錄侯文燦編名家詞十卷，中有張子野詞，云一百三十首，較爲完善，末附東坡題跋。丁氏藏書志有明鈔本張子野詞一卷，云：“詞一百二十九闋，即名家詞中之一。”玉縉案：兩書首數互異，未知孰是？要勝於葛本。

東坡詞一卷

詞自晚唐、五代以來，以淸切婉麗爲宗，至柳永而一變，如詩家之有白居易，至軾而又一變，如詩家之有韓愈，遂開南宋辛棄疾等一派，尋源溯流，不能不謂之別格。

汪莘方壺詞嘉定元年自序云：“詞至東坡而一變，其豪妙之氣，隱隱然流出言外，二變而爲朱希眞，多塵外之想，三變而爲辛稼軒，乃寫其胸中事，尤好稱淵明。”玉縉案：此說足與提要相證明，特錄之。

小山詞一卷

惟存無名氏跋後一篇，據其所云，似幾道詞本名補亡，以爲補樂府之亡，單文孤證，未敢遽改，姑仍舊本題之。

胡仔漁隱叢話後集云：“雪浪齋日記謂‘晏叔原工於小詞，“舞低楊柳樓心月，歌盡桃花扇影風”，不愧六朝宮掖體’，无咎評樂章，乃以爲元獻詞，誤也。元獻詞謂之珠玉集，叔原詞謂之樂府補亡集，此兩句在補亡集中”，據此，則其詞名樂府補亡，又有一證。

晁无咎詞六卷

此本爲毛晉所刊，題曰琴趣外篇，其跋語稱詩餘不入集中，故名外篇，又分爲六卷，與書錄解題皆不合，未詳其故？卷末洞仙歌一首，爲補之大觀四年之絕筆，則舊本不載，晉摭黄昇花菴詞選補錄於後者也。陳振孫於淮海詞下記補之之言曰：“少游詞，如‘斜陽外寒鴉數點，流水繞孤村’，雖不識字人亦知是天生好言語”，觀所品題，知補之於此事特深。刊本多譌，今隨文校正，其引駕行一首，證以柳永樂章集及集內“春雲輕鎖”一首，實佚其後半，無從考補，今亦仍之。

案吳氏雙照樓景宋本晁氏琴趣外篇六卷，無卷末洞仙歌，又卷五引駕行上闋，“春雲輕鏁，春風乍扇園林曉，埽華堂，正桃李芳時，誕辰還到，年少，記絳蠟光搖，金猊香郁，寶妝了，驟駿馬天街向晚，喜同車，詠窈窕”，下闋“多少，盧家壼範，杜曲家聲榮耀，慶孟光齊眉，馮唐白首，鎮同歡笑，縹緲，待琅函深討，芝田高隱，去偕老，自別有壺中永日，比人間好。”集內祗此一首，提要云：“其引駕行一首”，又云：“及集內‘春雲輕鎖’一首”，似此調有兩首，俟考。

鄭翼謹案：提要蓋本詞律，晁詞另一首見花艸粹編。胡仔漁隱叢話後集三十三引復齋漫錄云：“无咎評本朝樂章，不見諸集，今錄於此云：‘世言柳耆卿曲俗，非也。如八聲甘州云：“漸霜風悽慘，關河冷落，殘照當樓”，此唐人語，不減高處矣。歐陽永叔浣溪紗云:"堤上游人逐畫船,拍堤春水四垂天,綠楊樓外出鞦韆",要皆絕妙,然只有"出"字,自是後人道不到處。東坡詞,人謂多不諧音律,然居士詞,橫放傑出,自是曲中縛不住者。黃魯直間作小詞,固高妙,然不是當家語,自是着腔子唱好詩。晏元獻不蹈襲人語,而風調閑雅,如"舞低楊柳樓心月,歌盡桃花扇影風",知此人不住三家村也。張子野與柳耆卿齊名,而時以子野不及耆卿,然子野韻高,是耆卿所乏處,近世以來,作者皆不及秦少游,如"斜陽外,寒鴉數點,流水繞孤村",雖不識字,亦知是天生好言語。'"據此,則晁評樂章語,不止淮海詞,且先見於漫錄,其中誤以晏幾道"舞低楊柳"二句爲晏殊,雪浪齋日記已辨之,見小山詞條下,叢話又引藝苑雌黃云:"少游詞,'寒鴉萬點流水遶孤村'之句,人皆以爲少游自造此語,殊不知亦有所本,予在臨安,見平江梅知錄云:'隋煬帝詩云:"寒鴉千萬點,流水遶孤村"',少游用此語也。"據此,則晁評淮海詞,亦未知其有所因襲。

漱玉詞一卷

胡仔苕溪漁隱叢話稱其再適張汝舟,未幾反目,有啓事上綦處厚云:"猥以桑榆之晚景,配茲駔儈之下材",傳者無不笑之,今其啓具載趙彥衛雲麓漫鈔中,李心傳建炎以來繫年要錄,載其與後夫構訟事尤詳,此本爲毛晉汲古閣所刊,卷末備載其軼事逸文,而不錄此篇,蓋諱之也。

盧見曾雅雨堂遺集刻金石錄序云:"相傳易安更嫁,余以是書所作跋語考之而知其決無是也。德夫歿時,易安年四十六矣，遭時多難，流離往來，具有蹤蹟，又六年，始爲是書作跋，是年已五十有二，以如是之年而猶嫁，嫁而猶望其才地之美、和好之情，亦如德夫昔日，至大失所望而後悔之，猶不肯飲恨自悼，輒諜諜然形諸簡牘，此常人所不肯爲，而謂易安之明達爲之乎？觀其洊經喪亂，猶復愛惜一二不全卷軸，如護頭目，如見故人，其惓惓德夫，不忘若是，安有一旦忍相背負之理？此子輿氏所謂'好事者爲之'，或造謗如碧雲騢之類，其又可信乎？易安父李文叔，卽撰洛陽名園記者，文叔之妻，王拱辰孫女，亦善文，其家世若此，尤不應爾，余因刊是書而並爲正之。"玉縉案：盧說甚是，毛晉備載其軼事逸文而不及更嫁事，蓋已知其誣，提要乃以爲諱之謬矣。　俞正燮癸巳類稾有易安事輯，辨別尤爲詳備，陸心源儀顧堂題跋事輯書後，以爲"建炎以來要錄，'妻'字上當脫'趙明誠'三字，其啓卽汝舟所改，非別有怨家"，更推闡盡致。余謂洛陽名園記有紹興八年張琰序云："文叔在元祐官太學，丁建中靖國再用邪朋，竄爲黨人，女適趙相挺之子，亦能詩，上趙相救其父，云'何況人間父子情'，識者哀之"，據此，則紹興八年，易安必未再嫁，故琰序及之。易安跋金石錄，在紹興二年，至是年且五十有八矣，豈有轉瞬六十之老婦而忽易操者乎？此亦足爲盧說推廣者也。陳漢章謹案：李越縵日記書儀顧堂題跋後，視俞氏更詳。○鄭翼謹案：俞、陸、李諸說並見證璧集，況氏案語，意謂"明誠卒建炎三年，卽有改適，必此數年，而此數年，易安、汝舟蹤跡判然，安有此事？書之以廣諸家所未備"云云。　又是集有道光壬午錢塘女子汪玢漱玉詞彙鈔本，於毛本外，增輯若干闋，並錄諸家詞話及事輯，視此本爲勝。

蘆川詞一卷

宋史藝文志載其詞二卷，陳振孫書錄解題則作一卷，與此本合。至稱其"洒窗間惟稷雪"句，引毛詩疏爲證，謂用字多有出處。

瞿氏目錄有宋刊本二卷，云："舊不題名，亦無序跋，案直齋書錄謂三山張元幹仲宗撰，作一卷，此分上下二卷，每葉板心有'功甫'二大字，疑是仲宗別字，何義門但見影鈔本，仞爲錢功甫錄本，謬矣。朱氏詞綜所選，據毛氏所刻六十家本，故多譌字，如賀新郎'況人情易老悲如許'，'如許'譌作'難訴'，'凉生岸柳催殘暑'，'催'譌'摧'，石州慢'到得卻相逢'，'卻'譌'再'，怨王孫'樓外柳暗誰家'？'柳暗'二字譌倒，遂不成句，'小硏魚箋'，'硏'譌'硯'，毛刻次序亦異，幷羨幾首，不知出何本也？"丁氏藏書志有明鈔本一卷，云："此本仍作喜遷鶯，至'灑窗間惟稷雪'，此本仍作'霰雪。'" 玉縉案：近吳氏雙照樓景宋本二卷，與瞿本悉合，至"灑窗間惟稷雪"，乃第二卷夜遊宮上闋結語，作"洒牕閒霰雪"，祇五字非六字，與丁本微異。後有壬子繆荃孫跋云："讀書敏求記舊鈔足本詞曲類末條云：'張元幹蘆川詞二卷，匏庵先生手書，詞中多呼"不"字爲"府"字，與"府"同押，蓋閩音也'，然則此書爲吳文定公手書，拈出，愈爲是書增重。宋本仍在瞿氏，此書亦從瞿氏流出，書後有恬裕齋印。首闋賀新郎'過苕溪尙許垂綸否？

風浩蕩，影飛舉’，上闋末三字‘醉中舞’，卽敏求記所謂閩音也。宋人彙刻，如江西詩派之節操集署‘倚松’，三公類稾之署‘南塘、梅亭’，皆口上特標兩字，又何疑乎功甫。”

鄭賢謹案：書錄解題作倚松集，饒節德操撰，今本沈氏仿宋刻江西詩派，作倚松老人集。

于湖詞三卷

此本爲毛晉所刊，第一卷末，卽繫以跋，稱恨全集未見，蓋祇就詞選所載二十四闋，更摭四首益之以備一家，後二卷則無目錄，亦無跋語。其後已見全集，刪其重複，另編爲兩卷以續之，而首卷則未重刊，故體例特異耳。

張氏藏書志、瞿氏目錄並有影鈔宋本于湖先生長短句五卷，拾遺一卷。張云：“是書毛氏初刊一卷，繼得全集，續刊兩卷，篇次均經移易，幷刪去目錄內所注宮調，此則猶是宋時原本。”瞿云：“此出乾道間刻本，有陳應行、湯衡序，毛氏六十家詞本，章次俱不合。” 玉縉案：仁和吳氏影刻宋本于湖居士文集卷三十一之三十四樂府四卷，共一百八十二首。

克齋詞一卷

惟湖州府志及溧陽縣志，均載端節寓居溧陽，嘗令蕪湖，知衡州，提舉江東茶鹽，淳熙間，官至朝散大夫。至念奴嬌“尋幽覽勝”一闋，似屬端節自道，據詞中“自笑飄零驚歲晚，欲挂衣冠神武”，及“羣玉圖書，廣寒宮殿，一一經行處”云云，則端節固當曾官京職，以其題已佚，遂無可援據。

陸氏儀顧堂續跋云：“端節乾道三年任蕪湖縣丞，加意民璞，時大旱，禱雨有感，建志喜齋於神山，後升蕪湖知縣，見太平府志、蕪湖縣志，蓋克齋亦當時循吏，非僅以詞見長者。”

稼軒詞四卷

棄疾有南燼紀聞，已著錄。書錄解題載稼軒詞四卷，又云：“信州本十二卷，視長沙本爲多，”此本爲毛晉所刻，亦爲四卷，而其總目又注原本十二卷，殆即就信州本而合併之歟？

案南燼紀聞，本書未著錄，五十二靖康蒙塵錄下，但云“所載與世所傳南燼紀聞文多相同”，又南渡錄、竊憤錄下云：“或並題爲辛棄疾撰”，至一百美芹十論下，始詳其仕履，一百七十四蕊閣集下，則云“棄疾有美芹十論”，諸文皆與通例不合。又張端義貴耳集云：“呂婆即呂正己之妻，淳熙間，名達天聽，呂婆有女事辛幼安，以微事觸怒，逐之，今稼軒‘桃葉渡’詞因此而作。”玉縉案：即集中祝英臺近所謂“寶釵分，桃葉渡，煙柳暗南浦”者也。恐學者不明，附及之。丁氏藏書志有明刊本十二卷，云：“毛晉六十家詞刻作稼軒詞四卷，海源閣楊氏藏元刊十二卷，此爲大梁李濂評本，天一閣書目有之。”

白石道人歌曲四卷別集一卷

顧廣圻思適齋集姜白石集跋云：“曏者，山尊學士見語曰：‘子曾校文選，亦知吳都賦今本有脫句否？’予叩其故，則舉白石琵琶仙詞題中引吳都賦‘戶藏煙浦，家具畫船’二句，予心知白石雖聖於詞，而此卻不可爲典要，然當時無切證，未能奪之。今校姚鼎臣文粹，至李庾西都賦，有曰：

'其近也方塘含春，曲沼澄秋，戶閉煙浦，家藏畫舟'，則正其所引矣。'藏具'兩字皆誤，又誤'舟'爲'船'，致失原韻，且移唐之西都於吳都，地理尤錯，可見白石但襲志書或類書之舛耳，豈得便謂之文選脫文哉？"

夢窗稾四卷補遺一卷

此本即晉所刻，而四稾合爲一集，則又後人所移併也。所錄絕筆鶯啼序一首，殘闕過半，而乃有全文在乙稾補遺之中，絳都春一首，亦先載乙稾之中，今卷末仍未削去，是亦刊非一時，失於檢校之故矣。　案文英卒于淳祐十一年辛亥。而又有壽賈似道諸作，殆亦晚節頹唐，如朱希眞、陸游之比。

案杜文瀾有重刊吳夢窗詞稾，別爲編次，前有劉毓崧序，據集中壽嗣榮王等闋，皆用皇太子故實，以爲斷不在景定元年五月以前，並據周草窗詞內拜星月慢一闋，題爲春暮寄夢窗，蘋洲漁笛譜此詞有序，謂作於癸亥春間，以爲辛亥之作非絕筆，毛晉跋誤。又據壽秋壑等闋所用地名、古迹，在似道未握重權之前，以爲"似道晚節，誤國之罪固不容誅，而早年任事之才實有可取，觀於元世祖攻鄂之時，似道作木柵環城，一夕而就，世祖顧扈從諸臣曰：'吾安得如似道者用之'，其後廉希憲對世祖，亦嘗稱述此言。是似道在彼時，固曾見重於敵國君相，故周草窗雖深惡似道之擅權，而於前此措置合宜者未嘗不加節取。王魯齋爲講學名儒，生平不肯依附似道，而其致書似道，亦嘗稱其援鄂之功，則夢窗於似道未肆驕橫之時贈以數詞，固不足爲累。況淳祐十年，歲在庚戌，下距景定庚申已及十年，此十年中，似道權勢日隆，而夢窗未嘗續有投贈。且庚申、辛酉，正似道入居揆席之初，而夢窗但有壽榮邸之詞，更無壽似道之詞，不獨見似道專擅之跡日彰早自疏遠，亦以疇昔受知於吳履齋，詞槀中有追陪游讌之作，最相親善，是時履齋已爲似道誣譖罷相，將有嶺表之行，夢窗義不肯負履齋，故特顯絕似道耳。贈似道四闋，豈但不足爲夢窗人品之玷，且適足見夢窗人品之高，此知人論世者所當識也。”其文頗長，亦在通義堂文集中。

斷腸詞一卷

淑眞海寧女子。

案別集存目斷腸集下，稱淑眞錢塘女子，前後矛盾，且依提要通例，當云淑眞有斷腸集已著錄。陳漢章謹案：況周儀玉棲詞話以爲錢塘人，世居桃村。○鄭翼謹案：況氏證璧集疑桃村別是一人，與此異，蓋詞話署名周儀，爲光緒間作，後以避諱改周頤，而集刊於甲子，遠在其後，當以後說爲準。

山中白雲詞八卷

循王張浚之五世孫。　以春水詞得名，人因號曰張春水，其後編次詞集者卽以此首壓卷，倚聲家傳誦至今。然集中他調似此者尙多，殆如賀鑄之稱梅子，偶遇品題，便爲佳話耳，所長實不止此也。

秦恩復刊詞源本有江藩記云：“叔夏乃循王之裔。宋史循王傳，子五人，琦、厚、顏、正、仁，其後不可考，淳熙間，最著者爲張鎡功甫，史浩廣壽慧雲寺記，稱鎡爲循王曾孫，石刻碑文後有鎡孫楃跋，蓋以五行相生爲世次之名者始於功甫，功甫之子，賞心樂事稱爲小庵主人而佚其名，功甫之名從金，金生水，水生木，小庵主人之子所以名樞也。詞源下卷云：'先人曉暢音律，有寄閒集，旁綴音譜，刊行於世，曾賦瑞鶴仙一詞，捲簾人睡起'云云，此詞乃張樞所作，樞字斗南，號雲窗，一號寄閒老人，樞與樞名皆從木，是爲弟兄行，木生火，故玉田名炎也。以張氏世系計之，叔夏乃循王之六世孫，袁淸容贈玉田詩，稱爲循王五世孫，誤矣。"據此，則提要乃沿袁之誤。粵雅堂詞源伍崇曜跋云："鄧牧心伯牙琴，稱其以春水詞得名，人稱張春水，孔行素至正直記，稱其以孤雁詞得名，人稱張孤雁，厲樊榭山中白雲詞跋並引之，其實玉田詞三百首，幾於無一不工，所長原不止此也。"

珂雪詞二卷

其總目所載補遺，尙有卜算子、浪淘沙、木蘭花、春草碧、滿江紅、百字令、木蘭花慢、臺城路等八調，而皆有錄無書，殆以附在卷末，裝緝者偶佚之歟？

靜嘉堂祕籍志載是書云："卷首有王煒、高珩、陳維崧三序，詞評、詞話、題辭，末有補遺一卷，提要云有錄無書者皆存，蓋康熙中刊本也。"

尊前集二卷

考宋張炎樂府指迷曰："粵自隋、唐以來，聲詩間爲長短句，至唐人則有尊前、花間集"，似乎此書與花間集皆爲五代舊本，然樂府指迷一云沈伯時作，又云顧阿瑛作，其爲眞出張炎與否？蓋未可定。又陳振孫書錄解題歌詞類，以花間集爲首，注曰："此近世倚聲塡詞之祖"，而無尊前集之名，不應張炎見之，而陳振孫不見，彝尊定爲宋本，亦未可盡憑，疑以傳疑，無庸強指。

丁氏藏書志有明鈔本一卷，云："前無顧序，後有'四十五葉'四字，押以'梅鼎祚印'圖記，鼎祚去萬曆時甚近，如果爲顧輯，必不鄭重如此，況所錄之詞皆屬唐代，絕不下及宋初，似可信爲五代時舊帙也。"

樂府雅詞三卷補遺一卷

是編皆輯宋人之詞，前有朱彝尊題詞，謂陳氏書錄解題載曾端伯樂府雅詞一十二卷，拾遺二卷，此本鈔自上元焦氏，止存三卷及拾遺，殆非足本，然彝尊曝書亭集又載此書跋云："繹其自序，稱三十有四家，合三卷，爲足本無疑"，蓋此卷首所載爲彝尊初槀，集所載乃詳定之本也。慥自序謂"涉諧謔則去之，當時豔曲謬託歐公者悉删除之"，則命曰雅詞，具有風旨，非靡靡之音可比。至於道宮薄媚、西子詞排遍之後，有入破、虛催、衮遍、催拍、歇拍、煞衮諸名，皆他本所罕載，猶見宋人舊法，不獨九張機詞僅見於此，是又足資詞家之考證矣。

秦恩復刊本跋云："雅詞卷數，與直齋書錄解題合，竹垞誤以文獻通考爲解題，作十二卷，其實非也。三卷計三十有四家，去取之意，未爲定論，拾遺所收，並及李後主，毛祕監之作，則又不止於宋人矣。惟卷首載轉踏調笑、九張機、道宮薄媚諸詞，爲他選所未及，而南宋以後詞人，藉此書十存其五六，卽藏書家亦罕著錄，原本書字不書名，略爲注明，以資尋覽。拾遺內如張未滿庭芳後段起句之添字，且用短韻，沈唐霜葉飛句讀與各家不同，俞秀老阮郎歸之減字，無名氏瀟湘靜後段起句之不押韻，無名氏卓牌兒前後段之減字少押韻，無名氏燕歸梁與各家句讀不同，皆詞家所當參考者也。刻成，爲質其疑義如此。" 胡仔漁隱叢話云："曾端伯慥編樂府雅詞，以秋月詞念奴嬌爲徐師川作，梅詞點絳脣爲洪覺範作，皆誤也，秋月詞乃李漢老，梅詞乃孫和仲，和仲卽正言諤之子也。又世傳江城子、青玉案二詞皆東坡所作，然西淸詩話謂江城子乃葉少藴作，桐江詩話謂靑玉案乃姚進道作。又雅詞中有漢宮春梅詞，云是李漢老作非也，乃晁沖之叔用作，政和間，作此詞獻蔡攸，是時朝廷方興大晟府，蔡攸攜此詞呈其父云：'今日於樂府中得一人'，京覽其詞，喜之，卽除大晟府丞。"

花菴詞選二十卷

宋黃昇撰，其書成於淳祐乙酉。　觀昇自序，其意蓋欲以繼趙崇祚花間集、曾慥樂府雅詞之後。

案昇字叔暘，號玉林，自序及胡德方序，並稱淳祐己酉，非乙酉。又自序稱"唐詞具載花間集，宋詞多見於曾端伯所編，而復雅一集又兼采唐、宋迄於宣和之季，凡四千三百餘首，吁，亦備矣！況中興以來，作者繼出"云云，繹其語意，是前集欲以繼趙、曾之選，後集則意在繼復雅也。復雅者，陳氏所謂鮦陽居士所編，不著姓名者也，提要因此不復舉，疏矣。

類編草堂詩餘四卷

舊傳南宋人所編，考王楙野客叢書作於慶元間，已引草堂詩餘張仲宗滿江紅詞，證蝶粉蜂黃之語，則此書在慶元以前矣。詞家小令、中調、長調之分自此書始，後來詞譜，依其字數，以爲定式，未免稍拘，故爲萬樹詞律所譏.然塡詞家終不廢其名，則亦倚聲之格律也。朱彝尊作詞綜，稱草堂選詞可謂無目，其詆之甚至，今觀所錄，雖未免雜而不純，不及花間諸集之精善，然利鈍互陳，瑕瑜不掩，名章俊句，亦錯出其間，一槩詆排，亦未爲公論。此本爲明杭州顧從敬所刊，前有嘉靖庚戌何良俊序，稱爲從敬家藏宋刻，較世所行本多七十餘調，其刻在汲古閣本之前。又諸詞之後，多附以當時詞話，汲古閣本皆無之，考所引黃昇花菴詞選、周密絕妙好詞，均在宋末，知爲後來所附入，非其原本。

友人吳伯宛昌綬乙卯年覆刻洪武壬申遵正書堂本，題"增修箋注妙選羣英草堂詩餘前後集"，各分上下卷，半葉十三行，行大字二十三，小字二十九、三十不等，前有類選羣英詩餘總目，前集春景、夏景、秋景、冬景四類，後集節序、天文、地理、人物、人事、飮饌、器用、花禽七類，子目六十有六，句下注故實，後附詞話，各類中多有新增或新添字，標題亦曰增修。吳氏跋云："直齋書錄解題 草堂詩餘 二卷，書坊編集者，此見於著錄之始，惟其出坊肆人手，故命名不倫，所采亦多蕪雜，取便時俗，流傳寖廣，宋刻今不可見，遵正書堂刊本，非宋時二卷之舊，在今日已爲古本，日本守野博士有元至正癸未廬陵泰宇書堂刊本，後集與洪武本同，惟前集半葉十二行，注語行款小異，版已刓敝，中多缺葉，癸未至壬申僅五十年，泰宇、遵正，同是江西坊肆，蓋先有十二行本，歲久版損，遂以十三行本之後集合印，轉不如洪武本爲完善也。昌綬又有嘉靖間安肅荆聚春山所刻大字本，半葉九行，行大小均十八字，亦從此出，天一閣舊藏嘉靖戊戌閩沙太學生陳鍾秀校刊二卷本，南京國子監丞陳宗謨序，題'精選名賢詞話草堂詩餘'，分時令、節序、懷古、人物、人事、雜詠六類，次序不同，注亦有異，其目錄題'重刊草堂詩餘'，雖經羼亂，尙未盡失其眞。至嘉靖庚戌，上海顧從敬刻類編草堂詩餘四卷，題武陵山人編次，開雲逸史校正，以小令、中調、長調分編，間采詞話，是爲別本之始，何良俊序稱從敬家藏宋刻，較世行本多七十餘調，明係依託，自此本行，而舊本遂微。如萬曆間上元崑石山人本四卷，則用顧刻增注故實，金谿胡桂芳本三卷，則用顧刻改分時令、名勝、花卉、禽鳥、宮閨、人事、雜詠七類，吳郡沈際飛本六卷，則用顧刻加以評注，又附別集、續集、新集，汲古閣詞苑英華本，則用顧刻删去詞話，此類尙多，要皆自顧本出也。光緒間，王給諫鵬運始刻陳鍾秀本，於顧刻分調之謬辨之甚晰，特猶未覩元、明舊帙，四百年來，相沿之陋，今乃爲之別白，因略疏源流如左"云云。又云："沈際飛本，秦士奇序曰：'詞流於唐而盛於宋，乃選塡詞曰草堂詩餘，而楊用修以青蓮詩名草堂集，詩餘者，青蓮憶秦娥、菩薩蠻二首爲開山詞祖，案前人釋草堂名義，僅見升菴此說，元鳳林書院選詞，復襲其名，尤可異已。"玉縉案：洪武本後集胡浩然萬年歡一闋，注引宋陶穀詞云云，知增修箋注，當出於元人。　譚廷獻復堂日記四云："所錄但芟去柳耆卿、黄山谷、胡浩然、康伯可、僧仲殊諸人惡札，則兩宋名章迥句傳誦人間者略具，宜其與花間並傳，未可廢也。詩餘續編二卷，不知出何人？擇言雅矣，然原選正不諱俗，蓋以盡收當時傳唱歌曲耳，續采及元人，疑出明代，然卷中錄稼軒、白石諸篇，陳義甚高，不隨流俗。"玉縉案：譚所見當是沈本。

樂府補題一卷

不著編輯者名氏。

瞿氏目錄有舊鈔本，云："不著編輯姓氏，案陳旅安雅堂文集陳恕可墓誌，知爲恕可所輯，舊鈔'陳'皆誤'練'，所錄皆宋末人詞，王沂孫云云凡十三人，多一題同賦，題下注明其處，曰委宛山房、浮翠山房、紫雲山房、餘閑書院、天柱山房等，蓋當時會友所作也。委宛山房，即恕可所居之室，自號委宛山人。"

詞綜三十四卷

其立說大抵精確，故其所選能簡擇不苟如此。

吳騫拜經樓詩話二云："宋姚述堯字進道，錢塘人，紹興二十四年進士，所著有簫臺公餘詞一卷，生平與張无垢、施彥執諸公友善，橫浦集中有和進道詩，彥執北窗炙輠錄述進道語尤多炙輠錄謂進道華亭人，豈其祖貫與？詞綜直以進道爲名，而所載'三年枕上吳中'一首，又見於東坡集，不可解也？"　瞿氏目錄有金刊殘本蕭閑老人明秀集，云："金蔡松年撰，題雷溪子魏道明元道注解，朱氏輯詞綜未見此集，僅於中州樂府中錄取，誤以所著爲蘿閑公集。"又有舊鈔本陽春白雪八卷，外集一卷，云："宋趙聞禮編，聞禮所著有釣月詞，今已佚，卷中有玉漏遲、法曲獻仙音、瑞鶴仙、好事近四闋，又郭從範瑞鶴仙、浣溪紗、念奴嬌三闋，朱氏詞綜未載其人，可以補闕。"又有鈔本遺山新樂府五卷，云："金元好問撰，世無刊本，竹垞輯詞綜，取諸明人選本，未見是編"，又有元刊本朝野新聲太平樂府八卷，云："楊朝英集，舊爲朱竹垞藏本，而中如貫酸齋、關漢卿、姚牧菴諸人。詞綜俱未錄入，蓋纂輯時猶未獲此書也。"

十五家詞三十七卷

是編所輯國朝詞共十五家，吳偉業梅村詞二卷、梁清標棠村詞三卷、宋琬二鄉亭詞二卷、曹爾堪南溪詞二卷、王士祿炊聞詞三卷、尤侗百末詞二卷、陳世祥含影詞二卷、黄永溪南詞二卷、陸求可月湄詞四卷、鄒祗謨麗農詞二卷、彭孫遹延露詞三卷、王士禛衍波詞二卷、董以寧蓉渡詞三卷、陳維崧烏絲詞四卷、董俞玉鳧詞二卷。

玉縉案：余見孫氏刻本，此書原名國朝名家詩餘，梅村詞下，有龔鼎孳香巖詞一卷，曹爾堪次於陸求可下，鄒祗謨前，玉鳧詞下有程康莊衍愚詞一卷，附孫金礪編紅橋倡和第一集，及廣陵倡和詞各一卷，疑提要因龔而幷去程、孫，復改書名耳。

碧雞漫志一卷

至念奴嬌偶以古人爲名，亦猶戚氏之例，本不出於天寶，灼特以當時誤稱唐曲而辨之，理宜附錄，不當雜列古曲之中。

鹽角兒，既據嘉祐雜志謂出於梅堯臣，則未可附於古曲，且鹽乃曲名，隋薛道衡集有昔昔鹽，唐張鷟朝野僉載有突厥鹽，可以互證，乃云市鹽得於紙角上，已爲附會，且紙角幾許，乃能容一曲譜，亦不近事理。是則泛濫及之，不免千慮之一失矣。

淩廷堪燕樂考原云："碧雞漫志云：'理道要訣林鍾宮，時號道調宮，然今之林鍾宮，卽時號南呂宮，而道調宮卽古之仲呂宮也'，不知七宮起太簇，則林鍾宮爲道調宮，若依古起黃鍾，則林鍾宮爲南呂宮，仲呂爲道調宮，此無足致疑者，王晦叔蓋未之深考也。又碧溪漫志、理道要訣所載唐樂曲南呂商，時號水調，今曲水調歌乃中呂調，而唐所謂南呂商，則今俗呼中管林鍾商也。又理道要訣淩波神，一在南宮商，云時號水調，今南呂商則俗呼中管林鍾商也。考南渡燕樂七商，亦用黃鍾以下七律，南呂商高於夷則商一律，故謂之中管林鍾商，若唐人所謂南呂商者乃歇指調，晦叔蓋未之知耳。據理道要訣所云，水調乃南呂之別名，非曲名也。又碧溪漫志，'黃鍾羽則俗呼般涉調，然理道要訣稱黃鍾羽，時號黃鍾商調，不可曉也?'今考唐及北宋七羽起南呂，則林鍾羽爲黃鍾羽，亦名黃鍾調，南宋七羽起黃鍾，則黃鍾羽爲般涉調，理道要訣所謂黃鍾羽時號黃鍾商調，蓋誤衍一商字耳，此毫無可疑者，而王晦叔以爲不可曉?然則晦叔之於燕樂亦在影響之間，非眞知也。"又云："七羽用太簇以下七律，則林鍾羽爲正平調，南宋用黃鍾以下七律，則林鍾羽爲高平調，碧溪漫志云：'林鍾羽,時號平調,今俗呼高平調',蓋由此致誤,不知平調、高平調,律名雖同,而唐、宋與南宋所當之位則異,非一調也。律名古今不同,王晦叔尚爲其所眩,元以後更何論乎?”

沈氏樂府指迷一卷

義父字伯時,履貫未詳?

丁氏藏書志云:“案蘇州府志、吳江縣志,載義父號時齋,震澤人,嘉熙元年,以賦領鄉薦,爲南康郡白鹿書院山長。”鄭翼謹案:今本指迷,前有沈傳,謂入元不仕,以遺民終。

欽定詞譜四十卷

凡唐至元之遺篇,靡弗採錄。

案倪瓚淸閟閣集江南春詞,爲瓚自度曲,是編未收入,丁氏聽秋聲館詞話已言之。

詞律二十卷

唐、宋以來,倚聲度曲之法久已失傳,如樹者,固已十得八九矣。

俞樾春在堂集文三編三杜小舫重刻宋七家詞序云:“萬氏之書,以律爲主,而不論辭之工拙,故如黃山谷望遠行之俳體,石孝友念奴嬌之媟辭,亦具錄之,非所以存大雅之遺音,示風騷之正軌。”玉縉案:失收倪瓚江南春詞,詳詞譜下。陳漢章謹案:曲園師又有徐誠菴大令詞律拾遺序,似亦可採。

中原音韻二卷

其音韻之例,以平聲分爲陰陽,以入聲配隸三聲,分爲十九部,一曰東鍾、二曰江陽、三曰支思、四曰齊微、五曰魚模、六曰皆來、七曰眞文、八曰寒山、九曰桓歡、十曰先天、十一曰蕭豪、十二曰歌戈、十三曰家麻、十四曰車遮、十五曰庚青、十六曰尤侯、十七曰侵尋、十八曰鹽咸、十九曰廉纖，蓋全爲北曲而作。

淩廷堪燕樂考原云：“南宋菉斐軒新增詞林要韻，內分一東紅、二邦陽、三支時、四齊微、五車夫、六皆來、七眞文、八寒閒、九鸞端、十先元、十一簫韶、十二和何、十三嘉華、十四車邪、十五清明、十六幽游、十七金音、十八南三、十九占炎，其上、去及入聲，作三聲分配各部，皆與周氏略同，然則周氏之書，蓋亦有所本也。”陳漢章謹案：阮氏揅經室外集詞林韻釋下，亦云曲韻之嚆矢，伍氏粵雅堂刻本跋更詳。

詞曲類存目

壽域詞一卷

今核集中所載八十六闋，往往失之淺俗。

丁氏藏書志云：“安世詞頗傷淺弱，然如‘喜輕澌初綻微和’之折紅梅，‘尊前一曲’之卜算子，花菴詞選所收之訴衷情，未嘗不婉約可誦。” 張文虎索笑詞甲折紅梅下云：“此調惟見壽域詞，而龔希仲中吳紀聞載其詞，係吳感作，謂感有侍姬曰紅梅，因以名其閣，嘗作折紅梅詞云云，末有注云：‘楊元素本事集誤以爲蔣堂侍郎有小鬟，號紅梅，其殿丞作此詞贈之’，則是希仲考知其實，故有此辨，不知又何以仞爲壽域也？杜集頗有誤字，後段第三句脫一字，皆當依紀聞校補，惟‘時倚闌干’句，紀聞脫‘時’字，與前段不合，不必從。萬氏詞律於此調注：'句度多誤，今重爲審定塡之'，又云：'後檢花草粹編吳戚詞，卻有兩闋，彼此互校，知予所定句度適合。'"

風雅遺音二卷

其里籍則不可考。末有徐釚跋，"風雅遺音上下卷，南宋刊本，泰興季滄葦家藏書，靈壽傅使君於都門珠市口購得，遂付小史鈔錄。林序闕前七行，卷末清平調逸其半，皆舊時脫落，今亦仍之。"

丁氏藏書志有明刊本，云："此本爲明初據南宋本重刊，尙多嘉泰甲子陳子武一序，云'居士質永嘉林君正大敬之，爲道州刺史君之子，尙書吏部開府之孫，生長華胄，恪守詩禮，體易'隨時'之義，故自號曰隨菴'，是正大乃永嘉人也。"

後村別調一卷

其詩餘已附載集中，毛晉復摘出別刻。

丁氏藏書志有明鈔本詩餘二卷，題"門人迪功郎新差昭州司法參軍林秀發編次。"云："核其格式，尙從宋本出也。"

宋名家詞無卷數

且隨得隨雕，亦未嘗有所去取。非謂宋詞止於此也。

瞿氏目錄有宋刊殘本東山詞，云："宋賀鑄撰，舊爲汲古毛氏藏書，不解六十家詞本何未刻入也？"

樂府指迷一卷

舊本題宋張炎撰。而附以楊萬里作詞五要五則。

案此編乃陳繼儒改竄張炎詞源一書，而襲用沈義父樂府指迷之名，詳阮元揅經室外集詞源下。又作詞五要爲楊守齋作，守齋名纘，字繼翁，號守齋，又號紫霞翁，非楊萬里也。

詞旨一卷

元陸輔之撰。

靜嘉堂祕籍志有鈔本一卷，云："題陸韶輔之撰，不知與友仁同人否？"

張小山小令二卷

明初宋濂得其詞半册於禮賢館，後方孝孺又購得鈔本一帙，以示濂，乃參互校正，分爲上下卷，鏤版行世。蓋僅就二人所見編次成書，其實可久所作，不止於是也。　太和正音稱其"如瑤天笙鶴，既淸且新，華而不豔，有不食煙火氣"。又謂其"如披太華之天風。招蓬萊之海月"。

張氏藏書志有汲古閣精鈔本新刊張小山北曲聯樂府三卷，外集一卷。瞿氏目錄亦有舊鈔本，云："明李中麓嘗搜采其作刻成二卷，曰小山小令，此汲古毛氏從元刻本傳錄，前有海粟馮子振、燕山高栻題詞二闋，目錄後有刊書人題識云：'小山樂府前集、今樂府後集、蘇隄漁唱續集、吳鹽別集、新樂府今類爲一編，與衆本不同，外集近間所作'云云，其每調下，仍以四集爲次，較李刻多至百餘首，爲小山樂府之全書矣。"玉縉案：太和正音，當卽涵虛子所編之太和正音譜，涵虛子，卽寧王權之道號。

碧山樂府五卷

明王九思撰。

丁氏藏書志有明正德刊本碧山樂府一卷，續一卷，沂東樂府二卷。云："右題曰紫閣山人，又曰沂東漁父，不署名氏，實明鄠縣王九思敬夫別號也。前有正德十四年秋自序曰：'山人舊不爲此體，自龍壽州後始爲之。'續集又有嘉靖癸巳自序，其沂東樂府有正德八年自序，末有弟浩識語。"玉縉案：提要所見當別一本。

朝野新聲太平樂府八卷

朝英自稱青城人，始末未詳？

案瞿氏目錄有元刊本，云："題青城澹齋楊朝英集，是朝英字澹齋。"又云："皆采元人新製樂府，按宮調編次，舊爲朱竹垞藏本，而中如貫酸齋、關漢卿、姚牧庵諸人，詞綜俱未錄入，蓋纂輯時猶未獲此書"云云，均足補提要所未備。又蕘圃藏書題識，載元刊細字本及鈔本，均九卷，惟明本八卷。丁氏藏書志有舊鈔本，亦九卷，疑提要所見爲明刊，非足本。

四庫全書總目提要補正補遺

經　　部

四　書　類

四書逸箋六卷

是編採輯諸書之文與四書相發明者，或集注所已引而語有舛誤，或集注所未發而義可參訂，皆爲之箋其出處；其與集注小異者，則爲附錄；其他書中所載四子書文與今本異者，則爲附記；第六卷則專考四書人物、遺事，又雜事數十條，別爲雜記，援據頗極詳明。雖不能與閻若璩四書釋地並駕齊驅，較張存中之通證、詹道傳之纂箋，要無所讓也。

粤雅堂刊本伍崇曜跋云："市井一條，稱'古者因井爲市，故曰市井，無他義也'云云。然不如引後漢書循吏傳：'白首不入市井'注：'春秋井田記云："因市爲井，交易而退"，故稱市井'語，較爲有據。周人葬伯夷以將軍之禮一條，本韓非儲說，或疑其妄。然將軍官名已古，後漢書西南夷傳：'帝嚳時有吳將軍'，或不可信，而國語'鄭文公以詹伯爲將軍'，左傳'豈將軍食之而有不足'，檀弓'將軍文子'，孟子'慎子爲將軍'，則周初有將軍官名，未必定韓非臆撰。"玉縉案：今觀所箋各條，大率無關弘恉，其學問亦頗淺陋，如邦君之妻條，引王氏所解夫人、孺人諸義，語多穿鑿，不知后之言後、夫之言扶、孺之言屬，曲禮鄭注早有見文。鄭氏大學中庸目錄條，以爲二書非經之正文，故云别錄，不爲專言學之書，故云通論，説殊謬妄。不知别錄爲劉向書，其書分制度、通論、明堂陰陽記、喪服諸類，觀禮記各篇名下孔疏自明。耦耕條，謂"牛耕始於趙過"，則山海經海内經云："后稷之孫叔均始作牛耕"，何待趙過？王氏困學紀聞已言之矣。杞梁之妻條，謂"卽孟姜"，則孟姜爲秦時築城之人范郎妻，與春秋杞梁妻何涉？顧氏日知錄亦言之矣。凡禮疏引"鄭目錄"云云，至"此於别錄屬某"，皆鄭氏語，而鄭氏大學中庸目錄條，乃謂"鄭氏目錄中皆屬别錄，孔疏謂於别錄屬通論"，是幷孔疏亦不會讀。趙岐孟子注，"諸馮、負夏皆地名，負海也"，負海云者，猶言背海，謂二地在海之南也，乃謂"負訓海，僅見此，疏亦未之及"，是幷趙注亦不會讀。他如拳石條云："凡物小者曰區區，已足申明鄭義"，而又云："區處也，一拳石猶言一處之石"，則文義轉覺未安。泄泄沓沓條，從周説以泄爲水名，謂"沓字亦从水，泄沓有隨波逐流意"，此誤以諧聲爲會意字，近於荆公字説。旣入其苙條，從王説以苙爲香草，謂"如此則苙字、招字皆從本義、本音，而與説書之旨正自相通"，殊弗思如此則經文"入"字如何可通？又凡引淮南子許注及世紀等書，不言所出，亦乖體例，疑皆展轉稗販而來。且就其例推之，御覽八十一引周生烈子云："舜嘗駕五龍以騰唐衢，武嘗服九駿以馳文塗，此上御也"；漢書董仲舒傳云:"此亡異於達巷黨人,不學而自知",孟康注:"人,項橐也";管子揆度篇引神農之數曰:"一穀不登減一穀,穀之法什倍"云云;呂覽愛類篇引神農之教曰:"士有當年而不耕者則天下或受其飢矣"云云;金樓子自序引曾子曰:"誦詩讀書,與古人居"云云,此類皆當采錄而概未之及。神農之教,第引漢書及路史,是漏略尚多。

子　部

雜　家　類

緯略十二卷

明沈自龍跋,又稱其愍騷、招隱、八風、圍棋、氍毹、禡牙之類,全錄藝文、初學、北堂、御覽諸書,無所增輯。然其言篤實,無所贗託,終出楊愼丹鉛諸錄之上,亦考古者所必資矣。

案明沈士龍跋,其說良是。今考洗玉池、湘君、燒香、劉伯錫水品、黃銀、雲夢、艾納、錮餅、潑生麪各條,大率本於吳曾能改齋漫錄,或有所增損,或易其後先,已開明人剽竊之風,殊爲可議。倘謂考證之學,徵引不嫌其同,則湘君、黃銀二條,何以斷語亦無少異?倘謂吳曾黨附秦檜,恥舉其姓氏,則不廢其言,自不應幷沒其書,且己又何以諂諛韓侂胄也。茶條稱"爾雅曰:'早採者爲茶,晚採者爲茗'"雅下當脫注字。辟雍條稱"成均惟周禮有之,他書不載",則"遠之於成均"亦見文王世子。凡此疏舛,四庫全書提要亦未之糾正。要之,其言篤實,無所贗託,終出楊愼丹鉛錄之上,實爲是書定評也。

南園漫錄十卷

他如春草王孫一條，王維詩語自本楚辭而昧其所出，横生訓詁之類，或失之陋。元順帝一條，誤據庚申外史、符臺外集之說，以順帝爲瀛國公子之類，或失之無稽。蓋瑕瑜不掩之書也。

案論將條不滿於張浚，著書條及元順帝條不滿於邱濬，持論皆極嚴正。正統條謂“能合天下於一，謂之大統，合而有道，謂之正統”，是於諸家紛論正閏外别持一說，實亦未能圓足。禪授條謂“昭烈、武侯不幸而值操，操不幸而值昭烈、武侯，不然，均可以一天下”，立論偏頗，殊多語病。老佛條及仙之詩條以朱子爲深信有仙，不知感興詩云：“但恐逆天理，偷生詎能安”，本不信其有，前四韻乃騰挪之筆。而轉注訓條以轉注爲轉其聲而圈注之，誤從王柏之言，反譏許慎之謬，可謂以狂爲不狂，以不狂爲狂。字義條謂“人之所需爲儒，人而居山爲仙，人而弗人爲佛”，全昧六書之旨，以諧聲爲會意，尤不可爲訓。仙本當作僊，别有仚字，爲人在山上皃，佛爲仿佛字，造字時未有浮屠氏之佛也。各條標目，亦往往不能賅括，殆立意以三四字爲限所致。而書中記載時事，足與明史相參考，又絕無勦襲之弊，在明代雜家中，已爲有用之書。大寺碑條詳載泰定三年楊森所撰棲賢山報恩梵刹記，近王、陸兩家金石萃編未見甄錄，豈無從椎拓歟？抑已就摧殘歟？當再考之他金石書也。

集部

詩文評類

五代詩話十卷

又如蘇軾演陌上花，晁補之撰芳儀曲，李淑題周恭帝陵，宋徽宗書白居易句，雖詠五代之事，實非五代之人，一概增入，則詠明妃者當列之漢詩，賦雀臺者應入之魏集，自古以來，無斯體例，貪多務得，方坤亦自言之矣。至於"江南江北舊家鄉"一首，江表志以爲楊溥，馬令南唐書以爲李煜，嘲宋齊邱喪子一詩，夢溪筆談以爲老醫樂工，漁隱叢話以爲李家明，如此之類，不一而足，前後並載，既不互注，又不考定，亦屬疏舛。

粵雅堂刊本伍崇曜跋云："又如蘇東坡演陌上花，晁无咎撰芳儀曲，固自可傳。然如姚垍一條，引竹坡詩話，但論黄山谷詩而謂推波助瀾，殊可不必。與楊凝式末一條引珊瑚網正同。至如吾粵黄損'生平願作樂中箏'一詞，見歷代詩餘，膾炙人口，而亦未采入。又孟賓于，吟窗雜錄與詩話總龜、詩中旨格，均載其詩，而亦未見。則罣漏之譏，仍所不免。又如孟貫一條，同一詩也，引江南野錄謂其釋褐授官，引漫叟詩話謂其正坐詩窮，所謂轉喉觸諱，殆自相矛盾。至如同一詩而互見各條者，殆難更僕，亦微嫌屋上架屋，尚乏翦裁。" 玉縉案：後蜀主孟昶條引漫叟詩話："錢塘老尼能誦後主詩首章二句"，不知乃眉山老尼姓朱，蘇軾洞仙歌自序甚明，方坤不能據以相正。又趙鬩禮陽春白雪載潘明叔云："蜀帥謝元明開摩訶池，得古刻全篇詞曰：'冰肌玉骨，自清涼無汗，貝闕琳宫恨初遠'"云云，方坤亦不能據以相補，此類最爲疏舛。錢宏僔條引十國春秋、竇誌銅牌條引詩話總龜，同一事而前後並載，較諸"江南江北舊家鄉"等詩，其體例尤歧。李贊華條引契丹國志，不言唐明宗賜姓名，則東丹王突欲與標題不相應，較諸孟賓于下不錄吟牕雜錄諸書所載詩，疏漏尤甚。突欲卽遼史宗室傳之義宗倍，小字圖欲，新五代史明宗紀作突欲，謂長興元年十一月丙戌來奔者也。李翰條引玉壺清話，考翰當作澣，全唐詩作瀚，王明清揮麈後錄云："五代李濤與弟澣俱負才望，澣仕石晉爲內相，邪律德光犯京師，俘之以歸，後仕契丹通顯，有小集十卷。"而宋史李濤傳云："濤弟澣，字日新，在契丹嘗逃，爲其所獲，防禦彌謹，契丹應曆十二年六月卒，濤收澣文章編之爲丁年集。"通志藝文略云："李氏應曆小集十卷，李澣晉末人，陷契丹，以遼穆宗年號名集。"諸書所言並卽此人，澣瀚可通，作翰則與濤、澣昆季名从水旁不合。又遼史韓延徽傳云："慨然懷其鄉里，賦詩見意，遂亡歸唐，已而復走契丹，賜名曰匣列，匣列遼言復來也"，史既稱"賦詩見意"，雖復仕契丹，而以李澣例之則延徽實在坙漏之列也。至吳騫拜經樓詩話載穆陵關壁間"獨上亭臺耳目新"一詩，或傳呂純陽作，盧九台先生嘗和其韻，吳書鄭不及見，今當補入呂巖條下。又"江南江北舊家鄉"詩，江表志、江南餘載均以爲吳讓皇楊溥作，惟馬令南唐書、吳任臣十國春秋以爲後主李煜作，周壽昌思益堂日札據"兄弟四人"句，定爲讓王作云。

四庫未收書目提要補正卷一

李慈銘桃華聖解菴日記云:“四庫未收書提要共百七十五種,實多不急之書,書目無次序,多非文達所自作,故編之外集也。然頗有異聞,足資考索。” 玉縉案:阮福編錄是書,不依四部爲次,殊爲疏略。如卷四皦行錄下云:“郁有言行錄一卷已鈔錄”,而言行錄乃越元賦青雲梯等書七種而始載。卷五東漢文鑑下云:“陳鑑殆南宋遺民?”猶作疑詞,而卷一漢文鑑下云:“鑑乃南宋遺民”,直作決詞。又云:“與前次所錄東漢文鑑同爲宋時巾箱本,”遂致前後語氣倒置矣。光緒間,傅節子爲之按四部排比重刻,題曰揅經室經進書錄,頗便檢閱,末載陸心源跋,極詆之,其文不見儀顧堂集及題跋中。鄭堂讀

案:清末,長壽李滋然編四庫及未收書目表,已分四部。

九國志十二卷

書錄解題則云:“末二卷爲北楚張唐英補撰。” 此書世久失傳,惟曲阜孔氏尚有舊鈔殘帙。

案唐英蜀檮杌自序云:“眞宗時,知制誥路公振修九國書,有前蜀、後蜀世家、列傳,然而煩簡失當,尙多疏略,如張

扶、馮涓、張士喬、段融、蒲禹卿、張雲、陳及、田淳諫草章疏，皆有益於世教，盡棄而不錄，此觀者所以惜其有未備也。”錢大昕日記鈔云：“此書久不傳，邵二雲於永樂大典中鈔得傳百三十六篇，周有香夢棠排次爲卷十二。”然則阮云孔氏尚有舊鈔殘帙，蓋卽永樂本，抑以永樂大典藏在內府，故詭其詞爲舊鈔歟？　李慈銘籀詩擘疋之室日記云：“後人於他書掇拾成之，故吳事獨盈三卷，而南唐僅有周本一傳。太原劉氏，他書皆稱北漢，此獨稱東漢，又稱劉繼元爲英武帝，此出太原故臣之追諡，而歐、薛史皆不載，路氏亦不著所以。朱竹垞跋太原天龍寺千佛樓碑云：‘碑稱承鈞爲睿宗皇帝，繼元爲英武皇帝，皆史所未及。’”

皇宋通鑑長編紀事本末一百五十卷

宋楊仲良撰。　各有事目，目中復有子目，汴京百七十年，禮樂兵刑之沿革，制度政令之舉廢，粲然具備，可以案目尋求，李燾而後，陳均之前，煩簡得中，洵可並傳。而今所傳長編足本，徽、欽兩朝，皆已闕失，藉此得以考見崖略，尤可貴也。

陸氏儀顧堂續跋云：“仲良仕履無考，稱理宗爲今上皇帝，則亦理宗時人，其書承袁機仲紀事本末之名，而大有不同，分類尤爲繁瑣。每帝各有聖德、聖學、政迹三類，卷十一農田類分子目三，卷三十一議樂子目二，四十五茶法子目一，鹽法子目四，錢幣子目二，四十七塞法子目三，卷六十八、六十九青苗法子目八，卷七十五農田子目三，卷一百至一百二紹述子目三，分析繁瑣，不及袁機仲書體例之善。惟今本通鑑長編既缺徽、欽兩朝，又缺英宗治平四年四月至十二月、神宗熙寧元年正月至三年三月、哲宗元祐八年至紹聖四年三月、元符三年二月至十二月事,惟賴此書以補之。"

嘉定鎮江志二十二卷

書當成於此時也。

張氏藏書志有鈔本,云:"是書卷五寬賦有'憲謹釋曰',卷二十一雜錄有'憲竊謂',卷二十二人物雜記有'盧憲論曰',則是書爲憲所撰無疑。卷十學校載嘉定癸酉教官盧憲謁廟事,則志當成於此時,若卷五常賦載及嘉熙、寶祐、景定、德祐時事,蓋後人所增入者。首敘郡,終拾遺,凡七十三門,而以郡縣表冠首,體例謹嚴,採摭繁富,所附案語,鉤稽考核,亦極精密。" 玉縉案:道光壬寅,劉文淇刊本,有附錄一卷、校勘記三卷,最善。

至順鎮江志二十一卷

此書不著撰人姓名。

張氏藏書志云:"至順時,鎮江路總管府達魯花赤曰明里答失,至順二年六月七日代。曰狗兒,至順二年六月七日至。總管曰脫因,至順元年十一月一日至。曰兀都馬沙,至順四年正月十日至。脫因下備載祖父名位爵諡及脫因歷官始末,較他人特詳,其時之參佐:則趙禹珪、王傑、孔世英,學官:則韓琪、徐圓,或者脫因任總管時命僚屬所修歟?始敘郡,終考古,凡一百門,而亦冠之以郡縣表,徵引詳贍,敘述該洽,土產、貢賦兩門,臚陳名狀,尤爲賅備,至於郡守、參佐,遠溯六朝,鄉賢、寓公,近蒐元代,與嘉定志互相補苴,是亦足以相輔而行矣。”　陸氏藏書志並有舊鈔本，定爲元俞希魯撰，張疑爲脫因撰，其案語云:“希魯字用中，鎭江人，父德隣云云，見嘉慶丹徒志、乾隆鎭江志。原本不著撰人名氏，考成化鎭江志丁元吉序曰:‘勝國俞用中至順志，例加精密’，乾隆志俞希魯傳云:‘至順中，嘗著郡志，序事精密’，則此志爲俞希魯作無疑。”儀顧堂題跋同。瞿氏目錄云:“所分子目，卷十三有‘囹圄類’，卷二十一有‘談笑類’，爲自來志乘所無。”

嚴氏明理論三卷後集一卷

宋嚴器之撰。　諸家著錄，惟見於讀書敏求記。

陸氏儀顧堂集有擎經室外集書後云:“擎經室外集謬戾甚多，而以嚴氏明理論提要爲尤謬。考傷寒明理論，金成無己撰，前有壬戌八月錦屏山嚴器之序，及開禧改元五月甲子歷陽張孝忠刊板序，明萬曆中吳勉學刊入醫統正脈。宋史藝文志因首有嚴序，譌爲器之作，脫脫之疏，原無足怪，阮氏據無序、無名之本，襲宋史之謬，屬之器之，詫爲祕册，冒昧進呈，豈知四庫醫家類中早著於錄乎？夫明理論，非僻書也，吳刊，非罕見也，阮氏尙不能辨其僞，他所著錄可盡信乎？”

陸士衡文集十卷

此卽影鈔民瞻之本，與七閣所收陸士龍集相合。

案晉二俊文集，明正德己卯陸元大有重刊本，若七閣所收之士龍集，提要摘其“綠房含青實”四語，及“逍遙近南畔”二語，直標曰芙蓉曰嘯，疑爲明人不學者所編，又出詩紀之後，其非重刻徐本也明矣，阮氏以爲相合，特肊度之詞耳。

注解章泉澗泉二先生選唐詩五卷

宋謝枋得撰。案章泉者，趙蕃字昌父，澗泉者，韓淲字仲止，皆江西上饒人，爲淸江劉子羽之門弟子，當時名人魁儒，如葉適、湯漢皆推重之。此書五卷，自韋應物至呂洞賓共五十四人，計詩一百單一首，皆七言絶句也。

張氏藏書志有舊鈔本唐詩絶句選五卷，題"章泉先生趙蕃昌父、澗泉先生韓淲仲止選，疊山先生謝枋得君直注。"云："前有姑蘇張盋鋟梓序云：'疊山先生嘗取趙昌甫、韓仲止二先生所選唐人七言絶句詩，凡三百首，爲之注解'云云，此本止一百首，想經鈔胥刪削，非鋟梓時舊本矣。"

玉縉案：阮不擧宣德甲寅張序三百首之說，當別一本，阮云一百單一首，張云一百首，亦微異。

續復古編四卷

張氏之書，舊分類爲六：一曰聯綿、二曰形聲相類、三曰聲相類、四曰形相類、五曰筆跡小異、六曰上正下譌，本因其類而加二焉，曰字同音異、曰音同字異。　唯尙缺上正下譌一類，無從補綴爲可惜耳！

瞿氏目錄有舊鈔本，云："張氏復古編，凡二千七百六十一字，子學因其舊文裒集彙次，增'音同字異'一類，多至四千餘字，其字每取說文注中所載而諸部不見者，又經典所有而說文不載者，討正辯俗，皆有依據，其拾遺訂墜之功，較張氏益深。又謂二徐之校說文，皆各據所見，不宗古義，如鼎臣以吅爲喧，楚金以囂爲喧，實與叔重義不合，叔重明云：'吅驚呼也，囂，呼也，讙，譁也'，是'讙'卽'喧'本字。又尉繚子'讙譁者有誅'，史記'諸將盡讙'，叔孫通傳'無敢讙譁'，霍光傳'民間讙言'，皆'讙'卽爲'喧'之證，不當以'吅囂'爲'喧'也。鼎臣於'紞'字下注云：'作髧'，'髧'乃髮垂，詩'髧彼兩髦'是也，若'紞'乃冕冠塞耳，不當同'髧'字，其辯甚覈。書中上平聲類'鬆'字下，重列東韻下等字，注明'逢字下七十六字，盧熊公武所增。'又聯綿類中'敖鄗別作磝碻'下，有'熊案亦可用嶅嵪二字'一條，盧，昆山人，當與子學同時友善，經其校訂故也。諸家書目皆不載，惟見汪仲鈖桐石草堂集論篆詩，曰：'尉律於今課不修，形聲斷簡孰深求，洹陽功與吳興埒，經籍虛聞誌弱侯。'自注：余家藏有元曹本續復古編，焦竑經籍志不載，本自號洹陽生。" 玉縉案：瞿氏不言缺失，當屬全帙，陸氏儀顧堂有是書跋，則明云首尾無缺。

四書待問二十二卷

前有四書互義，後分列論語、大學、中庸、孟子凡五百四十問，七百一十七則。書中各條之下，有注"薔蘿"者則鎰自作，有注"自修"者則爲龍江歐陽蒙所作。

張氏藏書志有舊鈔本二十二卷，云："凡四書互義五卷、論語七卷、大學、中庸各二卷、孟子六卷，注'薔蘿'者鎰所自作，注'自修'者則龍江歐陽蒙所作也。互義者，以四書同異參互比較，故曰互義，明洪武三年初行秋舉，其四書疑問以大學'古之欲明明德於天下者二節'，與孟子'道在邇而求諸遠一節’合爲一題，問二書所言平天下大指同異？見日知錄。蓋沿元代經疑舊制，經疑者，辨别疑似，或闡義理，或用考證，非融會貫通迎刃而解者不能，此互義所爲作也。所采凡朱子、張宣公、謝諤、黄榦、陳淳、輔廣、陳傅良、陳孔碩、蔡淵、陳埴、眞德秀、葉味道、蔡模一十三家，大率以朱子之説爲主，而以己意貫穿之，於四子書頗多發明。千頃堂、傳是樓兩家書目俱著錄，經義考、錢氏補元史藝文志止載八卷，殆未見足本歟？”陸氏藏書志同，並引張説。又云：“目後有‘泰定丁卯春仲虞氏務本堂’一行。”

聱隅子二卷

晞字景微，蜀人。 至宋史藝文志雜家類，又有歔欷子一卷，亦疑卽此本。

陸氏儀顧堂集有聱隅先生傳云：“晞字景微，福建建安縣人。”又云：“嘗仿論語、法言著書十篇，自題其篇爲聱隅子欷歔瑣微論，其解曰：“聱隅者，稱物之名，欷歔者，彙歎之聲，瑣微者，迹之之謂”，蓋自因言以顯志也。”鄭翼謹案：黄晞見宋史隱逸傳。王欣夫謹案：聱隅子歔欷鏁微論一卷，宋志在儒家類。

梅花喜神譜二卷

喜神者，殆寫生之意。

錢大昕日記鈔云：“題曰喜神，蓋宋時俗語，以寫像爲喜神也。”

晁具茨集十五卷

而此集流傳甚少，卷首有喻序，正與讀書志合，得古今體詩共一百六十七首。

陸以湉冷廬雜識云:"五言詩於第一字、第三字讀斷,七言詩於第一字、第三字、第五字讀斷,晁具茨集中恆用此體:如'四海皆行路,吾何必此途',乃第一字讀斷也。'五十年昇平一迷,都驅萬騎出關西','金鞿蹀微鳴蹋影,錦連錢不動追風','老去幽棲誰比數,傳君詩一邑驚人',乃第三字讀斷也。'出郭借人乘豈肯,自誇騎入大明宮','借有三千兩鍾石,定無八百石胡椒',乃第五字讀斷也。" 玉縉案:張氏藏書志、瞿氏目錄並有明晁瑮重刊宋本一卷,卷末有"慶元己未校官黃汝嘉刊"一行,是舊止一卷,今阮稱得詩一百六十七首,即有注,亦不應有十五卷,俟考。

通玄眞經注十二卷

題曰默希子注者,據晁公武讀書志、王應麟玉海皆云墨希子即徐靈府自號,墨與默通也。

瞿氏目錄有宋刊本,云:"袁州本讀書志作'默',有作'默然子者譌也"。

漢文鑑二十一卷

鑑,建安人,自稱石壁野人,乃南宋遺民。 其文皆採自史傳,不無刪節之病。

陸氏儀顧堂題跋云:"鑑,福州侯官人,慶元二年進士,其文皆採自兩漢書,題下各注所出,體例頗善。" 玉縉案:陸跋連東漢文鑑言之,故曰兩漢。又阮於東漢文鑑云:"自光武迄獻帝,凡九朝,"則是書亦當云"自高祖迄平帝,凡十一朝。"

蘋洲漁笛譜二卷

是書從長塘鮑氏知不足齋舊鈔傳寫。

案鮑氏初刻笛譜於叢書第八集，又得草窗詞善本，刻入第二十三集，並以笛譜及絕妙好詞、蓉塘詩話之異同，注於草窗詞逐句之下，其絕妙好詞及笛譜所有而草窗詞內逸去者，復補緝二卷，近杜文瀾重刊鮑本草窗詞，凡各家選本之異同，鮑本未經涉及者，又分注各闋之末。

洞霄詩集十四卷

此從舊鈔過錄，中有殘缺處，宗寶後跋云云。

陸氏儀顧堂集有元本是集跋云："前大德六年道士沈多福兩序，大滌隱人錢唐某某序，後有大德六年道士孟宗寶書後。每葉十八行，行二十字，書中有破損處，校以鮑氏知不足齋刊本，缺字正同，阮氏進呈鈔本亦有殘缺，皆當從此本錄出。"

燕喜詞一卷

冠字宗臣，號雙溪居士，東陽人，見縣志。

陸氏藏書志有汲古閣影宋本，其案語云："冠居秦檜門下，敎其子塤，與塤同登甲科，未幾檜亡，坐爲塤假手事覺，奪官，易前名復赴廷試，得五品，仕至知彬州，著有雙溪集二十卷、景物類要詩十卷，見書錄解題。其詞四庫未收，朱竹垞詞綜亦隻字未見，則流傳之罕可知矣。"鄭翼謹案：書錄解題"五品"作"初品"，"彬州"作"郴州"。

重修琴川志十五卷

元盧鎮撰。

陸氏藏書志有舊鈔本，題爲宋鮑廉撰，元盧鎮修。其案語云:"鮑廉,龍泉人,淳祐十二年四月,以宣教郎知常熟縣,盧鎮字子安,淮南人,至正中知常熟州,琴川,常熟別名,其書創自慶元丙辰縣令孫應時,淳祐辛丑,鮑廉與邑士鍾秀實、胡淳裒輯增益而始備。卷一、卷二敍縣、卷三敍官、卷四敍山、卷五敍水、卷六敍賦、卷七敍兵、卷八敍人、卷九敍產、卷十敍祠、卷十一至十三敍文、卷十四題詠、卷十五拾遺。至正乙巳鎮知州事重刊,曰重修者,自序所謂'舊所未載,附之卷末',並非改修也。" 玉縉案:陸題較阮爲允,但自序有"仍曰重修琴川志"語,蓋鮑修孫本,先有是名,而盧仍之耳。錢大昕養新錄云:"今世所傳者僅汲古毛氏重刊本,考各卷末,別無附見之文,則亦非鎮之舊矣。鎮又有續志,紀元時事,今並湮沒無存,獨鮑氏書尚完好可讀,予所見宋縣志,若高似孫之剡錄、楊潛之雲間志、淩萬頃、邊實之玉峯志,并此而四,然敍述有法,繁簡適中,當以此志爲最善也。宋史新編,德祐元年二月,元兵入臨江,知軍鮑廉死之,五月,贈華文閣,官其一子,是亦節義之士。常熟東鄉地,明弘治十年,割入太倉州,志所載雙鳳鄉、許浦鎮、塗崧鎮、支塘市、甘草市、直塘市、穿山、七浦、沙頭邨皆今太倉境",此說尤明瞭,並足補阮未及。張氏藏書志云:"自序曰:'其成書後,凡所未載各附卷末',是則凡分附卷末者皆鎮所增葺,以補鮑氏所未備者,故仍題鎮名。"瞿氏藏書目錄云:"據自序云云,則於鮑志實未有更易,故仍題鮑名,邑中言氏藏有元刊本,從之影寫,前有圖五,汲古、照曠兩家刻本俱無之。" 玉縉案:此勝毛本,張氏亦從言本影寫也。

華陽陶隱居集二卷

惟集前有江總序一首，似尚存其舊，餘則存什之一二而已。

陸氏儀顧堂續跋張青芝手鈔本跋云："前有隱居傳，後有梁元帝、昭明太子、邵陵王綸陶隱居碑，司馬子微碑陰記，蘇庠像贊，又集外兩文。隱居集久佚，王欽臣始裒遺文三十二篇，南豐曾恂益以寒夜愁、胡笳二詩、難均聖論，傅霄爲之編次，附殘文於後，紹興中有刊本，嘉靖甲辰，文休承錄於崑山周氏，崇禎戊辰，葉林宗奕從文本傳錄，此則乾隆元年張青芝位借葉本手錄者，比阮本較爲完善。"

三術撮要一卷

案陳振孫書錄解題云："三術撮要一卷，無名氏，又一本，名擇日撮要術，大略皆同。"

案是書本名三曆撮要，阮氏以進呈避廟諱，改曆爲術。張氏藏書志有影寫宋刊本，云："按月具載嫁娶、求婚、上官、出行等吉日，所引萬通曆、會要曆、百忌曆、具注曆、萬年曆、集聖曆、撮要曆、集正曆、廣聖曆及壇經、彈冠必用等書，今惟集聖曆宋楊可撰。載晁志，百忌曆、唐呂才撰。彈冠必用宋周渭撰。載陳錄，餘俱無考。"陸氏藏書志亦有影寫宋本，並載錢大昕、孫星衍手跋，考十駕齋養新錄所記，視其跋語尤詳，並足補阮未逮也。瞿氏目錄有宋刊本。　瞿中溶古泉山館題跋云："其書中引用之百忌、萬通、會同、會要、廣聖、集正、萬年具注、萬年集聖諸曆，及彈冠必用、六甲曆眼、六甲擇日、七曜纂、玄武總集等書，其見於書錄解題者：有廣濟陰陽百忌曆三卷，係術家託名呂才撰，彈冠必用一卷，周滑撰，其見趙希弁讀書後志者：有集聖曆四卷，云宋楊可集，又一卷，不著姓名。書錄解題又載三曆會同十卷，不知作者？萬曆會同三卷，陳從古撰，乃就三曆會同推廣爲之者，書中間又引稱撮要曆云云，疑即直齋所謂'又一本名擇日撮要曆'。是三曆之名，以直齋三曆會同注語度之，宜即指百忌曆及總聖、集正二曆而言，皆當時術家選擇之書，今皆不可見矣。其所稱有劉德成、方操仲、汪德昭、倪和甫蓋亦當時術數之士也。"

鐵崖賦稾一卷

賦凡四十八篇。

陸氏藏書志有校本，並載朱燧跋，又載黃丕烈手跋云："往香嚴書屋借青雲梯相勘，此本盡出其中，青雲梯原籤如是，名目分三册，每册首題曰'至治之音'四字，爲首一行，其次行即云某賦某人，人或一篇，或不止一篇，惟於二册之下半，題曰楊廉夫諸賦，始以黃金臺，終以禹穴，共廿二篇，三册之下半，亦題曰楊廉夫諸賦，始以八陣圖，終以飛車，共四十七篇，蓋第二册中摘取麗則遺音十九篇，而割此本首三篇入之，其原玉縉案：原下似脫數字。實合也。"又載勞權手跋云："東維子集不載所作古賦，世所傳者僅有麗則遺音中三十二首，及鐵崖文集中土圭、蓮花漏、記里鼓三首而已，此本計賦五十首，俱遺音所未載者，蓋後人從青雲梯錄出以補其未備，觀後錄朱子新跋自見。初藏桐鄉金氏，後歸吳縣黄氏，錢塘何夢華主簿曾傳其副，又重編爲二卷，改名鐵崖賦稾，以紫薇垣爲上卷首篇，會通河爲末，渾天儀爲下卷首篇，進善旌爲末，復删去姑蘇臺賦第一首，玩鞭亭賦一首，每卷二十四首，止存四十八首，次序移易，非復元本之舊，今揅經室外集提要所載，卽何氏重編本也。頃從高叔荃借得何氏元本，始知何氏於諸賦中字句又多竄改，不僅移易次第而已。”又云：“此本諸賦題下悉無賦字，與麗則遺音同，又版心僅書‘鐵崖’二字，凡賦字以及賦稾上下等字，俱係何氏所加，傭書人誤依補入。”又云：“元本亦有譌字，惜不得青雲梯校之。”據此，則阮錄非燧手書本。

日湖漁唱一卷

此作一卷，或爲後人所併歟？

道光己丑秦恩復刻本跋云：“前列慢曲及西湖十詠三十首，後列引令三十五首，末附壽詞十九首，又有補遺二十二首，通爲一卷，不知何人所集？余又於諸名家詞中搜得長短調七十六首，爲續補遺一卷，於是西麓著述，綜括靡遺矣。西麓詞清麗芊緜，小令尤爲擅長，其和周清眞韻者甚多，知其胎息於前人者深也。”咸豐辛亥粤雅堂本伍崇曜跋云：“厲樊榭等南宋雜事詩注，稱‘西湖十景，始自南宋，獨張子成、陳君仲所作具在’云云，又知西麓字君衡，復字君仲，抑傳寫之譌也。”　玉縉案：當以君衡爲正。

重編海瓊白玉蟾文集六卷續集二卷

瞿氏目錄有元刊本瓊琯白玉蟾武夷集八卷，云：“文三卷、詩五卷，前有沛郡憑虚子序。”丁氏藏書志有元刊本瓊琯白玉蟾上清集八卷，云：“前題建安余氏刊于靜庵，殆麻沙坊所刻”，皆非此提要所據。瞿氏又有明刊本海瓊玉蟾先生文集六卷、續二卷，則卽此本也。考陳振孫書錄解題十二羣仙珠玉集云：“玉蟾者，葛其姓，福之閩清人，嘗得罪亡命，蓋姦妄流也，余宰南城，有寓公者稱其人云：‘近嘗過此，識之否？’余言不識也，此輩何可使及吾門，張士寧、張懷素之徒，皆殷監也，是以君子惡異端。”

說文解字補義十二卷

其議論多宋學，然於古人制字審音之法時出新意，補前人所未及，似亦小學中可存之書。

案張氏藏書志有元刊本，稱其釋“位”字、“利”字，皆極精核，實則不合六書之旨。陸氏儀顧堂續跋亦議其“東工”等條似字說。

支遁集二卷

是編依毛扆汲古閣舊鈔本過錄，上卷詩凡十八首，下卷書銘及讚凡十五首。

瞿氏目錄有明刊本一卷，云：“凡詩十八首、雜文十六首，嘉靖間，郡人皇甫涍輯錄成帙，序而刊之。”丁氏藏書志有明刊本一卷，外集一卷，云：“此本皇甫涍編序詩文，數與汲古合，後有史弱翁以道人雋語佳事輯爲外集，自爲序，而新安吳家騆又爲後跋，豈卽所謂支硎本耶？”

羣書治要五十卷

又桓譚新論、崔寔政要論、仲長統昌言、袁準正書、蔣濟萬機論、桓範政要論近多不傳，亦藉此以存其梗概，洵初唐古籍也。

案隋書經籍志崔寔正論六卷，此衍"要"字，又袁準正論十九卷，注，又有袁子政書二十五卷，亡，此少分別。又桓範世要論十二卷，魏徵作政要者，蓋避太宗諱之故，書中又引杜恕體論、劉廙政論，近亦不傳也。

岑嘉州集八卷

是編與杜確序合，然如瀛奎律髓所載同崔十三侍御灌口夜宿報恩寺作，爲此本所佚，疑非唐人舊册矣。

張氏藏書志有明初刊本岑嘉州詩七卷，云："初藏明刊八卷本，繼得此本，反覆考核，確知此本爲原本，而八卷本爲重編本也。歷考唐書藝文志、崇文總目、郡齋讀書志、通志、通考、焦氏經籍志並云十卷，從無作八卷者，此本分類編次，與確序所云'區分類聚'合，始五言古詩，終七言絶句，首尾完具，似無脱失，意古詩七卷、文三卷合十卷歟？此本或止刊詩集，或并刊文集，而後經散佚，均未可知？確序勒成□卷，卷字上一字刓去，或者原作十卷，書賈得七卷本，疑係不全，故刓去十字以泯其迹歟？刊八卷本者，既析七卷爲八卷，又改勒成十卷爲勒成八卷，而原書面目遂致不可復識，有以善本許之者非未見原書之過歟？排律之名，始於楊士弘，八卷本有排律一類，而此本無之，則此本在八卷本前尤顯然者也。卷四有唐博陵郡安喜縣令岑府君墓銘、果毅張先集墓銘二首，八卷本俱未載，餘與八卷本互異者甚夥。"瞿氏目錄有明刊本七卷，云："此正德刻本分七卷，猶是宋、元以來相傳之舊本，較別本爲勝，如卷二中酒泉太守席上醉後作一首，別本以起四句另爲一首，編入七絕，大誤。又優鉢羅花歌序云：'天寶景申歲，參忝大理評事'云云，案'景申'卽丙申，唐人諱'丙'爲'景'，是爲天寶十五載，七月肅宗改元至德，七月以前猶是天寶紀年，此詩蓋作於是時，別本改'景'爲'庚'，不知天寶無庚申也。卽此二條，可知此本之善矣。"丁氏藏書志有影寫正德七卷本，下卽襲取瞿說。又有明刊八卷本，云："天一閣書目云：'黎侍御乾德屬嘉州守謝元良刻者，乃八卷也。'"又有正德四卷本，云："沈恩跋謂'岑嘉州故集凡六卷，予乃縮爲四卷'云云，案聊城楊氏所藏宋刻岑嘉州集，凡四卷，不分體，首尾完具，趙宋時別行本，然則岑詩晁、鄭二家作十卷，陳氏作八卷，正德時熊相刊作七卷，沈氏原見本實六卷而縮爲四卷，幷不知宋刻先有四卷也。"陸氏儀顧堂題跋云："明熊相刊本，卷一五古、卷二七古、卷三五律、卷四七律、卷五五言長排、卷六五絕、卷七七絕，諸體皆備，似非不全之帙，然蜀客歸一首，及瀛奎律髓所收灌口夜宿詩皆不存，知其所佚多矣。" 玉縉案：八卷本無灌口夜宿詩，未知有蜀客歸一首否？

讒書五卷

是編依舊鈔本影寫。

張氏藏書志有鈔本，幷載黃眞輔序、方回跋及近人錢穀、楊復吉、黃丕烈諸跋。楊云："內惟與招討宋將軍書、說石烈士、拾甲子年事、請追癸巳日詔疏四首，載入姚叔祥所刊羅江東集，餘皆近代所罕傳。”黄云：“余得吳枚菴鈔本，有前四卷，可補吳槎客本，急寓書仲魚，取槎客原本五卷相質證，實較吳枚菴多所裨益，而前四卷復賴余所得枚菴鈔本足之。”瞿氏目錄有舊鈔本，云：“宋時刻於新城，元大德間裔孫應龍重刻，此從元刻本鈔出，其卷二中蘇季子、維嶽降神解、忠孝廉潔、疑鳳臺四篇已闕。”玉縉案：阮不言闕，豈據黄本耶？惜不得一證之。李慈銘荀學齋日記云：“讒書亦章碩卿據海寧吳氏愚谷叢書本重翻，凡五卷，前後有昭諫自序及宋人方虛谷跋、明人錢叔寶跋、兎牀跋。其書乃懿宗咸通八年丁亥留京師時所次雜文，明年戊子，落第赴江東，又一年己丑，以徐賊龐勛甫平，詔罷科舉，因復序而行之。曰讒書者，自謂用其文以困辱，比於自讒，其命名之義已淺，所次論說雜出，間以韻語，大率憤懣不平，譏古刺今，多出新意，頗以嶄削自喜，而根柢淺薄，篇幅短狹，所識不高，轉入拙俗，此晚唐文辭之通病。余嘗謂國之將亡，江湖派出，故唐、宋、元、明之季，皆各有一江湖派，爲山林村野、畸仄浮淺之人所託，而唐末最詭瑣，故五代之亂最甚，文章之徵運會，豈不信哉？世人偏訾明季，又專以江湖派譏宋人，非知言者也。昭諫文於當時猶爲近古，其與招討宋將軍書，謂宋威也，責其養賊釀禍，謂行酷於尙君長、王仙芝，辭甚峻厲。請追癸巳日詔疏，言用水器、鑪香、蒲篠、絳旛致坊市外門爲禳旱，舊法不足恃，其首自稱曰‘歲貢賤臣’，二文蓋皆私擬爲之，然足見其心存君國，後之請討賊溫，志節皎然。其說石烈士，記石孝忠推倒淮西碑爲李涼公訟功，得召見，拾甲子年事，記大和中張谷歌姬李新聲，勸谷去劉從諫，爲谷所縊死，兩事爲後人言史者所取。其風雨對、蒙叟遺意、三帝所長、謂堯、舜、禹。救夏商二帝、謂桀、紂。伊尹有言、後雪賦、荆巫、蟋蟀詩、市賦、二工人語、書馬嵬驛、迷樓賦、弔崔縣令凡十三首，皆可觀，文共六十首，缺二首。"

寶祐四年會天曆一卷

故朱彝尊云："由丙辰一歲推之，曆家可忖測而知其故也。"

案朱語見曝書亭集是書跋，張氏及陸氏藏書志並有鈔本，陸又載錢大昕、李銳、沈欽裴、蔡復午、陳悉、金望欣諸跋，錢駁朱引農家諺"元日立春爲百年罕遇"之說。又云："八月三日下注有'大夫登'三字，當是'禾乃登'之譌"，玉縉案：亦見養新錄。餘皆於推步多所發明，文極繁冗，惟晝六十刻、夜四十刻，在夏至前十六日，晝四十刻、夜六十刻，在冬至前十六日，蔡定爲平冬至，陳力辨之，而但言平冬至定冬至之故，不必薄今愛古，意以此曆爲疏。金云："晝極長刻，在十一頁之陰末行，而夏至在十二頁之陰末行，晝極短，在二十三頁之陽第四行，而冬至在二十四頁之陽第四行，此蓋鈔胥之誤，未必當日頒行之書如是"，其說良是，阮氏於此不言何也？又瞿中溶古泉山館題跋，論此書極詳，文繁不錄。

衢本郡齋讀書志二十卷

是編，淳熙己酉南充游鈞知衢州時所刻，其所收書，較之袁本幾倍之，馬端臨作經籍考全據是册，如京房易傳、宋太祖實錄、太宗實錄、建康實錄之類，悉與之合，其文亦多至數倍。伏讀四庫全書提要云:“衢本不可復見”，此從舊鈔依樣影寫，經凡十類，史凡十三類，子凡十八類，集凡四類，序次有法，足爲考核之資。

陸氏儀顧堂題跋有跋三則:其一考公武之仕履甚詳。其二云:“卷四字說偏旁音釋一卷、字說疊解備檢一卷、不見撰人名姓，案老學菴筆記，‘字說甚行時，有唐博士耜、韓博士兼，皆作字說解數十卷，又有劉全美者，作字說偏旁音釋一卷、字說備檢一卷，又以類相從，爲字會二十卷’，據此，則偏旁、備檢二書，皆全美所作也。”其三云:“卷十四印格一卷，皇朝晁克一撰，張文潛甥也，文潛嘗爲之敍，略曰:‘克一既好古印章，其父補之愛之尤篤，悉錄古今印璽之法謂之圖書譜’，袁本讀書後志同。愚案:克一姓楊名吉老，文潛嘗云吾甥楊吉老本不好畫竹，一旦頓解，便有作者風行，晁无咎集有贈文潛甥克一學與可畫竹詩，又見鄧椿畫繼，父補之，歷官鄂州支使，見宛邱集卷二十六，讀書志所引文潛序，略見宛邱集五十六。原本讀書志必作楊克一，校者見有‘其父補之’四字，心中習知有晁補之，而不知有楊補之，遂改楊爲晁，不知晁補之娶戶部侍郎杜純之女，二子，長公爲，次公似，見宛邱所撰墓志，安得爲文潛甥乎？汪士鐘刻讀書志跋曰:‘與吳縣黃丈蕘圃互相商榷，增補缺失，一字訂譌，往來之書，日再三返’，乃克一姓楊非晁，宛邱集、畫繼非僻書，屢屢可證，而妄更其姓，眞有不如不刻之歎矣。”　顧廣圻思適齋集衢本郡齋讀書志考辨跋云:"衢本讀書志,乾隆末,瞿君木夫收得舊鈔本,予從之寫其副,木夫本,旋經黃丕烈借去,嘉慶己卯,汪君閬原付梓,爰發向所鈔一讀,覺小學類中有不可通者,再四尋繹,方知當畫分六段云云,然而成事不說也。今年木夫見示衢志考辨一册,論袁本之失,明衢本之善,精細詳備,可與本書並行也。"玉縉案:考辨未見傳本。玉縉案:是書以光緒甲申長沙王氏刊本爲精善,前有例略,以明各本之得失,又有考證,凡前人之論及是書幾網羅無遺,尤有裨後學,文繁不勝錄。惟錢泰吉曝書雜記云:"麟臺故事條下,衢本有'余所藏書,斷自南渡之前,獨此書以載官制後事爲詳,故錄之'云云,此晁氏著錄大凡也,袁本無之,亦優絀之端也",今摘出之,以見晁書之大概。

孫子十家注十三卷

宋吉天保撰。

案宋史藝文志,吉天保十家孫子會注十五卷,阮蓋本此,孫星衍孫子略解序,疑即鄭友賢所合,以有孫子遺說也。要之,道藏本不題撰人名氏。

千金寶要十七卷

今俗間傳本千金翼方九十三卷,不知何人所定也? 今從石本錄副,以備唐人方書之厓略云。

案九十三卷,乃據道藏本分卷,尙有字號可按,見丁氏藏書志。又此書孫星衍刊本編爲六卷。劉毓崧通義堂集千金方考云:"宋宣和六年,郭氏思就孫徵君千金方內,選其簡易者勒石於華州公署,名曰千金寶要,明隆慶六年,秦藩重鐫之，分爲十七卷，附論及千金須知爲十八卷，立碑於耀州眞人祠，孫氏星衍據重鐫拓本，刻入平津館叢書之內，編爲六卷。其序云：'此宣和時擇要本，當從前方錄出者'，今案孫氏所謂前方者，乃指要方而言，蓋因要方作於前，翼方作於後耳，然以寶要所載諸方核之，頗有與外臺祕要所載翼方字句相合者，就中如客忤之可療，卷三云："卒忤死，灸手十指爪下各三壯"云云，其方出於翼方卷二十七，見外臺卷二十八所引。蠱毒之可瘥，卷五云："中蠱方，槲樹北陰白皮"云云，其方出於翼方卷十五，亦見外臺卷二十八所引。夢魘之可蘇，卷三云："鬼魘不悟，灸兩足大指"云云，其方出於翼方卷二十七，亦見外臺卷二十八所引。癬疾之可愈，卷十六云："癬方搗羊蹄根"云云，其方出於翼方卷二十三，見外臺卷三十所引。皆其證佐確鑿，顯然無疑者也。況又有云千金翼作某者，卷十六又云："指痛欲脫，猪脂和鹽，煮令消熱，內其中，食久住，千金翼作和乾薑。"是當日纂集寶要，本以要方、翼方參定而成，作者固已明揭其旨矣，然則寶要之名，卽提要、擧要之意，豈得謂止收要方而不及翼方哉？郭氏所見之要方、翼方，乃北宋以前善本，其勝於今本者正復不少，雖條目間有未全，如傷寒有論無方之類。銓次間有未協，如蛇蝎等毒之後，虎犬馬傷之前，雜以喉痺、金瘡等三卷之類。配合間有未善，如疫瘴、淋合爲一卷之類。分析間有未安，如論與方不相附麗之類。後人不必曲爲回護，而究之所列諸方頗有外臺所未及引者，藉以補苴罅漏，亦校千金者所不可少歟？"玉縉案：劉說足補阮所未備，孫星衍序，亦以九十三卷不知何人更其次第？千金前方，竟不可別，與阮氏此說同。劉氏歷擧外臺所錄兩書，其門目卷第皆縷析條分，彼此秩然，不相牽涉，以考其異同，文繁不錄。實則陸氏皕宋樓有北宋本千金方配元刊本要方，與日本覆宋治平本不同，與治平本校勘記所稱唐本合，是北宋時要方已有二本，劉氏未知之，惜未能得其書而一勘之也。

一切經音義二十五卷

惟昧漢人之通轉假借，泥後代之等韻，是其所短也。

李慈銘桃華聖解盦日記云："此書引證賅洽，雖字體未能盡據說文，或不免正俗傎倒，然大致精密，唐初如陸元朗之經典釋文最稱詳慎，而於字之正俗亦往往迷誤，所引字書，時多出入，玄應所病，正與之同，其確覈處則反過之。其書自宋以來，入之佛藏，無人過問，梵流傳刻，輾轉譌誤，亦較甚於陸書，此本爲仁和曹籀據莊氏炘校證本，授杭州尼明淨翻刻，滿紙焉烏，幾不可讀。"

古清涼傳二卷廣清涼傳三卷續清涼傳二卷

續清涼傳，宋張商英、朱弁所撰。　若王勃釋迦如來成道記、釋伽佛賦，今四傑集、文苑英華俱無之，是編或以爲金大定時寺中藏板，末附補陀傳、峨嵋贊，乃元人所集，明釋又從而附綴之也。

案商英、弁生非同時，續傳後附弁臺山瑞應記，此必金源釋子所集，故大定四年姚孝錫序，有"張相國、朱奉使續爲傳、記"之語，傳、記二字並舉，尚未大誤，阮說則殊含混。又續傳後之成道記、釋迦佛賦、補陀洛迦山傳，乃洪武丙午釋性徹集，儀顧堂集有跋甚明。考補傳爲元盛熙明撰，其峨嵋贊當亦元人作，則天順六年釋慧瑄重刊時增入，阮說亦未分曉。廣傳後有續遺七篇，釋明崇撰，阮氏亦未之及，何也？

道德眞經傳四卷

唐書本傳稱其善屬文，通春秋、易、老子，論著甚多。

案楊文公談苑、葉夢得避暑錄話，載其夤緣僧䛒音辯光得幸事，其人蓋不足道，祝誠蓮堂詩話，謂解印居常州宜興縣，自號熙山君陽遁叟，著熙山錄，未詳所據？又段公路北戶錄，前有右拾遺內供奉陸希聲序，蓋卽此人。

春秋集傳十九卷

如云魯公朝聘之禮，不行於王室，及論衆仲言樂之失，當以劉氏之說爲宗，論聖人書初之旨，當以公羊程氏之說爲正。云文公不會伯主以取晉怒，云諸侯不得越境親迎，辨穀梁言恆事之非。能集衆家所長，討論歸于至當，固春秋家所不廢也。

張氏金吾藏書志云："其書統會羣言，掊擊僞辨，尊王黜霸，大義凜然，凡二百四十二年之事，與漢、唐以來諸儒之議論，莫不考覈研究，以成一家之言。其采集衆說，以一家爲主，而以諸家之說可互相證明者附注於下，所采自三傳外，於晉、唐則杜預、啖助、趙匡、陸淳，於宋則二孫覺、復。二劉敞，絢。程頤、許翰、胡安國之說居多，餘若晉范寧、唐孔穎達、宋蘇轍、呂本中、胡寧以及王氏、石氏、任氏、景氏、范氏名俱未詳？則偶一採取，不及杜、啖諸家之備也。洽亦間附己說，如隱公元年春王正月條，謂'周人改月，見於書傳，坦然甚明，但當時兼存夏正，故經傳之間互見迭出'，深以胡氏'夏時冠周月'之說爲非，辨析至詳，附注幾及千言，皆集注所未及，是固當與集注並行而不可偏廢者也。"瞿氏目錄云："其書與集注例異，首列左氏、公、穀、程氏、胡氏傳及諸儒之解，後另行作辨說以折衷至當，其釋春王正月，主改月、改時而言。左氏亦有錯出處，如'太子申生之死，經書於僖十六年之春，而傳以爲五年之冬，韓之戰，經書十一月壬戌，而傳以爲九月壬戌，以至奚齊、卓子之弒，里克、丕鄭之殺，皆傳先而經後。蓋是時晉之國史，不用周正而用夏正，是以有差，左氏誤以爲經從告而書之，使卽從告，何以每差兩月。且訃告雖後，而告以日月則從實，豈有始經國史之錄，再經夫子之修，而不能釐正其文者，故知周正、夏正，因兩存而混淆。'其說甚辨，後來諸儒，不宗胡氏'夏時冠周月'之解，其論實肇於文憲。其他若'邾儀父之盟'，謂幽、厲以來，屢盟長亂，春秋惡盟誓，譏參盟，所以撥亂反正，'初獻六羽'，謂當從公羊程子說，見前此用八佾之僭，'胥命于蒲'，謂譏霸政擅命之始，與集注大略相似，蓋此書爲集注之權輿也。"陸氏儀顧堂續跋影寫元刊本跋云："經頂格，集傳低一格，自爲之說又低一格，經宗左氏，而注公、穀異文於下，諸家之說，可以證明而不以爲主者雙行注於下。"

九經疑難四卷

時代未詳？朱彝尊經義考列之錢承志之後，疑宋末人，是編千頃堂書目、經義考並作十卷，此從澹生堂鈔本依樣過錄。

張氏藏書志有淡生堂鈔本殘本四卷，載目錄卷八春秋後自識曰："紹興甲子，朝廷彙經，先君鱓堂用春秋連取首選"云云，是南宋時人，阮未及此，蓋偶遺之。又載嚴元照手跋云："宋張正夫九經疑難十卷，竹垞先生經義存亡考云：'未見'，祗載其自序一篇。案正夫名文伯，考作伯文恐誤。辛亥游武林，得是本於書坊，僅首四卷，乃山陰祁氏澹生堂鈔本"云云，是初得此本爲嚴氏。張氏自爲說曰："通鑑辨誤八，引張文伯云云，未知卽著是書者否？所采自正義外，如葆光易解、鄭氏周易疑難圖、林歐四書考異、明疑錄等書，今皆失傳，藉此得略見崖略，中如說君奭序'召公不說'曰：'召公之不悅者，非爲周公也，自有所不悅也，召公相文、武、成王三世矣，至成王能自爲政，則召公之年已老矣，而復尊以師保之任，方功成身退之時，而加以莫重之寄，爵位日隆，任責日重，非召公所樂也。況召公已封於燕，身留相周，而不得優游於國，不悅之旨蓋爲此爾，是以周公勤勤作書以留之，此君奭之書所爲作也。'其說實先儒所未發，是亦可云有裨經義者矣。"玉縉案：此說近委瑣，不解張氏何以取之？　瞿氏目錄有舊鈔殘本四卷，云："以經義考所載序文覈之，此本微有不同。如'非惟述其辨駁而已'，此本'駁'下空二格，'意之高遠'下，此本有'詳備無遺'四字，'瞭然胸中矣'，此本作'瞭然在其中矣'，'聊以是擬前篇云'，此本作'前編'皆是也。卷首有歸安嚴修能跋"云云，蓋卽澹生堂本。

爾雅新義二十卷

陳振孫云:"以愚觀之,大率不出王氏之學",至句逗亦多不同。如釋木"樸枹者謂榝采薪",佃則以謂字絕句,注云"謂之而後知"。釋蟲"蠸蚼蛩蠶",佃則以蠶字連下莫貈爲句,注云"蠶老而後眠",不知經典釋文讀蠶爲他典切。又"莫貈螳蜋蛑",佃則連下文虰字爲句,雖本之方言,然邢昺已引說文辨其失指。惟所據經文乃當時至善之本,如釋言"揩拄也",則作揩柱也,"皇華也",則作華皇也,釋天"四時和謂之玉燭",則作四氣和,"河鼓謂之牽牛",則作何鼓,釋邱"堂途梧邱",則作當途,釋水"河水清且灡漪",則作灡瀚,釋草"苹蓱",則作苹蓱,"莩麻母",則作莩麻母,"蕭荻"則作蕭萩,"卷旆草"則作卷施草,"樓橐含"則作樓橐含,釋木"座接慮李"則作痤接慮李,釋鳥"楊鳥白鷢"則作鷹白鷢,"鳥鵠醜"則作鳥鵠醜,並足以資考訂,亦讀經者之所不廢也。

李慈銘荀學齋日記云:"嘉慶戊辰,蕭山陸氏芝榮所刻三間草堂本,亦出於宋茗香所校,與近年粵雅堂本合,首有王穀人宗炎序,甚佳。左丞此書,所據經文自勝,其注頗文句簡古,有西漢人家法,然穿鑿私肊,好行小慧,實經學家之魔道,陳直齋謂其'不出荆公字說,玩物喪志,等之戲笑'者良不誣也。王序議論頗正,孫頤谷亦止取其經文可正俗誤,宋氏、陸氏力回護之,蓋好古之盛心,固宜如是。張月霄愛日精廬藏書志,舉其精確者二十二條,最爲有識,嚴久能跋,極詆其荒鄙,謂陳直齋所譏,未足蔽辜,則不免過當,今卽舉其第一條論之。其解'俶落'二字云:'俶於人爲叔,於天爲始,落於花爲落,於實爲始',落之解義雖偏，尚自新雋，傚則無理矣。其解'舒梟鶩'云："覗梟雖舒，音木，則其質木故也'，吾越以人之癡鈍者曰呆木，此方言之俗音，豈可以解經，然亦可見吾鄉此語已古矣。其解'毊鼷短脰'云：'豬淫豵亦短脰，今處女腰脛纖細，旣嫁而麤矣，旣字而麤矣，若所謂褭驂亦以此，所謂小領亦以此'，小領攝矣，褭驂戒體猶在，數語體人物極妙，然與毊鼷何涉？"玉縉案：李氏曲爲之說，究屬詞費，姑錄之。又翟灝爾雅補郭，"篲勤也"條下云："友人邵晉涵於四庫全書館得見宋陸佃爾雅新義，云已注此爲灑埽之勤"，據此，則是書早入四庫館，特總目未著錄耳。

太常因革禮一百卷

郡齋讀書志、直齋書錄解題不載此書。

陸氏儀顧堂續跋影宋淳熙本跋云："昭德郡齋讀書志曰：'太常因革禮，姚闢、蘇洵撰'云云，其言與序合，阮氏以爲讀書志、書錄解題不載誤矣。惜所缺十七卷，與書中缺文，無可校補耳。"

四庫未收書目提要補正卷二

史載之方二卷

載之字里未詳。

陸氏藏書志有北宋刊本，並載黄丕烈手跋云："直齋書錄解題有云：'指南方二卷，蜀人史堪載之撰，凡三十一門，各有論'，未識卽此方否？載之向不知其何郡人？今解題云蜀人，而證諸宋稗類鈔，所云，朱師古眉州人，乃趨郡謁史載之，則其所居之郡可知，向不知其何名？今解題云史堪，則載之乃以字行者也。"陸氏自爲案語云："指南方二卷，當卽此書，已刻入十萬卷樓叢書。"玉縉案：陸說非也，瞿氏目錄有影鈔宋本，卽從黄本過錄者，云："載之名不甚著，其始末無考，惟據復翁跋，稱宋稗類鈔載眉州朱師古得異疾，趨郡謁史載之，宋時眉州屬成都府，是載之爲成都人也。書錄解題載指南方二卷，蜀人史堪載之撰，卷數雖同，書名則異，不知卽此書否？然稱爲蜀人，與宋稗類鈔合，其非二人可知，是載之名堪也，而阮文達提要謂字里未詳？蓋誤認載之爲名矣。北窗炙輠錄載載之療蔡元長疾，元長熙寧三年進士，靖康中貶死，是載之爲神宗後人也，其大略可見者如此。案載之療元長大腸祕，因市紫菀以進，須臾遂通，此書大府祕門，正有用紫菀一方。而師古異疾，載之名爲'食掛'，謂出素問，製藥服之，三日頓愈，宋稗類鈔不言所用何藥？此書亦無食掛方論，蓋載之所著，當不止此，或在解題所稱指南方中，而此書之非卽指南又可想見也。"瞿氏此說得之。　陸氏儀顧堂續跋宋槧本跋云："直齋書錄解題指南方二卷，蜀人史堪撰，凡分三十一門，門各有論，今此書自四時正脈起至治疫毒痢止，卻得三十一門，門各有論，蓋卽直齋著錄之指南方也。載之名堪，四川眉州人，政和進士，官至郡守，彭師古得異疾，食已，鼻中必滴血，堪曰：'疾在素問正經，名曰食掛'，投一方服之，宿恙頓除，見分類夷堅志辛集、眉州進士題名碑。蔡元長病便祕，堪末紫菀以進，須臾遂通，見北窗炙輠錄。"後有黃蕘圃手跋二通，並錄宋稗類鈔、北窗炙輠錄兩條，宋稗類鈔所采，出分類夷堅志辛集，堪爲政和進士，皆蕘圃及阮文達所未聞也。　陸以湉冷廬醫話云："史載之方二卷，卽書錄解題所云蜀人史堪指南方也。洪景嚴集驗方，曾記載之治婦人氣塊刺痛二方，兼及其治驗，蓋亦能醫之士也。然其書中之方，大半皆麻黃、獨活、附子、官桂等藥，其治疫毒痢之通神散，用麻黃、官桂、甘草、大芎、白朮、細辛、獨活、桔梗、防風、芍藥、白芷、牡丹皮、牽牛，第二方用訶子，第三方用硫黃，楊子建襲之，改爲萬金獲命三方，并襲其說，如'寒邪犯心，水火相戰，所以先發寒熱，水火相犯，血變於中，所以下赤痢'云云。孔以立痢疾論深詆之,斥爲不經之説,又謂'不辨人體之強弱,脈息之虚實,擅用麻黄、朮、桂、牽牛、訶子、硫黄,實乃殺人之事',其論良然。"

書齋夜話四卷

是編見千頃堂書目,傳本殊希。

案四庫全書已收,見提要卷一百二十一子部雜家類。

遁甲符應經三卷

宋楊維德等撰。 卷首有宋仁宗御製序。

案祕籍志有舊鈔本,題宋楊執中撰,執中疑維德之字,四庫存目載黄帝奇門遁甲圖一卷,有景祐己亥兵部尚書楊維德序,提要以其與陳氏書錄解題景祐間修遁甲玉函符應經爲司天春官正楊維德撰仁宗御製序文不合,疑爲依託,然則彼爲僞本,此殆眞本歟?阮氏未及此,疏矣。

增廣箋注簡齋詩集三十卷

胡穉箋。

案紹熙改元自序,稱竹坡胡穉仲孺識,是穉字仲孺,號竹坡,紹興壬子樓鑰序,稱曉江胡君,是穉爲曉江人,元皆未之及。

平安悔稾十二卷

此則依舊鈔過錄,合前、後集凡一千二百八十五首,分卷與宋志不合。

陸氏藏書志有鈔本平庵悔稾十六卷、丙辰悔稾一卷、悔稾後編六卷,並載乾隆辛丑吳長元手跋云:"是編爲余秋室集太史分纂永樂大典摘出,時誤傳全集已鈔入四庫,遂未經編錄，庚子，余寓秋室邸舍，取存稾黏帖成書，手錄副本，計悔稾、丙辰悔稾、悔稾後編凡三種，共詩一千四百餘首。以書錄解題所載較之，悔稾十五卷，今丙辰以前共得詩八百六十餘首，悔稾後編六卷，今得詩五百五十餘首，知悔稾之所缺甚多也。且云後編自丁巳終壬戌，據本傳，則丙辰悔稾正僞黨罷職之時，後編諸詩，必終於壬戌以後，如七古內凱歌一首，此開禧間解德安圍也，七絕內贈石首李令云：'莫談三十年前事，愁損河陽一縣心'，自注：'淳熙乙未，予三人同試南宮'，是詩當在丙寅、丁卯之際，上溯乙未，方合三十餘年，平甫卒於嘉定戊辰，去壬戌又六年矣，安得無詩。考平甫後編題辭作於慶元戊午，但云安知異時不復悔此，不言止於何年？似解題所云，未可盡據也。又解題列於詩集，故前後共二十一卷，藝文志作四十七卷，大約舉全集而言，直齋或未之見耳。"又載嘉慶乙丑趙魏手跋云："舊錄不分卷，編爲三帙，有分體錯誤者余爲正其譌，輯平庵悔稾爲十五卷，悔稾後編爲六卷，仍書錄解題之舊。丙辰悔稾佚去爲多，只存一卷。"玉縉案：據趙跋則標題十六當爲十五，丁氏藏書志統稱詩稾十六卷。云："此本較阮氏進者，多詩一百餘首。"

分類唐歌詩殘本十一卷

然全書體例，由是可推。

案全書體例，詳吳氏拜經樓藏書題跋記，並引錢塘遺事及癸辛雜識所載孟奎事。又瞿氏目錄有宋刊殘本，卽絳雲樓所藏本，而周亮工書影謂絳雲樓災，並此數册亦不可得，非也。

觀瀾集注三十卷

此從宋本依樣影鈔，僅及其半。

瞿氏目錄有丙集八卷，云："前四卷皆賦，計張衡以下十五人，五卷以後爲說、論、記，計韓文公以下十三人，惟其間或稱名，或稱字，體例殊不畫一。"

陽春白雪八卷外集一卷

聞禮字立之，臨濮人，案文淵閣書目月字號，載陽春白雪一冊，乃闕佚之本，此從舊鈔依樣倣寫，所選凡二百餘家，宋代不傳之作多萃於是，去取亦復謹嚴，絕無猥濫之習。聞禮著有釣月軒詞，周密絕妙好詞嘗采其作，是編亦自錄一二，如玉漏遲、法曲獻仙音、瑞鶴仙等闋，字鍊句琢，非專以柔媚爲工者可比也。

秦恩復刊本跋云："聞禮字立之，又號釣月，書錄解題云：'五卷，趙粹夫編'，非完書也。世鮮傳本，魚魯之譌，在所不免，又無善本可校，尋訪數年，雖有鈔借，得失互見，未可據依爲斷，其餘諸名家詞，句讀押韻不同者，條注於每句之下，錯誤不能强通者，空格以俟考補，詞至南、北宋而極盛，自草堂詩餘、絕妙好辭、花草粹編而外，此選亦可繼響。"

元祕史十五卷

不著撰人名氏，其紀年以鼠兒、兔兒、羊兒等，不以支干，蓋即國人所錄，明黃虞稷千頃堂書目著錄十二卷，明文淵閣書目宇字號云："元祕史一部，五冊，又一部同"，又云："祕史續槀一部,一冊,又一部同",並闕佚之本。

顧廣圻思適齋集影元槧鈔本是書跋云:"元朝祕史,載永樂大典中,錢竹汀少詹家所有,即從之出,凡首尾十五卷,後少詹聞桐鄉金主事德輿有殘元槧本,分卷不同,屬彼記出,據以著錄於元史藝文志者是也。殘本,主事嘗攜至吳門,予首見之,去年授徒廬州府晉江張太守許,見所收影元槧舊鈔本,通體完善,今年,古餘先生借來覆影此部,仍見命校勘,乃知異於錢少詹本者不特分元朝祕史十二卷、續集二卷一事也。即如首卷標題下分注二行,右'忙豁侖紐察'五字,左'脫察安'三字,必是所署撰書人名銜,而少詹本無之,當依此補正,其餘字句行段亦往往較勝。若夫所以訂明修元史之疏略,少詹題跋洎考異中,見其大槩,引而伸之。唯善讀之君子。" 案丁氏藏書志有舊鈔本十五卷,又有乾隆戊辰秀水萬光泰節錄二卷。其自序云:"元祕史十二卷、續二卷",是所見仍非足本,今楊氏連筠簃叢書所刊,乃道光間張穆從永樂大典中錄出,復借韓氏影鈔原本校勘者。書中末條云:"此書大聚會著鼠兒年七月,於客魯漣河闊迭額阿剌勒地面處下時寫畢了",當爲太宗十二年,明太祖御製文集,壬戌十二月,有授翰林編修馬沙亦黑馬哈麻敕云:"大將入元都,得祕藏之書數十百冊,中國無解其文者"云云,顧炎武日知錄之餘華夷譯語條云:"洪武十五年,以前元借高昌書制爲蒙古字,至是乃命翰林侍講火原潔與編修馬沙亦黑等,以華言譯其語,凡天文、地理、人事、物類、服食、器用靡不具載,復取元祕史參考，紐切其字，以諧其聲音"云云，然則是書之譯成華文，當在洪武朝，故永樂時得以編入大典。萬光泰以"鼠兒年爲當在至大以後，元史二年冬十一月庚辰，始號聖武皇帝廟爲太祖，是書成吉思合罕，間譯作太祖，知非定、憲二宗以前書也"。不知書當成於太宗時，故不載太宗以後事，惟譯爲華文當在其後，不得以譯文有太祖字而斷其非定、憲以前書也。光泰又云："文用蒙古語一行，譯語一行，每節之後，又用總譯一段，連貫其語，每行當別有蒙古字，今不存矣。元史於此書，採綴一二，同異宏多"，不知元史實未稽考是書，故太祖本紀述其先世，缺孛端叉兒以上十一代也。惟蒙語、譯語，每行相間，每節又總譯一段，此得其實。

遊志續編二卷

書中有存其目而其書未經采入者，若李格非之洛陽名園記，范至能之驂鸞錄、吳船錄，後人遂疑爲未成之書。

張氏、陸氏藏書志並有鈔本，張云："所載皆唐、宋、金、元人游覽之文，頗有世不經見者，如劉祁遊西山記、北使記等篇，他書俱未之載，其存佚之功爲不小矣。至李格非洛陽名園記、范成大驂鸞錄、吳船錄，蓋以有傳本故存其目而未錄其文，非有所殘闕也。"玉縉案：張說殊迂曲，當以阮爲正。

桐江集八卷

其前集名虛谷集，見黃虞稷千頃堂書目，疑即是編。

案陸氏藏書志有舊鈔本桐江集二十卷，補遺一卷，視此多十三卷，考戴表元剡源文集有是集序云："放翁晚起家得嚴州，爲詩幾千首，翁去而州人愛其詩，版傳之於今，使君垂老，亦守嚴，多爲詩，州人爲刻其桐江集者六十五卷。"然則陸氏所藏，亦非足本也。張氏藏書志有鈔本八卷，從錢塘何氏藏本傳錄，阮本當亦出於何元錫本。

王徵士詩集八卷

梁潛稱沂與大梁辛好禮、楊伯謙、上元周伯寧、清江彭聲之、豫章萬德躬倡詩道于東南，期以關世敎爲務。

陸氏藏書志有舊鈔本二妙詩集十三卷，其案語云："凡子與詩集八卷，子啓詩集五卷，子與詩集，阮文達外集著於錄，子啓詩集，文達所未見也。前有沂行狀、梁潛撰。墓誌、楊士奇撰。墓表、胡廣撰。神道碑、黃淮撰。王沂傳、鄒緝撰。王佑傳。"楊士奇撰。據此，則又有佑詩五卷也。

名儒草堂詩餘三卷

自劉藏春以下凡六十家。

玉縉案：仁和吳氏影元本，凡五十七家，目錄卷中、卷下末，各有"履道彭"三字，而書中並無其詞，豈是集爲彭履道所選歟？何以卷上末又無之也。即出於彭，亦不當與作者姓氏並列，實不可解？

名家詞十卷

國朝侯文燦編。是編子野詞，四庫全書已著錄，即陸安集。伏讀四庫全書總目云："此本近時安邑葛鳴陽所輯，凡詞六十八首"，此則一百三十首，較爲完善。

金氏粟香室叢書有重刊本，題曰名家詞集，並附校語，惟阮稱文燦自序云云，竟不見此本自序中，蓋所據非原刻也。金氏序云："其中如張子野詞，後來鮑氏廷博所輯凡一百八十餘闋，而此集僅得大半，餘諸家詞，亦有見於他選而此集未收者，似所輯不無闕漏。然松雪詞，本集所存祗二十一闋，而此集凡得三十三闋，雁門集，舊刻附詞十一闋，近刻增收三闋，亦未有出此集之外者。卽鮑氏刻子野詞，仍藉此集以補葉斐軒本之闕，則侯氏搜采之勤可想見也。" 玉縉案：侯字蔚醲，號亦園，光緒丁亥，金武祥粟香室重刻本，頗有校正。

律文十二卷音義一卷

是編不著撰人名氏，音義，宋孫奭等撰，奭字宗古，博平人，有孟子音義，四庫全書已著錄，事蹟詳宋史本傳。竊案宋史刑法志云："宋法制因乎唐律令，格式則隨時增損之"，此書見藝文志，其中所載，自名例以至斷獄凡十二門，與唐志悉合，陳振孫書錄解題亦云："律文十二卷，自魏李悝、漢蕭何以來，更三國、六朝以至隋、唐，因革損益備矣，本朝天聖中，孫奭等又撰音義，歷代異名沿革皆著之。"

顧廣圻思適齋集書是書後云："律十二卷者，唐律之正文，不附長孫無忌等疏者也；音義一卷者，孫宣公爲唐律所撰之音義也。玉海曰：'天聖律文音義，七年四月判國子監孫奭言，"准詔校正律文及疏，律疏與刑統不同，本疏依律生文，刑統參用後敕，雖盡引疏義頗有增損，今校爲定本，須依元疏爲正，其刑統衍文者損，闕文者益，以遵用舊書與刑統兼行，又舊本多用俗字，改從正體，作律文音義一卷，文義不同，即加訓解”，詔崇文院雕印，與律文並行。先是，四年十一月，奭言“諸科唯明法一科，律文及疏未有印本，舉人難得眞本習讀”，詔國子監直講楊安國、趙希言、王圭、公孫覺、宋祁、楊中和校勘，判監孫奭、馮元詳校，至七年十二月畢，鏤版頒行。’又曰：‘書目律令釋文一卷，天聖中孫奭等撰，字義不同，悉有解訓’，其明文一也。文獻通考曰：‘律文十二卷，音義一卷’，陳氏曰：‘自魏李悝、漢蕭何以來’云云，其明文二也。書錄解題與文獻通考同，其明文三也。宋史藝文志曰：‘律十二卷，律疏三十卷，唐長孫無忌等撰’，又曰：‘孫奭律音義一卷’，又儒林孫奭傳曰：‘嘗奉詔校定律音義’，其明文四也。然則其爲唐律固易知矣。且附長孫無忌等疏之律，有前孫伯淵觀察屬予校刊行世者在，取其正文對勘便見，亦不必俟博考羣書而後定耳。” 玉縉案：通考引陳氏云云，即書錄解題文，此分作二事，非。瞿氏書目云：“玉海載天聖七年四月刊律文音義於國子監云云，即此本也。其音義摘字爲注，仿經典釋文體，與孟子音義同，精覈亦相等，如名例篇‘乘輿’下，引蔡邕獨斷曰：‘天子車馬、衣服、器盛、百物曰乘輿’，今本獨斷，脫‘天子’以下十一字，得此可補其闕。又衞禁篇，‘出行夜’行音下孟切，可正孟子集注俗本行夜爲夜行，並俗讀行爲平聲之譌。又畜聚之畜丑六切，畜産之畜許又切，皆與釋文合，可正俗讀許六切之譌。” 玉縉案：奭引獨斷，今本首條有此文，瞿說誤。瞿氏又謂“末題楊中和、宋祁、公孫覺、楊安國、馮元、孫奭銜名，其公孫覺下二行闕處，原本版印斷爛，以玉海證之，當是趙希言、王圭二人”，其說是也。顧氏亦及此，而瞿說尤瞭。

莆陽比事七卷

取唐以來上下千百年間，凡莆陽事之可傳者綺分璧合，釐爲七卷，名曰比事。宋人舊志，如鄭僑莆陽人物志，以及趙彥勵、陸炎所著莆陽志，今多散失，俊甫此編，時見採錄。

張氏藏書志云:“是書仿急就篇、蒙求體，取莆陽山川、風俗、古迹、名勝、人物、科第、道流、釋子彙聚科分，括以四言韻語，幼傑自爲之注，蓋地志創格也。所採如紹熙莆陽志、長樂志、信安志、游洋志、淸源志、泉南錄、南恩圖經、本朝元輔表、中興百官題名志、閩川名士傳、唐登科記、五代登科記、離塵不夜編、劉夙手記、鑑明錄等書，多他書所未見者，雖稍有殘闕，亦足爲莆陽文獻之徵也。”陸氏藏書志有明刊本，並載馬玉堂手跋云:“是書取莆陽文獻，仿蒙求體，自山川、風俗、古跡、名勝、人物、科第以及道流、釋家，分門別類，無不備錄，故曰比事。所采用書，如十六國志、沼甫志、龍川志、閩中記、中興紀事、崇寧黨錄、南雲見錄、林氏積慶圖、木蘭家譜、桂籍題名、異聞錄、搜神祕覽、隆正集、撙齋集、探花集、浯溪集、鐵研集，今且無有知其名者，軼事遺聞，所載尤夥。”其儀顧堂集是書跋大率襲此。又云:“以蒙求體爲地志，句以四言，排比對偶，自爲之注，乃志書創格。其所採事，上起戰國，下迄南宋”，阮氏謂自唐以來者非。

玉函經一卷

惜藏書家皆未著錄，錢曾讀書敏求記載有光庭了證歌一卷，又與此異。

瞿氏目錄有宋刊本，云："傳眞天師特進云云，徽國廣成杜光庭撰，盱江水月黎民壽注"，後有黄氏丕烈跋云："錢氏讀書敏求記有杜光庭了證歌一卷，云：光庭謹傍難經，各推了證歌爲之以決生死，宋高氏爲之注，東越伍捷又爲補注'，此書自序則云：'謹傍難經，略依決證，迺成生死歌訣一門'，實是一書，惟注本不同，故更其名耳。黎注中引王德膚易簡方，謂宋人王碩也，知民壽亦爲宋人矣。"玉縉案：阮以爲二，黄以爲一，俟考。

詩說十二卷

此爲影宋鈔本，闕卷皆對，卽從徐氏藏本錄出者。

楊紹和楹書隅錄云："克子坦跋，有'書成藏在篋中有年，恨遭攻劫，遺失數卷'云云，則第二、第九第十三卷乃未刊前所佚，非此本有殘闕也。此本坦跋凡二：一在克序後，一在卷尾，語意略同，惟序後之跋，多前數語，當是卷尾之跋先成，因未著明闕卷之故，遂別作一跋補爲敍入，而印時偶忘撤去先跋以致兩存耳。經義考及揅經室外集、愛日精廬藏書志均據傳鈔之本著錄，祇載卷尾之跋，是以不知闕失之由矣。"玉縉案：此說殊謬，陸氏藏書志有是書十二卷，不闕此三卷，其互相鈔補，得成完帙，儀顧堂集有跋以明之，後將此卷刊入羣書校補中。丁氏藏書志有明鈔本，爲振綺堂汪憲舊藏，尤完全。其書以卷耳爲太姒傷文王之囚羑里，樛木爲文王受命作周，蒹葭爲平王遷洛後無復能圖豐、鎬，正月爲周人憂平王之簒攜王，鴻雁爲周宣王驅民於宮室之役，大車爲周大夫盛飾以挑市井之女，綢繆爲曲沃有分晉之漸，晨風爲秦伯有勤王之功，以及雞鳴爲刺晏朝，羔裘爲譏怙寵，渭陽爲嘉釋怨之類，皆任肊妄說，不足憑信。

漢唐事箋十二卷後集八卷

禮之事蹟無可考。

瞿氏目錄有元刊本，云："題進士盱黎朱禮德嘉著，禮事實無考，盱黎爲建昌新城地，建昌江一名盱江，新城就黎灘鎮置縣，亦號黎川，考江西通志科目，無朱禮名，此所稱進士，殆鄉貢進士也。"

崑山郡志六卷

前有至正四年楊維楨序云："與謔同出文公"，則謔乃閩人，流寓於玉峯者。惟鐵崖序稱二十二卷，今據書止六卷，首尾完具，豈成書之後重爲刪定耶？

錢大昕潛研堂集有跋云："崑山本縣也，元成宗元貞二年，升縣爲州，故此書有郡志之名。延祐中，移州治於太倉，故志中有新治、舊治之別，新治今太倉州城，舊治則今縣也，至正中，仍徙州舊治，則履祥已不及見矣。鐵崖序稱二十二卷，今止六卷，首尾完具，豈鐵崖所見乃別本耶？"黄廷鑑第六弦溪文鈔有跋云："鐵崖敍二十二卷，今止風俗起至異事止十六門，共六卷，蓋不全本也。竹汀跋云：'首尾完具，疑鐵崖所見爲別本'，其說非也。地志首重建置、沿革、輿圖、城池、鄉都、橋梁、水利、戶口、賦役、學校、官署、壇廟、祠宇諸大目，今皆缺而不載，且楊序中明言崑山自縣升州，戶版地利日增，賦稅甲天下，州縣庸田水道利害所在，而志中絕不及之，其非完帙可知。此第全書之後六卷，幸科第、名宦、人物、雜記諸卷尙存，足備宋、元來是邦之掌故，不以殘缺忽之可耳。" 瞿氏目錄有鈔本，云："譓，浦城人，楊序謂二十二卷，而此止六卷，但有風俗等十五門，而建置、沿革、水利、賦役、戶口、學校等俱闕焉，其非足本可知。"

羣書類編故事二十四卷

元王罃撰，案罃姓名見寧波府志，明初曾任廣東肇慶太守，事迹無考。

陸氏藏書志有明刊本，其案語云："王罃字宗器，其爲肇慶太守，在宣德五年，見明史李驥傳，此本序中已云肇慶太守四明王公，則書刊於宣德以後可知，擘經室外集題爲元人元刊本，固誤，罃之事迹，見於明史循吏傳、寧波府志，'罃' 均作 '瑩'，文達偶不檢，故云無考。罃又有律詩類編，見葉盛水東日記，云 '四明王瑩宗器喜言律詩' 云云，則 '罃瑩' 互誤久矣。" 其儀顧堂題跋考其仕履較詳，而不及水東日記一則。

釣磯文集五卷

今本乃其裔孫玩所編次，賦五卷，凡五十首，四庫全書所錄八首，皆在其中，而全唐文未採者較多二十一首云。

案陸氏藏書志有舊鈔本十卷，其儀顧堂集有跋云："四庫著錄正字詩賦二卷，詩二百八十二首，賦八首，此本賦五卷，詩五卷，詩與四庫本同，賦則增多四十八首。張月霄以全唐文校之，此本多賦二十一首，少均田賦、衡賦二首，所缺賦皆可據全唐文補錄，具見所作藏書志中。所缺偶吟七律一首，余亦據全唐詩補入。”丁氏藏書志亦有鈔本十卷，云：“舊缺第五卷，此獨全，惟威武軍殿中侍御史劉山甫所撰墓志銘，未附於後，全唐文尚有均田賦，文苑英華尚有籍田賦、衡賦，可待補遺。”

編類運使復齋郭公敏行錄

無卷次，無撰人名氏，前有古侯黃文仲及三山林興祖兩序，疑出二人所編。

瞿氏目錄有元刊本運使郭公言行錄一卷，敏行錄一卷，云：“張氏藏書志、阮氏經進書目分載二書，不知敏行錄即附刻於言行錄後，亦徐東所編，阮氏誤以卷首有黃文仲、林興祖二序，遂疑爲二人所編也。”玉縉案：張氏於敏行錄題徐東撰，云“是書與言行錄合刻”云云。錢大昕養新錄復齋郭公言行錄及敏行錄條云：“郭公名郁，字文卿，汴之封邱人，金末避兵遷大名，由江、淮樞密院令史歷官福建都轉運鹽使。言行錄者，福州路教授徐東所編，敏行則一時投贈詩文碑記也。兩錄皆有黃文仲、林興祖序，黃序題至正二年辛未，自來搜輯元代藝文者皆未之及，爰表而出之。”

廣黃帝本行記一卷

唐王瓘撰，系銜稱閬州晉安縣主簿王瓘進，考之新唐書藝文志雜傳記云：“王瓘廣軒轅本紀三卷”，蓋即此書。此卷首題

“修行道德”四字，必每卷各以四字標識，本書“帝吹律定姓者十二”，注云在中卷，又“黄帝有子各封一國”，注云具中卷，可證此爲下卷，佚去上、中二卷矣。此從錢曾舊鈔藏本影寫，恐世間更無足本，讀書敏求記中具載之。

顧廣圻思適齋集是書序云：“廣黄帝本行記一卷，載道藏海字號，非完書也。新唐書藝文志云：‘王瓘廣軒轅本紀三卷’者，卽此，蓋其書備詳黄帝始末，今起於‘黄帝以天下既理’，乃所存但下卷耳。首題‘修行道德’，必每卷各以四字標識，而上、中二卷，是黄帝生長及治天下等事，皆與道家無涉，故不爲藏所收，而遂佚去，本書‘帝吹律定姓者十二’注云云，尤可證矣。淵如先生得壹是堂舊鈔本，屬校刊於江寧，因借朝天宫正統十年藏本對勘，訂正若干字，錢曾讀書敏求記著錄與此無異，計世間未必更有足本，姑闕之以俟博見者。”鄭翼謹案：提要道家類存目，清薛大訓列仙通紀中有此書。

圖解素問要旨論八卷

馬重素重編。

案陸氏藏書志有元刊本，瞿氏藏書目錄有影鈔元本，並云馬宗素重編，則重素字誤也。書凡九篇：曰彰釋元機第一、五行司化第二、六化變用第三、抑沸鬱發第四、玄相勝復第五、六步氣候第六、通明形氣第七、法明標本第八、守正防危第九。陸氏儀顧堂續跋云：“凡內經素問所有者注曰‘舊經’，凡守眞所撰者注‘新添’，皆以黑質白章別之。”

元風雅三十卷

今計劉因以下至二十七卷，凡八十五家。

張氏藏書志有元刊本，云："始劉夢吉，終陳梓卿，凡一百五十五家，中如熊勿軒係宋人，元遺山係金人，列之元代，未免不倫，若文文山、謝疊山則誓死不屈，大義凜然，乃亦一體編入，更爲失於限斷。然元人無專集者，藉此得略見梗概，未可以其體例不善而廢之也。"瞿氏目錄亦云："始劉夢吉，終陳梓卿，凡一百五十五家。"玉縉案：張、瞿蓋幷雜編三卷計之。

通紀七卷續五卷

今書中自四卷至十卷，有"公子曰"、"先生曰"者，當即世南之略論也。

張氏藏書志有明人鈔本十五卷，云："此本首三卷闕，以新鈔補入，題史臣李燾著，斷非原書，今撤出之，卷四至末，與郡齋讀書志一一符合，卷中'公子曰'、'先生曰'云云者，當是虞永興略論，'總案'云云者，則會元之說也，卷九引鄭文貞公魏徵論略曰，則卷中所載'論曰'云云者，蓋魏鄭公之說也。續通曆好載符瑞、夢兆及鬼神怪異之事，體近小說，此宋祖所以詔毀其書歟？然所載五代事迹，間有出新、舊兩史外者，是亦足資參考。"瞿氏目錄有影鈔宋本十五卷，云："宋太祖以孫書所紀非實，詔毀其書，故直齋書目、中興館閣書目、玉海皆十五卷，孫書僅存五卷，已經後人刪併矣。此本雖有十五卷之數，而一卷至三卷文皆不類，首題史臣李燾著，顯出僞託，故三國首蜀，而末亦無論略。其四卷至十卷起西晉迄隋，有總案語，論著允當，與玉海所云合，則爲馬氏原本無疑。十一至十五卷，多載黄巢、李茂貞、劉守光、阿保機、吳越、兩蜀事迹，且及符瑞、夢兆、神怪等說，與讀書志所云合，則孫氏所續之本也。" 陸氏儀顧堂題跋云："不知何時失卷一至卷三三卷？而以僞本李燾通鑑羼入之，張月霄、黄蕘圃所藏皆然，此明人鈔本，第四卷以後，宋諱皆缺避，當從宋本影寫，惟前三卷之羼亂，與張、黄本同"，餘大率本瞿說。

增廣鐘鼎篆韻七卷

政和中，王楚始作鐘鼎篆韻，薛尚功已重廣之，鉤又博采金石奇古之蹟，益以奉符黨氏韻增補兩家所未備。 末有"洪熙侯書籍印"，蓋明時本也。

瞿氏目錄有舊鈔本，云："有馮子振、熊朋來序。自王氏楚始作鐘鼎篆韻一卷，薛尚功廣之，楊氏又博采古今文以增之，所增者別出於後，六卷依韻編次，七卷分象形、假借、奇字、合字、二字、三字、四字合成一字。會意、有偏旁可考而無訓讀、字畫簡古而無文理可考、字畫奇古而未可訓釋凡八類，可供討論六書之助，熊氏序謂自琱戈鉤帶及凡碑刻古篆皆在焉。"又云："以奉符黨氏韻名懷英。增補夏、薛所未收，夏竦古文四聲韻本唐韻，薛尚功依之。其篆則夏、商、周、秦之篆而韻則唐韻也，亦可按是以考舊韻之遺。此本出錢遵王家藏，輾轉傳錄，序後有朱描巨印，按其文是'緝熙殿書籍印'六字，案玉海，'宋紹定六年緝熙殿成，御書二字榜之'，宋史理宗本紀，'六年秋九月，以緝熙榜記宣付史館'，是此印當在宋時，其描於此書上乃出書賈作僞，錢氏敏求記仞爲洪熙殿，張氏藏書志、阮氏進呈四庫遺書提要又仞爲洪熙侯，俱謬，而并未考其不當有是印也。”玉縉案：熊序謂補夏、薛，如阮說，則似補王、薛矣，亦非。

玉峰志三卷玉峰續志一卷

宋淩萬頃、邊實同撰。

案正志二人同撰，續志邊一人撰，各序甚明，此殊未晰。錢大昕跋云：“宋世士大夫宦成之後，往往不歸故鄉，而舉子亦多就寄居求解，此志所載人物：如王綯、劉過、吳仁傑、陳宗召、敖陶孫、張匯、趙監、樂備輩，皆寓公也。王葆傳稱崑山自孫載登第，甲子一周，而葆繼登第，邑人美之，今檢進士題名，則孫後、王前尚有龔程、龔況、唐輝、黃偉、衞闐、張德本六人，殆皆由寄居登第，而不由本縣申送者。邊實既爲其曾祖惇德立傳，而續志復爲自序一篇，追本得姓之始，遙遙華胄，敷衍千言，難免‘汰哉叔氏’之譏矣。”

長春子遊記二卷

是編志常記其師邱處機西遊事蹟。

李慈銘桃華聖解盦日記云：“長春眞人西遊記，張石舟所校，長春眞人卽邱處機，元太祖稱之曰神僊，志常爲其弟子，自稱曰眞常子，其書末記侍行人名，又稱通玄大師，元史作李眞常。以元太祖辛巳，宋嘉定十四年，金興定五年。從處機由萊州至燕京，出野狐嶺，今張家口。取道金山、今科布多之阿里泰山。陰山，今甘肅迪化州之博克達山。至阿里馬城，卽伊犂。過答剌速沒輦、今伊犂河。霍闡沒輦、今那林河。至邪迷思干城，今西域之賽瑪爾罕。出鐵門至大雪山，今和羅三託山。見太祖於行在，甲申，歸至燕京，住大天長觀，四年而處機歿，眞常皆記所目睹，文筆典雅，絕無浮飾。前有西谿居士孫錫序，爲志常所索撰者，題曰戊子，則宋理宗紹定元年，元拖雷監國之年也。是本爲錢竹汀從蘇州玄妙觀道藏借鈔，後歸段懋堂氏，有錢氏二跋、段氏題識，又歸桐鄉程氏同文，龔定菴、徐星伯皆從程氏借鈔，徐氏、程氏皆有長跋，徐考覈新疆，程考覈金山以東，那林河以西，皆疏證精詳。又有陽湖董祐誠考記中日食一跋，烏程沈子敦釋金山以東一篇。”

軒轅黃帝傳一卷

曾於是編之前，載有廣黃帝本行記一卷，亦無著書人姓氏，案注中引劉恕外紀、蜀檮杌等書，蜀檮杌爲張唐英所著，則此卷當是南宋人手筆。書中備載黃帝顚末，及其子孫唐、虞三代相承世數甚悉，可補皇王大紀之闕。

顧廣圻思適齋集是書序云：“錢曾敏求記於廣黃帝本行記後即次以軒轅黃帝傳一卷，云闕撰者名氏，注引劉恕外紀，殆是宋人所著，今淵如先生得壹是堂鈔本，正合二種爲一冊，必所出同源也。注又引蜀檮杌，乃宋英宗時人張唐英著，此書固在其後，考道藏以字號十，雲笈七籤卷一百，所載軒轅本紀，即王欽若聖祖事迹，亦曰先天紀，有眞宗御製序可證，大段頗同，而文句間有出入，蓋欽若撰事迹，用王瓘記爲藍本，而此傳復用事迹爲藍本也。欽若經進之意，特在繁富，採摭羣籍，不無闌取，如史記五帝本紀‘幼而徇齊’，徐廣注，‘墨子曰：“年踰五十，則聰明心慮不徇通矣”’，索隱云：‘俗本作十五，非是，案謂年老踰五十不聰明，何得云十五’，可見徐注史記引墨子者祗證徇字之義，與黃帝初不相涉，而取之云‘帝年十五心慮無所不通’，旣依俗本，且竟以爲黃帝事非也。又如封禪書‘濟南人公玉帶上黃帝時明堂圖云云，於是上令奉高作明堂汶上如帶圖’，徐廣曰：‘在元封二年秋’，而取之云‘又濟南人公玉帶上黃帝明堂圖’，削去‘時’字，以爲上圖於黃帝，又云：‘帝依圖制之’，以爲黃帝依帶圖制明堂，是公玉帶乃黃帝時濟南人矣，尤非也。此傳皆沿其誤，不無可議，度王瓘唐人，未必有是。然瓘記上、中二卷亡失，終藉此尙見厓略，其先天紀異同，不更列入，因張萱所刻雲笈七籤自行於世，無難並觀參考也。”

關尹子言外經旨三卷

關尹子，四庫全書已著錄，言外經旨，宋陳顯微撰。

案顯微有周易參同契解三卷，四庫著錄。

道德經論兵要義四卷

夫眞以朝議郎出領漢州軍事，久列戎行，而考其談兵意指，顧深求乎老子之說。

瞿氏藏書目錄有鈔本，“義”下多“述”字。云：“王氏因唐時尊崇老子，故借道德經言兵之義以推闡之。”案此說勝阮。

遺山樂府五卷

是編從舊鈔本依樣過錄，無雲翰姓氏，疑轉寫者誤脫耳。

張氏及陸氏藏書志並有舊鈔本遺山先生新樂府五卷，題元好問撰，張云：“是書文淵閣書目著錄，前後無序跋，未知係何人所編？明淩雲翰有遺山樂府選，朱竹垞據以錄入詞綜，雖間有出此本外者，然究不及是本之備也。”陸氏又有舊鈔本遺山樂府一卷，題“前鄉貢進士錢唐淩雲翰彥翀編選”，並載勞權手跋云：“遺山先生新樂府五卷，此淩柘軒編選一卷本，雖不如新樂府本之全，頗有出於其外者。抱經堂文集有題辭。”據此，則五卷爲新樂府，一卷爲淩選樂府，歷代詩餘云云，蓋指樂府不指新樂府，阮語蓋誤。且五卷本亦當稱新樂府乃合。丁氏藏書志有明鈔本遺山樂府一卷，亦云：“歷代詩餘及朱彝尊詞綜所選，皆據此編，雲翰當時，殆合新舊兩本選而成此，故有出於新樂府五卷之外者，舊樂府不知若干卷？久已佚去耳。”

唐陸宣公奏議注十五卷

曄事蹟無考。鄭翼謹案：原文避清諱，書“曄”爲“煜”，今改。

張氏及陸氏藏書志並有元至正刊本，張云：“曄進書表題銜不著姓，案清波雜志曰：‘煇友人郎曄晦之，杭人，嘗注三蘇文及陸宣公奏議投進’，元吳文正公集，陸宣公奏議增注序曰：‘因郎氏舊注而加詳’，劉岳申申齋集曰：‘宋紹興中，有郎曄嘗注宣公奏議’，以此知爲郎曄也。”據此，是郎字晦之，爲杭人。又云：“表後云，‘紹興二年八月初七日進呈’，案表中有云：‘恭惟至尊壽皇聖帝’，考淳熙十六年，光宗受內禪，尊孝宗爲至尊壽皇聖帝，次年，改元紹熙，則‘興’爲‘熙’字之誤無疑，”此亦阮氏未及。錢泰吉曝書雜記云：“郎氏嘗輯橫浦日新，向讀陳直齋解題云：‘張九成子韶之甥于恕所編心傳錄，及其門人郎曄所記日新’云云，意謂郎氏爲橫浦門人，及見于氏心傳錄序云：‘余學生郎曄，粗得數語纂錄，而士大夫已翕然傳誦’，則郎氏似爲于恕之徒，然周昭禮清波別志，明言晦之早從張子韶學，必不誣也。高氏剡錄，成於嘉定甲戌，與晦之進書時，相距不過二十餘年，今檢所列簿治題名，無郎曄姓名，剡錄世稱佳志，晦之學有淵源，又能注書以傳，不當遺之，清波別志謂其累舉得官，不霑一日祿而卒，郎氏蓋甫授官即表進所注書，旋即下世，未嘗任事，故志乘例不采錄也。”所言尤詳備。其謂嘉定甲戌距進書時祇二十餘年，是亦以爲紹熙，非紹興也。此書陸氏已刊入十萬卷樓叢書。

楊氏算法三卷

宋楊輝撰，錢塘人。是書成於德祐間，分田畝比類乘除捷法及算法通變本末爲上卷，乘除通變算法爲中卷，算法取用本末爲下卷，末附續古摘奇。

陸氏儀顧堂題跋云：“田畝比類乘除捷法二卷，算法通變本末、乘除通變算寶、算法取用本末合爲上、中、下三卷，續古摘奇算法一卷，皆題錢塘楊輝編，惟算法取用本末，題錢塘楊輝史向榮編，前有德祐改元自序，汲古閣影寫宋刊本。案輝仕履無考，僅據題名知爲錢塘人，據序後印記知爲字德輝而已。以郁氏新刊本參校，凡校勘記所補正，此本皆不缺不誤，其未補者田方二里條‘外圍’下，闕‘求積’二字，‘以八除之’下，缺‘爲’字云云，皆可正郁本之譌而補其缺。蓋郁氏刊是書時，所見皆轉輾傳鈔之本，觀跋語以不得見原本爲恨，則此本之難得可知矣。”玉縉案：阮氏不言何本？其分卷與此異，乘除通變算寶作“算法”亦誤。

續墨客揮犀十卷

乘有墨客揮犀十卷，四庫全書已著錄，此其續編也。宋陳振孫書錄解題，則前、續二編，俱載共二十卷，而不著撰人姓氏，明商維濬刻稗海，題彭乘之作，蓋以書中自稱名爲據。卷中所載軼事遺聞以及詩話文評，徵引頗爲詳洽，足補前編之所未備，其所議論，多推重蘇、黄，亦與前集相同，合之以爲完書。

張文虎雜著甲上復朱逌之大令書云：“來教以續墨客揮犀多掇拾它書，疑非眞本，今檢全文，出夢溪筆談者二十八條，出冷齋夜話者二十條，出遯齋閒覽者十三條，又李主簿條，見閒窗括異志，王學士條，見東軒筆錄，而文小異。唐龍圖條，已見前編而此複出，謝泌條，亦與前編謝諫議條略同。來教所舉邱濬羣書方鈔引蜂螯一條，在今第八卷，未嘗缺，此條亦出筆談，謂爲贋作，誠是，而鄙意猶有疑焉”云云。下論前編亦贋作，詳總目小說家墨客揮犀條下。

陶靖節詩注四卷

如述酒之作，讀者幾不知爲何語？漢云窺見其指，詳加箋釋，以及他篇有宜發明者，亦併著之，淸言微旨，抉出無遺，馬端臨文獻通考以爲淵明異代之知己。

楊氏楹書隅錄有宋本四卷，並載周春題語云：“述酒詩爲晉恭帝而作，其說略本韓子蒼，而'芊勝、諸梁'，黃山谷亦嘗解之，非創於東澗也，特此注加詳耳。零陵王以九月終，與詩所云'秋草雖未黃，融風久已分'者正合，靖節時當禪代，雖同'五世相韓'之義，但不敢直言，而借廋辭以抒忠憤，向非諸公表微闡幽，烏能白其未白之志哉？"

貞一齋詩文稾二卷

此本乃叢書堂吳寬手鈔。

陸氏儀顧堂續跋叢書堂本貞一稾跋云："卷末有'時壬申中秋前四日，五嶽道生姚桿敬書'，版心有'叢書堂'三字，精鈔本、字體似吳匏菴。案叢書堂爲匏菴藏書之所，姚桿當是匏菴門下而爲之鈔書者，故字亦似之，阮文達以爲匏菴手鈔者，非也。"

輿地紀勝二百卷

其卷數全闕者：自十三至十六，又自五十至五十四，又自一百卅六至一百四十四，又自一百六十八至一百七十三，又自一百九十三至二百，共闕三十一卷。

錢大昕養新錄云："此書所載皆南宋疆域，非汴京一統之舊，然史志於南渡事多闕略，此所載寶慶以前沿革，詳贍分明，裨益於史事者不少。"　顧廣圻思適齋集校刊輿地碑記目序錄云："紀勝闕卷三十有一，好事者每惜其末由補全，求之此書，則三十一卷之碑記，惟荆湖南路之潭州、成都府路之彭州、綿州、漢州、邛州、黎州、利西路之天水軍俄空其七耳，其餘尚多無恙者皆原書之墜簡也。碑記中亦闕者七，疑明人編此書時已未見其全，然錢曾讀書敏求記著錄紀勝二百卷，鏤刻精雅，楮墨如新，乃宋本中之佳者，似仍係完帙，不審尚在世間否耳？今所據但鈔本，闕卷之外，復多闕葉，如楚州、濠州、興元府及永興軍之下半碑記，均藉此書而僅存，愈徵其有益者非尠矣。”張氏藏書志云：“其所引書：如國朝會要、中興會要、高宗聖政、孝宗聖政、中興遺史等書，皆傳本久絕，藉此得考見崖略。”瞿氏目錄云：“楊升庵跋峋嶁碑有引此書云：‘禹碑在峋嶁峯，又傳在衡山縣雲密峯，昔樵人曾見之，自後無有見者，宋嘉定中，蜀士因樵夫引至其所，以紙打其碑七十二字，刻於夔門觀中，後俱亡’，今覈此本，衡州碑記門有峋嶁碑，注惟載韓文公詩，而無升庵所引語，則是書所存已多殘闕矣。”玉縉案：道光中，有甘泉岑建功刻本，附補闕十卷，校勘記五十二卷，其阮元序、劉文淇校勘記序、建功撰補闕序，皆劉毓崧代撰，並跋二首，皆在通義堂集中，文繁不錄，近咸豐中，又有南海伍氏粤雅堂本。

跋

清乾隆時，編四庫全書總目并存目，每種各著提要，號稱博洽，至今仍不失爲讀古書者入門之鈐鍵。惟當時先有檢查禁燬之立意，門戶出入之私見，故不能無偏失，重以版本有異同，考證有疏略，分工有參差，傳寫有脫誤，後阮元四庫未收書目，雖有拾遺補藝之功，而所作提要則彌不能逮，蓋皆有不勝其糾摘者。昔人多從事於此，而未有蔚爲鉅製以行世，至綏之胡先生始竭畢生精力以爲之。先生之言曰："學問塗術之紛繁，古今書籍之浩瀚，一人所涉，譬諸滄海一漚；又迫於年命，所謂以有涯逐無涯，其不殆者蓋鮮。雖然，精衞塡海，愚公移山，亦在其志耳！吾之爲此，惟俛焉日有孳孳，得寸則寸，得尺則尺而已。"故先生雖年臻八十有二，而仍草稾叢殘，未有定本，遺命以見委。余受命惕若，搜輯補綴，寢饋於斯者十餘載，又得吳興朱君五峯景增之繕錄，潮安鄭君雪耘翼之校勘、標點，皆助我實多，始克底於成，然於提要猶未及十一也，繼斯有作，則在後之學者！公元一九六一年九月二十七日覆校畢，王欣夫謹識于蛾術軒。

四庫總目提要補正書名四角號碼

索引說明

［一］本索引係將四庫總目提要補正逐條的書名，按照四角號碼順序排列，第一字完全註明四角號碼及附角。

【例】 0010_4 童

［二］（甲）每條第二字取第一、二角的號碼，列於本條之前；（乙）第二字相同，或（丙）第二字第一、二角號碼相同的條目，僅在第一條註明第一、二角號碼，以下不註。

【例】 （甲）童溪易傳　　32～溪易傳

（第一字"童"四角號碼已見本條上面的單字，用～號代替。）

（乙）方輿通俗文　77～輿通俗文

方輿勝覽　　～輿勝覽

（丙）唐文粹　　00～文粹

唐音戊籤　　～音戊籤

［三］每條第三字以下，仍按四角號碼順序排列，但不註出號碼。

［四］書名右方的數字，代表書內頁碼。

［五］爲便利未習慣於使用四角號碼檢字法的讀者尋檢起見，最後附有起首字的筆劃順序檢字的四角號碼對照表（從 36 頁起）。

四角號碼檢字法

第一條　筆畫分為十種，用0到9十個號碼來代表：

號碼	筆名	筆形	舉例	說明	注意
0	頭	亠	言 主 广 疒	獨立的點和獨立的橫相結合	1 2 3 都是單筆，0 4 5 6 7 8 9 都由二以上的單筆合為一複筆。凡能成為複筆的，切勿誤作單筆；如亠應作0不作3，扌應作4不作2，厂應作7不作2，丷應作8不作3、2，小應作9不作3、3.
1	橫	一㇀乚	天 土 地 江 元 風	包括橫、挑(趯)和右鈎	
2	垂	丨丿亅	山 月 千 則	包括直撇和左鈎	
3	點	丶㇏	宀 礻 冖 厶 之 衣	包括點和捺	
4	叉	十乂	草 杏 皮 刈 大 對	兩筆相交	
5	插	扌	扌 戈 申 史	一筆通過兩筆以上	
6	方	口	國 鳴 目 四 甲 由	四邊齊整的方形	
7	角	㇆ 厂 亅 ㇗ 𠂆 ㇇	羽 門 灰 陰 雪 衣 學 罕	橫和垂的鋒頭相接處	
8	八	八 丷 人 𠆢	分 頁 羊 余 災 氽 足 乎	八字形和它的變形	
9	小	小 ⺌ 𣥂 个 忄	尖 糸 粦 杲 惟	小字形和它的變形	

第二條　每字只取四角的筆形，順序如下：

(一)左上角　(二)右上角　(三)左下角　(四)右下角

(例)　(一)左上角……端……(二)右上角

　　　(三)左下角……端……(四)右下角

檢查時照四角的筆形和順序，每字得四碼：

(例) 顏=0128　截=4325　烙=9786

第三條　字的上部或下部，只有一筆或一複筆時，無論在何地位，都作左角，它的右角作0。

(例) 宣 直 首 冬 軍 宗 母

每筆用過後，如再充他角，也作0。

(例) 干 之 持 掛 大 十 車 時

第四條　由整個囗門鬥行所成的字，它們的下角改取內部的筆形，但上下左右有其它的筆形時，不在此例。

(例) 因=6043　閉=7724　闘=7712　衡=2143

茵=4460　瀾=3712　荇=4422

附　則

Ⅰ字體寫法都照楷書如下表：

正	亠 住 𠤎 反 礻 戶 安 心 卜 斥 刃 业 亦 草 真 執 禺 衣
誤	亠 住 𠤎 反 礻 戶 安 心 卜 斥 刃 业 亦 草 真 執 禺 衣

Ⅱ取筆形時應注意的幾點：

(1)宀户等字，凡點下的橫，右方和它筆相連的，都作3，不作0。

(2)戸皿門等字，方形的筆頭延長在外的，都作7，不作6。

(3)角筆起落的兩頭，不作7，如ㄱ。

(4)筆形"八"和它筆交叉時不作8，如美。

(5)业 业中有二筆，氺 小旁有二筆，都不作小形。

Ⅲ取角時應注意的幾點：

(1)獨立或平行的筆，不問高低，一律以最左或最右的筆形作角。

(例) 非 肯 疾 浦 帝

(2)最左或最右的筆形，有它筆蓋在上面或托在下面時，取蓋在上面的一筆作上角，托在下面的一筆作下角

(例) 宗 幸 寧 共

(3)有兩複筆可取時，在上角應取較高的複筆，在下角應取較低的複筆

(例) 功 盛 頗 鴨 奄

(4)撇為下面它筆所托時，取它筆作下角。

(例) 春 奎 碎 衣 辟 石

(5)左上的撇作左角，它的右角取作右筆。

(例) 勾 鈎 侔 鳴

Ⅳ四角同碼字較多時，以右下角上方最貼近而露鋒芒的一筆作附角，如該筆已經用過，便將附角作0。

(例) "芒"=44710 元 拼 是 疝 歆 畜 殘 儀 難 達 毯 禧 繕 蠻 軍 覽 功 郭 疫 癥 愁 金 速 仁 見

附角仍有同碼字時，再照各該字所含橫筆(即第一種筆形，包括橫挑(趯)和右鈎)的數目順序排列。

例如"市""帝"二字的四角和附角都相同，但市字含有二橫，帝字含有三橫，所以市字在前，帝字在後。

四庫提要補正四角號碼索引

筆劃順序檢字

本檢字爲便利習慣於使用筆劃順序檢字者查檢本書索引之用。凡索引中的第一字，依筆劃順序排列；同筆劃的，再依點起、橫起、直起、撇起排列。每字後註明四角號碼，可憑此以檢索引字頭。

冬 2730_{3}
句 2762_{0}
包 2771_{2}
卮 7221_{2}
冊 7744_{5}

六畫

點起

安 3040_{4}
字 3040_{7}
宅 3071_{4}
江 3111_{0}
汗 3114_{0}
池 3411_{2}
冲 3510_{6}
次 3718_{2}

橫起

至 1010_{4}
百 1060_{0}
西 1060_{0}
列 1220_{0}
羽 1712_{0}
攷 1824_{0}
圭 4010_{4}
有 4022_{7}
存 4024_{7}
式 4310_{0}
考 4420_{7}
老 4471_{1}
夷 5003_{2}
匡 7171_{1}

直起

曲 5560_{0}
因 6043_{0}
同 7722_{0}

撇起

伐 2325_{0}
牟 2350_{0}
先 2421_{1}
仲 2520_{6}
朱 2590_{0}
自 2600_{0}
名 2760_{0}
后 7226_{1}
全 8010_{4}
年 8050_{0}
竹 8822_{0}

七畫

點起

宋 3090_{4}
沈 3411_{2}
初 3722_{0}
冷 3813_{7}
灼 9782_{0}

橫起

酉 1060_{0}
君 1760_{7}
忍 1733_{2}
攻 1814_{0}
克 4021_{6}
赤 4033_{1}
志 4033_{1}
李 4040_{7}
杏 4060_{9}
孝 4440_{7}
杜 4491_{0}
抗 5001_{7}
折 5202_{1}
甫 5322_{7}

直起

岑 2220_{7}
吳 2643_{0}
呂 6060_{0}
困 6090_{4}
別 6240_{0}
吟 6802_{7}

撇起

延 1240_{1}
何 2122_{0}
佛 2522_{7}
近 3230_{2}
希 4022_{7}
谷 8060_{8}

八畫

點起

庚 0023_{7}
京 0090_{6}
郊 0742_{7}
於 0823_{3}
放 0824_{0}
宜 3010_{7}
宛 3021_{2}
宗 3090_{1}
河 3112_{0}
法 3413_{1}
炎 9080_{9}
性 9501_{0}

橫起

兩 1022_{7}
玩 1111_{1}
弧 1223_{0}
孤 1243_{0}
武 1314_{0}
孟 1710_{7}
邵 1762_{7}
迯 3330_{9}
直 4010_{7}
來 4090_{8}
花 4421_{4}
芳 4422_{7}
芥 4422_{8}
芸 4473_{1}
林 4499_{0}
坦 4611_{0}
杼 4792_{2}
松 4893_{2}
事 5000_{7}
青 5022_{7}
東 5090_{6}
批 5101_{0}
拙 5207_{2}
或 5310_{0}
披 5404_{7}
抱 5701_{2}
長 7173_{2}
臥 7370_{0}
附 7420_{0}
居 7726_{4}
屈 7727_{2}

直起

步 2120_{1}
虎 2121_{7}
卓 2140_{6}
迪 3530_{6}
忠 5033_{6}
易 6022_{7}
昌 6060_{0}
果 6090_{4}
肝 6104_{0}
明 6702_{0}
尙 9022_{7}

撇起

乖 2011_{1}
侍 2424_{1}
使 2520_{6}
和 2690_{0}
佩 2721_{0}
徂 2721_{0}

收 2854_0
姑 4446_0
姓 4541_0
所 7222_1
岳 7277_2
兒 7721_7
周 7722_0
服 7724_7
金 8010_9
念 8033_2
知 8640_0

九畫

點起

彥 0022_2
帝 0022_7
音 0060_1
訂 0162_0
施 0821_2
宣 3010_6
祕 3320_0
爲 3402_7
洗 3411_1
洪 3418_1
神 3520_6
洞 3712_0
洛 3716_4
祖 3721_0
姜 8040_4

橫起

珂 1112_0
飛 1241_3
癸 1243_0
建 1540_0
珊 1714_5
負 1780_6
政 1814_0
南 4022_7
韋 4050_6
柘 4196_0
范 4411_2
茅 4422_2
革 4450_6
英 4453_0
苕 4460_2
柏 4690_0
胡 4762_0
柳 4792_0
春 5060_3
括 5206_4
咸 5320_0
契 5743_0
拾 5806_1
昭 6706_2
陋 7121_2
厚 7124_7
屏 7724_1

直起

貞 2180_6
峚 2210_4
星 6010_4
思 6033_0
毘 6071_1
省 9060_2

撇起

重 2010_4
禹 2042_7
香 2060_9
衍 2110_3
後 2224_7
幽 2277_0
俟 2323_4
勉 2441_2
律 2520_7
皇 2610_4
保 2629_4
修 2722_2
侯 2723_4
急 2733_7
紀 2791_7
秋 2998_0
風 7721_0
弇 8044_6
郤 8762_0

十畫

點起

高 0022_7
庶 0023_7
唐 0026_7
記 0761_7
效 0844_0
流 3011_3
家 3023_2
宰 3040_1
容 3060_8
酒 3116_0
浙 3212_1
浮 3214_7
浪 3313_2
海 3815_7
益 8010_7
剡 9280_0

橫起

夏 1024_7
晉 1060_1
貢 1080_6
班 1111_4
珩 1112_1
孫 1249_3
珞 1716_4
郡 1762_7
通 3730_2
眞 4080_1
荊 4240_0
草 4440_6
荀 4462_7
茶 4490_4
栲 4492_7
桐 4792_0
格 4796_4
栟 4894_1
泰 5013_2
書 5060_1
素 5090_3
秦 5090_4
軒 5104_0
耕 5590_0
原 7129_6
陣 7520_6

直起

北 1111_0
柴 2190_4
峴 2671_0
逍 3930_2
晁 6011_3
晏 6040_4

撇起

能 2121_1
師 2172_7
邕 2271_7
倚 2422_1
純 2591_7
鬼 2621_3
倪 2721_7
徐 2829_4
脈 7223_2
留 7760_2
矩 8141_7

十一畫

點起

字	號碼
鹿	0021$_1$
產	0021$_4$
康	0023$_2$
庾	0023$_7$
章	0040$_6$
望	0710$_4$
許	0864$_0$
淮	3011$_4$
淳	3014$_7$
扈	3021$_7$
寓	3042$_7$
密	3077$_2$
淙	3319$_1$
梁	3390$_4$
清	3512$_7$
惟	9001$_4$

横起

字	號碼
雪	1017$_7$
張	1123$_2$
强	1623$_6$
梧	4196$_1$
莊	4421$_4$
荷	4422$_1$
莆	4422$_7$
埤	4614$_0$
桯	4691$_4$
郴	4792$_7$
乾	4841$_7$
教	4844$_0$
梅	4895$_7$
畫	5010$_6$
排	5101$_1$
曹	5560$_6$
捫	5702$_0$
尉	7420$_0$
陸	7421$_4$
陵	7424$_7$
陳	7529$_6$
陶	7722$_0$
陰	7823$_1$

直起

字	號碼
崑	2271$_1$
崇	2290$_1$
國	6015$_3$
異	6080$_1$
晞	6402$_7$
野	6712$_2$
晦	6805$_7$
常	9022$_7$

撇起

字	號碼
巢	2290$_4$
僞	2422$_7$
紺	2497$_0$
衆	2723$_2$
紹	2796$_2$
從	2828$_1$
斜	8490$_0$
釣	8712$_0$
笠	8810$_8$
敏	8854$_0$

十二畫

點起

字	號碼
童	0010$_4$
註	0061$_4$
詠	0363$_2$
詁	0466$_0$
詞	0762$_0$
寇	3021$_4$
寒	3030$_3$
富	3060$_6$
測	3210$_0$
補	3322$_7$
湛	3411$_1$
湯	3612$_7$
溫	3611$_7$
湘	3610$_0$
渭	3612$_7$
湖	3712$_0$
湧	3712$_7$
滋	3813$_2$
遂	3830$_3$
遊	3830$_4$
道	3830$_6$
尊	8034$_6$

横起

字	號碼
疏	1011$_3$
雲	1073$_1$
琴	1120$_7$
發	1224$_7$
殘	1325$_3$
壺	4010$_7$
堯	4021$_1$
喪	4073$_2$
越	4380$_5$
菉	4413$_2$
萍	4414$_9$
菰	4443$_2$
華	4450$_4$
黃	4480$_6$
菊	4492$_7$
菽	4494$_7$
棣	4593$_2$
朝	4742$_0$
棗	5090$_2$
椒	4794$_0$
畫	5010$_6$
絜	5790$_3$
揮	5705$_6$
雁	7121$_4$
隋	7422$_7$
陽	7622$_7$
隆	7721$_4$
閒	7722$_7$
開	7744$_1$

直起

字	號碼
虛	2121$_7$
過	3730$_2$
貴	5080$_6$
圍	6050$_6$
景	6090$_6$
鄂	6722$_7$
棠	9090$_4$
敞	9824$_0$

撇起

字	號碼
焦	2033$_1$
集	2090$_4$
須	2128$_6$
紫	2190$_3$
觚	2223$_0$
幾	2245$_3$
傅	2324$_2$
嵇	2397$_2$
程	2691$_4$
御	2722$_0$
象	2723$_2$
絳	2795$_4$
復	2824$_7$
遁	3230$_6$
逸	3730$_1$
脾	7624$_0$
無	8033$_1$
鈍	8511$_7$
智	8660$_0$
欽	8718$_2$
舒	8762$_2$
筍	8862$_7$

十三畫

點起

廉	0023_7
意	0033_6
新	0292_1
試	0364_0
詩	0464_1
靖	0512_7
詳	0865_1
寧	3020_1
源	3119_6
漢	3413_4
資	3780_6
溢	3811_9
滄	3816_7
慈	8033_3
義	8055_3
愼	9408_1
愧	9601_3

横起

瑟	1133_1
瑞	1212_7
聖	1610_4
瑯	1712_7
羣	1750_1
博	4304_2
勤	4412_7
萬	4442_7
葬	4444_1
楚	4480_1
楊	4692_7
敬	4864_0
搜	5704_7
殿	7724_7

直起

歲	2125_3
嵩	2222_7
農	5523_2
蛻	5811_6
蜀	6012_7
睫	6508_1
路	6716_4
鄖	6782_7

撇起

經	2191_1
催	2221_4
綏	2294_4
傳	2524_3
稗	2694_0
鳧	2721_2
傷	2822_7
腳	7722_0
鼠	7771_7
禽	8042_7
會	8060_6
筮	8810_8
筠	8812_7
節	8872_7

十四畫

點起

齊	0022_3
誠	0365_0
說	0861_6
漙	3114_9
演	3318_6
潤	3712_0
漁	3713_6
漱	3718_2
精	9592_7
滎	9923_2

横起

爾	1022_7
碧	1660_1
翠	1740_8
遜	3230_9
墉	4012_7
嘉	4046_5
壽	4064_1
夢	4420_7
蒙	4423_2
槎	4891_1
趙	4980_2
聞	7740_1
閣	7760_1

直起

疑	2748_1
對	3410_0
圖	6060_4
鳴	6702_7

撇起

僑	2222_7
像	2723_2
綱	2792_0
銅	8712_0
銀	8713_2
算	8844_6
箋	8850_3
管	8877_7

十五畫

點起

瘞	0011_4
瘡	0016_7
廟	0022_7
慶	0024_7
廣	0028_6
諸	0466_0
論	0862_7
談	0968_9
賓	3080_6
潛	3116_1
滿	3712_7
遵	3830_4
翦	8012_7
鄭	8742_7

横起

震	1023_2
鄧	1712_7
標	4199_1
蓮	4430_4
樊	4443_0
蔡	4490_1
增	4816_6
盡	5010_7
輟	5704_7
履	7724_7
歐	7778_2

直起

劇	2220_0
遺	3530_8
數	5844_0
墨	6010_4
嘯	6502_7
輝	9725_6

撇起

樂	2290_4
編	2392_7
稼	2393_2
稽	2396_1
德	2423_1
緯	2495_6
練	2599_6
魯	2760_3
鄱	2762_7
徵	2824_0
儀	2825_3
劉	7210_0

劍 8280_0
篁 8810_4
範 8851_2

十六畫

點起

麈 0021_4
辨 0044_1
龍 0121_1
澠 3711_7
澳 3713_4
澹 3716_1
潞 3716_4
激 3814_0

横起

霏 1011_1
彊 1121_6
豫 1723_2
避 3030_4
遼 3430_9
樵 4093_1
樸 4293_4
蕭 4422_7
燕 4433_1
横 4498_6
翰 4842_7
靜 5225_7
撼 5305_0
聱 5840_1
歷 7121_1
頤 7178_6
駱 7736_4
駢 7834_1

直起

盧 2121_7
還 3630_3
鄴 3792_7
默 6333_4
戰 6355_0
黔 6832_7

撇起

儒 2122_7
縉 2196_1
穆 2692_2
龜 2711_7
飽 2731_2
緣 2793_2
學 7740_7
錢 8315_3
錦 8612_7

十七畫

點起

襄 0073_2
謝 0460_0
濟 3012_3
禮 3521_8
鴻 3712_7
營 9960_6

横起

檮 4092_7
[illegible] 4196_0
韓 4445_6
隸 4593_2
聲 4740_1
檜 4896_6
擊 5750_2
隱 7223_7
臨 7876_6

直起

牆 2426_1
螺 5619_3

撇起

優 2124_7
輿 7780_1
鍼 8315_0

十八畫

點起

甕 0071_7
顏 0128_6

横起

璿 1116_8
職 1315_0
豐 2210_8
藍 4410_7
藏 4425_3
舊 4477_7
擬 5708_1
璧 7010_3
騎 7432_1

直起

蟲 5013_6

撇起

雙 2040_7
雛 2041_4
斷 2272_1
魏 2641_3
歸 2712_7
彝 2744_9
簡 8822_7

十九畫

點起

廬 0021_7
離 0041_4
譚 0164_6
證 0261_8
識 0365_0
韻 0668_6
譎 0762_7
瀛 3011_7
懷 9003_2
類 9148_6

横起

麗 1121_1
瓊 1714_7
藝 4473_1
藥 4490_4
關 7777_2

直起

難 4051_4
羅 6091_4
曝 6603_2

撇起

辭 2024_1
鯨 2039_6
繹 2694_1
籀 8856_2

廿畫

點起

議 0865_3
寶 3080_6
寳 3080_6

横起

蘆 4421_7
勸 4422_7
蘋 4428_6
蘇 4439_4

直起

蠖 5414_7
嚴 6624_8
鶚 6772_7

撇起

釋 2694_1

廿一畫

點起

鶴 4722_7